미국 비밀문서로 읽는
한국 현대사 1945-1950

우리가 몰랐던 해방·미군정·정부 수립·한국전쟁의 기록

미국 비밀문서로 읽는
한국 현대사
1945-1950

우리가 몰랐던
해방·미군정·정부 수립·한국전쟁의 기록

김택곤 지음

맥스media

1.

다시 방문한 워싱턴 교외 미국 국립문서보관소는 18년 전의 7월에도 그랬듯 녹음 짙은 숲에 둘러싸여 있었다. 달라진 것은 아무것도 없어 보였다. 그러나 다시 만난 문서들은 세월의 무게를 견디지 못하고 있었다. 해방 76년과 6·25 전쟁 발발 71년이 바로 그 문서들의 나이다. 이미 누렇게 빛바래 있었고 어떤 것들은 비닐 커버에 갇혀 미이라처럼 되어 있었다. 서류를 한 장한 장 들출 때마다 격렬한 재채기가 터져나왔다. 낡은 서류에서 떨어져나온역사의 파편들이 알러지에 취약한 나의 신체 기능을 자극한 것이었다.

그러나 그 파편들이 분진이 되어 흩어지기 전에 우리 기억에서 사라져 야사(野史)가 되고 다시 달빛에 묻혀 전설(傳說)이 되기 전에, 미이라 같은 서류 속 인물들을 만나 생생한 증언을 듣고 싶었다.

시간은 금세 흘렀다. 늦은 오후의 햇살이 건물을 둘러싼 숲에 그림자를 드리웠을 때 나는 서류를 반납하려고 주섬주섬 주워 담기 시작했다. 그런데 그때 한곳에 내 눈길이 멈추었다. 단 몇 초 멈칫거리다가 나는 다시 지나치려 했다. 격동하는 한국 근현대사에서 그 기록이 차지하는 무게는 티끌에 불과해 보였기 때문이었다. 그러나 내 이성과는 달리 내 손은 이미 그서류 뭉치를 끌어당겨 조심스럽게 풀어헤치고 있었다. 포로로 잡혔다 탈출했으나 부역(附逆)의 의심을 받은 하와이 이민 한국인 2세 미군 병사의 수사 기록이었다. 높고 빈틈없는 장벽에 가로막힌 채 출구를 찾아 헤맨 그의 처절함이 거기 있었다.

찾아낸 문서들은 박제화된 우리 현대사에 숨결과 체온을 불어넣고 우리의 아픔과 기쁨, 몸부림을 거울처럼 생생하게 보여주고 있었다. 비밀스런 사연과 내용들이 제각기 수장고 곳곳에서 숨죽이며 누군가를 기다리고 있었다. 나는 버마에 끌려간 위안부 소녀들의 울음 없이 뚝뚝 흘리는 눈물을 보았다. 숨진 의용병의 품속에서 발견된 피 묻은 일기장은 막 변성기를 벗어났을 그의 주인처럼 고개를 파묻은 채 꺽꺽거리며 흐느끼고 있는 듯했다. 평양 주재 소련대사관에서 노획된 수백 통의 편지들은 전쟁에도 아랑곳없는 사랑의 열병과 가족에 대한 그리움, 전쟁이 초래한 두려움과 증오, 거짓을 담고 제각기 수런거리고 있었다. 이 문서들은 하나같이 혼돈의 시대를 살았던 이 땅의 젊은이들의 희망과 열정, 절망을 증언하고 있었다. 역사의 수레바퀴에 짓이겨져 스러지거나 가까스로 살아남은 수많은 들꽃들이었다.

나는 찾아낸 문서에서 당시의 정치적·사회적 소용돌이 가운데 새롭게 살피고 해석을 더해야 할 실마리를 드문드문 찾을 수 있었다. 그러나 그 해석과 판단은 내가 아닌 역사가와 독자의 몫으로 남겨야 한다는 생각이 들었다. 그래서 이 책은 관련 내용을 다루되 조심스럽게 소개하고 최소한의 해석을 보태는 정도에 그쳤다. 정치적 사건이나 인물에 관한 문서의 경우 그 속성으로 인해 미국과 미군정의 시각과 편견이 곳곳에서 엿보였지만, 이 경우에도 언급은 하되 다시 여기에 주관을 개입시키는 일은 피했다.

2.

우리 한국인들을 가리켜 미소냉전의 애잔한 희생자들이라고만 말할 수 있을까? 우리는 서로에게 가해자이면서 희생자가 되었던 것은 아니었을까? 대화를 통한 결집을 외면한 채 오로지 열정과 열정이 거칠게 충돌하는 민족적 자구(自救)의 몸부림은 오히려 우리 민족으로 하여금 냉전이라는 거센 탁류에 속절없이 몸을 던지게 만든 것은 아닐까? 그때 패를 갈랐던 사이비 신도들의 어리석음은 지금도 겉모습만 달리해 재연되고 있는 것은 아닐까?

1998년 5월 나는 노근리 학살사건 자료 취재를 위해 미국 국립문서보관소를 방문했다. 한국 관련 비밀문서 발굴과 연구에 몰두하고 있던 방선주 박사는 20년 동안 그랬듯이 여느 때처럼 그곳에 계셨다. 방 박사는 도움을 청하는 나에게 이렇게 말했다.

그런데 말이야. 우리가 우리를 너무 미워하고 너무 많이 죽였어.

미국 정부 비밀문서를 들추며 1946년의 피와 먼지 가득한 현장을 맴돌던 지난해 9월, 나의 소중한 첫 손주 서율이가 태어났다. 그들의 또래들이 삶을 꾸려갈 그때 이 땅에는 부디 철조망이 걷히고 들꽃이 만발하여 별이 총총한 풍경이 펼쳐지길 바랄 뿐이다.

마지막으로 너무 많이 미워하고 대립하는 혼돈의 시대를 견디고 마침내 가족을 이루고 또 온몸으로 지키셨던 아버지 김용원, 어머니 문종란 두 분께 엎드려 인사를 드린다. 또 그 시대를 살며 한 분 한 분 소설 같이 가슴 아린 사연을 품고 계셨던 이 땅의 모든 부모님께 경의를 보낸다.

2021년 8월

김 택 곤

격동의 한국 현대사를 이해하는 길잡이

《해방전후사의 인식》이란 책이 오랜 기간 대학가에서 인기를 끌었다. 뒤이어 이를 반박하고 보완하는 《해방전후사의 재인식》이란 책도 나왔다. 이 두 책은 1945년 해방 전후의 시기부터 시작해, 1948년 대한민국정부 수립, 1950년에 발발한 한국전쟁까지 약 5~6년간의 한국 현대사를 새로운 시각으로 접근해 많은 이의 관심을 모았다. 그런데 또다시 작금의 정치권에서는 '미군은 점령군인가?'를 두고 해묵은 논쟁을 이어가고 있다.

70여 년이나 지난 오늘, 아직도 이 격동의 시기에 대해 많은 이들이 역사적 해석의 미흡함을 느끼는 이유는 무엇일까? 가장 큰 원인은 당시 한국에 진주했던 미·소 양국의 문서들을 충분히 검토하지 않았기 때문일 것이다. 소련 해체 이후 소련 측 문서들은 우리나라에도 많이 소개되었다. 소련이란 체제 자체가 공산당이 주도하는 전체주의 국가이기 때문에, 관변 문서만으로도 충분히 해석 가능한 지점들이 많다. 그러나 민주주의 국가인 미국 측 문서들은 정부 문서만으로는 부족하다. 그 시절 미군정 문서는 물론, 문서 작성에 참여했던 인사들의 기록, 여기에 더해 대한민국정부 수립을 두고 한미 양국 지도자들의 입장과 견해, 그리고 그 후 일어난 한국전쟁과 한국 방위에 결정적 역할을 한 미군의 문서 등 광범위한 기록과 자료를 충분하게 분석해야만 역사의 실체적 진실을 파악할 수 있기 때문이다.

피상적인 사실만 반복해서 인용하는 수박 겉핥기식 연구는 역사의 외양만 보는 항설에 불과하다. 현장에서 발로 뛰며 채집한 자료와 이를 정밀하게 해석하는 것만이 진실된 역사의 요체라고 할 수 있다. 이런 의미에서 김택곤 저자가 미국 현지에서 여러 해 특파원으로 근무하면서 미국 내 다양한 자료와 비밀문서를 일일이 찾아내고 정리해 펴낸 이 책은 우리도 잘 몰랐던 한국 현대사를 이해하는 소중한 길잡이가 될 것이다.

이종찬 국립대한민국임시정부기념관 건립위원회 위원장
독립운동가 우당 이회영 선생 손자, 전 국정원장

대한민국 건국 담론의 재정립

모든 나라는 건국 담론을 가지고 있다. 국민 모두가 대체로 동의하는 건국 담론을 가진 나라는 흥하고, 그렇지 못한 나라는 분열해서 망한다. 영국은 '마그나 카르타', '권리청원', '권리장전'의 건국 담론이 있고, 미국은 '건국 아버지들(Founding Fathers)'의 담론이 있고, 프랑스는 '프랑스 혁명'이라는 건국 담론이 있다. 국민들은 이 담론에 대해서 서로 다른 의견을 가질 수 있지만, 담론의 목표에 대해서는 이의가 없고 이에 따라 행동한다. 반대로 건국 담론이 분열된 나라는 국가의 목표도 분열될 수밖에 없고, 국민들의 행동도 이에 따라 분열된다.

물론 우리에게도 건국 담론이 있다. 그러나 오늘날 이 담론은 분열될 위기에 처해 있다. 대한민국은 반일 독립운동가인 이승만 박사가 미국의 지원을 받아 수립한 자유민주주의 국가라는 것이 우리의 건국 담론이었으나, 오래 전부터 이를 부정하는 담론이 계속 나오고 있다. 이제 우리는 우리의 건국 담론을 다시 정립해야 할 단계에 이르렀다. 기존의 건국 담론과 이를 부정

하는 담론을 둘 다 아우를 수 있는 새로운 건국 담론을 세울 때이다.

　건국 담론의 재정립은 정치학자들이 해야 할 임무이나, 한국의 정치학자들이 그 임무를 잘 수행하고 있는지에 대해서는 회의적이다. 대학과 대학원에서 정치학을 전공했고, 일생을 민주 언론의 창달에 바친 김택곤 저자가 이번에 펴낸 책은 정치학자들이 못한 임무를 대신하고 있는 역저라 하겠다. 이 책의 프롤로그는 일본군의 위안부로 버마에 끌려간 조선 처녀 김연자의 이야기이고, 에필로그는 한국전에 참전한 한국계 미국인 에녹 리의 수난기이다. 저자는 750페이지에 달하는 방대한 분량을 통해 미국 비밀문서 속에 숨겨진 대한민국 건국 과정을 적나라하게 펼쳐내고 있다. 이 책은 대한민국의 건국 과정을 잘 알고 있는 독자들에게는 역사의 진실을 깨우쳐 줄 것이고, 건국 과정을 잘 모르는 독자들에게는 한국 현대사에 대해 더 알아야만 하겠다는 동기를 유발할 것으로 기대된다.

이정복　서울대학교 정치외교학부 명예교수

우리 민족의 동력(動力)을 일깨우는 시금석

　나의 조부인 김구 주석께서는 깊은 고뇌 끝에 1945년 4월 3일 서울진공작전을 전개할 것임을 미국 측에 통고했다. 이름하여 '이글프로젝트' 작전에 참가한 광복군 대다수가 목숨을 던지게 될 자살특공작전이었다. 이는 제2차 세계대전의 막바지, 우리나라가 전승국의 지위를 확보하기 위한 마지막 승부수이기도 했다. 그러나 그 바람은 실현되지 못했다. 작전 개시 불과 며칠 전 일본이 항복했기 때문이다. 김구 주석께서는 '우리가 이번 해방 전쟁에서 한 일이 없기 때문에 국제 간의 발언권이 박약하리라'고 통탄하셨다.

요즘 정치권에서 뜨겁게 일고 있는 점령군, 해방군 논쟁은 그때 그 분의 아픔을 새삼 일깨워 준다. 평생을 일제의 핍박에 맞서 독립투쟁에 헌신해 온 김구 주석이지만, 뜻밖에도 '우리의 힘은 남의 침략을 막을 수 있으면 충분하다'고 말씀하셨다. 그 분이 꿈꾸신 대한민국은 다른 나라를 무력으로 제압하는 군사강국이 아닌 문화강국이었다. 손자인 내가 판단하건대 그 분은 먼 앞날의 조국까지도 항상 궁리하고 내다보셨던 혜안을 가지셨다.

"내가 오직 한없이 가지고 싶은 것은 높은 문화의 힘이다. 문화의 힘은 우리 자신을 행복되게 하고 나아가서 남에게 행복을 주기 때문이다."

《미국 비밀문서로 읽는 한국 현대사 1945-1950》은 풍설(風雪)을 헤치며 조국의 앞날을 열어갔던 민족지도자들의 통한과 시행착오, 그리고 도전의 발자취를 관련 비밀문서에서 추출해 고스란히 담고 있다. 또 그 시대 민중들이 몸으로 부딪히며 겪었던 좌절과 희망의 현장을 뒤쫓고 있다. 조부님이 꿈꾸고 추구했던 '남의 침략을 거뜬히 막을 수 있는 문화강국'을 우뚝 일으키기 위해서는 문화강국의 새 시대를 여는 민족적 동력(動力)이 필요할 것이다. 그 동력은 오롯이 선열의 고뇌와 거친 숨, 민중들의 깊은 한숨을 읽고 새기는 작업에서 채울 수 있다.

이런 점에서 따뜻한 피가 맥동하는 역사적 진실을 발굴하려는 김택곤 저자의 노력은 소중하다. 고단했을 테지만 긴 시간동안 우직하게 이어온 그의 작업에 박수를 보낸다.

김진 대한민국임시정부 김구 주석의 장손
광복회 자문위원장, 전 대한주택공사 사장

수수께끼 같은 한국 현대사의 민낯

해방과 미군정, 남북분단과 정부 수립 그리고 한국전쟁으로 이어진 1945년부터 1950년까지의 약 5년은 한국 현대사에 있어 가장 많은 수수께끼를 안고 있는 기간입니다. 남북분단과 대립은 강대국에 의해 강요된 것이었는가? 아니면 우리 민족 스스로 노력하고 선택한 결과였는가? 스스로 선택했다면 누가 어떻게 결정했는가?

저자인 김택곤 기자는 그 해답의 실마리를 찾기 위해 산더미 같은 미국 정부의 해제된 비밀문서를 샅샅이 뒤졌고, 이는 《미국 비밀문서로 읽는 한국 현대사 1945-1950》이라는 결실로 이어졌습니다. 저자는 미국의 소리 방송기자 그리고 MBC 워싱턴 특파원으로 활동하던 기간을 포함해 20여 년을 이 작업에 몰두했다고 합니다. 저자는 무려 4천 건이 넘는 비밀문서 가운데 3백여 건의 핵심 문서를 고르고 정리해 소개하고 있습니다. 저는 그 가운데 제 마음을 두드렸던 하나를 인용하고자 합니다. 해당 자료는 미군정이 한국에 진주한 직후인 1945년 9월 24일 미 국무성에 보낸 비밀 보고서 가운데 일부분입니다.

"이 나라를 서로 반대되는 사상을 가진 두 편으로 가르고 분단이 계속되도록 하면 이 나라는 죽음으로 치닫게 될 것입니다. 이 나라는 남과 북이 완벽하게 서로 돕지 않은 한 어느 쪽도 자립할 수 없습니다."

막 한국에 상륙한 미군도 한민족의 분열과 대립은 민족 생존의 위기를 초래할 것이라고 직감하고 있었던 것입니다. 정치를 업으로 삼아왔던 저로서는 저자가 찾아낸 당시 정치 지도자들의 고뇌 어린 결단, 그리고 그들의 민낯에 한동안 눈을 떼지 못했습니다. 신화(神話)에 가려있던 우리 지도자들의 야욕과 가면(假面)도 뚜렷하게 들여다볼 수 있었습니다. 이 모든 것들이 대한민국 정치 구도를 형성해 오늘의 정치로 나타나고 또 내일로 이어가고 있는 것입니다. 역사적 진실을 찾고자 하신다면 또 최근 제기된 정치적 논란과 공방에 관심을 가진 독자라면 이 책을 마주하기 바랍니다. 진실을 캐는 소중한 여행의 가이드가 될 것입니다.

유인태 전 국회의원, 청와대 정무수석

정쟁으로 변질된 한국 현대사의 실체와 비화

책을 보면서 가슴이 미어지고, 분노가 치밀어온 것이 얼마만인지 모르겠다. 감성적 소설도 아니고, 저자의 자의적 해석마저 최대한 배제하고 역사적 자료들로 엮은 책인데도 그랬다. 그만큼 1945년 해방을 전후한 한국 현대사는 비밀스럽고, 격동이었고, 비극이었다.

문제는 그로부터 70여 년이 지난 지금도 우리는 그 시대를 아전인수식으로 해석하며 싸우고 있다는 점이다. 역사적 진실을 정쟁의 도구로 삼는 이들에게 진심으로 《미국 비밀문서로 읽는 한국 현대사 1945~1950》을 일독하라고 권한다.

이 책은 무겁고 아프지만 흥미진진하다. 프롤로그에서 버마 강가에 버려진 조선 처녀 김연자를 만나 통곡하다 보면, 금세 책의 말미에 다다른 스스로를 발견하게 될 것이다. 그 여정에서 광복군의 이글작전, 미군정의 비밀 정치자금, 조봉암과 하지 장군의 밀담, 우라늄 수색작전 등 눈을 뗄 수 없는 한국 현대사의 주요 고비와 대목들을 마주하게 될 것이다. 이 모든 비화가 미 국립문서보관소에서 찾은 4,000여 건의 비밀해제 문서를 토대로 한 기록이라니, 내 언론계 선배인 김택곤 저자에게 존경의 념을 갖지 않을 수가 없다.

이영성 한국일보 발행인·사장

목차

3장 좌우 대립과 미국의 선택

6장 폭력과 테러, 미군정의 개입

7장 북한의 남침과 한국전쟁

8장 평양 주재 소련대사관에서 노획된 편지

| 에필로그 |

▌1940년 9월 17일, 중국 충칭(重慶)의 자링빈관(嘉賓館)에서 열린 한국광복군 총사령부 창설기념식.

▌김구(1876~1949년).

▌이승만(1875~1965년).

▌존 리드 하지 주한미군사령관
(1893~1963년).

▌트루만 대통령(1884~1972년).　　▌여운형(1886~1947년).　　　▌이범석(1900~1972년).

▌"우리 두 나라의 힘 있는 합작이 실현되는 날, 이 사진의 역사적 가치를 볼 수 있을 것이다!"라는 다짐을 사진
　상단에 기록한 광복군 대원들과 OSS 교관들.

21

▌작전을 지휘하고 있는 맥아더 유엔군 총사령관.

▌김규식(1881~1950년).

▌장준하(1915~1975년).

▌김원봉(1898~1958년).

▌조만식(1883~1950년). ▌조지 마샬 장군(1880~1959년). ▌지청천(1888~1957년).

▌1948년 8월 15일 대한민국정부 수립식에 참석하기 위해 방문한 맥아더 장군.

■ 1948년 5월 10일 남한 단독선거.

■ 1946년 3월 20일 제1차 미소공동위원회에 참석한 미국과 소련 대표단(덕수궁 석조전 계단).

■ 1945년 11월 24일 상하이 임시정부 주석 김구(중앙)와 그의 숙소인 경교장을 방문한 하지 사령관(우), 이승만(좌).

■ 신탁통치 반대운동.

▎좌우합작을 방해하는 극좌극우 비판 만평.

▎1950년 12월 19일의 흥남철수작전.

▎이승만과 1934년에 결혼한 프란체스카 도너 리(1900~1992년).

▎1948년 8월 15일 대한민국 단독정부 수립.

사진 / 위키미디어커먼스

버마 이라와디 강가에 버려진
조선의 소녀들

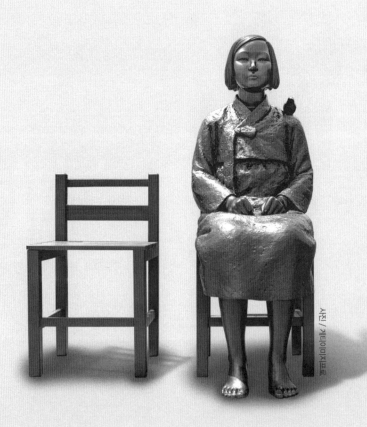

사진 / 게티이미지코리아

1937년 *노구교 사건으로 촉발된 중일전쟁에 이어 1941년 진주만 공격에 한껏 고무된 일본 육군은 필리핀, 싱가포르, 말레이시아, 버마에 이르기까지 불패의 신화를 이어가고 있었다. 그러나 일본의 진군은 1944년 7월 인도의 문턱 임팔에서 멈추었다. 인도 진출을 노린 임팔 작전은 사망자 3만 명, 부상자 4만 명을 내며 참패로 끝났고 일본군의 패주는 시작되었다.

그해 8월 버마의 이라와디 강가에 버려진 조선 처녀 20명이 영국군에게 발견되었다. 이들은 2년 전 17세의 나이에 위안부로 끌려갔던 김연자 등 조선 처녀들이었다. 우리가 어두운 터널의 끝자락에 왔음을 상처투성이의 모습으로 알려온 것이다.

─────
*노구교 사건 : 1937년 일본과 중국 군대가 중국 소도시 노구교에서 충돌한 사건.

조선에서 버마로 실려 간 김연자

비밀 보고 1944년 10월 1일
보고: 미 육군 인도-버마전쟁지구사령부 미 전시정보국 파견 심리전
  팀. 일본인 포로 심문 조서 제49호.
심문대상 포로: 한국인 위안부 소녀 20명.

미 육군 인도-버마전쟁지구사령부에 파견된 미 전시정보국 심리전
팀은 1944년 10월 1일 일본인 전쟁 포로 심문 보고서를 작성했다. 특
별한 포로들로 한국인 위안부 소녀들이었다.

이 보고서는 1944년 8월 10일 버마 미치나(Myitkyna, 미얀마 북쪽
의 도시) 지역 함락 후 진행된 패잔병 소탕작전에서 포로로 잡은
한국의 위안부 소녀 20명과 일본인 민간인 2명에 대한 심문을 통
해 얻어낸 정보를 토대로 작성했습니다.
이 보고서는 일본인들이 한국인 위안부 소녀들을 어떻게 끌어
모았으며 위안부 소녀들이 어떤 조건에서 생활하고 일했는지, 위
안부 소녀들과 일본 병사들과의 관계, 그리고 위안부 소녀들이
이곳의 전황에 대해 어떻게 파악하고 있는지 등을 보여주고 있
습니다.

미 전시정보국, OWI(Office of War Information)는 미국 정부가 1942년
부터 1945년 8월까지 운용한 첩보기관이다. 방송, 신문, 포스터, 사

진, 영화 등 갖가지 매체를 활용해 전투지역과 민간지역에서 심리전과 선전·선동활동을 전담했다. 이 조직의 기능은 후일 CIA에 흡수되었다.

UNITED STATES OFFICE OF WAR INFORMATION
Psychological Warfare Team
Attached to U.S. Army Forces India-Burma Theater
APO 689

Japanese Prisoner
of War Interrogation
Report No. 49.

Place interrogated: Ledo Stockade
Date interrogated: Aug. 20 - Sept. 10, 1944
Date of Report: October 1, 1944
By: T/3 Alex Yorichi

Prisoners: 20 Korean Comfort Girls
Date of Capture: August 10, 1944
Date of Arrival August 15, 1944
at Stockade:

PREFACE:

        This report is based on the information obtained from the
interrogation of twenty Korean "comfort girls" and two Japanese
civilians captured around the tenth of August, 1944 in the mopping up
operations after the fall of Myitkyina in Burma.

        The report shows how the Japanese recruited these Korean
"comfort girls", the conditions under which they lived and worked,
their relations with and reaction to the Japanese soldier, and their
understanding of the military situation.

        A "comfort girl" is nothing more than a prostitute or
"professional camp follower" attached to the Japanese Army for the
benefit of the soldiers. The word "comfort girl" is peculiar to the
Japanese. Other reports show the "comfort girls" have been found
wherever it was necessary for the Japanese Army to fight. This
report however deals only with the Korean "comfort girls" recruited
by the Japanese and attached to their Army in Burma. The Japanese
are reported to have shipped some 703 of these girls to Burma in 1942.

RECRUITING:

        Early in May of 1942 Japanese agents arrived in Korea for
the purpose of enlisting Korean girls for "comfort service" in newly
conquered Japanese territories in Southeast Asia. The nature of this
"service" was not specified but it was assumed to be work connected
with visiting the wounded in hospitals, rolling bandages, and
generally making the soldiers happy. The inducement used by these
agents was plenty of money, an opportunity to pay off the family
debts, easy work, and the prospect of a new life in a new land -
Singapore. On the basis of these false representations many girls
enlisted for overseas duty and were rewarded with an advance of a
few hundred yen.

        The majority of the girls were ignorant and uneducated,
although a few had been connected with "oldest profession on earth"
before. The contract they signed bound them to Army regulations and
to work for the "house master" for a period of from six months to a
year depending on the family debt for which they received.

▌한국 위안부 소녀에 대한 미 전시정보국 심리전팀의 심문결과 보고서.

심리전팀이 작성한 이 보고서에는 '포로: 한국인 위안부 소녀 20명'이라는 부제가 달려있다. 17세 소녀 김연자 등 조선인 소녀 20명이 1944년 8월 10일 포로로 잡혔으며, 레도(Ledo) 기지에서 이들을 상대로 8월 20일부터 10일간 조사를 했다고 밝혔다. 또 이 보고서는 조선 소녀들이 버마에 오게 된 경위 그리고 2년간 위안부 생활을 하고 포로가 되기까지의 경과를 자세히 담고 있다.

심문 보고서 내용을 정리하면 다음과 같다.

1942년 8월 20일 버마로 향하는 수송선에는 703명의 조선인 처녀들이 실려 있었다. 보름을 항해한 끝에 현재의 미얀마, 버마의 랑군에 도착했다. 'Comfort Girl', 일본군의 위안부였다. 미 전시정보국 심리전팀의 비밀문서에 따르면, 일본인 대리인(Japanese Agent)들이 1942년 5월 초 한국에 몰려왔다. 이들은 "새로 영토로 확보한 동남아시아에 파견되어 위안 봉사활동(comfort service)을 하게 된다"며 조선인 소녀들을 끌어모았다고 보고서는 전했다. 이어 보고서는 소녀들이 속았다고 분명하게 밝히고 있다. 일본인 대리인이 봉사(service)의 성격이 무엇인지 특정하지 않고, 다만 병원에 입원한 부상병들을 방문해 붕대나 돌돌 감아주는 등 대체로 부상병들의 마음을 편하게 해주는 일을 할 것이라고 두루뭉술하게 설명했다는 것이다.

'Agent'를 '대리인' 또는 '중개업자'로 해석할 수 있는데, 보고서 전반의 맥락으로 미루어 일본 정부가 제공한 자금과 각종 지원이 직간접으로 개입되었으므로 '대리인'이라는 표현이 더 타당할 것이다. 대리인들은 또 가족의 빚을 갚을 수 있을 정도로 많은 돈을 미리 받을 수 있고, 일도 편한 데다 새로운 땅 싱가포르에서 새 삶을 열어갈 수 있다는 말로 소녀들을 유인했다.

> 그릇된 설명에 꼬임을 당한 많은 소녀들이 해외 근무에 호응해 징모(徵募)에 등록했지만 이들에게 의무 징집의 조건으로 지급된 돈은 단지 선금 200~300엔이었습니다.

이어서 보고서는, "소녀들 대부분이 무식하고 교육도 전혀 받지 않았다(ignorant and uneducated)"고 언급하고 있다. 같은 뜻의 단어를 거듭 사용한 것으로 미루어 멸시적 표현이기도 하지만, 전후 문맥으로 미루어 소녀들이 너무 순진해 대리인들의 감언이설에 쉽게 속아 넘어갔음을 지적한 것으로도 판단된다. 다만 몇몇은 "지구상에서 가장 오래된 직업"에 그 전부터 이미 관련된 것 같다고 비밀문서는 밝히고 있다.

버마에 실려 간 조선 처녀 위안부 가운데 17세 소녀 김연자가 있었다. 그는 1942년 5월 일본인 대리인들이 전개한 위안부 징집 활동의 꼬임에 걸려 들었다. 김연자는 계약서에 서명했다. 계약서에는 "일본군의 제반규정을 지켜야 하며 가족의 빚 상환을 위해 선금으로 지급된 액수에 따라 6개월에서 1년까지 집주인(House Master)을 위해 의무적으로 일해야 한다"는 내용이 포함되어 있었다.

1942년 8월 20일 조선인 소녀 김연자는 버마의 랑군에 내렸다. 김연자와 동행한 일행은 조선 처녀들 703명에 일본인 '집주인'과 보조인 97명 모두 800명이었다. 이들 조선인 소녀들은 적게는 8명에서 많게는 22명까지 그룹으로 나뉘어 일본군 부대가 있는 버마 곳곳, 적당한 크기의 소읍에 분산 배치되었다.

제물이 된 17세 소녀

김연자는 미치나 교외에 배치되었다. 적어도 이때쯤에는 자신에게 어떤 일이 닥칠 것이라는 상황 인식을 하게 되었을 것으로 보인다. 미치나에 배치된 소녀 그룹들은 교에이, 긴스이, 바꾸신로, 모모야 4그룹이었다. 김연자는 교에이에 배정되었다.

소녀들은 학교 건물을 고친 커다란 2층 건물에 수용되었다. 건물 내부를 칸칸이 막아 방을 만들었고 소녀 한 명마다 방 1개씩 배정되었다. 보고서는 이렇게 기술했다.

소녀들은 그 뒤 2년간 자신에게 배정된 그 방에서 살고, 자고 또 일을 치렀습니다.

교에이에 소속된 위안부 소녀 20명의 연령과 이름, 출신지가 비밀문서에 첨부되어 있었다. 이 가운데 11명이 19세였다. 버마에 도착했을 때 대구 출신의 조선 처녀 김연자는 17세로 가장 어렸다. 18세는 김동이, 오분이, 송옥이 3명, 각각 평양과 대구, 서울에서 왔다. 19세는 신준님이, 김갑득이, 김산이, 전분이, 고순이, 김동희, 진가춘도(Chinga

Chunto) 7명, 고향은 고흥, 진주, 마산 등이었다. 20세는 김금순 한 명, 23세 김난주 등 2명, 그리고 24~26세는 전연자 등 5명으로 출신지는 서울, 평양, 진주, 삼천포 등이었다. 최고령은 평양 출신으로 낯선 이름의 29세 연무지(Yon Muji)였다. 몇몇의 이름은 가명인 것으로 짐작된다.

APPENDIX "A"

Following are the names of the twenty Korean "comfort girls" and the two Japanese civilians interrogated to obtain the information used in this report. The Korean names are phoneticized.

	NAME	AGE	ADDRESS
1.	Shin Jyun Nimi	21	Keishonando, Shinshu
2.	Kak Yonja	28	" Sanzenpo, Yunai
3.	Pan Yonja	26	" Shinshu
4.	Chinga Chunto	21	Keishohokudo, Taikyu
5.	Chun Yonja	27	Keishonando, Shinshu
6.	Kim Nanju	25	Keishohkudo, Taikyu
7.	Kim Yonja	19	" "
8.	Kim Kenja	25	Keishonando, Masan
9.	Kim Senni	21	" Kumboku
10.	Kim Kun Sun	22	" Taikyu
11.	Kim Chongi	26	" Shinshu
12.	Pa Kija	27	" "
13.	Chun Punyi	21	" Keisan Gun, Kayamon Mura
14.	Koke Sunyi	21	" Kenyo, Sekiboku Me, Kyu Ruri
15.	Yon Muji	31	Heiannando, Heijo
16.	Opu Ni	20	" "
17.	Kin Tonhi	20	Keikido, Keijo
18.	Ha Tonye	21	" "
19.	Oki Song	20	Keishohokudo, Taikyu
20.	Kim Guptoge	21	Zenranando, Koshu

Japanese Civilians:

1.	Kitamura, Tomiko	38	Keikido, Keijo
2.	" Eibun	41	" "

▌포로로 잡혔던 위안부 소녀들의 명단. 나이와 출신지가 기록되어 있다. 2년 전 버마에 올 때 김연자의 나이는 불과 17세였고, 절반이 넘는 11명이 19세 이하였다.

```
                        - 3 -
1. Soldiers    10 AM to 5 PM   1.50 yen    20 to 30 minutes
2. NCOs         5 PM to 9 PM   3.00 yen    30 to 40 minutes
3. Officers     9 PM to 12 PM  5.00 yen    30 to 40 minutes

These were average prices in Central Burma. Officers were allowed
to stay overnight for twenty yen. In Myitkyina Col. Maruyama
slashed the prices to almost one-half of the average price.

SCHEDULES:
        The soldiers often complained about congestion in the
houses. On many occasions they were not served and had to leave
as the army was very strict about overstaying leave. In order to
overcome this problem the Army set aside certain days for certain
units. Usually two men from the unit for the day were stationed
at the house to identify soldiers. A roving MP was also on hand
to keep order. Following is the schedule used by the "Kyoei" house
for the various units of the 18th Division while at Maymyo:

        Sunday  ----------- 18th Div. Hdqs. Staff
        Monday  ----------- Cavalry
        Tuesday ----------- Engineers
        Wednesday --------- Day off and weekly physical exam.
        Thursday ---------- Medics
        Friday  ----------- Mountain artillery
        Saturday ---------- Transport

Officers were allowed to come seven nights a week. The girls
complained that even with the schedule congestion was so great that
they could not care for all guests, thus causing ill feeling among
many of the soldiers.

        Soldiers would come to the house, pay the price and got
tickets of cardboard about two inches square with the price on
the left side and the name of the house on the other side. Each
soldier's identity or rank was then established after which he
"took his turn in line". The girls were allowed the prerogative
of refusing a customer. This was often done if the person were
too drunk.
```

▍요금과 부대별 일정을 일본군사령관이 통제했다.

미군 보고서는 "그들 위안부가 된 소녀들은 일본군 부대의 명령과 지시에 따라야 한다는 조건 아래 영업에 착수했다"고 적고 있다. 이용하는 병사들이 폭주해 순서와 시간 규정을 엄격하게 적용했으며 헌병 두 명이 배치되어 질서를 잡았다. 진술에 따르면 병사들은 1엔50전에 20~30분, 하사관은 3엔에 30~40분, 장교는 5엔에 30~40분, 그리고 장교들은 20엔을 지불하면 하룻밤을 지낼 수 있었다. 그러나 "이 요금은 미치나 지역 수비대장 마루야마 대령의 명령에 따라 거의 반값으로 잘렸다"고 보고서는 밝혔다.

또 1주일을 요일마다 18사단 본부와 참모부, 기병대대, 병기대대, 수송대, 의무대, 포병대 등 부대별로 나누어 해당 부대원들만이 이용하도록 조정했지만 기다리는 병사들로 항상 장사진을 이루었다고 소녀들은 진술했다. 고통스럽고 힘겨웠으며 그때마다 병사들은 화를 냈다고 기록하고 있다.

보고서는 이어 "소녀들은 받은 수입 가운데 50~60퍼센트는 빚 상환 명목으로 포주들이 떼어갔고, 여기에 다시 대부분의 포주들이 식비와 기타 물품 값을 비싸게 받아내 항상 생활이 힘들었다고 진술했다"고 기록했다. 또 일본군 부대 군의관이 매주 수요일 위안부 소녀들을 검진해 질병이 발견되면 예외 없이 격리해 치료했고 필요하면 병원에 보냈다고 밝혔다. 소녀들은 수요일 검진을 마친 뒤 잠시 일을 멈추고 자신만의 시간을 가질 수 있었다.

> 위안부 소녀들은 만취한 장병들 그리고 이튿날 전투를 앞둔 병사들이 몰려오면 그때마다 최악의 상황을 맞았었다고 이구동성으로 증언했습니다.

해당 문서는 그러나 구체적인 내용은 담지 않았다. 소녀들은 또 최근 들어 연합군의 폭격으로 위안소에 있던 소녀 여러 명이 죽거나 부상을 입었다고 말했다. 폭격이 심해지면서 그들은 참호로 수시로 대피했는데 심지어 그곳에서도 일을 치렀다고 증언했다.

1944년 7월 31일 밤 이들은 피난에 나섰다. 연합군의 공세에 패색이 짙어졌기 때문이다. 다른 그룹의 위안부 소녀들 그리고 보조원 등 다른 식구까지 모두 63명의 일행은 작은 배에 나누어 타고 이라와디 강을 건넜다. 그곳에서 위안부 소녀 일행은 8월 7일까지 일단의 일본군 부대의 뒤를 따라 후퇴 길을 함께했지만 곳곳에서 총격전이 벌어졌다. 일본군은 3시간 간격으로 뒤를 따르라고 지시하고 서둘러 사라졌다. 일행은 강나루에서 만나자는 일본군 병사들의 말을 믿고 천신만고 끝에 강가에 도착해 기다렸으나 아무도 오지 않았으며 강을 건널 아무런 수단도 없었다고 진술했다. 그야말로 속수무책이었기에 사흘 동안 부근의 인가에 머물렀다. 그러던 중 8월 10일 영국군 장교가 이끄는 카친족 병사에게 발견되어 포로로 잡혔고, 떠나왔던 미치나로 다시 이송되어 레도 미군기지로 넘겨졌다. 그리고 이들 포로에 대한 심문이 진행되었다.

이 보고서는 1944년 8월 20일부터 9월 10일까지 20일간의 조사에서 그들과 일본군 병사들과의 관계는 물론 일본군 병사들의 군사 작전에 관한 발언과 함께 이들이 파악한 군대 정황에 대해서도 일일이 캐물었다. 그러나 후일 종군위안부 문제가 국제적 논란이 될 것을 예상한 듯 일본을 위한 변명이 분명한 설명을 곳곳에 달았다.

위안부는 창녀이거나 혹은 병사들의 편의를 위해 일본군에 부속되어 부대를 졸졸 따르는 존재일 뿐 그 이상은 아닙니다. 위안부라는 단어는 일본인 특유의 것입니다. 다른 보고들에 따르면 전투에 나선 일본군들을 위해 필요한 곳이라면 어디든 위안부들은 그곳에 있다는 사실이 이를 보여주고 있습니다.

관련 문서는 여기에 단서를 달고 있다.

그러나 이 보고는 일본인에 의해 모집된 조선인 소녀 위안부들만을 다루고 있습니다. 일본인들은 1942년에 703명의 소녀들을 배에 태워 버마로 보냈습니다.

일본계 미국인이 남긴 위안부 보고서

보고서 작성자는 알렉스 요리치(Alex Yorichi), 일본계 미국인이다. 위안부란 존재는 일본군 특유의 용어로 일본 군사 문화의 일부분으로 자리 잡고 있으며, 일본군의 언저리에서 생계를 잇는 창녀 집단을 가리키는 것이라고 요리치 조사관은 보고서에서 설명했다. 그러나 버마에서 포로로 잡힌 한국인 위안부 소녀들은 기존 '위안부'의 부류로 동일하게 볼 수는 없다고 설명을 붙였다. 요리치 조사관의 양심적인 망설임이 엿보인다. 그는 그러나 한국인 위안부 소녀들에 대한 평에는 인색했다. 그들의 명단과 나이, 모집 경위를 파악했음에도 그들에 대해 언급할 때는 고정관념에서 벗어나지 못했다.

> 보통 수준의 한국인 위안부 소녀들은 25세쯤 되고 교육을 못 받았으며, 어린애 같고, 엉뚱하기도 하며, 이기적입니다. 백인들의 기준으로나 일본인들의 기준으로 보더라도 그들은 예쁘지 않습니다. 낯선 사람 앞에서는 조용하고 얌전하지만 실은 '여자만의 재주'를 부릴 줄 압니다.

'여자만의 재주'를 부릴 줄 안다는 표현은 무엇을 말하고자 함인가? 그들이 속임수로 왔거나 아니면 일본군의 성노리개 역할을 자임했든, 자신에게 주어진 역할에 충실했다는 말일 것이다. 이 언급은 요리치 조사관도 내심 심각한 인권 범죄일 가능성을 인지하고 한 말이었음이 엿보인다. 그는 일본인 여자 포주인 38세 기타무라 도미코, 남편 41세

기타무라 에이분 부부 등에 대한 심문 내용은 보고서에 직접 인용하거나 언급하지 않았다. 또한 한국어를 전혀 구사할 줄 모르는 요리치로서는 포주 부부의 일방적 진술과 왜곡에 전적으로 의존할 수밖에 없었을 것이다. 한국인 위안부와의 직접 대화와 심문은 부분적이고 매우 불충분했을 것이며 대부분 일본인 포주 부부의 통역에 의존하며 진행되었을 것은 명백하다.

요리치는 보통 수준의 한국인 위안부들은 25세쯤이라고 말하면서도 김연자의 경우 17세의 나이에 위안부로 끌려왔고 이들 가운데 절반 이상이 19세 이하의 나이에 동원되었다는 사실은 기술하지 않았다. 이들의 이름과 고향, 나이는 보고서 맨 끝에 별첨으로 붙어있었다. 의도적인 외면일 가능성이 있다.

또한 그는 한국 위안부 소녀들에 관한 일은 일본 특유의 성매매 행태의 하나라고 말했다. 일본 사회에 흔한 성매매 관습이며 관행이라는 표현을 에둘러 말한 것으로 보인다. 아마도 그는 '고금의 전쟁사가 예외 없이 말해주듯, 전쟁에서 승리한 병사에게 던져진 전리품에 관한 일이지 않은가?'라는 항변에 고개를 끄덕였을 것이다. '침탈된 나라, 패전국 여성들에게 주어지는 피할 수 없는 현실이 아닌가?'라고 자문자답했을 지도 모른다. 지금의 일본 국민 상당수도 바로 이런 판단에서 크게 벗어나 있지 않을 것이다. 사죄와 보상을 외치는 한국 국민에게 아무 감정의 동요도 없이 75년을 지나쳤고 또 앞으로 75년 역시 그렇게 무심히 지나칠 수 있는 논리는 바로 여기에 있을 것이다.

미 전시정보국 파견 심리전팀이 버마의 레도 기지에서 1944년 10월

1일에 보고한 비밀문건, 〈일본인 포로 심문 조서 제49호, 한국인 위안부 소녀 20명에 대한 문서〉는 다른 비밀 해제 문서와는 달리 상당수의 사람들이 열람했음이 분명했다. 찢어지고 손때 묻은 문서의 상태가 이를 말해주었다. 대부분이 한국인과 일본인이었을 것이며 학자이거나 언론인이거나 위안부 문제에 관심을 가진 두 나라 민관단체(民官團體) 관계자였을 것으로 짐작된다.

그런데 한국에서든 일본에서든 이 문건에 대해 직접 언급하고 문제를 적극 제기한 예는 없는 것 같다. 한국의 경우 버마에서 연합군에 의해 발견된 위안부 여성에 관한 사진과 영상자료는 보도된 바 있다. 한국도 일본도 이 문건의 존재를 알고 있으면서도 언급하지 않는 이유가 무엇일까? 이 문건은 한일 어느 쪽이든 일방적으로 유리한 내용을 담고 있지 않기 때문일 것이다.

어느 일방의 득실을 계산하기 앞서 이 문서는 진실에 접근하게 해주는 단서를 제공하고 있다. 먼저 이 문서에 따르면 위안부 여성들은 비교적 자유롭고 여유 있는 생활을 했으며 고향으로 돌아갈 수도 있었다고 보고하고 있다.

PAY AND LIVING CONDITIONS:

The "house master" received fifty to sixty per cent of the girls' gross earnings depending on how much of a debt each girl had incurred when she signed her contract. This meant that in an average month a girl would gross about fifteen hundred yen. She turned over seven hundred and fifty to the "master". Many "masters" made life very difficult for the girls by charging them high prices for food and other articles.

In the latter part of 1943 the Army issued orders that certain girls who had paid their debt could return home. Some of the girls were thus allowed to return to Korea.

The interrogations further show that the health of these girls was good. They were well supplied with all types of contraceptives, and often soldiers would bring their own which

▮ 보고서에서 일부 소녀는 빚을 갚고 집으로 돌아갔다고 서술돼 있다.

1943년 하반기 군은 그들의 부채를 갚은 위안부 소녀들은 집으로 돌아갈 수 있다는 명령을 내린 바 있습니다. 이에 따라 어떤 위안부 소녀들은 한국으로 돌아가도록 허용되었습니다.

요리치의 이 보고는 그러나 자세히 살펴보면 위안부 소녀들이 '부채를 다 갚을 경우 누구든 스스로 자신의 진로를 결정해 고향으로 돌아갈 수 있다'는 것은 아니었다. '귀향을 하기 위해서는 부채를 모두 갚아야 하며 또 여기에 군 당국의 허락을 받는 절차를 거쳐야만 고향으로 돌아갈 수 있다'는 것이었다. 그렇다면 빚을 갚은 위안부들은 군의 허가 절차를 밟아 수시로 고향으로 돌아갈 기회가 있었을까? 아니, 빚을 갚을 수는 있었을까? 아침 9시부터 밤 12시까지 성노예로 받은 돈의 대부분은 포주가 가져갔다. 귀향이 가능했다는 그의 보고 내용에도 불구하고 귀향 기회는 사실상 주어지지 않았음을 보여준다. 1943년 하반기에 있었다는 위안부의 귀향 허용은 매우 드문 군 당국의 명령이었고 그것도 군 당국의 선별 작업에 의해 요건을 갖춘 극히 일부에게만 적용되었다. 그렇다면 업자에게 빚을 다 갚고 군 당국의 명령에 의해 귀향이 허용된 위안부 소녀들은 누구였을까? 위안부 생활을 더 이상 지탱할 수 없을 만큼 몸과 마음이 다 망가진 여성들이었을 것이다. 사실상 군 책임자의 결재에 따라 시행된 사용가치가 없는 군용물자의 폐기 처분이었던 것이다.

국사교과서연구소라는 친일단체 등은 일제 하 신문에 실린 위안부 모집 광고를 내세우며 위안부 강제연행설을 부인, 자발적 매춘임을 강변하고 있다.

다음은 1944년 10월 27일자 〈매일신보〉에 실린 광고다.

군 위안부 급모

행선지: ○○부대 위안소

연령: 18세 이상 30세 이내의 신체 건강한 자

출발일: 11월 10일경

계약 및 대우: 면담 후 즉시 결정

비고: 희망자는 좌기 장소에 지금 연락할 것

경성부 종로구 낙원정 195 조선여관

그러나 이 광고를 근거로 일본군의 위안부 동원이 민간인 사이에 이루어진 계약에 의한 매춘으로 강변할 수는 없다. "부상병들의 곁에서 붕대를 돌돌 감아주면 된다"는 감언이설에 속았을 뿐 매춘 계약을 했던 것은 아니었기 때문이다. 일본 측과 친일극우단체들은 일부 사례를 들어 위안부 소녀의 부모와 진행된 인신매매를 통해 동원되었고 유괴나 납치는 아니었다는 주장을 하고 있다. 그러나 이와 같은 행위가 일본 정부의 비호와 지시 아래 진행되었다는 사실은 다음 사례에서 분명하게 확인된다.

지난 2017년 8월 한일문화연구소 김문길 소장은 1938년 2월 7일 일본 와카야마현에서 있었던 유괴 기도 사건에 대한 경찰 조서를 입수해 공개했다. 김 소장이 찾아낸 당시 일본 경찰조서에 따르면 일본 와카야마 경찰은 "아무것도 모르는 여성들에게 돈을 많이 주고 군을 위문하기만 하면 음식 등을 군에서 지급한다"며 위안부를 모집하는 과정을 목격하고 이를 유괴 범죄로 인지해 관련된 남성 3명을 피의자로 조사했다. 그러자 일본 내무성은 "황군 장병 위안부 모집에 관한 것"이라며 "조선에서도 비슷한 방식으로 모집하고 있으니 증명서를 가지고 있는 사람에 대해서는 편의를 봐주라"는 내용을 조서에 적시하고 있었다. 이는 명백히 위안부 모집을 일본 정부가 직접 계획하고, 하청을 맡은 민간인 대리인의 손을 빌려 실행에 옮긴 것이다.

미국의 조상 찾기 및 부음(訃音) 자료 검색으로 확인한 바에 따르면 조사관 알렉스 노부오 요리치는 1920년 미국 캘리포니아주 서터 카운티에서 일본계 이민 2세로 출생했다. 이후 1942년 9월 일본계 이민자의 강제수용 정책에 따라 그의 아버지와 함께 유타주 탠포란(Tanforan) 일본계 미국인 집단수용소에 수용되었다. 그해 12월 그는 미 육군에 입대하는 조건으로 수용소에서 풀려났으며 수용소에 남아 있던 아버지 조지 요리치는 1945년 1월 수용소에서 사망했다. 부음 자료는 이례적으로 그의 아버지 조지가 자연사했다는 사실을 명시하고 있다. 요리치는 제2차세계대전 중 군사정보, 통역 분야에서 활동했으며 1947년 요코하마에서 일본 여성 미치코 나가타와 결혼했다. 그는 그 후 한국전, 베트남전에도 참전했으며 줄곧 아시아, 태평양 지역에서 근무했고 계급은 소령이었다. 1987년 1월 해외 근무 중 사망해 샌프란시스코 국립묘지에 묻혔다.

요리치는 "무식하고 철없으며 이기적이며 예쁘지도 않은" 한국인 위안부 소녀들의 부탁을 끝부분에 기록하며 보고서를 마쳤다.

한국인 위안부 소녀들은 자신들이 포로로 잡힌 사실을 절대로 전단에 담아 뿌리지 말 것을 애원했습니다. 자신들이 포로로 잡힌 사실을 일본군이 알게 되면 남아있는 다른 위안부 소녀들의 생명이 위태롭게 되기 때문이었습니다. 그러나 소녀들은 그들이 포로로 잡힌 사실을 조선 하늘의 상공에 전단을 뿌릴 때 활용하겠다면 그것은 괜찮다고 말했습니다.

1장

20명의 조선인 위안부 처녀들이 버마의 강가에서 상처투성이 모습을 드러낸 1944년 8월 그때, 혼자 또는 여럿이 목숨을 건 탈출을 한 조선인 청년들이 있었다. 학병으로 끌려온 조선인 청년들이었다. 일본군 부대 탈출에 성공한 청년들은 수천 리 길을 걸어 중경에 있는 광복군에 속속 합류했다. 1945년 4월 이들은 전멸적(全滅的) 희생을 필요로 하는 마지막 독립 투쟁을 준비하고 있었다. 해방된 조국이 떳떳한 전승국에 버금갈 위치를 차지하기 위해 쏟은 마지막 안간힘, 사실상 자살공격이었다.

작전명은 이글프로젝트(Eagle Project), 서울진공작전이었다. 이글프로젝트는 미국의 첩보기관 OSS와 중경임시정부 간에 성사된 작전으로 일본군에서 탈출해 광복군에 합류한 청년들을 단기간에 첩보 요원으로 양성, 한국 서해안으로 침투시켜 후방교란과 첩보 활동을 전개하도록 한다는 것이었다. 그러나 이 작전 계획에는 퇴로도 없으며 적지에서 도울 내응 세력도 없었다. 말이 첩보 활동이지 일본에 심리적 충격과 과시

광복군의
희망과 절망

효과를 안기기 위한 자살 공격이었다. 전후(戰後)에 유리한 지위를 얻을 수 있는 마지막 기회라고 판단한 김구 주석과 중경임시정부는 윤봉길 의사의 거사가 가져온 충격 효과를 재현하기 위한 결사대를 준비한 것이었다.

그러나 작전이 결행되기 직전에 일본이 항복하고 말았다. 1948년 8월 18일 김구 주석은 트루만 미국 대통령에게 축하 서한을 보냈다. 서한 전달은 이글작전의 파트너인 윌리엄 도노반, 미 전략정보국(OSS) 국장이 했다. 그러나 뜻밖에도 트루만 대통령은 서한을 그대로 되돌려보냈다. 미국 정부가 대한민국임시정부와 김구 주석에 대해 아는 바가 전혀 없다는 것이 대답이었다.

그 후 광복군은 제각기 난민 대열에 끼어 조국으로 가는 귀국선에 올라야 했다. 김구 주석 등도 해방 후 3개월이 지나서야 고국 땅을 밟았다. 1945년 4월에서 8월까지 4개월, 처절한 배신의 계절이었다. 다음은 그 4개월의 기록이다.

| 1 |

대한민국임시정부의 승부수, 이글작전
: 1945년 4월 3일

대한민국임시정부가 미국의 첩보 공작기관 OSS(Office of Strategic Service, 미 전략정보국)와 합동으로 진행한 서울진공작전, 즉 이글작전은 1945년 4월 3일 아침에 수면 위로 모습을 드러냈다. 이날 클라이드 싸전트(Clyde B. Sargent) OSS 대위는 김구 주석을 면담했다.

다음은 김구 주석과 면담을 마친 싸전트 대위가 같은 날 OSS 사령부와 중국본부에 보낸 보고서다. 그는 기쁨을 애써 억누르고 있었다.

비밀 보고, 1945년 4월 3일

1945년 4월 3일 아침, 본인은 중경에 있는 대한민국임시정부 김구 주석과 약 30분간 면담했습니다. 이 면담은 본인이 전혀 요청하지도 않았고 기대하지도 않았었습니다.

얼마 전 본인이 군사 관련 업무로 임시정부 본부를 방문했을 때 제의를 했는데 이와 같은 결과를 가져왔습니다. 면담은 응접실에서 진행되었는데 그 방은 쾌적하지만 검소했고 벽 한쪽에는 태극기가 걸려 있었습니다. 그 옆면에는 중국기(국민당기가 아님)가 걸려 있었으며 또 다른 면에는 프랑스기가 걸려 있었습니다. 그 이유를 묻자 최근 프랑스 정부가 대한민국임시정부를 승인해준 것에 대한 감사의 뜻이라고 설명했습니다.

On the morning of April 3, 1945, I had a 30-minute conference with President Kim Ku   , Chairman of the Korean Provisional Government located in Chungking. The interview was unsolicited and unexpected, and occurred as the result of a suggestion made when I called at Government Headquarters on military matters. The interview was held in a modest but comfortable reception room on one wall of which hung a Korean flag flanked on one side by a Chinese National Flag (not Party flag) and on the other side by a French flag, hung, as explained to my inquiry, in recognition of recently-granted recognition of the Korean Government by the French Government.

Present during the conference were General I Chong-chon, Commander-in-chief of the Korean Independence Army, General I Bum-suk, Commander of the Second Detachment of the Korean Army, and Major-General Kim Hak-kyu (or Chin Hsueh-kuei   , Commander of the newly-created Third Detachment at Feoyang, Anhwei. Mr Chung Han-bum interpreted. (Where names are given without characters, the characters have appeared in previous notes).

President Kim entered the room, dressed in an attractive, plain Chinese gown, for which he apologized on excuse that he had not been well and was resting. In spite of his 70 years, which he showed completely in both appearance and manner, he bore himself with dignity and composure tempered by modesty and gentleness that seemed incompatible with the patriotic assassin and terrorist of 25 years ago.

The interview consisted largely of mild indulgence by both sides in exchange of conversational courtesies. President Kim expressed his appreciation for American interest (as shown in the I-Sergent relations) and intention to cooperate fully, particularly by making available personnel, including the 37 Korean men recently arrived from Feo-yang, Anhwei. I emphasized the vale to both the Allies in general and Korea in particular that can result from Korean-American cooperation. In his remarks, President Kim made two noteworthy statements:

(1) He expressed pleasure in the relations that had developed between General I-Bum-suk and me, and stated that he approved of all that had grown out of the relation.
(2) He referred to McArthur's having had the Philippine president and high officials accompany him on the invasion of the Philippine Islands and of the value of their presence in arrousing the spirit and cooperation of the Philippine people in aiding the American invasion of the Japanese-held Philippines; and he expressed conviction that an Allied invasion of Korea accompanied by members of the Korean Provisional Government would have a similar influence on the Korean masses, and cause them enthusiastically to revolt against the Japanese and support American operations in Korea. President Kim asked that I communicate this suggestion to the American military authorities to whom I am responsible.

In closing, I expressed my pleasure in meeting President Kim and my hope that we should meet frequently in the future, and finally in Korea.

Distribution:
One copy, to OSS, Det. 203, APO 879
One copy, to Reps, OSS, Det. 202, APO 627,
for files

Clyde B. Sargent, Capt., AUS
April 3, 1945

Declassified by
Date

SECRET

■ 싸전트 대위는 중경임시정부가 이글작전을 승인했다는 사실을 OSS 본부 등에 즉각 보고했다. OSS는 이글작전에 큰 비중을 두고 있었다.

김구 주석과 대담하는 동안 한국광복군 이청천 총사령관, 광복군 2지대장 이범석 장군, 최근 조직되어 안휘성 부양에서 주둔 중인 광복군 3지대장 김학규 소장 그리고 통역 정한범이 배석했습니다. 김구 주석은 평범한 중국 옷을 단정하게 차려입고 응접실에 들어왔으며 몸이 불편해 잠시 쉬고 있었다고 양해를 구했습니다. 70세의 나이에도 불구하고 김구 주석은 외모나 몸가짐에서 건강하고 당당해 보였습니다. 품격 있어 보였고 절제와 점잖음을 갖춘 가운데 평정심을 유지하고 있어서 그가 25년 동안 애국적 자객이

자 테러리스트였다는 사실과 전혀 부합되지 않아 보였습니다.

대담은 대부분 덕담을 나누는 수준에서 진행되었습니다. 김 주석은 미국의 관심에 감사한다고 말하고(제가 이범석 장군과 관계를 이어온 것을 말한 것입니다) 이어 전면적인 협력을 할 의향이 있으며 특히 최근 안휘성 부양에서 막 도착한 37명의 한국인을 포함해 (광복군) 인력을 활용할 수 있도록 할 생각도 있다고 말했습니다. 본인은 일반적인 동맹국 간 공유하는 가치와는 다르게 한국과의 사이에서는 보다 각별한 가치를 공유해야만 한국-미국 공조를 이룰 수 있다고 강조했습니다. 대담하는 가운데 김구 주석은 두 개의 주목할 만한 발언을 했습니다.

1. 김구 주석은 이범석 장군과 본인 사이에 발전되어온 관계에 대해 기쁨을 나타냈습니다. 그리고 양인과의 관계에서 싹튼 모든 것을 승인했다고 말했습니다.
2. 그는 맥아더 장군이 필리핀섬에 진격할 때 필리핀 대통령 그리고 고위 관료들과 동행했는데 이는 필리핀 국민들로 하여금 마음에서 솟아나는 협력 정신으로 일본이 점령한 필리핀을 공격하는 미군을 돕게 만들었다고 말했습니다. 따라서 연합군이 한국에 진격할 때 대한민국임시정부 요원들과 동행한다면 한국 민중들에게도 같은 영향을 미칠 것이라고 말했습니다. 또한 이와 같은 조치는 한국 민중들로 하여금 기꺼이 일본에 저항해 일어서게 하여 한국 내 미국의 작전을 지원하게 될 것으로 확신한다고 말했습니다.

김구 주석을 만나뵌 것은 제게 큰 기쁨이었으며 앞으로 자주 뵙기를 또 결국에는 한국에서 뵙게 되기를 희망한다고 그에게 말하며 작별 인사를 마쳤습니다.

보고자: 클라이드 싸전트 대위, 1945년 4월 3일
보고처: OSS 본부, OSS 중국사령부

김구 주석은 싸전트 대위를 면담하기 이틀 전에 큰 아들 김인의 장례를 치렀다. 김인은 17세 때부터 독립운동에 참여해 아버지 김구를 도와 임시정부 광복군 장교로 활동했다. 그러나 28세인 1945년 3월 29일 결핵으로 사망했다.

싸전트 대위는 김구 주석과의 면담을 마친 뒤 이범석 장군과 다시 세부적인 내용에 대해 대화를 나누었다. 대화 내용 역시 문건으로 작성되어 김구 주석 면담 내용과 함께 즉시 상부에 보고되었다. 다음은 이범석과 나눈 대화 내용에 관한 보고서다.

비밀 보고, 한국 관련, 1945년 4월 3일

오늘 이범석 장군과 대화를 가졌습니다. 다음은 이 장군의 발언 내용입니다.

1. 예상되는 작전(이글프로젝트)은 김구 주석과 이청천 장군으로부터 전적인 승인을 받았습니다.

2. (광복군 3지대장) 김학규 소장 역시 그가 통솔하는 안휘기지의 광복군도 이글프로젝트의 작전에 포함되기를 강력하게 바라고 있습니다.

이 장군은 본인이 나서서 김학규와 자신과의 관계, 그리고 김학규와 미 공군 중국사령부의 윌프레드 스미스(Wilfred Smith) 중령과 버치(Birch) 대위 사이에 논의되던 작전 계획과 향후 진행할 OSS와의 작전 계획에 대해 보다 명확한 경계를 지어줄 것을 요청했습니다. 본인은 내일 열릴 회의에서 더 명확하게 선을 긋도록 노력하겠다고 대답했습니다.

3. 김약산(김원봉)은 이글작전의 대략적인 계획에 대해 아직 찬성도 반대도 밝히지 않고 있으며, 앨버트 C. 웨드마이어(Albert C. Wedemeyer) 장군과의 면담 허락과 한국 내에 있는 미군 동조자들이 포함된 모든 작전 계획을 제시할 것을 김구 주석에게 요구하고 있습니다. 김구 주석은 웨드마이어 장군과의 면담을 허락하지 않았습니다.

그러나 싸전트 대위는 김원봉 장군의 문제 제기 원인을 임시정부 내 파벌간 갈등에서 찾았다.

본인의 판단으로는 김약산이 웨드마이어 장군과의 면담을 강하게 요구하고 있는 것은 다음의 이유 때문입니다. 김약산은 김구, 이청천, 이범석, 김학규 그리고 그 밖의 독립당 인사들이 자신보다 한발 앞서서 미군 관계자들과 관계를 형성하고 있는 데 불만을 갖고 있습니다. 그 자신과 그가 이끄는 혁명당이 (독립당에 앞서) 미군과의 관계에서 보다 두각을 나타내고자 하는 바람을 갖고 있습니다.

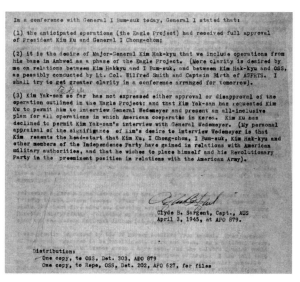

In a conference with General I Bum-suk today, General I stated that:

(1) the anticipated operations (the Eagle Project) had received full approval of President Kim Ku and General I Chong-chon;

(2) it is the desire of Major-General Kim Hak-kyu that we include operations from his base in Amhwei as a phase of the Eagle Project. (More clarity is desired by me on relations between Kim Hakkyu and I Bum-suk, and between Kim Hak-kyu and OSS, as possibly conducted by Lt. Col. Wilfred Smith and Captain Birth of AGFRTS. I shall try to get greater clarity in a conference arranged for tomorrow).

(3) Kim Yak-san so far has not expressed either approval or disapproval of the operation outlined in the Eagle Project; and that Kim Yak-san has requested Kim Ku to permit him to interview General Wedemeyer and present an all-inclusive plan for all operations in which American cooperate in Korea. Kim Ku has declined to permit Kim Yak-san's interview with General Wedemeyer. (My personal appraisal of the significance of Kim's desire to interview Wedemeyer is that Kim resents the head-start that Kim Ku, I Chong-chon, I Bum-suk, Kim Hak-kyu and other members of the Independence Party have gained in relations with American military authorities, and that he wishes to place himself and his Revolutionary Party in the preeminent position in relations with the American Army).

Clyde B. Sargent, Capt., AUS
April 3, 1945, at APO 879.

Distribution:
One copy, to OSS, Det. 303, APO 879
One copy, to Repe, OSS, Det. 202, APO 627, for files

▌약산 김원봉은 이글 요원들과 내응할 동조 세력이 한국 국내에 존재하는지 물었다. 이글 요원들의 안전과 작전 성공에 필수적이라고 판단한 듯하다.

OSS 측은 임시정부를 설득하는 데 전력을 다하고 있었다. 그 창구는 이범석 장군이었다. 1년 가까운 노력이 결실을 본 것이다. 싸전트와 김구 주석 면담이 있기 사흘 전인 1945년 3월 30일, OSS 곤명지부가 중경에 있는 OSS 중국본부에 보낸 비밀 전문은 OSS가 이를 위해 세심한 노력을 기울이고 있는 정황을 잘 보여준다.

비밀 전문 수신, 1945년 3월 30일
발신: 곤명 헬리웰 대령
수신: 중경 버드 중령

싸전트 대위와 이범석이 토요일(31일) 중경에 도착한다.
뒤에 언급된 인물은 이글프로젝트의 핵심 인물이니, 모든 예우

INCOMING

KUNMING
HELLIWELL   NR 883 CHUNGKING
BIRD

DATE:
TOW MARCH 30
TOR 301145
301225
TOD 301030

CAPT. SARGENT AND LEE BUM SUK ARRIVE CHUNGKING
VIA AMISCA SATURDAY. LAST NAMED IS KEY FIGURE ON
EAGLE PROJECT AND REQUEST ALL COURTESIES BE SHOWN
HIM. WE EXPECT TO START IMPLEMENTATION ON OR ABOUT
15 APRIL AND BELIEVE FLOW OF INTELLIGENCE WILL START
SHORTLY THEREAFTER.

OSS 곤명지부 헬리웰 대령이 OSS 중경본부에 보낸 비밀 전문. 방문 예정인 이범석에 대한 최고의 예우를 거듭 요청하고 있다.

를 다해 정중하게 맞아줄 것을 요망한다. 이글프로젝트는 4월 15일경 시작될 것이며 첩보 활동은 바로 그 뒤 절차대로 착수하게 될 것으로 확신한다.

김구 주석과 면담을 마친 싸전트 대위는 바로 그날 이청천 총사령관, 이범석 2지대장, 김학규 3지대장과 함께 중경에서 25킬로미터 떨어진, 한인 사회가 형성된 토교를 방문했다. 그곳에서 싸전트 대위는 일본군에서 탈출해 광복군에 합세한 37명의 한국 청년들을 만났다. 이들 가운데 김준엽, 장준하가 있었고 바로 이들이 이글작전에 투입될 젊은이들이었다. 다음은 싸전트 대위의 보고서다.

본인은 안휘에서 온 37명의 광복군 병사들로부터 강력한 인상을 받았습니다. 그들은 이지적이었으며 눈이 초롱초롱하고 열정에 넘쳐 있었습니다. 군인 집단으로서 이들은 본인이 본 어떤 집단보다 지적 수준이 높아 보였고, 자질 역시 미국의 어떤 청년 장교들과 견주어도 뒤지지 않는다고 생각되었습니다. 대부분은 대학 졸업자이고 몇몇은 소통 가능한 수준의 영어를 구사했습니다. 중경으로 돌아오는 길에 본인은 이들 전원을 이글프로젝트에 투입해줄 것을 이범석 장군에게 요청했습니다.

I was greatly impressed by the 37 Korean soldiers from Anhwei. Every member of the group appeared to be intelligent, alert and keen. As a military group, it was the most intelligence group I have seen, and the calibre I think would compare favorably with any group of young American officers. I was told that most of them are college graduates, and several of them spoke very passable English. I talked informally with several of them during the return drive to Chungking. I suggested to General I Bum-suk that he take the entire group to Tu-ch'u, Shensi, to participate in the training program of the Eagle Project.

Clyde S. Sargent, Capt., AUS
April 3, 1945.

Distribution:
One copy, to OSS, Det. 203, APO 879
One copy, to Reps, OSS, Det. 202, APO 627, for files

Declassified By 006627
date 25 Jul 74 P.O. 11652

▌싸전트 대위는 37명의 독립군 병사들이 이지적이며 눈이 초롱초롱하고 열정에 넘쳐 있다고 OSS 본부에 보고했다.

일제 말엽 김준엽은 게이오대학교에 재학 중이었고, 장준하는 니혼 신학교에 재학한 목사 지망생이었다. 그들은 도쿄 유학생이었지만 서로 알고 지내는 사이는 아니었다. 김준엽과 장준하 회고록을 통해 탈출에 성공하던 순간을 자세히 전했다. 탈영에 먼저 성공한 쪽은 김준엽이었다. 김준엽은 중국 동부 쉬저우(서주, 徐州) 교외에 주둔 중이던 일본군 츠카다부대 간부후보생 학병이었다. 그는 회고록《장정》에서 그때를 자세히 술회했다.

1944년 3월 29일 새벽 2시, 그는 내무반 침상에서 슬그머니 몸을 일으켜 화장실로 향한다. 잠시 밖의 동정을 살핀 그는 어두운 목욕실 벽에 밀착해 있다가 도둑고양이처럼 몸을 움직여 병영을 둘러싸고 있던 성벽을 넘는다. 배낭에는 실패했을 때 자결하기 위한 수류탄이 들어있었다.

운 좋게도 불과 탈출 4시간 만에 중국 국부군계의 유격대원을 만남으로써 그는 탈영 학병 제1호가 되었다. 강변에서 서성이던 그를 붙잡아 조사한 중국 군인은 붓과 벼루를 가져다 이렇게 썼다. "환영, 한국 혁명지사!"

그로부터 4개월 뒤인 1944년 7월 7일 학도병 장준하, 김영록, 홍석훈, 윤경빈 4인의 결행이 이어졌다. 역시 츠카다부대였다.

일석점호가 끝난 그날 밤 9시 15분, 각자 부대 철조망을 넘었다. 인근 느티나무 아래에서 만나 산속을 향해 무작정 줄달음을 쳤다. 어렵사리 산정을 넘었으나 난데없이 운하가 가로놓여 있었다. 하지만 다행히도 운하의 깊이는 사람 키 정도밖에 되지 않았다. 운하를 건넌 그들은 젖은 몸으로 허허벌판을 달렸다. 성냥이 젖어서 켜지지 않아 나침반을 보려 해도 볼 수 없었다. 설상가상으로 엷은 구름까지 끼어서 북극성마저 잘 보이지 않았다. 그들은 도로와 인가를 피해 조밭, 수수밭의 고랑과 두둑을 가리지 않고 달렸다. 탈진과 허기는 그래도 견딜 만했다. 정말 괴로운 것은 갈증이었다. 그들은 여명이 틀 때까지 걷거나 뛰었다. 그들은 다음날 오후 수수밭에서 중국 공산군 계열의 팔로군을 만났다. 거의 기적에 가까운 일이었다고 장준하는 그의 회고록 《돌베개》에서 전했다.

김준엽과 장준하 일행은 중국군의 선처로 역사적인 첫 만남을 가진다. 두 사람 모두 서로를 처음 본 순간 오랜 친구 같은 느낌을 받았다고 회고했다. 와락 달려들 듯이 "한국분들이시죠?" 하고 서로 물었고 곧바로 더욱 힘차게 상대를 끌어안았다고 각자의 회고록에서 감동의 순간을 전했다.

1944년 7월 28일 장준하와 김준엽 일행은 중경임시정부를 향해 6,000리 대장정에 오른다. 지도를 보며 때로는 별을 보며 그들은 걷고 또 걸었다. 중국 유격대의 안내를 받아 장사꾼으로 변장하기도 하고 벙어리 시늉까지 해가며 일본군 점령지를 여러 차례 돌파했다. 그들은 9월 10일 광복군 훈련반이 있던 린취안에 도달했고 이듬해 5월 광복군과 OSS의 이글프로젝트에 합류했다.

OSS는 제2차세계대전 기간 중 창설된 미국의 전시 첩보기관이다. 우리 현대사에서 빠뜨릴 수 없는 이름이 된 OSS는 1945년 5월, 중경 임시정부의 협력 아래 한국의 핵심지역 5곳에 첩보원을 여러 차례 침투시키는 이글작전을 준비하기로 합의하고 곧바로 이글팀을 구성해 맹훈련에 들어갔다. 이글팀의 OSS 측 실무책임자는 앞서 임시정부와의 교섭에서 주역을 맡았던 싸전트 대위였고, 광복군 측은 싸전트 대위의 실무교섭 상대였던 광복군 2지대장 이범석 장군이었다. 뒤늦게 가담한 김학규 지대장이 이끄는 광복군 3지대도 이글작전에 참여하기로 합의하고 후속 투입을 목표로 훈련 준비에 들어갔다.

중경임시정부와 OSS의 계획은 여기서 그치지 않았다. 일본군을 탈출한 학병들을 적극 초모(招募)해 이글작전을 계속하기로 했다. 이를 위해 학병들의 탈출을 유도하고 일본군 점령지역 밖으로 안전하게 안내하기 위해 광복군 비밀 요원들을 중국 내 일본군 점령지역에 밀파했다. 이 역시 생명을 무릅쓴 공작이었다.

1945년 4월 11일, 김구 주석 등 중경임시정부 요원들은 중국전구 미군사령관 웨드마이어 중장과의 면담을 요청했다. OSS 중국본부를 통해서였다. OSS는 이 사실을 웨드마이어 사령관에게 보고했다. OSS 중국전구 부책임자 윌리스 버드(Willis H. Bird) 중령이 미군사령부 윌리엄 맥아피(William McAfee) 소령을 통해 전달했다. 다음은 그 보고서의 본문이다.

> 대한민국임시정부 주석의 보좌역인 정한범 박사가 오늘 아침 나를 방문해, 김구 주석과 이청천 광복군 사령관, 조소앙 외교부 장관 3인이 웨드마이어 사령관을 면담할 수 있도록 주선해주기를 요청해왔습니다. 이들 모두 중경에 있는 대한민국임시정부 최고위 당국자들이며 워싱턴 주재 임시정부 대표가 보내온 전보를 받고 찾아왔다고 합니다. 전보에 따르면 웨드마이어 장군이 전쟁 수행을 위해 한국인을 활용하는 문제를 워싱턴에 있는 한국 관계자들과 논의했다는 것입니다. 언제가 괜찮을지 알려주면 본관이 적절한 메시지를 상대방에게 전달할 것입니다.

그러나 면담은 성사되지 않았다. 웨드마이어 장군 휘하의 참모가 임시정부 임원 일행의 요청사항을 청취하는 형식으로 면담을 대신했다. 이글프로젝트는 곧바로 실행에 옮겨졌다.

| 2 |

이글작전의 훼방꾼, 중국과 영국
: 1945년 6월 5일

1945년 5월 11일부터 이글팀의 훈련이 시작되었다. 교육 대상은 광복군 2지대 125명 가운데 1기 교육생으로 선발된 50명이었다. 싸전트 대위는 5월 30일 이글프로젝트 진행 경과를 OSS 중국본부의 헤프너 대령에게 보고했고, 진행 경과는 다시 6월 1일 OSS 사령부로 바로 보고되었다.

비밀 보고 중국전쟁지구 미군사령부 전략사무국지부,
1945년 6월 1일
발신: 중국전구 OSS 지부장 헤프너(Richard P. Heppner) 대령
수신: 전략사무국(OSS) 본부 위태커(John T. Whitaker) 대령
제목: 이글팀 관련 싸전트 대위의 보고

이 보고서는 5월 11일 예정대로 훈련에 돌입했다며 비록 인력은 부

```
                                          30 May 1945
To: Lt. Col. Paul L. E. Helliwell, and
    Major Gustav Krause

From: Clyde B. Sargent, Capt., AUS

Subject: MONTHLY REPORT FOR MAY: EAGLE PROJECT

1. General.  I arrived in Hsian on 9 May 1945 at 1535 hours and
went directly to Headquarters of the Hsian Field Command, report-
ing to Major Krause.  We had a short, pleasant official visit,
that is covered below. The next day I spent largely with General
Lee.  In the afternoon of 11 May 1945, General Lee and I went to
his headquarters at Tu-ch'u, 12 miles south of Hsian, where our
base now is located.  We were accompanied by Georgia and Myers,
who had arrived the night before and each of whom drove a truck
containing our equipment. Since 11 May, we have been officially
installed at the compound, and have been occupied by arranging
to initiate training and operation.  We make about two trips a
week to Hsian and to HFC HQ, and each of us goes about every
other trip, i.e., once a week.

2. Personnel.  The American personnel with the Eagle Project now
are five:
    Clyde B. Sargent, Capt., AUS, O-550258, Field Commander of Eagle
    John F. Donohue, 1st Lt., CMP, O-1798847, S&T representative
    Robert J. Myers, Pfc., 15342105, SI Branch
    Frank A. Hobbs, Sp(P)1c, USNR, 611-15-69, Field Photo rep.
    W. S. Georgia, Civilian, Communications representative with Eagle
Sargent, Myers and Georgia arrived together on 11 May.  Donohue and
Hobbs arrived together on 24 May.  I am pleased to express recogni-
tion and commendation of each man assigned to this Project for
pursuance of his duties and assumption of extra responsibilities
necessitated by present shortage of personnel. Every man,
efficiently and promptly, has established his own share of the
operation, and in addition has voluntarily assumed many and
various other responsibilities with willingness.  Each man seems
pleased with his assignment to the Eagle Project, and morale and
spirit are completely satisfactory.  Of equal importance has been
the attitude of American personnel towards the Korean staff and
troops, and vice versa.  A gratifying esprit de corps between
Americans and Koreans is developing and should elevate the spirit
of endeavor by Korean personnel of this Project above the average
for somewhat similar missions. This is possible largely because
of the excellent esprit de corps General Lee has developed among
his men, and because of his own personal qualities and energetic
cooperation.
```

실무책임자 싸전트 대위는 광복군 병사들의 적극성과 전우애를 높게 평가했다.

족하지만 부대원 전원이 효과적이고 신속하게 주어진 직무를 수행하고 있고, 책무 외의 일도 자발적으로 나서서 하고 있다고 밝혔다. 이는 이글프로젝트에 대한 강한 의욕 때문인 것으로 보인다며 한국인 훈련생의 실무책임자 싸전트 대위는 광복군 병사들의 적극성과 전우애를 높게 평가했다.

미국인과 한국인 사이에 전우애가 더욱 커지고 있습니다. 한국인 훈련생들은 같은 성격의 임무를 부여받은 다른 일반 훈련생들에 비해 평균 수준을 크게 웃도는 도전 정신을 보이고 있고 또 날로 더 높아지고 있습니다. 이는 이범석 장군이 자신의 부대원들에게 특출한 전우애를 불어넣은 데 크게 힘입은 것 같습니다. 이범석 장군 특유의 격조 있는 인품과 열정적인 협력이 있기에 가능한 일입니다.

싸전트 대위의 찬사는 계속되었다.

> 저는 이들의 자질에 대해 거듭 감명을 받고 있습니다. 기지를 방
> 문하는 모든 사람이 예외없이 깊은 인상을 받는 것은 이범석 장
> 군의 통솔력에 힘입은 바 큽니다. 핍박을 받아온 청년들이 이처럼
> 드높은 기강과 사기를 보이는 것은 경이롭기만 합니다.

그러면서 그는 이범석 장군을 왕족 출신이라고 소개했다.

> 이철기(범석) 장군은 44세이며 철저히 혁명적인 군지휘관입니다.
> 이 장군은 황궁에서 태어난 황족 출신으로 처음에는 궁에서 교
> 육을 받았으며 이어 일본에서 3년, 러시아에서 3년 또 중국기병
> 학교를 졸업했습니다. 그는 근 30년 동안 군인이었습니다. 한국어
> 는 물론 일본어, 중국어, 러시아어를 유창하게 구사하며 영어도
> 약간 해독합니다.

이 보고는 과장되고 사실과 다른 내용이 많다. 그가 전주 이씨이며
서울에서 태어난 것은 맞다. 그러나 왕족은 아니며 궁에서 교육을 받
은 일이 없고 일본 유학의 경험도 없다. 누가, 왜 싸전트 대위 등 미군
측에 과장된 경력을 전달했는지 알 길이 없다. 그러나 미군 측도 굳이
경력의 사실 여부를 확인할 필요는 없었을 것이다. 이글작전을 성공
시키기 위해서는 죽음을 무릅쓴 광복군 이글 요원들의 희생정신과 사
명감, 그리고 이범석 장군의 통솔력이 필요했기 때문이다.

싸전트 대위는 훈련생과 기간병들에게 군복을 지급하고 식사의 질을 높이며 과거 이들의 급식 수준은 형편없었다고 보고했다.

보급품 가운데 피복을 우선적으로 지급했는데 이로 인해 사기가 올랐고 겉모습도 멋지게 변모했습니다. 또 식사도 하루 세 끼씩 제공했습니다. 종전에는 하루 두 끼였습니다. 모든 식사는 매달 아니 해가 바뀌어도 똑같이 밥과 국인데, 맛과 색깔을 내기 위해 뜨거운 물에 간장을 풀고 시금치 몇 잎을 넣은 간장국이었습니다. 저는 이들에게 하루 세 끼의 식사를 제공하라고 지시했고 끼니마다 122그램의 고기와 달걀 1개, 채소 그리고 주 1회 비타민 1정을 지급했습니다.

싸전트 대위의 보고서는 이어 광복군 요원들의 학습 능력과 훈련성과, 그리고 이들이 가진 잠재력의 효용 가치에 대해서도 격찬과 높은 평가를 아끼지 않았다.

암호송수신교육 담당 민간인 요원인 조지아(W. S. Georgia)에 따르면 기초교육 4일째인 현재, 훈련 요원 모두 분당 평균 25자를 달성했으며 한 달 이내에 이들 가운데 상당수가 야전통신이 가능한 수준에 달할 것으로 확신한다고 합니다. 존 도노휴(John F. Donohue) 소위는 어제 처음으로 첩보교육 과정을 시작했는데, 교육 요원들에 대한 느낌을 말하기는 아직 이르지만 평균 수준 이상의 성과가 있을 것이 분명하다고 말했습니다. 조지아와 도노휴의 관련 보고를 첨부합니다.

싸전트 대위는 "한국인 요원의 증강이 얼마나 계속 이루어질 것인 지에 관한 문제만 충족된다면 이글프로젝트의 잠재력은 무한하다"고 강조했다. 더군다나 이들 요원들 개개인이 이미 소중한 정보를 갖고 있다고도 강조했다. 이글프로젝트에 투입될 첩보 요원으로서의 가치 외에 이들이 보유한 정보의 가치 역시 대단히 크다는 것이었다.

현재 우리가 교육하고 있는 한국광복군 요원 개개인에게는 많은 정보 잠재력이 있습니다. 우리 미국 기간 요원들은 이들로부터 첩 보를 얻어내기만 하면 됩니다. 요원 가운데 50명은 지난해 한국 또는 일본 점령지역 곳곳에서 제각기 다른 시간대에 탈출한 사람 들입니다. 이들 중 65퍼센트는 일본군에서 탈출했습니다. 이들이 갖고 있는 온갖 종류의 전략적·전술적 정보의 가치는 엄청날 것 입니다. 우리가 원하는 정보를 이들로부터 끌어내려면 현재의 제 한된 미군의 인력으로는 매우 더딜 것입니다.

훈련이 진행되던 중 1945년 6월 5일, 이글프로젝트는 뜻밖의 복 병을 만났다. 다음은 OSS 중국전구 본부장인 존 위태커(John T. Whitaker) 대령이 중국전구 미군사령관인 웨드마이어 중장에게 긴급 도움을 요청하며 보낸 보고다. OSS와 대한민국임시정부와 합동으로 진행하고 있는 이글작전을 장개석 정부의 중국과 영국 두 나라가 와 해시키려 하고 있다는 것이었다.

TOP SECRET CONTROL   5 June 1945

SUBJECT: Attempted Penetration of OSS Operation.

TO   : Commanding General, USF, China Theater.
         Attention: General George Olmsted, A.C. of S., G-5.

     1. Attached are detailed reports of Captain Clyde B.
Sargeant concerning the effort to penetrate our "Eagle"
Compound of which you were promptly informed.

     2. General Lee-Bum-Suk notified us of the pressure
placed on him in Chungking recently by General Tai Li. In
addition, we have learned subsequently that General Tai Li
is organizing a camp at Chengtu into which he proposes to
place all Koreans. In polite language, we have been told
by Koreans that General Tai Li means to deny us any further
Korean agent material. Similarly, the British sent Koreans
they control to Kunming in an equally transparent effort to
gain information concerning OSS projects for the penetration
of Korea. Similarly, the British authorities in SEAC have
offered Korean personnel to OSS. This is all part, in my
opinion, of the penetration of American intelligence efforts
no less than the penetration of American installations in the
China Theater by the British, reports of which we have received
frequently and in one case at least in tangible documentary
form. This incident would appear to indicate that the British
Intelligence Services have joined forces temporarily for this
purpose with General Tai Li.

     3. The above is forwarded for your information.

         For the STRATEGIC SERVICES OFFICER:

                                    JOHN T. WHITAKER
                                    Colonel, Inf.
                                    Intelligence Officer
els: 2

▌OSS 중국본부는 영국과 중국의 첩보기관들이 연합해 이글작전 와해 공작을 전개하고 있으며 즉각 대응이 필요하다고 웨드마이어 중국전구 미군사령관에게 긴급 보고했다.

극비, 1945년 6월 5일

발신: OSS 중국전구 본부

수신: 미군 중국전구 사령관

제목: OSS 작전 침투기도

1. 이글기지 침투기도에 관한 클라이드 싸전트 대위의 상세한 보고서를 첨부해 사령관께 즉시 보고를 드리는 바입니다.

2. 광복군의 이범석 장군은 중국군 정보 총책임자인 따이리(戴笠) 장군으로부터 압력을 받고 있다고 알려왔습니다. 이와 함께 우

리는 따이리 장군이 모든 한국인 병력을 성도(成都)에 모아 훈련시키는 방안을 추진하고 있는 것을 알아냈습니다. 따이리 장군이 한국인 인적자원을 더 이상 미국의 첩보 활동에 활용하지 못하게 하려는 것 같다고 한국 관계자들은 설명했습니다. 때를 같이하여 영국도 자신들의 통제 아래 있는 한국인들을 곤명에 보내 OSS가 진행 중인 한국 침투계획에 대한 정보를 캐내려고 속이 뻔히 들여다보이는 노력을 하고 있습니다. 영국 동남아전구 당국은 OSS에 한국인 인력을 보내왔습니다. 이와 같은 일들 모두가 중국전구에 있는 미국의 첩보 관련 시설을 들여다보려는 정도가 아니라 미국의 첩보 활동에 영국이 간여하려는 기도라고 봅니다. 우리는 이와 관련한 정보 보고를 여러 차례 받았으며 그 가운데 하나 이상은 확실한 문건으로 갖고 있습니다. 이번 사건은 영국 첩보기관이 같은 목표를 위해 (중국 첩보기관 수장인) 따이리 장군과 잠정적으로 힘을 합쳤음을 시사합니다.

3. 위 첩보 사항을 전해드리는 바입니다.

OSS를 대표하여
존 위태커 대령(OSS 첩보담당관)

중국과 영국 두 나라 군 첩보 관계자들이 공모해 이글작전 훈련을 받고 있는 광복군 병력을 빼내려 하고 있어 긴급하게 보고하는 바라고 밝히고 있다. 이는 사실상 숨 가쁜 구조 요청이었다. 위태커 대령의 보고서에는 OSS 중국전구 책임자 헤프너 대령이 싸전트 대위로부터 받은 이 사건의 자세한 경과를 담은 보고가 첨부되어 있었다.

다음은 싸전트 대위의 보고다.

극비, 중국전쟁지구 미군사령부 전략사무국지부, 1945년 6월 1일

제목: 스테이블스(Stables) 영국군 대령의 이글기지 방문에 관한 보고

발신: OSS 중국전구 본부장 헤프너 대령

수신: 전략사무국(OSS) 본부 위태커 대령

위에 관한 싸전트 대위의 보고서를 첨부합니다.

영국군 파견단의 방문에 관한 보고입니다. 오늘, 1945년 5월 26일 아침 10시 15분경, 서안에서 12마일 떨어진 두곡에 위치한 이글기지에 스테이블스 영국군 대령이 인솔하는 파견단이 방문했습니다. 일행에는 호종남 대장이 사령관인 중국군 제1전구사령부의 본부 참모장실 후핑창(Hu Ping-chang) 소장이 있었습니다. 스테이블스 대령은 자신이 이곳을 방문한 목적은 최근 일본군에서 탈영해 이곳에 온 한국인들을 심문하기 위해서라고 말했습니다. 그는 참모장이 발행한 문서를 휴대하고 있었습니다.

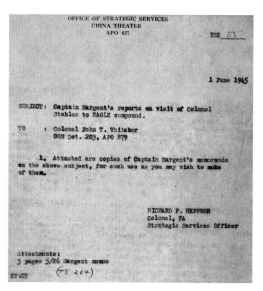

▌OSS 이글팀은 심각한 사태로 인식하고 웨드마이어 중국전구 미군 사령관과 OSS 사령부에 긴급 보고했다.

그 문서의 수신자는 한국광복군 2지대였다. "스테이블스 영국 육군 대령이 군사 첩보 수집차 방문하므로 편의 제공을 요청한다"고 적혀 있었으나 마침 책임자인 이범석 광복군 2지대장은 기지에 없었으므로 이를 이유로 스테이블스 대령의 광복군 심문 요구를 거절했다고 싸전트 대위는 보고했다. 옥신각신 끝에 스테이블스 대령은 자신이 중국군 제1전구사령부의 허가를 받았으므로 이범석 광복군 장군이 누군지 알 바 아니며 자리에 참석한 싸전트 미군 대위를 가리켜 "이곳에서 당신의 임무가 무엇인지 나는 모르겠고, 어쨌든 본관은 내일 다시 와 광복군들을 심문하겠다"고 말하면서, 27일 아침 9시에 방문해 한국광복군 5명 이상을 심문할 것이라고 일방적으로 통보하고 떠났다는 것이다.

싸전트 대위는 기지 방문 중 스테이블스 대령이 도저히 양해할 수 없을 만큼 무례하고 거만하며 공격적이었고, OSS와 광복군의 승인을 받지 않은 방문 역시 상식에 어긋난 행위라고 비난했다. 또한 이와 같은 행위가 무엇을 의미하는지 나름 판단하는 바가 있으며 현재로서는 더 지켜봐야 하겠지만 심각한 사태로 발전할 가능성을 보여주는 일련의 사례를 보고한다고 밝혔다.

중국 정부는 한국 독립운동에서 눈에 띌 만한 진전을 바라지 않는다고 합니다. 그래서 최근 수년 동안 중국 정부가 한국인들에게 제공한 원조도 겨우 형식에만 그치고 있다고 합니다. 또 중국 정부가 공식적으로는 이글작전을 승인했지만 미국이 OSS를 통해 한국인들에게 원조를 제공하는 것을 그리 좋아하지 않고 있다고 합니다. 중국이 이글계획을 승인한 뒤 중국 첩보기관 총책임자인 따이리 장군은 중경에서 이범석 장군을 만찬에 초대해 (OSS와의 협력을 포기하는 것을 조건으로 내비치며) 중국의 원조와 협력을 제의했다고 합니다. 중국이 강하게 반발하면 미국 측이 여기에 얼마나 강력하게 맞설 것인지 시험하는 것으로 판단됩니다. 소동이 있었던 다음날 우리가 스테이블스 대령의 사무실로 방문했을 때, 중국 측이 영국 측에 넌지시 정보를 알려주기 전까지는 한국 광복군에 대해 자세히 알지 못했다고 밝힌 바 있습니다. 이와 같은 정보로 미루어 제가 제기한 추측이 사실일 가능성이 있는 것입니다.

한바탕 소동은 끝났고 훈련은 차질 없이 진행되었다. 영국과 중국이 뒷걸음질 친 것이다. 웨드마이어 중국전구 미군사령관의 역할이 주효했던 것으로 보인다. 장개석의 중국군 총참모장을 겸하고 있는 웨드마이어 사령관은 조셉 워렌 스틸웰(Joseph Warren Stilwell) 전임 사령관과 달리 장개석 총통과 원만한 관계를 유지하면서 미국-중국 간 갈등을 수습해왔다는 평가를 받고 있다.

| 3 |
광복군 출정 전야의 난투극
: 1945년 8월 7일

미국 국립문서보관소에 수장된 한국의 독립 투쟁과 해방 그리고 한국전쟁을 증언하는 자료들은 세월의 무게를 이기지 못하고 빛이 바랬다. 그래서 그 내용을 난수표 풀듯 해독해야만 하는 단계에 들어선 문서들도 드물지 않게 보였다. 특히 역사의 현장에서 그때 그곳의 사람과 함께한 문서들은 그 주인공의 거친 삶의 행적 만큼이나 때에 절고 피 묻고 구겨져 있었다. 그러나 예외는 있었다.

1945년 7월 15일 한국광복군 2지대가 중경에 있는 군장 제조업체와 주고받은 주문서와 영수증이었다. 엊그제 작성한 것처럼 종이는 변색의 흔적이 전혀 없는 데다 쓰여진 글씨와 색깔도 선명했다. 먹 글씨와 닥나무로 만든 동양의 종이가 얼마나 탁월한 보존성을 갖고 있는지 새삼 실감할 수 있었다.

한국광복군 2지대는 중경 청년로 83에 있는 군장 제조업체인 경쟁금속공업사에 250명분의 휘장과 견장 등을 주문했다. 이글작전 한 달

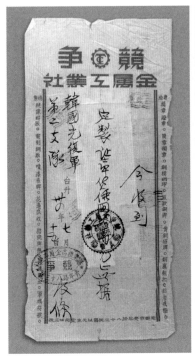
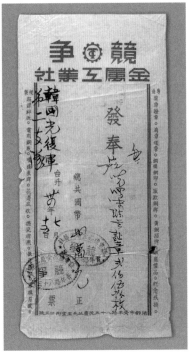

▌군장업체가 광복군 2지대에게 발행한 영수증과 주문 확인서. 계약일은 7월 15일이었다.

전이다. 1회 침투에는 45명이 예정되어 있었다. 250명분인 것을 보면 비밀침투작전은 적어도 다섯 차례에 걸쳐 진행될 것으로 예상했던 것 같다. 당초 이글작전 계획에 따르면 일본군에서 탈주한 학병들을 적극 모병해 2,000여 명을 차례로 한국에 침투시킬 예정이었다.

이 주문서와 영수증은 두 통의 편지와 함께 보관되어 있었다. 한 통은 신영묵(申榮默)이 서안 시외 두곡(杜曲)에 있는 한국광복군 2지대 이 대장(鐵驥, 철기), 즉 이범석(李範奭) 장군에게 OSS를 경유해 보낸 편지였다.

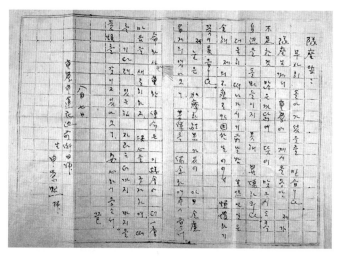

▌신영묵 대원이 이범석 2지대장에게 보낸 사과의 편지. 여러 명이 격렬하게 싸웠음을 짐작할 수 있다. 간결하고 정중한 문체와 내용이 인상적이다.

대좌(隊座) 앞,

무사히 돌아가셨을 줄 믿습니다.

대좌(대장) 님께서 중경에 계시올 동안 제가 부족한 것이 많은 까닭에 뜻에 맞으시도록 신변을 돌봐드리지 못해 죄송하외다.

더욱이 떠나가시기 전날 밤 생긴 일은 모두 저의 불찰로 기인한 일이어서 죄송하기 끚(끝)이 없습니다. 제 눈은 가료한 결과가 있어 아모 염려 없게 되었사오니 아무쪼록 휴념(休念)하여 주시옵소서.

명하신 바 중한 사명은 이 기회에 더 일층 마음을 새로히 하고 결심을 굳게 하여 때를 기다려 있는 힘 자라는 데까지 바치올 각오를 갖이고 있사오니 안심하시옵소서. 끝.

8월 7일
중경시 연화지전가4제(重慶市 蓮花池前街4梯)
신영묵 배

다른 한 통은 정운수에게 보내는 편지였다. 역시 중경에 있을 때 발생한 폭력 사태에 대해 사과하는 내용이다.

> 정 선생님 앞,
>
> 안녕히 돌아가셨습니까. 이번 돌아가시기 전날 저녁에 생긴 일에 대하여는 모두 제가 아직 미숙한 탓으로 생긴 일이라서 무어라고 말씀드려야 좋을지 오직 죄송한 마음만 가득할 뿐이외다. 모조록 이번 일은 저의 책임이온즉 저를 책망하시고 모두 잊어주시옵기 비옵니다. 선생님이 떠나신 후 생은 몸 평안히 사명달성 길을 떠날 그날을 기다리고 있을 뿐입니다. 모두들 선생님께 미안하게 되었다고들 말씀하고 있습니다.
>
> (70여자 덧칠로 지움)
>
> 선생님의 옥체 안녕하시옵기를 빌고 있습니다.
>
> 8월 7일
> 중경에서 신영묵 올림

이범석과 동행한 정운수는 누구인가? 정운수는 재미교포로 OSS 이글팀 실무책임자인 싸전트 대위가 한국어에 능통한 교육 요원의 충원을 본부에 요청함으로써 긴급 배치되었다. 1903년 경북 의성 출생으로 1926년 연희전문학교 재학 중 6·10 만세운동 시위에 적극 가담했으며 미국으로 건너가 프린스턴대학교 신학과에서 수학, 1937년 석사학위를 받았다. 1942년 3월부터는 이승만의 보좌관으로 활동했고 항일전에 적극 참전하기 위해 1943년 6월 미 공군사관학교에서 훈련을 받았다. 공군 소위로 임관해 중국, 버마 등지에 있는 항공대에서 근무하다 1945년 1월 OSS 산하에서 한미 합작으로 유격대를 조직해 훈련하라는 미 국방성의 지시를 받고 이글프로젝트에 참여해 주로 광복군의 통신교육을 담당했다. 1945년 8월 17일 이범석과 같이 서울 여의도비행장에 착륙했다가 일본군의 적대 행위로 일행과 함께 다시 산동성으로 돌아갔다. 1977년 건국포장, 1990년 애국장이 수여되었다.

1950년 해운공사 사장을 지내던 정운수는 국회의원 선거를 앞두고 권력의 비호를 받으며 이승만 대통령에게 유리한 정치 조작극을 꾸미던 대한정치공작대 사건의 배후 인물로 지목되어 수사를 받던 중 미국으로 도피했다. 1986년 사망했다.

이글작전을 앞두고 중경에서 광복군들의 만남은 어떤 자리였으며 함께한 사람들은 누구였을까? 광복군 2지대의 이범석 지대장과 한국계 미국인 정운수 미군 중위 두 사람은 이글작전이 임박한 1945년 7월 26일 중경으로 출장을 떠났다. 이 사실은 싸전트 대위가 폴 헬리웰(Paul Helliwell) 대령에게 급히 도움을 요청한 전문에서 확인된다.

이범석 장군이 정(운수) 중위와 함께 중경으로 가던 도중 성도에서 보안 문제로 지연되고 있습니다. 그곳의 OSS 책임자인 롱넥커(Longnecker)에게 연락하시어 도움을 청해주시겠습니까?

중경에서 이범석 일행을 맞아 함께 자리한 인물은 사과의 편지를 보낸 신영묵과 그의 동행이었을 것이다. 그 실마리는 1945년 8월 6일 이글작전 OSS 실무자인 싸전트 대위가 OSS의 이글작전 책임자인 헬리웰 대령에게 보낸 전문에서 찾을 수 있다.

비밀 1945년 8월 6일
발신: 싸전트
수신: 헬리웰, 루즈벨트
우리 팀의 송면수, 신영묵, 민영환 세 명의 광복군 요원이 중경에 체류 중이며 이들은 이글팀을 모집하기 위해서라면 주쳉(Jucheng)이든 어디든 떠날 준비가 되어 있습니다. 이들의 일정과 경로를 조정해 알려주기 바랍니다. 현지에 갈 항공편과 초모한 이글팀 지원자들의 수송편을 마련하는 모든 사항을 준비할 것을 현지 OSS 요원에게 지시하는 내용이 담긴 추천장을 작성해주길 바랍니다. 그리고 이들에게 중국 화폐 20만 원을 지급하되 추후 정산은 이글팀 계정에서 하겠습니다.

이범석과 정운수가 다시 중경에 온 것은 열흘 전 제작을 의뢰한 광복군 휘장 등을 찾는 것도 주요 임무 가운데 하나였을 것 같다. 그리고 일본군 부대가 있는 지역에 잠입해 일본군 내 한국인 학병과 지원병의 탈주 지원과 포섭의 임무를 띠고 대기 중인 송면수, 신영묵, 민영환 등 광복군 2지대 요원들을 만나 식사 겸 술자리를 가졌을 것이다. 그런데 말다툼 끝에 주먹질이 오갔다. 왜 그랬을까? 본국에 침투하는 이글작전도 그렇지만 일본군 점령지역에 침투해 한국인 학병들의 탈영을 도와 점령지역을 무사히 벗어나는 것 역시 목숨을 건 임무였다. 목숨을 건

출정 전야의 술자리는 으레 거칠기 마련이지만 그날은 통제가 어려울 만큼 수위 높은 난투극이 벌어진 것으로 보인다.

그렇다면 단 다섯 명의 술자리가 아니라 더 많은 사람들, 광복군 2지대원이 아닌 다른 인물들이 가담했을 가능성이 매우 크다. 명령-복종 관계가 분명한 광복군 2지대장과 2지대원들뿐이었다면 그와 같은 난투극은 상상하기 힘들기 때문이다.

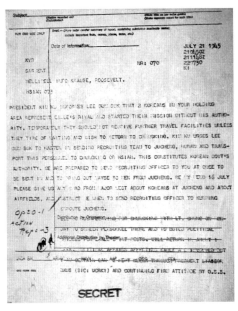

■ 광복군 내부의 갈등은 심각했다. 김구는 김원봉이 파견한 학병 초모팀을 돕지 말 것을 미군에 요청했다.

중경 인근에 김원봉의 광복군 1지대가 주둔하고 있었다. 1지대원들과 조우했거나 정보를 입수한 1지대원들이 접근했을 가능성이 있다. 김원봉의 1지대는 앞서 영국군의 요청으로 인도-버마 전선에 특수전 요원을 파견해 큰 성과를 거두어 연합국들로부터 높은 평판을 받고 있었다. 그리고 김원봉의 광복군 1지대와 이범석의 2지대는 미국 OSS와의 협력 문제에서 서로 이견을 보이며 갈등을 빚고 있었다. 일본군을 탈출한 한국인 학병을 대상으로 한 초모 공작도 제각기 상대방을 배제한 가운데 은밀하게 따로따로 진행되고 있었다.

1945년 7월 21일 싸전트 대위가 OSS 곤명지부의 헬리웰 대령에게 보낸 전문은 이와 같은 정황을 보여주고 있다.

비밀 7월 21일

싸전트가 헬리웰에게,

김구 주석이 이범석에게 통보한 정보입니다. 현재 그곳에서 학병 초모 공작을 준비하고 있는 2명의 광복군은 이글팀의 경쟁자들로서 김 주석의 허가 없이 임무를 시작한 자들이라고 합니다. 그들이 기다리다 지쳐서 중경으로 돌아가겠다고 하지 않는 한 당분간 더 이상의 여행 편의를 제공해서는 안 됩니다. 김구 주석은 이범석 장군에게 주쳉, 후난으로 초모팀을 따로 보낼 것을 재촉하고 있습니다.

먼저 출발한 이들은 김원봉이 보낸 1지대 요원들이었다. 한편에는 김구 주석과 이범석 2지대장 그리고 이글작전의 공조로 한결 가까워진 OSS, 거기에 이글작전에 한발 늦게 뛰어든 김학규 지대장이 이끄는 3지대가 있었다. 그리고 다른 한편에는 김원봉 임시정부 군무부장 겸 광복군 1지대장과 1지대가 외따로 떨어져 있었다.

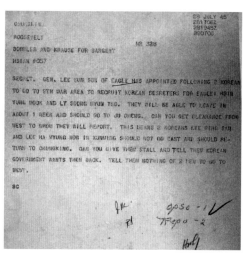

▌미군은 김구 측의 요청에 따라 김원봉의 광복군 1지대 활동을 차단했다.

며칠 뒤 쌍방의 갈등은 더욱 노골화되었다. 7월 28일 OSS 중경본부는 OSS 곤명의 실무책임자에게 보낸 전문에서 학병 초모 공작에 나선 김원봉의 1지대 요원의 현지 출발을 직접 저지하라고 지시했다. 적극적으로 이범석의 광복군 2지대를 돕고 나선 것이다.

> 현재 곤명에 머물고 있는 (1지대원) 이평산(Li Ping-San)과 이하명은 동쪽으로 더 나아가면 안 되므로 중경으로 돌려보내야 합니다. 그들을 멈추어 세우고 그들이 그곳에 가서 할 임무는 더 이상 없으므로 되돌아오라는 임시정부의 지시를 통보해줄 것을 요청합니다.

이들 1지대원을 대체하는 초모 공작 요원으로 중경에 대기 중이던 광복군 2지대원들은 바로 송면수, 신영묵, 민영환이었다.

미국이 김구 주석과 이범석 장군의 광복군 2지대만 일방적으로 항상 지원하지는 않았던 것 같다. 오히려 광복군 내 파벌들을 각각 따로따로 관리하고 있었다. 미국은 이들의 이념 성향의 차이, 파벌을 꿰뚫어 파악하면서 광복군 지대마다 따로 자금을 지원하고 있었다.

다음은 1945년 8월 2일 이글작전 실무책임자 싸전트 대위가 헬리웰 대령에게 보낸 비밀 전문이다.

> OSS가 안휘성 잠산(Chien-shan)에 있는 한국의 어떤 조직에 매달 50만 달러를 제공하고 있다는 정보를 몇몇 소식통이 이범석 장군에게 알려주었습니다. 이에 관한 정보를 갖고 있습니까? 이 미확인 정보가 대다수 한국인의 심사를 불편하게 하고 있습니다. OSS

가 부서마다 따로따로 개별조직들에게 나누어 지원해서는 안 되며 이글계획에 적극 참여하는가에 따라 지원해야 한다는 것입니다.

OSS는 이범석 장군을 크게 신뢰했다. 그러나 그에 대한 감시의 눈도 게을리하지 않았던 것 같다. 다음은 이글작전 실무책임자이며 이범석의 밀접한 파트너인 싸전트 대위가 헬리웰 대령에게 보낸 전문이다.

비밀 1945년 8월 6일

이범석의 중경 체류 중 동향에 대해 파악 가능한 모든 내용을 전해줄 것을 요망합니다. 특히 이글작전에 영향을 줄 만한 임시정부 내 사태 변화가 있으면 메모로 전해주기 바랍니다.

짐작해보건대 싸전트 대위는 한국계 미국인으로 이글팀에 합류한

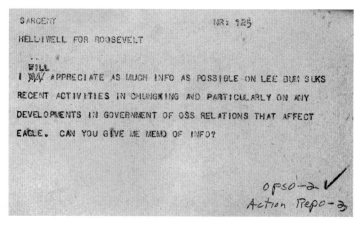

▌싸전트는 이범석의 중경 체류 중 행적을 파악해 알려달라는 내용의 비밀 전문을 헬리웰 대령에게 보냈다. 작전을 앞두고 미묘한 기류가 형성되었던 것으로 보인다.

정운수 미군 중위로부터 중경에서 벌어진 난투극에 대해 자세히 보고받았음이 분명하다. 그 자리에서 발생한 폭력 사태의 원인과 강도, 논쟁의 심각성을 파악한 것으로 보인다.

앞서 기술한 1945년 4월 3일 싸전트의 비밀 보고에 따르면 임시정부 요원 간 회의에서 김원봉은 작전 전반에 대한 계획을 먼저 세밀하게 검토한 뒤 이글프로젝트의 참여 여부를 결정하자는 유보적 입장을 취했다. 이에 대해 이범석과 싸전트는 협상 추진 주도권을 김구 주석과 이청천 총사령관, 이범석 장군이 쥐고 있는 것에 대한 불만 표출이라고 진단했다.

그러나 싸전트의 비밀 보고가 있기 전에 OSS의 침투 공작 전문가들은 이미 침투 요원들의 생존 가능성과 실효성에 대해 강력하게 문제 제기를 한 바 있고, 김원봉도 그날 회의에서 이글 요원들이 한국에 침투했을 때 과연 그들을 맞아 도와 줄 한국인이 포섭되어 있는지 여부에 남다른 관심을 보이며 계획 전반에 대해 설명할 것을 요구했던 것이다.

그런 갈등 가운데서도 카운트다운은 계속되었다. 침투작전은 투입되는 이글 요원들에게 닥칠 심각한 위험에 대한 경고에도 불구하고 아무 보완책 없이 그대로 진행되고 있었다.

그러나 광복군 내부의 갈등을 심화시킨 학병 초모 공작은 싱겁게 끝났다. 광복군 내부에서 인명 손실의 위험성과 작전의 효용성에 대한 논란과 불만이 제기됐기 때문이다. 8월 22일 OSS 중국본부 비밀첩보처가 곤명과 서안지부에 보낸 전문을 보면 한발 앞서 학병 초모 공작에 나섰던 광복군 1지대 요원들은 김구 주석의 요청을 받은 OSS에 의해 즉시 발이 묶였다. 또한 이범석의 2지대 요원들 역시 10여 일 뒤 1지대와 똑같은 처지가 되었다. 미군 측은 일본의 항복과 동시에 광복군에 대한 지원을 전면중단했다.

> 대한민국임시정부는 초모 공작에 나서 현지로 갔던 이글팀의 신영묵, 송면수, 김용린 세 명에게 귀환 지시를 내렸으므로 이들이 시안으로 돌아오도록 교통 편의를 제공해줄 것을 요청해왔습니다. 그런데 이제 대한민국임시정부의 요청만으로는 그들에게 교통 편의를 제공할 수 없게 되었음을 알려주시기 바랍니다.

당초 예정되었던 3인 중 1명인 민영환의 이름이 빠지고 대신 김용린(인?, KIM YUNG NIN)이 들어있다. 독립운동가들이 흔히 사용하는 가명으로 민영환의 다른 이름인지 아니면 다른 인물로 교체되었는지는 확인되지 않는다.

이범석 장군과 정운수에게 보낸 사과 편지의 당사자로 학병 초모 공작에 투입되었던 신영묵은 1923년 평남 평원 출생이다. 중국 난징의 중앙대학 재학 중 항일 투쟁에 가담했다. 한족동맹이라는 비밀결사를 조직해 활동하던 중 광복군 2지대에 입대해 OSS 특수훈련을 받고 국내 진공을 위해 대기하다 광복을 맞았다고 그의 공적에 기록되어 있다. 광복군 출신으로서는 드물게 1951년 경찰 간부로 채용되어 치안국 교육과 경감으로 잠시 근무했다. 1963년 대통령표창, 1977년 건국포장을 수훈했다. 1979년에 사망했고 1990년 애족장이 추서되었다.

| 4 |

전격 해체된 광복군 이글팀
: 1945년 8월 26일

OSS 중국본부장 헤프너 대령은 8월 26일 OSS 워싱턴사령부로부터 비밀 전문을 받았다. 이글작전의 중단과 함께 극적인 반전(反轉)을 알리는 것이었다. 이 전문은 먼저 OSS가 이글작전과 함께 미국 본토에서 진행 중이던 또 다른 한반도 침투작전인 냅코(Napko)작전이 이미 중단됐음을 알렸다. OSS는 재미 한국인과 군인, 미국내 포로수용소에 있는 한인 포로, 버마에서 탈출한 학병출신 한인들을 모집해 한반도는 물론 일본 본토까지 침투하는 냅코작전을 추진하고 있었다. 이어 이글팀의 작전중단과 사실상의 해체를 통보했다.

미 합동참모본부는 냅코작전이 중단되었음을 웨드마이어 중국전구 사령관에게 통보했다. 웨드마이어 장군은 모든 이글작전과 그밖의 한국 내 작전은 별도의 명령이 있을 때까지 중지하라고 우리에게 명령했다.

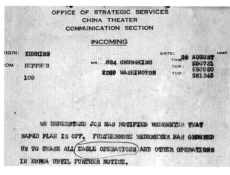

이글작전 하루를 앞두고 광복군 이글팀의 두곡기지는 쓸모가 바뀌어 버렸다. 일본군에 있거나 탈출한 한국인 학병들은 더 이상 소중한 초모대상이 아니라 잡아 가둬야 할 포로가 되며 이글기지는 한반도 침투 요원 훈련을 위한 기지가 아니

8월 26일 OSS 워싱턴사령부로부터 받은 비밀 전문. 이글팀의 활동 중단 통보였다.

라 포로수용소가 되는 것이다.

헤프너 대령이 버드 중령에게 보낸 전문을 보자.

비밀(혼자 볼 것) 8월 26일

가능한 한 조속히 서안으로 떠날 것! 한국인 포로들을 지휘하게 될 왬플러(Wampler)에게 인도해야 한다. 이글팀은 중국전구의 명령에 따라 해체되어야 하며 이 작업의 일부는 아마도 귀관의 임무로 주어질 것 같다.

승전국의 지위를 얻으려는 마지막 안간힘

이글기지 해체 통보가 있기 여드레 전이었다. 일왕의 항복 선언 사흘 뒤인 1945년 8월 18일, 광복군은 마지막 작전을 수행했다. 미군 C-47 수송기가 광복군 정진대(挺進隊) 이범석 대장과 김준엽, 장준하, 노능서 대원 4명과 OSS 중국본부 부책임자이자 인솔대장으로 임명된 버드 중령 등 18명의 미군을 태우고 중국 서안을 이륙하여 여의도비행장에 착륙했다. 이들은 해외 독립운동가 중 처음으로 해방된 조국에 첫발을 디딘 사람들이었다. 그러나 이들을 맞은 것은 무장한 일본군이었다. 일본군은 수송기를 중심으로 포위망을 좁혀왔다. 버드 중령이 자신들의 임무와 성격을 일본군 측에 설명했으나 일본군은 사령부로부터 어떤 통보도 받은 바 없다며 돌아갈 것을 지시했다.

OSS와 광복군 정진대는 다음날인 19일 오후, 연료를 제공받아 산동성을 거쳐 서안으로 되돌아왔다. 버드 중령이 작성한 5페이지 분량의 보고서에 따르면 정진대의 주요 임무는 일본군의 무장해제, 일본이 징병한 한국인 인수 등으로 되어 있다. 미국 측 주요 임무는 국내 정보수집, 중요문서 압수, 연합군 포로 구호로 되어 있다. 그러나 이와 관련한 미군 보고에 따르면 일본군 측과 나눈 대화에서는 연합군 포로의 안전 확인 문제만 겨우 거론했을 뿐이었다.

우리는 웨드마이어 사령관의 명령에 따라 연합

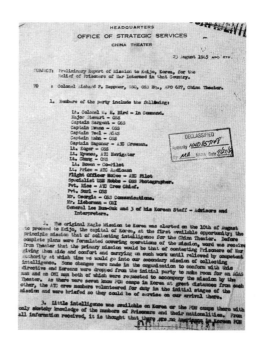

▌선발대 대장인 버드 중령이 8월 19일 작성한 작전보고서다. 19명의 명단과 함께 2일간에 걸친 작전 경과가 자세히 기록되어 있다.

군 포로들에 대한 구호와 지원 임무를 띠고 왔다고 밝히고 협조를 요구했습니다. 동행한 참모들이 "가능하면 포로들을 점령군이 도착하기 전에 조기에 후송하고자 한다"고 말을 보탰습니다. 이에 대해 일본군은 "황당하다"는 반응을 보였습니다.

일본군은 포로들은 잘 보호되고 있으며 아직 항복문서가 조인되지 않은 교전 상태이므로 생명이 위험하니 즉시 되돌아가라는 대답만 했다고 보고서는 밝히고 있다. 임시정부가 '항복 예비접수' 명목으로 국내 진입을 통해 승전국에 가까운 지위를 얻겠다는 마지막 안간힘은 무산되고 말았다.

중경임시정부가 제2차세계대전의 막바지에서 OSS와 함께 어렵게 이글작전을 준비한 목적도 연합국과 함께 참전함으로써, 연합국으로부터 국가로 인정을 받아 승전국의 지위를 얻어내려는 것이었다. 따라서 이글작전은 마지막 독립 투쟁이며 우리 젊은이들의 목숨을 걸어야 할 순간이라고 김구 주석은 내다보았다.

OSS 역시 대한민국임시정부와 손을 잡아야 할 절실한 이유가 있었다. 한국인을 활용한 일본과 한국 내에서의 침투교란작전을 구상하고 있었기 때문이다. 1945년 2월 24일에 작성해 사흘 뒤인 2월 27일에 작전위원회의 승인을 받아 확정한 〈비밀첩보를 위한 한국침투작전 이글프로젝트〉라는 제목의 극비 보고서가 있다. 27페이지로 4개의 지도와 도표로 구성된 이 보고서는 이글 요원들의 침투 방법에 대해 다음과 같이 기술하고 있다.

침투

5개 조로 구성된 이글팀이 한국에 침투할 때 활용 가능한 장비가 무엇인가에 따라 침투 수단이 결정될 것이지만, 선호하는 순서대로 기술하면 다음과 같습니다.

1. 잠수함 또는 수상비행정으로 해안에 가까운 바다에 야간 낙하시키는 방법으로 고무보트, 장비와 함께 3명의 요원이 동시에 낙하함. 목포에서 신의주까지 30마일 간격으로 낙하하게 됨.

2. 산동반도에 비행기로 도착한 후 소형선박으로 서해를 거쳐 같은 방법으로 침투.

3. 북중국과 만주를 육상으로 통과해 침투하는 방법. 장비는 별도로 공중 또는 해상으로 투하.

침투 요원들이 사용할 무선통신 장비는 SCR-284로 팀별로 1세트씩 5세트를 배정하며, 예비 무선통신 장비 5세트는 한국으로의 수송이 어려운 점을 고려해 본부에 비치하고 필요시 추후 조치하기로 했다. 보고에 따르면 무선

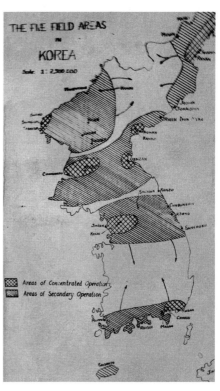

▌이글작전 계획에 첨부된 지도. 5개 침투 지역이 표시되어 있다.

통신 장비 SCR-284의 세트당 무게는 발전기와 필수 부품을 포함해 450파운드, 약 204킬로그램에 달했다. 광복군 이글팀의 훈련이 끝나기 하루 전인 1945년 8월 3일부터 이글작전 실무책임자 싸전트 대위와 직속 상관인 헬리웰 대령 간 비밀 교신이 바쁘게 오갔다.

비밀

우리 사업은 진행 중이며 서안은 준비 완료됐습니다. 이글팀은 하루 이틀 내 준비를 마쳤고, 관련 장비와 지도를 조속히 보내줄 것을 요청합니다. 워싱턴에도 한국과 만주에 관한 첩보를 조속히 보내줄 것을 요청하는 바입니다.

8월 5일 싸전트는 다시 헬리웰에게 비밀 전문을 보냈다.

비밀

잠정 일정에 따르면 첫 팀이 9월 5일경 출발 예정이며 이것은 산동까지 항공편이 가능한 상황을 고려한 것입니다. 항공 수송이 불가능하다면 곧바로 몇 개 팀을 보낼 것이며 오늘 귀대한 이범석 장군과 협의한 뒤 확정된 일정을 보고하겠습니다.

8월 6일 헬리웰이 싸전트에게 보낸 비밀 전문이다.

워싱턴의 OSS 사령부와 곤명지부에 한국 어선에 관한 가능한 모든 자료와 사진을 요청했다. 보고서는 필요 없고 1차 자료 그대로 필요하며 9월 7일이 데드라인이다.

이들의 교신 내용을 보면 광복군 이글팀은 아직도 침투 방법을 결정하지 못했다. 서안에서 산동까지 항공편, 이어 산동에서 한국 서해안까지 소형선박을 이용한 침투를 검토하는 방안과, 가장 바람직하지 않은 루트지만 중국 북부와 만주를 통과해 한국으로 침투하는 마지막 방안도 검토하고 있었다. 분명한 것은 최선의 방안인 잠수함 또는 수상비행정을 이용한 야간 침투는 선택에서 제외되었다는 사실이다.

싸전트 대위는 이글작전 참여를 앞두고 김구 주석과 이청천 총사령관, 김원봉 1지대장 겸 부사령관 그리고 이범석 2지대장이 참석한 회의에서 "김원봉은 한국 내에서 미국인에게 협조하는 한국인에 관한 사항이 포함된 작전의 전모와 계획을 밝히라고 미국 측에 강력하게 요구하며 웨드마이어 장군과의 면담을 요청했다"고 보고했다. 이 회의에서 김구 주석은 김원봉의 요구를 거부했다. 그러나 이에 대한 이청천 장군과 이범석 장군의 언급이나 반응은 전혀 없었다. 한국에 침투할 이글팀의 안전과 작전 성공 가능성에 관한 검토가 광복군 군사전략 지도자 간에 없었을 리가 없는데도 그랬다.

이글작전의 무모함에 대해 OSS 내에서도 우려가 깊었다. 이글작전이 확정되고 한 달 후인 3월 28일, OSS의 첩보 공작처 담당관이었던 던컨 리(Duncan C. Lee) 소령은 검토보고서에서 이글계획을 날카롭게 비판했다. 이글팀의 침투작전은 구상부터 엉성하고 마치 아군에 우호적인 게릴라들이 장악한 지역에 도착하려는 것처럼 안이하다고 비판했다.

이 계획은 다양한 집단으로 이루어진 요원들을 어떻게 침투시킬 것인지 자세히 보여주지 않고 있습니다. 우리는 이를 보안상의 이유라고 이해하고자 합니다. 그러나 계획에 제시된 것을 액면 그대로 보면 당혹스럽습니다. 침투는 단계별로 치밀하게 준비되어야 합니다.

침투 활동 전문기관이었던 OSS 검토보고서는 또 첩보 요원들의 은신처 등 장소에 따라 해결해야 할 문제들이 각각 다른데도 불구하고 침투 계획이 지나치게 단조롭다고 지적했다. 첩보 공작에 대한 경험과 지식이 크게 부족하다는 점을 서슴없이 지적했다.

침투 요원 세 명을 조별로 고무보트와 장비와 함께 30마일 간격으로 낙하시키는 계획은 비밀작전 계획으로는 너무 기계적입니다. 마치 우리 편 게릴라들이 장악한 지역에 가려는 것과 유사합니다.

이 지적은 김원봉 광복군 1지대장이 침투 요원을 맞아줄 OSS 협력자가 한국에 있는지 여부를 물었던 것과 사실상 동일하다.

이글계획에 따르면 팀마다 지급되는 무선통신 장비는 SCR-284로써 발전기와 필수부품을 포함해 1세트의 무게만도 200킬로그램이 넘었다. 과연 이 무거운 무선통신 장비를 고무보트에 싣고 노를 저어 낯선 해안에 접근한 다음 끌어내려서 메고 끌면서 옮길 수 있었을까? 게다가 한국의 서해안은 갯벌이 넓다. 뻘밭에 실낱같이 이어진 물골을 따라 무사히 뭍에 오를 수 있었을까? 일본군은 물론 민간인의 눈을 피해 은신처는 또 어떻게 찾을 것인가? 안타깝지만 매우 회의적이었다.

검토보고서는 현장 경험에 의하면 무선통신 장비는 고장도 잦은데 그에 대한 대비 또한 허술하다고 지적했다. 그 대안으로 침투 요원들이 첩보 문건을 들고 적진을 뚫고 서안까지 줄달음치라고 하는데 이역시 너무 위험하다고 지적했다. 첩보작전은 작전 지역의 요원과 본부 사이에서 넘나들어야 하는 국경이나 경계선의 수가 많을수록 첩보 문건은 위험해진다고 꼬집었다.

리 소령은 이글작전이 하룻밤 작전으로 침투에 거뜬히 성공할 것처럼 한국의 정황들을 보고 있다며, 이는 현실을 지나치게 외면한 것이라고 지적했다. "만일 한국이 철저하게 통제받는 곳이라면, 침투작전 교육을 하거나 대기하고 있는 중이라 하더라도 침투 요원들의 신변 보호는 매우 중요하다"고 충고했다.

OSS의 침투작전 전문가였던 리 소령은 이글작전

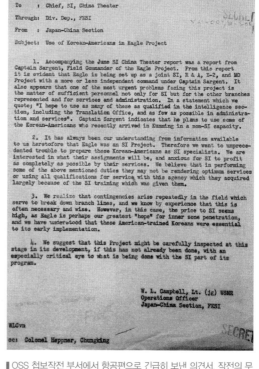

■ OSS 첩보작전 부서에서 항공편으로 긴급히 보낸 의견서. 작전의 무모함을 지적하며 재검토를 강력하게 거듭 권고했다.

이 임박한 8월 6일에도 의견서를 냈다. 헬리웰 대령에게 보낸 의견서에서 리 소령은 이글작전에 대한 재검토를 강력하게 권고했다. 미국인이 훈련시켰지만 이글팀 요원들은 첩보 활동 투입에는 아직 지식과 경험을 갖추지 못했다고 지적했다. 그런데도 이 청년들을 서둘러 비밀첩보 활동 현장에 투입한다면 그 대가는 비쌀 것이므로 다시 점검하라고 촉구했다.

우리는 이글프로젝트가 철저한 점검이 이루어지지 않았다면 실행을 앞둔 현 단계에서 비판적 시각으로 신중하게 검토할 것을 제안합니다. 이 점검은 특히 비밀첩보 부분에서 더욱 절실합니다.

리 소령이 떠올린 작전의 결말은 우리 광복군들의 참혹한 희생의 현장이었을 것이다. 그러나 OSS 이글팀, 대한민국임시정부, 광복군 어느 곳에서도 경고음은 울리지 않았다. OSS는 OSS대로, 임시정부는 임시정부대로 모두 계산된 침묵만 지키고 있었다. 김구 주석의 마음에는 또 다른 수십 명의 윤봉길 의사들이 있었을지 모른다. 그런데 1945년 8월 13일 OSS 이글프로젝트 실무책임자인 싸전트 대위가 OSS 중국본부장 헤프너에게 극비의 긴급 보고를 했다.

극비 긴급, 8월 13일
발신 장소: 곤명
발신자: 헥터
수신자: 헤프너 & 루즈벨트

어젯밤 광복군의 이청천 장군과 이범석 장군이 본인과 담화를 요청해옴에 따라 저녁 9시부터 2시간 동안 그들과 대화했습니다. 대화는 매우 진지하고 극도로 엄숙한 가운데 진행되었습니다. 대화의 핵심은 광복군 전원을 미군에 예속시키겠다는 광복군 총사령관의 제의입니다.

이 긴급 보고는 광복군 측의 제안 내용을 자세히 담고 있다. 싸전트 대위는 '확실하게 신청해온' 제안이라고 강조하면서 이글팀의 첩보 공작을 지원하기 위해 광복군이 제시한 구체안을 자세하게 보고했다.

먼저 이글팀의 첩보 공작을 지원하겠다고 제의했습니다. 허드슨 박사의 평가팀으로 하여금 이글 요원으로 적합한지 세밀하게 살펴 첩보 활동에 적합한 인물을 선발할 수 있도록 하겠다는 것입니다. 현재 중국 전역에 있는 한국 청년 2,000명 이상을 대상으로 선발할 수 있고 또 최고의 여건에서 최선의 결과를 이끌어내기 위해, 필요하다면 이글팀을 심사하는 과정에 총사령관 자신이 동행하겠다는 것입니다.

광복군 측이 언급한 허드슨 박사는 이글작전을 앞두고 최종 점검작업을 하기 위해 1주일 전에 파견된 OSS 첩보 공작 전문가다. 이청천 장군과 이범석 장군은 주목할 만한 제의를 했다. 이글팀 요원으로 선발된 광복군 인원뿐만 아니라 나머지 광복군 전원도 미군에 예속시키겠다는 것이다. 또 미국의 필요에 따라 마음대로 광복군을 아시아 곳

ORIGIN: KUNMING   DATE: AUGUST 13 1945

FROM   HECTOR   NR   349 CHUNGKING   TOW: 121350

TO   HEPPNER & ROOSEVELT   TOR: 130030

                                             TOD: 130130

T O P   S E C R E T
PRIORITY

FOLLOWING FROM SARGENT " C IN C OF THE K.I.A. XXX GENERAL LI CHONG CHON XIEH (sic) [WITH?] GENERAL LEE BUM SUK LAST NIGHT REQUESTED CONFERENCE WITH ME AT XXXX 2100 HOURS. IT LASTED 2 HOURS. IT WAS CONDUCTED IN OBVIOUSLY DEEP SINCERITY AND EXTREME GRAVITY. THE ESSENCE WAS C IN C'S OFFERING SERVICES OF ENTIRE K.I.A. TO U.S. ARMY THE BASIC DETAIL WAS AN EMPHATIC REQUEST: 1. THAT TO SUPPORT EAGLE AS AN INTELLIGENCE OPERATION, DR. HUDSON'S ASSESSMENT TEAM EMPHATICALLY BE AVAILBLE TO EAGLE IN ORDER TO SCREEN AND RECRUIT PERSONNEL QUALIFIED FOR INTELLIGENCE OPERATIONS FROM AMONG ABOVE 2,000 KOREANS AT PRESENT THROUGHOUT CHINA AND THAT C IN C HIMSELF WILL ACCOMPANY EAGLE'S SCREENING TEAM TO ASSURE FULLEST FACILITIES AND MAXIMUM RESULTS. 2. THAT ALL OTHER PERSONNEL OF THE K.I.A. NOT QUALIFIED FOR EAGLE'S INTELLIGENCE OPERATIONS BE CENTRALIZED IN CHINA OR IF POSSIBLE IN THE PHILIPPINES OR OKINAWA AND TRAINED UNDER AMERICAN OFFICERS EXCLUSIVELY AS FIGHTING GUERRILLA GROUP TO BE USED IN KOREA IN EVENT OF AMERICAN LANDING IN KOREA. I BELIEVE THIS ABSOLUTELY COMPLETE AND GENUINE CAPITULATION OF THE K.I.A. TO AMERICAN ARMY AND JUDGING BY THE SEVERITY OF CONFERENCE I BELIEVE

DISTRIBUTION: ACTION—INFO

FILE   (continued)

TOP SECRET

싸전트 대위는 이청천과 이범석 두 장군이 광복군을 미군에 예속시키겠다는 뜻밖의 제안을 했다고 OSS 중국 본부에 극비로 긴급 보고했다.

곳의 전투 지역에 투입할 수 있도록 허용하겠다고 제의했다.

> 이글팀 요원으로 선발해 첩보 공작에 투입하기에는 적합하지 않
> 다고 판정된 광복군의 해당 인원 전원은 중국에 집중 배치하거나
> 혹은 가능하다면 필리핀, 오키나와에 배치할 수도 있을 것이며
> 미국 장교들만의 배타적 훈련을 거쳐 전투 게릴라조직으로 양성
> 해 미국의 한국 상륙에 활용할 수 있을 것이라고 제의했습니다.

싸전트 대위는 "이와 같은 제의는 광복군을 단연코 완전하게 진정
으로 미군에 예속하도록 하겠다는 것임을 확신한다"고 보고했다. 또
이 제의는 임시정부 전체 구성원의 합의 하에 이루어진 것이 분명하
며 이와 같은 제의의 이유는 중경임시정부가 이글프로젝트에 대한 미
국의 자세가 매우 진지한 것을 확인했기 때문이라고 분석했다.

> 이날 대화의 엄중함으로 판단하면 대한민국임시정부 내 모든 실
> 력자들이 완벽하게 협조하는 가운데 나온 진정한 제의라고 확신
> 합니다. 본인은 이 제의가 다음 두 가지에서 연유했다고 확신합니
> 다. 첫째, 김구와 이청천은 이번 이글기지 방문을 통해 이글프로
> 젝트가 한국인들에게 독립을 향한 제스처가 아니라 본격적 과업
> 이라는 완전한 확신을 품게 되었습니다.

또 소련의 대일선전포고를 계기로 소련의 한국 지배 가능성에 대한
한국인들의 두려움이 촉발되었다고 분석했다.

둘째, 한국인 대다수가 두려운 존재인 소련이나 중국의 영향보다는 미국의 영향 아래 있는 것을 선호한다는 것은 의심의 여지가 없습니다. 바로 이런 요소가 광복군으로 하여금 미군에 스스로 예속하겠다는 판단의 기초가 되었을 것입니다. 광복군 총사령관인 이청천 장군의 제안에 대해 매우 심각하게 검토할 필요가 있다는 것이 제 사견입니다. 그의 제안은 진실됩니다. 또 이것은 김구 주석으로부터 OSS에 대한 적극적 승인과 지지를 얻어낼 수 있고, 보다 높은 수준의 전략과 외교 관련 사안으로 격상될 수 있을 것입니다.

싸전트 대위는 이청천 총사령관의 제안을 보다 자세하게 문건으로 작성해 도노반 장군에게 제출하면서, 공식 문건으로 광복군의 미군 예속을 제의할 것을 권고했다. 또 그는 광복군 측의 공식 제안을 며칠 안으로 가져오면 안전한 인편으로 직접 전달하겠다고 밝혔다. 싸전트 대위는 다음과 같이 끝을 맺었다. 진심 어린 강력 추천인 것이다.

어제 2시간에 걸친 회의는 성실하고 엄숙하며 진심 어린 회의였음을 강조하고자 합니다.

싸전트 대위의 말대로 이글팀을 포함한 광복군 전원을 미군에 예속시키겠다는 제의는 이 공식 제안을 둘러싼 미국 당국과 대한민국임시정부 간 공식 협상과 합의를 이끌어내려는 김구 주석의 최후 승부수였을 것이다. 종전이 임박한 가운데 미국을 비롯한 연합국으로부터 승전국에 준하는 지위를 얻으려는 몸부림이었던 것이다. 이것의 성사 여부는 한국이 종전 후 독립된 국가로 태어날 것인가, 아니면 일본에 이어 소련 또는 중국 또는 미국에 예속된 식민지 국가의 처지에 머물 것인가를 가른다고 김구 주석을 비롯한 임시정부 요인들은 판단했을 것이다. 미군의 결정에 따라 한국이 아닌 아시아 곳곳의 전쟁터에 투입될 수천 수백 명의 젊은이들이 흘린 피의 대가로 한국의 독립을 흥정할 수 있을 것으로 김구 주석은 기대했을 수도 있다.

그로부터 이틀 뒤인 8월 15일 일왕이 항복을 선언한 날《백범일지》는 김구 주석의 모습을 이렇게 전하고 있다.

> 들뜬 목소리가 들렸다. "왜적이 항복한답니다" 김구는 전혀 기쁘지 않았다. "이 소식은 내게 희소식이라기보다는 하늘이 무너지고 땅이 꺼지는 일이었다. 수년 동안 애를 써서 참전을 준비한 것도 모두 허사로 돌아가고 말았다."

광복군에 대한 효용 가치는 갑자기 사라졌다. 이글팀은 작동을 멈추었다. 그런데 1945년 8월 31일 OSS 사령부 윌리엄 데이비스(William P. Davis) 대령은 미 육군중국전구사령관에게 극비로 분류된 전문을 보냈다. 이글프로젝트는 일본의 항복과 함께 중단했으며 모든 요원들은 시안에서 대기하고 있으나 더 이상의 활동은 없을 것이라고 밝혔다. OSS는 이어 중국전구사령관이 한국을 대상으로 첩보 공작을 전개할 의향이 있는지, 또 한국이 중국전구에서 제외되고 또 중국전구사령부에서 (한국에 대한) 첩보 공작을 전개할 의향이 없다면 훈련받고 현재 남아있는 이글 요원들에 대해 어떤 조치가 필요한지 관련 정보를 달라고 요청했다. 이어 이범석 장군에 대해 언급했다.

> 위 사항과 관련해 OSS와 함께 일했던 한국 측 조직의 지도자인 이범석 장군에 대해 관심을 가져주시기 바랍니다. 그는 광복군의 출중한 지도자이면서 또한 중경에 있는 대한민국임시정부의 유력한 지도자이기도 합니다.

지난 8월 13일에 논의된 이글팀과 광복군 전원을 미군에 예속시켜 첩보 공작과 아시아의 분쟁 지역에 투입하자는 이청천 장군과 이범석 장군의 제의를 놓고 미국 측 관련 기관의 입장을 모으는 과정인 것으로 보인다.

9월 15일 OSS 중국본부장 헤프너 대령은 곤명지부의 이글프로젝트 책임자 헬리웰 대령과 시안지부에 비밀 전문을 보냈다.

> 9월 13일 자로 이글프로젝트를 해체한다. 즉시 시행한다. 프로젝트에 참여한 한국인들을 한국에 진주한 태평양군에 합류시키기 위해 워싱턴의 당국자들과 접촉할 것을 요청한다. 이글팀의 한국인들이 흡족한 상태를 지탱하기 어려운 만큼 조속한 답변을 얻어내기를 바란다.

1945년 9월 28일 OSS 중국전구 비밀첩보국장인 헬리웰 대령은 광복군과 임시정부의 제안에 답장을 했다. 나선주 박사가 미국 국립문서보관소에서 발굴해 국사편찬위원회에 제공한 문건에는 헬리웰의 답신이 있었다.

> 친애하는 이범석 장군께,
> 이 기관을 종결하라는 최근 명령은 우리가 귀하와 귀하의 참모들이 한국으로 돌아가서 그곳에서 재건하는 것을 돕고자 하는 많은 일을 불가능하게 만들었습니다. 본인은 이를 매우 유감스럽게 생각하고 있습니다. 이제 싸전트 대위는 귀하와 함께 이글작전의 마무리에 대한 최종 협의를 할 것입니다. 본인은 진정으로 이 마무리 작업이 귀하에게 만족스럽고 도움이 될 것으로 믿습니다.

헬리웰은 변호사였다. 1943년 OSS에 대령으로 특별 임관되었고 OSS 유럽본부를 거쳐 OSS 중국본부의 비밀첩보 책임자로 활동하면서 이글작전의 실무책임자인 싸전트 대위의 직속 상관으로 이글프로젝트를 지휘·감독했다. 전후 헬리웰은 CIA 간부로 옮겨 근무하며 CIA가 위장 설립한 항공사와 무기 및 군수품 보급 회사를 관리했다. 그는 미국의 쿠바공작에 필요한 자금을 공급하는 주 역할을 맡았다.

미국의 역사학자이며 5세대에 걸쳐 중국과 버마 등 아시아에 거주했던 스털링 시그레이브(Sterling Seagrave)의 주장에 따르면 헬리웰 대령은 모험추리소설 같은 실화의 주인공이었다. 헬리웰 대령은 CIA 동료이며 후에 미 연방정부 재무장관을 지낸 로버트 앤더슨(Robert B. Anderson)과 함께 종전 직전 일본의 야마시타 장군이 필리핀의 동굴에 숨겨둔 막대한 양의 금괴를 찾아냈다고 전해진다. CIA는 배로 전리품을 옮긴 후 세계 42개국에 176개의 은행 계좌를 개설해 예치하고 이를 CIA의 공작자금으로 사용하고 있다고 시그레이브는 주장했다. 이 주장은 허위인지 사실인지 아직까지 확인되지 않고 있다. 보도가 있은 후 야마시타 보물 발굴 열풍은 잦아들었다.

헬리웰 대령이 군사 전문가가 아니었기에 무모한 이글작전이 추진될 수 있었을 것이다. 헬리웰과 이글작전 실무자인 싸전트 대위 모두 내심 침투작전에 투입된 조선 청년들의 전멸 가능성에도 불구하고 작전을 강행하겠다는 계획을 가지고 있던 것 같다. 도노반 OSS 국장은 물론 OSS의 조직 전체가 이렇다 할 실적이 없이 전쟁이 끝나가는 현실에 매우 초조해했다는 다수의 증언도 있었다. 도노반 국장이 김구 주석과 마주 앉아 회담을 하는 등 크게 배려한 사실이 이를 뒷받침한다. 1915년생인 헬리웰은 1976년에 사망했다. 그가 사망한 후 조세 자유지역인 케이먼제도에 있는 두 은행 주식의 3분의 2를 그가 소유하고 있었음이 확인되기도 했다.

웨드마이어 중장은 1944년 가을 '미 육군중국전구사령관'이 되었다. 그는 전임자인 스틸웰 사령관과 달리 OSS의 활동을 적극 지원해 106명에 불과한 중국 내 OSS 활동요원을 종전 직전에는 1,891명까지 증원할 것을 허용했다. 웨드마이어 사령관은 OSS와 광복군의 이글작전 진행 상황, 그리고 이 작전이 광복군들의 목숨을 내걸어야 가능하다는 사실 역시 알고 있었다.

3년 뒤인 1948년 그는 미 육군성 계획실행국장으로 자리를 옮겼다. 조지 마샬(George Marshall) 미국 국무장관의 신임을 전적으로 받으며 그는 중국과 한국에 대한 현지 조사 활동을 했다. 웨드마이어 장군은 두 나라에 대한 향후 정책 방향에 대해 그해 3월 15일에 보고서를 제출했다. 그가 작성한 보고서에는 전후 한일 관계에 중대한 영향을 미치는 내용이 담겨 있었다. 그 가운데 들어있는 문장이다.

한국은 일본으로부터 어떠한 배상도 받으려 해서는 안 될 것이다. 한국은 과거 일본제국의 일부분이었고 일본과 전쟁 상태에 돌입한 바가 없기 때문이다.

한국과 한국 국민은 일본과 맞싸워 얻어낸 해방의 주체가 아니라, 연합국에 의해 해방을 맞은 수혜자인 식민지이며 일본 국적의 식민지 사람에 불과하다는 시각이 당시 미 정부 관계자들 간에 형성돼 있었다. 미군 고위층에게 한국광복군은 일본과의 전쟁 수행에 잠시 활용할 수 있는 저항세력집단에 불과했고 따라서 광복군은 파트너가 아니라 단지 군사공작의 수단이었던 것이다.

이글팀이 해체된 후 미군 측의 배려는 전혀 없었다. 오히려 미군은 1946년 2월에 광복군 장병들의 귀국을 위해 동분서주하는 이범석 장군의 동향을 감시하고, 이범석 장군이 스스로 대한민국임시정부 총참모장이며 김구 주석의 중국 내 대리인이라고 자처하며 중국과 접촉하고 있다고 보고했다. 결국 광복군들은 해를 넘겨 끝내 긴 줄을 서서 기다린 끝에 귀국선에 오를 수 있었다. 그들은 난민이나 다름이 없었다. 광복군 이글팀 역시 마찬가지였다.

| 5 |

임시정부를 부정한 미국 대통령
: 1945년 8월 18일~8월 25일

프랭클린 루즈벨트 대통령의 깊은 신뢰를 받으며 미국의 해외 공작 조직인 OSS의 창설을 건의했고 스스로 그 수장이 되었던 윌리엄 도노반 (William J. Donovan) 국장은 중국 내 공작활동 점검을 마치고 1945년 8월 13일에 워싱턴으로 돌아왔다. 이미 그때는 서거한 루즈벨트 대통령의 후임으로 트루만 부통령이 대통령직을 승계하여 백악관의 주인이 되어 있었다. 워싱턴에 도착한 지 불과 이틀 뒤 일본이 항복했다.

8월 18일, 도노반 국장은 트루만 대통령에게 보고서를 보냈다. 대통령 비서실의 로즈 콘웨이에게는 따로 부탁 메모를 보내 대통령께 꼭 전해줄 것을 당부했다.

친애하는 미스 콘웨이,
대통령께 드리는 보고서를 보냅니다. 이 보고서가 대통령의 책상 위에 놓이도록 살펴주시겠습니까? 감사합니다.

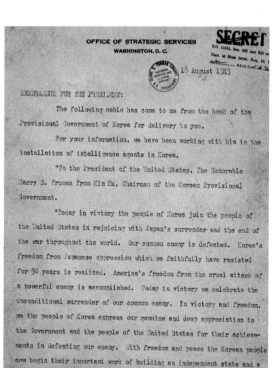

■ 김구 주석이 도노반 국장을 통해 백악관에 전달한 전문 서한. 그러나 트루만 대통령은 아는 바 없다며 되돌려 보냈다.

■ 도노반 OSS 국장이 트루만 대통령의 여비서 콘웨이 양에게 건넨 메모. 김구 주석의 서한을 대통령에게 잘 전달해 달라는 당부가 담겨 있다.

도노반 국장이 보고서 형식의 서한과 함께 전달하려는 것이 하나 더 있었다. 임시정부 김구 주석이 트루만 대통령에게 보내는 전문이었다. 도노반 국장은 "대한민국임시정부의 주석인 김구가 보내온 전문"이라고 명시하면서, OSS는 그동안 김구 주석과 긴밀하게 협력하며 한국에 첩보 거점을 구축하기 위한 군사작전을 준비해왔다는 보고도 빠트리지 않았다. 백악관에 전달된 김구 주석의 전문은 "미합중국 대통령 해리 S. 트루만 대통령 각하께 대한민국임시정부 김구 주석이 드립니다"라고 시작했다.

승리를 거둔 지금, 일본의 항복과 함께 세계대전이 끝난 데 대해 환호하고 있는 미국 국민들과 함께 한국 국민들도 기쁨을 함께하고자 합니다. 우리 공동의 적은 패배했습니다.

김구 주석은 이제 한국 국민은 자주독립국가를 수립하고 동아시아에서 민주주의의 중심핵이 되기 위한 중요한 작업을 시작할 것이라고 말하고 이에 대한 미국의 지원과 협조를 호소했다. 또 지난 몇 달간 OSS와 대한민국임시정부가 함께 이글작전을 준비해온 사실도 빠트리지 않고 언급했다.

우리는 한국의 독립에 대한 미국의 보증을 신뢰하며 한국의 독립이 동아시아 평화의 열쇠라고 믿는 바입니다. 우리가 자주독립국가를 수립하기 위한 노력을 함에 있어서 미국 정부와 국민의 이해와 협조적인 지원에 크게 의존하게 될 것입니다.

지난 수 개월 동안 중국에서 대일항전을 전개하면서 진행된 한국-미국 간 긍정적인 협력관계가 지속되고 발전되기를 우리는 희망합니다. 자유를 희구하던 사람들이 이를 쟁취하기 위해 희생해온 민주 세계의 평화가 자리 잡도록 미국과 한국의 국민들이 함께 노력하여 영원히 보장하기를 희망합니다. 우리나라를 되찾는 노력을 성심껏 지원해준 데 대해 3,000만 한국인을 대신하여 미국 정부와 미국 국민에게 감사드립니다.

우리는 미국과 미국 국민이 민주주의를 발전시키고 영속적인 평화를 유지하려는 물심양면의 노력에 동참하고자 합니다. 그리고 대통령 각하, 따뜻한 개인적인 인사를 보내는 바입니다.

이 서한을 도노반 국장이 트루먼 대통령에게 전달한 것이었다. 김구 주석과 그의 메신저 역할을 맡은 도노반 국장은 어떤 관계였을까? 도노반 국장이 김구 주석과 대면한 것은 불과 열흘 전이었다. 1945년 8월 8일 중국 서안 부근 두곡에 있는 광복군 거점이자 이글작전 기지에서 두 사람은 처음으로 만났다. 그러나 상호 신뢰의 기반은 이미 형성되어 있었다.

1945년 8월 5일 새벽 김구 주석은 이청천, 이범석, 엄항섭 등 임시정부 일행 19명과 함께 미군이 제공한 특별기편으로 서안에 내려 이글작전 훈련을 진행하고 있는 광복군 2지대가 있는 두곡에 도착했다. OSS 훈련을 마친 청년들을 격려하고, 도노반 장군을 만나서 광복군과 OSS의 합동작전 문제를 협의하기 위해서였다. 두곡에서는 이글작전에 투입할 수천 명의 한국인을 수용할 시설 공사가 바쁘게 진행되고 있었다.

앞서 김구는 OSS의 이글작전 실무책임자인 싸전트 대위에게 도노반 장군을 만나고 싶다는 뜻을 전했다. 싸전트는 이글작전 기지가 건설 중이어서 어수선하기는 하나 도노반이 기지를 방문해 임시정부의 지위와 명예를 존중하는 뜻으로 김구와 점심이나 저녁 식사를 같이하기를 권고했다. 마침 도노반은 중국을 방문하고 있었다. 그는 권고를 받아들여 8월 7일에 서안으로 왔다.

도노반이 두곡의 2지대본부에 도착하자마자 광복군과 OSS의 합동작전 회의가 열렸다. 작전 회의에 배석했던 김준엽의 메모와 대한민국임시정부자료집인 임시의정원 제39회 회의기록에 따르면 회의는 마치 국가대표 사이의 회담 분위기였다고 한다. 양쪽 대표 뒤에는 각각 태극기와 성조기가 걸렸다. 도노반은 "앞으로 우리 정부와 당신네 정부가 긴밀히 일해 나가자"고 말했고, 김구는 "내가 말할 것을 장군께서 먼저 하신다"고 화답했다. 적어도 겉모습은 한국-미국 두 나라 간 공식 회담이었고 합의였다.

이날 이글작전의 실무책임자인 싸전트 대위는 OSS 중경본부에 보낸 비밀 전문에서 기쁨을 감추지 못했다.

> 대한민국임시정부 김구 주석과 이청천, 엄항섭 일행이 방문하고 특히 도노반 국장과 환담한 사실은 대한민국임시정부가 진심으로 이글작전을 지지한다는 사실을 확인해주었습니다. 진심이라면 그들과 도노반 국장의 만남은 대단히 대단히 의미심장한 일입니다.

미 OSS는 이글작전에 투입할 한국인 요원, 그것도 죽음을 마다하지 않고 적진에 뛰어들 수천 명의 병력 제공을 보장받을 수 있게 되었기 때문이다. 김구 주석 역시 대일전쟁에서 미국-중국과 함께 공식적으로 참전하게 된다는 기쁨을 이기지 못했다. 김구는 한국이 전쟁 당사국의 지위를 얻을 수도 있다는 기대에 부풀어 있었다. 김구는 8월 9일 도노반 장군에게 전문을 보냈다.

> 서안에서 장군과의 수 시간에 걸친 논의를 통해 한국-미국 간 협

력의 역사는 새로운 장을 만들었습니다. 3,000만 한국인들은 한국이 미국, 중국과 손잡고 중국에서 함께 싸우게 되었다는 소식을 환영하고 있습니다.

김구 주석은 임시정부에 대한 미국의 호의적 입장을 확신하고 해방 후 미국의 배려를 기대했던 것 같다.

본인은 이범석 장군과 싸전트 대위 간의 공동 작업과 협력에 만족하는 바입니다. 본인은 앞으로 장군께서 전적인 지도와 도움을 주시기를 간절하게 희망하는 바입니다.

김구 주석은 일본의 항복 선언 직후 서둘러 도노반 국장에게 재차 전문을 보냈다. 트루만 대통령에게 전하기 위한 전문 서한을 함께 건넸다. 한국이 참전국 지위를 인정받기는 쉽지 않겠지만 이글작전에 참여한 사실과 대한민국임시정부의 존재와 역할을 트루만에게 뚜렷하게 인식시키고 싶었던 것이다.

도노반 국장은 8월 18일, 김구 주석의 요청과 기대에 어긋남 없이 트루만 대통령에게 보내는 전문 서한을 백악관에 전달했다. 죽음을 무릅쓰고 적진에 뛰어들기 위해 힘든 훈련을 받던 광복군에 대한 인상적인 기억과 열흘 전 중국에서 나눈 김구 주석과의 약속을 생생하게 간직하고 있던 그로서는 그만큼 책임을 느꼈기 때문일 것이다.

김구 주석의 서한은 백악관 비서실 콘웨이 부인의 도움으로 트루만 대통령의 책상에 놓였고 대통령은 보고를 읽었다. 그러나 트루만 대통령의 반응은 뜻밖이었고 강렬했다. 냉담을 넘어 격노였다.

8월 22일, 제임스 번스(James F. Byrnes) 국무장관에게 보낸 대통령의 비망록에는 경멸의 감정도 숨기지 않았다. 비밀로 분류된 이 비망록에서 트루만은 "대한민국임시정부의 주석이라고 서명한 김구라는 인물이 보내온 전문"이라고 언급하고 있다.

대한민국임시정부 주석이라고 서명한 김구라는 인물이 보내오고 도노반 소장이 전달한 첨부 문건에 관해 언급하건대 본인은 미국이 대한민국임시정부에 대해 아는 바가 없다는 것을 미 국무부의 관계자 볼렌(Mr. Bohlen) 씨에게 질의한 끝에 알게 되었습니다. 도노반 장군은 그의 편지에서 김구 씨를 대한민국임시정부의 주석이라고 명시하고 있고, 도노반 자신이 그와 함께 한국에 첩보 거점을 구축하기 위해 작업해왔다고 말하고 있습니다. 김구 씨의 편지에 대해 내가 대통령으로서 답장을 보내는 것은 적절하지

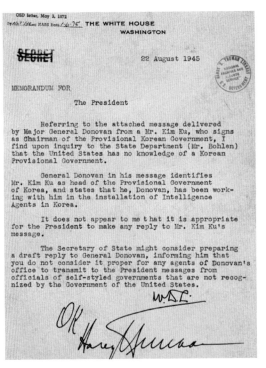

■ 트루만 대통령이 미국 국무장관에게 보낸 서한. 미국의 인정을 받지 않은 자칭 임시정부 수반의 편지를 가져온 도노반 국장에 대한 강한 불쾌감이 담겨 있다.

않은 것으로 보입니다. 국무장관은 도노반 장군에게 보낼 답신의 초안을 검토하기 바랍니다.

국무장관은 도노반 소속 기관의 어떤 요원도 미국의 인정을 받지 않은 자칭 정부라고 내세우는 조직의 관계자가 보내온 서한을 대통령에게 전달하는 것은 적절치 않다는 점을 도노반 장군에게 알려주기 바랍니다.

미 국무부는 대통령의 지시에 따라 검토 문건을 작성했고 사흘 뒤인 8월 25일 번스 국무장관이 서면으로 보고했다.

대통령께 드리는 비망록

8월 18일에 이른바 대한민국임시정부 주석이라는 김구 씨의 서한을 전달하며 보내온 도노반 장군에게 보내는 답신의 초안을 첨부해 보고드립니다.

별첨:

1. 도노반 장군에게 보내는 대통령 답신 초안
2. 1945년 8월 22일 리히 제독이 보낸 비망록(반송)
3. 콘웨이 부인에게 보낸 1945년 8월 18일 도노반 장군의 서한 (반송)
4. 1945년 8월 18일 도노반 장군이 대통령에게 보낸 비망록(반송)

제임스 번스(미국 국무장관)

8월 25일, 번스 국무장관이 보고한 도노반 장군에게 보내는 답신 초안을 보면, 비록 문안은 격식을 갖추었으나 트루만 대통령의 격노와 질책을 고스란히 드러내고 있다.

친애하는 도노반 장군,
본인은 '대한민국임시정부'의 주석이라고 자신을 내세우는 김구 씨가 보내오고 귀관이 전달한 1945년 8월 18일 서한에 대한 답신을 불가피하게 해야 할 것 같습니다. 미국 정부의 승인을 받지 않은 자칭 정부의 대표가 우리에게 보내오는 서한을 전달하는 통로로 귀관 휘하의 요원들이 처신하는 것은 적절하지 않다는 것을 그들에게 지시해주면 고맙겠습니다.
건승을 빕니다.

해리 트루만

트루만 대통령의 회신은 중경임시정부와 김구 주석을 대화의 상대로 인정할 수 없다는 명백한 입장과 함께 경멸의 뜻까지 담고 있다. 서한을 전달한 도노반 국장 역시 대통령으로부터 심한 질책과 모욕을 받은 것이다. 김구와 도노반은 1945년 8월 7일 태극기와 성조기를 나란히 내걸고 마치 양국 국가대표의 회담 분위기를 자아내며 양국 간 협력을 다짐했었다. 트루만 대통령이 이에 대한 냉담한 메시지를 서슴없이 밝힌 날은 1945년 8월 25일이었다. 불과 18일의 간격이었다. 도노반이 대표한 미국과 트루만이 대표한 미국은 서로 아니 사뭇 달랐다.

미국 정부와 백악관은 대한민국임시정부와의 긴밀한 관계 구축에 대해 이미 3년 7개월 전부터 검토하고 있었다. 1942년 1월 24일, OSS 의 도노반 국장이 프랭클린 루즈벨트 대통령에게 제출한 장문의 보고서가 있었다. 나선주 박사가 발굴해 《한국독립운동사자료집 한국광복군 III》에 수록된 이 보고서에서 도노반 국장은 대한민국임시정부를 승인할 것을 루즈벨트 대통령에게 권고했다. 일본 본토와 한국, 만주를 포함한 중국 내 일본 점령지역에 한국인들을 침투시켜 첩보 활동과 파괴 공작을 전개하기 위해서는 이른바 대한민국임시정부와의 공조는 꼭 필요하다고 강조했다. 도노반 국장은 한국인들은 백인이나 중국인이 아니라 이미 일본인에 속하게 된 사람들이라고 강조하고, 따라서 이들과의 공조는 그 파급 효과가 클 것이라고 진단하면서 조속히 대한민국임시정부와 협상을 추진할 수 있도록 중경에 미국 군사 대표부를 설치할 것을 루즈벨트 대통령에게 건의했다.

> 대한민국임시정부를 승인하고 그들의 지원을 받게 되면 일본과의 대결에서 달성하게 되는 효과는 다음과 같습니다. 1919년 한국혁명(3·1운동) 이후 대한민국임시정부는 곳곳에 있는 한국인들의 헌신적인 지원을 받으며 한국 국내외에서 대일 파괴 활동과 게릴라전 등 갖가지 대일항전을 벌여왔습니다. 때문에 세계의 다른 어느 국가들과 달리 대한민국임시정부라는 조직은 혁명과 파괴 활동에 대한 경험과 기술을 갖추고 있습니다.

도노반 국장이 대통령에게 건의한 대한민국임시정부와 대일항전

공조는 미 국무성과 전쟁성의 지원 아래 진행되고 있음을 관련 문건을 통해 확인할 수 있다.

1942년, 루즈벨트 대통령에게 보낸 이 보고서는 대통령에게 대한민국임시정부와의 향후 공조 계획을 보고하기 앞서, 대한민국임시정부와 이미 상당 부분 공조가 진행되고 있음을 보여주는 내용도 언급되어 있었다.

도노반 국장은 마샬 육군참모총장으로부터 한국인 대상 게릴라 양성소 설립을 위해 미국인 가운데 준비 요원을 선발해 교육하는 계획을 허락받았으며, 미 국무성, 전쟁성과 함께 대한민국임시정부와의 공조 방안을 모색하고 있다고 보고했다. 나아가 "계획이 확정되는 즉시 중국 군 당국 그리고 중국 내 미군지휘부 및 대한민국임시정부와 대일항전에 공조하는 방안을 진행할 것"이라고 루즈벨트 대통령에게 설명했다. 그러나 그로부터 3년 뒤 일본이 항복한 직후, 미국 정부는 그동안 OSS의 주도로 미군과 대한민국임시정부 간에 실제 진행된 공조에 대해서조차 철저히 외면하고 부인했다.

트루만 대통령은 대한민국임시정부의 인정은 물론 접촉까지 금지한 후 한 달 뒤인 9월 25일에 OSS를 해체해버렸다. 동시에 도노반 국장도 해임했다. 루즈벨트 대통령은 도노반을 절대 신임했다. 그래서 기존 정보조직 위에 군림하도록 창설된 정보조직 OSS의 수장직을 그에게 맡겼던 것이다.

역사에서 가정(假定)은 무의미하고 바보스런 일이지만 루즈벨트 대통령이 생존해 도노반의 영향력과 역할이 지속되었더라면 김구 주석과 대한민국임시정부, 광복군은 그 후 전개되는 해방 정국에서 어떻게 되었을까? 국익을 내세우는 셈법은 오히려 개인과 개인 간의 신의보다 훨씬 가볍다. 조국이라는 이름은 쉽사리 양심의 가책조차 없이 배신의 신발로 갈아신을 수 있게 해준다. 개인 사이의 배신보다 조직과 조직 사이의 배신이, 조직 간 배신보다 국가 간 배신이 역사에서 더 빈번하게 목격되는 이유이다. 국가지도자들은 "국민의 이름으로" 보다 더 쉽게 배신을 택할 수 있기 때문이다.

OSS는 해체령에도 불구하고 이름만 사라졌을 뿐, 제각기 별도 부서로 작동하다 2년 뒤 설립된 중앙정보국(CIA)에 포함되었다. OSS는 사실상 CIA의 모체(母體)였다. 일반시민으로 돌아간 도노반 국장은 변호사로 활동하다 1959년에 사망했다.

| 6 |

백악관의 문을 연 이승만
: 1945년 9월 28일

1945년 9월 28일, 이승만은 트루만 대통령에게 편지를 보냈다.

존경하는 대통령께,

본인은 제 친구이자 목사인 프레데릭 브라운 해리스 목사로부터 대통령께서 한국의 독립에 대해 호의적인 관심을 보여주셨다고 전해 들었습니다. 그래서 저는 대통령께 깊은 감사의 표시로 소박한 선물을 드릴 수 있도록 해달라고 해리스 목사에게 거듭 요청했었습니다.

제가 드리고자 하는 태극기(旗)는 한국을 대표하지만, 이번의 경우에는 대통령에 대한 고마움을 영원히 간직할 한국 국민의 마음을 대신한 것입니다.

하나님께서 항상 함께하시기를 기원합니다. 건승을 빕니다.

이승만은 10월 4일 다시 편지를 보냈다. 선물을 수락한다는 기별을 받았기 때문이다. 그는 기쁨을 감추지 못했다. 대통령에게 보내는 태극기와 함께 편지를 동봉했다.

이승만이 재차 보낸 편지는 그가 앞서 보낸 편지와 거의 동일한 문장으로 대부분 채워졌다. 애써 마련한 소통과 설득의 소중한 기회를 동일한 내용으로 채운 것은 뜻밖이다.

SYNGMAN RHEE
WASHINGTON II, D. C.

September 28, 1945

Honorable Harry S. Truman
President of The United States
The White House
Washington, D. C.

Dear Mr. President:

I am asking Dr. Frederick Brown Harris, my friend and minister, to present to you this humble expression of sincere appreciation and deep gratitude for your sympathetic interest in the cause of Korean independence.

The flag represents the Korean Nation, and in this case it does represent the sentiment of the entire Korean people, who will remain forever, grateful to you.

May God be with you always.

Respectfully yours,

SYNGMAN RHEE

▌트루만 대통령에게 이승만이 보낸 편지. 태극기를 선물로 보내고자 한다는 내용이 들어있다.

존경하는 대통령께,
본인은 대통령께서 한국 독립의 중요성에 대해 호의적인 관심을 보여주신 데 대해 거듭 깊이 감사를 드리는 뜻에서 이 소박한 선물을 드리게 되어 매우 기쁩니다.

트루만 문서 파일에는 프란체스카 여사의 편지도 들어 있었다. 프란체스카 여사가 백악관 직원에게 선물을 전달하면서 함께 전한 메모였다. 10월 6일이었다.

존경하는 해셋 씨,

해리스 목사님이 저에게 선물꾸러미를 해셋 씨에게 전달하라고
하시면서 해셋 씨께서 이것을 대통령께 전해드릴 것이라고 말씀
하셨습니다. 대단히 고맙습니다.

프란체스카 리

10월 17일 백악관은 비서실 콘웨이 부인의 이름으로 답신을 보냈
다. 트루만 대통령의 친서는 아니었지만 이승만 박사에게는 만족할
만한 성과였을 것이다.

이 박사님, 10월 4일자의 친절한 편지와 함께 한국을 대표하는 기
(旗)를 보내주신 데 대해 대통령께서 드리는 심심한 감사를 받아
주시기 바랍니다. 귀하의 마음에서 우러난 말씀에 대해 대통령께
서도 따뜻한 마음으로 화답하시면서 고마워하셨습니다.

안녕히 계십시오.

로즈 A. 콘웨이(대통령실 행정관)

이승만 박사의 편지는 어떻게 백악관의 문을 여는 데 성공했을까? 편지와 선물이 전달되기 5개월 앞서 1945년 봄, 이승만은 지인이면서 미 상원 담당목사인 프레데릭 브라운 해리스 목사에게 접근했다. 트루만 대통령과 호의적인 관계를 갖고 있는 그에게 백악관을 잇는 다리가 되어줄 것을 요청한 것이다.

미 상원의 모든 회기는 상원 목사실 주임목사의 기도로 열린다. 미 하원에도 별도의 목사실이 있다. 상하원 목사실은 1789년부터 각각 공식 행사를 지원하며 의원 개개인의 종교 활동에도 도움을 주는 역할을 해 온 전통을 갖고 있었다. 사실 기독교와 신정분리(神政分離)가 명확하지 않은 미 의회에서 담당목사의 영향력은 무시하지 못한다.

해리스 주임목사는 5월 5일 트루만에게 서한을 보냈다. 그는 서신에서 공산주의에 대한 극도의 적대감을 감추지 않았다.

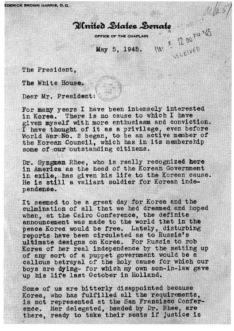

존경하는 대통령께,
지난 수년간 본인은 한국에 깊이 빠져 있었습니다. 관심이나 신념에 따른 것이 아니라 그것은 제 사명

■ 극우반공주의자인 해리스 목사는 이승만이 백악관에 접근하는 가교 역할을 적극 수행했다.

이라는 생각 때문이었습니다. 그래서 제2차세계대전 이전부터 다른 여러 고명한 인사들과 함께 한국협회 정회원으로 활동하고 있기도 합니다.

이승만 박사는 이곳 미국에서 망명한국 정부의 수반으로 한국의 대의를 위해 그의 삶을 바친 인물로 널리 인정받고 있습니다. 이 박사는 아직도 한국독립을 위해 싸우는 용맹한 전사이기도 합니다.

해리스 목사는 이어 카이로선언을 통해 평화롭고 자유로운 한국이 약속되었음에도 불구하고 소련이 한국에 괴뢰정권을 세워 한국의 진정한 독립을 훔치려 하고 있다고 강조했다.

이것은 작년 10월 네덜란드에서 전사한 본인의 사위를 비롯한 우리 미국 젊은이들의 성스러운 노력을 철저하게 배신하려는 것입니다.

해리스 목사는 이어 막 시작된 샌프란시스코회의에서 대표권을 인정받지 못해 대기 중인 이승만 박사가 이끄는 한국 대표들로 하여금 회의에 참석할 수 있도록 도움을 줄 것을 요청했다. 트루만 대통령은 5월 8일 답신을 했다.

친애하는 해리스 씨,
사려 깊은 5월 8일 서신 잘 받았습니다. 해리스 씨께서 한국에 대한 관심이 얼마나 깊고, 본인에게 즉각 편지를 보낼 만큼 신념에 얼마나 충실한지 잘 알고도 남음이 있습니다. 보내주신 제안에 대해 아주 세심한 검토를 할 것을 기꺼이 약속드리는 바입니다.

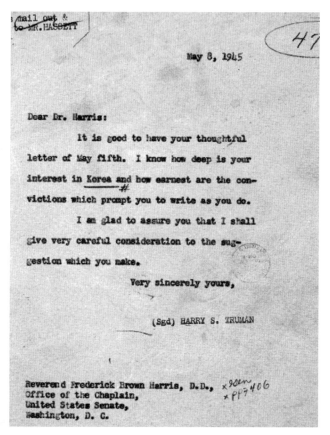

May 8, 1945

Dear Dr. Harris:

It is good to have your thoughtful letter of May fifth. I know how deep is your interest in Korea and how earnest are the convictions which prompt you to write as you do.

I am glad to assure you that I shall give very careful consideration to the suggestion which you make.

Very sincerely yours,

(Sgd) HARRY S. TRUMAN

Reverend Frederick Brown Harris, D.D.,
Office of the Chaplain,
United States Senate,
Washington, D. C.

▌트루먼 대통령이 해리스 목사에게 보낸 답장.

　　이승만의 든든한 후원 세력에는 미국 내 반공우익성향의 종교계 인사들이 있었다. 소련과 공산주의의 득세를 두려워한 기독교 내 반공주의가 연결고리였던 것이다.

2장

1945년 8월, 우리는 해방을 맞았다. 노랫가락처럼 희망 실은 역마차는 말방울을 울리며 세종로와 보신각을 달렸고, 모두 배는 고팠으나 희망과 기쁨이 넘쳤다.

그러나 1946년 새해, 해방 후 채 반년도 안 된 그때 이미 우리는 어지럽게 뒤엉켜 싸우며 민족의 통합보다는 분단의 길로 가고 있었다. 강대국의 패싸움에 덩달아 휘말린 모양새였다. 아니 오히려 그들보다 더 그악스럽게 패를 갈라 한사코 싸웠다. 화해와 타협, 설득은 요식행위에 불과했다. 화해와 타협의 목소리는 순식간에 예수를 배반한 유다로 낙인찍혔다. 정치 지도자들은 제각기 선과 악의 교리를 설파하며 패를 갈랐다. 삽시간에 확신에 넘친 광신도의 무리가 거리를 메웠고 사이비 교

분단과
미군정의 남한

주의 손짓에 따라 돌을 던지고 저주하며 어지럽게 달음질쳤다. 그 틈을 타 반(半)이념적·반(半)직업적 성격을 지닌 폭력 및 테러조직은 한국 정치의 전면에 당당하게 모습을 드러냈다. 이윽고 폭력과 테러는 가장 현실적인 위협이자 공포의 대상이며 종결 수단이 되었다.

결국 분단이 되었다. 독립된 모습을 갖춘 나라가 한반도의 남쪽에 들어선 것이다. 테러와 폭력은 신생 대한민국에 그 대가를 받아내기 시작했다. 한국 정치와 대한민국이라는 숙주의 몸 깊은 곳에 테러와 폭력이 똬리를 틀었고, 독재와 쿠데타의 모습으로 언제든 다시 나타날 준비를 했다. 한반도의 북쪽에서는 공산주의 교리와 군주정의 지배 윤리가 뒤섞인 또 다른 기형적인 분단국가가 발맞추어 자리 잡았다.

| 1 |

미 제24군단 작전보고 1호
: 1945년 9월 5일

1945년 9월 5일 오후 1시, 오키나와 동남쪽 해상에 대기 중이던 캐톡틴(Catoctin)호 선단에 발진 명령이 떨어졌다. 존 리드 하지(John Reed Hodge) 장군의 미 제24군단은 오키나와에서 한국의 인천을 향해 발진했다. '블랙리스트작전'이라고 이름 지어지고 암호명 '베이커 40', 미군의 한반도 진주작전의 시작이었다. 42척의 대선단은 근 사흘간에 걸친 항해 끝에 8일 새벽 한반도 서해에 접근했다.

미 제24군단 작전참모부 조셉 쿨리지(Joseph B. Coolige) 대령의 8일 새벽 3시 작전보고 1보는 간결했다.

극비 미 제24군단 G-3 작전보고
해상에 약간 구름이 끼었으나 맑아지고 있습니다. 신선한 남서풍에 시야는 양호합니다. 파도가 약간 있으나 점점 더 잔잔해지고 있습니다. 장병들의 사기는 최고이며 전투 역량 역시 최고의 상태입니다.

이어 제24군단의 9월 8일 작
전일지는 모든 것이 순조롭게
진행되었다고 기록했다.

1. 군단 위치: 한국, 인천

2. 날씨와 시야: 아침 일
찍 낮은 구름, 정오부
터 높은 구름에 맑음,
시야는 양호, 가벼운
서풍, 해상은 잔잔함.
상륙에 최적의 조건임.

S-E-C-R-E-T

HEADQUARTERS XXIV CORPS
APO 235

G-3
OPERATIONS REPORT

NO 5

1. LOCATION OF TROOPS:

Initial echelon, XXIV Corps, arrived at INCH'ON, KOREA.

2. WEATHER AND VISIBILITY:

At KOREA: Heavy overcast during early morning cleared by noon to high broken overcast with good visibility, light westerly winds, calm sea, and excellent landing conditions. Flying conditions good during afternoon.

3. OPERATIONS FOR THE PERIOD:

Convoy carrying initial echelon XXIV Corps arrived INCH'ON Harbor, 1200. First elements of 7th Inf Div landed at the Port of INCH'ON at 1325 and by 1750, 17th and 32d Regts and Prov MP had completed landing and occupation of INCH'ON without resistance or incident. 168 Allied POWs are being evacuated from INCH'ON. Representatives of Commanding General, XXIV Corps, delivered detailed instructions for surrender to Japanese officials ashore. Arrangements are progressing satisfactorily to accept surrender of Japanese Forces in Government General Building, KYONGSONG, at 1 9 Sept 45. Cooperation received to date from Japanese has been good.

4. RESULTS OF OPERATION:

Port of INCH'ON occupied by two Inf Regts without incident.

▌ 미 제24군단의 9월 8일 작전일지. 시야는 양호하고 장병들의
사기는 최고라고 보고했다.

3. 작전: 오후 1시 25분부터 오후 5시 30분까지 진행된 미 제24군
단 선발대의 인천 상륙과 점령은 아무런 저항이나 불상사 없이
완료되었습니다. 대기 중인 연합국 포로 168명의 후송조치를
마쳤고 미 제24군단 사령관의 대리인은 부두에 대기 중인 일본
관리들에게 항복에 따른 자세한 지시를 전달했습니다. 일본군
의 항복을 위한 조정은 순조롭게 진행되어 9일 16시 30분 서울
중앙청에서 열기로 했습니다. 일본인들의 협조는 현재까지 양
호합니다.

그러나 그날 불상사는 있었다. 유혈 사태였다. 일본 경찰의 발포

가 있었고 쓰러진 사람들은 미군을 환영하러 나온 한국인들이었다. 1982년 4월 5일 〈동아일보〉의 기획 취재 〈미군정 3년〉은 미군이 인천에 진주하던 그날을 자세히 전하고 있다.

하지 중장의 미 제24군단 본대가 인천항에 상륙하던 9월 8일, 부둣가에는 진군을 환영하려는 시민들이 이른 아침부터 줄을 이었다. 태극기를 든 사람, 집에서 급조한 성조기를 든 사람들이 뒤섞여 붐볐다. 일제의 쇠사슬을 풀어준 고마운 미군들을 환영하려는 인파였다. 사람의 물결은 시간이 지날수록 점점 불어났고 자연히 부둣가는 어수선해졌다. 바로 그럴 즈음에 총소리가 울린 것이다. 부둣가로 밀리던 인파는 순식간에 수라장을 이루면서 흩어졌다. 처음엔 누가 누구를 향해 쏜 것인지 분명하지 않았다. 잠시 후 두 사람이 선혈을 흘리며 땅에 쓰러져 있는 것이 목격되었다. "치안과 질서 유지를 위해 발포했다"는 일본 경찰의 총에 맞아 2명의 한국인이 현장에서 절명한 것이다. 해방을 맞은 나라의 시민이 패전국 관헌의 총에, 그것도 해방을 안겨준 미군 앞에서 숨졌다는 것은 아이러니가 아닐 수 없다.

하지 장군은 인천 상륙에 앞서 8월 29일 도쿄를 경유, 서울의 일본 군사령부와 첫 무전 교신을 갖고 "미군이 갈 때까지 치안을 맡으라"고 지시했다. 이에 따라 일본 총독부는 여운형의 건국준비위원회에 넘겼던 치안권을 거두어들였으며 내렸던 일장기도 총독부 건물에 다시 내걸었다. 이런 이유로 미군 상륙을 앞둔 인천항의 경비 역시 무장

한 일본 경찰들과 기마대가 맡았던 것이라고 〈동아일보〉의 기획취재
〈미군정 3년〉은 전했다.

미국과 소련, 해방군-점령군 논란

더글라스 맥아더 미 육군 태평양지역최고사령관은 1945년 9월 7일
하지 사령관의 미 제24군단이 한국에 진주하기 하루 앞서 포고령 1호
를 발표했다. 일본 요코하마에
서였다. 조선총독부 기관지로
해방 당시 유일한 한국어 일간
신문이었던 〈매일신보〉는 그
해 9월 9일자 신문에서 맥아더
포고령 제1호의 공식적인 번
역문을 실었다.

조선 주민에게 포고함.
태평양지역 미국 육군 최
고지휘관으로서 좌기(左
記)와 여(如)히 포고함.
일본국 천황과 정부와 대
본영을 대표하여 서명한
항복문서의 조항에 의하

```
PROCLAMATION:                  G.H.Q.  U.S. ARMY FORCES, PACIFIC
                               OFFICE OF THE COMMANDING GENERAL
No. 1                          YOKOHAMA, JAPAN, 7 SEPTEMBER 1945

                    TO THE PEOPLE OF KOREA:
        As Commander-in-chief, United States Army Forces, Pacific, I do
   hereby proclaim as follows:
        By the terms of the Instrument of Surrender, signed by command and
   in behalf of the Emperor of Japan and the Japanese Government and by
   command and in behalf of the Japanese Imperial General Headquarters, the
   victorious military forces of my command will today occupy the territory of
   Korea south of 38 degrees north latitude.
        Having in mind the long enslavement of the people of Korea and the
   determination that in due course Korea shall become free and independent,
   the Korean people are assured that the purpose of the occupation is to enforce
   the Instrument of Surrender and to protect them in their personal and
   religious rights.  In giving effect to these purposes, your active aid and
   compliance are required.
        By virtue of the authority vested in me as Commander-in-Chief, United
   States Army Forces, Pacific, I hereby establish military control over Korea
   south of 38 degrees north latitude and the inhabitants thereof, and announce
   the following conditions of the occupation:

                         ARTICLE I
        All powers of Government over the territory of KOREA south of 38
   degrees north latitude and the people thereof will be for the present exercised
   under my authority.

                         ARTICLE II
        Until further orders, all governmental, public and honorary functionaries
   and employees, as well as all officials and employees, paid or voluntary, of
   all public utilities and services, including public welfare and public health,
   and all other persons engaged in essential services, shall continue to perform
   their usual functions and duties, and shall preserve and safeguard all records
   and property.

                         ARTICLE III
        All persons will obey promptly all my orders and orders issued under
   my authority. Acts of resistance to the occupying forces or any acts which
   may disturb public peace and safety will be punished severely.

                         ARTICLE IV
        Your property rights will be respected. You will pursue your normal
   occupations, except as I shall otherwise order.
```

▌맥아더 포고령 1호 원문. 〈국가기록원 자료〉.

여 본관 휘하의 전첩군(戰捷軍)은 본일(本日) 북위 38도 이남의 조선지역을 점령함.

맥아더 포고령은 이어 한국에 진주한 미군의 성격과 역할을 밝혔다.

조선 인민의 오랫동안의 노예 상태와 적당한 시기에 조선을 해방 독립시키라는 연합국의 결정을 고려한 결과, 조선 점령의 목적이 항복문서 조항 이행과 조선인의 인간적 종교적 권리를 보호함에 있다는 것을 조선인들은 인식할 줄로 확신하고 이 목적을 위하여 적극적 원조와 협력을 요구함.

맥아더 포고령은 이어 '북위 38도 이남의 점령군으로서 이 지역과 주민에 대한 모든 행정권은 당분간 본관의 권한 하에서 실행할 것'이라고 선언하고 명령 복종을 강조했다.

제3조. 주민은 본관 및 본관의 권한 하에서 발포한 명령에 즉속(卽速)히 복종할 사, 점령군에 대하여 반항행동을 하거나 또는 질서 보안을 교란하는 행위를 하는 자는 용서 없이 엄벌에 처함.

이렇게 미군정은 시작되었다.

한편, 1945년 8월 9일 북한을 침공한 이반 치스차코프 소련 제25군 사령관은 8월 26일 평양 평양철도호텔에서 일본군의 항복을 받아냈다. 그 자리에는 한국의 독립운동가인 조만식 선생도 입회했다. 그는 항복을 받아내기 하루 앞서 포고문을 발표했다. 1969년 고려대학교 아세아문제연구소가 펴낸 《북한연구자료집》에 실린 치스차코프 대장의 포고문을 인용하면 '조선은 자유국이 되었다'고 선언했다.

조선 인민들에게!
조선 인민들이여! 붉은군대와 연합국 군대들은 조선에서 일본 약탈자들을 구축(驅逐)하였다. 조선은 자유국이 되었다.

포고문은 계속해서 스탈린 대원수는 '조선 인민의 자유를 약속했으며 이를 실천할 것'이라고 밝혔다.

위대한 스탈린 대원수는 '우리의 목적은 그 인민들의 해방투쟁에 있어서 그들을 방조하여 다음에는 그들이 자기 소원대로 자기 당에서 자유로운 생활을 하도록 하는 것이다'라고 하였다. (중략)
조선 사람들이여! 기억하라!
당신에게는 유력하고 정직한 친우(親友)인 소련이 있다.

신복룡 건국대학교 석좌교수는 2021년 7월 9일 〈중앙일보〉 특별기고를 통해 정치권에서 시작된 해방 정국에서 '미국과 소련은 점령군인가, 해방군인가'를 놓고 벌어진 논쟁에 대해 언급하면서 자신이 1987년 맥아더와 치스차코프의 포고령을 비교 분석한 내용을 소개했다.
신 교수는 그때 발표한 논문에서 소련군의 포고령은 우호적이었으며 미군의 포고령은 고압적이라는 점을 지적했던 바, 이 부분이 뒤늦게 정치권에서 논란을 불러일으키고 있는 데 대해 유감을 피력했다. 신 교수는 이것은 어디까지나 문장 수사(修辭)의 문제일 뿐 양쪽의 의지를 반영하는 것은 아니었음을 이미 분명히 밝혔다고 강조하면서, 문제의 핵심은 문투가 아니라 진입군과 포고령 작성자의 성격이라고 진단했다. 신 교수는 굳이 평가하자면 미소 어느 쪽의 선악의 문제가 아니라 (정치선전에서) 소련의 노회함과 미국의 서툰 대결에서 본질과 관련이 없는 흠으로 인해 미국이 상처를 입은 것이라고 분석했다.

그렇다면 미국과 소련의 군대들을 각각 그들의 정치선전이 아닌, 정책과 통치행태 등 본질적인 문제에 대한 비교를 통해 점령군인지 아니면 해방군인지를 분별할 수 있을까?

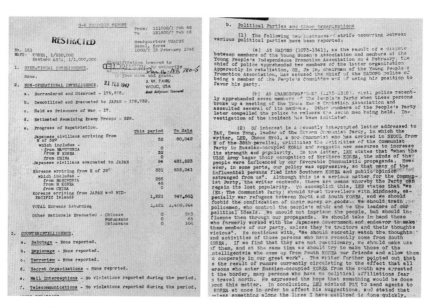

▌1946년 2월 13일 미군의 G-2 서신검열에 따르면 남로당원 이춘열은 박헌영에게 소련군의 압정을 알리고 민심 이반 대책을 촉구했다.

1946년 2월 13일자 미군정 G-2 정기보고는 해방군을 자처한 소련 군대에 대한 비교적 객관적인 평가자료를 제공하고 있다. 미군정 정보처는 공산주의자 이춘열이 북한에서 돌아온 직후 박헌영에게 보낸 서신을 검열해 그 내용을 영역한 뒤 보고했다. 다음은 이춘열의 서신 내용이다.

> 소련군이 북한을 점령하기 시작했을 때만 해도 인민들의 마음은 공산주의적 선전에 감화돼 우리에게 우호적이었습니다. 그러나 이제 우리의 정책이 탄압적으로 바뀌면서 상당수의 영향력 있는 인사들이 남쪽으로 도피했으며 민심도 우리들과 멀어졌습니다.

공산주의자 이춘열은 잃은 민심을 되찾기 위한 시책을 하루 속히 실천에 옮길 것을 건의했다.

> 우리는 특히 남과 북의 경계선을 넘으려 하는 난민들에게 온정을 베풀어야 합니다. 그들의 돈과 물품을 빼앗아서는 안 됩니다. 우리는 보안서원들이 인민들의 마음을 끌어들이도록 교육시켜야 합니다. 그래서 인민들을 잡아 가두지 않고 우리의 선전선동에 감화하도록 만들어야 합니다.

이춘열은 이어 자신이 보고한 내용들에 대한 개선책을 하루 속히 마련하지 않으면 북한 인민들은 공산주의 정책에 반동적인 태도를 보여 심각한 위험에 빠질 것이라고 경고했다. 이춘열은 특히 '즉시 이를 바로 잡도록 일깨우는 핵심인물을 북한에 파견할 것'을 박헌영에게 거듭 호소하고 있었다.

공산주의자 이춘열이 그의 지도자 박헌영에게 급박하게 보고한 내용들은 붉은군대의 친우인 북한 공산주의자들 스스로 내놓은 평가인 것이다. 붉은군대는 더 이상 북한 인민에게 해방군도 아니며 약탈을 자행하는 점령군임을 그들 스스로 밝히고 있었다.

1946년 2월 11일 주한미군사령부 G-2 보고는 정보참모부 민간첩보수집단이 수집한 서신검열내용을 자세히 담고 있다. 먼저 함경남도 주민이 1월 17일 작성한 편지의 내용을 보고했다.

> 38선 이북 소련점령지역에서 발생하는 온갖 불법행위와 부도덕한 범죄, 약탈행위는 소련군의 위세를 업은 공산주의자들이 앞장서서 저지르고 있습니다. 공산주의자들이 소련군들 보다 더 악질적입니다. 또 소련군 병사들은 재산을 빼앗고 대낮에 공공연하게 강도행위를 하며 부도덕한 범죄행위를 밤낮을 가리지 않고 수 없이 저지르고 있습니다.

이 편지는 이어 소련군병사들의 성범죄가 곳곳에서 공공연하게 저질러지고 있다며 그 실정을 자세하게 전하고 있었다.

> 우리 여성들을 상대로 저지르는 잔학행위는 너무 참혹한 나머지 1946년에 태어나는 아기들은 그들의 애비가 모두 러시아인일 것

HEADQUARTERS, XXIV CORPS
G-2 Section
Civil Communications Intelligence Group - Korea

APO 235
11 February 1946

A Digest Of Information Obtained From Censorship
Of Civil Communications In Korea
(OCCUPATION TRENDS)

Period: 6 January---5 February 1946

OCCUPATION TRENDS

American soldiers confronted me and threatened me with a pistol. In the darkness I was confused, but gave them 500 yen. I think that some of the Americans are not very good." (PUS/476). Robbery was claimed in a letter from Kyongsang-Namdo, which said two Koreans had been robbed by six Americans who traveled by car. (PUS/496).

Other individuals expressed more general opinions of the American occupation. On 11 January, one person declared that he was sorry the Japanese had lost the war and that "... in Southern Korea conditions are very bad because of the misbehaving of American soldiers." (SEO/1069). A writer in Seoul stated in a 23 January letter that, "The American forces in Seoul are very unpopular in comparison with those in Fusan. It is rumored that Koreans cannot go out at night for fear of being harrassed by American soldiers." (PUS/535). Though not mentioning any specific instances, a Fusan correspondent wrote, "I await the day that our Japan will again arise, avenging the acts of the Americans." (PUS/490).

Reactions To Conduct Of Russian Troops: Even more antagonistic comments were written against the Russian troops and occupation tactics. The most detailed charges were set forth by a resident of Hamgyong-Namdo, which is under Russian jurisdiction, in a letter dated 17 January. "The real conditions in territory north of the 38th parallel are that it is the communists who are committing all the illegalities, immoralities and pilfering, relying upon the Russian army to back them up. These communists are more spiteful and vindictive than the Russian army itself," the writer began. Then he cited innumerable incidents involving Russian soldiers and the communists, accusing them of confiscation of articles, open robbery, moral crimes and other outrages.

The letter continued: "... Russian soldiers started committing outrages and robbing day and night. Their actions toward our womenfolk were so outrageous that it is common rumor that most of the babies who will be born in 1946 will have Russian fathers. There were many women killed resisting outrages. ... The Russians kill people as they would wild beasts. The relatives of those slain or any other per-

---

Reactions To Conduct Of Russian Troops: Even more antagonistic comments were written against the Russian troops and occupation tactics. The most detailed charges were set forth by a resident of Hamgyong-Namdo, which is under Russian jurisdiction, in a letter dated 17 January. "The real conditions in territory north of the 38th parallel are that it is the communists who are committing all the illegalities,

▌서신 검열에 대한 내용을 담고 있는 주한미군사령부 G-2 보고.

이라는 풍문이 나돌고 있습니다. 소련군 병사들은 저항하는 여성 여럿을 살해했습니다. 그들은 마치 들짐승을 잡아죽이듯 살인행위를 하고 있습니다.

G-2 보고는 또 소련군의 잔학행위가 '상상도 못할 만큼 거칠고 거리낌이 없어 머리를 짧게 깎은 여성들만 가까스로 강간을 면하고 있다'는 다른 편지내용을 소개했다. 계속해서 황해도 개풍군에서 1월 16일에 보내 온 편지에 담겨있는 소련군의 식량 탈취행위를 전하고 있다.

개성경찰서가 입수한 1월 16일 작성된 편지에 따르면 개풍군에서는 쌀 한 가마에 140원에 거래되고 있는데 한 가마당 52원에 강제 수매하면서 그 대금을 소련군표로 지급했다고 합니다.

1946년 6월 21일 하지 주한미군사령관이 주재한 참모회의에서 주한미군 정보처장 폴 니스트(Paul Nist) 대령은 북한 주둔 소련군의 동향에 대해 브리핑을 했다.

소련군들은 물론 우리보다 한국 점령이 앞섰다. 우리는 해상 수송을 위해 기다려야 했지만 그들은 메뚜기 떼처럼 육로로 몰려내려왔다. 이 나라에 처음 진주한 소련군들은 대부분 시베리아 국경을 따라 수년간 주둔하고 훈련하면서 지냈기 때문에 거칠고 노련한 병사들이다.
미국의 기준으로 보면 장비도 형편없었다. 그들은 군복에서 수송

수단까지 일본인으로부터 얻어냈다. 도둑질도 하고 과도한 행위를 많이 저질렀다. 고국을 떠나 살았기 때문에 그들이 찾아낸 것은 모두 노획물이었고 따라서 그들이 가져가는 것은 전리품, 즉 공정한 게임의 결과인 것이다. 소련 병사들은 일본인들을 모두 잡아들여 민간인, 군인 가릴 것 없이 집단수용소에 잡아넣기도 했지만 맨 처음에는 일본인과 한국인을 구분하지도 않았다. 우리는 남한에서 일본군으로부터 전적인 협조를 받으며 아무런 문제 없이 있었지만 소련군은 우리와 달리 일본인들을 거칠게 대했기 때문에 상당수의 일본인들이 싸우기를 선택해 작년 11월까지 북한에서는 큰 규모의 전투가 있었다.

니스트 대령은 그러나 남한에서 나도는 소련군들의 잔학행위에 대한 소문에 대해서는 조심스런 입장을 밝혔다. 니스트 대령은 북에서 온 난민들을 상대로 수백 번의 심문을 해왔는데 그들의 진술 내용을 조심스럽게 점검하고 평가해야 한다고 말했다. 한국인들은 심지어 필리핀인들보다도 더 심하게 과장하는 경향이 있기 때문이라고 말했다. 이 같은 발언으로 미루어 북한 주둔 소련군의 행위에 대한 니스트 대령의 보고는 비교적 객관적인 것으로 보인다.

남한을 관장한 미군은 소련과 분명히 다른 접근을 하고 있었다. 미국무성과 전쟁성, 해군성은 합동회의를 열고 〈한국 내 미군점령지역 군사정부를 위한 잠정지침〉을 마련해 1946년 11월 5일 미 육군 태평양지역최고사령관과 주한미군사령관에게 보냈다. 모두 35페이지에

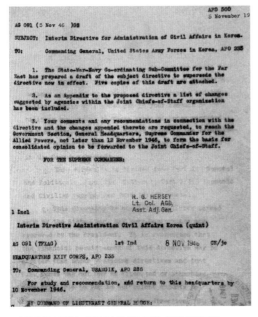

APO 500
5 November 19

AG 091 (5 Nov 46)GS

SUBJECT: Interim Directive for Administration of Civil Affairs in Korea.

TO: Commanding General, United States Army Forces in Korea, APO 235

1. The State-War-Navy Co-ordinating Sub-Committee for the Far East has prepared a draft of the subject directive to supersede the directive now in effect. Five copies of this draft are attached.

2. As an Appendix to the proposed directive a list of changes suggested by agencies within the Joint Chiefs-of-Staff organization has been included.

3. Your comments and any recommendations in connection with the directive and the changes appended thereto are requested, to reach the Government Section, General Headquarters, Supreme Commander for the Allied Powers, not later than 12 November 1946, to form the basis for consolidated opinion to be forwarded to the Joint Chiefs-of-Staff.

FOR THE SUPREME COMMANDER:

R. G. HERSEY
Lt. Col. AGD.
Asst. Adj. Gen.

1 Incl

Interim Directive Administration Civil Affairs Korea (quint)

AG 091 (TFXAG)   1st Ind   8 NOV 1946   CR/jc

HEADQUARTERS XXIV CORPS, APO 235

TO: Commanding General, USAMGIK, APO 235

For study and recommendation, and return to this headquarters by 10 November 1946.

BY COMMAND OF LIEUTENANT GENERAL HODGE:

┃ 미 국무성, 전쟁성, 해군성이 작성한 주한미군정 운영지침.

달하는 이 지침은 첫 머리에 한국 내 미군 점령지역에 대한 모든 정책 시행은 모스크바협정에 따라 한국잠정정부가 수립되기 전까지 전적으로 미 군사정부에게 권한이 있다고 규정했다. 1947년 7월 1일에 개정된 지침 역시 점령지역에 대한 정책 시행은 주한미군사령부의 권한이라고 명시하고 있다.

다음은 주한미군사령부가 1946년 1월 21일 미 육군태평양지역최고사령부에 타전한 긴급 비밀전문이다.

조선국군준비대는 점령군이 한국에 진주하기 전에 급조돼 나타난 자칭 군대라는 조직 가운데 하나임. 자칭 군대라는 조직의 병력의 규모는 모두 20만 명에 달함.

국군준비대는 조선인민공화국의 여운형이 후원하고 있으며 또한 그들은 조선인민공화국을 지지하고 있음. 1월 2일 테러활동혐의를 받고있는 이들의 사령부에 병력을 동원한 검속을 실시해, 반대파 단체의 조직원을 납치하고 폭행한 혐의로 사령관 이혁기를 체포하고 해체령을 내렸음. 미군정은 1월 14일 유사군사조직은 물론 보이스카웃을 포함한 군사조직화 가능성이 있는 단체들에도 해산명령을 내렸음. 상당수의 조직들은 해체에도 불구하고 지하 조직으로 전환해 활동을 계속할 가능성이 있음.

미군정은 특히 광복군의 동향을 예의주시하고 있었다.

특별히 주시하고 있는 조직은 임시정부의 김구 주석이 조직하고 후원하는 광복군임.
한국에 있는 조직 외에 추가로 4개 부대가 중국에서 편성돼 훈련을 받고 있으며 3월경 귀국예정이라 함. 주한미군사령부는 광복군이 부대 단위로 귀국할 경우 부작용의 가능성이 있다고 판단하고 있음. 이에 따라 장개석의 중국 측에 광복군 부대원들을 모두 분산시켜 다른 귀국자들에 뒤섞은 가운데 귀국시킬 것을 요구했음.

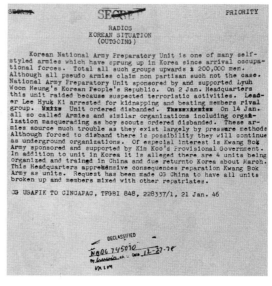

■ 1946년 1월 21일, 주한미군사령부가 미 육군 태평양지역최고사령부에 타전한 긴급 전문.

주한미군은 미국 정부가 하달한 한국 내 미군 점령지역 관리지침에 따라 통치권을 위협하는 요인에 대해서는 지체없이 강제력을 행사했다.

그러나 미군정에게는 다른 면모도 있었다. 1946년 3월 3일 하지 주한미군사령관은 특별명령을 발동했다. 미군이 한국인을 상대로 강간, 강도, 집단 폭행 등의 범죄를 저질렀을 경우 한국 경찰이 독자적으로 체포권을 행사할 수 있으며 필요할 상황에서는 강제수단을 동원할 수 있도록 허용하는 명령을 내린 것이다. 뒤에서 더 자세히 다룰 것이지만, 1947년 1월 8일 하지 사령관은 미 제7사단장 로저 윅스(Roger M. Wicks) 준장에게 경고 조치를 했다. 윅스 사단장이 교통규칙을 위반해 한국인에게 피해를 준 미국인 군속을 체포한 데 대해 공공연하게 비판적인 언동을 했다는 것이다. 한국인에 대한 주한미군의 인권 보호 노력이 겉치레는 아니었던 것이다.

해방군을 자처한 소련군과 점령군임을 자임한 미군 가운데 우리 스스로 기록할 우리의 역사는 어느 쪽의 손을 들어줄 것인가?

우리 정치권에서 점령군-해방군 논란이 한바탕 소동을 겪은 뒤 이제 명백해진 것은 미-소 포고령에 담긴 언사(言辭)들이 제각기 선전(宣傳)을 위한 수사(修辭)에 불과하다는 사실이다. 다만 누가 얼마나 더 효과적인 선전선동을 했는가에 대한 평가를 위해 이를 분석의 대상으로 삼을 수는 있을 것이다. 우리 개개인이 어느 쪽에 힘을 얹든 미국과 소련 그들이 내놓은 포고령은 한국 현대사의 명징한 기록이며 정치적 논쟁의 대상이기 전에 정확한 해석의 대상으로 무게가 실려야만 할 것이다.

| 2 |

정치적 혼란기의 남한,
미군정의 출범
: 1945년 9월 13일

하지 장군을 포함한 미 제24군단 구성원은 한반도에 대한 지식이
전혀 없었다. 한반도에서 1,600킬로미터 떨어진 오키나와에 주둔하
고 있던 하지 장군의 미 제24군단에 "한반도 38선 이남을 접수하라"
는 임무가 부여된 것은 단지 다른 부대에 비해 한반도와 가깝다는 이
유 때문이었다. 물론 하지 장군이 오키나와 전투를 승리로 이끈 출중
한 군인이었던 것은 사실이다. 그러나 한반도에 대해 무지했던 하지
였기에, 그가 이끄는 미군정은 어설프게 출발했다는 평가를 받고 있
다. 이와 달리 미국 정부는 그렇지 않았다. 분야별 전문가를 국무부에
서 차출하거나 민간인 가운데 특별 채용했다. 그들은 주어진 촉박한
시간과 다투며 미군정 출범 준비를 진행했다.

서울 중앙청에서 항복조인식을 마친 후 일장기 대신 성조기가 올라
갔다. 그 나흘 뒤인 9월 13일, 주한미군사령관으로 임명된 하지 장군
은 맥아더 태평양지역 미군 총사령관에게 한국의 정세에 대해 보고

했다. 보고서는 머렐 베닝호프(H. Merrell Benninghoff)가 초고를 작성하고 하지 사령관이 내용을 보태고 뺀 것으로 보인다. 하지 사령관이 맥아더 총사령관에게 보낸 전문과 베닝호프의 이름으로 제임스 번스(James F. Byrnes) 미 국무장관에게 보낸 전문의 내용과 배치에는 약간의 차이가 있다. 베닝호프 고문은 일본에서 장기간 선교사로 활동하며 와세다대학에서 강사로 있었고, 미국 내에서는 아시아 특히 일본 전문가로 알려진 인물이다. 1945년 12월, 그는 하지 사령관의 수석정치고문에 임명되었다. 베닝호프의 보고서는 일본과 아시아를 오랜 세월 지켜본 자만이 통찰할 수 있는 깊이가 엿보인다. 베닝호프의 한국과 한국인에 대한 인식과 진단은 싫든 좋든 76년이 흐른 지금까지도 유효한 것 같다.

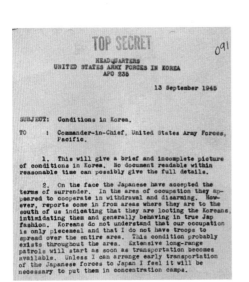

TOP SECRET
091
HEADQUARTERS
UNITED STATES ARMY FORCES IN KOREA
APO 235

13 September 1945

SUBJECT: Conditions in Korea.

TO : Commander-in-Chief, United States Army Forces, Pacific.

1. This will give a brief and incomplete picture of conditions in Korea. No document readable within reasonable time can possibly give the full details.

2. On the face the Japanese have accepted the terms of surrender. In the area of occupation they appeared to cooperate in withdrawal and disarming. However, reports come in from areas where they are to the south of us indicating that they are looting the Koreans, intimidating them and generally behaving in true Jap fashion. Koreans do not understand that our occupation is only piecemeal and that I do not have troops to spread over the entire area. This condition probably exists throughout the area. Extensive long-range patrols will start as soon as transportation becomes available. Unless I can arrange early transportation of the Japanese forces to Japan I feel it will be necessary to put them in concentration camps.

■ 극비로 분류된 〈한국의 실태〉 보고서. 일본인들이 겉으로는 항복을 받아들이는 척하지만 지금도 한국인들을 약탈하고 또 겁박하고 있다고 보고했다.

극비 주한미군사령부
1945년 9월 13일
수신: 태평양지역 미 육군 총사령관
제목: 한국의 현 정세

일본인들은 항복 조건들을 눈앞에서는 받아들였습니다. 그들은 점령 지역에서는 철수와 무장해제에 관해 협조하는 것처럼 보입니다. 그러나 미군이 주둔한 곳에서 멀리 떨어진 남쪽에서는 한국인들을 약탈하고 또 겁박하고 있습니다. 이런 것이야말로 보편적인 일본인들의 본모습입니다. 한국인들은 우리의 점령이 정작 일부 지역에서만 이루어질 뿐 한국 전 지역으로 전개해 배치할 만한 병력을 갖고 있지 않은 것을 이해하지 못하고 있습니다.

이 보고서는 일본인들의 이중 행태에 대해 정확하게 꿰뚫고 있었다. 이어 한국인들의 불만이 심각한 수준이라고 진단했다. 여기에다 영문 오역이 섣부른 기대와 실망을 자아내 한국은 언제 터질지 모르는 화약통이 되고 말았다고 보고했다.

현재의 남한을 가장 잘 표현한다면 불만 붙이면 바로 폭발하는 화약통과 같다는 것입니다. 본관은 오늘, 카이로선언의 "in due course"가 '적절한 절차를 거쳐'가 아니라, '수일 내로' 또는 '조속히'라고 한국인들 나름대로 번역되어 있는 것을 확인했습니다. 영어에 익숙한 교육 수준이 높은 한국인들조차 본관이 카이로선언의 제대로 된 뜻을 지적하자 경악했습니다. 한국인들은 미군 병력이 들어온 지 2~3일이 지났는데도 왜 완전한 독립을 부여하지 않는지 이해하지 못하고 있는데 바로 이 때문입니다. 한국인들의 마음은 온통 한국의 즉각적인 독립과 일본인들을 곧바로 쓸어내 버리는 것에만 사로잡혀 있습니다.

그러나 베닝호프 고문은 한국인들의 집단적 보복 행위는 없을 것이라고 단언했다.

민간인이든 군인이든 가릴 것 없이 모든 일본인들에게 엄청난 보복을 가할 기회가 주어지지 않았을 뿐, 한국인들은 믿기 어려울 정도로 일본인들을 증오합니다. 그러나 미군 병력들이 감시하고 있는 한 이와 같은 보복을 실제 행동에 옮기지는 않을 것이라고 믿습니다.

베닝호프는 태평양전쟁 이전에 장기간에 걸쳐 일본에 살았으나 한국에 대한 경험은 전혀 없었다. 그 역시 일본인이 갖고 있는 한국인에 대한 편견에서 자유롭지 않았던 것으로 보인다.

하지 사령관의 이름으로 보낸 이 보고서는 당분간 일본인 관리를 활용할 수밖에 없을 것이라고 내다보았다.

지금 정부 조직에서 일본인들의 해고는 여론의 관점에서는 바람직할 것이지만 실질적으로 일정 시점까지는 해고가 불가능할 것입니다. 일본인들은 명목상으로는 해고해도 실제 일하도록 할 필요가 있습니다.

보고서는 당장 한국인에게 미군정의 고위직을 맡길 수 없는 이유를 다음과 같이 들었다. 능력을 갖춘 한국인이 없고, 고위직을 맡았던 한국인은 친일파로 몰려 일본인 못지않게 증오를 받고 있다는 것이었다.

한국인 가운데 지방이든 도시든 하위직을 뺀 그 이상의 업무를 넘겨받아 수행할 능력을 갖춘 인사는 없습니다. 게다가 공공시

설과 통신시설을 운용
할 기술자들도 없습니
다. 또한 그런 능력이
있는 인물이 고위직을
지금까지 맡고 있다면
그는 친일파로 간주되
어 심한 미움을 받을
것입니다.

and immediate sweeping out of the Japs has dominated their minds. Disappointment in the fact that there i any delay is great.

4. The Koreans hate the Japs with a bitterness unbelievable unless seen and given an opportunity the will wreak dire vengeance on all Japs, civilians and soldiers alike. On the contrary I do not believe that they will carry out this revenge so long as American troops are in surveillance.

5. Removal of Japanese from the existing govern ment is highly desirable from a standpoint of public opinion but practically will be impossible to complete for some time to come. Japs can be relieved in name, but will be required to do work. The Koreans do not have qualified personnel to take over more than the low-level governmental, provincial and city jobs. Neither do they have technicians to operate utilities and communications. Also, such Koreans as have worked into higher levels are considered to be pro-Japanese and are hated as badly, if not worse, than are the Japs. The two sorest spots are: first, that Koreans are ruled by Japanese; second, the conditions as re-spects the police and the police departments. It is believed that the removal of Governor General Abe and the removal of the Police Commissioner, accompanied by a sweeping revision of police in the Keijo District will do a lot to mollify irate Koreans even though it will not strengthen the government.

6. There are an unknown number of political parties or groups in Korea. The long period of sup-pression and difficulty of underground operations have completely split up most coherent political trend it would appear that any Korean of average intelligence

▌미군정에서 일본인을 즉시 제거하기는 어려우므로 직책 없이 실제 로 일하도록 할 필요가 있다고 보고했다.

일본인들을 몰아내고 그
자리에 한국인을 당장 앉힐
수 없는 두 가지 약점이 있
다고 주장했다.

약점이 두 가지가 있는데 첫째, 한국인은 일본인의 통치를 받아
왔다는 사실이며 둘째, 일본의 한국 통치는 경찰과 경찰서에 의
해 진행되었다는 사실입니다. 만일 아베 총독과 경무총감을 제
거하고 서울 지역 경찰들을 남김없이 제거해버리면 성난 한국인
들을 상당히 달랠 수는 있지만 미군정을 강화하지는 못할 것입
니다.

같은 날인 9월 13일, 맥아더사령부 도쿄선발대는 마닐라에 있는 아
시아태평양최고사령부에 극비 전문을 긴급으로 타전했다.

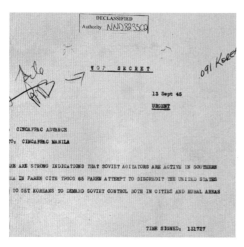

TOP SECRET

091 Kore

13 Sept 45
URGENT

CINCAFPAC ADVANCE
TO: CINCAFPAC MANILA

RE ARE STRONG INDICATIONS THAT SOVIET AGITATORS ARE ACTIVE IN SOUTHERN
A IN PAREN CITE TPGCG 65 PAREN ATTEMPT TO DISCREDIT THE UNITED STATES
TO GET KOREANS TO DEMAND SOVIET CONTROL BOTH IN CITIES AND RURAL AREAS

TIME SIGNED: 131727

한국인들의 미국에 대한 신뢰를 떨어뜨리기 위해 소련의 선동가들이 남한 지역에서 활동을 시작했다는 강한 조짐들이 파악되었습니다. 이들은 한국인들로 하여금 한국의 도시와 농촌 모두 소련이 통치할 것을 요구하도록 조종하고 있다고 합니다. (타전 시간 13일 17시 27분)

▌남한에서 미군을 몰아내려는 소련의 선동 활동이 시작된 것 같다는 도쿄선발대의 극비 보고.

이미 미국-소련 대결은 한반도에서 시작되었다.

난립한 수백 개의 단체들과 파괴된 금융 시스템

아래의 보고서는 한국인들의 폭발적인 정치 참여 욕구를 전하고 있는데 조롱과 우려가 뒤섞여 있다. 욕구와 주장은 넘치지만 정작 미래에 대한 구상이나 합의는 없다는 것이다. 하지 사령관은 한국 진주 사흘째인 9월 12일에 정치인들과 대화를 가졌고 이를 보고서로 남겼다.

한국에 정당 혹은 정치 단체가 얼마나 있는지 알려져 있지 않습니다. 그러나 오랜 탄압과 지하 활동이 빚은 역기능으로 인해 한국인을 하나로 응집시킬 정치적 기능은 완전히 갈래갈래 쪼개진

상태입니다. 한국인이라면 평균적인 지적 능력을 가진 사람을 100명 정도만 모으면 누구나 정당을 구성해 목소리를 높일 수 있습니다. 본인은 어제, 단체당 2명 참석을 기준으로 정한 정치 단체 모임에 갔습니다. 그들에게 강당에 입장할 때 어느 단체에서 왔는지 등록하도록 했습니다. 그날 모임에 참석

troops. There is great disappointment that immediate independence and sweeping out of the Japanese did not eventuate.

Although the hatred of the Koreans for the Japanese is unbelievably bitter, it is not thought that they will resort to violence as long as American troops are in surveillance.

The removal of Japanese officials is desirable from the public opinion standpoint but difficult to bring about for some time. They can be relieved in name but must be made to continue work. There are no qualified Koreans for other than the low-ranking positions, either in government or in public utilities and communications. Furthermore, such Koreans as have achieved high rank under the Japanese are considered pro-Japanese and are hated almost as much as their masters. The two most difficult problems at present are: The Koreans continue to be subject to Japanese orders, and conditions in the police department and among the rank and file of the police are bad. It is believed that the removal of the Governor General and the Director of the Police Bureau, both Japanese, accompanied by wholesale replacement of police personnel in the Seoul area will mollify irate Koreans even though the government itself is not strengthened thereby.

There are an unknown number of political parties and groups in Korea, many of which have mushroomed since the Japanese surrender was announced. The long period of oppression and the difficulty of underground activity have prevented the formation of clear-cut political groups. On September 12 General Hodge spoke to representatives of political groups on the basis of two persons from each group. More than twelve hundred attended the meeting. All groups seem to have the common ideas of seizing Japanese property, ejecting the Japanese from Korea, and achieving immediate independence. Beyond this they have few ideas.

▌정당 대표들은 1,200명이었지만 독립 요구를 제외한 한국의 앞날에 대한 의견은 그들조차도 생각한 바 없어 보인다고 보고했다.

한 인원은 1,200명이 넘었습니다. 그만큼 의견도 제각각이고 다양했습니다. 단 하나 공통된 것은 일본인 재산을 몰수하고 한국에서 몰아내며 한국의 독립을 즉시 부여하라는 것이었습니다. 이것들을 빼놓고는 달리 무엇을 바라는지 그들 누구도 알지 못하고 있습니다.

이 보고서는 한국인들이 큰 착각을 하고 있다고 꼬집었다. 독립이 된 만큼 세계가 그들을 도울 것이라고 믿고 있으며 이 때문에 해방 이후 한국인 대다수가 긴 휴가를 즐기고 있다는 것이다.

대부분의 한국인들은 지난 8월 15일 일본이 항복한 이후 줄곧 휴가를 갖고 있습니다. 그들은 이제 독립이 되었으므로 모든 걱정에서 자유롭게 되었다고 생각하고 있고 또 세계가 그들을 도울 것이라고 여기고 있는 것이 분명합니다. 미군이 이곳에 진주한 이후 경인 지역에서는 산업 활동의 기미조차 없습니다. 뿐만 아니라 앞으로 정상적인 활동으로 되돌아가는 데 대한 관심도 거의 없습니다. 본관은 일터를 지키는 것이 바로 자신들의 나라를 세우는 것이고, 조국의 미래와 한국인 자신들을 위해서 꼭 필요하다고 가능한 모든 접촉과 홍보를 통해 강조하고 있습니다. 아직도 일본인들이 모든 기업을 소유하고 통제하고 있는 이 상황이 그들의 미래와 관련된다는 것을 도대체 받아들이지 못하는 것 같습니다. 결국에는 본관이 그들로 하여금 깨닫도록 할 수 있을 것입니다. 어쨌든 현재 그들은 정치선동가들이 끼어들기 딱 좋은 상황 가운데 처해 있습니다.

그러나 향후 미군정과 협력할 수 있는 수백 명의 보수주의자들이 있다는 사실은 매우 고무적이라고 보고했다. 비록 임시정부에 대한 인기가 높지만 국민들의 주장이 제각기 달라 대다수의 지지를 받지는 않는 것 같다고 분석했다. 이미 미국은 대한민국임시정부의 실체를 인정하지 않겠다는 입장을 굳히고 한국인의 여론에 큰 관심을 갖고 있었음을 보여준다. 백악관은 1개월 전 김구 주석이 보낸 서한을 되돌려보냈다. 또 트루만 대통령은 이를 전달한 도노반 OSS 국장을 크게 질책했었다.

가장 다행스러운 일은 나이 지긋하고 교육 수준이 높은 한국인들 가운데 수백 명의 보수주의자들이 있다는 사실입니다. 현재는 그들 가운데 다수가 친일 행위를 했다는 의심을 받고 있지만 곧 잊혀질 것으로 믿습니다. 그들 중 대부분은 태평양전쟁 동안 일본에 의해 범법 혐의 또는 사상 통제를 당해 여러 차례 투옥된 바 있습니다. 미군정에서 그들을 기용할 수는 없겠지만 활용할 가치가 있는 인물들입니다. 지금까지 대단히 많은 한국인들은 확고하게 중경임시정부의 귀환을 원하고 있었습니다. 그러나 한국인들의 의견이 워낙 다양해서 중경임시정부에 대한 선호도가 과반을 넘지는 않을 것이라 생각합니다.

이어 한국의 재정 문제가 심각하며 일본의 조작으로 이미 금융 시스템은 파괴되었다고 보고했다. 일본이 수십조 엔의 화폐를 마구 인쇄해 시중에 풀었다는 정보가 있다고 덧붙였다.

인플레가 진행되고 있는데 이미 통제 불능 상태에 이른 것으로 보입니다. 8월 15일 이후 조선은행은 수십조 엔을 풀었는데 일부는 한국 내 서울에서 인쇄하고 일부는 일본에서 인쇄해 비행기로 들여왔으며, 이 돈은 일본군을 위해 풀었다는 미확인 정보가 있습니다. (중략) 새로운 금융 제도를 수립하지 않는 한 물가와 임금을 잡기는 불가능할 것입니다. 일본은 이미 한국의 금융 시스템을 철저하게 파괴했습니다.

하지 사령관은 이어 자신을 보좌할 각 분야의 유능한 전문 인력과 각 지역에 분산 배치해 지시를 이행할 최소한의 병력들이 추가 지원될 필요가 있다고 보고했다. 보고서는 1945년 9월 13일 맥아더 미 태평양 총사령관에게 보고되었고, 이어 9월 15일 표현상 격식을 갖추는 약간의 손질을 거친 뒤 작성자인 베닝호프의 이름으로 번스 미 국무장관에게 보고되었다. 보고서는 이어 점령국 군대들이 이 나라를 둘로 쪼개 각각 운영하려 한다면 그것은 불가능할 것이라고 전망했다.

점령국 군대들이 한국을 둘로 쪼개 현격하게 다른 정책들을 공동 지휘 없이 따로 작동시킨다는 것은 불가능한 일입니다. 수도는 남한에 있고 모든 통신도 여기에 기반을 두고 있습니다. 한국의 남부 지방에는 곡물 주산지가 있고 북한은 석탄과 수력 자원의 대부분을 갖고 있습니다. 둘 중 어느 쪽도 독자적으로 작동할 수 없습니다.

이어 미국이 그리는 한국의 모습이 무엇인지 하지 사령관 자신조차도 궁금하다고 밝히고, 한국의 미래에 대한 미국 또는 연합국들의 구상이 무엇인지 물었다.

본관은 이 나라에 과연 어떤 일이 일어날 것인지 그리고 당장 닥친 군사적 필요에 따른 잠정적 분단이 아니라 점령 상태에서 거의 완전하게 분단되어가는 한국에 대한 해법은 무엇인지, 그리고 이런 일이 미국과 소련 두 나라 사이에서 진행되는 것인지, 몇몇 연합국 간에 이루어진 것인지, 아니면 미국이 채택하여 진행하는 정책인지에 대해 아무런 정보가 없습니다.

TOP SECRET

it would greatly assist our effort to be allowed to transport the Jap Army home at an early date, supervising this move at the port.

15. The most encouraging single factor is the presence of several hundred conservatives among the older and educated Koreans. Right now many of them are suspected of collaboration with the Japs but it is believed this feeling will rapidly disappear. Actually, most of them served periods in prison at various times during the war because of Jap suspicions and thought control, and are in my opinion worthwhile citizens although of little use in government. So far as can be determined far more Koreans favor return of the Chungking Korean government than any other. However, due to wide diversity of opinion those favoring Chungking are believed to be short of a majority.

16. I am operating under two tremendous handicaps neither of which can be corrected by my action alone. The first is that I have no information of the future of the Korean public, what is to happen to the nation, what will be the solution of the now almost complete division of Korea in the occupation by two nations or of any Allied or United States policies that may be progressively adopted beyond immediate military necessity. The second is that this command arrived here so small in strength and short in competent staff and military government personnel that it can only operate in limited areas and with little overall effect. There is urgent necessity for expanding throughout all provinces of southern Korea as rapidly as possible with adequate military government and sufficient troops to maintain order. Insofar as American troops are concerned I believe they can go anywhere without being disturbed, even into the center of Jap Army camps. However, when any American troops, no matter how small in number, appear in a town the population expects them immediately to take over full control of police and maintenance of order, and it is the signal for Koreans to begin action against Japanese nationals. As for the status of American troops, the fact that they have not yet been required to fire a shot or to injure an inhabitant and that they have been able to restore and maintain order wherever they are, is highly significant of their prestige. However,

16. I am operating under two tremendous handicaps neither of which can be corrected by my action alone. The first is that I have no information of the future of the Korean public, what is to happen to the nation, what will be the solution of the now almost complete division of Korea in the occupation by two nations or of any Allied or United States policies that may be progressively adopted beyond immediate military necessity. The second is that this command

▌ 하지는 점령군 사령관인 자신도 한국의 분단이 군사적 필요에 의한 잠정적 분단인지 완전한 분단인지 아직 모르고 있다고 밝히면서 미국의 향후 한반도 정책에 대한 정보를 요청했다.

| 3 |

분단의 폐해를 예측한 미군정 사령관
: 1945년 9월 24일

하지 사령관은 9월 24일 한국의 현황에 대해 후속 보고를 했다. 역시 극비로 분류된 전문이다.

극비 1945년 9월 24일

제목: 한국의 실태

발신: 주한미군사령부

수신: 미군태평양사령부 총사령관

1945년 9월 13일자 보고의 후속입니다. 상황 변화는 급속하지 않지만, 그림이 펼쳐지는 것처럼 다가오고 있습니다. 일본인들과 독립에 대한 한국인들의 태도에는 변함이 없습니다. 경인 지역의 한국인들은 겉으로는 차츰 안정을 찾아가고 있는 것 같습니다. 행진과 시위는 좀 줄어들었고 목소리 높인 건의도 줄었습니다.

그는 너무나 많은 정당들이 제각기 활동하는 것은 바람직하지 않다는 인식이 한국인들에게 확산하는 것으로 보이지만, 목소리 높여 주장하는 사람들이 줄어든 것을 빼고는 아직 구체적인 변화는 없다고 보고했다. 보고서는 이어 연합국에 대한 불신이 한국인들 마음속 깊은 곳에 점점 더 크게 자리하고 있으며, 과거의 역사적 경험과 결부되어 미국-소련 양국이 한국을 둘로 나누려 한다는 확신을 굳히고 있다고 보고했다.

하지 사령관의 보고서는 미국-소련 양국이 한반도를 분단해 점령한다면 날로 증가하는 한국인들의 불신으로 큰 어려움을 맞을 것이라고 경고했다.

많은 한국인 지식층들은 연합국이 (한반도에) 하나의 국가를 수립하려는 생각이 없다는 것을 이미 깨닫고 있습니다. 러일전쟁 전 러시아와 일본 두 나라가 지금과 똑같이 38선을 경계로 나누기로 잠정 합의했다는 사실을 나이 든 한국인들은 회상하면서 러시아가 다시 그와 같은 요구를 하고 나섰다고 믿고 있습니다. 지금까지의 정책들로 판단하면 한국인에게 독립을 부여하겠다는 연합국의 약속을 진정으로 믿게 만들기는 어렵습니다.

이 보고서는 한국 분단의 실익과 가능성에 대해 보다 근본적인 의문을 던지면서, 미국은 소련의 실체를 인정하고 미국-소련 양국의 합의에 따른 잠정 정부 수립이 바람직하다는 의견을 제시했다.

본관의 생각으로는 현격하게 다른 두 개의 정책을 펴는 두 개의 점령지역으로 갈라놓는 현재의 한국 분단은 앞으로 한국을 하나의 통일국가로 만들 때 넘을 수 없는 장애물이 될 것입니다. 연합국 강국들이 한국의 분단 상황을 타개해야 합니다. 이를 위해 먼저 점령국들이 합치된 의견으로 한반도 정책을 수립해야 합니다. 이어 합치된 정책에 기초해서 점령국들의 전적인 지지를 받는 잠정 정부를 수립해야 합니다. 국제적인 조치가 즉각 뒤따라야 합니다. 이와 같은 분단 상태를 방치했다가는 뒤늦게 미국의 주도 아래 통일 정부를 추진한다 해도 평화적인 조정은 불가능한 상황이 될 것입니

lessening. It is still impossible to get working agreements between factions and to shake out the crosscurrents and suspicions of one against the others.

4. I consider the current division of Korea into two occupational zones under widely divergent policies to pose an insurmountable obstacle to uniting Korea into a nation. In my opinion the Allied Powers, by this division, have created a situation impossible to peaceful correction with credit to the United States unless immediate action on an international level is forthcoming to establish an overall provisional government which will be fully supported by the occupation forces under common policy. It appears doubtful if any of the Powers with the exception of Russia has given serious thought to the problems involved. Korea is not and without full Japanese control was never a part of the Japanese Empire, and cannot be so treated without the everlasting enmity of Koreans toward those nations who so treat them. The country is ripe for anything that releases them from the Japanese, but because of past history are now most favorable toward some type of democratic government and particularly toward the United States. During this receptive phase immediately following the breach of Japanese control is the time to unite factions and begin formative education in democracy. Continuation of separation of the country into two parts under opposed ideologies will be fatal. Furthermore, neither of the two sections is in any degree self-supporting without full reciprocity between them. At present there is no reciprocity except that refugees from north of 38° are coming south in considerable numbers and the reverse is not true.

▌미국은 소련의 실체를 인정하고 양국 합의에 의한 잠정 정부 수립을 대안으로 제시했다. 한반도 분단은 미국-소련 양국에 손실을 한국인에게는 죽음 같은 고통을 안겨줄 것이라고 하지 사령관은 경고했다.

다. 어떤 강대국이라 하더라도 이 문제 해결을 진지하게 생각한다면 소련을 배제할 수는 없습니다.

보고서는 또한 한민족이 분단을 어떻게 받아들일 것인지, 미국과 소련의 득실은 무엇인지 신중하게 따져보아야 한다고 경고했다. 한반도의 분단은 미국에게도 소련에게도 득이 안되고, 한국인의 앞날에 죽음과 같은 고통을 안겨줄 것이라고 단언했다.

한국은 일본의 완전한 통제 아래 있었던 적이 없었고 따라서 일본제국의 일부가 된 적도 없습니다. 만일 한국을 완전히 통제하여 일본처럼 대우하겠다는 제3의 국가들이 있다면, 그 같은 대우를 받지 않겠다는 한국인들의 끝없는 증오를 받게 될 것입니다. 한국이라는 나라는 일본으로부터 자유롭게 풀려나는 조치를 받아야 할 때가 되었습니다.

한국인은 미국의 민주주의 체제를 선택할 것으로 믿는다면서 보고서는 한국의 분단은 막아야 한다고 강조했다.

과거의 역사로 미루어볼 때 이 나라는 민주적 정부 형태를 지향하고 특히 미국의 민주 정부 형태를 가장 선호할 것입니다. 일본의 지배가 무너지는 초기 전환기인 지금, 즉각 각 파벌들을 하나로 뭉치게 하여 민주주의 형성을 위한 교육을 해야 할 것입니다. 서로 반대되는 사상을 가진 두 편이 서로 나뉘어 분단을 계속한다면 이 나라를 죽음으로 몰아가는 것입니다. 게다가 상호 완벽한 호혜를 주고받지 않은 한 남과 북 어느 쪽도 어떤 방법으로든 자립할 수 없습니다.

그런데 이 보고서는 한국인은 일처리에 있어서 믿음직스러운 면이 부족하다면서 특히 지식인에 대한 불신을 씻지 못하고 있었다.

일반적으로 말해 심지어 교육받은 지식인들도 일을 처리하는 방법에 있어서는 실천적인 구상이 전혀 없는 몽상가들이거나 환상을 쫓는 사람들입니다. 그들의 정치적 이념들은 이상적이지만 실용적이지는 못합니다.

베닝호프 정치고문이 앞서 언급한 내용을 하지 사령관도 그 후 여러 차례 비슷한 취지의 발언을 한 것으로 미루어 베닝호프의 분석에 크게 공감한 것으로 판단된다. 그리고 분단된 한국에 대한 그들의 불길한 예언은 불행하게도 틀리지 않았다. 불과 5년 뒤에 닥친 한국전쟁의 비극을 시작으로 그 예언은 끊임없이 차례차례 적중했다. 그러나 21세기가 20년이 지난 지금 분단된 가운데서도 남한이 경제적 풍요를 1세대 넘게 지속하고 있다는 사실만은 예측하지 못했다.

| 4 |

주한미군의 첫 그림,
국군창설계획 특별명령 26호
: 1945년 11월 10일

미군은 1945년 9월 8일 인천에 상륙하여 다음날인 9일 일본의 항복을 받아냈다. 서울을 점령한 지 불과 두 달 지난 11월 10일 하지 주한미군사령관은 주한미군 철수를 전제로 남한의 국군 창설을 위한 제반 여건을 검토해 보고서로 제출할 것을 주한미군장교단에게 지시했다. 점령 이후 26번째로 내린 특별명령이었다.

그런데 이 특별명령에는 〈한국의 군사적·정치적 상황〉이라는 문서가 첨부되어 있었다. 한국군 창설 계획을 수립하는 데 필요한 기초자료이자 가이드라인이었다. 미 24군단 헌병참모인 로렌스 쉬크 (Lawrence E. Schick) 준장을 위원장으로 한 장교단 조사위원회가 구성되었고, 쉬크 준장과 중령급 이상 고위장교 4명의 이름과 함께 한국인 이문상이 통역으로 참여했다. 특별명령 26호 문서는 첨부된 〈한국의 군사적·정치적 상황〉에서 한국인의 반란 가능성을 가장 먼저 언급했다.

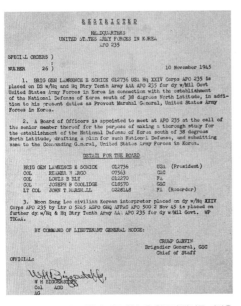

한국인은 본래 평화적인 국민들이지만 앞서 언급한 북한, 공산 중국, 장개석 국민당 정부의 중국, 소련, 일본 등 한국의 안보를 위협하는 잠재적 적(敵)의 지원 아래 심각한 반란 등을 일으킬 수도 있습니다.

또 이와 같은 반란 행위가 발생하면 원칙적으로 보병 병력을 즉각 현장에 출동시켜 진압하는 것이 최선이며 "이 지역의 특성으로 미루어 판단할 때

▎미군은 한국 점령 2개월에 미군 철수 후 한국의 방어를 떠맡을 한국군의 창설을 준비했다.

반란군들은 분명 조직력의 부족이라는 약점이 있을 것이므로 약간의 포병과 공군 전력을 투입하면 효과적으로 진압될 것"이라고 제시했다. 그러나 신속한 대응을 위해서는 트럭을 이용한 현장 출동이 긴요하며 높은 수준의 방첩 활동이 필요하다고 권고했다.

이 문서는 내전 유발 가능성이 있는 국가로 5개국을 지목하고 내전 유발 가능국보다 더 위협적이 될 국가, 즉 한국에서 전쟁을 일으킬 가능성이 있는 잠재적 적국으로 2개국을 특정했다. 지목된 국가는 소련과 함께 놀랍게도 장개석 국민당 정부의 중국이었다. 미국은 종전 후 공산 소련과 우방이었던 장개석 총통의 중국 역시 한반도를 둘러싼 동아시아의 이권을 차지하기 위해 미국과 적대관계에 돌입할 것으로

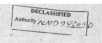

SECRET

ESTIMATE OF MILITARY AND POLITICAL SITUATION

In the vicinity of American occupied Korea are the following territorial regions: North Korea, Communist China, Nationalist China, the Soviet Union, and Japan. These are potential enemies of South Korea's internal and external security.

The Korean people are, in general, pacific. However, with assistance from any of the political entities noted above, serious uprisings may be attempted.

Such uprisings would be of a nature best dealt with by infantry arriving at the scene of action promptly. The nature of the terrain and the lack of organization to be expected of rebel forces indicate that only small proportions of artillery and air strength (for prestige purposes) are desirable. However, truck transportation and a good counter intelligence service are necessary for prompt action.

Infringment on Korean sovereignty abroad or war against Korea, is most likely to come from the Soviet Union or Nationalist China. At a later date interference may come from Communist China, North Korea, or eventually, from Japan. Her only hope against an agression of major proportion is through assistance from one or more of the principal powers. Prior to departure of U.S. troops, Korea must build forces which can assume the responsibilities for local national security now carried by the United States occupation forces.

After departure of U.S. troops, Korean forces must be able to prevent sudden seizure of Korea, and to delay an invader as long as possible, as the value of Korean forces to an ally in most cases consists of holding Korean territory as a base of operations for the potential ally. An army trained and equipped for this purpose would be incidentally well adapted to operations in many other parts of the Orient, on account of similarities of terrain. The principal mission of the army would be the defense of the Korean peninsula.

Compared to the size of the army the country can afford, the area to be defended is extensive, the peninsula being 100 to 170 miles wide. Hence the army must possess mobility. The country is primarily mountainous; the limited flat ground areas are largely covered with rice paddies. Pack and animal drawn transportation are indicated for major warfare. Trucks in service units of echelons higher than the division are desirable during peace, for the movement of infantry to quell uprisings.

Korea cannot maintain naval forces large enough to delay those of any neighboring major power; to attempt same is unfeasible from an economic standpoint. Her navy must, however, interdict infiltration by sea from those countries,

Exhibit "D"   SECRET

Infringment on Korean sovereignty abroad or war against Korea, is most likely to come from the Soviet Union or Nationalist China. At a later date interference may come from Communist China, North Korea, or eventually, from Japan. Her only hope against an agression of major proportion is through assistance from one or more of the principal powers. Prior to departure of U.S. troops, Korea must build forces which can assume the responsibilities for local national security now carried by the United States occupation forces.

▌1945년 11월 10일 미군정청 보고서 〈한국의 군사적·정치적 상황〉은 소련과 장개석의 중국을 미국과 한국의 적국으로 상정했다.

예측했다.

　　한국에 대한 외국의 주권 침해나 전쟁 도발은 소련 혹은 장개석 정부의 중국에서 가해올 것입니다. 훗날에는 공산 중국, 북한, 일본으로부터 올 것입니다. 이때 한국이 그들과 맞설 수 있는 유일한 희망은 강대국 가운데 1~2개 국가의 지원을 받는 것입니다. 미군이 한국을 떠나기에 앞서 현재 미군이 수행하고 있는 국내의 안정 유지 책임을 떠맡을 군사력을 한국인들이 갖춰야 할 것입니다.

| 5 |

미국의 한국군 창설과 정치 사찰
: 1945년 12월 21일

미군정청 국방국은 1945년 12월 21일 〈한국군 창설을 위한 제안〉을 주한미군사령관에게 보고했다. 비밀로 분류된 20페이지 분량의 이 보고서는 조직과 구성 그리고 충원계획에 대해 많은 부분을 할애했다. 이 보고서는 군 조직과 직책, 임무에 대해 하나하나 세밀하게 규정했다. 또한 한국군 창설을 위한 4단계 시행계획을 제시했다. 계획 단계-계획시행 단계(60일)-훈련 준비 단계(90일)-훈련 단계(150일)로 보고서가 제출된 이후 300일, 즉 10개월 후에는 한국군이 모습을 드러낼 수 있도록 계획했다. 계획에 따르면 새로 창설되는 한국군 규모는 장교 3,718명, 간호병 146명, 하사관과 사병 57,597명 총 61,641명이었다.

장교는 일본군, 만주군, 중국군 그리고 대학 졸업자 가운데 자격 여부와 신원 조사를 진행하고 통과할 경우 한시적으로 임용해 3개월 과정의 견습사관 교육을 거쳐 충원하는 것으로 정했다. 또 하사관과 사병의 경우 한국인들이 일제 치하의 경험 때문에 징병제에 대해 강한 반감이 있으므로 평화 시에는 모병제를 원칙으로 했다. 그러나 국가가 위기에 처하거나, 적국의 적대 행위가 발생할 경우 징병제로 확대하기로 했다. 해군의 경우 해군복무 경력자와 함께 상선 근무자에게도 지원 자격을 부여했다. 보고서는 20페이지 중 3페이지를 할애해 군 첩보기관의 설치를 강력하게 건의했다. 국방국(후일 국방부) 직속으로 광범위한 기능을 수행할 군 첩보기관을 두고 구체적인 임무를 부여했다.

군 첩보기관이 수행할 기능은 군 첩보 활동, 대간첩 활동, 첩보 교육, 홍보, 선전, 역선전, 기만술, 비밀 요원 관리, 일기예보, 지리 조사, 심문 및 조사, 암호해독, 라디오 청취, 레이다 탐지 및 전파방해, 지도 작성 및 항공촬영 그리고 첩보 기획이었다. 보고서는 특히 첩보 분야에서 일하게 될 한국인에 대해서는 교육과 훈련을 통해 비록 평화 시라하더라도 인접한 가상적국은 물론 모든 우방국도 첩보 취득 대상이라는 점을 주지시켜야 한다고 강조했다.

> 첩보 요원의 교육 과정에서 인접국들과 그 밖의 잠재 적국은 물론 우방국가에 대해서도 정보를 획득하는 것이 평화 시 첩보 요원의 책무임을 주지시켜야 합니다.

이와 같은 지침은 장개석의 국민당이 이끄는 중국 정부와 밀접한 협조 관계를 유지했던 임시정부의 광복군을 의식한 것으로 보인다. 이어 보고서는 군 첩보기관은 한국 경찰 내 사찰조직과 공조하여 한국

(iii) Preparation of intelligence plans.

(c) The Estimates and Studies subsection prepares over-all estimates of military capabilities of possible enemies and allies of Korea for purpose of formulating national policy, and joint estimates for coordinated operations of the armed forces. Within this subsection are groups which prepare intelligence studies for land, sea and air warfare in theaters in which Korean forces may operate.

(5) The Counter-intelligence Section supervises security and censorship. In conjunction with civilian police investigative agencies, it maintains surveillance over subversive elements within Korea.

(6) The functions of the remaining sections are indicated by their designations as shown in Annex No 4 b. attached.

(7) During the training of the Intelligence Division, it will be instilled in the Koreans engaged in this work, that the aquis-ition of files of information concerning all surrounding countries and other possible enemies and allies is one of its primary peace time duties.

(8) Much of this operation of the counter-intelligence, propaganda, and counter-propaganda sections will be under the guidance of Koreans from the inception of the Division.

(9) At present, surveillance is being maintained over the military aspects of the Korean political situation.

▌미군정은 광범위한 첩보 활동을 담당하는 보안부대의 창설을 결정했으며 정치인에 대한 사찰을 고유 업무로 정했다.

의 정치 상황에 대해서도 사찰을 유지해야 한다고 밝히고 있다.

군 첩보기관 내 대간첩 활동부서는 보안 검열을 실시합니다. 민간 경찰의 수사기관과 공조하여 국내 반국가인사에 대한 사찰을 진행합니다. (중략) 대간첩 활동, 선전 및 역선전 활동 등을 행하는 부서는 군 첩보기관이 작동하는 시초부터 대부분 한국인이 주도하도록 할 것입니다. 현재로서는 (군 첩보기관은) 군사적 관점에서 한국의 정치 동태에 대한 사찰을 계속하게 될 것입니다.

한국에서 군 첩보기관이 정치 사찰을 전개하고 개입하는 빌미와 근거는 1945년 미군정이 작성한 한국군 창설에 관한 보고서 가운데 보안부대에 관한 계획이 제공하고 있었다.

아처 러치(Archer L. Lerch) 미군정장관은 미소공동위원회에서 소련과의 협상이 진행되고 있음을 고려해 한국군 창설을 잠시 보류하는 것이 타당하다는 의견을 달고 있었다. 그러나 국군이라는 이름이 경비대로 바뀌었을 뿐 작업은 계속되어 1946년 1월 15일 남조선국방경비대가 발족되었다. 미소공동위원회에서 소련 측 대표가 국방이라는 용어를 조직의 명칭에 사용한 것에 대해 항의하면서 다시 명칭이 조선경비대로 변경된 것이다. 조선경비대는 정부 수립 후인 1948년 9월 1일 국군에 편입되었다.

| 6 |

미군정의 광복군 해체
: 1946년 1월 3일

    미군 첩보부대(CIC, Counter Intelligence Corps)는 1946년 1월 3일 개성에서 광복군 부관참모의 직책을 가진 석황(Seuk Whang)을 체포했다. 석황은 개성에 1,500명을 수용할 수 있는 규모의 건물 두 채를 임대했고, 만주에 체류 중인 임시정부 소속 광복군 병력 1,500명을 귀국시켜 그곳에 머무르게 할 예정이었다. 석황은 서울 지역에 이미 6,000명의 광복군 병력이 있으며 만주에도 그와 비슷한 규모의 병력이 체류하고 있다고 말했다. 만주에서 온 광복군 가운데 1,500명은 개성에 남겨두고 나머지 병력 전원이 개성을 통과할 예정이라고 석황은 진술했다. CIC 보고는 한국의 완전한 독립이 성취되면 개성 체류 병력을 제외한 광복군 병력은 질서 유지를 위해 한국 전역에 분산 배치될 것이라는 석황의 진술을 전했다. 석황에 대한 그 후 조치와 활동 내용은 알려지지 않았다.

    그런데 1947년 말, '김석황'이라는 이름이 역사의 현장에 다시 모

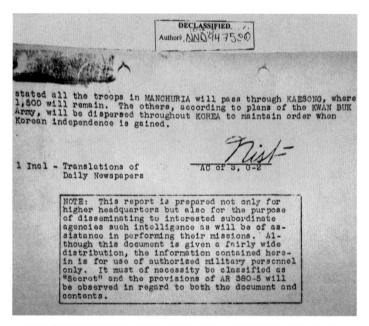

stated all the troops in MANCHURIA will pass through KAESONG, where 1,500 will remain. The others, according to plans of the KWAN BUK Army, will be dispersed throughout KOREA to maintain order when Korean independence is gained.

1 Incl - Translations of
Daily Newspapers

AC of S, G-2

NOTE: This report is prepared not only for higher headquarters but also for the purpose of disseminating to interested subordinate agencies such intelligence as will be of assistance in performing their missions. Although this document is given a fairly wide distribution, the information contained herein is for use of authorized military personnel only. It must of necessity be classified as "Secret" and the provisions of AR 380-5 will be observed in regard to both the document and contents.

▌ 미 CIC는 38선을 넘어 귀국하는 광복군이 체류할 건물을 마련하던 광복군 간부를 체포했다.

습을 드러냈다. 광복군 간부이면서 한독당 중앙위원으로 김구 주석을 모시고 재정을 책임졌던 김석황, 그가 바로 광복군 부관참모 석황이었다. 1947년 12월 2일, 한국민주당을 이끌던 장덕수 정치부장이 자신의 집에서 현직 경찰과 대학생에게 암살됐다. 경찰은 당초 공산주의자의 소행으로, 미군정은 이승만과 관련이 있을 것이라고 생각했다. 그러나 경찰은 장덕수의 암살 배후로 한독당 중앙위원인 김석황을 체포했다.

김석황은 1919년 일본 와세다대학 재학 중 2·8 독립선언에 가담했으며 그 뒤 상해로 망명, 광복군 결사대로 평양경찰부 폭탄 테러에 가담해 10년형을 선고받아 옥고를 치렀다. 출옥 후 그는 다시 중국으로 탈출했다. 대한민국임시정부에 가담해 임시정부의 군 자금 모금 활동을 담당했다. 김석황은 중국 망명 중 김구를 1년 동안 직접 모신 일이 있다고 장덕수 암살 사건 수사기록에 보고되어 있다.

김석황은 종신형에 처해졌으며 한국전쟁 발발 직후인 1950년 6월 30일 처형되었다. 일각에서는 장덕수 암살의 진정한 배후가 폭로될 것을 우려해 서둘러 사형에 처했다는 의혹이 제기되기도 했다. 1982년 대한민국정부는 김석황에게 건국훈장 독립장을 추서했다. 그는 조국 독립을 위해 헌신했으며 대립과 증오의 해방 공간에서 뜨겁게 살다 비운의 삶을 마친 인물이었다.

미군정의 광복군 공식 해체 선언은 1946년 6월의 일이지만 미군정은 그에 앞서 수개월 전부터 광복군 해체를 강력히 추진해 왔다. 미군정은 1946년 1월 5일, 오광선 광복군 국내 지대장을 소환해 광복군 해체 진행 상황을 조사했다. 오광선 지대장은 광복군 국내 지대 구성원은 모두 740명이며 이 가운데 250명은 국방경비대에 합류했고 100명은 경찰국 특별경비요원이 되었으며 130명은 국방경비대에 곧 가세할 예정이라고 설명했다. 나머지 260명은 고향으로 돌아갔다고 밝혔다.

이어 그의 부대는 중경에 본부를 둔 광복군의 일개 지대이긴 하지만 광복수호협회, 광복협력회 또는 광복 2지대 등의 3개 조직은 단체 이름에 광복이라는 명칭만을 따왔을 뿐 관련이 없는 단체들이라고 말했다. 따라서 오광선 지대장은 광복군은 완전히 해체되었다고 주장했다. 그러나 1946년 2월 19일 미군정 주간정보 보고에 따르면 그때까

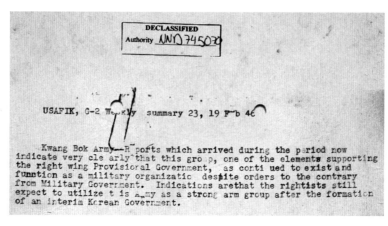

USAFIK, G-2 Weekly summary 23, 19 Feb 46

　　Kwang Bok Army——Reports which arrived during the period now indicate very clearly that this group, one of the elements supporting the right wing Provisional Government, as continued to exist and function as a military organizatic despite orders to the contrary from Military Government. Indications are that the rightists still expect to utilize t is Army as a strong arm group after the formation of an interim Korean Government.

▌1946년 2월 19일, 미군정 G-2 보고. 미군정은 광복군의 동향에 극도로 민감했다. 언제든 군사 행동을 일으킬 위험한 집단으로 간주했다.

지 한국으로 돌아온 광복군은 해산명령에도 불구하고 계속 유지되고 있었다.

　　광복군은 매우 명백하게 임시정부 내 우익을 지지하는 그룹이며 미군정이 끊임없이 해산 명령을 내렸는데도 불구하고 군사단체로 존재하고 또 작동합니다. 우익세력들은 한국과도정부가 수립되면 광복군 병력을 강력한 무장단체로 활용할 의도를 가진 것으로 보입니다.

　　상당수의 광복군이 국방경비대에 입대했지만 광복군으로 활동하기는 마찬가지라고 보고했다.

　　보고에 따르면 광복군은 공식적으로는 이미 해체되었지만 광복군 지휘부는 아직도 작동하고 있는 것으로 보입니다. 지난 2월 6일 대전에서 정치집회의 경호 인력으로 활동하던 국방경비대원 여러 명이 체포되었습니다. 또 9일에는 월간지 〈남조선 광복군〉이라는 광복군 기관지가 우편 검열에서 적발되기도 했습니다.

　미군정의 조사를 받았던 오광선 독립군 국내 지대장은 1896년 경기도 용인 출생으로 1967년에 별세했다. 신흥무관학교를 졸업하고 한국독립당의 의용군 중대장으로 활동하다 동북항일한중연합군 독립대 대장을 지냈다. 광복 후 귀국해 광복군 국내 지대장을 맡았고 한국군 육군 대령으로 임관한 후에 준장으로 예편했다. 1962년 건국훈장 독립장이 수여되었다.

| 7 |

광복군과 중국의 밀착을 경계한 미국
: 1946년 1월 18일

1945년 11월 미군정이 특별명령 제26호로 한국군 창설 작업을 지시하면서 참고 자료로 하달한 〈한국의 군사적·정치적 상황〉은 중국을 소련 다음의 적국으로 전제하고 한국군 창설을 추진하고 있었다.

이 자료에 따르면 어차피 한국은 소련이나 중국의 전쟁 도발에 홀로 맞설 능력이 없을 것이라며, 평상시 한국군은 국내 소요를 진압하고 전쟁이 발발했을 경우 우방의 군사개입이 가능할 때까지 최대한 시간을 벌 수 있는 정도의 능력을 갖출 것을 요청했다. 그런데 미군정이 한국에 진주한 지 두 달 만에 미군 철수를 위한 사전 작업에 착수한 것은 주목할 부분이다.

> 주한미군의 철수 후 한국군은 외부의 전격적인 한국 침탈을 저지하고 가능한 한 침략자들을 최대한 지연시킬 수 있어야 합니다. 우방에게 있어 한국군의 가치는 거의 전적으로 잠재적 우방이 작

ESTIMATE OF MILITARY AND POLITICAL SITUATION

In the vicinity of American occupied Korea are the following territorial regions: North Korea, Communist China, Nationalist China, the Soviet Union, and Japan. These are potential enemies of South Korea's internal and external security.

The Korean people are, in general, pacific. However, with assistance from any of the political entities noted above, serious uprisings may be attempted.

Such uprisings would be of a nature best dealt with by infantry arriving at the scene of action promptly. The nature of the terrain and the lack of organization to be expected of rebel forces indicate that only small proportions of artillery and air strength (for prestige purposes) are desirable. However, truck transportation and a good counter intelligence service are necessary for prompt action.

Infringment on Korean sovereignty abroad or war against Korea, is most likely to come from the Soviet Union or Nationalist China. At a later date interference may come from Communist China, North Korea, or eventually, from Japan. Her only hope against an agression of major proportion is through assistance from one or more of the principal powers. Prior to departure of U.S. troops, Korea must build forces which can assume the responsibilities for local national security now carried by the United States occupation forces.

After departure of U.S. troops, Korean forces must be able to prevent sudden seizure of Korea, and to delay an invader as long as possible, as the value of Korean forces to an ally in most cases consists of holding Korean territory as a base of operations for the potential ally. An army trained and equipped for this purpose would be incidentally, well adapted to operations in many other parts of the Orient, on account of similarities of terrain. The principal mission of the army would be the defense of the Korean peninsula.

Compared to the size of the army the country can afford, the area to be defended is extensive, the peninsula being 100 to 170 miles wide. Hence the army must possess mobility. The country is primarily mountainous; the limited flat ground areas are largely covered with rice paddies. Pack and animal drawn transportation are indicated for major warfare. Trucks in service units of echelons higher than the division are desirable during peace, for the movement of infantry to quell uprisings.

Korea cannot maintain naval forces large enough to delay those of any neighboring major power; to attempt same is unfeasible from an economic standpoint. Her navy must, however, interdict infiltration by sea from those countries,

Exhibit "D"

After departure of U.S. troops, Korean forces must be able to prevent sudden seizure of Korea, and to delay an invader as long as possible, as the value of Korean forces to an ally in most cases consists of holding Korean territory as a base of operations for the potential ally. An army trained and equipped for this purpose would be incidentally, well adapted to operations in many other parts of the Orient, on account of similarities of terrain. The principal mission of the army would be the defense of the Korean peninsula.

▌미국이 목표로 설정한 한국군의 역할은 적의 침략을 최대한 지연시키고 우방의 작전기지인 한국 영토를 지탱해주는 것으로 한정했다.

전을 전개할 기지가 되도록 한국 영토를 지탱해주는데 있습니다.

조사위원회는 한국군을 향후 아시아 내 분쟁 지역에 투입할 가능성에 대해서도 언급했다.

이와 같은 목적을 위해 훈련되고 장비를 갖춘 한국군 병력은 지역 특성의 유사성을 가진 동양의 어느 지역에서도 작전을 전개할 수 있도록 적용되어 있을 것입니다. 한국군의 주 임무는 한반도의 방어일 것입니다.

위원회는 한국의 해군에 대해서도 매우 제한적인 능력과 역할을 설정했다.

한국이 이웃한 강대국들의 침략을 지연시킬 만한 해군력을 유지하려는 시도는 경제적 관점에서도 실현성이 없을 것입니다. 다만 한국 해군은 평화 시에 적대국들의 해상 침투를 차단하고, 공산 중국과 일본 등의 적대적 군사력이 해상으로 이동하는 것을 막는 임무를 수행해야 할 것입니다.

보고서는 또 한국 공군 역시 장개석의 국민당 정부나 소련의 공중 공격을 요격할 능력은 갖추지 못할 것이라며 다만 미국 공군의 비행장 건설과 방어 같은 보조 임무를 맡는 것으로 그림을 그렸다.

한국은 대부분의 지역이 중국 산동에서 300마일, 블라디보스토크에서 500마일 이내에 있습니다. 한국이 공군력에서 이들 적대국과 맞서는 데 기여할 방법은 동맹국을 위해 비행장을 건설하고 방어하는 임무를 떠맡는 것입니다. 그러나 한국의 공군력이 전투기를 운용할 정도로 강력해진다면 우방국의 공군이 도착할 때까지 공군 시설의 파괴를 지연시킬 수 있을 것입니다.

한국 공군의 초기 역할은 공군기지의 건설과 방어 그리고 전투기 전력이 강화되면 적 공군의 공습으로 파괴되는 것을 늦추는 것에 한정됐다. 한국군의 능력은 미군을 위한 보완적 역할에 그치도록 철저하게 제한된 것이다.

일본군 출신 장교를 우대한 미군정

아래의 보고서는 이어 미국이 한국의 우방으로 자리 잡도록 하려면, 한국 지도자들과 군부대들에 이념 주입과 훈련이 필요하다고 강조했다. 이런 관점에서 광복군보다는 일본군 출신 장교들에게 한국군의 요직을 맡기는 것이 유리하다고 보고했다.

한국을 우방으로 붙들어두려면 한국인으로서 자긍심을 갖고 있으면서 장개석의 국민당 정부 같은 여타 강대국에 충성을 바치지 않았던 군사 지도자들을 선택하는 것이 큰 도움이 될 것입니다.

일본군이나 만주군에서 일한 장교 출신들이 장개석의 국민당 정
부에서 일한 장교들보다 더 조직 적응력이 높고 활용도 역시 앞설
것으로 보입니다. 한국군의 일부 핵심 요직에 이들 일본군 장교
출신들을 기용하면 정치적 효용성이 있을 것이 분명합니다.

보고서는 또 "수십 년간 항일 투쟁을 하다가 중국에서 돌아오는 고
위급 장교들이 귀국을 앞두고 자신들이 군 창설을 주도하기를 갈구하

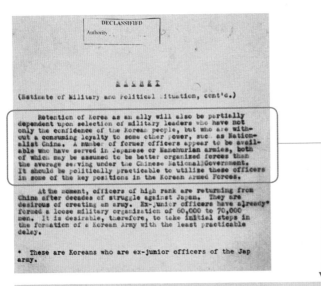

보고서는 일본군 장교 출신들이 조직 적응력과 활용도가 높으므로 이들을 중용해야 한다고 건의했다.

고 있다"고 판단했다. 그러나 그것은 미군이 바라는 바가 아님을 분명히 했다.

> 하급장교들의 주도 아래 이미 6만에서 7만 명 규모의 느슨한 형태의 군사 조직이 갖추어지고 있습니다. 이들은 일본군 장교 출신들입니다. 시간 지체를 최소화하여 한국군 구성을 진행하는 것이 바람직합니다.

미국과 미군정이 김구가 이끄는 중경임시정부와 광복군의 참여를 국군 창설 과정에서 배제했던 속셈과 이유가 무엇인지 이 대목에서 분명해진다. 또 미국은 남한을 점령하자마자 병력 철수를 준비했다. 다만 미군이 철수하더라도 남한에서 미국의 우월적 지위를 지키는 것을 전제로 했다. 이를 위해서는 중국과 밀착된 광복군은 마땅히 배제되어야 했다. 친미적인 한국군의 창설을 위해, 오히려 일본군과 만주군 출신으로 한국군 요직을 채우는 것이 더 바람직했던 것이다. 해방후 왜 광복군이 핍박을 받아야 했으며 한국군 창설의 들러리 역할에 그쳤는지 명백하게 알 수 있는 부분이다.

1946년 1월 18일, 주한미군사령부 군정장관실 외무처는 〈대한민국 임시정부와 중국과의 관계에 대한 보고서〉를 제출했다. 이 보고서는 임시정부와 장개석 국민정부의 중국과의 오랜 밀착 관계를 언급한 뒤 장개석의 중국은 중국의 강한 영향력 아래에 있는 과거 전통적인 한국-중국 관계의 복원을 노리고 있다고 강하게 시사했다. 이어 대한민국임시정부가 1919년 상해에서 처음 수립된 이후 중국의 장개석 정부와 긴밀한 관계를 맺고 상해에서 남경, 한구, 중경에 이르기까지 27년간 동행했다고 설명하며 최근 동향을 다음과 같이 전했다.

김구와 장개석은 매우 막역한 사이입니다. 김구는 환국에 앞서 장 총통에게 큰 빚을 졌다고 말했습니다.

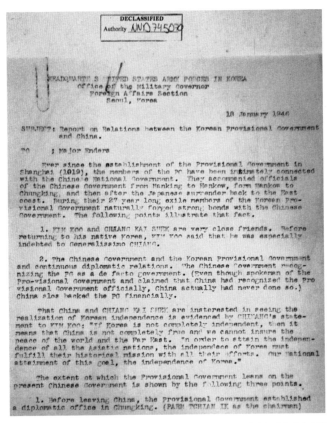

▌1946년 1월 18일 미군정청 외무처 보고서는 임시정부와 중국이 사실상 동맹 관계에 있다고 단정하고 향후 미국과 충돌할 가능성을 경고하고 있다.

그러나 중국은 대한민국임시정부를 승인하지는 않았다고 보고했다.

> 중국 정부는 대한민국임시정부를 사실상의 정부(as a de facto government)로는 인정하고 있습니다. (대한민국임시정부 측에서 중국이 임시정부를 공식 승인했다고 주장하고 있으나 중국은 결코 국가로 승인한 바 없습니다.) 재정적으로는 임시정부를 지원하고 있습니다.

이 보고서는 장개석의 발언에 주목했다.

> 한국이 완전히 독립적이지 않다면 중국도 완전히 자유롭지 않으며 세계와 극동 지역의 평화 또한 보장할 수 없습니다. 모든 아시아 국가의 독립을 위해서는 한국독립이라는 역사적 의무를 성취해야 합니다. 한국독립은 중국이 꼭 이루어내야 할 목표입니다.

이어서 임시정부의 중국에 대한 지나친 편향성은 다음 3개의 사실만으로도 짐작할 수 있다고 이 보고서는 주장했다.

1. 임시정부는 중국을 떠나기 앞서 중경에 외교사무소를 설치했습니다.
2. 대한민국임시정부의 공식 국방조직인 광복군은 20만 명 이상으로 5개 군사 조직으로 나뉘어 있는데 4개는 개봉, 서안, 남경, 중경에 있고 남은 1개는 서울에 있으며 중국 내 4개 도시마다 장교들이 군사훈련을 실시하고 있습니다. 장개석은 광복

군 강화를 위해 항복한 일본군에 속했던 한국인은 즉각 광복
군에 인계하도록 일본군 사령관에게 명령을 내렸습니다.
3. 지난 1945년 12월 2일 임시정부 요원 2진이 귀국할 때 3명의
중국 무전사가 무선통신 장비를 갖고 함께 한국에 왔습니다.

이 보고서에서 밝힌 '광복군 병력 20만 명 이상'은 과장일 가능성이
높다. 1944년부터 1945년 전반기까지 일본군에 징집 또는 지원 형식
으로 동원된 한국인 병력은 2만 8,000명 내외라고 조선총독부는 종
전 직전 밝힌 바 있다. 또한 임시정부는 장개석 정부의 지원 아래 귀국
선을 기다리는 한국인들에게 숙식 등의 구호활동을 펼치며 광복군 가
입을 독려하고, 짧은 기간 간단한 훈련을 실시한 뒤 이들 일부를 광복
군으로 편입시키고 있었다. 그리고 귀국한 광복군 상당수가 이 사실
을 미군정에 보고했다.

미군정은 김구 주석 일행을 뒤따라온 중국인들이 가져온 무선통신
장비에 대해서도 잔뜩 경계했다. 문제의 통신 장비들은 미국제를 개
조해 중국어 송신이 가능하도록 했으며 중국 서부까지 전파가 미칠
만큼 강력하여 몰수했다고 보고했다.

중국과 미국은 종전과 함께 한국에서의 영향력 주도권을 놓고 치열
한 경쟁에 돌입하고 있었다. 따라서 주한미군정에게 있어서 중국과
긴밀한 동맹 관계를 형성한 임시정부라는 존재는 협력 대상이 아닌
적대 조직이었고, 광복군은 잠재적인 적과 연결된 군 병력이었다.

1945년 12월 6일 존 리드 하지 주한미군사령관이 전쟁성 존 맥클

HEADQUARTERS
United States Army Forces in Korea
APC 235

6 December 1945

The Hon. John J. McCloy
Assistant Secretary of War
Washington, D. C.

Dear Mr. Secretary:

I really appreciate your 19 November note that arrived this morning.

I was delighted to have the opportunity of talking over some of Korea's problems with you and more delighted in the fact that you proved to be such a responsive and understanding listener. Things have not simplified any since you saw me, but in some degree the principal problems are crystalizing. The 38° line still makes all final solutions virtually impossible. The solution of the Japanese property problem is probably the most pressing right now. I hope the Reparations Committee can indicate a solution so we can go ahead. It is my personal opinion that all Japanese property in Korea should be turned over to the Korean people by orderly means through the government of Korea-ours or Korean-as partial payment for what Japan has stripped out of Korea. It will be about the only means whereby a sound Korean monetary system and sound economy can be established. Any operation that takes any Japanese property or wealth from Korea for reparations will create a bad feeling we can never overcome. An early announcement of policy will help our problems tremendously.

The subject of "trusteeship" here is one of high-powered dynamite. Most Koreans want allied assistance. However, "trusteeship" in the mind of all Koreans means a repetition of the Japanese domination. There is no use trying to convince anyone of them that it isn't the same. They went under Japanese "trusteeship" after the Jap-Russo war. After they make that statement they close their ears and mind to anything else said on the subject.

Political activities here are at a new peak right now since Kim Koo and crowd arrived, and the swing seems to be more to the right. I am watching Kim Koo carefully and he appears, repeat appears to be behaving. However, I cant be sure until later. At least he is learning the situation without making any fatal commitments to anyone beyond his written promise to me that he will

Political activities here are at a new peak right now since Kim Koo and crowd arrived, and the swing seems to be more to the right. I am watching Kim Koo carefully and he appears, repeat appears to be behaving. However, I cant be sure until later. At least he is learning the situation without making any fatal commitments to anyone beyond his written promise to me that he will

▌하지 사령관이 1945년 12월 6일 존 맥클로이 전쟁성차관보에게 보낸 서한. 김구주석은 미군정의 승락없이 임시정부수립을 시도하지 않겠다는 서면약속을 했다고 밝히고 있다.

로이(John J. McCloy) 차관보에게 보낸 보고서한은 약 3개월간 미군정이 안고 있는 현안과 하지 사령관의 사태인식을 뚜렷하게 보여주고 있다. 특히 김구 주석과 임시정부에 대한 미국의 부정적인 인식은 매우 심각했다.

> 신탁통치 문제는 고성능 폭약과 같은 존재입니다. 한국인 거의 모
> 두가 연합국 측에 협조적입니다. 그러나 모든 한국인의 마음속
> 에 "신탁통치"는 일본의 지배를 이어가는 것을 의미합니다. 아무
> 리 아니라고 설명해도 러일전쟁 직후 일본의 "신탁통치"가 뒤따랐
> 기 때문에 한국인들은 도무지 귀를 막고 들으려 하지 않고 있습
> 니다.
> (중략)
> 김구와 그의 집단이 귀국한 이후 이곳의 정치활동은 새로이 정점
> 을 찍고 있습니다. 본관은 그를 면밀하게 지켜보고 있습니다. 그
> 는 점잖게 처신하고 있는 것처럼 보입니다만 앞으로도 그럴지 장
> 담할 수 없습니다. 그는 한국인이 원하고 미국이 허용하지 않는
> 한 임시정부를 수립하려는 어떠한 작업도 하지 않겠다는 서면약
> 속을 했습니다. 그는 이를 어길 경우 치명적인 실수를 하게 된다
> 는 최소한의 상황판단은 하고 있는 것으로 보입니다.

| 8 |

미군정의 경찰서 탈환작전
: 1946년 2월 14일

1946년초 전국 곳곳에서는 경찰서를 두고 빼앗으려는 세력과 빼앗기지 않으려는 세력 사이에 싸움이 벌어졌다. 1946년 2월 14일 주한 미군사령부 정보처는 전남 나주와 영산포에서 잇달아 전개된 경찰서 탈환작전에 대해 보고했다.

(여운형이 주도하는) 인민위원회는 초기에 전남 지방에 튼튼한 거점을 마련했는데 점점 그 기반과 영향력을 잃어가고 있습니다. 인민위원회는 일본이 항복한 직후 다소 공개적으로 정부 기능을 수행해왔습니다. 그러나 미군정의 거듭된 경고에도 불구하고 그와 같은 행위를 멈추지 않았습니다. 인민위원회가 스스로 몸을 묶은 셈이 되었습니다. 대다수 인민위원회 핵심 간부들은 투옥되었고 인민위원회는 체면을 크게 다쳤습니다.

"The People's Committee which initially had a 'stranglehold' on most of the CHOLLA-South Province is losing power and influence in that province. They seemed to be more numerous and more strongly intrenched in this province than in any other province in the 6th Div zone. They were closely affiliated with or controlled most of the Labor Unions and Farmers' Associations in the province. They, more or less openly, continued to perform governmental functions which they had assumed after the Japanese surrender and, despite repeated MG warnings, did not alter their actions. The tactical troops and Military Government commanders allowed them enough rope to hang themselves. This they obligingly did, and now most of their important leaders are in jail and the People's Committee itself has lost considerable 'face'."

▍1946년과 함께 좌우익 사이에 테러와 갈등이 치열해졌다. 미군정은 여운형의 인민위원회가 장악한 지역경찰조직의 탈환에 나섰다.

미군정이 경찰 병력을 동원해 직접 경찰서 탈환에 나섰다. 저항하는 인민위원회 측 경찰은 현장에서 체포됐다.

뒤늦은 보고입니다만 나주경찰서장과 영산포경찰서장은 (여운형이 주도하는) 조선인민공화국계열의 인물들인데 그들이 속한 정치조직을 위해 직권을 남용해왔습니다. 두 경찰서장은 정치적 반대파들을 고문하고 투옥한 혐의를 받고 있습니다. 특히 나주경찰서장은 경찰 병력들로 하여금 타지역 경찰 인력들이 나주의 인권 실태조사를 시도할 경우 조선인민공화국계 조직원들을 신속히 소집해 저항하겠다는 내용의 비상계획도 세워두고 있었습니다. 나주경찰서의 비상계획에는 예외 사항이 있었습니다. 미군 병력이 함께 출동했을 때에는 저항 행동을 중단하라고 지시해놓고 있었습니다. 그동안 나주경찰서장은 미군정 당국의 사퇴 지시를 거부해왔습니다.

보고에 따르면 미군정 관계관들은 2월 12일 광주경찰서 병력 60명을 이끌고 나주로 출동했다. 나주경찰서 측은 출동한 미군장교들을 보자 저항을 포기했고 유혈 사태는 발생하지 않았다. 나주경찰서장은 현장에서 체포되었으며 다른 나주경찰서 경찰들은 전원 현장에서 무장 해제되어 경찰서에서 쫓겨났다. 미군정 관계관들은 광주경찰서 병력 47명을 나주경찰서에 배치하고 이어 영산포경찰서로 향했다.

급습 정보를 입수한 영산포경찰서장과 9명의 경찰관 전원은 달아나버렸습니다. 동행한 13명의 광주경찰서원들로 하여금 경찰서 업무를 접수해 수행하도록 하고 달아난 인민위원회 계열 경찰서원들을 수배하도록 지시했습니다.

b. Political Parties and Other Organizations.

(1) Delayed reports state that the chiefs of police of NAJU (1-1336) and of YONSANP'O (972-1332), both men of whom are members the Korean People's Republic, have been taking advantage of their itions to further their political organizations. Both have been lty of imprisoning and beating political opponents. Further, the ef of the NAJU police force is said to have drawn up a so-called ert" plan whereby members of the local branch of the Korean People's ublic would be quickly assembled to offer resistance to any provin- l policemen who may have occasion to investigate the civil condi- ns in NAJU. However, according to the plan, if the provincial licemen were accompanied by US troops, no resistance would be shown. itary Government ordered the resignation of the police chief, but h orders were ignored by him. To alleviate conditions, Military ernment officers, accompanied by 60 KWANGJU (990-1350) policemen, ently went to NAJU, arrested the police chief, and removed all er policemen from the force. 47 members of the KWANGJU police were talled in their place. The Military Government officers and members the KWANGJU police proceeded to YONSANP'O, where it was learned that local police chief and all nine policemen, evidently forewarned, fled. 13 KWANGJU police members were installed in office, and orts are being made to apprehend the absconding policemen.

▌ 미군정은 1946년 초 전국에 걸쳐 특히 전남 지역에서 경찰서 탈환작전을 전개했다. 인민위원회가 축출되었으나 그 자리에 일제 하 경찰 인사들이 복귀했다.

미군정의 경찰서 탈환작전은 계속되었다. 2월 14일 좌우합작을 모색하며 준비한 남조선대표민주의원회의 첫 회의가 미군정의 주관으로 열리던 날에도 미군정은 여운형의 인민위원회가 장악한 행정조직과 경찰기관의 접수를 강행했다. 이날 회의에 참석하려던 여운형은 회의장 입장 직후 퇴장했다. 인민위원회는 성명을 내고, 유독 전남 지방에서 인민위원회 목조르기를 서두르고 있다고 주장했다. 또 일본 항복 직후 인민위원회가 노동조합과 농민연맹을 주축으로 필요에 따라 다소 공개적인 정부 기능을 수행했으나 이는 불가피했으며 사회 안정에 기여했음에도 관련 지도자들을 투옥하고 있다고 비난했다.

1946년 2월 19일에도 미군정의 군 관계자들은 광주경찰서 병력 34명을 이끌고 영광경찰서에 출동했다. 현장에 출동한 미군 장교는 인민위원회 계열의 영광경찰서 인력 전원에 대해 자신들의 정치적 목적을 위해 공직을 남용한 책임을 물어 현장에서 파면했다. 이어 광주 경찰서원 34명으로 하여금 업무를 수행하도록 했다고 미군정 정보처는 보고했다.

미군정은 1946년 새해에 접어들면서 그동안 여운형의 좌익계열이 장악했던 국군준비대의 해체와 지역 행정조직의 접수 작업을 강행했다. 1월 4일, 이혁기 국군준비대 총사령관이 체포되었다. 2월 8일, 전주에서는 지역인민위원이 테러단체에게 끌려가 총살된 후 반역자라는 전단과 함께 길가에 버려진 시체로 발견되었다. 또 2월 14일에 청량리에서는 조선인민공화국의 이름으로 가축세를 거두려 했다는 이유로 인민위원회 간부 이종준이 체포되었다.

2월 16일의 미군정 G-2 보고는 목포지방법원에서 공직을 사칭해 공권력을 행사한 혐의로 1월 15일에 무더기로 구속 기소되었던 인민위원회, 청년동지회, 청년동맹 등 33명에 대한 선고 공판이 열렸고 이들 가운데 14명은 유죄, 1명에게는 무죄가 선고되었으며 나머지는 증거 불충분으로 석방되었다고 밝혔다. 유죄가 인정된 피고 가운데 1명인 전 목포경찰서장에게는 징역 3년이 선고되었다고 보고했다.

미군 G-2 정보 보고는 또 광복군을 이끌던 김원봉 장군이 최근 자신의 부하 병력을 규합해 군사훈련을 실시하고 있으며 옛 부하였던 하동경찰서장이 지원하고 있다는 소문이 있다고 전했다. 김원봉이 군사훈련을 실시하고 있는지의 사실 여부에 대해 이 보고는 어떠한 확인이나 분석도 하지 않은 채 지나치듯 가볍게 언급하고 있었다. 그러나 이 보고를 통해 충분히 예상할 수 있었던 것은 광복군계열의 하동경찰서장을 제거하려는 조치가 임박했다는 것이다.

해방 직후 여운형은 건국준비위원회를 결성했다. 미군의 서울 진주를 눈앞에 둔 1945년 9월 6일, 그는 이를 조선인민공화국으로 개편하고 각 지역의 자생 조직들을 인민위원회로 바꾸었다. 지방에서 친일파를 제외한 신임을 얻고 있는 인사들이 간부로 추대되었고 좌우익 사상을 포괄한 가운데 치안과 행정, 안정에 기여하기도 했다. 그러나 인민위원회는 미군정의 출발과 함께 불법화되었고 순식간에 존립근거를 상실했다. 더군다나 미군정은 인민위원회를 공산주의 조직망으로 인식하고 있었으므로 이들의 해체와 해산은 피할 수 없는 수순이었다. 그 과정에 극우테러단체들이 가담했고 많은 충돌이 있었지만 미군정은 경찰서와 행정기관을 차례차례 장악했다.

일제강점기에 각 기관에서 일했던 경찰과 관리들도 자연스럽게 다시 제자리를 되찾아갔다. 또 서북청년단 등 극우단체들 역시 경찰의 보조 수단으로 그 곁에 자리 잡게 되었다.

| 9 |

한국 정치를 뒤흔든 테러와 암살
: 1946년 2월 15일

2월 15일, G-2 보고는 극우테러단체인 백의사(白衣社)가 정치인들에 대한 처단 위협을 공공연하게 하며 테러를 했다고 보고했다.

2월 8일 아침 전주에서 황경덕 지역인민위원회 위원이 총격으로 피살된 시체로 발견되었습니다. 시체 위에 뿌려진 여러 장의 문건에는 "찬탁을 한 반역자, 조선 독립을 위해 처단한다. 백의사 전라지부"라고 적혀 있는데, 초기 수사에 따르면 7일 저녁 3명의 남자가 찾아와 인민위원회 간부에게 안내하라는 협박을 하며 황 위원을 끌고 나간 뒤 잠시 후 총성이 들렸다고 합니다. 캘리버25 자동권총으로 심장을 향해 직접 발사되었다고 합니다. (중략) 제보자에 따르면 비밀조직원들은 가입할 때 조직을 위해 목숨을 바친다는 선서를 한다고 합니다.

2월 27일, 미군정 정보처는 백의사 테러 사건의 수사 진전에 따라 파악된 특이사항을 보고했다. 그 뒤 서울 거리에도 유사한 단체들의 이름으로 벽보가 나붙고 전단이 뿌려졌는데 "백의사와 같이 모든 민족 반역자와 친일파, 일제의 권력에 붙어 축재한 자, 동포에게 해를 가한 자들을 처단할 것"이라고 경고하고 있다고 밝혔다. 또한 "찬탁을 하는 반역자와 조선의 독립과 자유를 반대하는 자들은 단연코 처형할 것이며 조선 독립을 위해 모든 반역 행위는 빠짐없이 뿌리 뽑을 것"이라는 내용이 공통으로 적혀 있다고 보고했다.

백의사는 1945년 12월 30일, 〈동아일보〉 사장 송진우가 찬탁하는 것으로 믿고 그를 암살한 비밀테러단체로 지목되었다. 여운형, 장덕수, 김구의 암살에도 직간접으로 개입했다는 의심을 받고 있었다. 잇따른 암살은 결정적인 순간마다 한국 현대사의 물꼬를 바꾸었다. 1946년 1월 6일 미군정 정보 보고는 그 당시 신탁통치를 둘러싸고 국민감정이 얼마나 격화되어 있었는지 보여준다.

합천재판소 건물 방화 혐의로 구속 수감 중이던 조선혁명동맹 조직원 7명 가운데 5명이 아무런 근거 없이 석방된 사실이 드러났습니다. 조사 결과 그들은 신탁통치 반대를 위해 방화했다고 해명했고 그 직후 석방 조치가 내려졌습니다. 풀려난 5명을 다시 체포하는 한편, 불법 석방한 책임자도 체포하라는 명령이 내려졌습니다.

1946년 2월 10일, 미군정 정보국장 글렌 뉴먼(Glenn Newman) 대령은 송진우 암살 이후 정치인들이 매우 불안해하고 있다고 보고했다.

It was hoped, in this new year, that that "long-time hunger" was on the way into the limbo of things forgotten, much of the old Korea had already gone forever. Korean isolation was a deed as was the memory. The "land of the Morning Calm" was very much aware of its place in the great world, very conscious that on it might rest the balance of the Pacific and the peace of the world. Koreans listened with interest and attention to anything they could hear of India, of Indonesia, of Egypt or Indo-China. They would not again seek to bury themselves in the world's forgetfulness. "Korea for Koreans", indeed, was a slogan that had already won some devotion, and would doubtless win more; but this could be seen as but a translation of the same thought as "America for the Americans", and it is a sober bid for primacy in one's own house, and not a declaration of isolation from the world.

Some elements of the old Korea remain, and some that are new, remain distressing. Threats of political assassination are being made with evident earnestness. No great politician feels entirely free to be abroad without due precautions. No notable deaths were occurring, but the memory of Song, Chin Woo, too, was still fresh and vivid; and during the week, one KIM, Soon Il, a young bodyguard of LYUH, Woon Hyung, fell into the wrong hands, and spent some exquisitely unpleasant hours. LYUH, at least, blamed the event directly on KIM, Koo.

Meanwhile, the "unity" movements of Left and Right, without too much newsworthy interest, continued, each in its separate course, each revolving happily in its own self-centered orbit. The parties of the Left, chiefly the Communists and Peoples Party, with some allies from the North, had organized themselves loosely in what was being called the "Democratic Peoples Front." The Emergency National Congress, now operating only through committees, and the Democratic People's Front, now determining its own membership, each claimed to be, and acted as though it were, the sole proprietor of Korea's voice and affections.

Most of the things being said, on either side, had been said before. To the observer, there could not but be a feeling that "this is where we came in." Someone was running the wrong reel.

Ultimately, most Koreans realized, national unity would need a foreign midwife. The patriots hoped only that the parentage would be Korean.

RESTRICTED

Glenn Newman

GLENN NEWMAN
Colonel, CAC
Director

DISTRIBUTION
"B"

Meanwhile, the "unity" movements of Left and Right, without too much newsworthy interest, continued, each in its separate course, each revolving happily in its own self-centered orbit. The parties of the Left, chiefly the Communists and Peoples Party, with some allies from the North, had organized themselves loosely in what was being called the "Democratic Peoples Front." The Emergency National Congress, now operating only through committees, and the Democratic People's Front, now determining its own membership, each claimed to be, and acted as though it were, the sole proprietor of Korea's voice and affections.

▍한국 정치인들이 암살에 대한 두려움에 사로잡히기 시작했다고 1946년 2월 10일 미군정 정보국장 뉴먼 대령은 보고했다.

암살 위협이 정치를 흔들기 시작했음이 분명합니다. 정치인들 거의 모두 아무런 예고 없이 암살당할지 모른다며 두려워하고 있습니다. 어제오늘 중요 인사의 죽음은 없었습니다. 그러나 송진우의 암살에 관한 기억이 아직도 생생한데 여운형의 경호원인 김문일이라는 청년이 테러 요원의 손아귀에 잡혀 몇 시간에 걸쳐 끔찍한 고문을 당했습니다. 여운형은 김구가 이 사건에 직접적인 책임이 있다고 단정하고 있습니다.

여운형 테러에 관한 김두한의 증언이 있다. 김두한과 권오기 전 〈동아일보〉 사장이 1969년 동아방송 〈노변야화〉에 출연해 가진 대담이다.

신당동 부자촌에 있는 홍내식 집에서 김규식 박사하고 여운형이 좌우합작 회의를 한다는 정보가 들어왔어요. 그래서 상하이라고 하는 동지하고 나하고 김 동지, 고 동지, 전 동지하고 같이 갔어요. 신당동 들어가는 입구에서 11시쯤 되었을 때, 조선총독부 정무총감이 타던 미국 포드차가 쓱 오더라고요. 커브를 돌려고 하길래 둘러싸면서 권총을 들이댔죠. 자동차를 옆으로 돌려서 산비탈 위 솔밭 있는 곳에 갖다 대고 "여 선생, 나오시오"라고 한 뒤에 여 선생을 끌고 산으로 올라갔어요.
"만일 좌우합작을 다시 하신다 그러면 아까 내가 문 열었을 때처럼 그냥 쏴버릴 겁니다. 사실은 선생을 오늘 암살하라는 명령을 받고 왔소. 그러나 내가 선생을 존경하는 만큼 선생을 아끼는 마음에 드리는 말씀입니다. 선생은 좌우합작을 이제부터 탈퇴해보

시오. 이랬지요. 됩니까? 안 됩니까? 내 안 하겠소. 가십시오. 남
자로 약속하지 않으면 다음에는 내가 정식으로 쏩니다. 알았소?"

그런데 1946년 3월 15일의 미군정 G-2 보고는 북한에서 무기가 대
량 반입되고 있으며 여운형에게는 거액의 자금이 전달되었다고 밝혔
다. 그러나 이 보고는 확인되지 않은 정보라는 단서를 달았다.

> 미군정보수사대의 정보통이 보내온 미확인 보고에 따르면 3월
> 1일 이전에 38선 이북으로부터 서울로 다량의 권총과 소총이 밀
> 반입되었다고 합니다. 반입된 무기는 공산당 조직원들이 머물고
> 있는 해기정(Hai Ki Chung, 서울시 동대문구 회기동 추정) 건물에
> 숨겨져 있다고 합니다. 같은 정보통은 또 1945년 8월 중순부터
> 1946년 2월까지 38선 이북에서 반입된 자금이 7,000만 원이며 이
> 자금은 인민당 당수인 여운형에게 전달되었다고 합니다.

이 정보가 사실일 가능성이 어느 정도 있지만, 극우세력이 경찰 정
보조직과 CIC를 거쳐 미군정 수뇌부에 건네준 역정보일 가능성도 있
다. 하지 주한미군사령관은 이와 같은 보고들에 대해 한국 경찰들의
과장 허위보고 가능성을 의심하며 반신반의하는 반응을 보였다. 미확
인 정보든 역정보든 분명한 사실은 여운형이 극우테러단체와 이를 비
호하는 경찰의 표적이 되었다는 것이다. 1946년 한국은 대립과 갈등
이 테러로 분출되고 테러조직이 직접 정치에 뛰어드는 잔인한 계절에
들어서고 있었다.

| 10 |

간첩으로 몰린 광복군
: 1946년 2월 20일

광복군의 귀국길은 험난했다. 대한민국임시정부 광복군의 지위와 편제를 유지하며 귀국하는 길은 미국과 미군정에 의해 거부되고 차단 되었다. 대부분 민간인 난민과 함께 귀국 행렬에 끼어 인천항을 통해 돌아왔고 일부는 만주와 북한 지역을 거쳐 개성으로 귀국했다. 이들의 귀국 후 활동은 미군정에 의해 철저한 감시를 받았고 결국 해체되었다.

1946년 2월 20일, 중국에서 인천으로 귀국한 광복군 2명이 간첩 혐의로 체포되었습니다. 미군 첩보부대에 체포된 사람은 광복군 소령 백순보와 강공희입니다. 미군 수사 당국은 강공희라는 이름이 가명인 것으로 판단하고 있습니다. 강공희는 첫 심문에서 자신은 한국에서 첩보 활동을 전개하기 위해 선발되었다고 진술했습니다. 또 다른 1명인 백순보는 광복군 소령이며 강공희의 직속

상관이라고 밝혔습니다. 첩보부대는 광복군 2명에 대한 수사를
계속하고 있습니다.

```
).  Espionage - In INCH'ON two men were apprehended on 20 February
they returned to KOREA as repatriates from CHINA.  During the
minary interrogation, one of the two men, KANG, Kong Wi, believed
 an assumed name, stated that he had been selected to engage in
nage activities in KOREA.  The other man, Major PEK, Soon Po,
ted that he was a member of the KWANG BOK Army and that he was
s immediate superior.  Investigation by CIC continues.
```

┃ 미군 범죄수사대는 1946년 2월 20일 귀국하는 광복군을 간첩 혐의로 체포했다.

```
3)  Additional information has been received concerning
future activities of the KWANG BOK Army, an organization that
KIM, Koo and the Korean Provisional Government.  This organi-
 recently ordered disbanded by the Military Government.
hin, a former captain of the KWANG BOK Army in CHINA, was
d on 12 February when found wearing US Army clothing.  A
 interrogation of HU disclosed the fact that increasing
 former KWANG BOK Army members are being repatriated from
that these men allegedly will assemble at some later date
HU stated that he had recently visited KIM, Koo, and that
```

┃ 미군정은 귀국한 광복군 간부를 체포했다. G-2 보고에 따르면 표면적인 이유는 그가
  미 군복을 입고 있었기 때문이었다.

1946년 2월 12일 미군정 정보 보고는 광복군 간부가 미 군복을 입
었다는 이유로 체포되어 수모를 겪은 사실을 전하고 있다.

광복군에 관한 보고입니다. 광복군은 김구와 임시정부를 지지하
는 조직입니다. 최근 군정은 이 단체의 해체를 명령한 바 있습니
다. 그런데 지난 2월 12일 중국에서 광복군 중대장이었던 허상신
(Hu, Sang Shin)이 미군 당국에 체포되었습니다. 그가 미 군복을
입고 있었기 때문입니다. 이어 진행된 취조에서 허는 중국에서 한
국으로 귀환하는 광복군의 수가 날로 증가하고 있고 언젠가 서울
에서 다시 규합할 것이라고 밝혔습니다. 그리고 최근 김구 주석을

방문한 바 있으며 그는 곧 임시정부에서 일하게 될 것이라고 말했습니다. 이어 자신이 입고 있는 미 군복은 중국에서 미군과 함께 일할 때 지급받은 것이며 한국 귀국 시 소지할 수 있도록 허용받았다고 말했습니다. 허는 구금 상태에서 풀려났습니다.

광복군 중대장 허상신의 실명을 포함한 구체적 신상은 국가보훈처가 발행한 〈대한민국독립유공인물록〉 등의 공식 문서와 비공식 문서에서 파악되지 않았다.

백순보는 1922년생으로 1988년에 타계한 독립운동가다. 대한광복군 대위이며 3지대 군의무소대장과 구호중대장 등을 역임했다. 1946년 2월에 귀국한 후 한독당 보건행정특보위원을 맡았다. 대한민국은 1977년 대한민국 건국포장을, 사후 1992년 건국훈장 애족장을 추서했다.

1946년 2월 미군정 정보 보고에 따르면 광복군은 미국과 미군정의 적대 조직으로 간주되어 국내에서는 물론 중국에서도 그 움직임을 미군이 파악하고 있었다. 1946년 2월, 주한미군사령부 상해 주재 연락사무소 요원들은 OSS와 함께 이글작전을 준비했던 광복군 이범석 장군의 동향을 보고했다. 미군 측은 이범석 장군이 중국에서 임시정부의 김구 주석을 대리하는 직책을 내세우고 있는 사실에 주목했다.

중국 정부 당국은 이범석 광복군 중장이 그 자신과 광복군 전 장병들의 본국 귀환을 위해 도움을 받으려고 애쓰고 있다고 밝혔습니다. 이범석 장군은 자신을 대한민국임시정부의 총참모장이며 김구 주석의 중국 대표라고 소개하고 있습니다.

또 이 정보 보고는 중국 내 한국거류민협회가 광복군 지원 업무를 주도하고 있는데, 과거 김구 주석이 설립해 현재는 장흥(Chang Hung) 대령이 이끌고 있다며 매우 정치 지향적인 인물이라고 평가했다. 또 그들의 정치적 이득을 위해 중국 내 한국인 군인들을 휘하에 두려 애쓰고 있다고 보고했다. 미군정 상해 주재 연락 요원들은 장흥 대령이 중국 국민당 정부의 지시에 따라 중국 국민당 군대에 소속된 한국인 장병들에 대한 군사훈련을 시작할 것이라고 보고했다. 이를 위해 중국 키앙완(Kiangwan)기지에 일본군 출신 한국인 병사들로 구성된 조선청년협회를 설립했다는 것이다. 또 국민당 정부는 일본군 출신 한국인 장병 전원에 대해서는 향후 한국 귀환을 별도로 진행하기 위해 별개의 조직 아래 두라는 지침을 내렸다고 보고했다. 이어서 미군정 상해사무소는 중국군이 1945년 1월 10일 조사한 통계에 따르면 중국 내 한국인 출신 군 병력은 1만 1,622명, 민간인은 4만 5,000명이라고 보고했다.

1946년 2월 15일, 미군정 정보처는 중국 천진에서 출발해 인천에 도착한 광복군이라고 주장하는 60명을 심문한 결과, 국민당 정부와 임시정부의 조선전재민구제회가 함께 한국인들의 귀국을 돕고 있는 것으로 밝혀져 중국과 광복군 간의 긴밀한 협조 관계가 드러났다고 보고했다. 또 광복군 교화 교육을 마친 광복군 병사들로 하여금 김구 주석을 국가수반으로 하는 한국 정부에 대한 충성 맹세를 시키고 있다고 밝혔다.

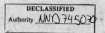

USAFIK, G-2 Periodical Report, 15 F$_e$b 1946.

An interrogation of 60 alleged members of the Kwang Bok A$_r$my who recently arrived at Inchon from Tientsin, C$_h$ina, has disclosed that close cooperation exists in C$_h$ina between the Kwang Bok Army, sponsored by the Nationalist Government, and the Chosen War Sufferers R$_e$scue Association (C$_h$osen C$_h$un C$_h$e Min Koo Je Whe). 57 of the 60 men interrogated reported that they had received refugeehelp from the R$_e$scue Association, and had been given some indoctrination into the Kwa g Bok A$_e$my throuh a one to three months course. They were under the impression that they were full-fleged Kwang Bok Army soldiers awainting call to active duty. All pledged allegiance to KIM, Koo as the official head of the Korean state. Further interrogation indicated that the Kwang Bok A$_r$my in China is going growing and will be held in C$_h$ina until Korea receives complete independence. Those members ar arriving in Korea at the pres nt time are said to c:nstitute only a small minority.

▌미군 수사기관은 임시정부가 중국의 지원을 받아 광복군을 계속 증원하고 있으며 김구 주석이 이끄는 한 국 정부에 대한 충성 서약을 받고 있다는 광복군 심문 결과를 보고했다.

심문을 받은 60명 가운데 57명은 구제회로부터 난민 지원을 받았습니다. 이들은 광복군에 입대해 1~3개월 과정을 밟으면서 의식화 교육을 마쳤다고 답변했습니다. 그들은 자격을 완전히 갖춘 광복군 병사로서 현역 소집대기 상태에 있게 된다는 언질을 받았다고 진술했습니다. 이들은 모두 한국의 공식 국가수반인 김구 주석에게 충성 서약을 했습니다. 심문을 계속한 결과 중국에 체류 중인 광복군은 날로 증원되고 있으며 한국이 완전 독립이 될 때까지 중국에 있게 될 것이라고 합니다. 현재 한국에 귀국 중인 광복군 인원은 아주 적은 수에 불과하다고 말하고 있습니다.

미 정보 보고는 해방 직후 김구 주석을 도와 광복군의 세력 확장을 주도한 인물로 장흥 대령을 지목하고 있었다. 장흥 대령은 1903년 경기도 고양 출생으로 황포군관학교를 마친 뒤 중국군에 입대했다. 중국군 장교로 복무하던 중 의열단을 조직한 김원봉 등의 권유로 의열단에 가입했다. 난징헌병사령부에 소속되어 독립운동가의 신변을 보호했고 조선민족혁명당에 가입한 후에는 일본 첩자들이 수집한 정보를 탐지해 조선혁명당 고위층에 전달, 장애 요인을 제거하는 데 크게 기여했다. 또 중국에 있는 일본군 내 한국인 학병 수십 명을 집단 탈출시켜 광복군에 편입시키기도 했다. 광복 후에는 광복군 참모로 전임되어 교포의 안전한 귀국을 지원했다. 국군 창설에 참여해 1949년 초대 헌병사령관에 임명됐으나 김구 암살사건이 벌어진 직후 사령관직에서 해임됐다. 임명 사흘 만이었다. 그가 김구 주석과 가까운 사이인 점을 꺼린 이승만 대통령이 특별지시로 경질된 것이다. 장흥은 그 후 제6사단장을 지냈고 예비역 소장으로 전역해 원호위원장을 거쳐 광복회 부회장을 역임했다. 대한민국 정부는 1977년 건국포장을 수여했고 1983년 타계했다. 정부는 1990년 건국훈장 애국장을 추서했다.

소설 같은 극적인 삶에도 불구하고 장흥 대령의 발자취는 널리 알려지지 않았다. 미국과 미군정이 향후 한반도를 둘러싸고 미국-중국 간 충돌 가능성을 예견하여 친중국인 광복군에 대해 적대 및 차단 정책을 유지했기 때문일 것이다. 또 이승만이 주도한 정부 수립 이후 친(親)김구 세력은 소외를 면치 못했다.

| 11 |

미군정의 검열, 풍문 속 김원봉의 동향
: 1946년 2월 12일~3월 14일

    미군정 정보처는 1946년 2월 12일부터 3월 14일까지 실시한 전화 감청과 서신 검열 결과를 보고하면서 광복군에 관련된 검열 내용 또한 보고했다. 경상북도에서 2월 27일 서신 검열에서 발견된 광복군 관련 내용이다.

    그 서신의 필자는 국방경비대에 참여하고 있다고 밝혔습니다. 그리고 이것은 지하운동의 한 방법이라고 그는 설명했습니다. 미군정은 해체를 명령했지만 광복군사령부는 아직도 존재한다는 것입니다. 서울에서 내려온 지령에 따라 광복군 모두가 국방경비대에 가담해 모습을 바꾸었다고 합니다.

    미군정 정보 보고는 '풍문'이라는 제목 아래 김원봉의 동향에 관해 언급하고 있는 서신 내용도 보고했다.

```
                                                    101
          HEADQUARTERS, XXIV CORPS
                G-2 Section
        Civil Communications Intelligence Group - Korea
AFPAC/K/No. 6                              APO 235
                                          4 March 1946
        A Digest of Information Obtained From Censorship
              Of Civil Communications In Korea
                        (FINANCE)

          Period: 27 January -- 27 February 1946

INTRODUCTION

     The material in this Digest has been assembled from
information obtained from postal and electrical communications
censored by CCIG-K. The largest percentage of internal
communications censored originated south of the 38th parallel,
in the American-occupied zone.

     It should be borne in mind that opinions expressed in
personal communications carry no more weight than an ordinary
conversation of one person with another. Only when a given
subject is discussed by many writers can opinions be weighed,
and then comparison with other intelligence is necessary for
complete evaluation.

     Unless otherwise noted, all comments were written by
Koreans.

CURRENCY

     General: A survey of comments pointed toward a rising
demand for the exchange of Japanese and Korean bank notes
in this period, with rates increasing with the demand. Nearly
all quoted discount rates fell between the 45 and 55 percent
levels, whereas quotations of 20 percent to 35 percent were
frequent in earlier transmissions.

     Several communications touched upon the appearance of
counterfeit bills, and others contained advice on how to
smuggle currency in and out of Korea. Many counseled friends
in Japan to bring commodities instead of money upon their
return, however.

     Discount Rates of Exchange: A summarizing message was
sent from a person in Chiro-Ri, Cholla-Namdo, to a Japanese
friend in Osaka, 6 February: "I succeeded in exchanging the
```

▌1946년 3월 4일 보고된 〈미 제24군단 통신정보단 검열 및 감청 요약〉. 미군정은 전화 감청과 편지 검열을 광범위하게 실시해 수시로 보고했다. 정계 요인은 물론 일반인에 대한 검열과 감청도 실시해 범죄 적발과 민심 파악에 활용했다.

풍문

2월 16일 경남 산청에서 혁명에 관한 소문이 나돌았습니다. 소문의 내용은 다음과 같습니다. 대한민국임시정부 군사부장이었던 김원봉 장군이 중국에서 귀국한 그의 부하 수천 명을 규합해 조직화를 마쳤다는 것입니다. 그들은 대전에 본부를 두고 있으며 가까운 장래에 발생할 대혁명과 한국 통일을 위한 내전 가능성에 대비해 무기를 모으는 작업을 하고 있습니다.

1946년 3월 15일의 미군정 G-2 보고는 김원봉의 동향을 자세히 보고했다.

김원봉 장군의 최근 활동에 관한 정보가 입수되었습니다. 김원봉은 우익단체인 비상국민회의를 떠나 좌익인 민주주의민족전선을 주도하는 구성원이 되었습니다. 보고에 따르면 한만(한반도-만주) 국경에서 활발하게 활동을 했던 저명한 게릴라 지도자 김 장군은 최근 경남·남부 지방에 대한 순회 방문을 마쳤습니다. 방문 목적은 명백했습니다. 그가 추진하는 비밀군대의 충원을 위해서였습니다. 그는 진해, 마산을 거쳐 3월 4일 진주에 갔는데 뜨거운 환영을 받았습니다.

'김원봉은 이미 자신의 군사 조직을 대상으로 주야간 군사훈련에 착수했다'는 제보가 있다고 미군정 정보 보고는 전했다.

Emergency National Assembly. According to reports, this famous guerilla leader of the Manchurian-Korean border region has completed a tour of the southern part of KYONGSANG-NAMDO Province, ostensibly for the purpose of gaining recruits for his alleged secret army. He is said to have made speeches in CHINHAE (1165-1352) and MASAN (1156-1357) before going to CHINJU (1100-1350) on 4 March where a large reception was given him. According to an informant, the Young Men's Association of HADONG (1075-1342) is an active unit of General KIM's army and is openly drilling day and night. Also, it is reported that the police chief of HADONG was one of the General's subordinates in CHINA and is an ardent supporter of his present activities. At present, General KIM is said to have his headquarters in TAEJON (1043-1493) where he is planning future pro-Communist activities.

(f) Unconfirmed reports from CIC sources state that prior to 1 March many pistols and rifles have been sent to SEOUL from territory N of the 38th parallel. The arms are said to be concealed near a building housing Communist Party members on HAI KI CHUNG, SEOUL. Investigation is being made. The same source also reports that from the middle of August 45 to the end of February 46, funds from N of the 38th parallel, in the amount of 70,000,000 Yen, have been delivered to LYUH, Woon Hyung, leader of the People's Party.

(2) Two instances of members of political parties being arrested for illegally possessing weapons have been reported. In SEOUL, a member of the Young Men's Association, CHOI, Yung Sam, was arrested on 5 March for possessing a pistol. CHOI served as a chauffeur for the party officials. At P'OHANG-DONG (1231-1461), two members of the local People's Committee were arrested on 7 March for possessing a Japanese sword and dagger.

c. Korean Press.

(1) At KWANGJU (990-1350), it is reported that due to leftist attempts to control the KWANGJU MINBOSA newspaper, its president and publisher, SUN, Mi Bong, has discontinued the paper under its present name. Such attempts to control the paper are alleged to have included a gift of 540,000 Yen plus some rolls of news print. It is said that the staff of the paper is being reorganized and that it will be published in the future under the name of the HONAN SHIMBO (The CHOLLA-NAMDO Newspaper).

(2) For the purpose of showing matters of current public interest in KOREA, translations have been made of the headlines of the leading articles of all major newspapers in SEOUL and of the text of the articles considered to be of particular interest. (See Incl #2.)

5. SUMMARY OF INTELLIGENCE IN ADJACENT AREAS.

a. In HIROSHIMA Prefecture, JAPAN, 100 Koreans attempted a riot on 25 February when Japanese police confiscated rice which the Korean

Emergency National Assembly. According to reports, this famous guerilla leader of the Manchurian-Korean border region has completed a tour of the southern part of KYONGSANG-NAMDO Province, ostensibly for the purpose of gaining recruits for his alleged secret army. He is said to have made speeches in CHINHAE (1165-1352) and MASAN (1156-1357) before going to CHINJU (1100-1350) on 4 March where a large reception was given him. According to an informant, the Young Men's Association of HADONG (1075-1342) is an active unit of General KIM's army and is openly drilling day and night. Also, it is reported that the police chief of HADONG was one of the General's subordinates in CHINA and is an ardent supporter of his present activities. At present, General KIM is said to have his headquarters in TAEJON (1043-1493) where he is planning future pro-Communist activities.

▌미군정 정보처는 김원봉이 하동에서 유사 군사조직에게 주야간 훈련을 실시하고 있다고 보고했다.

제보자에 따르면 하동청년동맹은 이미 가동 중인 김원봉 장군의 군사 조직으로 공개적으로 주야간 훈련을 하고 있다고 합니다. 또 보고에 따르면 하동경찰서장은 중국에서 김원봉의 부하였고 김원봉의 현재 활동을 열렬하게 지원하고 있는 인물입니다. 현재 김원봉은 대전에 본부를 두고 있습니다. 김원봉은 향후 친(親)공산주의 활동을 그곳에서 전개할 계획인 것으로 알려졌습니다.

1946년 3월 24일, 미군정 G-2 정보 보고는 보다 긴박하게 소식을 전했다.

김원봉의 비밀 병력과 관련된 미확인 정보입니다. 좌익인 민주주의민족전선 참여에 앞서 우익인 비상국민회의 구성원이었으나 사임한 바 있는 그는 하동과 마산, 진주, 부산에 2만 명의 동원 가능한 군 병력을 조직화했다고 합니다. 김원봉은 대전 본부를 떠나 지난 3월 1일 서울을 거쳐 평양으로 갈 것으로 보고되었습니다. 귀환 일정은 알려지지 않았습니다.

해방 6개월도 채 지나지 않은 1946년 2월 들어 정치인이 아닌 일반 국민조차도 한국에서의 내전 가능성을 거론하며 우려하고 있었다. 흉흉한 풍설 한가운데에는 김원봉 장군이 있었다.

| 12 |

일본군 전범으로 처형된 홍사익 중장
: 1946년 2월 24일

1946년 2월 24일, 미군정 정보처장 뉴먼 대령은 정치 동향을 보고하는 가운데 요즈음 대다수 한국인들이 의견을 함께하고 있는 이례적인 일이 하나 있다고 보고했다. 전범으로 사형 위기에 처한 일본 육군 중장 홍사익의 구명운동이었다.

지금 한국인 대다수가 의견을 같이하고 있는 것은 전쟁범죄혐의로 필리핀에서 재판을 받고 있는 홍사익 전 일본 육군 중장의 처리 문제입니다. 한국인들은 홍사익 중장이 비록 부득이하게 일본인이 되었지만, 무엇보다 첫째로 자신은 항상 한국인이라고 말하며 항상 떳떳한 한국인으로 처신했다고 합니다.

이로 인해 정치적 입장이 제각기 다른 한국의 정치 지도자들도 구명운동에 나섰다고 뉴먼 대령은 보고했다.

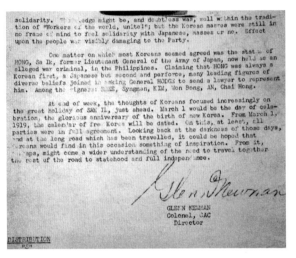

solidarity. ... edge might be, and doubtless was, well within the tradi-
tion of "Workers of the world, unite!"; but the Korean masses were still in
no frame of mind to feel solidarity with Japanese, masses or no. Effect
upon the people was visibly damaging to the Party.

One matter on which most Koreans seemed agreed was the status of
HONG, Sa Ik, former Lieutenant General of the Army of Japan, now held as an
alleged war criminal, in the Philippines. Claiming that HONG was always a
Korean first, a Japanese but second and perforce, many leading figures of
diverse beliefs joined in asking General HODGE to send a lawyer to represent
him. Among the signers: RHEE, Syngman, KIM, Won Bong, AN, Chai Hong.

At end of week, the thoughts of Koreans focused increasingly on
the great holiday of SAM IL, just ahead. March 1 would be the day of cele-
bration, the glorious anniversary of the birth of new Korea. From March 1,
1919, the calendar of free Korea will be dated. On this, at least, all
parties were in full agreement. Looking back at the darkness of those days,
and at the long road which has been travelled, it could be hoped that
Koreans would find in this occasion something of inspiration. From it,
perhaps, might come a wider understanding of the need to travel together
the rest of the road to statehood and full independence.

GLENN NEWMAN
Colonel, CAC
Director

DISTRIBUTION
HCH

▌1946년 2월 24일, 미군정 정보처장이었던 뉴먼 대령은 전쟁범죄로 사형을 선고받은
홍사익 일본 육군 중장이 한국인들의 마음을 흔들고 있다고 보고했다.

다수의 정치 지도자들이 제각기 다양한 정치 신념을 갖고 있음에
도 불구하고 (전범재판소에) 홍사익 중장을 변호할 변호사를 보내
자고 하지 사령관에게 요청하는 데 동참했습니다. 지명 인사 가
운데 이승만, 김원봉, 안재홍 등이 청원에 서명했습니다.

홍사익은 1887년 경기도 안성 출생으로 1946년 전범으로 처형되었
다. 대한제국 군인에서 일제강점기에 일본 군인이 되어 일본군 육군 중
장을 지냈다. 한국인이지만 일본 육군사관학교와 일본 육군대학을 거
쳐 중장에 올랐다. 제2차세계대전 종전 직전 필리핀 포로수용소장인
제14방면군 병참총감으로 부임했던 그는 그 후 필리핀 마닐라 국제군
사재판에서 연합군 포로 살해, 학대에 대한 책임이 인정되어 B급 전범
으로 처형되었다. 그는 자신의 혐의에 대해 전혀 변론하지 않았으며

사형선고와 집행을 담담하게 받아들였다.

홍사익은 민족문제연구소가 펴낸 《친일인명사전》에 친일파로 등재되었지만, 행적에 대한 평가는 엇갈린다. 분명 그가 간 길은 일본제국주의에 대한 부역이었다. 그러나 그는 조선인이라는 사실을 숨기지 않았으며 창씨개명도 거부했다. 또 군에서 지휘관으로 파견되어 부임 사를 할 때마다 일본어로 먼저 인사한 뒤 이어 한국어로 "나는 조선인 홍사익이다"라고 다시 인사했다고 한다. 또 학교에서 따돌림을 받는 아들 홍국선에게 "아일랜드인은 영국에서 어떤 일을 당해도 아일랜드 인이라는 사실을 숨기지 않는다. '나는 조선인 홍국선입니다'라는 말을 생략해서는 안 된다"고 말했다고 한다. 그런가 하면 독립군사령관이 된 일본 육사 동기 지청천으로부터 은밀하게 합류를 권유받았을 때, 일제에 대한 충성보다는 조선에서 동원된 군인, 노동자의 안위를 걱정했다는 증언도 있다.

2017년 8월 4일, 〈내일신문〉은 신간 서적 《홍사익 중장의 처형》을 소개하면서 "그를 단순히 친일이라는 잣대로 단죄하기 어려운 인물인 것만은 분명"하지만 "속으로 독립을 꿈꾸고, 봉급을 쪼개 독립군을 지원했더라도 그는 적국인 일본군의 최고 지도자급 인사로 내선일체의 상징이었기 때문에 홍사익을 사면할 수는 없을 것"이라고 했다. 그러나 홍사익 중장을 통해 하나의 인물을 선과 악의 이분법으로 규정하는 게 얼마나 무모한 일인지 다음과 같이 되물으며 서평을 마쳤다.

지금 이야기해보자. 보수는 다 골통인가? 아니면 진보는 다 빨갱이인가?

| 13 |

미군정의 비밀 정치자금
: 1946년 4월 25일

1946년 4월 25일, 주한미군사령부는 미군정장관에게 극비로 분류된 문서를 발송했다. 극비 문서 가운데 하나인 이 문서는 다음과 같이 지시하고 있었다.

제목: 주한미군사령부에 의한 신용대출 연장

참조: 미군정청 재정부장

1. 4월 5일 7시 55분 미 극동군총사령관의 무전명령 #CX 59599에 따라 2,000만 원을 미군정 자금에서 조성해 다음의 한국인들에게 대출할 것입니다. 이들에 대한 자금은 무전명령에 제시된 사항에 부합되게 지급할 것(조준호, 전용순, 민규식, 최남, 강익하, 공진항, 박기효, 장진섭, 하준석, 김성준)입니다.

2. 이 자금의 상환 기한은 1948년 5월 1일, 대출이자는 없습니다.

3. 이번 대출기한 연장과 관련된 서류와 자금 이체에 관한 모든 사항은 극비로 취급할 것입니다.

별첨: 미 극동군총사령관 무선명령 #CX 59599

존 R. 하지(육군 중장, 미 육군사령관)

이 문서는 주한미군사령부가 미군정청으로 하여금 2,000만 원을 조성하도록 해 그 자금을 10명의 경제인에게 무이자로 제공하라는 미

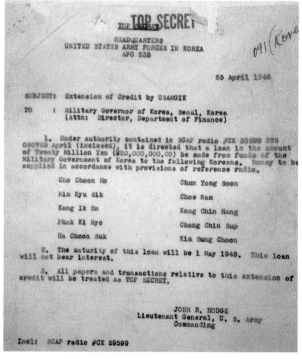

▌미 극동군 총사령관의 무전명령에 따라 주한미군사령관이 한국 기업인 10명에게
2,000만 원의 신용대출을 제공하라고 명령한 극비 문서.

극동군총사령부의 지시를 담고 있다. 또 문서뿐만 아니라 모든 과정을 극비로 처리하도록 지시하고 있다.

이 문건에 따라 조성된 자금 2,000만 원을 건네줄 10명의 인물도 지명되어 하달되었다. 이들은 '대한경제보국회'라는 경제인 단체의 회원들이었다. 이 돈은 이들의 손을 거쳐 우익진영의 활동 지원을 위해 일부 정치인들에게 건네졌다. 대한경제보국회는 일제에 부역했던 자산가를 중심으로 구성된 단체였다.

정용욱 서울대 교수는 〈한겨레〉에 연재한 〈정용욱의 편지 현대사〉 2019년 5월 11일자 기고에서 이렇게 설명한다.

경제보국회가 1945년 12월에 내건 창립 목적은 미곡 수집 촉진이었지만 이것은 표면적인 것이었고 실은 우익진영의 활동 지원용 정치자금 모집이 주 목표였다. 해방 직후 정치를 이해하려면 무엇보다 정치자금에 주목해야 한다. 정치자금의 동원과 흐름은 광장을 가득 메운 격렬한 구호나 거리에 난무한 폭력보다 당시 정치의 본질을 더 적나라하게 보여준다.

정용욱 교수가 찾아낸 이승만과 밀러드 굿펠로우 미군정 정치고문 간 서신에 따르면 이 자금의 절반이 이승만에게 흘러들어갔다. 대출받은 2,000만 원 가운데 1,000만 원은 1946년 5월 23일 이승만에게 전달되었다. 그가 받은 1,000만 원은 백미 2,000석을 당시 시세로 한꺼번에 구매할 수 있는 돈이었다. 또 500만 원은 미군정이 발간하던 〈농민주보〉 지원금으로, 100만 원은 민주의원 지원금으로, 약 200만

원은 독립촉성국민회 등 우익계 단체들의 지원금으로 제공되었다고 정 교수는 주장했다. 당시 금융기관이 2,000만 원이라는 거금을 대부한 것은 명백한 특혜이자 불법인 데다 어떤 단체나 개인에게도 총액 10만 원을 초과해 여신을 확장하지 못하도록 한 점으로 미루어, 미군정 최고 당국자의 정치적 결단 없이는 불가능하다고 분석했다.

그런데 이 극비 명령은 이승만에게 자금이 제공되기 불과 한 달 전 하지 주한미군사령관뿐만 아니라 미 극동군총사령관인 더글러스 맥아더 장군의 공식 승인과 재가에 의해 진행되었음을 확인해준다. 우익정치인에 대한 정치자금 제공 결정이 하지 사령관의 주도였는지 아니면 맥아더 총사령관의 주도였는지는 확인하기 어렵다. 다만 하지는 정치적인 군인은 아닌 것으로 미루어 맥아더에 의해 주도되었을 가능성이 크다.

정치자금 조성과 전달 과정에서 중개 역할을 한 경제인들 가운데 민규식은 미국 존스 홉킨스대학을 졸업한 친일 경제인으로, 김규식에게 저택 삼청장을 제공했다. 장진섭은 이승만이 머물던 돈암장의 주인이었고 강익하는 이승만이 돈암장에 이어 머물던 이화장의 주인이었다. 이들 가운데 강익하의 행적이 두드러진다.

1946년 6월 3일 경제보국회 회원으로 미군정으로부터 자금을 대출받은 10명 중 1명인 강익하는 300만 원의 수표를 입원 중인 김구에게 정치자금으로 건넸다. 김구는 "국사에 쓰일 돈이라면 이승만에게 쓰게 하라"며 사양했다고 당시 김구의 측근들은 증언했다. 강익하는 김구에게 300만 원을 내놓기 전, 이승만에게도 따로 500만 원의 정치자금을 전달했다. 또 김구에게 뷰익 1948년형 자동차를 구입해 제공했으며《백범일지》를 인쇄할 용지를 홍콩에서 구입해주었다고 김구의 수행비서였던 선우진이 그의 회고록에서 증언했다.

강익하가 김구에게 건네려 했던 300만 원은 미군정청이 조성한 돈의 일부일 가능성이 있으며 김구는 이 때문에 거절했을 수도 있다는 추론이 가능하다. 강익하는 11살이던 1907년에 김구에게 한문을 배운 인연으로 스승 김구를 따랐다고 한다. 당시 김구는 일본인을 살해한 치하포 사건으로 수감 중에 탈옥해 학생들을 가르치고 있었다.

강익하는 경성법학전문학교를 거쳐 법원 판임관으로 근무했으며 인천미두장으로 전직한 뒤 다른 업자보다 한발 앞선 정보력과 영업력을 발휘해 미두와 주식으로 큰돈을 벌었다. 수해 때마다 기부자 명단에서 빠지지 않았으며 학교와 사회에 기부도 많이 했다. 또 1946년 한국 국내 자본에 의해 설립된 최초의 보험생명사인 대한생명을 창설했다. 그는 대한생명이 공식 출범하기 2개월 전 1956년에 사망한 것으로 알려졌다.

그의 출생연도는 1896년, 그러나 그의 사망연도는 미상으로 남아있다. 공식적으로는 아직도 미확인이다. 그의 주변은 아직도 안개에 가려져 풀리지 않은 수수께끼로 남아 있다. 부인은 황온순 여사로 경성여고보와 이화여전 출신으로 전쟁고아의 어머니로 불리며 전쟁고아 구출작전을 소재로 한 영화〈전송가(戰頌歌)〉의 실존 인물이고 휘경학원의 설립자이기도 하다. 강익하는 8년을 집요하게 따라다닌 끝에 황온순과 결혼에 성공했다고 한다.

강익하, 그는 신지식인의 원형이면서 정경유착의 선도자였다.

| 14 |

재미교포 전경무의 방한
: 1946년 5월 18일

1946년 5월 18일, 주한미군 CIC는 한국에서 막 정치 활동을 시작한 교포단체 재미한족연합위원회(United Korean Committee)에 대한 내사 결과를 보고했다. 해당 문서는 대외비로 분류되었고 문서 제목은 '재미한족연합위원회 관련'이었다.

CIC는 1945년 9월 9일 미 제24군단이 남한에 진출한 직후부터 한반도 내 첩보와 정보수집 활동을 벌인 미 제24군단 소속 첩보부대다. CIC는 첩보와 정보수집은 물론 한국 정치 지도자와 미국인에 대한 사찰, 정치공작에 이르기까지 광범위한 활동을 했다.

CIC 내사에 따르면 재미한족연합위원회라는 단체의 회원 14명이 돌연 고국 한국에 돌아왔다. 하와이에서 8명, 로스앤젤레스에서 6명 모두 14명으로, 이들은 호놀룰루에서 합류한 뒤 2월 5일 한국에 함께 도착했다. 이들을 이끄는 인물은 50세 안팎의 한국계 미국인 제이콥 던(Jacob K. Dunn) 회장, 한국 이름은 전경무였다. 전경무 회장이 말하

CONFIDENTIAL

UNITED STATES ARMY FORCES, KOREA
HEADQUARTERS
COUNTER INTELLIGENCE CORPS
APO 235

File No. 8-194
18 May 1946

MEMORANDUM FOR THE OFFICER IN CHARGE:

SUBJECT: United Korean Committee.

Based on request contained in Inter Staff R/3 dated 11 April 1946, from G-2
XXIV Corps, an investagation of the United Korean Committee was initiated. The
purpose of this investagation is to assertain the activities and purposes of this
Commission in Korea.

1. On 10 April 1946, this agent proceeded to the Capitol Building, Seoul,
Korea and interviewed Captain Jens of the Foriegn Affairs Bureau, and obtained the
following information.

There are two groups called the United Korean Committee and headed by the
chairman, John Dunn, Jacob Kyuang or Chown, Kwang Moo (Korean name.) The first group
is composed of six and they came from L.A. California. The second group is com-
posed of 8 members and they came from Honolulu, Hawaii. This group left Honolulu
and started for Korea on the 24th of January 1946, and arrived in Korea on
5 February 1946.

Capt. Jens said that these men are Korean Citizens who have been living in
the United States. This group was asked to come to Korea by the War Department
in order to help or aid in the establishment of a New Democratic Korean Govern-
ment.

The first Group is composed of the following Men:

A. Dunn, Jacob Kwang, (American Name) or
   Chawn, Kwawng Moo, (Korean Name).
B. Hahn, Si Dai
C. Kim, Charles Ha
D. Song, Chong Ic
E. Kim, Pyang Yun
F. Kim, Shungak Jue or Kim, Sung Nak.
The second group who came from Honolulu, Hawaii are as follows.

A. An, Chung Song (Woman)
B. Pak, Gum Hu or Park, Keum Wook, (Woman)
C. Kim, Won Yong
D. Do, Chin Ho
E. Chung, Doo Og
F. Cho, Chai Yeun or Cho, Je Un
G. An, Chang Ho
H. Choi, Doo Ok

▍전경무가 이끄는 재미한족연합위원회 일행 14명이 1946년 2월 한국에 도착했다.
이들은 미 전쟁성의 요청에 따라 한국의 민주 정부 건설을 돕기 위해 방문했다고
밝혔다.

는 한국 방문 동기는 뜻밖이었다. 한국에 새 민주 정부가 들어설 수 있
도록 직접 지원해달라는 미 정부 전쟁성의 요청에 따라 모국을 방문
해 활동을 시작했다는 것이다.

CIC 보고에 따르면 전경무는 한국 태생으로 약 50세, 10세 때 부
모와 함께 미국으로 이주했고 미시간대학교를 졸업했다. 전경무는
1921년 한국으로 돌아와 2년간 이화여대에서 영어를 가르치다 미국

으로 귀국했다고 보고했다.

방한 중인 연합위원회 회원 가운데 2명은 여성이었다. 목사 2명이 있었으며 전경무와 총무인 김원용 등 3명은 대학교를 졸업했다고 보고서는 언급했다. 나머지는 채소 가게, 양복점, 농장 경영, 호텔 주인, 부동산업 등 자영업을 하는 교포들이었다. CIC는 이들 14명 가운데 8명이 하와이 교포임에도 이승만보다는 김규식을 더 지지했으며 그 이유를 다음과 같이 설명했다고 보고했다.

이승만은 너무 늙었고, 중요한 국가 문제를 행동에 옮길 때 너무 신경질적이며, 재정적으로 개인의 이익을 추구하고 있습니다. 또 이승만은 다수의 의견을 고려하지 않는 독재자 성향이 강하고 그 의 부인이 오스트리아 인이라는 점도 부정적 입니다.

보고자는 끝으로 이들은 한국독립을 위해 노력하되 한국의 우익이 단합할 수 있도록 힘쓰고, 특히 진보 우파를 지지할 것이지만 적 극적인 행동은 자제할 것이라고 밝히면서, 이에 필요한 자금은 재미동포들의 모

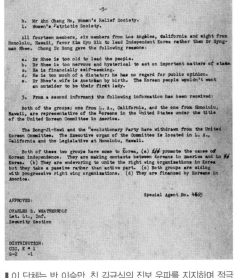

이 단체는 반 이승만, 친 김규식의 진보 우파를 지지하며 적극 행동은 자제할 것이라고 'CIC 특별 요원 4665호'에게 밝혔다.

금으로 마련하고 있다고 보고했다. 보고서는 그러나 이 단체와 미 전쟁성과의 구체적인 협력 관계에 대해서는 언급하지 않았다. 보고자는 성명을 숨긴 채 '특별 요원 4665호'라고만 밝히고 있다.

그 뒤 전경무의 활동은 눈부셨다. 1946년 7월, 그는 한국올림픽대책위원회 부위원장을 맡아 스포츠 외교에 착수했다. 당시 국제올림픽위원회 부위원장으로 차기 위원장 유력자인 에이버리 브런디지(Avery Brundage) 미국올림픽위원회 위원장을 만나 우리나라의 올림픽 참가를 위해 협조하겠다는 사실상의 참가 승낙을 받아왔다. 하와이 이민 노동자의 아들로 고학으로 대학을 다니면서 유능한 미식축구 선수로 그리고 동양인 최초로 전미국대학웅변협회 회장을 맡으며 키운 능력이 발휘된 것이다.

그러나 그는 1947년 5월 스웨덴의 스톡홀름에서 열리는 IOC 총회 한국 대표로 참석하기 위해 미 군용기를 타고 가던 중 일본 후지산 근처에서 비행기 추락 사고로 사망했다. 그의 나이 49세였다. 귀국해서 활동한 기간은 1년 3개월이었다. 짧은 기간이었지만 자취는 컸다. 체육장으로 열린 그의 장례식에는 여운형과 안재홍 민정장관, 하지 주한미군사령관, 아놀드 군정장관 등이 참석해 고인을 추모했다. 그의 스포츠 외교는 사망한 지 1년 후 올림픽 참가 확정으로 결실을 맺었다. 올림픽후원회는 고인을 추모하는 올림픽 참가기금 모금 복권을 제정하고 그의 사진을 넣어 발행했다. 정부는 1995년 일제강점기 때 8년간 임시정부를 적극 후원하는 등의 공적을 함께 기려 건국훈장 애국장을 수여했다.

전경무의 귀국 과정은 물론 귀국 후 활동에서 미 전쟁성의 적극 권

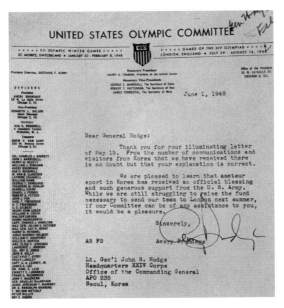

브런디지 미국올림픽위원회 위원장은 전경무의 사후 14개월 뒤 한국의 올림픽 참가 확정 소식을 전하면서 적극 지원을 약속했다.

유와 지원 그리고 미군정의 협조가 있었다. 미국은 그에게 한국의 정계와 미군정 간 조정 역할, 특히 김규식을 위한 조력자 역할을 기대했을 것으로 추측된다. 미군정 인사는 물론 워싱턴 정계와도 호의를 갖고 자유롭게 소통할 수 있으면서도 한국어는 물론 한국인의 정서에도 능통한 그의 존재는 분명 해방 공간에서 눈여겨볼 만했다. 단언컨대 그가 격동기에 좀 더 생존했었더라면 한국의 앞날에 적지 않은 영향을 미쳤을 것이다. 전경무와 같이 귀국해 활동했던 재미한족연합위원회 가운데, 송종익은 건국훈장 독립장과 한시대 건국훈장 독립장, 김원용은 건국훈장 애족장, 안창호 목사에게는 건국포장 등 다수가 서훈을 했다.

3장

1946년 한국 사회는 찬탁과 반탁의 대립과 갈등의 격화로 시작되었다. 대립에 불을 지핀 사람은 리차드 존스턴 〈뉴욕타임스〉 특파원이었다. 존스턴은 그해 1월 5일 박헌영과 인터뷰를 가진 뒤, 한국은 소련 1개국만의 신탁통치를 원하고 있으며 앞으로 10년, 20년 후 소비에트연방에 편입되기를 원한다고 박헌영이 말한 것으로 오도해 찬탁과 반탁의 대립을 격화시켰다. 그해 10월, 미국에 돌아온 존스턴의 예사롭지 않은 동정이 백악관 비밀문서로 보고되었다. 그가 트루만 대통령에게 면담을 요청한 것이다. 백악관 문서에 따르면 이승만 박사의 붓글씨가 담긴 족자를 트루만 대통령에게 대신 전달하기 위함이었다. 찬탁과 반탁의 대립에 기름을 부어 이승만 박사에게 커다란 정치적 이득을 안겨준 그가 몇 달 뒤 이승만의 백악관 접근 노력의 한몫을 떠맡았다.

좌우 대립과
미국의 선택

제2차세계대전 직후 미국 사회는 공산주의 경계 심리가 날로 확산되고 있었다. 이승만은 미국 사회의 우려를 자신의 지지 세력으로 구체화하는 데 성공했고, 그 가운데 〈뉴욕타임스〉 기자들과 경영진이 들어 있었다. 이승만은 미군정과 하지 사령관을 향해 승부수를 던지는 한편 미 정계와 언론계를 설득하고 미 행정부에 압박을 가해 미군정의 좌우합작 노력을 무력화하는 데 성공했다. 결국 하지 사령관과 그의 고문들은 좌우합작 노력을 포기했고 미군은 철수를 결정했다. 타협과 통합이 아닌 갈등과 대립의 한가운데서 신생 대한민국은 탄생하고 있었다. 미래가 어둡다는 전망 속에서 신생 대한민국은 출산의 진통을 시작했다. 중도좌파 여운형은 암살됐고 조봉암은 돈키호테 같은 정치 역정을 이어갔다.

| 1 |

이승만과 〈뉴욕타임스〉
: 1946년 10월 2일

1946년 10월 한국 사회는 신탁통치를 둘러싼 정쟁의 막바지에서 격돌하고 있었고, 남한만의 단독정부 수립이 점점 힘을 얻어갔다. 이 승만은 다시 백악관의 문을 두드렸다. 이번에는 언론이 징검다리 역할을 맡았다. 1946년 10월 1일, 〈뉴욕타임스〉의 백악관 출입기자 월터 왜고너(Walter Waggoner)는 백악관 공보실 찰스 로스(Charles G. Ross) 공보관에게 쪽지를 전했다.

찰스 로스 :

〈뉴욕타임스〉의 극동 특파원 리차드 존스턴(Richard Johnston) 기자가 막 서울에서 돌아왔습니다. 존스턴 기자는 한국의 전통 족자를 가져왔습니다만, 그 족자는 대한민국임시정부 대통령을 맡은 바 있는 이승만 씨가 트루먼 대통령을 위해 직접 쓴 것입니다. 존스턴 기자는 잠시 휴가를 얻어 현재 뉴욕에 왔고, 기회가

```
Charles G. Ross:
              x
        Richard Johnston, Far Eastern correspondent for the
New York Times, has just returned from Korea, and he brings
with him an historic Korean scroll especially inscribed to the
President from Syngman Rhee, former president of the
provisional Korean Government.

        Johnston is now in New York City, on leave temporarily,
and he would appreciate an opportunity to present this
scroll to the President. There is no particular hurry for an
appointment, if one can be arranged.
                                        Walt Waggoner
                                        New York Times
```

■ 〈뉴욕타임스〉의 왜고너 기자가 백악관 공보실 직원 찰스 로스에게 보낸 편지. 극동 특파원 리차드 존스턴의 대통령 면담 주선을 요청하고 있다.

된다면 대통령께 족자를 직접 전달할 수 있는 기회를 주시면 감사하겠다고 말했습니다. 뵐 수 있다면 굳이 서두를 일은 없습니다.

로스 공보관은 10월 2일, 이 편지를 대통령 비서실 매튜 코넬리(Matthew J. Connelly)에게 전달했다. 보고를 받은 코넬리 비서관은 미 국무부 스탠리 우드워드 (Stanley Woodward) 의전실장에게 의견을 물었고, 우드워드 실장은 국무성 의전실의 뮤어(R.D. Muir) 담당관에게 검토를 지시했다. 이튿날인 10월 3일 뮤어 담당관은 다음과 같이 보고했다.

```
DEPARTMENT OF STATE
    ——
DIVISION OF PROTOCOL

                        December 3, 1946

Mr. Woodward:

     Reference is made to the attached
memorandum from the White House con-
cerning the desire of Mr. Richard
Johnston to present the President with
a scroll from Syngman Rhee, former
President of the Provisional Korean
Government.

     I spoke to Mr. John Williams, who
has charge of the Korean desk in the
Department, who stated that he would
strongly advise that the President not
receive the scroll since Syngman Rhee
has no official position in Korea and is
in all probability using this method of
building himself up.

                        R. D. Muir
```

■ 미 국무성 의전실 뮤어 담당관은 회신에서 위세를 과시하려는 속셈이 있으므로 이승만의 선물을 받지 말 것을 건의했다.

우드워드 씨 :

리차드 존스턴 씨가 대한민국 임시정부의 이승만 전 대통령의 족자를 대통령에게 선물하고자 하는 데 대한 의견을 묻는 메모에 대해 말씀드립니다.

국무부의 한국 데스크 존 윌리엄스 과장에게 이를 알리고 의견을 구했습니다. 윌리엄스 과장은 이승만 씨가 한국에서 공식적인 직책을 맡고 있지 않으며, 그 자신의 위세를 높이려는 수법인 것이 확실하므로 그 족자를 받지 말 것을 강력히 조언드린다고 말했습니다.

우드워드 의전실장은 10월 4일에 백악관의 코넬리 비서관에게 검토 결과를 보냈는데 같은 내용이었다. "이승만 씨가 한국에서 현직에 있지 않으며 그가 자신의 위세를 과시하려는 수법이 분명"하므로 족자 선물을 받지 말 것을 건의했다. 코넬리 비서관은 즉시 같은 날 공보실의 로스 공보관에게 쪽지와 함께 검토 결과를 담은 의견서를 보냈다.

친애하는 찰스 로스,
국무부가 보내온 별첨 의견서에 관심이 있을 것으로 믿네.

로스 공보관은 12월 5일 〈뉴욕타임스〉의 왜고너 기자에게 직접 선물 거부의 뜻을 전달했다고 코넬리 비서관에게 통보했다. 이승만 박사의 족자 전달 역할을 맡았던 존스턴 특파원은 1946년 1월 신탁 찬반 논란을 촉발한 당사자로서 그가 미처 짐작하지 못할 정도로 한민족의 미래에 커다란 영향을 미친 인물이다.

1946년 1월 존스턴 특파원은 조선공산당 비서 박헌영과의 회견을 기사로 작성했는데 그 내용을 윤색했다는 논란에 휩싸였다. 존스턴의 기사에 따르면 박헌영은 소련에 의한 신탁통치를 원하고 10년 내지 20년 이내에 소련연방에 가입하는 것을 바라고 있음을 암시했다. 그런데 이 기사는 박헌영의 발언을 왜곡·와전한 것이었다. 박헌영은 인터뷰에서 소련의 신탁통치에 대해 적극 반대를 표명하지는 않았지만, 소련연방 가입은 현 시점에서는 불가능하다는 뜻을 밝혔다고 해명했다. 또 미군정은 보도 내용이 사실과 다른 것을 알았음에도 이를 의도적으로 확대함으로써 박헌영과 조선공산당에게 큰 타격을 입혔다는 것이다. 이 사건을 계기로 박헌영과 조선공산당은 물론 좌우합작을 추진해온 온건좌우 인사들은 급격하게 입지를 잃었다. 반면 이승만의 남한단독정부 수립 주장은 가파른 상승세를 탔다.

〈뉴욕타임스〉 간부진을 동원해 백악관에 접근하려는 이승만의 노력은 실패했다. 미 국무성은 이때까지만 해도 주한미군정이 추진하는 좌우합작 노력을 지지하고 있었다. 그러나 백악관 선물 전달 시도를 통해 이승만의 남한단독정부 수립 노선은 〈뉴욕타임스〉의 전사적인 지원을 받고 있음이 확인됐다.

1947년 1월 23일, 아더 번스(Arthur C. Bunce) 주한미군정 고문은 조지 애치슨(George Atcheson Jr.) 미 극동군최고사령부 외교국장에게 보낸 서한에서 미군정의 좌우합작 추진에 대해 설명하고 지원을 요청했으나 맥아더사령부 고문관들이 차가운 반응을 보였다고 밝혔다. 맥아더 총사령관은 하지 사령관의 좌우합작 추진을 못마땅하게 여기고 있었다.

| 2 |

조봉암의 평화통일론과 수난
: 1946년 10월 31일

1946년 11월 1일, 신문들은 조봉암과 하지 사령관이 만나 긴밀한 이야기를 나누었다고 보도했다. 당시 〈경향신문〉의 보도 내용이다.

인천 조봉암 씨 하지 장군과 요담(要談)

인천에 있는 통일건국위원장 조봉암 씨는 지난 10월 30일 오후 2시부터 4시까지 2시간에 걸쳐서 하지 장군과 회견, 요담했는데 그 내용은 다음과 같다 한다.

1. 입법의원법령의 수정 요구
2. 남조선 소요 사건의 근본적 해결 방안
3. 민생 문제의 적극 대책 강구 시행

조봉암은 공산주의자였으며 독립운동가이자 정치인이었다. 1921년 일본 유학 중 공산주의 운동을 시작해 1925년 조선공산당의 모체인 화요회를 조직했고 조선공산당 간부가 되었다. 그 후 공산주의 지하 운동과 항일운동을 하며 투옥과 석방을 거듭했다. 조봉암은 8·15 광복과 함께 출감하자마자 인천에서 건국준비위원회 등을 조직하고 조선공산당 간부 겸 인천지구 인민전선 의장을 맡았다. 그러나 1946년 5월, 그는 돌연 폭력적인 혁명을 주장하는 박헌영의 과격한 공산주의를 비판하는 공개서한을 발표하고 공산당을 탈당해 중도우익진영으로 급선회했다. 〈경향신문〉의 보도는 이들의 밀담을 가리기 위한 장식에 불과했다.

하지 사령관은 1946년 10월 31일, 그가 작성한 비망록에서 조봉암과의 대화 내용을 자세히 기록했다. 하지는 첫머리에 다음과 같이 밝혔다.

공산주의자이며 반체제 인사인 조봉암이 지난 30일 오후 나를 방문했다. 그는 내가 미처 예상하지 못했던 내심의 이야기를 털어놓았다.

조봉암은 5월에 박헌영의 공산주의 노선을 비판하는

▌하지의 조봉암 면담 비망록.

공개서한을 보낸 데 이어 노동계급의 독재도 자본계급의 전제도 모두 반대한다며 중도통합노선을 주창했다. 8월 이후부터는 미군정의 좌우합작을 지지하고 협력하기 시작했다. 하지와 조봉암이 나눈 대화의 핵심은 박헌영의 공산그룹에 관한 것이었다. 요담에서 조봉암은 뜻밖에 박헌영 축출계획을 털어놓았다. 이에 대해 하지는 "예상치 않은 내심의 이야기"라며 놀라면서 긍정적인 시도라는 입장을 밝혔다.

> 조봉암은 나에게 자기 계획을 지나치게 자세히 이야기했다. 그가 이끄는 그룹이 공산당 지도부에서 박헌영을 축출하면, 즉시 좌우익 모두가 함께하는 합작 운동에 참여할 수 있도록 새로운 당명 아래 반체제인사 그룹을 조직화할 계획이라고 말했다. 이 점에서 나는 그와 상당 부분 견해를 같이했다. 조봉암은 현재의 합작위원회와 함께할 것이며, 미군정의 노력과 따로 떨어져 비공인 합작 운동을 시도하는 그룹과 함께하지는 않겠다는 데 동의했다.

하지의 비망록에 따르면, 조봉암은 비밀스런 계획도 털어놓았다.

> 조봉암은 이어 자신의 지지자들이 모은 350만 원이 있는데 온건 좌파의 신문을 창간해 특히 남한에 엄청난 피해를 안기고 있는 극좌파들을 파괴하고자 한다고 밝혔다. 그는 이 부분을 거듭 반복해서 강조했다. (중략) 조봉암은 자신과 지지그룹은 급진좌파를 분쇄하고 좌익성향의 국민들이 코민테른(Comintern, 1919년 모스크바에서 창설된 공산주의 국제연합) 공산주의로부터 결별하도록 온

Memo for the Record (Cho, Bong Ahn)   -2-

people. Not only do they give the police information and back them up on occasion, but they get out on their own - searching houses, molesting Leftists and operations of this nature. He says most emphatically that this activity should be stopped.

6. He talked excessively of his plan. As soon as he and his group can oust Pak Heun Yung of leadership of the Communist party they plan to organize their Dissident group under another name to carry on a coalition movement of their own, getting all moderates of both wings together. I got into this with him to some extent and he agreed to work on this with the present Coalition Committee and not try to start another wildcat coalition group. He feels that all people in South Korea are tired of politicans. In this connection he says both Rightists and Leftists believe that the present Coalition Committee are merely seekers after seats in the Legislature and do not have too much confidence in their standing end leadership, or in their ability.

7. He says that he has three and one-half million yen from some powerful backers for use by his group, and one desire they have is to publish a newspaper of a moderate Left nature with particular effort to destroy the extreme Left which, he repeats, has brought great damage to South Korea.

8. A very interesting thing brought out in conversation with Mr. Cho followed a statement by him that his group had not decided if they would or would not go into the Legislature if invited. He said that all the Korean people feel that the Legislature is not a body with any power but merely another advisory group or adjunct to the Military Government. In the conversation I got from him that the language of the Ordinance in Section Two had been twisted, by the Leftists and by propaganda of other groups opposing the Legislature, to mean that the Legislature would have no power whatever but would only make suggestions in the nature of an advisory council. He agreed that Section Five, which outlined the duties of the Legislature, was clear and specific but insisted that in the eyes of the Koreans it was nullified by the wording of Section Two.

7. He says that he has three and one-half million yen from some powerful backers for use by his group, and one desire they have is to publish a newspaper of a moderate Left nature with particular effort to destroy the extreme Left which, he repeats, has brought great damage to South Korea.

온건좌파 신문을 창간하겠다고 밝힌 조봉암의 계획.

힘을 다해 설득하고 교화할 것이라고 말하고 떠났다.

남북평화통일론의 첫 희생자

하지와 내밀한 대화를 나눈 후, 조봉암은 미군정의 좌우합작 운동에 적극 참여했지만 실패로 끝났다. 그는 남한만의 단독정부 수립을 피할 수 없는 현실로 받아들였다. 그의 "좌우합작을 통한 남북 단일정부 수립" 주장은 상황의 변화에 따라 모습을 바꾸어 '남북평화통일론'이 되었다. 1948년 4월 21일 〈경향신문〉은 〈前 공산당의 거두 조봉암 씨 출마〉라는 기사로 그의 출마 소식을 전했다.

> 5월 10일 실시될 총선거는 단선이니 강토 분열이니 등등의 구호를 내걸고 반대를 하는 진영에서도 입후보하고 있어 일반의 주목을 끌고 있다. 즉, 인천에는 국회의원 정원 2명에 입후보자가 12명이나 출마해서 6 대 1의 각축전이 예상되고 있는데 입후보자 중에는 과거 재건파 공산당 중앙위원회의 중진으로 우경했다가 민족주의독립전선에 투신한 조봉암 씨가 무소속 간판을 내걸고 출마해서 정계에 새로운 화제를 던지고 있다.

정계에 뛰어든 그는 제헌의원, 농림부장관, 국회부의장을 역임했다. 1952년 8월 2대 대통령선거에 출마했으나 낙선했다. 이어 조봉암은 1956년 5월 15일 치러진 3대 대통령선거에 다시 출마했다. '평화적 남북통일, 피압박 대중의 승리'를 내걸고 이승만과 맞섰다. 60여 년이 지난 현재의 눈높이로 보더라도 시대에 앞선 구호였다. 1956년 4월 12일, 〈경향신문〉은 〈정·부통령 후보자의 면모〉라는 기사에서 '진보당 조봉암 씨, 대안도 없는 평화론자'라는 제목으로 조봉암 후보를 소개했다.

> 스핑크스의 미소처럼 정체를 알 수 없는 웃음을 지으며 죽산 조봉암 씨는 지금 진보당 사무실에 나와 앉았다. 당돌하다고 할까

엉뚱하다고 할까. 이 사람은 벌써 두 번째나 대통령 후보에 나섰는데 그때마다 차라도 한잔 마시듯 가볍게 출마하는 것이다.

기사는 이어 조봉암 후보는 왕년에 공산당원이었다는 단 한 가지 이유로 역량 이상으로 평가되고 있는 것이 사실이고, 그의 유일한 금간판(金看板)인 '무산대중의 해방'도 그 진의가 의심스러운 지 오래고 그의 최대 장기인 임기응변술도 횟수가 거듭됨에 따라 효력을 잃어버렸다고 진단했다.

그런데도 그는 소 힘줄같이 질긴 성격인 데다가 자기를 과신하면서 정치적 순서를 차근차근 밟아가고 있다. 강력한 흡인력을 가진 조봉암 씨는 다만 순진할 뿐인 이상주의자들과 혈기과잉증에 걸린 청년들에게 정체 불명의 미소를 띠며 조용히 그들의 하소연을 듣는다.

〈경향신문〉 기사는 가면을 쓴 위험한 인물로 조봉암을 각인시키는 데 충분했다.

조봉암 씨에게 소용되는 것은 시간이다. 그가 때때로 일으키는 정치 연기는 군중들이 그를 잊지 않도록 적당한 미끼를 던지는 역할에 불과한 것이다.

기사는 당선 불가능한 후보에 대한 조롱에 그치지 않았다. 조봉암의 미소뿐만 아니라 그의 실체조차도 불분명이라고 의문을 던졌다.

그는 이번 선거에서도 낙선되리라는 사실을 누구보다도 잘 알고
있을 것이다. 그러나 그는 군중들에게 "전쟁을 하지 맙시다!" 하
고 외친다. 아무런 대안도 없는 평화론이지만 전쟁에 지친 군중
들은 박수를 보내게 되고, (중략)

그런데도 다른 정당은 (그의 위험성을) 과소평가하고 있다고 이 기사
는 경고했다.

내심으로는 자기 계획에 회심의 미소를 띠며 한편으로는 고지식
하기만 한 다른 정당들의 거동을 조소하면서 조봉암 씨는 자기
계획을 향하여 또 일보를 내딛었다. 산간촌읍에 등장한 신약행상
(新藥行商)에나 비할까. 조봉암 씨는 어쨌든 부조리한 한국의 생
리가 파생한 유행가수다.

조봉암은 기사가 나간 한 달 뒤인 5월 15일의 대통령 선거에서 216만
표를 얻어 30퍼센트의 득표율을 보였다. 재선에 도전한 이승만 대통
령은 500만 표였다. 이것은 반공이 국시에 앞선다는 신념을 가진 보
수적인 정계에 엄청난 충격을 안겨주었다. 그러나 30퍼센트 득표는
조봉암과 진보당에게는 축복이 아니라 오히려 죽음의 키스였다. 돌이
켜보면 선거 한 달을 앞둔 4월 12일 〈경향신문〉 기사는 조봉암에 대한
저주나 다름 없었다. 그가 주창한 '남북평화통일론'의 첫 희생자로 조

봉암 당사자를 지목한 저주의 예언이었다.

조봉암은 대통령 선거를 마친 지 1년 1개월이 지난 1957년 6월, 간첩죄와 국가보안법 위반 혐의 등으로 구속·기소되었다. 대법원은 사형을 선고했고 짤막한 재심 과정을 거쳐 곧바로 사형이 집행되었다. 1959년 7월 31일이었다. 〈동아일보〉는 1959년 7월 31일 조봉암의 사형집행을 짧게 보도했다.

조봉암 사형집행. 31일 서대문형무소서 교수형. 간첩피고 사건으로 사형 언도가 확정된 조봉암에 대한 사형은 31일 상오 11시 서대문형무소 형장에서 교수형으로 집행되었다. 공범 양이섭은 이보다 이틀 전인 29일 하오 3시 반, 역시 서대문형무소 형장에서 사형이 집행되었다.

조봉암은 그 후 52년의 세월이 흐른 2011년 1월, 대법원 전원합의체에서 국가 변란과 간첩 혐의에 대해 전원일치로 무죄가 선고되어 복권되었다. 그러나 그에 대한 의문은 계속되었다.

조봉암이 공산주의와 결별한 데 대해 아직도 의문점은 남아있다. 박헌영 주도의 조선공산당 조직에서 소외되자 생존을 위한 방편으로 사상 전향을 꾀했다는 해석도 제기되고 있다.

1990년 5월 25일자 〈한겨레〉가 조봉암 특집기사에서 제기한 의문이다. 1948년과 1956년에 선거철마다 〈경향신문〉이 앞장서서 제기한 조봉암의 정체에 대한 의문이 그의 재심이 받아들여진 1990년에 다시 살아난 것이다. 그러나 해석의 여지는 있지만 조봉암이 우리 민족의 앞날은 좌와 우가 함께 타협하는 가운데 열린다고 믿었음이 분명하다. 그래서 그는 자신의 생존이 아닌 민족의 생존을 위해 스스로 중도통합노선을 선택했다는 것이 그 후 조봉암의 행적으로 볼 때 더 설득력이 있다.

지난 2020년 5월 17일 조선일보는 북한의 김일성 주석이 1956년 조봉암의 요청으로 선거자금으로 쓸 공작금을 제공했었다고 구소련 외교문서를 인용해 보도했다. 공개된 외교문서에는 1968년 김일성이 평양을 방문한 소련 고위층 인사에게 선거자금 제공 사실을 직접 밝혔다는 보고내용이 담겨 있다. 구소련 외교문서의 정확성과 함께 진위에 관한 의문이 제기되고 있지만 조봉암의 전향이 위장이었는지, 자신의 정치적 생존을 위한 전향이었는지 아니면 극좌와 극우를 배제하려는 그의 결단이었는지를 둘러싼 논란은 빛이 바랜 듯하다. 그러나 1958년 6월 미국무부는 사형위기에 처한 조봉암의 처형을 구명할 것을 주한 다울링 대사에게 강력한 훈령을 여러 차례 내렸던 사실을 확인하는 문서가 있다. 또 미국무부는 이승만의 대안으로 조봉암을 고려할 만큼 신뢰관계가 형성돼 있었다고 재미사학자가 발굴한 미국무부 고위관료 대화록을 인용한 2015년 9월 뉴시스통신 뉴욕특파원의 보도도 있다.

어쨌든 1946년 10월 30일 하지 사령관과의 요담에서 밝힌 그의 심경에 유의할 필요가 있다. 극우와 극좌, 특히 극좌의 배격은 평화통일론에 바탕을 둔 그의 신념의 중요한 한 부분이었을 것이라는 것이다.

극우와 극좌의 합작이 성공할 희망은 전혀 없다. 그런데 극우파들은 골칫거리지만 극좌파들은 엄청난 두통거리다.

극우와 극좌를 "골칫거리, 두통거리"라고 한 것은 '개인의 정치적 입지와 성공을 막는 골칫거리'가 아니라 '한민족의 앞날을 가로막는 골칫거리'이기 때문이라는 해석이 보다 타당하다.

조봉암은 공산주의와의 결별을 선언하고 이어 하지와 면담한 후 박헌영의 극좌에 대한 투쟁을 전개했다. 그 과정에서 하지 사령관과 미군정이 조봉암의 정치적 입지를 세워주기 위해 직간접으로 도움을 주었다는 흔적은 엿볼 수 없다. 아마도 조봉암을 처음 대했을 때 당혹스러워했듯 그를 막후거래의 상대로 삼기에는 신뢰 기반이 형성되지 않았을 것이다. 그리고 비록 그가 진정으로 전향했다고 하더라도 조봉암이 주창하는 내용은 하지에게 상당히 부담스러웠을 것이다. 조봉암의 논리적 치밀성은 여운형과 크게 다른 것이었다.

좌우합작 운동의 실패로 남한만의 단독정부가 수립되었고, 조봉암은 남한단독정부인 대한민국 정치권으로의 편입을 선택했다. 그럼에도 조봉암은 진보의 길을 고집했다. 그는 진정 자신이 제시한 평화통일론과 무산대중을 해방시키는 경제 정책이 반공보수세력이 주도하던 대한민국 정치권에서 수용될 수 있는 것이라고 믿었을까? 분명한 것은 그가 정치적 생존을 고려해 정치적 노선을 선택하지는 않았다는 것이다. 그가 고집한 평화통일론은 정치적 사망을 무릅써야 하는 시한폭탄이었고, 그 자신이 이를 몰랐을 리가 없다.

1957년 발표된 조봉암의 평화통일론은 다음 세 가지를 골자로 하고 있었다.

① 무력통일은 곧바로 세계전쟁으로 이어지며 핵전쟁으로까지 나아가게 되어 불가능하다.
② 평화통일의 방법은 유엔 감시 하의 남북한 총선거가 되어야 한다.
③ 민주주의에 의한 통일이 되려면 대한민국이 민주주의를 완전히 실천하고 중소기업 보호, 기간산업 육성, 완전고용제 실시 등의 혁신적 경제개혁이 이루어져야 한다.

조봉암은 평화통일론에서 "간과할 수 없는 것은 우리 민족 가운데 진실로 통일되기를 원치 않는 세력이 일부 있다"고 지적했다. '남북평화통일론'은 그를 죽음으로 이끄는 저승사자였고 언론은 그 조력자였다.

남북평화통일론을 겨냥한 계속된 저주

조봉암의 사형이 집행된 뒤에도 그의 사형에 대한 판단과 남북평화통일론은 반전에 반전을 거듭하며 죽음의 저주를 이어갔다.

조봉암의 죽음 9개월 뒤에 4·19 혁명이 일어났다. 첫 반전의 조짐이 보였다. 혁명 발발 1개월여 뒤인 5월 29일, 〈경향신문〉은 이승만 박사가 돌연 하와이로 망명을 떠났다며 '김포공항에서 신태민, 김수종, 윤양중 본사 특파원발' 기사를 호외와 1면 전체에 특종으로 보도했다.

기사는 이어 "김구 선생과 조봉암 씨의 살해사건 수사가 전개되면 수사 대상의 정점 인물이 될 이 박사의 망명을 묵인한 과도정부의 태도를 추궁해야 한다"는 정치인들의 사견이 나오고 있다고 전했다. 또 해외로 도피한 재산이 막대하다는 의혹이 있으며 프란체스카 여사와 그의 측근 또는 신임이 두터운 외교 관리에 의해 재산 도피가 이루어졌다고 정계 소식통을 빌려 보도하기도 했다.

4·19 혁명 후 5개월 지난 1960년 9월 15일, 타 언론에 비해 조봉암에 대한 관심이 두드러졌던 〈경향신문〉은 1면 머리기사로 사법부 민주화의 움직임이 거세다고 전했다. 이 기사는 300여 명의 현직 법관 중 많은 사람이 과거 이승만 '팟쇼' 정권에 굴복해 정치적 판결로 사법부의 독립성을 짓밟아왔으며 그 사례의 하나가 조봉암 씨 사건이라고 대한변호사협회의 말을 빌려 보도했다. 그의 신원운동과 함께 남북평화통일론도 힘을 얻는 듯했다.

그런데 1년 뒤인 1961년 5월 16일에 5·16 군사쿠데타가 일어났다. 다시 반전이 일어난 것이다. 남북평화통일론의 저주는 두 번째 제물을 찾아냈다. 그해 8월 혁명재판소는 〈민족일보〉 조용수 사장에 대한 특수반국가행위 공판을 진행했다. 이 자리에서 조용수를 죽음으로 끌어내리는 연결고리로 이미 2년 전 저승사람이 된 조봉암과 그의 남북평화통일론이 이용되었다. 혁명재판은 조용수 피고가 조봉암의 남북평화통일론에 관한 기사와 사설을 사장 단독으로 가필하거나, 원래의 원고를 알아보지 못할 정도로 고쳐 실었음을 스스로 증언했다고 밝혔다. 상고심은 조총련에서 자금을 받은 조용수가 무분별한 평화통일론을 주장해 북한을 이롭게 한 혐의가 인정된다며 사형을 확정했다. 조용수는 12월 22일 서대문형무소에서 사형이 집행되었다. 당시 나이 32세였다. 조용수의 죽음 역시 사법 살인이었다.

조용수의 죽음에 앞서 5·16 군사쿠데타 발생 직후 북한에서 내려온 밀사 황태성이 그해 10월 간첩 혐의로 구속되어 사형이 집행되었다. 그런데 1946년 10월 5일 미 1사단사령부가 주한미군사령부에 보고한 대구사건(미군정에 맞서 대구 지역에서 좌익 계열이 일으킨 사건)에 관한 극비 문서를 보면 북한의 밀사 황태성의 이름이 들어있었다. 황태성은 최문식에 이어 대구사건을 주동한 핵심 공산주의자였다. 또 박정희의 형인 박상희와는 절친한 동지였다. 그는 친구의 동생인 박정희와 만나 마음을 열고 남북 화해에 대해 논의하려 했다. 이런 사실로 미루어 보면 그 역시 또 다른 평화통일론의 희생자였을 것이다.

지난 2008년 1월 16일의 법원 재심 결과 조봉암에게 무죄가 선고되었다. 조용수도 무죄가 선고되었다. 그들은 계속되는 논란에 관계없이 이미 돌아올 수 없는 사람들이다. 그러나 조봉암의 남북평화통일론은 그 후에도 변조를 거듭하면서 수많은 저주를 불러왔고 남북평화통일론의 희생자는 줄을 잇고 있다.

1977년 4월 9일은 맑고 따사로웠다. 삼청동과 창경원, 청와대 앞길에는 벚꽃이 한창이었다. 오전 10시 30분쯤 겨우 수습을 마치고 기자로서 조심스런 발걸음을 시작한 필자는 막 종로경찰서 정문에 들어서고 있었다. 새벽 5시부터 시작된 사건 기자의 경찰서 순회 취재를 가까스로 마친 길이었다.

정말 눈 깜짝할 순간이었다. 날카로운 호루라기 소리와 함께 어지러

TOP SECRET

HEADQUARTERS 1st INFANTRY
APO 6

5 October 1946

TO: Commanding General 6th Division
Commanding General XXIV Corps.

The following report was delivered at 1145, 5 October 1946, to C.O. 1st Infantry by an officer of the Military Government.

TOP SECRET

The name of the loyal known official is being withheld but known in this office for safety of his life:

"The Peoples' Party, New Peoples' Party and Communist Party united to form the Fighting Association (Pa Up Tuh Jung Hwoh) - not a political party. The head man is a Communist. The Korean Laborers' Party will be formed from this initial coalition. The members of the Peoples' Party and the New Peoples Party are at present members of the Communist Party. These people caused the present rioting and demonstrations. Fifteen or sixteen labor unions in Taegu take orders from those people.

Plans for this union came from North Korea. There are many agents from the North at present in South Korea and in Taegu particular. They arrived in South Korea about September 1, and about September 15 the coalition meeting was held. The basic rule they decided to follow was to oppose anything Military Government did, good or bad. They determined to strike when the grain collection program was at its peak and food shortages was at its lowest ebb. They felt that then the county people would hate the police and the officials sufficiently, and the city people would be food worried enough to follow them. The general plan was to kill the police, who were not popular with the people, so that they could do as they liked; remove government officials and take their place; and kill all Rightist Heads and destroy their buildings. As the present time was a most difficult period, they concluded to strike, knowing full well that they must secceed because failure meant the termination of all their activities. As these people were desperate, some in the meeting objected. These two or three, including Lee, Hon Shik, were ordered out of the meeting for objecting to disorderly tactics.

Those on the staff of troublemakers included: Cheh Moon Shik, Chong, Juh Goo, Sonn Ki Cheh, Lee, Song Hwen, Shin Chul Soo, Hwong Teh Sung, Lee Song Keel, Lee Son Jong, Cheh Chung Shik, Yun Jong Hyuh, Lee Jeh Pak, Kin Il Shik, Pak Myun Chul, Suk Hyuh Soo plus labor association heads. Yesterday (9/3), the democratic party and the Independence Party (Rightist) buildings were destroyed. Tomorrow, the Joint Commission is asked to convene. One can not mix fire and water. The Rightist Joint Commission members will show up if they are asked to work independently; otherwise they cannot be found. The Rightist young mens association have volunteered to help the police stop demonstrations

▌대구사건에 관한 미군정의 극비 문서는 황태성을 핵심주동자로 지목했다. 북한의 밀사로 남파되어 간첩으로 처형된 황태성은 대구사건으로 목숨을 잃은 박상희(박정희의 형)의 친구다.

운 군화 발소리가 뒤따랐다. 전경대원 20여 명이 경찰서 건물 안에서 뛰쳐나왔다. 종로경찰서 정문이 활짝 열렸고 버스 한 대가 돌진하듯 뛰어들더니 경찰서 마당 한가운데 멈추어 섰다. 시내버스였다. 버스 안을 들여다보았다. 승객들이 가득 실려 있었다. 그런데 버스 안의 승객들 모두 흰색 옷차림이었다. 언뜻 화창한 봄 날씨와 어울린다는 생각이 스쳤지만 그건 착각이었다. 그때 귀를 찢는 듯한 여자 어린이의 비명 소리가 들려나왔기 때문이다.

정문이 굳게 닫혔고 전투경찰대원과 경찰들이 원을 그리며 둘러싼 가운데 지시에 따라 승객들이 하나둘 버스에서 끌려내려왔다. 그런데 거의 모두 여성들이었다. 기혼인 듯한 30대 초반 여성부터 60대 초반 아주머니들이 주류를 이루었고, 70대 할머니들 그리고 유치원 또래의 어린이가 6명쯤이었다. 40명 안팎이었다. 천천히 끌려 내려온 이들은 밖으로 등만 보인 채 서로 감싸듯 웅크리고 원을 이루며 한데 모여 있었다. 그 원 밖에 경찰관과 전경들이 거리를 두고 둥글게 서 있었다. 잠시 후 어린이들의 울음소리가 끊기고 정적이 흘렀다. 5분, 10분…….

이들이 이른바 인혁당 재건위원회 사건으로 1975년 4월 9일 사형이 집행된 인혁당 관련자 8명의 유가족 그리고 같은 사건의 투옥자 가족이라는 것을 경찰 간부의 속삭임으로 들었다. 그런데 바로 그때였다. 4~5세쯤 되었을까? 한 여자아이가 까르르 웃으며 벌떡 일어나더니 원을 이룬 주위를 종종걸음으로 맴돌았다.

두 바퀴, 세 바퀴 깡충 걸음까지 하며 챙이 넓은 흰 모자를 쓴 그 어린아이는 술래잡기를 하고 있었다. 그의 어머니가 여자아이를 끌어

품에 안았을 때도 깔깔대는 웃음소리는 그치지 않았다. 내 옆에 서 있던 경찰 간부가 혀를 끌끌 차며 안으로 들어갔다.

유가족들은 그날 아침 하나둘 벚꽃놀이를 구경 온 것처럼 어린이의 손목을 잡고 청와대로 접근했다. 박정희 대통령을 직접 면담해 호소하려 했다고 한다. 비록 죽은 목숨은 돌이킬 수 없지만 이것만이 억울함을 푸는 길이라고 50대 후반의 아주머니가 조용히 말했다. 그의 손에는 작은 태극기가 돌돌 말려 쥐어져 있었다. 이들은 2명씩 3명씩 차례로 경찰에 이끌려 경찰서를 떠났다.

제각기 다른 버스에 실려 서울 곳곳의 종점 아무 곳에나 뿔뿔이 분산시켜 내려주었다고 그날 오후 경찰 간부는 전했다. 2002년 12월 인혁당 사건 유족들은 법원에 재심청구를 냈고 계속 심리가 미루어지다가 2007년 서울지방법원은 인혁당재건위 사건 관련 8인에 대해 무죄를 선고했다.

| 3 |

미군정의 좌우합작을 가로막은 이승만
: 1946년 12월 14일

1946년 12월 14일, 워싱턴을 방문 중이던 이승만은 신병 치료차 일본에 머물고 있는 미군정장관 아처 러치(Archer L. Lerch) 소장에게 전보를 보냈다. 전보에서 이승만은 미 군사정부에서 하지 사령관 다음의 차상위자인 러치 소장에게 미군정의 좌우합작 시도는 공산주의자들과의 협력이라는 등 도발적 용어 구사를 서슴지 않으며 좌우합작 중단을 단호하게 요구했다. 이승만 박사는 러치 소장이 하지 사령관의 좌우합작 추진에 내심 호의적이지 않다는 사실을 이미 간파했거나 이에 대한 교감을 나누었을 것이고 따라서 이처럼 지나친 표현까지 했을 것이다.

전문 가운데 "장군의 계획을 지지한다"는 언명이 그 같이 추단하게 한다. 가볍게 지나칠 수 없는 이 박사의 언급에 대해 러치 소장이 공식 또는 비공식으로 이의를 제기한 흔적은 전혀 없다.

▌이승만이 도쿄에 있는 러치 소장에게 보낸 전보. 하지 사령관의 좌우합작 시도를 포기하도록 건의하고 있다.

수신: 러치 부인, 제국호텔, 도쿄

발신: 이승만, 워싱턴 DC. 1946년 12월 14일

이 전문을 러치 장군에게 건네주시기 바랍니다.

직접 문병 드리지 못해 유감입니다. 장군의 쾌유를 기원합니다. 저희는 장군의 계획을 지지합니다. 입법의원을 지명한 것은 실책입니다. 한국 국민은 그들을 직접 선출할 것을 요구하고 있습니다. 하지 사령관이 공산주의자들과 협력하겠다고 고집하는데 그렇게 되지는 않을 것입니다. 좌익 입법의원들은 입법을 방해하고 국민을 분열시킬 것이며 그 결과는 비참할 것입니다. 하지 사령관에게 제발 좌우합작 노력 중단을 명령하라고 조언하십시오.

이승만이 미군정의 2인자 러치 소장에게 보낸 이 전보는 하지 사령관에 대한 정면도전 통보였다. 이와 같은 도전은 그가 워싱턴 방문을 통해 미국에서 날로 커지고 있는 공산주의에 대한 적대감과 경계심을 확인하면서 크게 고무된 것으로 보인다. 이승만과 워싱턴 정계, 종교계, 언론계 보수인사들과 맺어진 유대관계는 단순한 교류를 넘어 반 공보수연대를 형성한 것이다.

1947년 1월 14일, 이승만의 정치고문 프레스턴 굿펠로우(Preston M. Goodfellow)는 하지 사령관에게 전보를 보냈다.

수신: 하지 사령관, 서울 미 24군단

이승만은 그가 폭동을 지시했다는 것은 공산주의자들이 지어낸 악선전이며 전혀 사실이 아니라고 말했습니다. 이승만은 즉각 귀 국해 그 같은 참혹스런 행위를 종식시킬 것입니다. 이승만은 스틸 만 로이 하워드 등 정계 최고지도자들과 좋은 만남을 가졌으며 이는 사령관과 한국에게 도움이 될 것입니다. 사령관이 이승만의 한국 귀국길을 막았다는 소문은 사실입니까? 이승만은 사령관이 보낸 전보를 무시하고 한국에서 발표될 성명을 이미 보냈습니다.

굿펠로우

굿펠로우가 언급한 폭동은 이승만이 좌우합작 반대와 남한단독정

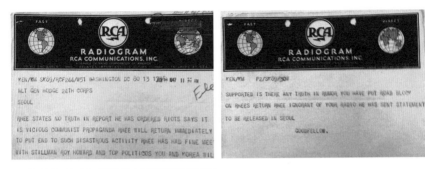
굿펠로우가 이승만을 대신해 하지 사령관에게 보낸 전보.

부 수립을 요구하는 대규모 민중봉기를 1월 14일에서 18일 사이에 일으키고, 김구 역시 3·1절을 계기로 대규모 시위와 함께 정권인수운동을 전개한다는 계획들을 말한다. 이승만은 워싱턴 방문을 통해 남한단독정부 수립에 더욱 자신감을 얻고 미군정의 좌우합작 노력을 흔들었다. 하지 사령관의 미군정은 동요하기 시작했다. 이승만과 김구가 반탁과 남한단독정부 수립을 위한 대규모 저항운동을 예고하면서 하지 사령관의 통치 능력에 대한 비판이 고조되었기 때문이다.

이승만을 지지하는 극우보수세력은 주한미군정을 포위할 수 있을 만큼 강력하고 조직적이었으며 맥아더 장군이 이끄는 미 극동군총사령부 역시 여기에 가담하고 있었다. 1947년 1월, 번스 주한미군정 고문은 곤경에 처한 주한미군정의 좌우합작 운동에 힘을 실어주기 위해 맥아더 장군이 한국을 방문하여 이를 지원하는 내용의 연설을 해줄 것을 맥아더 측에 요청했다. 그러나 맥아더의 대다수 참모들은 멈칫거림 없이 싸늘한 반응을 보였다.

1947년 1월 23일, 번스 주한미군정 고문은 애치슨 미 극동군최고사령부 외교국장에게 보낸 서한에서 "길 한가운데를 걷는 중도 정책을 계속 유지하는 것이야말로 미국의 국익을 위하고 또 한국인들을 위하는 단 하나의 건강한 정책임에도 불구하고, 맥아더사령부 참모들과의 대화에서 아주 부정적인 인상을 받았으며 그 같은 인상이 너무 강했다"고 털어놓았다. 미 국무성 직업외교관이었던 애치슨 국장은 그때까지만 해도 미 국무성의 지지를 받고 있었기 때문에 주한미군정의 좌우합작 노력에 대해 비교적 우호적 입장을 가졌던 것으로 보인다.

| 4 |

좌우합작 노력의 지도자,
여운형의 암살
: 1947년 1월 20일

1947년 1월 20일 아침, 하지 사령관은 관저를 방문한 여운형과 만났다. 그는 여운형의 발언을 간단하게 정리했을 뿐 자신의 발언은 거의 기록하지 않았다. 다만 여운형의 신변 안전에 대한 우려를 공유하고 안전을 위한 조치를 지시하겠다고 말했다. 그의 말에는 여운형의 신변에 위험이 닥치고 있다는 사실에 대해 진심으로 우려하는 마음이 담겨 있었다. "당신의 발언 내용을 추적할 겸"이라는 단서를 달았기에 더욱 그러하다. 하지가 추진하는 좌우합작 노력에서 여운형의 역할과 위치는 대체 불가능했다.

기록을 위한 비망록

여운형이 1947년 1월 20일 아침 나의 관저로 방문했다. 다음은 대화에서 나온 내용이다.

김구는 오는 3월 1일, 정권 장악을 시도할 것이다. 그는 몇몇 저명한 좌익인사들에게 그의 내각에 참여할 것을 제의하는 등 내각을 구성하고 있다.

박헌영은 북한 공산주의자들의 지원을 받는 가운데 새로운 봉기를 계획하고 있다. 지난번 시도는 실패한 바 있는데 만회할 수 있기를 바라고 있다.

여운형과 김규식은 최근 북한에 대한 격렬한 비방

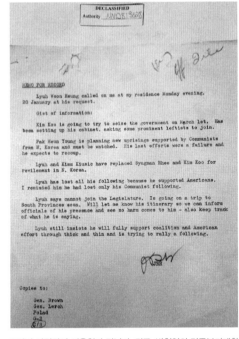

▌하지 사령관이 여운형과 만났다. 김구, 박헌영의 민중봉기계획과 여운형의 신변 위협에 관한 대화가 오갔다.

과 관련해 이승만과 김구를 (합작 논의) 대상에서 제외했다.

여운형은 미국을 지지함으로써 그의 추종자들을 모두 잃었다고 말했다. 그래서 나는 그가 다만 공산주의자인 지지자들을 잃었을 뿐이라고 일러주었다.

여운형은 과도입법회의에 참여할 수 없다고 말했다. 그는 곧 남부지방으로 여행갈 예정이라고 말했다. 그래서 나는 그의 여행 일정을 알려달라고 했다. 그러면 관계자들에게 그가 있는 곳을 파악해 (신변에) 위해가 없도록 할 것이며 어떤 발언을 할 것인지도 계속 관심을 갖고 지켜볼 것이라고 말했다.

여운형 자신은 지금도 좌우합작을 위한 미국의 노력을 전적으로 지지한다고 했으며 크든 작든 지지자들을 단결시키는 데 노력할 것이라고 말했다.

존 R. 하지

미 군부와 미국 정계 그리고 재야 우파 인사들의 방해와 못마땅한 시선을 무릅쓰고 진행된 미군정의 '김규식-여운형을 축으로 한 좌우합작 노력'은 그해 7월 여운형의 암살로 동력을 잃고 만다. 해방 이후 한국 정치와 사회 전 분야에 걸쳐 배후 압력요인으로 작용하던 극우단체와 극좌단체들이 정치 전면에 나섰다. 특히 극우단체들은 좌우합작을 둘러싼 정치적 각축에 직접 개입하여 중도파에 대한 협박과 신변 위협을 노골화하기 시작했다.

여운형의 암살에 따른 한국 정치 지형의 변화는 미 CIG 등의 한국 실태 보고에서 뚜렷하게 엿볼 수 있다. 1947년 1월 3일 CIA의 전신인 CIG(Central Intelligence Group)는 트루만 대통령에게 제출한 〈한국의 실태 보고서〉에서 하지 사령관이 추진하는 온건우파와 온건좌파로 이루어진 좌우합작위원회 구성이 순조롭게 진행될 것 같다고 보고했다.

하지 사령관은 미국 점령지역인 남한에서 온건우파와 온건좌파의 정당 간 합작을 구축하고 과도입법회의를 구성하도록 노력해왔습니다. 그렇게 되면 남한은 모스크바삼상회의 결정에 따라 실행해야 하는 자치정부 수립의 기반을 갖추게 됩니다. 한국 국민의 다수는 현실을 보다 확실하게 깨닫게 되었습니다. 좌우합작은 지난

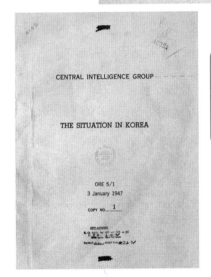

Political Situation. The US intends to educate the Koreans, not to indoctrinate them. The Military Government has accordingly permitted the Koreans to criticize its program at every stage of development, and to campaign incessantly for a prompt termination of the occupation. There is no doubt but that the majority of Koreans desire the immediate withdrawal of both US and Soviet troops. Foreign control is unpopular in both the US and the Soviet Zones. The moderates of both right and left in South Korea will nevertheless support the US Military Government as the alternative to Soviet domination. General Hodge has endeavored to enlist the cooperation of these moderates in forming a coalition of parties and in establishing a provisional legislature in the US Zone. South Korea would thus gain a measure of self-government pending the execution of the Moscow Decision. The majority is prepared to support the US interim program, which has now advanced to the point of realization. The unification of the right and the left was announced early in October, and elections have been held to the provisional legislature which was convoked during December.

CENTRAL INTELLIGENCE GROUP

THE SITUATION IN KOREA

ORE 5/1

3 January 1947

COPY NO. 1

■ CIG 정세 보고는 좌우합작의 성사 가능성이 있다고 전망했다. 그러나 여운형의 암살과 함께 중도온건세력의 약화로 무산되고 말았다.

해 10월 초 발표되었으며 지난 12월 과도입법의원 구성을 위한 선거가 치러졌습니다.

그러나 7개월 뒤 정세는 크게 달라졌다. 여운형 피살 직후인 1947년 8월 1일, 미 국무성 동아시아국 정보분석실이 작성한 〈일본과 한국의

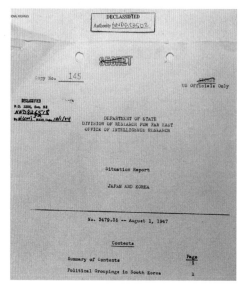

실태 보고서〉라는 제목의 비밀 문서는 한국 정치의 집단화 현상이 가속화되고 있으며 중도 온건세력의 약화가 심화될 것이라고 전망했다.

남한에서 현재 활동하고 있는 3개의 정치집단 가운데 극우세력들은 아직도 가장 많은 국민적 지지를 받고 있으며 좌익들도 차츰 영향력을 확대하고 있는데 온건세력들은 상대적으로 약세에 처해 있습니다. 좌익들

1947년 8월 미 국무성 극동지역 첩보분석실은 한국의 온건중도파들이 대중적 지지를 잃고 있어 미국의 지원이 없는 한 입지를 상실할 것이라고 전망했다.

은 남북한 과도정부를 수립하려는 미소공동위원회의 시도에 대해 북은 물론 남쪽도 좌익의 지배 하에 들어갈 수 있다는 기대를 갖고 지지를 하고 있습니다. 반대로 우익은 공동위원회의 노력을 극력 방해하고 있습니다. 한편 온건중도파들은 남북한에 걸쳐 민주 체제를 구축해야 한다는 미국의 제안이 성공해야 가장 실익이 있습니다. 그러나 미국의 탄탄한 지원이 없으면 남한에서 극우파와 극좌파들에 맞서 경쟁할 수 있을 가망이 없고, 심지어 집단 정체성을 유지할 가능성도 확신할 수 없습니다.

1947년 10월 13일, 하지 사령관이 미 전쟁성 민사국장에게 전달한

〈한국의 정치 세력 집단〉이라는 제목의 비밀 보고에 따르면 중도온건파의 약화가 계속되고 있다고 했다.

> 중도합작파들의 위상에 미세한 변화가 있었습니다. 추진력도 부족하고 비록 대중적 인기는 적으나 중도파 그룹들의 강력한 합작을 위해 노력하고 있습니다. 그러나 역시 조직의 취약성 때문에 큰 어려움을 겪고 있습니다. 커다란 현안이 대두되면 이들은 원래의 세력으로 되돌아갈 것이며 그럴 경우 우익이 가장 큰 득을 볼 것입니다.

그러나 좌익이든 우익이든 안정적이라고 볼 수 없으며 이 나라의 장래에 대한 국제적 결정에 크게 의존할 것이라고 진단했다.

> 국제적인 결정이 있을 경우 폭발적인 상황이 전개되어 엄청난 유혈 사태와 인명 피해를 초래하는 '마녀사냥'이 벌어질 것입니다. 좌익과 우익 어느 편에서든 이를 주도할 수 있으나 미군 철수가 진행되면 우익이 먼저 주도권을 잡을 것이며 좌익이 즉각 뒤따를 것입니다.

미국과 미군정은 1947년 7월 여운형 암살을 계기로 미군 철수 이후 '공산주의자를 배제한 가운데 온건중도세력에 의한 남한 내 좌우합작 정부의 수립'은 그 가능성이 없다는 쪽으로 급격하게 기울고 있었다.

| 5 |

극우정치세력을 견제한 미군정
: 1947년 1월 23일

번스 주한미군정 고문이 1947년 1월, 맥아더 사령관의 정치고문이
자 연합군 최고사령부 외교국장인 조지 애치슨에게 보낸 편지를 보
면, 좌우합작 노력을 지탱해보려는 안간힘이 엿보인다. 이 편지는 번
스 고문의 이름으로 작성되었으나 하지 사령관도 사전에 검토한 후
초안에 서명을 남겼다. 이 편지에서 번스 고문은 극우세력이 권력을
잡으면 심각한 내전이 일어날 것이 명백하다고 경고했다.

발신: 미 국무성 주한미군사령관 고문관실, 1947년 1월 23일
수신: 연합군 최고사령부 외교국 조지 애치슨 대사
존경하는 대사님, 한국이 직면한 문제와 관련해 대사님과 가졌
던 두 차례에 걸친 대화와 관련해 말씀드리고자 합니다. 워싱턴에
가시는 대사께서는 한국 문제에 대한 입장을 간단하게 정리해서
가시는 것이 좋을 것 같습니다. 하지 사령관이 추진 중인 진취적

인 정책은 이제 워싱턴의 강력한 지지와 뒷받침이 긴요합니다. 현재의 정책은 좌우합작위원회와 김규식 박사가 의장인 남조선과도입법회의를 지지하는 것입니다. 민주당 인사들과 손잡은 극우인사들인 이승만 박사와 김구 씨는 매우 강력한 정치적 추진 시스템을 갖추고 있으며 반탁 입장을 취함으로써 국민적 인기도 많이

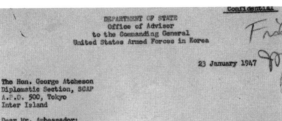

▌좌우합작 노력을 포기하고 극우세력에게 권력이 넘어가면 내전이 발발할 것이라고 미군정 번스 정치고문은 경고했다.

얻고 있습니다. 동시에 이 집단은 일본인에게 아부해 일제 하에서 공직을 맡아 비난을 받는 지주들인 부자들의 전폭적인 지지를 받고 있습니다. 이 집단은 좌우합작위원회의 토지무상 분배계획과 쌀 수매 분배계획에 반대하고 있으며 한국 관련 모스크바회의 결정에도 반대하고 있습니다.

번스 고문은 좌우합작이 쉽지는 않지만 극우집단에게 정치 권력이 쥐어지면 한국은 내전에 휘말릴 것이라고 경고했다.

만일 이들 집단에게 정치 권력이 주어진다면 이는 한국을 최악의 내전에 빠지게 할 단초가 되는 것입니다. 또 이 나라의 통일에 관한 미국-소련 양국의 합의를 어렵게 하거나 불가능하게 만들 것입니다. 이와 같은 이유 때문에 '길 한가운데를 걷는 중도 정책을 계속 유지하는 것'이 미국의 국익을 위하고 또 한국인들을 위하는 단 하나의 건강한 정책입니다. 이 정책의 추진은 쉽지 않을 것이며 성공하리라는 보장도 없습니다. 그러나 다른 대안으로 극우세력들에게 권력을 준다면 그 위험성은 너무 큽니다. 따라서 이를 유효한 대안으로 고려해서는 안 됩니다.

번스 고문은 하지 사령관이 외부의 지원 없이도 현재의 중도 정책을 추진할 수 있을지, 또 계속 추진할 것인지 확신할 수 없는 상황이 되었다고 말했다. 또 이 중도 정책을 포기하면 심각한 부정적 영향이 초래될 것으로 염려된다고 경고했다.

대사께서 워싱턴을 방문하시면 이 문제가 분명 거론될 것입니다. 그때 대사께서 영향력을 구사해 다음과 같은 방향으로 진행할 수 있게 되기를 기원합니다.

1. 한국의 중도 정책에 대한 미 국무성의 지지.
2. 미소공동위원회 재개를 위한 정부 수준의 직접 협상 또는 '신탁통치'라는 어휘를 사용하지 않는 남한–북한 간 새 협정 체결을 성사시키는 것.
3. 한국에 꼭 필요한 수입 물품 구매로 인한 재정 적자를 메워주는 강력한 지원.

랭던 고문 역시 앞에 언급한 내용에 전적으로 의견을 함께하고 있으며 대사께 인사 말씀을 전해달라는 부탁이 있었습니다. 워싱턴에서 귀임하시면 한국을 방문할 시간을 내주시기 바랍니다.
에드워즈 씨에게 안부 전해주십시오. 저는 도쿄에서 대화를 나눌 때 에드워즈 씨가 정중하게 대해 주신 데 대해 항상 감사하고 있습니다.
건승을 기원합니다.

아더 C. 번스

애치슨은 국무성의 직업외교관이었다. 연합군 최고사령부의 맥아더 사령관의 정치고문으로 활동했고 연합군 최고사령부 외교국장에 취임해 대사급으로 승진했다. 그는 대일징벌론 등 대일강경입장으로

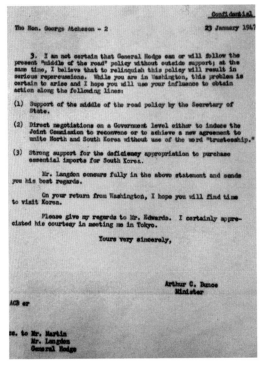

▌번스 고문은 미군정이 좌우합작 노력을 계속하기 위한 국무성의 지지 그리고 미국–소련 양국 정부 간 교섭을 통해 신탁통치라는 용어를 사용하지 않는 남북 통합에 관한 합의 도출을 건의했다.

일관했다. 1947년 8월, 그는 탑승한 폭격기의 추락으로 사망했다. 그의 사망을 계기로 친일본인사인 윌리엄 시볼트 대사가 후임을 맡고 일본에도 마샬 계획이 적용되면서 대일온건정책이 시작되었다. 하지 사령관과 번스 고문은 국무성의 직업외교관인 애치슨 대사가 워싱턴의 국무성과 전쟁성, 맥아더 사령관을 설득해 좌우합작 노력을 계속 추진할 수 있게 되기를 기대했었다. 그러나 1947년 7월 여운형의 암살에 이어 그해 8월 애치슨의 사망으로 마지막 희망도 물거품이 되었다.

| 6 |

미군정의 가솔린 배급 심사
: 1947년 3월 10일

1947년 3월 10일, 미소공동위원회 미국 측 대표부 정보부장인 존 웨컬링(John Weckerling) 준장은 '남한 정치인들에 대한 가솔린 제공'에 대해 미국 측 대표인 앨버트 브라운(Albert E. Brown) 소장에게 보고서를 제출했다.

당장 이 시간에 김구와 이승만 혹은 다른 저명한 정치인들에게 가솔린 특별배급을 중단하는 것은 바람직하지 않습니다. 그러나 이에 관한 문제는 가까운 시일에 다시 검토되어야 할 것입니다.

보고서에 거론된 내용으로 미루어 미군정은 한국인 저명인사, 특히 영향력 있는 정치인들에게 자동차 휘발유를 특별배급했고 또 무료로 제공해왔던 것으로 판단된다. 그러나 신탁통치 반대운동이 격렬하게 전개되면서 미소공동위원회 미국 측 대표부는 물론 미군정 내 고위층

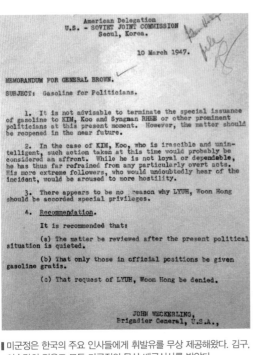

American Delegation
U.S. - SOVIET JOINT COMMISSION
Seoul, Korea.

10 March 1947.

MEMORANDUM FOR GENERAL BROWN.

SUBJECT: Gasoline for Politicians.

1. It is not advisable to terminate the special issuance of gasoline to KIM, Koo and Syngman RHEE or other prominent politicians at this present moment. However, the matter should be reopened in the near future.

2. In the case of KIM, Koo, who is irascible and unintelligent, such action taken at this time would probably be considered an affront. While he is not loyal or dependable, he has thus far refrained from any particularly overt acts. His more extreme followers, who would undoubtedly hear of the incident, would be aroused to more hostility.

3. There appears to be no reason why LYUH, Woon Hong should be accorded special privileges.

4. Recommendation.

It is recommended that:

(a) The matter be reviewed after the present political situation is quieted.

(b) That only those in official positions be given gasoline gratis.

(c) That request of LYUH, Woon Hong be denied.

JOHN WECKERLING,
Brigadier General, U.S.A.,

▌미군정은 한국의 주요 인사들에게 휘발유를 무상 제공해왔다. 김구, 이승만의 경우도 모두 미군정의 무상 배급심사를 받았다.

들은 극도의 불쾌감을 곳곳에서 표출했다. 심지어 가솔린 제공 중단까지 도마에 올랐다. 특히 김구 주석에 대한 반감은 컸다.

김구의 경우 성미도 급하고 우둔해서 이 시기에 가솔린 특별배급 중단조치를 취하면 대단한 모욕을 당한 것으로 받아들일 것입니다. 그는 성실하지도 않고 신뢰 역시 가지도 않지만 공공연한 (미군정) 비난 행동은 자

제해왔습니다.

그러나 웨컬링 준장은 이렇게 덧붙였다.

여운홍(LYUH, Woon Hong)에게 가솔린 배급의 특권을 그대로 적용할 이유는 없을 것입니다.

웨컬링 준장이 가솔린 배급을 거부한 'LYUH, Woon Hong'은 여운형의 동생인 여운홍을 말한 것으로 판단된다. 그러나 'LYUH, Woon

Hyung'의 오타로 여운형을 대상으로 거부했을 가능성도 있다. 여운형은 1946년 10월, 미군정이 추진하는 좌우합작위원회에 참여했으나 미온적 입장을 보이다가 그 후 남조선과도입법의원 불참 선언으로 미군정과 매우 불편한 관계가 되었다. 그리고 가솔린 배급 중단 논란이 불거진 지 불과 1개월 뒤인 4월에 1차 권총 저격을 받았으나 위기를 모면했다. 그러나 다시 3개월 후인 1947년 7월 19일에 암살되고 말았다.

웨컬링 준장은 가솔린 배급 중단문제는 정치 상황이 안정된 후 다시 검토하고, 가솔린 배급 혜택은 공적인 지위에 있는 인물로 한정할 것이며 여운홍의 요청은 거부하겠다는 안을 미소공동위원회 미국 측 대표에게 제출했고 브라운 소장은 이를 승인했다. 이 비망록에는 하지 사령관의 공식 서류 파일에 보관하라는 메모가 적혀 있었다. 하지 사령관도 이 비망록을 검토했고 간접 승인한 것으로 보아야 할 것이다. 웨컬링 준장은 거듭 김구 주석에 대해 당장 가솔린 특별 배급을 중단하면 큰 반발이 예상된다고 말했다.

김구 그 자신보다 더 극단적인 추종자들이 배급 중단 사실을 알면 더욱 적대적인 행동으로 거세게 반발할 것이 뻔합니다.

| 7 |

미군정, 이승만을 선택하다
: 1947년 3월 20일

　미군정 군정장관 러치 소장은 1947년 3월 20일 미소공동위원회 미국 측 대표인 브라운 소장에게 비망록을 전달했다. 비망록에는 김성수, 장덕수 두 사람과 면담한 내용이 들어있었고 향후 미군정이 한국 대통령을 지명하는 것과 관련해 검토해야 할 중요 사항이라는 단서와 함께 자신의 의견서도 포함시켰다.

　본관은 지난 3월 18일 화요일 오전과 오후 두 차례 김성수와 장덕수의 요청으로 그들을 만났습니다. 그들이 나를 방문한 목적은 선거 관련법이 제정되기 전에 국가수반은 꼭 의회에서 선출해야 한다는 것을 설득하기 위함이었습니다. 그들은 총선거가 실시되면 좌익이 승리할 것 같아 크게 걱정된다고 말했습니다. 그들은 내가 의심할 여지 없이 그들의 제안에 당연히 동의할 것으로 믿고 나에게 경종을 울리려는 것이었습니다.

HEADQUARTERS
UNITED STATES ARMY MILITARY GOVERNMENT IN KOREA
OFFICE OF THE MILITARY GOVERNOR
Seoul, Korea

20 March 1947

MEMORANDUM FOR: General Brown, Hq XXIV Corps

1. This has further reference to the matter of the appointment of a Korean president. On Tuesday, March 18, I had two conferences, one in the morning and one in the afternoon with Kim Song Soo and Chang Duk Soo at their request. The purpose of their coming to see me was to attempt to convince me that a Chief of State should be selected by the Legislature before any general franchise law is enacted. They expressed the fear that any general election would result in a Leftist victory. That was undoubtedly an attempt to alarm me so that I would agree to their proposition. They were quite frank in their statements that they believed that an election in the Legislature would result in Syngman Rhee becoming president. In spite of the fact that there are recent rumors of a threat of assassination of Kim Song Soo by the Kim Koo crowd, Kim Song Soo suggested that Kim Koo might well have second place. I think there has never been any doubt as to the principal objective of the Democratic Party. That objective is to get the Korean Government headed by Syngman Rhee and to that end the Party is willing to fit into the present Government and leave future changes and adjustments to due processes of law. Mr. Kim and Mr. Chang were quite anxious to get my attitude on the issue on Sur Sang Il's constitutional draft. They felt that it should have top priority among other legislative matters. It, as you know, provides for the election of a Chief of State by the Legislature. Mr. Kim Song Soo said that after the establishment in office of a Korean president (Syngman Rhee) the people would settle down and then we could proceed with a general election law. I asked him why Mr. Sur Sang Il had not taken steps to insure the preservation of the Commanding General's rights and he said those things are always taken for granted and referred me to the new Japanese constitution in which he said nothing was said about the powers of General MacArthur. He said that all members of the Democratic Party and Syngman Rhee understood thoroughly that General Hodge would have the final veto power and that nothing in the Sur Sang Il constitution was intended to provide otherwise. I suggested to him that if he wanted to get a law which was satisfactory to the Americans, it would be a good idea for his legal draftsman to work with Dr. Pergler. He assured me that that would be done.

▌러치 소장은 김성수 등과 면담한 사실을 자세히 설명하는 비망록을 브라운 소장에게 보냈다. 이 비망록은 이미 대세가 이승만을 수반으로 하는 남한단독정부라며 입장을 함께할 것을 설득하고 있었다.

러치 소장은 그들이 대단히 솔직하게도 의회에서 선거한다면 이승만이 당선될 것이며 김구는 2등을 할 것이라고 말했다고 전했다. 또한 김구의 추종자들이 암살 위협을 가해오고 있다는 소문에도 불구하고 그같이 말하는 김성수의 속셈은 따로 있다고 전했다.

내 생각으로는 (김성수가 이끄는) 민주당의 주요 목표는 전혀 의심할 여지가 없는 것 같습니다. 이승만에게 한국의 행정부를 맡게 하겠다는 것입니다. 이것이 현 정부(미군정)의 입장이라면 민주당은 그 체제에 기꺼이 호응할 것이며 그 이후 변화와 조정은 법 절차에 따라 진행되도록 하겠다는 것 같습니다. 김성수와 장덕수는 (대통령은 입법의회에서 선출하고 그 후 총선거를 실시하는 내용을 담은) 서상일의 헌법 초안에 대한 나의 입장을 알고자 무척 애를 썼습니다. 그들은 다른 입법 사항보다 이것을 가장 중요하게 여기고 있습니다. 김성수가 말하기를 한국 대통령에 이승만이 결정된 후에는 국민들이 평정을 회복하고 선거법을 시행할 수 있다는 것입니다.

러치 소장은 이승만을 따르는 집단은 현재의 미군정 채널을 통해 정부를 수립하고 이에 따라 권력을 차지하려고 온갖 노력을 기울이는 반면, 신익희는 현재의 미군정을 중경임시정부로 완전히 대체하는 헌법 초안을 만들었는데 이는 터무니없다고 단언했다.

일이 서서히 진행되고 있긴 하지만 고려 가능한 세 갈래 대안 가운데 하나는 중경임시정부를 끌어안는 신익희의 프로그램인데 이는 도저히 생각할 수도 없는 것입니다. 두 번째 안은 김성수가 매우 명쾌하게 말했듯이 이승만이 대통령이 되는 민주당의 계획입니다. 세 번째 안은 내가 당신에게 제안하는 것인데 시일이 좀 지난 뒤 하지 사령관에게 설명한 뒤 그의 반응을 기다리는 것입니다.

러치 소장이 말하는 세 번째 안은 하지 주한미군사령관이 검토하고 있는 중도우파 김규식을 새 한국 정부의 수반으로 지명하는 것이었다. 그러나 러치는 이 또한 실현성이 없다며 고개를 가로저었다.

　　내가 생각하기에 김구와 이승만 그리고 김규식 가운데 김규식은 한국인들 대다수에게서 가장 무게감이 적을 것이 거의 확실합니다. 한국인뿐만 아니라 일반적으로 그렇긴 합니다만, 이성에 의한 판단이 아니라 한국인들은 감정에서 감정으로 뛰어넘으며 판단하고 있습니다. 때문에 한국인 대다수를 움직일 수 있는 사람들은 김구와 이승만일 것입니다.

이어 굳이 김규식을 내세우려 한다면 시기가 촉박하다고 강조했다.

　　제3안, 김규식 안을 추진하려면 우리가 지명한 자를 지금까지 해왔던 것보다 더 철저하게 선전하는 프로그램을 시행에 옮기는 등 그를 일으켜 세우는 작업을 일찌감치 서둘러야 합니다. 또 그 작업은 서상일 법안이 통과되거나 올여름 언젠가 총선이 실시될 때까지 기다려서는 안 됩니다.

러치 소장은 모스크바회담이 한국 문제와 관련해 결실을 내는 데 실패한다면 한국 국민들의 반발 등으로 어려운 시기를 맞게 될 것이며 따라서 즉각 상황을 주도할 수 있는 계획을 갖고 있어야 한다고 강조했다.

그 계획은 6월 30일까지 총선거법이 마련되고 8월 15일 총선거가 실시되어 지명으로 맡은 공직자들의 자리를 선출된 공직자들로 채우는 것입니다.

러치 소장이 제시한 계획과 일정대로라면 이승만과 김구에게 뒤진 김규식의 지지도를 끌어올릴 수 있는 기간은 3개월 남짓이다. 이 기간에 이승만과 김구와 대등한 수준으로 지지도를 끌어올리는 것은 불가능하다는 것이 러치의 판단이다. 러치는 중도우파인 김규식에 대한 지원을 포기하지 않고 있는 하지에 대해 간접적으로 압박을 가하고 있었다. 러치는 하지의 입장을 따르고 있는 브라운에게 현실적인 대안인 이승만을 택하도록 압박과 설득을 가하고 있는 것이다.

우리가 지금 당장 이 계획에 착수하지 않으면 우리 계획 대신에 현 입법의회가 준비한 1안을 따를 수밖에 없게 됩니다. 그렇다면 그 해결책은 이승만입니다.

미군정에 날아든 전국 행정 단위 청원서

1946년 가을부터 이승만을 대한민국의 최고 지도자로 옹립하자는 청원서가 전국의 도와 군, 면 단위로 미군정에 몰려왔다. 거의 동일한 내용의 연판장이었다. 청원서들은 현재의 정치, 경제, 민생 문제들을 하루속히 해결하는 방안은 영도자 이승만 박사가 이끄는 한국 정부를 수립하는 것이라는 내용을 모범 문안처럼 공통으로 담고 있었다.

이 청원서들은 뒤늦게 1947년 4월부터 동시에 번역되었다. 주한미군사령부 정보처 언어문서분석과는 첫 청원서가 접수된 지 7개월 뒤 문제의 심각성을 깨닫고 청원서들을 뒤늦게 영문으로 번역해 보고했다. 문건에는 청원인 대표를 비롯한 청원인 전원의 이름과 주소가 빠짐없이 명기되어 있었다. 1947년 1월은 워싱턴 방문에서 돌아온 이승만이 신탁통치 반대와 남한단독정부 수립을 요구하며 하지 주한미군사령관과 정면으로 대립하기 시작하고 이승만과 김구가 3월 1일을 전후한 민중봉기를 계획했던 시기와 겹친다.

다음은 1946년 9월 경상북도 영덕군 영덕면과 영해면 주민 1,027명이 제출한 연판장이다. 이듬해 4월 뒤늦게 다른 청원서와 함께 전문이 영어로 번역되었고 미군정 최고위층에 보고되었다.

주한미군사령부 정보처 언어문서과

번역 일자: 1947년 4월 15일

원본 출처 및 분류: 하지 장군에게 보내는 청원

1946년 9월 15일 경상북도 김훈채 외 1,026인 청원서 전문 번역

우리는 사령관께서 한국인의 최고 영도자인 이승만 박사로 하여금 한국 정부를 수립하게 하시어 한국의 정치, 경제, 산업, 문화, 교육 그리고 민생에 이르기까지 모든 문제들을 하루속히 해결하기를 희망합니다. 이에 청원합니다.

경상북도 영덕군 대표 일동(장재홍(농업, 영덕면 남산동 25), 문상만 (상업, 남석동 160), 윤양소(정미업, 남석동 135), 안봉석(인쇄업, 덕곡동 162), 윤양하(양조업, 남석동 8) 외)

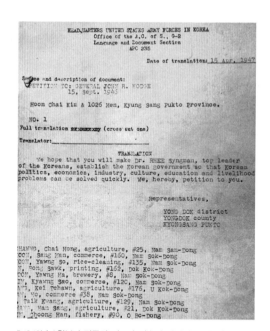

HEADQUARTERS UNITED STATES ARMY FORCES IN KOREA
Office of the A.C. of S., G-2
Language and Document Section
APC 235

Date of translation: 15 Apr. 1947

Source and description of document:
PETITION TO: GENERAL JOHN R. HODGE
15, Sept. 1945

Hoon Chai Kim & 1026 Men, Kyung Sang Pukto Province.

NO. 1
Full translation xxxxxxxxxx (cross out one)

Translator:_____

TRANSLATION
We hope that you will make Dr. RHEE Syngman, top leader
of the Koreans, establish the Korean government so that Korean
politics, economics, industry, culture, education and livelihood
problems can be solved quickly. We, hereby, petition to you.

Representatives,
YONG DOK district
YONGDOK county
KYONGSANG PUKTO

HAWNG, Chai Hong, agriculture, #25, Nam San-Dong
OOH, Sang Man, commerce, #160, Nam Sok-Dong
OOH, Yawng So, rice-cleaning, #135, Nam Sok-Dong
N, Tong Sawk, printing, #162, Dok Kok-Dong
CON, Yawng Ha, brewery, #8, Nam Sok-Dong
IY, Kyawng Sao, commerce, #12C, Nam Sok-Dong
AHI, Kei Tchawn, agriculture, #176, U Kok-Dong
IY, Yo, commerce #38, Nam Sok-Dong
, Taik Kwang, agriculture, #129, Nam Sok-Dong
AWI, Han Sang, agriculture, #21, Dok Kok-Dong
IY, Choong Han, fishery, #90, O Bo-Dong

▌ 1946년 9월부터 민족의 지도자 이승만 박사에게 정권을 넘겨야
국난을 극복할 수 있다는 청원이 쏟아졌다.

다음은 경기도 주민 320명이 제출한 청원서 내용이다.

우리는 사령관께서 우리의 최고 영도자인 이승만 박사로 하여금 정부를 수립하도록 하시어 시급한 정치, 경제, 민생 문제를 해결하기를 희망합니다. 이는 경기도민 모두의 뜻입니다. 320명의 서명과 함께 청원을 합니다.

제주도에서도 박경훈 외 205명이 제출한 청원서 역시 권력 이양을 요구하고 있다.

우리는 이승만 박사를 무조건 지지하며 전심 전력을 다해 이 박사에게 협력한다는 확고한 결의에 차 있습니다. 우리는 이승만 박사가 중심이 되는 정부가 수립되기를 희망하며 모든 정치 권력이 한국인에게 이양되도록 할 것을 요구합니다. 그렇게 하면 정치, 경제, 문화 등 모든 분야에 걸친 혼란들이 수습될 것이며 국민들은 현재의 고난에서 벗어날 것입니다.

홍순양(제주도 제주읍 이도리 1356), 임기봉(제주도 제주읍 삼도리),

박경훈(제주도 제주읍 삼도리) 외

그리고 1947년 1월에 제출된 경상남도 주민 450명이 낸 청원서는
보다 강한 어조를 담고 있다.

> 저희들은 먼저 약소민족을 위해 싸워오신 사령관 각하께 최고
> 의 존경과 예의를 다해 인사를 드립니다. 모든 한국인들은 각하
> 의 영도에 의해 완전한 독립국가를 수립할 것으로 확신합니다. 제
> 발 각하께서 이승만 박사가 한국에 돌아올 수 있도록 모든 도움
> 을 주시기 바랍니다. 이승만 박사 없이는 어느 누구도 경제 등 어
> 떠한 중요한 문제도 해결할 수 없으며 우리 백성과 나라가 고난을
> 이겨내고 진정한 독립을 이루어낼 수도 없습니다.

경남 김해 주민들이 낸 청원서의 내용으로 판단하면, 1946년 12월
방미 중인 이승만 대통령이 자신의 의사에 반해 미군정의 공작으로
미국에 억류되어 있다는 풍문이 널리 유포되었음을 알 수 있다.

> 우리는 이승만 박사의 행동은 한국인들의 의지를 그대로 나타내
> 고 있다고 확신하는 바입니다. 이 박사는 우리 민족이 번영할 것
> 인가 아닌가, 우리나라가 영원할 것인가 아닌가에 관한 열쇠를 쥐
> 고 있습니다. 따라서 저희들은 이 나라에 자주적이고 민주적인
> 한국이라는 국가를 건설할 수 있도록 이 박사가 한국에 꼭 돌아
> 와야 한다는 의견입니다. 각하의 건강을 기원하며 아울러 새해

인사를 드립니다.

1947년 1월, 이하 청원인 성명과 주소, 서명입니다.

하리(김해군 김해읍 구산정), 여기열(김해군 김해읍 외동리), 송세한 (김해군 진례면 송정리) 외

전라북도의 박화진 등 34인이 제출한 청원서 역시 하지 사령관에 대한 압박의 정도가 높았다.

수신: 존 하지 사령관

발신: 박화진 외 전라북도 주민 33인

우리들은 이승만 박사에게 정치 권력을 이양할 것을 귀하에게 요청합니다. 이 박사는 현재의 정치 혼란을 바로 잡고 도탄에 빠진 국민들을 구원할 수 있습니다. 서명과 날인을 함께 해서 청원을 하는 바입니다. 청원인은 다음과 같습니다.

한이석(37세, 전북 옥구군 대야면 지경리 699), 오석철(42세, 전북 옥구군 송산면 전덕리 406), 김용상(38세, 전북 군산시 강호정 22-1), 박화진(43세, 전북 전주시 완산정 525-23) 외

1946년 9월 12일, 강원도 주민 서상준 등 465명이 제출한 청원서는 소속 단체를 밝히지 않은 다른 지역과 달리 유일하게 대한독립촉성국민회 단체원이라고 명기하고 있었다.

강원도 독립촉성국민회가
1946년 9월 12일 제출함.
하지 사령관에게 장재서
와 강원도민 464명.

〈청원 내용〉
우리는 이 박사가 즉각 정
부를 수립해 정치, 경제
특히 민생 문제 등 한국
의 난제들을 해결하기를
희망합니다.

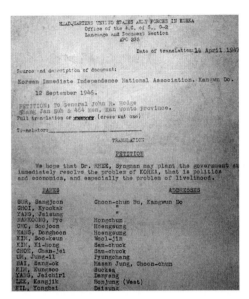

▌이 청원서는 유일하게 독립촉성국민회 강원도 지부에서 낸 것
임을 밝히고 있다.

〈청원인〉
서상준(강원도 춘천부) 최규각(강원도 춘천부), 양재성(강원도 춘천
부), 남궁표(강원도 홍천군) 외

　독립촉성국민회는 1946년 2월 8일 남한 지역에서 결성된 우익정치
단체다. 이승만 계열의 우익단체와 김구가 주도하는 우익단체가 신탁
통치 반대운동을 계기로 통합한 조직이었으나 점차 이승만의 조직으
로 바뀌었다.

| 8 |

강원용의 보고서와 경찰 개혁
: 1947년 4월 14일

　미군정 고위층에 〈전라북도의 현장 실태에 관한 보고서〉가 제출되었다. 보고서의 작성자는 수십 년 후 한국 기독교계의 원로가 된 청년 강원용이다. 보고서는 그가 목사가 되기 2년 전인 1947년 4월, 기독교청년연합회 간사로 활동하던 때에 작성되었다.

　이 현장 실태 보고서는 이를 기초로 작성된 분석 보고서와 함께 하지 주한미군사령관에게 4월 17일 긴급 보고되었으며 다시 미소공동위원회 미국 측 대표인 브라운 소장, 미군정장관 러치 소장, 주한미군사령부 정보처장 헬믹 준장, 미군정 정보부장 웨컬링 준장, 버치 중위, 안재홍 민정장관 등에게 회람되었다. 미군정 실세들을 망라한 셈이다. 한국인 청년이 작성한 현장 실태 보고가 미군정 최고위층에게 전달되었고 큰 반향을 일으킨 것이다.

　강원용은 보고서에서 먼저 여론 실태를 정리했다.

REPORT ON THE ACTUAL CONDITIONS OF THE
NORTH CHOLLA PROVINCE

Public Opinion:

It has been widely propagandized that America has fund-
amentally changed her foreign policy, that a separate government
will be established in South Korea within a month thanks to Dr.
Rhee's successful diplomacy, and that this government will part-
icipate in the United Nations so as to be able to control even
North Korea in future. At the same time, the Coalition Committee
has been propagandized by the right wing parties as a reaction-
ary, treacherous group.

A. Iri District

The newly appointed Mayor of Iri, Kim Byoung-soo, who is
the adviser of the Han Kook Democratic Party and Secretary
General of the Iksan County Branch of Dr. Rhee's G. H. Q., em-
phasized in his speech at the mass meeting for the March First
Celebration, that people should not be cheated by Kimm Kiu-sic
and his men who claimed that the anti-trusteeship movement should
be staged after establishing the provisional government, and that
no lecture should be allowed to the youth in this district by
Keng who is Kimm's follower. It is said even the police are
under the new mayor's control. The following is an actual case
of violence committed by the police:

A christian called Bak, who is an officer of the Y. M. C. A.
Federation of Iksan County and church member, took off a poster
from the wall in a dark night and read what was written on it.
There he found "Absolute Anti-Trusteeship". As soon as he took
the poster off, a score of young men began to strike him. He
was surrounded by them and was beaten nearly to death. When he
was taken to the police station by them, the police in charge,
who had been a detective under the Japanese regime, detained
this heavily wounded man at the police station and let the others
go. Upon hearing this news, not only the pastor and elders of
of the church, but also Mr. Yang Yoon-mook, Chairman of the

▌ 강원용의 현장 실태 보고서. 좌우합작을 추진하던 미군정 수뇌부에 큰 충격을 주었다.

미국이 이미 대외정책을 근본적으로 전환해 다음달 미군정과 별
도의 정부가 남한에 수립됩니다. 그런데 이는 이승만 박사의 성공
적인 외교 활동의 덕택이며, 앞으로 새 정부는 유엔에 가입해 향
후 북한까지도 통제 아래 두게 된다는 허위 선전이 광범위하게 유
포되고 있습니다. 이와 함께 좌우합작위원회는 우익정당들로부터
반동반역 집단으로 허위 선전되고 있습니다.

강원용은 이어 전북 이리 지역에서 발생한 우익과 우익의 충돌을 보

고했다. 이승만 박사 계열의 우익단체가 김규식의 중도우파 인사에게 잔혹한 린치를 가한 사건이었다.

> 이승만 박사를 추종하는 이리시장은 과도정부의 추이를 지켜본 뒤 반탁운동을 전개해도 늦지 않다는 김규식의 주장은 속임수이며 절대 속지 말라고 대중연설을 했습니다. 또 자신의 영향 아래에 있는 경찰서장을 사주해 김규식을 따르는 인사들이 주최하는 강연회를 불허해 무산시켰습니다. 또 행사를 추진하던 기독교청년연합회 익산군지회의 어떤 간부는 담벼락에 붙어있던 '반탁수호'라고 쓰인 포스터를 떼어낸 순간 10여 명의 청년들로부터 죽도록 뭇매를 맞았습니다.

그럼에도 불구하고 현지 경찰은 가해자들을 모두 풀어주고 오히려 피해자를 경찰에 억류하고 있다고 강원용은 전했다.

> 교회 원로들이 그 피해자는 반탁을 주장하는 인물이며 오해로 인한 불상사라고 설명해도 여태껏 중상을 입은 상태로 연금되어 있습니다. 심지어 한민당 측 간부는 김규식 추종자의 영향을 받은 자라면 더 가두고 철저하게 수사할 필요가 있다고 말했습니다.

강원용은 경찰과 극우테러조직이 결탁되어 있다고 보고했다.

김제와 부안, 고창 지역에서는 경찰에 의해 통행금지 조치가 엄격하게 시행되고 있음에도 통행금지 시간에 좌익계열의 가택들이 테러공격을 당하고 있습니다. 어떤 우익청년집단들은 경찰의 비호를 받으며 좌익인사들의 집을 파괴하고 있으며 우익이면서 부유한 집도 그들이 요구하는 만큼의 돈을 내놓지 않으면 역시 파괴되었습니다. 결국 부유하든 가난하든, 좌익이든 우익이든 가리지 않고 테러의 표적이 되고 있습니다.

강원용은 끝으로 전주와 정읍 주민들을 면담하고 이들의 정치 성향을 진단하면서 이제 주민들이 맞서 싸울 준비를 하고 있다고 보고했다.

주민들은 공산주의자들의 압박에서 자유롭게 되었지만 이제는 우익정당들의 탄압 아래 내던져졌습니다. 이들 주민들은 현 상황과 조건 아래서 한국인들이 택해야 할 유일한 길은 김규식 박사와 여운형이 제시한 정치적 노선이라고 믿습니다. 또 경찰이 폭력을 쓰며 간섭하지 않으면 모든 정당 세력들은 이렇게 하나의 전선으로 합쳐지게 될 것으로 보고 있습니다. 그러나 경찰 개혁은 현 상태로는 실현될 수 없고 더 이상 묵과할 수도 없다고 주민들은 판단하고 있습니다. 이에 따라 오는 4월 20일까지 단일화된 투쟁 전선을 조직할 것이라고 합니다. 또 김규식 박사도 적극 나서 참여와 지원을 해줄 것을 현지 주민들은 바라고 있습니다.

강원용의 〈전라북도의 현장 실태 보고〉는 미군정 내부에 큰 반향을 불러일으켰다. 특히 극우세력들이 좌익뿐만 아니라 중도우익인사들

MEMORANDUM

At this time of your return for resumption of direct
control of policy in Korea, I am taking the opportunity to
set out my thoughts on over-all situation and policy gov-
erning the immediate future.

I believe that we have made some progress in the two
related tasks of educating the people in democratic processes
and of building a sound and constructive middle group. A
great deal more work remains to be done immediately. On a
number of specific points, I shall welcome an opportunity for
prompt consultation with you.

I. In the field of Koreanization of the structure of
government, it seems likely that the Legislature will pass a
measure which can be integrated into our plan, with possible
slight alterations. The Legislature will recognize the neces-
sity of continuing governmental supervision of rice collection,
and will give full cooperation in the effort to curb inflation
and to restore production.

II. Fundamental problems in the laying of democratic found-
ations still remain to be considered. These are related to the
two problems presented by the election law and the law defining
pro-Japanese collaborationists.

(a) If we are to succeed in establishing here a sound
frame-work of government that will cooperate with American
policy and will work effectively for Korean independence, it
is necessary that this entire problem be given careful consider-
ation. Some method must be found to cleanse the government of
the partisan and frequently corrupt officials who control, at
least, all its lower levels. This is fundamental, and it is a
part of the task undertaken by the United States and stated in
the Moscow Decision, which you have labored to have us accept.

To proceed with immediate general elections for a new
governing body before this preliminary work is done would be
to misunderstand the fundamental nature of the problem and to
substitute the surface aspect of democracy for the reality.

In the present state of affairs, there is no reasonable
prospect for free and honest elections in Korea. The work of
reform and inculcation must be given precedence before the work
of building.

This is not to say that I disapprove of the plan to enact
an electoral statute. This should be done promptly, but it
should be done upon a plan of staggering elections from the

▌로버트 키니는 보고서에서 총선거에 앞서 극우단체와 경찰이 결탁한 광범위한 테러
행위를 근절할 것을 하지 사령관에게 강력하게 건의했다.

에게도 가혹한 테러를 일삼고 있으며 더군다나 경찰의 비호까지 받고
있다는 사실에 충격을 받은 것으로 보인다. 미군정 정치고문 로버트
키니(Robert Kinney)는 강원용의 현장 보고를 토대로 정책 보고서를
작성했다. 1947년 4월 14일의 보고서는 첫머리부터 사안의 시급성을
전하고 있다.

귀국하신 후 다시 한국 정책을 직접 다루게 되는 시점에 전반적인 시국과 시급하게 시행해야 할 정책에 관해 제 생각을 말씀드리고자 합니다.

그리고 몇 가지 사안에 관해서는 즉시 말씀드릴 수 있기를 바란다고 강조했다.

키니 정치고문은 보고서에서 "미국과 협력하는 정부이면서 또 한국 독립에 효과적으로 작용할 수 있는 정부의 틀을 성공적으로 갖추기 위한 핵심 조건은 패를 가르고 부패를 저지르는 관리들을 청소하는 일"이라고 강조했다. 특히 경찰 개혁이 시급하다고 역설했다. 이와 같은 가장 기본적인 작업을 마무리 짓지 못하면 한국에서 자유롭고 공정한 선거가 치러질 가능성은 없다고 단언했다.

미군정 경무부의 개혁이 가장 시급합니다. 경찰은 파업을 저지한다는 명목으로 정치적으로든 사적으로든 반대편에 있는 자들을 모조리 잡아들이고 있습니다. 그들에게 보복을 가하는 기회로 삼고 있습니다. 경찰 개혁은 우리가 즉각 해야 할 과제 가운데 최우선 과제입니다. 경찰은 언제 어디서나 중립적이어야 합니다. 함께 제출된 현장 실태 보고서를 참고하시기 바랍니다(첨부한 현장 보고서를 보십시오).

키니 정치고문은, "남한을 끔찍한 상황에 빠뜨리지 않고 미군정을 참담한 실패로 끝나지 않게 하기 위한 절대적이며 필수적인 두 개의

(b) A reform in the Police Department is urgently and immediately necessary. Under the pretense of breaking the general strike, the police have arrested wholesale and have seized the opportunity for vengeance on their personal and political opponents. Police reform must of necessity be given the highest priority in our immediate work. It is absolutely requisite that the police play a neutral part always and everywhere. (See Exhibit 1 attached herewith)

▌경찰 개혁 없이는 자유롭고 공정한 선거는 불가능하다고 역설했다.

과제"를 결론으로 제시했다. 첫째, 최소한 악명 높은 몇몇 경찰인사들은 경질할 것을 거듭 건의했다. 둘째, 보다 적절한 시기로 총선거를 미룰 것을 건의했다.

경찰이 정치에 개입해 선호하는 한 편을 지원하고 다른 편을 가

262 미국 비밀문서로 읽는 한국 현대사 1945~1950

해한다면 민주주의의 이상을 현실로 만들 수 없습니다. 우리는 한국 경찰들이 목전에서 벌어지는 테러를 못 본 척하고, 실제 테러를 저지르지 않고 있다며 테러단체들을 묵인하고 있는 사례들을 얼마든지 들 수 있습니다. 이런 상황에서는 사회 불안과 미군정에 대한 불신을 초래할 뿐만 아니라 좌우합작위원회의 계획도 실현될 수 없습니다.

현재까지 한국 경제는 친일파들이 좌지우지하고 있습니다. 친일파 처리에 관한 법이 법제화되어 시행되지 않는 한 조국을 위해 헌신할 애국적인 한국인은 없을 것입니다. 또다시 말씀드리지만 경찰 개혁이 이루어진 후에야 공정한 선거를 치를 수 있습니다.

그러나 강원용과 키니의 노력은 결실을 맺지 못했다. 미국은 한국에서 철수하기로 방향을 급선회하고 있었다.

| 9 |

워싱턴의 결정, 한국 철수 계획
: 1947년 7월 2일

　　1947년 7월 2일 워싱턴에 출장 중인 러치 소장은 하지 사령관에게
조지 마샬(George C. Marshall Jr.) 미국 국무장관과 장시간 대화를 가
졌다고 보고했다. 일부 대화는 존 힐더링(John H. Hildering) 미 국무성
차관보도 함께했는데 한국 통치 업무를 전쟁성에서 국무성으로 이관
하는 문제에 대해 거론했다고 밝혔다. 그러나 정작 마샬 국무장관은
일반적인 검토 수준에 머물 뿐 이 문제에 대해 깊이 생각하지 않은 것
으로 보인다고 보고했다. 러치 소장은 한국에서의 미군 철수 결정이
임박했다는 낌새를 알아챈 것으로 보인다. 그리고 전쟁성 차관보와
가진 대화 내용을 전했다.

　　전쟁성의 핵심 고위층 대부분이 그렇듯이 오늘 아침에 만난 노체
　　전쟁성 차관보 역시 한국에는 아무런 관심도 보이지 않았습니다.
　　노체 장군은 후버 자문역의 조언을 인용하면서 미국은 단 두 군

2 July 1947

Lieutenant General John R. Hodge
Commanding General, USAFEC
Seoul, Korea
APO 235, Unit 1
c/o Postmaster, San Francisco
California

Dear General Hodge:

Yesterday afternoon, I had a long talk with General Marshall, during a portion of which time Hilldring was present. Both of them assured me that the Grant-in-Aid Bill would be introduced today or tomorrow and that I would probably be needed Monday or Tuesday of next week when the hearings on the Bill begin. General Marshall felt rather confident that the Bill would pass in the House, but was rather worried about the Senate. He felt as I do, that it would be better to push the Bill as hard as it can be pushed, rather than to let it drop. The Korean people would, at least, know that we were fighting for them.

With reference to the take over by the State Department, I found that General Marshall had not been doing a great deal of thinking on it. He knew about it in a general way, but had to ask Hilldring what the latest information was. About all that Hilldring had was that he had consulted some twenty top people in the United States and finally decided on one who, in his opinion, would probably accept. That one had not been satisfactory to Dean Acheson, but now that Dean Acheson is going, he felt that the new man in Acheson's place would be agreeable. Once again I emphasized the importance of a definite statement to stop rumors and emphasized the importance of getting a man over there to look into the details of taking over.

This morning I saw General Noce for the first time. He has been away and just returned. As is true all over the War Department on top side, I found very little enthusiasm for anything in Korea. He quoted Mr. Hoover as saying there are just two things we should look out for: one was Germany and the other was Japan. He seemed to feel that we were spreading ourselves so thin that we could not accomplish a program of rehabilitation all over the world. I told him perhaps he was right and, if so, it was unfair to the troops in Korea and Austria to

▌미국은 독일과 일본을 우선 지원하고 오스트리아와 한국은 지원 축소로 선회하기로 했다. 한정된 재원을 넓고 얇게 쓰면 미국의 정책이 성공 못 한다는 의견이 지배적이었다. 한국에 대해서는 모두들 별다른 관심이 없다고 러치 소장은 보고했다.

데 지역의 문제, 하나는 독일 그리고 다른 하나는 일본에 대해서만 관심을 쏟아야 한다고 말했습니다. 노체 장군은 우리가 전 세계의 재건을 위해 재원을 넓고 얇게 깔아버린다면 결코 성공할 수 없다고 생각하는 것 같았습니다. 그래서 본관은 그 같은 주장이 옳을지는 모르겠지만 미국의 권리를 지키기 위해 군화끈을 졸라매고 한국과 오스트리아에 주둔 중인 미군 병력에게는 불공정하다고 말했습니다.

또 노체 차관보가 말하기를 "이승만이 독립만 되면 한국은 더 이상 식량 원조를 받지 않아도 될 것이라고 말했다"고 러치 소장은 전했다.

노체 차관보는 이승만이 정부를 한국인에게 이양하면 한국인들은 스스로 자급자족할 수 있다는 식으로 말했으며, 따라서 미국이 한국에 보낼 식량을 선적할 필요도 없다고 말했습니다. 이에 대해 본관은 이승만은 한국을 대표하고 있지 않으며 자신이 알기로는 그가 그런 말을 했는지조차 알지 못한다고 말했습니다.

러치 소장은 전쟁성이 주도하고 국무성이 지원하며 맡아오던 한국 점령 업무를 국무성이 전담할 경우 3,000명이 넘는 인력을 국무성에서 새로 채용하거나 소속 전환을 시키고 이들의 숙식과 교통, 보급 등의 엄청난 일을 떠맡아야 하기에, 이를 워싱턴에서 논의하는 것은 공론에 불과하다는 의견을 밝혔으며 노체 차관보도 이해하는 듯했다고 보고했다. 그뿐만 아니라 7월 7일 하지 사령관에게 보낸 보고에서 마샬 장군이 곧 세계 전반에 걸친 정책안을 발표할 것 같다고 보고하고, 한국에 대해서는 좋지 않은 내용이 들어있을까봐 걱정된다고 말했다.

전쟁성 전체의 입장은 '한국에서 속히 빠져나오자'입니다. 그 같은

ington felt that with the aid included in the War Department budget
for the fiscal year 1949, Korea could get along until other aid was
granted. Hilldring said that General Marshall is working on a state-
ment to be published in the very near future and that I would get a
chance to look at it before it was released. The whole thing is going
to sound pretty lame, I am afraid, but I don't see what can be done
about it right now. We will be all right for a little while if Congress
passes the War Department Appropriation Act and does not cut it down
too much. So far as I have been able to determine, no action has been
taken on it yet.

I cannot get much help out of the War Department because no one
in the War Department is interested in it. The whole attitude in the
War Department is, "Let's get out of Korea." I find this reflected
most strongly in Noce's attitude, a little less strongly but quite
firmly in the Secretary's attitude, and thirdly, in the rather nonoha-
lant attitude of the Assistant Secretary. I found General Marshall's
attitude to be a very serious one, but without question tied in with
his larger thinking, which is, of course, as it should be. Hilldring
is the only one who has any enthusiasm for Korea and he is shortly to
leave. His successor has not yet reported, but Hilldring says that
he will see that he is indoctrinated before he takes over.

I discussed with Hilldring the State Department take-over, and
he does not seem to be any further along with it than he was several
days ago. I have not been able to get him to tell me who the man is
going to be. I don't think that he knows. I think the best chances
are Wayne Taylor, former Assistant Secretary of the Treasury and former
Assistant Secretary of Commerce. He is 54 years of age and a Yale
graduate. He was former president of the Export Import Bank.

This is a matter of putting two and two together and is not at
all official and would probably start a bad rumor if it got out.

There is inclosed a copy of a memorandum which I prepared for
Mr. Fahey, Chief of the Planning Branch, CAD. The memorandum was based
on a SWNCC study on the subject, "Treatment of Korean Workers Organiza-
tions." I understand a copy of the SWNCC memorandum was sent to you.
Mr. Fahey asked my comments on it, and after reading the study which
I understand was prepared in the State Department, it was my opinion
that the writer was either a Communist or had been exposed at length
to Communist propaganda, and I have so stated in my memorandum. Mr.
Fahey said that you would have a copy of the proposed directive sent
to you for comment, but he doubted whether you would have a copy of the
study. I think that you will have both as we usually got both the
study and the proposed directive in the past with reference to other
matters.

I cannot get much help out of the War Department because no one
in the War Department is interested in it. The whole attitude in the
War Department is, "Let's get out of Korea." I find this reflected
most strongly in Noce's attitude, a little less strongly but quite
firmly in the Secretary's attitude, and thirdly, in the rather nonoha-
lant attitude of the Assistant Secretary. I found General Marshall's
attitude to be a very serious one, but without question tied in with
his larger thinking, which is, of course, as it should be. Hilldring
is the only one who has any enthusiasm for Korea and he is shortly to
leave. His successor has not yet reported, but Hilldring says that
he will see that he is indoctrinated before he takes over.

▌전쟁성은 한국에서 하루빨리 빠져나오자는 분위기가 지배적이라고 러치 소장이 보고했다.

분위기가 노체 장군의 태도에서 강하게 엿보이며 전쟁성 장관 역시 그와 다르지 않게 확고한 태도였습니다. 국무장관인 마셜 장군의 입장도 대단히 우려스럽습니다만, 그는 물론 더 큰 구도에서 판단할 것입니다.

미군정장관 러치 소장은 1947년 7월 7일, 하지 사령관에게 보고하면서 미 국무성이 전쟁성을 배제하고 한국 통치 업무를 전담하는 문제는 아직도 오리무중이라고 밝혔다.

아직도 '그렇다, 아니다' 알 길이 없습니다. 국무성 관리들은 자신들이 한국을 떠맡겠다고 고집하면서도 누가 그 일을 맡을지 거론조차 않고 있습니다. 국무성이 한국을 떠맡는 일은 성사되지 않을 것 같습니다.

그때 미국 정부는 마셜 국무장관의 주도로 전후 세계에 대한 구상을 검토하고 있었다. 마셜의 구상은 공산주의의 팽창 기도에 맞서기 위해 일본과 독일의 재건을 적극 돕는다는 것이었다. 마셜은 1947년 6월 독일을 비롯한 유럽경제 지원계획, 이른바 마셜플랜을 발표한 데 이어 1947년 11월 일본이 빠른 시일 안에 경제 회복을 이룰 수 있는 경제부흥계획을 수립하겠다고 발표했다. 결국 유럽의 마셜플랜을 일본에도 새롭게 확대 적용하기로 한 것이다. 그 계획에 따른 후속 작업의 하나로 주한미군의 철수도 결정된 것으로 보인다.

1947년 7월 18일, 맥아더사령부에서 미 합참의장에게 보낸 비밀 전문은 하지 사령관이 보낸 전문을 그대로 전달한 것이었다. 이 전문에서 하지 사령관은 지금까지 애써 진행해온 미소공동위원회가 실패할 것으로 보이며, 그 원인은 소련이 한국을 유럽의 소련 위성국가들보다 더 밀착된 위성국가로 만들기 위해 미소공동위원회를 악용하고 있기 때문에 남북합작 역시 불가능하다는 결론을 내렸다고 밝히고 있다.

우리는 1년여 동안 소련을 달래고 모스크바합의가 이행되도록 노력하는 방향으로 남한을 이끄는 데 시간을 소비했습니다. 본관은 워싱턴 방문 중 모스크바합의가 한국의 독립 문제를 해결하지 못할 경우 어떻게 할 것인지에 대해 많은 논의를 했었습니다. 미소공동위원회가 현안 문제 협상에 실패한다면 모스크바합의도 파기해야 하는 것은 의문의 여지가 없습니다. 협상은 끝났고 미국은 이를 선언해야 합니다.

| 10 |

주한미군사령관이 불신한 이승만
: 1947년 7월 5일

1947년 7월 5일 하지 사령관은 이승만에 대한 극도의 불쾌감을 표출했다. 미 국무성의 존 힐더링 차관보에게 보내는 하지 사령관의 서한 초안이 마련되자 하지는 초안 곳곳을 연필로 긋고 고쳤다. 이승만과 그의 고문 올리버 박사 앞에 붙은 박사(Dr.) 호칭도 빠짐없이 '~씨(Mr.)'로 바꾸었다. 하지 사령관이 연필로 그은 부분마다 이승만 박사에 대한 극도의 거부감이 고스란히 노출되어 있었다. 미군정의 제이콥스(J. E. Jacobs) 고문이 작성한 서신 초안은 다음과 같다.

> 본인은 귀하와 올리버 박사 간에 있던 대화 비망록과 함께 7월 4일자 서신을 받았습니다. 귀하는 그 같은 상황에서 이(승만) 씨(Dr.를 Mr.로 수정)의 요청을 처리하는 데 면담을 허용하는 것이 최선이었다고 생각하는 것 같습니다만, 귀하 정도의 직책에서는 그들 같은 부류의 면담 요청을 거절했어야 했다는 것이 본인의

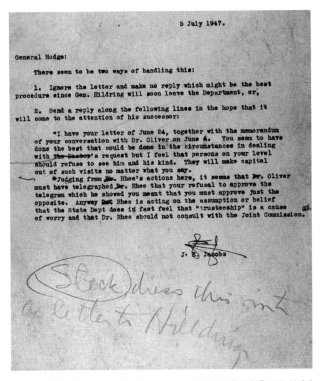

5 July 1947.

General Hodge:

There seem to be two ways of handling this:

1. Ignore the letter and make no reply which might be the best procedure since Gen. Hildring will soon leave the Department, or,

2. Send a reply along the following lines in the hope that it will come to the attention of his successor:

"I have your letter of June 24, together with the memorandum of your conversation with Dr. Oliver on June 4. You seem to have done the best that could be done in the circumstances in dealing with ~~the Doctor~~'s request but I feel that persons on your level should refuse to see him and his kind. They will make capital out of such visits no matter what you say.

Judging from ~~Dr.~~ Rhee's actions here, it seems that ~~Dr.~~ Oliver must have telegraphed ~~Dr.~~ Rhee that your refusal to approve the telegram which he showed you meant that you must approve just the opposite. Anyway ~~Dr.~~ Rhee is acting on the assumption or belief that the State Dept does in fact feel that "trusteeship" is a cause of worry and that Dr. Rhee should not consult with the Joint Commission.

J. E. Jacobs

■ 하지 사령관이 곳곳을 손질한 편지 초안. 이승만 박사에 대한 존칭을 모두 삭제해 그에 대한 불쾌감을 그대로 노출했다.

판단입니다. 그들은 귀하가 아무 말을 안 했더라도 이번 방문에서 아마도 큰 밑천을 챙겼을 겁니다.

이곳에서 이 씨(Dr.를 Mr.로 수정)가 하는 행동으로 미루어 판단한다면, 올리버 씨(Dr. 삭제)는 귀하가 그들이 제시한 전보 문안의 발송을 승인하지 않고 거절했음에도 이를 정반대로 해석해 귀하가 바로 승인했다는 취지로 내용을 뒤바꿔 이 씨(Dr.를 Mr.로 수정)에게 전보를 보냈을 것입니다. 어쨌든 이 씨(Dr.를 Mr.로 수정)는 미 국무성이 사실상 '신탁통치'를 걱정거리로 여기고 있고, 이 박사는 좌우합작위원회와 논의해서는 안 된다고 여길 것이라는 추정 또는 확신 아래 움직이고 있습니다.

하지 사령관은 이승만 박사와 그의 고문인 올리버 박사 등이 힐더링 미 국무부 차관보와의 면담 사실을 통해, 미국 정부도 남북합작 노력은 이미 성사 불능임을 인정하고 내심 포기했다고 한국에서 여론몰이를 할 가능성을 우려하며 크게 불쾌감을 나타낸 것이다. 힐더링 차관보는 차관보직을 맡기 직전 육군 소장에서 전역했다. 하지 사령관의 군 후배인 셈이다.

문서의 하단에는 하지의 연필 메모가 적혀 있었다.

스틱 소령(하지의 공보비서), 이 편지를 포장만 해서 힐더링 차관보에게 보내시오.

| 11 |

무시당한 프란체스카 여사
: 1947년 8월 21일

백악관은 1947년 7월 12일, 한국과 중국 현지의 실태 조사를 위해 웨드마이어 중장을 특사로 파견한다고 발표했다. 이 방문은 두 나라에 대한 미국의 정책을 결정하기 앞서 '사태를 전면적으로 감정'하는 6주간에 걸친 현장 확인 조사 활동으로 5명의 전문가들이 수행한다고 밝혔다. 웨드마이어 중장은 마샬플랜 주창자이자 군 전략가인 마샬 미국 국무장관의 핵심 참모였다. 따라서 그의 보고서가 미군정 이후 한국의 앞날, 가깝게는 한국의 정치 지형에 큰 영향을 미칠 것은 충분히 예견되었던 일이었다.

그즈음 하지 주한미군사령관의 문서함에는 프란체스카 여사가 사령관 공보비서 스텍(E. E. Steck) 소령에게 보낸 편지 한 장이 보관되어 있었다. 편지의 우측 상단에 하지 사령관이 남긴 "보관할 것"이라는 단서가 연필로 적혀 있는 것이 흥미롭다.

서울, 한국 1947년 8월 21일

친애하는 스텍 소령님,

이승만 박사께서는 방한하는 웨드마이어 장군을 그가 도착하는
공항에서 만나기를 바라고 있습니다. 그가 도착하는 시간을 알려
주면 대단히 고맙겠습니다. 전화 연결이 어려워 편지를 씁니다.
건승을 빕니다.

Mrs. Syngman Lee

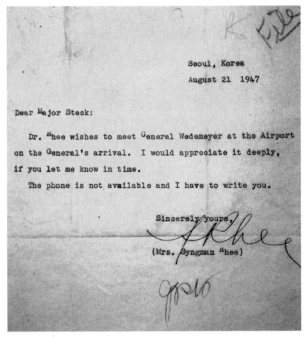

■ 프란체스카 여사가 하지 사령관의 공보담당 스텍 소령에게 보낸 편지. 이 편지 상
단에 '보관할 것'이라는 하지 장군의 연필 메모가 있다.

스텍 소령은 편지를 받는 즉시 답신을 작성했다. 정중하지만 단호한 거부 의사를 담았다.

주한미군사령부 한국, 서울
1947년 8월 21일
존경하는 이 여사님,
웨드마이어 장군께서는 공항에서 환영 행사 같은 것은 일체 없도록 하라고 요청하셨습니다. 또한 이번 방문은 아주 비공식적으로 진행해야 한다고 지시하셨습니다. 여기에 보태서 말씀드리는데 우리는 그의 도착 시간을 알지 못하고 있습니다. 도착 시간을 공표하지 말라는 그분의 지시도 있었습니다. 따라서 이승만 박사께서 그분의 도착 시간에 맞추어 공항에 도착할 수 있도록 제가 알려드릴 방도가 없을 것 같습니다.
안녕히 계십시오.

E. E. 스텍

웨드마이어 중장은 9월 3일 한국 방문 일정을 마치면서 하지 사령관에게 서한을 보냈다.

그동안 저에게 주어진 임무를 수행하며, 사실을 찾는 작업을 일관되게 효과적으로 도와주신 귀 사령관과 휘하 구성원에게 감사를 드립니다. 저희들은 한국 출장에 앞서 이미 미국에서 상당량의 자료를 읽었고 브리핑도 많이 받았습니다. 현지에서 취득한 정

```
                    HEADQUARTERS
         UNITED STATES ARMY FORCES IN KOREA
                   Seoul, Korea

                                      21 August 1947



Mrs. Syngman Rhee
Seoul, Korea

Dear Mrs. Rhee:

     General Wedemeyer has requested that there be no fanfare
at the airport, and that the meeting be very informal.  In
addition, we do not know the time of his arrival and according
to his request it will not be announced.  Therefore, I do not
see how it will be possible to let you know in time for
Dr. Rhee to get to the airport.

                                 Very truly yours,



                                 E. B. STECK
                                 Major   ADC
```

❚ 스텍 소령은 즉시 답장을 보냈다. 정중하면서도 단호하게 프란체스카 여사의 도움 요청을 거부했다.

보와 직접적인 관측을 통한 1차 자료 그리고 주한미군정에서 제출한 구술 및 서면 자료들은 보고서 작성의 기초가 될 것입니다. 앞으로 제 지시에 따라 결론을 도출하는 작업이 진행될 것이며 권고안을 작성해 대통령께 제출할 것입니다.

한국에 있는 미국 병사들의 모습과 사기 그리고 행동거지는 제가 방문했던 다른 곳과 비교하면 훨씬 바람직했습니다. 유별난 세계의 한 부분에서 임무를 수행한다는 어려운 환경까지 고려한다면 귀하와 주한미군정, 24군단의 참모와 장교 여러분에게 더욱 점수를 두둑하게 주어야 할 것으로 확신합니다.

조사단을 대표하여 건강과 행복, 성공을 기원하는 바입니다.

마샬 국무장관의 최측근인 웨드마이어 중장은 이 조사 활동을 토대로 이른바 웨드마이어 보고서를 작성해 트루만 대통령에게 제출했다. 보고서에서 웨드마이어는 중국에 대해서 중국 공산군이 유격전을 매우 효과적으로 전개하고 있어 국민당 정부군은 주도권을 빼앗기고 있다고 판단, 국민당 정부는 조속히 정치적·사회적 개혁을 보다 철저하게 진행해야 할 것이라고 지적했다.

한국 역시 중국과 같이 개혁 부진으로 혼란에 빠져 있으나 스스로의 힘으로는 극복하기 어렵다고 진단했다. 특히 남한–북한 간 군사력의 차이가 크게 벌어져 있기 때문에 더욱 강력한 원조가 절실하다고 건의했다. 그러나 한국의 전략적 가치는 기존의 미국 입장보다 더욱 축소 평가해 미군 철수의 단서를 제공했을 가능성도 있다.

4장

1947년 7월 20일 워싱턴에 출장 중이던 러치 소장은 미 행정부가 남한단독정부 수립과 미군 철수를 결정한 것 같다고 하지 사령관에게 보고했다. 왜 철수를 결정했는가? 이에 대해 러치 소장은 다음과 같이 답했다.

"군사적 관점에서 본다면 한국은 미국의 골칫거리입니다. 무역과 통상과 관련해서 앞으로 오래고 오랜 기간이 지나도 미국이 한국인들에게 혜택을 요구하며 사정할 일은 없을 것입니다."

러치의 이와 같은 발언은 그 당시 한국에 대한 워싱턴의 생각을 여과 없이 표현한 것 같다. 미국이 한국에 대해 갖는 가치는 소련의 팽창을 저지하는 울타리로서의 기능이었다. 한국은 경제력이 너무 미미하여 먼 훗날까지도 시장으로서의 가치는 기대할 수 없을 것이라는 절망적 판단

주한미군 철수와
국군 창설

이었다. 워싱턴은 한국이 소련의 손에 넘어갈 가능성도 예측했으나 우
려는 하지 않았다.

"심지어 소련이 한국을 넘겨받는다고 해도 그들은 현재보다 훨씬
더 큰 짐을 떠안게 되는 것입니다. 한국인들은 민주자결의 희망을
주지 않는 한 어느 누구와도 협조하지 않을 것입니다."

분명한 것은 한국은 미국의 원조 없이는 결코 살아남을 수 없는 나라
이고, 이를 지탱하기 위한 비용은 큰 반면 전략적 가치는 적은 나라라고
인식했다는 사실이다. 미국은 비용과 실익을 저울질하여 한국에서의 철
수를 결정했다. 남한에 좌우합작 과도정부를 구성하려고 애쓸 필요도
없게 되었지만 시도할 수단 또한 사라지게 되었다. 그것은 이승만이 기
다리던 귀결이었다.

| 1 |

민주자결의 희망이 없는 한
협조하지 않는 한국인들
: 1947년 7월 20일

주한미군정 군정장관인 러치 소장은 1947년 7월 워싱턴 출장 중이었다. 출장 목적은 한국 관련 예산 배정에 관해 미 행정부와 의회에 설명하고 협조를 이끌어내기 위해서였다. 그런데 러치 소장은 하지 사령관에게 매우 이례적인 보고를 했다. 시간을 다투는 상황이기 때문에 하지 사령관의 허락을 기다리지 않고 미 국무성과 전쟁성 관계자에게 동시에 보고서를 전달한다는 단서가 붙어 있었다. 미소공동위원회가 실패할 경우 즉각 취할 대응책에 관한 그의 의견이었다.

비밀. 친전
1947년 7월 20일. 워싱턴. 전쟁성 특별참모실.

존경하는 하지 사령관께,
본인은 시간이 매우 중요하다고 믿기 때문에 사령관의 답을 기다리지 않은 채 이 편지 사본을 전쟁성의 노체 장군과 국무성 점령지역 담당 차관보 힐더링 장군에게도 제공할 것입니다. 미소공동위원회가 실패하면 즉각 실시 시기가 명시된 장기 계획을 발표해야 합니다. 이 계획이 성공하려면 애매모호한 약속은 절대 피해야 합니다. 한국인들이 어떻게 하면 주권과 독립을 획득할 수 있는지 명백한 설명이 들어 있어야 합니다.

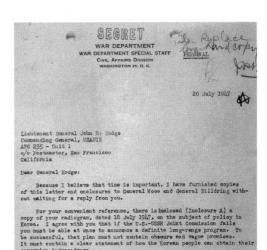

▮ 워싱턴에 출장 중인 러치 소장이 하지 사령관에게 보낸 보고. 미 국무성과 전쟁성은 좌우합작 노력을 포기하고 남한의 단독선거 실시를 결정한 것 같다고 전했다.

보고 내용으로 미루어 하지 사령관에게 남한단독정부 수립에 관한 자신의 계획을 제시하고 충분한 설득을 받아내지 않은 채 출장에 나선 것 같다. 그럼에도 러치 소장은 전쟁성과 국무성의 한국 담당 실무 책임자와 이에 관해 깊이 있는 논의를 진행한 것이다. 그리고 수시로 워싱턴에 체류 중인 이승만의 측근들과 의견 교환도 했던 것 같다. 이

제 러치는 한국에 있는 하지 사령관에게 자신이 작성하고 워싱턴의 국무성, 전쟁성 관계자들과 논의한 뒤 그들을 설득해 도출해낸 남한만의 단독선거 초안을 내민 것이다.

> 사령관께서 전문으로 승인하시면 이 계획이 채택되도록 해당 당국에 제출할 것입니다. 준비된 계획은 신탁통치에 관련된 내용을 포함한 모든 사안을 명백하게 한국인에게 맡기는 것입니다. 그들에게 그들의 행선지를 쓰도록 하는 것입니다. (중략) 사령관께서도 오래 그들과 함께 일하면서 경험한 것이지만 미국인들이 짐을 지고 있는 한 그들은 끝없이 불평을 쏟아낼 것입니다. 그러나 그들의 어깨에 그 책임이 얹혀질 때 불평을 멈출 것이며 심지어 잘 견디어낼 것입니다.

러치 소장은 한국인들이 주권은 찾아가면서도 미국이 그들을 먹여 살리고 또 소련으로부터 보호해줄 것이라고 생각하고 있다고 말했다.

> 이승만은 수십 번도 더 그런 말을 했습니다. 벤 림(임병직)도 어젯밤 또 같은 말을 했습니다. 그런 환상은 말끔히 없애야 합니다. (중략) 이승만의 입을 막는 최선의 방안은 남조선과도입법회의로 하여금 한국인들이 원하는 것을 담은 계획을 그대로 채택하게 하는 것입니다.

그러면서 시간이 급박하다고 강조했다. 미소공동위원회의 파탄이

임박했고 미군정이 주도하는 좌우합작을 주도해야 할 여운형조차 암살된 만큼 남한만의 단독총선거 그리고 단독정부 수립은 불가피한 선택이라고 강조했다.

> 지금 한국이 폭발 임계점에 접근하고 있다는 사령관의 의견에 저도 동의합니다. 지금 제가 이 편지를 쓰는 중에도 여운형이 암살되었다는 충격적인 소식이 서울에서 왔습니다. 이 사건은 끝의 시작점에 와 있음을 보여주는 것일 겁니다. 미소공동위원회가 실패하고 그 사실이 발표되는 바로 그날 폭발이 일어날 것입니다.

미소공동위원회 실패 발표와 동시에 자신이 제시한 새로운 계획을 발표해야만 재앙을 막을 수 있다고 재촉했다.

> 38 이북이든 이남이든 한국인들은 모스크바협정과 신탁통치에 대해 폭력으로 증오하고 있다는 사실에 동의하실 것입니다. 다수의 한국인 공산주의자들도 입으로는 신탁통치를 따르는 듯 말하면서 사실은 돈과 식량, 특혜에 줄을 서고 있는 것입니다. (중략) 남한−북한 인구의 90퍼센트가 모스크바협정이나 신탁통치에 대해 어느 하나라도 받아들이느니 순교자의 죽음을 택하겠다고 합니다.

러치 소장은 다시 한 번 쐐기를 박는다. 현재의 정책을 고수하면 미군정은 한국인들에게 민주주의를 가르치면서 90퍼센트의 한국인들이 원치 않는 일을 해야만 하는 대단히 불리한 처지에 빠지고 군정청의 한국인 공직자들도 등을 돌릴 것이라고 위협했다.

미소공동위원회의 실패와 동시에 새롭고 확고한 정책을 발표하지 않으면 우리와 함께 일하고 있는 한국인들의 지지를 잃을 것입니다. 그렇게 되면 우리는 무기의 힘에 의존하여 엄청난 유혈을 무릅쓰고 버티어야 할 것입니다.

러치 소장은 만일 한국인들이 즉각적인 독립과 완전한 주권을 요구할 경우, 그들의 손에 그만큼의 책임도 동시에 주어진다는 것을 깨닫게 하는 것이 유일한 대책이라고 말했다.

한국인들에게 주권이 주어지면 여기에 상응하는 책임도 그들에게 부과되는 만큼, 자동으로 제공되던 원조, 지원, 군사적 보호는 중단될 것이라는 말을 하면 그들의 움직임은 아주 느려질 것입니다. 그때는 우리를 2년간 괴롭혀온 요구나 시위를 벌일 구실도 사라지게 됩니다.

한국은 미국에 대해 선의를 베풀어달라고 사정하는 것 외에는 아무 것도 요구할 수 없을 것이며 미국이 한국에 아쉬운 부탁을 할 일도 없을 것이라고 단언했다.

군사적 관점에서 본다면 한국은 미국의 골칫거리입니다. 무역과

통상에 관련해서 앞으로 오래고 오랜 시간이 지나도 미국이 한국
인들에게 혜택을 요구하며 사정할 일은 없을 것입니다. 본인은 가
끔 사령관께서 한국인들은 세계에서 가장 이기적인 국민이라고
말씀하시는 것을 들었습니다. 그들은 결코 공산주의로 개종하지

amendments to only two ordinances, but all complaints on that score, at
least against the Americans, have long since stopped.

When the then newly created legislature complained that it was only
a rubber stamp for the Military Governor, you, Helmick, and I deluged it
with requests for legislation on all phases of government. All complaints
regarding the lack of power on the part of the Legislature stopped.

I am convinced that if the Koreans are told that aid, assistance, and
military protection will cease to be supplied automatically when sovereignity
is granted and the responsibility is placed squarely on them, they will move
very slowly, but there will then be no excuse for the demands and demonstra-
tions with which we have been harassed for two years.

If they should decide in favor of immediate sovereignity at the expense
of giving up aid, assistance, and military protection, what have we lost?
Korea has nothing to offer the United States but good will, and we shall
get more of that by giving them what they want than by insisting on giving
them what they don't want.

From a military standpoint, Korea is a liability to the United States.
Commercially, it will have nothing to offer for a long time to come.

I have often heard you say that the Korean people are the most indi-
vidualistic people in the world. They will never become converted to
Communism. Even if the Russians took them over, they would constitute a
bigger burden than the Soviets could conveniently carry at the present time.
Without hope of democratic self-determination, the Korean people will never
cooperate with anybody.

The money which Congress appears to be about to appropriate does not
even meet our minimum needs for the "preventing disease and unrest." The
Grant-in-Aid Program in its augmented form is out of the window. There is
a growing sentiment in the United States that we ought to get out of Korea.
But except for the very doubtful possibility of success of the Joint Com-
mission, there is, at present, no way out.

The proposed plan will not only be received with approval by the Korean
people, but it will relieve the pressure on the occupation forces and pro-
vide a way by which the United States can, someday, be relieved, in an
honorable way, of a costly and unpleasant burden.

August 15th is a "trouble day", being Liberation Day. If this plan
is adopted, it would help if it could be announced as becoming effective
on August 15th.

From a military standpoint, Korea is a liability to the United States.
Commercially, it will have nothing to offer for a long time to come.

I have often heard you say that the Korean people are the most indi-
vidualistic people in the world. They will never become converted to
Communism. Even if the Russians took them over, they would constitute a
bigger burden than the Soviets could conveniently carry at the present time.
Without hope of democratic self-determination, the Korean people will never
cooperate with anybody.

미국은 군사적 관점에서 한국은 미국의 골칫거리이고, 경제적으로도 앞으로 오랜 기간 미국이 별로 얻
을 것이 없는 나라라고 평가했다.

않을 것입니다. 심지어 소련이 한국을 넘겨받는다고 해도 그들은 현재보다 훨씬 더 큰 짐을 떠안게 될 것입니다. 한국인들은 민주 자결의 희망이 없는 한 어느 누구와도 협조하지 않을 것입니다.

러치 소장은 지금 미국에서는 한국에서 철수해야 한다는 정서가 날로 커지고 있고 미소공동위원회의 성공 가능성도 사실상 사라져 현재로서는 마땅한 출구가 없다고 단언했다.

제가 제안한 계획은 한국인들의 동의를 받아낼 수 있을 뿐만 아니라 점령군에게 가해오는 압박을 벗게 하며 돈을 들이고도 짐을 떠맡는 부담도 덜 수 있게 해줍니다. 그 대신 미국이 명예롭게 빠져나오는 길을 제공할 것입니다.

러치 소장은 발표일까지 못 박았다.

오는 8월 15일이 현재로는 '골치 아픈 날'이지만 이제 자유의 날이될 것입니다. 만일 이 계획이 채택되면 바로 그날에 발표하는 것이 보다 효과적일 것입니다.

러치 소장은 숨어 있던 킹메이커였다. 결정적 순간을 포착해 남한만의 단독정부로 물굽이를 돌렸다. 그는 1947년 9월 11일 심장마비로 사망했다.

| 2 |

주한미군의 명예로운 철수 계획
: 1947년 9월 26일

1947년 9월 26일 주한미군사령부는 윌리엄 드레이퍼(William Draper) 미 육군성차관에게 〈한국 문제 요약 보고〉라는 제목의 극비 보고서를 제출했다. 이미 한국에서의 미군 철수를 미국의 정책으로 사실상 확정했음에도 불구하고, 미군정으로 하여금 철수를 요청하는 절차를 밟으면서 아울러 철수 시기와 후속 조치 등 구체적 방법 등에 대한 검토를 한 것으로 보인다.

이 보고서는 미국 정부가 한국에 대해 확고한 정책적 선택을 해야 할 단계에 왔다는 하지 사령관의 견해를 전하고, 미군 철수 여부에 대한 최종 결단을 강력하게 촉구했다. 보고서는 "미국이 가능한 한 명예롭게, 또 가능한 한 조속히 한국에서 미군을 철수시키는 A안과, 아니면 향후 수년간 돈과 인력을 투입하여 정성을 다해 한국의 재건을 이끌어내도록 노력할 태세를 확실히 갖추는 B안, 두 가지의 정치적 선택 가운데 조속히 양자택일을 해야 한다"는 하지 장군의 대안들을 놓고 결정할 때

TOP SECRET   26 September 1947

MEMORANDUM FOR THE UNDER SECRETARY OF THE ARMY

SUBJECT: Summary of Korean Problems.

1. General Hodge emphasized that the United States must make an early
decision between the following political alternatives:

    a. To withdraw United States forces from Korea as soon as possible,
as gracefully as possible, or

    b. To be prepared to make a wholehearted effort in money and
personnel over a period of several years in order to bring about the rehabi-
litation of south Korea.
Tab "A" contains a brief summary of the views of General Hodge and his advisers
regarding these alternatives.

2. General Hodge concurred in the conclusions of a draft P&O study re-
garding the strategic importance of Korea which proposes the establishment
of a substantial south Korean armed forces regardless of which of the above
alternatives is adopted by the US. (See Tab "B").

3. You may wish to discuss briefly with General MacArthur the personnel
problems summarized in Tab "C" and the related dependent housing problem out-
lined in Tab "D".

4. The economic and financial situations in Korea are generally bad.
Tab "E" contains a discussion of the economic problem and the Korean require-
ment for goods from Japan. The south Korean budget has not yet been balanced,
and despite the hopes of General Hodge's financial experts, it is doubtful if
it can be balanced in the foreseeable future. In addition, occupation costs
not figured in the south Korean budget will run approximately ₩400,000,000
monthly and are expected, as a result of inflation and other causes, to ex-
ceed ₩500,000,000 by next Spring. General Hodge is seriously concerned over
the impact of the proposed "pay-as-you-go" policy regarding occupational
costs in Korea. Tab "F" summarized the "pay-as-you-go" policy and General
Hodge's views.

5. One matter of considerable concern is the question of electric power
supply from northern Korea. A brief discussion of this problem is contained
in Tab "G".

                                                  W. H. DUPUY
                                                  Lt. Colonel, GSC
TOP SECRET

■ 미군정이 미 육군성에 제출한 보고서. 즉각 철수와 한국 재건
후 철수 2개안 가운데 선택을 요구하고 있으나 빨리 철수하자
는 안의 선택이 불가피하다는 의견을 제시했다.

가 되었다고 강조했다. 어떠한 정치적 대안을 선택하든 한국의 전략적 중요성에 비추어 한국 국군의 창설은 꼭 필요하다는 데에 의견을 함께했다고 밝히면서, 정치적 대안 선택에 대해 하지 주한미군사령관과 고문관들의 견해가 일치했다고 강조했다. 하지 장군의 정치고문인 조셉 제이콥스(Joseph E. Jocobs)와 경제고문인 번스 박사는 먼저 정치적 대안 선택에 따른 장단점을 제시했다.

대안 A. '조속한 철수'를 선택할 경우, 먼저 미국의 책무를 최선을 다해 마무리 지어야 하며 철수에 따른 정치적 부작용을 최소화하는 단계적인 조치를 즉각 실행해야 합니다.

보고서는 또 대안 A를 택할 경우 한국 문제를 유엔에 맡겨 진행하는 기존 방안이 적절할 것이라고 진단했다. 이어 대안 B를 택할 경우 그에 필요한 경제 지원 규모까지 제시했다.

미국이 대안 B를 택할 경우 한국이 경제를 일으켜 자급할 수 있는 수준까지 끌어올려야 합니다. 이를 위해서는 향후 5년간에 걸쳐 약 20억 달러를 증액해 지원할 각오를 해야 합니다. 그러나 경제 전문가들은 가장 좋은 여건이 조성되고 재건계획이 실행되더라도 해마다 2,000만 달러의 재정 적자가 계속될 수밖에 없을 것으로 예측하고 있습니다.

또 한국은 북한의 수풍수력발전소에서 공급하는 전력에 의존하고 있어 전력 공급에 관한 한 한국 주둔 미군은 소련 측의 협조에 의지할 수밖에 없다고 보고했다. 한국의 전력 자급률은 30퍼센트에 불과해 미국이 한국을 떠맡고 있는 한 소련은 필요할 경우 언제든 한국에 불안을 조성할 수 있다고 밝혔다.

전략적 가치는 작고 비용은 크다

한국이 미국에게 얼마나 전략적인 가치가 있는가에 대해 하지 사령관의 정책 참모들은 미미하다는 판단을 내렸다.

전략적으로 볼 때 한국이 미국에게 중요한 가치가 있는가에 대해서는 부정적입니다. 군사적 관점에서 ① 미국은 가능한 최대의 책무를 완수하고, ② 미국의 우월성에 대한 손상을 최소화하며, ③ 한국에 대한 소련 영향력의 확장을 강력하게 저지할 수 있는 조건에서 미군의 조속한 철수가 이루어져야 할 것입니다.

하지 사령관과 참모들은 그러나 철수하거나 계속 주둔하거나, 어떤 경우에든 한국 국군의 조기 창설은 꼭 필요하다고 강조했다.

한국군 창설과 관련해 하지 사령관의 참모진들은 현재의 국방경비대를 전력 확대의 기본 틀로 활용할 것이며 국군에게 필요한 구성과 조직, 훈련에 관한 계획안을 마련할 것입니다. 이에 대해 극동군총사령부와 전쟁성이 요청할 경우 제출할 준비가 되어 있습니다.

▌ 한국은 미국에게 전략적으로 중요한 곳이 아니므로 몇 가지 여건을 갖춘 뒤 철수해도 좋을 것이라고 미군정 참모들은 판단했다.

보고 뒤 6개월이 지난 1948년 3월 15일, 미 육군성의 계획실행국장인 웨드마이어 중장은 드레이퍼 육군성차관이 미 대통령에게 주한미군 철수에 관한 보고를 할 수 있도록 설명 자료를 작성했다. 웨드마이어 중장은 앞서 1947년 9월 조사단을 이끌고 중국과 한국을 방문해 광범위한 조사 활동을 전개한 바 있다. 비공식자료라는 전제가 붙고 극비 문서로 분류된 이 자료에서 웨드마이어 중장은 미국과 새로 수립될 한국 정부와의 관계 정립에는 세 가지 선택지가 있다고 보았다.

첫째, 미군 철수를 효과적으로 진행하기 위한 연막으로써 유엔 감시라는 틀을 활용하는 것인데, 이것은 사실상 한국 정부를 "내팽개치는 것"이기에 정치적으로는 변명하기 어려운 선택이라고 평가했다. 이어 둘째, 유엔의 주도 아래 한국 정부를 수립하고 그런 가운데 '명예로운 철수'를 하며 '인내심을 갖고 지켜보기'를 하는 정책으로, 이는 기존의 원조와 지원을 계속하면서 새 정부의 재건 노력을 지원하는 한편 미군 철수에도 불구하고 새 정부의 안보를 지키는 수단을 마련해주는 것이라고 설명했다. 셋째, 한국에 대해 새 정부 수립과 함께 정치적·영토적 온전성을 보장하는 일종의 '보호국' 관계의 수립인데 이 정책은 새 정부의 앞날에 대한 직접적인 책임을 지는 것이며 한국이 소련의 지배를 당하지 않게 하는 보증 수단이기도 하다. 웨드마이어 중장은 이는 미국이 한국을 점령하지는 않지만 전쟁 발발 위험을 무릅쓰고 한국의 독립을

▌웨드마이어 장군은 명예로운 철수 후 인내심을 갖고 지켜보기를 한국에 대한 정책대안으로 추천했다.

보장하겠다는 것이라고 설명했다. 이 정책 선택에 따른 경제적 비용은 추산하기 어려우나 향후 3년간 5억 4,000만 달러의 경비를 투입하더라도 경제적으로 자립 가능한 한국이 되지는 않을 것으로 예상된다고 밝혔다.

세 가지 대안 가운데 미국의 선택은 "명예로운 철수 후 인내하며 기다리기"라고 이 자료는 밝혔다. 그런데 이 자료는 '일본으로 하여금 한국에 대해 배상하도록 미국이 결정하고 조정할 것인가'에 대한 물음에 대해 '아니'라고 단정적으로 말하고 있다.

> 한국은 일본으로부터 어떠한 배상도 받아내려 해서는 안 될 것입니다. 한국은 과거 일본 제국의 일부분이었고 일본과 전쟁 상태에 돌입한 바 없기 때문입니다. 한국이 일본으로부터 돈을 받아내고자 한다면 상업 거래에서 연유된 요구를 해야 할 것입니다. 재산에 미친 손실 또는 재산 관련 요구는 정상적인 거래에 기초하여 조정이 이루어져야 할 것입니다.

여기에 더해 미국은 남한만의 단독정부 수립을 앞두고 북한 주둔 소련 측에 의존하며 불안하게 이어오던 한국의 전력 공급에 심각한 위기가 올 것으로 예상했다. 이미 미군정과 소련 측 쌍방의 전력 공급에 관한 협정은 1947년 5월에 종료되었고, 그 후 북한의 남한에 대한 전력 공급은 소련 관계자와 비공식적인 일일 단위의 협의를 통해 가까스로 이어왔다. 이렇듯 북한 측의 전력 공급 중단은 명백하게 예상되었는데도 미국이 마련한 대책은 임시방편에도 미치지 못했다.

미국은 새 한국 정부가 전력 공급에 관한 서면 협정을 맺을 수 있도록 합리적인 지원을 해야 할 것입니다. 그리고 보조적인 방법으로 미 해군이 제공하는 전력을 기대할 수는 있겠으나, 일차적으로 미군의 소요를 먼저 충당하는 데 있으므로 한국 정부에 대한 전력 공급은 보장할 수 없습니다.

정부 수립을 앞두고 석탄 수급 역시 비상이 걸렸다. 지금까지 미군정은 매달 6만 톤의 석탄을 일본의 맥아더사령부로부터 공급받아왔지만 앞으로는 불투명했다. 명령이 아닌 상거래에 의해서만 가능하기 때문이었다.

새로운 주권국가가 수립되는 만큼 미국은 일본이 한국에 석탄을 제공하라고 명령할 권리는 없습니다.

한국은 독립 즉시 경제적 어려움에 처할 것이라고 웨드마이어 보고서는 단정했다.

현재 한국이 필요로 하는 석탄량에 대한 지불 대금은 월 72만 달러이며 일본을 제외한 다른 공급선은 비경제적이어서 고려 대상이 아닙니다. 새 한국 정부는 정부 수립과 동시에 일본 측과 석탄 선적을 위한 교섭을 해야 하는 심각한 상황입니다. 냉정하게 말해 미국의 지속적인 경제 원조는 미흡할 것이며 따라서 수입을 통한 한국의 석탄 수급 전망은 사실상 어둡습니다.

'1949 회계년도 미국점령지역구제기금(GARIOA)과 미 국무성은 미군 철수에 따라 미 의회 승인을 앞두고 있는 재건 계획에 따른 원조 이외에는 더 이상의 미국 정부 원조는 계획된 바 없다'고 웨드마이어 중장은 밝혔다. 그러나 웨드마이어 장군은 이런 단서를 달았다.

（새 한국 정부의 수립과 함께） 한국에서 미국의 이익을 대표할 외교적·군사적 파견단이 구성될 것입니다. 이 대표단은 계속 매사를 감시하면서 이를 토대로 한국 정부에 대한 원조와 지원 규모의 많고 적음에 대해 검토하게 될 겁니다.

주한미군 철수의 또 다른 이유

한국과 한국 국민의 앞날에 매우 큰 영향을 미칠 것이 분명한 〈한국 문제 요약 보고〉라는 극비 문서는 한국인의 눈으로는 뜻밖인 내용도 매우 비중 있게 다루었다. 주한미군 인력의 열악한 근무 여건과 주거 여건이었다.

주한미군의 인력난은 적정한 수준의 일본에 비하면 너무 심각합니다. 38선을 따라 배치되어 경계를 해야 하는 전투 병력과 마찬가지로 각 분야에서 기본적인 복무, 점령에 관한 업무 등을 수행하는 주한미군 병력 개개인에게 맡겨진 업무 긴장과 부담은 큽니다. 특히 민간인 군속의 인력난은 더욱 심각합니다. 극도로 열악한 한국의 생활환경은 미군정에 필요한 역량있는 민간 고급 인력을 구하기 어렵게 만들고 있습니다.

TAB "C"

PERSONNEL SITUATION IN KOREA

1. The shortage of military personnel in Korea is evidently severe and considerably more serious than in Japan proper. Personnel shortages are such that General Hodge has already initiated action to deactivate certain units. Requirements for overhead, service duties, normal occupation duties, and essential supervision of Korean labor are such that combat troops along the 38th parallel have little relief from outpost duties.

2. The shortage of civilian personnel is perhaps even more acute. In view of the hardships and obvious disadvantages of life in Korea, it has been found extremely difficult to obtain civilians of high caliber for Military Government. Restrictions on dependents have been particularly distasteful to civilians. The result has been that a very small number of well qualified civilians have been carrying a terrific burden. Although reasonably good results have been attained in Military Government despite the personnel shortages, these overworked men have been unable to devote much time to the training of qualified Koreans to take over high governmental positions.

3. Despite many undesirable aspects of service in Korea, morale seemed to be good and standards of discipline and military courtesy were evidently high.

4. General Herren, General Hodge's chief of staff, expressed a feeling of gratitude regarding the Special Services support which has been received from the Eighth Army. General Herren felt that, understanding the difficulties of service in Korea, the Eighth Army had some-

1. The shortage of military personnel in Korea is evidently severe and considerably more serious than in Japan proper. Personnel shortages are such that General Hodge has already initiated action to deactivate certain units. Requirements for overhead, service duties, normal occupation duties, and essential supervision of Korean labor are such that combat troops along the 38th parallel have little relief from outpost duties.

▌주한미군의 열악한 근무 여건과 인력난, 주거난도 철수 이유라고 쓰여 있다.

특히 한국의 열악한 주거 여건은 동반 가족에 대한 제한 조치를 가져왔고, 이 때문에 군인과 민간인 신분의 군무자들의 사기에 악영향을 미치고 있다며 바로 이 점이 한국과 일본의 심각한 차이점이라고 하지 사령관이 지적했다고 이 보고서는 밝혔다. 또 현지인의 능력에 대해서도 언급하고 있다.

> 점령 초기부터 지속되고 있는 한국 내 주택난과 서양식 가구의 부족, 호텔 그리고 유사한 시설이 없다는 점, 일본에는 가게 곳곳에 쌓여 있는 생필품들이 한국에서는 극도로 부족하다는 점은 문제입니다. 일본인들은 기술력과 조직력에서 압도적인 우위에 있습니다. 일본인들은 한국인에 비해 자원을 보다 경제적이고 신속하며 더 효과적으로 활용하고 있습니다.

하지 사령관과 그의 참모들은 두 개의 정치적 대안을 제시했으나 사실은 한국으로부터의 탈출을 강력하게 추천하고 있었다. 결국 '주한미군의 대폭적인 철수와 철수 인력의 일본 배치'를 염두에 두었던 것이다. 한편 하지 사령관의 미군정 문건을 모아둔 하지 파일(Hodge File)에는 1946년 12월 13일 〈시카고 트리뷴〉의 월터 시몬스(Walter Simmons) 기자의 기사가 들어 있었다. 기사는 이렇게 시작되었다.

> 미군 병사들은 한국에 대해 좋게 말할 것이 아무것도 없다고 한다. 한국에 비하면 일본은 천국이다.
>
> 월터 시몬스 기자

시몬스 기자는 일본에서 휴가를 보내고 다시 근무지인 한국으로 돌아가는 미 해군 수송선에 승선한 37명의 미군 병사들과 나눈 대화를 전했다.

일본과 한국을 사이에 둔 대한해협에는 거친 겨울바람이 불고 있었다. 북해의 차가운 바람에 익숙한 기자이지만 금세 손이 차갑게 변하고 떨어져나갈 듯 아프다.

호테이호는 바닥이 평평한 선박인데 이제 미 해군함정으로 편입되어 한국과 일본을 오가면서 한국에 주둔하고 있는 미군 병사들을 일본에 있는 군인 휴양소까지 실어 나르는 임무를 수행하고 있다. 오늘은 37명의 미군 병사들이 승선했는데 모두 다 풀 죽은 표정을 하고 있었다. 병사 한 명이 외치듯 말했다.

"일본에서 내내 근무할 수만 있다면 군 복무 10년 계약에 냉큼 서명할 거야." (중략)

병사들에게 물었다.

"한국은 어때요?"

GI's HAVEN'T A KIND WORD TO SAY FOR KOREA
Compared to It, Japan's Heaven, They Assert

By Walter Simmons (Chicago Tribune Press Service)

Aboard U.S.S. Hotel, Crossing the Korean Strait. Dec 13 (Delayed)

When winter storms lash the Korean strait between Japan and Korea as they are doing today, even old North Atlantic hands turn pale and suddenly rush away. It is even worse when ships are round bottomed like this converted navy craft, now assigned the job of carrying Korean based G.I.'s to and from rest camps in Japan.

The ship today is bearing 37 rueful G.I.'s, including Corp. Kuni Kawamura, 4432 Lake Park Ave., Chicago and 14 officers back to Korea. One GI speaks for all when he cries, "I'd sign up for 10 years if they'd let me spend them in Japan."

Lays Troubles to Incompetence

Officers are less impressed. They spent six days in a rest camp at Nara, near Osaka, but it involved 20 days of exhausting travel and waiting. The GI's were supposed to spend a week at Unzen hot springs on Kyushu, but travel difficulties cut it to three days. Most of these troubles they charged were due to general incompetence and the "I don't care" attitude on the part of army personnel handling troop movements.

GI's have thrown blankets on the steel floor of the little ship's lounge and are taking it easy.

"How do you like Korea?" they were asked.

"Are you kiddin'!" snorts Sgt. Don Beck of Royal Oak, Mich., after a long silence.

"There is as much difference between Japan and Korea as there is between the United States and Japan," says Pvt. 1st Class Samuel Varner of Sapulpa, Okla. "The worse you treat the Korean, the more he likes you. The only things they understand are the ball bat and pick handle."

"GI's in Japan have got heaven and they don't know it," says Pvt. 1st Class Kelumber of Allentown, Pa. "The Japanese are friendly. The Koreans are hostile. You try to take a picture of a Korean child and he runs. You treat the Korean nice and he cheats you. You leave anything around, and the next minute it is gone."

"It's all for letting the Russians have Korea so I can take off for Japan," chirped a corporal.

▍〈시카고 트리뷴〉은 한국의 근무환경에 대한 미군 병사들의 불평을 자세히 보도했다. 하지 사령관은 이 기사를 보관하고 있었다.

한참 침묵이 흐르더니 미시간주 로얄 오크 출신의 돈 벡(Don Beck) 병장이 대답했다.

"지금 우리를 놀리는 거요? 미국과 일본이 서로 다르듯 일본과 한국도 엄청 다릅니다. 한국인은 그들을 거칠게 대하면 대할수록 우리를 더 좋아합니다. 그들이 알아듣는 영어는 거의 없습니다. 일본에 근무하는 미군 병사들은 천국에 있는 겁니다. 그들은 한국 실정을 전혀 몰라요."

다음은 펜실베이니아주 출신 콜럼버 일병의 말이다.

"일본인들은 친절합니다. 한국인들은 적대적입니다. 우리가 한국 어린이들을 사진 찍으려 하면 달아납니다. 우리가 잘 대해주면 한국인들은 우리를 속입니다. 물건을 놓아두고 잠시 자리를 비우면 순식간에 없어집니다."

"나는 소련이 한국을 차지하면 정말 좋겠어요. 그러면 나는 짐을 꾸려 일본으로 떠날 수 있으니까요."

한 상병이 중얼거렸다. 그 뒤에도 말이 쏟아져 나왔지만 한국에 대해 좋게 말하는 병사는 한 명도 없었다. 대화가 잠잠해지자 조용히 듣고만 있던 대위가 말했다.

"한국에 근무한 지 1년이 넘지만 우리가 한국인들과 가깝게 지내려는 노력은 아무래도 실패한 것 같습니다. 미국 병사들이 무언가 잘못했는데 그걸 합리화하려고 그 같은 태도를 보일 수도 있을 겁니다. 밤에 뒤척이면서 우리가 더 할 수 있는 것이 무엇이 있을까 생각해보지만 전혀 희망이 없습니다."

| 3 |

마샬 국무장관의 하지 사령관 재신임
: 1947년 12월 19일

1947년 12월 19일 마샬 미 국무장관은 하지 주한미군사령관에게 대외비 친전(對外秘 親展)으로 서신을 보냈다.

친애하는 사령관,
짐작컨대 내가 이곳의 불만스러운 점을 편지에 담는 것으로 사령관에게 많은 빚을 진 내 마음을 미루어 헤아리길 바랍니다. 사령관도 지난 겨울 이곳에 왔을 때 워싱턴의 공식적인 업무 진행이 마치 보일러 공장과 같아서 일을 차곡차곡 처리해서 가방에 담는 일이 얼마나 어려운지 잘 알 것이오. 그래서 사령관이 관심을 갖고 있는 일들에 대해 간략하게 설명하려 합니다.

마샬 국무장관은 먼저 한국에서 남한만의 단독선거와 단독정부 수립을 확정지었으며, 이를 위한 총선거 채비를 미리 진행할 것을 하지 주

▌하지 사령관에게 보낸 마샬 미국 국무장관의 서한. 좌우합작 정부 수립을 추진했던 하지 사령관을 위로하면서 그의 유임도 통보했다.

한미군사령관에게 지시했다.

국무부가 정치고문관실에 보낸 전문을 통해 사령관도 이미 그 결과를 잘 알고 있겠지만 선거 감시를 위한 유엔위원단은 아직 공식화되지 않았고 유엔사무국이 결정한 것은 아직 아무것도 없소. 그러나 유엔위원단과 사무국 관계자가 한국에 도착할 때에는 만반의 준비가 갖추어지도록 일에 착수하기 바랍니다.

마샬 국무장관은 유엔사무국 등 관계자에 대한 영접과 지원에 최선을 다할 것을 당부하면서 새로 하달된 지침들을 통해 그동안 의문을 품었던 사안들을 확실하게 파악하게 될 것으로 믿는다고 말했다. 그러면서 총선 연기를 강력히 주장했던 키니 박사 역시 워싱턴에서 가진 논의 끝에 연기 주장을 철회하도록 설득한 사실도 밝혔다. 이 결정에는 무엇보다도 조속한 철수를 바라는 미 육군의 주장이 주효했다는 점을 전하고 있다.

키니 박사가 이틀 전 워싱턴에 왔고 그가 새로 마련한 지침이 도움이 될 것으로 나는 이해하고 있소. 유엔위원단이 얼마나 성과를 거둘지 확실하게 파악되기 전에 주한미군이 무얼 할 것인지 미리 계획한다는 것은 어려울 것입니다. 우리 육군은 하루라도 빨리 철수하기를 바라고 있다오. 사태 진전이 된다면 1948년 4분기에는 한국에서 떠날 수 있기를 바라고 있습니다.

뒤이어 마샬 국무장관은 하지 경질설을 일축했다.

내가 도착하기 전에 사령관이 경질될 것이라는 풍문을 들었습니다. 그런데 내가 이곳에 오기 전에 사령관이 상당 기간 더 유임해야 한다는 의견이 모아져 있었습니다. 따라서 본인은 유엔위원단이 한국에 있으면서 앞으로 4~5개월간 우리의 눈치를 볼 매우 중요한 이때에 사령관을 경질한다는 것은 어리석은 발상이라는 의견에 적극 지지를 했습니다. 사령관이 좋아할지 안 할지 모르겠소만 사령관은 유임으로 정리된 것으로 보입니다. 지금 한 말은 철저한 대외비로 해주길 바랍니다. 이 정보는 그럴만한 곳에서 나온 것이기 때문입니다.

그러나 하지 사령관과 키니 정치고문이 강조했던 한국의 경찰 개혁에 대해 마샬 국무장관 자신이 참모회의에서 강력히 거론했다고 알렸으나 더 이상의 조치는 없었다.

나는 드레이퍼 육군성차관과 웨드마이어 중장, 미 육군첩보 사령

▌마샬 장관은 키니 고문이 제기한 한국 경찰의 문제점에 대해 특별히 관심있게 거론했다고 밝혔으나 후속 명령이나 지시는 내리지 않았다.

관 콜린스 중장 그리고 첩보 실무자가 참석한 가운데 간담회를 가졌습니다. 나는 참석자들에게 사령관이 보는 한국의 문제들과 그 실상을 성의껏 전했습니다. 그리고 한국 경찰의 문제점에 대해서도 특별한 노력을 기울여 설명했습니다. (중략) 사령관이나 나나 이런 식의 비판에는 익숙해 별로 해가 될 일도 없다고 생각합니다.

이렇게 하여 대한민국은 그 모습을 드러내기 시작했다.

| 4 |

주한미군사령관과 이승만의 갈등
: 1948년 1월 17일

민주사회에서 대권을 눈앞에 둔 어떤 정치인을 가리켜 "그는 국민의 말을 귀담아듣는 참을성이 없고 측근의 충고도 뿌리치며, 돈에 집착해 악덕 재벌들과 한통속이며, 사적인 동기에서 비롯된 권력욕이 강하다. 오로지 자신만이 국민에게 지시를 내릴 수 있다는 확신이 지나쳐 '신(神) 컴플렉스(God Complex)', 즉 자신을 신격화하는 단계에까지 도달한 인물이다"라고 말한다면 이보다 더 혹독하고 치명적인 평가가 있을까? 하지 중장의 이승만 박사에 대한 평가였다. 그것도 미국 유력 언론사의 회장에게 쓴 서한에서 밝힌 것이었다.

1948년 1월 하지 사령관은 6페이지에 달하는 장문의 편지를 작성했다. 받는 사람은 윌리엄 R. 허스트(William R. Hearst)로 미국 최대의 언론사였던 〈허스트 신문〉 그룹의 회장이었다. 주소는 뉴욕시 리버사이드 드라이브 137, 맨해튼의 허드슨강이 내려다 보이는 곳이었다. 허스트는 미국 17개 도시에서 일간지를 매수하거나 창간하고 나아가 통

DRAFT

HEADQUARTERS
UNITED STATES ARMY FORCES IN KOREA
Office of the Commanding General
APO 235

January 1948

PERSONAL AND CONFIDENTIAL

Mr. William Randolph Hearst
137 Riverside Drive
New York City
Saint Donats Castle, Glamorganshire

Dear Mr. Hearst:

After considerable thought I have decided to write you in protest against some of the writings of your correspondent Ray Richards who left here recently for China with expectation of returning later.

My office was open to Richards during his stay here and I talked to him freely and frankly in long sessions several times on the Korean situation. He intimated that he had been dispatched here to act more or less as personal press agent to Dr. Syngman Rhee in the Hearst paper's fight against Communism. Per se, there is no objection to such an assignment.

The fight against Communism is an all-American fight here and elsewhere. As the U.S. Commander in Korea, I have been heavily engaged in that fight since September 8, 1945, not only fighting against raw Kremlin Communism and its propaganda supplied directly from the Soviet North Korean Occupation Forces, but handicapped by a lot of false and misleading information put out by the Communist, pinko and idealist liberal press of the United States. When we arrived here, South Korea was in control of Kremlin Communists. Even with a lot of handicaps, we have now eliminated danger of Communist control through educating the people to its dangers and cracking down on illegal activities. However,

▌하지 사령관이 이승만 박사의 막후 후원자인 허스트 신문그룹 회장에게 보내기 위해 작성한 서한 초안. 하지 자신이 이승만에 왜 실망하고 거부하는지 격정적으로 밝히고 있다.

신사, 출판사, 3개의 방송국 등을 자신의 지배 아래 둠으로써 허스트 신문제국을 만든 신문 경영자이자 미국의 신문왕으로 알려진 인물이다. 1895년 또 다른 신문왕 조셉 퓰리처와 선정적 기사로 치열하게 신문전쟁을 벌여 황색 언론의 창시자로 평가받고 있다.

하지 사령관은 맨 위에 "친전 및 대외비"라고 쓴 뒤 본문을 시작했다. 본문의 내용은 그가 직접 작성하거나 최소한 하나하나 구술해서 작성하지 않으면 사용 불가능한 표현들이 곳곳에서 발견된다.

친애하는 허스트 씨,

본관은 중국에 갔지만 머지않아 돌아올 것으로 예상되는 귀하의 레이 리차드스(Ray Richards) 특파원이 송고한 몇몇 기사에 항의하기 위해 편지를 쓰기로 결정했습니다. 그가 한국에 있는 동안 본관의 집무실은 개방되어 있었으며 한국 상황에 대해 수차례에 걸쳐 장시간 그와 자유롭고 솔직하게 대화를 하기도 했습니다. 그런데 리차드스 특파원은 그 자신이 이곳에 배치되어 할 일 중에는 이승만 박사의 개인적인 언론 담당 요원으로 다소간 역할을 하는 것도 있으며, 이는 허스트 신문그룹이 전개하는 공산주의에 맞선 투쟁의 일환이라고 넌지시 알려주었습니다.

하지 사령관은 허스트 신문그룹이 이승만 박사를 공산주의에 맞서 싸울 인물로 꼽고 그를 은밀하게 적극 지원하고 있는 사실에 실망과 분노를 감추지 않았다. 하지는 주한미군정이 북한 주둔 소련군의 지시를 직접 받아 그대로 행동하는 크레믈린 직계 공산주의자들의 거짓 선전선동에 맞서 싸우고 있다고 말했다. 그런데 미국 언론에 있는 공산주의자에서부터 분홍색 좌파, 이상주의자, 자유주의자들이 만들어 낸 그릇되고 오도된 정보 때문에 발목이 잡혀있다고 주장했다. 이어 이승만에 대해 언급하기 시작했다.

이승만은 본래 제 개인적인 친구입니다. 본인은 그에 대한 평판과 일생을 다해 한국을 위해 노력한 점, 미국에 오래 거류한 점을 감안해 미군이 한국에 진주한 직후인 1945년 10월 그를 한국에 데려왔습니다. 가능한 한 그의 낯을 세워주려 애썼습니다. 미군정이 공산주의와 맞서고 또 한국 국민의 합심을 이끌어내도록 온갖 노력을 기울이는 중에도 그가 돋보이도록 세심하게 배려했습니다. 본인은 그를 통해서 우리 미국에서 실현된 민주주의와 대의민주제의 이상이 이곳에서 발전될 수 있기를 희망했습니다. 한국에 도착했을 때 그는 공산주의자들을 제외하고 생존인물 중 가장 위

대한 한국인으로 폭넓게 환영을 받았습니다. 그가 항상 바라고 바라던 기회를 만났던 것입니다. 그러나 다음과 같은 그의 기본적인 흠 때문에 그를 통해 온전한 성공을 거둘 수 있다는 본인의 희망은 사라지고 말았습니다.

하지는 이승만에 대해 왜 회복 불능에 이를 만큼 실망했으며 또한 그에 대한 기대를 포기했는지에 대해 망설이지 않고 조목조목 설명했다. 먼저, 이승만 박사는 한국을 떠나 있는 30년 동안에 형성된 한국인들과 자신과의 괴리에 대해 참을성 있게 기다리면서 재인식시키는 데 실패했음을 지적했다.

그는 일본의 침탈 속에서 줄곧 살아온 한국인들이 내놓는 조언에 대해 그가 원하는 바와 일치하지 않으면 받아들이지 않습니다. 이데올로기와 관계없이 자신의 뜻에 동의하지 않으면 그를 공산주의자 또는 반역자라고 몰아부칩니다. 오스트리아인 아내는 그의 아집(我執)에 부채질을 하고 있어 이와 같은 성향을 바로잡는 데 아무런 도움이 되지 않습니다.

또한 하지는 이승만은 금전과 개인의 안일에 대한 집착이 강하다고 지적했다.

그는 돈을 사랑합니다. 그리고 개인의 안일을 좇고 있습니다. 그는 한국에 온 이후 반역 행위까지 범하지는 않았더라도 일제 치하에서 전적으로 아부하며 부를 축적한 한국인들과 적극 밀착해 있습니다. 또한 그들의 영향을 강하게 받고 있습니다.

d. Development during the past year of what might be called a "God Complex", carrying with it the fixed idea that he and he alone should dictate to his people without advice from anyone. Many of his closest rightist friends of the early occupation period now question seriously his judgment and leadership.

하지 사령관은 이승만이 신 컴플렉스에 빠졌다고 밝혔다.

하지 사령관은 이승만 박사가 남한만의 단독정부를 처음부터 주창하고 나선 것은 조국의 앞날을 고민한 결과가 아니라 자신의 권력욕 때문이라고 단언했다.

1년 반 전, 그가 남한의 분리를 주장하며 벌인 운동은 그의 권력에 대한 사적 욕구에서 비롯되었습니다. 남한이 분리되어야 그가 지배할 수 있게 되기 때문입니다. 그에게 완전한 독립국가로서의 한국에 대한 고려는 없었습니다.

하지 사령관은 심지어 이승만 박사가 자신을 신격화하는 '신 콤플렉스'에 빠져 있다고 비난했다.

지난 1년의 사태 진전을 볼 때 그는 이른바 신 콤플렉스에 사로잡혀 있다고 말할 수 있습니다. 그렇기 때문에 그는 어느 누구의 조언도 없이, 오로지 혼자만이 국민들에게 명령할 수 있다는 고착된 관념을 가지고 있습니다. 미군정 초기 그와 밀접하게 지냈던 다수의 우익인사들은 현재 그의 판단력과 지도력에 대해 심각한 의문을 던지고 있습니다.

하지 사령관은 1946년 여름 이승만 박사가 남한만의 독립을 주창하는 운동을 시작했을 때 그의 조국을 분단시키기보다는 통일된 나라가 되도록 돕기 위해 모든 설득과 노력을 다했다고 밝혔다. 그리고 이승만이 그의 설득 노력을 받아들여 남한단독정부 대신 남한-북한 단일

정부 수립으로 방향을 선회한 것으로 판단했다고 허스트 회장에게 보내는 서신에서 밝혔다. 그래서 그는 이승만으로 하여금 1946년 11월 미군 수송기 편으로 미국을 방문하도록 주선해주었다는 것이다. 이는 유엔과 미국 국민들에게 한국 문제에 대해 호소하도록 하고자 함이었다고 하지는 설명했다.

그런데 놀랍게도 그는 미국에 도착하는 즉시 남한만의 분리된 정부 수립을 주장하기 시작했습니다. 또 전혀 근거 없는 이유를 대면서 본인에 대한 개인적인 공격을 시작했고 선동을 했습니다. 본인은 미국을 대표하는 자격으로 한국에서 미국의 정책은 '통일되고 독립된 한국'이며 국제적인 참여의 틀 속에서 이를 추진해야 한다고 일관되게 거듭 반복해 왔습니다. 그런데 그는 그 이후 언론 보도자료나 언론에 대한 직접 발언 그리고 그의 추종자를 통해서 본인에 대한 공격을 끊임없이 계속하고 있습니다.

하지 사령관은 이승만 박사에 대한 강한 배신감을 쏟아냈다.

본인에게 보고되는 내용 가운데 그에 관한 비밀스런 것들을 노출시켜 신뢰를 깎아내리거나 역공을 가할 수도 있으나 세심하게 신경을 쓰며 피해왔습니다. 또 본인은 그가 정치적 자살 행위를 하려는 것을 막기 위해 직접 행동에 나선 일도 여러 차례 있습니다. 그의 행동거지 모든 것을 잘 알고 있다는 사실 때문에 그는 본인이 한국에서 떠나야 한다고 판단하고 있습니다. 이 때문에 그는 사석이나 사실상 공석에서 나를 몰아내겠다고 밝히고 있습니다. 공교롭게도 본인은 한국에 더 머물고 싶은 개인적인 바람이 없습니다. 본인은 정부의 명령에 의해 단지 미국을 대표하는 지위에 있을 뿐입니다.

하지는 이어 리차드스 기자는 이승만 박사가 건네는 많은 정보들을 마치 복음 같은 진리로 판단하고 아무런 사실 확인도 없이 기사의 주요 내용으로 사용하고 있다고 비판했다. 이 때문에 한국 내 많은 미국인들은 리차드스 기자가 정치적으로 득을 보려는 이승만의 계산에 말려들어 미국 국민들의 돈을 써가며 이승만을 거들고 편드는 것으로 보고 있다고 전했다. 이어 하지 사령관은 리차드스 기자의 왜곡된 기사 내용을 일일이 거론하며 비판했다.

리차드스 기자는 서울 기준 12일자 기사에서 미군정은 유엔위원단의 방문을 앞두고 모든 정치 집회를 금지했다고 주장하며 이는 미군정이 한국에서 표현의 자유를 막고 있는 것이라고 보도했습니다. 또 소련인들이 불만을 제기하자 미군정은 지난 8월 정부 전복 모의를 한 혐의를 받고 구금된 600명의 공산주의자들을 풀어주었다고 보도했습니다. 두 가지 모두 근거가 없는 것들입니다. 리차드스 기자는 두 가지 기사 모두 이승만의 제보를 받았음이 명백합니다.

하지 사령관은 왜곡 기사에 대한 울분을 계속 쏟아냈다.

리차드스 기자는 11일자 기사에서 임시의회의원으로 지명된 사람들은 순전히 좌익들이라고 보도했습니다. 이것 역시 전혀 사실이 아닌 이승만의 주장입니다. 그리고 의원 지명자 가운데 몇 명은 이승만의 추종자이지만 모두가 다 그의 추종자가 아닌 것은 사실입니다. 이제 국민들도 공산주의의 진상에 대해 잘 파악하고 있습니다. 지명자 가운데 코민테른 공산주의자는 전혀 없으며 단지 45명 가운데 6~7명만이 좌익이라고 말할 수 있습니다. 그들도 모두 공산주의를 두려워하고 또 증오하고 있습니다.

하지 사령관은 이어 허스트 신문그룹을 향해 거침없이 비판을 가했다.

본인은 허스트 신문의 정책에 대해 왈가왈부할 생각이 없습니다. 그것은 순전히 당사의 고유한 일입니다. 그러나 허스트 신문 특파원들이 이득을 취하려는 특정 외국인과 한패가 되어 미국의 노력에 타격을 가하는 것이 허스트 신문의 정책인지 매우 궁금합니다. 미국의 주둔지역 가운데 가장 힘든 곳에서 일하는 미국인들을 나쁘게 비치게 보도하고 또 그렇게 조장하는 한국인에 대해 사실을 왜곡까지 하면서 찬사를 보내는 기사를 만들어 발행하는 것도 과연 허스트 신문그룹의 정책에 포함되는지 궁금합니다.

하지 사령관의 비판은 더욱 격렬해졌다. 그는 한국인 개인 한 명의 정치적 득을 위해 공산주의와 힘겹게 싸우고 있는 미군정을 왜곡되고 거짓된 기사로 등 뒤에서 공격을 가하는 것은 사실상 공산주의자들의 거짓 선전선동을 돕는 것이나 다름없다고 항의했다. 이승만 박사에 대한 실망과 배신감 그리고 그를 비호하는 미국 언론에 대한 항의로 가득한 하지 사령관의 서한은 예사롭지 않은 요구를 하면서 끝인사를 대신했다.

> 한국에 있는 미국인들, 미군정 구성원들은 사실적이고 객관적인 기사를 두려워하지 않습니다. 본인은 혹시 리차드스 기자가 한국에 돌아오면 기사 작성에 있어 최소한 확인된 사실에 바탕을 두라는 지침이 그에게 주어지기를 요청하는 바입니다.
> 1948년 새해에 소원을 이루길 기원합니다. 건승을 빕니다.
>
> 존 R. 하지, 미 육군 중장, 주한미군사령관

그러나 하지 사령관은 이 서한을 허스트 회장에게 발송하지 않았다. 그 대신 1948년 1월 17일, 미 육군성 언론담당 특별참모인 플로이드 파크스(Floyd L. Parks) 소장에게 보냈다. 허스트 회장에게 보내려던 서신 초안이 동봉되어 있었다.

> 친애하는 플로이드,
> 본인은 지난 10월과 11월, 12월 내내 허스트 신문 계열의 레이 리차드스로부터 괴롭힘을 받고 있다오. 그는 이승만의 요원으로 이곳에 파견된 인물입니다. 이승만은 지난 1년 내내 나를 쫓아내려고 시도해왔습니다. 그는 이를 위해 리차드스로 하여금 나를 개

인적으로 공격하도록 온
갖 수작을 다했습니다.

하지 사령관은 수차례 리차
드스 기자와 대화를 갖고 또
허스트 신문 계열의 정책에 관
해 많은 정보를 수집한 뒤 이
들의 속셈을 파악했다고 설명
했다. 하지 사령관은 리차드스
기자가 작성한 기사의 부당성
과 모욕적 행위에 대해 허스트

▌하지 사령관이 미 육군성 언론담당 플로이드 파크스 소장에게
보낸 편지. 자신이 동봉한 편지를 향후 자료로 활용할 것을 부
탁했다.

회장에게 항의를 제기하는 것은 당연하다고 밝혔다.

그러나 그 편지를 발송하지는 않았습니다. 서한의 사본을 동봉하
니 참고하세요. 혹시 허스트계 패거리들을 상대로 활용할 가치가
있으면 활용하기 바랍니다.

이승만에 대한 하지 개인의 분노와 배신감 그리고 최악의 평가가 여
과 없이 담겨진 이 서한은 결국 발송되지 못했고, 파크스 소장에게 보
낸 편지와 함께 현재 미국 국립문서보관소 하지 파일에 묻혀 역사적
조명과 평가를 기다리고 있다.

하지 사령관이 평정을 유지하려 애쓰던 1948년 1월 그때는 이미 남
한만의 단독정부 수립은 피할 수 없는 선택으로 기울어 있었다. 미국

에게는 명분 있는 철수를 위한 절차만 남았다. 유엔은 이미 1947년 11월 인구 기준으로 남한-북한 주민들이 자유롭게 총선거를 실시하고 이를 바탕으로 통일정부를 구성한다는 미국의 안을 채택했다. 그리고 1948년 1월, 유엔 한국 임시위원단이 서울에 들어왔다. 소련과 북한은 이미 임시위원단의 활동을 거부했기 때문에 남한단독정부 수립은 기정사실화되었다. 이어 유엔소총회는 예정된 수순대로 남한만의 선거를 통해 단독정부를 구성하는 방안을 결정했다.

하지 사령관의 '통일되고 독립된 한국'에 정면으로 맞서며 남한단독정부 수립을 주장하던 이승만은 당연히 이 결정을 환영했다. 한반도를 가로지르는 38선으로 나뉜 남과 북은 다른 길을 걷게 되었다. 좌우합작을 거부하던 김구는 이때 기존의 입장을 바꾸었다. 1948년 4월, 그는 북한을 방문해 남북연석회의에 참석했고 남한만의 단독선거에 반대했으며, 미국과 소련이 동시에 물러난 이후 총선거를 실시해 통일정부를 수립한다는 결의안에 합의하고 5월 5일 서울로 돌아왔다. 한민당과 이승만은 김구가 북한에 이용만 당했다고 비판했다. 그 비판은 그때나 지금이나 설득력을 가진다. 이미 그때 남북 분단은 시위를 떠난 화살이었기 때문이다. 1948년 5월 10일, 남한만의 총선거가 실시되었다.

1948년 7월 24일 대통령에 취임한 이승만 대통령은 8월 13일 하지 사령관에게 공식 서한을 발송했다. 이는 허스트 회장에게 보내는 편지 초안과 같은 파일에 보관되어 있었다. 공식 서한은 조병옥을 미국과 유엔특사로 지명한 사실을 알리는 간단한 내용이었다. 끝인사는 다음과 같았다.

사령관님, 본인의 변함없는 깊은 존경을 확약하며 이를 받아주시기 바랍니다.

대통령 이승만

하지 사령관은 그 서한에 '보관하고 답신할 것'이라고 메모했다.

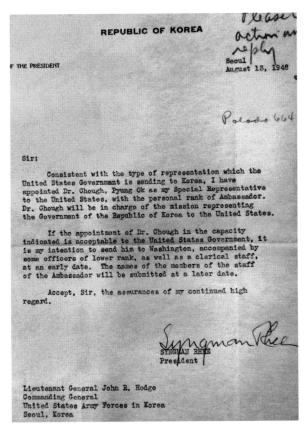

▌이승만 대통령은 8월 13일 하지 사령관에게 공식 서한을 발송했다. 조병옥을 주미특사로 지명한다는 내용이었다.

| 5 |

CIA의 대한민국 생존 전망
: 1948년 10월 28일

극비 1948년 10월 28일

CIA 보고서 ORE 44-48 〈대한민국의 생존 전망〉,

부록 A 이승만의 성격.

CIA는 대한민국 정부 수립 2개월 뒤인 1948년 10월 28일, 〈대한민국의 생존 전망〉이라는 제목의 극비 보고서를 트루만 대통령에게 보고했다. 이 보고서는 본문 8페이지에 3개의 부록 문서 A, B, C를 첨부했는데, 그 가운데 부록 A는 3페이지에 달하는 〈이승만의 성격〉이라는 제목의 보고서다. CIA는 다양한 정보와 데이터를 활용하여 보다 객관적이고 냉정한 관점을 유지했다. 하지 주한미군사령관이 허스트 회장에게 쓴 편지에서 토로한 이승만에 대한 평가가 주관적이고 격정적인 것과는 대조적이다.

CIA 보고서는 먼저 이승만은 진정한 애국자이기는 하지만, 그 자신의 이익과 한국의 이익을 동일시하고 있다는 언급으로 시작했다.

> 이승만은 독립된 한국의 이익에 최선이라고 생각하는 바에 따라 행동하는 진정한 애국자입니다. 그러나 한국에게 최선의 이익과 그 자신에게 최선의 이익이 동의어라고 여기는 경향이 있습니다. 적어도 속마음으로는 그가 바로 한국이라고 여기고 있는 것 같습니다.

보고서는 이어 그는 한국의 독립을 위해 헌신했지만 동시에 자신이 통치하겠다는 목표를 추구했다고 분석했다.

> 이승만은 독립된 한국을 자신이 통치하겠다는 최종 목표를 갖고 한국의 독립에 그의 생애를 바쳤습니다. 이 목표를 추구하면서 그는 개인의 전진을 위해서라면 그것이 무엇이든 양심의 가책도 없이 여러 수단을 활용해왔습니다. 그러나 중요한 예외가 있는데 공산주의자들과는 항상 흥정을 거부해왔습니다. 그는 이로 인해 한국에서 반공의 상징이 되었습니다.

보고서는 또 이승만은 자신을 한국의 모세이며 구세주로 만드는 데 성공했다고 분석했다. 그러나 그의 지적 능력에는 혹평을 가하며 가끔 유치하기도 하다고 꼬집었다. 또한 이승만이 망명 생활 중 미국에서 지내며 개인적인 인간관계를 구축했는데 이것이 그에게 소중한 자산이 되었다고 분석했다.

그는 그의 앞길에 방해가 된다고 생각되는 사람이나 단체들은 옆으로 밀어버리는 데 전혀 주저함이 없습니다. 이승만의 자만심에다 한국과 미국 내에서 사익을 추구하는 아첨의 무리까지 가세해 그 자신을 매우 취약하게 만들고 있습니다. 그의 지적 능력은 얕은 편이며 그의 행태는 가끔 비이성적이고 유치하기도 합니다. 그런데도 그를 최종적으로 분석한다면 탁월하게 영악한 정치인입니다. 그는 자신을 한국의 모세이면서 메시아처럼 만들어냈지만, 그

childish. Yet Rhee, in the final analysis, has proved himself to be a remarkably astute politician. Although he has created for himself the combination role of Korean Moses and Messiah, he has very rarely permitted himself to forget the hard political realities of his position.

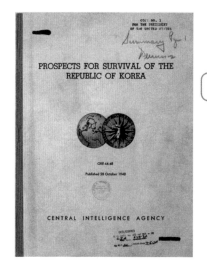

APPENDIX A

PERSONALITY OF RHEE SYNGMAN

Rhee Syngman is a genuine patriot acting in what he regards as the best interests of an independent Korea. He tends, however, to regard the best interests of Korea as synonymous with his own. It is as if he, in his own mind at least, were Korea.

Rhee has devoted his life to the cause of an independent Korea with the ultimate objective of personally controlling that country. In pursuing this end he has shown few scruples about the elements which he has been willing to utilize for his personal advancement, with the important exception that he has always refused to deal with Communists. This accounts for the fact that Rhee has become the symbol of anti-Communism in the Korean mind. He has also been unscrupulous in his attempts to thrust aside any person or group he felt to be in his way. Rhee's vanity has made him highly susceptible to the contrived flattery of self-seeking interests in the US and in Korea. His intellect is a shallow one, and his behavior is often irrational and literally childish. Yet Rhee, in the final analysis, has proved himself to be a remarkably astute politician. Although he has created for himself the combination role of Korean Moses and Messiah, he has very rarely permitted himself to forget the hard political realities of his position.

Rhee has spent most of his life in exile, largely in the US. In 1919, he was elected first President of the Korean Provisional Government, located in China, and later served as its diplomatic representative in the US and at the League of Nations. During World War II he used his position as head of the Provisional Government's Korean Commission in Washington to promote his own interests and to establish a personal lobby which has proved extremely valuable to him.

Rhee returned to Korea in October 1945, apparently expecting that in recognition of his lifelong devotion to Korean independence, and in deference to what he considered his incontestable position as the leading Korean statesman, he would be accorded a pre-eminent role in a Korean state, unhampered by foreign interference. The Moscow Agreement of December 1945 provided instead for continued foreign occupation, the Joint US-Soviet Commission, and eventual four-power trusteeship. Thus it postponed indefinitely the day of united Korean independence.

At once Rhee voiced a bitter protest against trusteeship and demanded some immediate form of Korean self-government. These were the two principal themes of Rhee's political campaign up to the announcement of the general elections of May 1948. Possibly Rhee guessed that the Joint Commission would fail; he certainly distrusted the USSR from the outset. He knew that the very word "trusteeship" was anathema to the Koreans and that a demand for self-rule would be widely favored. During 1946 and 1947 Rhee kept up his campaign, varying its intensity and bitterness according to the current situation. He, personally and through his Washington lobby, bombarded the US government, other sympathetic Americans, the UN, and the US press with

PROSPECTS FOR SURVIVAL OF THE REPUBLIC OF KOREA

CENTRAL INTELLIGENCE AGENCY

▌미 CIA 보고서 〈대한민국의 생존 전망〉은 이승만의 성격이 향후 한국의 앞날에 어떤 영향을 미칠 것인지 깊이 있게 분석했다.

▌CIA는 이승만이 지적 능력은 얕고 유치하지만 최종 평가를 내리자면 탁월하게 영악한 정치인이라고 평했다.

렇다 해서 정치 현실의 험난함을 망각한 일은 거의 없습니다.

이승만은 생애 대부분 망명 생활을 했으며 오랜 기간 미국에서 지냈습니다. 1919년, 중국에 있는 대한민국임시정부의 대통령으로 선출되어 그 후 미국과 국제연맹에 대한 외교 대표로 활동했습니다. 제2차세계대전 중에는 임시정부 워싱턴한국위원회 대표 직책을 개인적 이익을 키우는 데 이용하면서 사적 로비 관계를 형성했고, 이는 그에게 대단히 소중한 자산이 되었습니다.

해방된 조국에서 이승만은 당연히 자신이 국가원수로 추대될 것으로 믿었지만 현실은 달랐다고 했다.

그는 1945년 10월 귀국했습니다. 그는 분명 한국독립을 위해 생애를 바친 인물로 인정받고 따라서 누구도 경쟁할 수 없는 한국의 지도적 정치인으로 자리 잡을 것이고, 그래서 외국의 간섭 없이 한국이라는 국가에서 최고의 자리, 국가원수직을 맡게 될 것으로 기대했습니다. 그런데 1945년 12월 모스크바합의에 따라 그가 기대했던 방법, 한국의 독립과 본인의 대통령 선출이 아닌 미소공동위원회, 결국은 4대국에 의한 신탁통치안이 나왔습니다. 통일 한국의 독립은 무기한 연기된 것입니다.

1946년에서 1947년까지 이승만은 신탁통치 반대와 자치를 요구하는 운동을 격렬하게 전개했다. 이승만은 다만 상황의 흐름에 따라 강도를 달리하며 신축성을 발휘했다고 CIA는 분석했다. 강경 투쟁의 막

후에서는 미군이 계속 주둔하도록 제주도에 미군기지 건설을 허용하 겠다고 제의하면서 흥정을 했다고 보고했다.

> 그는 워싱턴에서의 개인 로비를 통해 미국 정부와 동조하는 국가 들과 유엔 그리고 미국 언론을 상대로 신탁통치 합의 파기와 최 소한 남한만의 즉각적인 선거를 요구하는 선전 공세를 퍼부었습 니다. 공개적으로는 점령군의 철수를 요구했지만, 막상 소련이 미 국-소련 양국 군대의 공동 철수를 제의했을 때 '미국은 한국이 자위 능력을 갖출 때까지 한국에 군대를 유지해야 한다'고 처음 주장한 사람도 이승만이었습니다. 이승만은 비밀리에 미국이 한 국에 (우호적인) 정부를 세우되 군사적·경제적 원조를 제공하고 유엔의 승인도 받아내줄 것을 제의했습니다. 게다가 이승만은 한 국인 스스로의 노력으로 정부를 세우는 것을 주장하면서도 드레 이퍼 육군성차관에게 미국이 제주도에 해군기지를 설치하는 것 을 환영할 것이라고 제의하기도 했습니다.

이승만은 미국으로부터 특별 대우를 계속 받아야 하는데 하지 사령 관이 이를 막았다고 판단하고, 그에 대한 맹렬한 보복 감정에 휘말렸 다고 보았다.

> 이승만은 한국에 귀국한 첫 몇 개월의 특별 대우가 적어도 그대 로 계속될 것으로 생각했던 것 같습니다. 그러나 그 자신이 더 이 상 특별한 신분이 아니라는 것을 깨닫는 순간 이는 미국 정부 정

책을 어기고 있는 하지 사령관의 탓이라고 확신한 것 같습니다. (이와 같은 결론에 대한 부분적인 설명은 이승만의 워싱턴 사무소인 한국위원회에서 나온 메시지에서 찾을 수 있습니다. 메시지들은 미 국무성이 그에게 높은 관심을 갖고 있고 그의 의견을 깊게 고려한다는 인상을 심어주고 있습니다.) 따라서 그에게 불리한 방향으로 일이 꼬이는 것이 하지 사령관 때문이라고 생각하고 보복하겠다는 심사를 갖게 된 것으로 보입니다.

또 이승만은 하지를 겨냥해 끊임없는 루머 공세를 퍼부었고 미군정의 실수에 대해서는 큼지막하게 보도되도록 손을 썼다고 했다. 이승만의 공격은 나아가 미국 정계를 겨냥해 하지 사령관을 헐뜯는데 집중되었다고 밝히고 있다.

그는 하지 사령관이 워싱턴의 지시를 거스르며 공산주의자들로 하여금 남한을 휘젓게 만들고 있다고 공격했습니다. 이승만의 사조직들은 그를 향한 비난을 국외로 확산시켜 맥아더 장군과 국무성, 미 의회 의원들에게 퍼뜨렸습니다.

이승만의 정치 감각

CIA 보고서는 이어 이승만은 한국인들의 감정과 정치 추세를 정확하게 읽어내는 감각에다 위기 극복 능력을 갖고 있다고 평가했다. 결

국 누구도 겨룰 수 없는 국가지도자라는 국민적 평판을 얻는 데 성공
했다고 밝혔다.

그가 지난 3년간 구사한 전략은 민중들의 감정과 정치 흐름을 놀
라울 만큼 정확하게 판단한 것에 기초해서 나왔습니다. 그는 남

demands for abrogation of the trusteeship agreement and for immediate elections, in
South Korea at least. Publicly he demanded the removal of occupation forces; but
when the USSR proposed joint withdrawal, Rhee was the first to proclaim it to be the
duty of the US to retain its troops in South Korea until that area was able to defend
itself. *Sub rosa*, he proposed that the US set up a government in South Korea, granting
it military and economic aid and securing UN recognition for it. Further evidence that
Rhee counted on US support, despite his talk of government by Korean efforts alone,
was his suggestion to General Draper that he would be pleased to see the US have a
naval base on Chejudo.

Rhee seems to have felt that the US should at least have continued to accord him
the preferential treatment he received in the first few months following his return to
Korea, but when it became apparent that he could no longer hope for special status,
he evidently concluded that General Hodge, in violation of US policy, was personally
responsible. (A partial explanation for this conclusion may be found in messages from
Rhee's Washington office, the Korean Commission, which gave the impression that
the Department of State was giving high regard and consideration to Rhee's opinions.)
Thus Rhee's vindictiveness at the unfavorable turn of events was directed especially
against General Hodge. Rhee waged an almost unceasing rumor campaign against
the General, capitalizing on any US Military Government errors, charging that Hodge
refused to obey directives from Washington and that he was putting Communists in
control in South Korea. Rhee's organization spread his accusations outside Korea,
to General MacArthur, to the Department of State, and to members of Congress.

Rhee's tactics in the past three years have been based on a remarkably accurate
estimate of popular attitudes and prevailing political conditions. Although Rhee
once went so far as to threaten a coup against the Interim Government in South
Korea, he has usually been astute enough to avoid any absolute stand impossible of
achievement. On one occasion only did he really seem in danger of going too far.
When he returned from his trip to the US, he stated that the US Government had
promised him immediate elections and a large loan. His prestige suffered considerably
when his statements were refuted by US authorities, but he managed to extricate
himself from the difficulty with minimum adverse effect.

Rhee carefully built up the illusion, inside Korea, that his opinions carried consid-
erable weight with high US officials and that internationally he was regarded as the
spokesman for the Korean people. In a short time following his return, Rhee became
the only Korean leader with any sort of popular following, and his name was spread
throughout Korea as the champion of Korean independence. Rhee has been able to
maintain his position of pre-eminence by clever politics and by default; no other leader
has appeared to challenge him, save perhaps Lyuh Woon Hyung who was assassinated
in 1947. Rhee has succeeded in setting up a political machine, the National Society
for the Acceleration of Korean Independence (NSAKI), whose numerous branches
extend outward from Seoul as far down as the county level. He is the only political
leader in South Korea who has been able to set up such a machine. NSAKI consists
of a rather loose amalgam of rightist groups whose allegiance to Rhee has been far
from constant. He is not only an avowed enemy of Communists but he has had little

▮ CIA는 이승만이 정치의 흐름을 정확하게 파악하고 위기를 탈출하는 데 뛰어난 능력을
갖고 있다고 보고했다.

한 내 과도정부 수립에 반대해 쿠데타로 위협했다가, 성공하기 어렵다고 판단된 순간 입장을 바꾸면서 위기를 벗어날 만큼 영악합니다. 그가 위험할 정도로 지나치게 벗어난 사례가 또 있는데, 그것은 미국 방문을 마치고 돌아와 미국 정부가 즉각적인 독립과 대규모 차관을 약속했다고 언명한 것입니다. 그가 얻었던 우월한 입지는 워싱턴이 바로 부인하는 성명을 내면서 큰 손상을 입었습니다.

그러나 이승만은 실수의 부작용을 최소화하여 어려움에서 벗어났으며 오히려 이 실수를 적절하게 활용했다고 CIA는 분석했다.

이승만은 미 고위층 관리들이 그의 의견에 큰 무게를 두고 있으며 국제적으로는 그가 한국을 대표하는 인물이라는 환상을 한국인들에게 심고 조심스럽게 키우게 만들었습니다. 귀국한 지 얼마 지나지 않아 이승만은 어느 누구도 따를 수 없는 유일한 지도자가 되었고 그의 이름은 한국 전역에 한국독립의 최고 공로자라는 명성과 함께 널리 퍼져나갔습니다.
이승만은 영리한 정치 기법과 과장된 수법으로 가장 앞서가는 지도자의 위상을 유지할 수 있었습니다. 아마도 1947년에 암살된 여운형을 제외한 어느 누구도 그에게 맞서지 못하는 것으로 보여집니다.

CIA는 이승만이 부유한 한민당 인사들 그리고 소심한 우익보수인사들이 지지하고 있지만 이들은 이승만에 대해 깊은 충성심을 갖고 있지는 않다고 분석했다.

이승만이 조직한 독립촉성회는 이승만에게 꾸준히 충성할 것 같지 않은 우익인사들의 느슨한 혼성 단체라고 할 수 있습니다. 이승만은 공산주의자들을 가장 미워하는 적으로 단정하고 있으며, 좌익성향의 자유주의적 지식인과 온건중도노선의 지식인들을 설득하려는 인내심은 갖고 있지 않습니다. 후자들의 경우는 이승만이 매우 중요하게 여기는 것들을 갖고 있지 않습니다. 이들은 서울만 벗어나면 정치적 영향력도 없고 또 재정적 후원을 할 힘도 없기 때문입니다.

이승만은 그를 둘러싸고 있는 인물들과 불안한 동맹관계를 형성하고 있을 뿐이라고 CIA는 분석했다.

상당수의 소심한 우익정치인들은 그와 함께 정치적으로 출세해보겠다는 희망으로 이승만에게 밀착했지만 이승만은 항상 자신의 주도적인 역할을 완강하게 고집하고 있습니다. 또 고압적인 방법으로 부유한 한민당 인사들을 포함해 그와 함께 일하는 많은 지도자급 보수인사들을 어렵게 만들고 있습니다. 보수인사들은 이승만의 집권을 원하고 있기 때문에 그를 감히 축출하지는 못하여 불안한 동맹관계를 유지하고 있습니다. 이승만 역시 그들의 자금과 능력이 필요하므로 그들의 요구를 무시하지는 못하고 있습니다.

CIA는 이승만이 정치자금을 마련하면서 석연치 않은 거래가 오가고 있다고 판단했다.

> 이승만은 정치자금을 마련하는 데 있어서 다양한 방법을 구사합니다. 하와이와 미국에 있는 한국인 추종자들이 직접 낸 헌금을 받거나 한국 내에서 무언가 의심스런 맞교환의 술수 등으로 달러를 손에 넣고 있습니다. 이승만의 미국 내 후원자들은 그가 한국에서 권력을 잡으면 경제적 양여를 받아내거나 그와 인적관계를 연결해 사회적 특권을 얻어내려는 기대에서, 혹은 세계 어느 곳이든 반공산주의 체제를 북돋아 줄 것이라는 희망 때문에 그에게 자금을 제공해왔습니다. 순박한 한국인들은 이승만을 위해 이런저런 방법으로 돈을 기부하고 있고 부유한 한국인들은 이승만이 권력을 잡으면 특혜나 자리를 차지하게 해주겠다는 약속 때문에, 때로는 이승만이 미국 군정 당국에 갖고 있는 영향력 때문에 거액의 돈을 기부해왔습니다.

보고서는 이어 이제 이승만은 목표를 이루고 독립된 국가 체제 아래 광범위한 권력을 가진 대통령이 되었으므로 새로 출발한 한국과 미국의 이익을 잘 조절하기를 기대하지만, 그의 이기심이 재앙을 부를 가능성도 있다고 경고했다.

> 그의 정부는 미국의 군사적·경제적 원조를 받게 될 것이며 유엔의 인정을 받게 될 것 같습니다. 그의 정부는 의심의 여지없이 미

국의 원조에 의존할 수밖에 없음을 그도 잘 알고 있습니다. 미국의 원조를 어떻게 사용할 것인지에 대해 미국이 개입하는 것을 감수하지 않는 한 원조 제공을 기대할 수 없음도 그는 분명하게 깨닫고 있습니다.

CIA는 이승만 대통령의 심리를 분석하면서 재앙을 부를 위험성이 내재해 있다고 분석했다. 그러나 국회가 이승만에게 쉽사리 굴복하지는 않을 것으로 내다보았다. 국회는 이승만이 아닌 한민당이 장악했기 때문이다.

한껏 부풀은 그의 이기심이 재앙을 초래할 행동으로 그를 이끌거나, 신생 한국 정부와 미국의 이익에 반하는 당황스런 사태를 빚을 수도 있습니다. 그럼에도 불구하고 그를 자제하도록 만들 수 있는 한 가지 요인은 바로 국회입니다. 아마도 이승만은 대단히 실망하고 있겠지만 그가 국회를 무시하거나 마구 폭주할 수 없다는 것은 배워가고 있습니다. 한국 국회는 지금까지는 '고무도장'을 찍는 기관이 되기를 거부하고 있습니다.

CIA는 OSS의 후신으로 1947년 9월에 설립되었다. CIA는 대한민국이 출범하고 두 달이 지난 1948년 10월, 대한민국의 앞날을 전망하는 중요한 요인으로 이승만 대통령을 지목하고 그에 대한 광범위한 분석 보고서를 작성했다. 또 보고서 작성 직전까지도 진행 중이던 하지와 이승만의 대립과 갈등에 대해서도 실태와 원인을 비교적 객관적으로 세세하게 파악했다는 사실이 놀랍다. 이승만 개인의 성격과 심리, 그에 따른 파급 영향에 대한 분석은 70여 년이 흐른 현재의 평가와 검증으로도 그 정확성에 높은 점수를 주어야 할 것 같다.

대한민국 정부 수립과 미국의 역할

이 보고서의 속표지는 "사본은 해당 보안규정에 따라 보관하거나 소각할 것이며 아니면 관련 부서를 통해 CIA에 반납하기 바람"이라는 주의와 함께 대통령실을 비롯해 외교, 국방, 안보와 관련된 다수의 부서를 배포선으로 하고 있다.

배포선: 대통령실, 국가안보회의, 국무성, 국방장관실, 전쟁성, 해군성, 공군성, 합참의장, 원자력위원회.

1948년 대한민국 정부 수립 직후 미국 정부의 주요 관심사는 주한미군 철수 후 대한민국이 과연 독자적으로 생존할 수 있는가였다. CIA는 1948년 10월 28일 트루만 대통령에게 이에 대한 보고서를 제출했다. 이 극비 보고서는 대한민국의 첫 출발은 일단 무난하다고 평가했다. 그러나 한국은 정치, 군사, 경제 등 여러 분야에 걸쳐 미국

DISTRIBUTION:
Office of the President
National Security Council
National Security Resources Board
Department of State
Office of Secretary of Defense
Department of the Army
Department of the Navy
Department of the Air Force
State-Army-Navy-Air Force Coordinating Committee
Joint Chiefs of Staff
Atomic Energy Commission
Research and Development Board

▌CIA가 작성한 한국 관련 보고서의 배포선.

의 대규모 지원과 원조 아래 생존할 수 있다고 진단했다.

대한민국 정부는 폭넓은 국민적 지지를 받는 가운데 구성되었습니다. 한국인들은 의회제도에 대한 경험이 없고 새 헌법이 대통령에게 과도한 권력을 집중시키고 있지만, 현 행정부는 책임지는 정부를 지향하며 첫발을 잘 딛었습니다. 또 한국은 유엔의 인정을 받을 전망이어서 국내 위상을 강화할 수 있을 것입니다.

보고서는 먼저 한국은 주한미군 철수와 함께 소련의 꼭두각시인 북한의 공격 위협에 직면할 것이라고 예측했으나 이에 대한 처방은 있다고 진단했다.

미군 철수에 앞서 한국군을 훈련시키고 무기 등의 장비를 갖추어 준다면 한국군은 소련이 부추긴 침략에 대한 효과적인 억제 장치로 작동할 것입니다. 단, 한국군이 효과적으로 계속 기능하도록 하려면 미국의 지속적인 물자 원조와 기술적 지원이 필요합니다.

경제면에서 한국은 심각한 공급난 등 문제가 있지만 해법은 있다고 보고서는 밝혔다. 역시 미국의 대규모 원조와 한국 정부의 적절한 활용이라고 처방했다.

한국은 현재 심각한 공급난 등 어려움을 겪고 있으나 미국의 지원이 이루어지고 이와 함께 한국 정부가 미국의 조언을 받아들여 적절하게 운용한다면 어느 정도의 경제 회복은 기대할 수 있을 것입니다.

그러나 근본적 해결책은 필요하다고 지적했다. 그러면서 북한과의 교류를 대한민국 생존의 필수 요건으로 제시하고 있어 눈길을 끈다.

현재의 재정 적자 상태를 항구적으로 극복하기 위해서는

PROSPECTS FOR SURVIVAL OF THE REPUBLIC OF KOREA

SUMMARY

The Republic of Korea, inaugurated on 15 August 1948 under UN observation, is faced with numerous pressing problems in the political, military, and economic spheres. Its prospects for survival may be considered favorable as long as it can continue to receive large-scale aid from the US.

The new government has been organized with widespread popular support, and despite Korean inexperience with parliamentary institutions and the tendency of the present constitution to concentrate excessive power in the hands of the President, the present administration is apparently making good initial progress in the development of responsible government. Furthermore, the Republic has good prospects for securing *de jure* international recognition, a development which will further strengthen its domestic position.

Following the withdrawal of US occupation forces the Republic of Korea will be faced with the threat of aggression from the north by the Soviet puppet "Democratic People's Republic of Korea." It is believed, however, that prior to US withdrawal a South Korean army can be trained and equipped which will act as an effective deterrent to such Soviet-inspired aggression. This army would, however, require continuing US material aid and technical advice if it were to retain its effectiveness.

Although the economy of the Republic is afflicted with certain critical shortages and problems at the present time, some degree of economic recovery can be achieved if US assistance is made available and if US advice is accepted and properly implemented. Thus far the new government has demonstrated a willingness to accept US guidance in economic affairs, provided this advice is offered in such a way that Korean nationalistic sensitivities are not offended. The Republic of Korea can permanently overcome its present deficit economic position only on the basis of multilateral trade with other Far Eastern countries and with the northern zone of Korea. Until such time as this development is politically feasible, the political stability of the new government will rest on a deficient economic base, and its political survival will therefore depend in large part on continued US subsidization.

Note: The information in this report is as of 27 September 1948.
    Substantial contributions were furnished by the intelligence organizations of the Departments of State and of the Army. Those of the Navy and the Air Force also furnished data. The intelligence organizations of the Departments of State, Army, and the Air Force have concurred in this report; for a dissent by the Office of Naval Intelligence, see Enclosure A, p. 17.

▌남북한 간, 극동 국가 간 교류는 한국의 지속적인 생존에 긴요하며 이것이 실현될 때까지 한국은 미국의 원조에 의존할 수밖에 없다고 CIA는 지적했다.

다른 극동아시아 국가 그리고 북한과 다자간 무역의 기초가 갖추어져야만 합니다. 이와 같은 진전이 정치적으로 실현될 때까지 대한민국은 정치적 안정을 취약한 경제에 의존해야 하는 처지입니다. 따라서 한국 정부의 정치적 생존은 미국의 보조금 지원에 크게 의존할 수밖에 없을 것입니다.

CIA는 새 한국 정부가 직면한 문제들을 거론하는 가운데 소련과 북한의 군사도발 위험을 가장 심각한 문제로 보았다. 남한의 공산주의자들이 대대적인 사회불안을 일으켜 정부의 전복을 직접 노리거나, 남한 측이 북한의 인민공화국 지도자들과 통일을 위한 협상을 하도록 강제로 이끄는 상황을 조성할 것이라고 예상했다.

이 같은 소요가 발생하면 인민군 병력 혹은 북한 내무성 병력이 민간 복장을 한 부대나 개인 단위로 남한에 침투해 지역 공산주의자들을 지원할 것입니다. 그 결과 내전이 발생하고 질서 회복을 위해 경찰 병력과 국방경비대 병력이 투입될 것입니다.

CIA는 이 과정에서 경찰 병력과 경비대 사이의 장기적인 정치적 대결이 사태 해결을 매우 어렵게 할 수도 있다고 우려했다. 경찰은 현 체제의 충실한 방어자인 반면에 국방경비대는 공산주의자들의 주요 침투 목표라고 분석했다.

국방경비대의 현재 구성원에 대한 내사와 함께 새로운 충원을 추진하고 있으나 이 일의 진행이 매우 어려운 상황입니다. 향후 언제가 될지 모르지만 최소한 국방경비대 일부 구성원들의 충성심은 문제가 될 가능성이 큽니다.

CIA는 공산주의자들의 소요사태는 결국 진압되겠지만 한국의 보안 병력은 크게 약화될 것이며 이 틈을 노려 북한의 남침 가능성이 있다고 전망했다. 남한 공산주의자들의 요청을 받아 북한인민군이 남침을 검토할 가능성이 있다는 것이다. 이 경우 한국인 스스로 세운 군대만이 소련이 부추긴 침략을 제대로 저지할 수 있으므로, 설령 창설 과정에 문제가 발생하더라도 미군 철수에 앞서 한국 육군과 소규모의 공군 전력을 양성해 무장을 갖추도록 해야 한다고 건의했다. CIA는 끝으로 "북한인민군 정규군의 남한 침략은 개연성까지는 아니더라도 위협적이 될 가능성으로 남아있다"고 결론지었다.

그리고 경제에 관해 언급하면서 대한민국이 안고 있는 커다란 경제적 난제는 인위적인 남북한 분단과 경제 의존도가 높은 일본과의 교역 중단에다 전후 해외 귀국자와 북한 난민 유입으로 인한 인구 증가 때문에 빚어졌다고 분석했다. 경제 자립을 이루기 위해서는 생산 설비를 확장하고 농업과 광업 자원의 생산을 늘려야 하는데, 이를 위해 미국의 원조가 앞서야 할 것이지만 문제는 또 있다고 주장했다.

> 비록 경제 회복을 위해 미국의 조력과 원조에 필수적으로 의존한다 하더라도 한국 정부에 참여하고 있는 집단들의 정치적 성분이나 사회적 관점으로 판단하면 시급한 경제 문제를 해결하기 위한 미국의 제안에 저항할 가능성이 엿보입니다. 예를 들면 미군정의 미곡 수매 및 배급 제도는 고금리의 쌀 대여를 통한 이익을 포기하겠다는 다짐이 없는 한 지주를 대변하는 한민당의 격렬한 반대에 부딪힐 것입니다.

이 보고서는 앞으로 시행해야 할 토지 재분배의 성사 여부가 정부 안정의 큰 관건이라고 평가했다.

to expand this program of reform as a means of broadening the social base of its popular support, thus counteracting Communist agitation.

Beyond US assistance, the economic problems of the new Korean government can be solved only in close cooperation with other Far Eastern countries. Revival of foreign trade between Korea and China and between Korea and Japan, and the opening of the trade between the northern and southern part of the country are required for any long-range stabilization of the South Korean economy, even though they may not be politically feasible at the present time. This trade will depend largely on the export of marine products, tungsten, and graphite.

3. CONCLUSIONS.

As long as the present Soviet policy in the Far East continues unchanged, it must be assumed that the USSR will not be satisfied with its present hold on North Korea and will exert continuing efforts to establish eventual control over all Korea. Under such circumstances, the Republic of Korea can survive only on the basis of large-scale US military, economic, and technical aid over an indefinite period. The extent of US aid required to maintain the Republic against internal and external threats to its existence will be increased considerably, however, if the present political leadership loses the force of moving toward unified government and insists, against US advice, on acting in its own selfish class interest, thus narrowing its popular base of support and increasing its vulnerability to Soviet-inspired subversion and aggression.

At the present time, the Republic of Korea appears to have good prospects for gaining widespread international recognition and for attaining a measure of responsible government sufficient to secure the loyalty of the South Korean population. Thus, as long as US aid is forthcoming in sufficient quantities to help solve the regime's pressing economic and military problems, the prospects for survival of the Republic can be considered favorable.

3. CONCLUSIONS.

As long as the present Soviet policy in the Far East continues unchanged, it must be assumed that the USSR will not be satisfied with its present hold on North Korea and will exert continuing efforts to establish eventual control over all Korea. Under such circumstances, the Republic of Korea can survive only on the basis of large-scale US military, economic, and technical aid over an indefinite period. The extent of US aid required to maintain the Republic against internal and external threats to its existence will be increased considerably, however, if the present political leadership loses the force of moving toward unified government and insists, against US advice, on acting in its own selfish class interest, thus narrowing its popular base of support and increasing its vulnerability to Soviet-inspired subversion and aggression.

At the present time, the Republic of Korea appears to have good prospects for gaining widespread international recognition and for attaining a measure of responsible government sufficient to secure the loyalty of the South Korean population. Thus, as long as US aid is forthcoming in sufficient quantities to help solve the regime's pressing economic and military problems, the prospects for survival of the Republic can be considered favorable.

▍소련과 북한의 한반도 지배 정책이 지속되는 한 한국은 미국의 무기한 대규모의 군사·경제 원조가 있어야만 생존 가능하다고 CIA는 단정했다.

정부 내 여러 정당들 모두 일본인 소유의 토지를 재분배하는 데 찬성한다고 했지만 한국인이 소유하고 있는 토지를 나누어 떼어 주는 것을 수용할 마음은 아닌 것 같습니다. 토지 분배가 되면 수많은 한국 농민들은 지금까지 임대해 경작하던 토지의 소유권을 인정하는 서류를 손에 쥐게 됩니다. 토지 분배가 한국의 사회 계층화에 미치는 효과는 아직 평가하기 이르지만 이는 정부가 개혁을 지속하고 확장하는 데 가장 중요한 일입니다. 개혁 프로그램이 진행되면 새 정부에 대한 국민적 지지 기반을 넓히는 수단으로 작용하여 공산주의자들의 공세에도 맞설 수 있게 해줄 것입니다.

CIA 보고서는 또한 소련의 극동정책이 바뀌지 않는 한 북한에 이어 남한을 자신의 영향 아래 두려는 기도는 계속될 것으로 예상했으며, 미국의 원조 제공도 끊임없이 이어질 수밖에 없을 것으로 전망했다.

이런 환경 아래서 한국은 미국의 군사적·경제적·기술적 원조를 대규모로 무한정 지속해서 제공받아야만 생존할 수 있습니다. 대한민국이 내적·외적 위협에 맞서 버티는 데 필요한 미국의 원조 규모는 더욱 증가할 것입니다. 그러나 현 지도층이 단결된 정부로 나아가는 데 실패하거나 미국의 조언을 뿌리치고 자신이 속한 계층의 이익만 고집하면 국민의 지지 기반을 좁혀 소련이 조장하는 내란과 침략에 대한 취약성이 날로 커질 것입니다.

CIA 보고서의 결론은 다음과 같다.

한국의 현 지도층이 단합된 정부를 지향하려는 추진력을 잃고 특정 계층의 이익만 고집하면서 미국의 충고를 등진다면 국민적 지지 기반이 줄어들어 소련의 모략에도 취약해질 것입니다. 따라서 한국에 끊임없이 가해지는 군사적·경제적 압박을 해결할 만큼 충분한 규모의 원조가 미국에서 계속 이어진다면 한국이라는 공화국의 생존 가능성은 유리한 쪽으로 이어질 수도 있습니다.

그런데 CIA의 보고서에 미 해군 첩보기관인 ONI(Office of Naval Intelligence, 해군첩보국)는 한국의 생존이 어렵다고 확신하는 근거를 제시하며 명백한 반대 의견을 냈다.

해군첩보국은 보고서 〈ORE 44-48〉에 대해 반대

다음과 같은 확신 때문입니다.

대한민국의 생존은 거의 대부분 미국의 지속적인 원조를 전제로 논의되나, 원조의 지속은 보장되지 않는 것으로 지나치게 낙관적인 시각입니다. 향후 미국의 원조 정책과 관계없도록 기본 조건을 설정하고 문제를 풀어야 할 것입니다. 외국의 원조가 가져오는 효과에 대해서는 부차적인 검토 사항에 그쳐야 할 것입니다. 계획된 원조가 어떤 결과를 가져올지 예측하기 매우 어렵다는 점을 현재의 그리스와 중국의 실정을 본보기 삼고 명심해야 합니다.

대한민국이 UN의 인정을 받는 문제 역시 전망이 좋은 편이 아니며 따라서 한국의 국제적 지위도 불안정할 것이라고 ONI는 진단했다.

▌해군첩보국(ONI)는 대한민국의 생존 가능성이 있다는 CIA의 보고서에 동의할 수 없다고 반대 의견을 냈다. 미국의 원조가 항상 가능할 수는 없다는 것이다.

소련과 위성국들이 조선민주주의인민공화국, 즉 북한을 국제적으로 인정하려 한다면 유엔총회에서 두 개의 다른 한국 대표들이 충돌할 가능성이 있습니다. 이때 소련은 유엔을 혼란스럽게 만드는 타협안을 내놓을 가능성이 큽니다. 따라서 대한민국이 국제적 인정을 받을 가능성은 매우 불확실합니다.

미국 행정부가 한국에 관한 정책을 논의하는 과정을 CIA 보고서를 포함한 몇 개의 사례에 비추어 살펴보면 공통된 패턴이 발견된다. 미국의 대외 정책은 관련된 다양한 기관들이 참여한 가운데 자유롭게 논의하며 합의를 도출하고 있고, 반대 주장과 그 근거 역시 꼭 기록에 남기는 등 사후 검증과 평가가 가능하도록 하고 있다는 것이다.

5장

1945년 9월 8일 인천 부두에 상륙한 미 제24군단은 9월 9일 서울에서 항복조인식과 성조기 게양식을 마쳤다. 미군은 한국 상륙에 앞서 1945년 8월 18일 한국 내 부존자원의 실태조사를 진행했다. 미군정은 또 대규모 인력을 투입해 전화 도청과 서신 검열을 실시해 민간인 사찰에 활용했다.

1945년 9월 13일, 하지 사령관은 점령 후 첫 보고서에서 소련과 한국을 나누어 점령하는 것이 군사적 필요에 의한 임시 조치인지, 아니면 항구적인 분단 통치인지 자신은 알지 못하고 있다며 워싱턴에 질문을 던졌다. 그는 후속 보고서에서 한반도 분단은 한국인들에게는 죽음 같은 고통을 안겨줄 것이며 점령국인 미국-소련 양국에도 손실을 입힐 것이라는 경고도 망설이지 않았다.

1945년 12월 하지 사령관의 미군정은 분단의 고통을 줄이기 위해 남한-북한 간 최소한의 숨길을 이어줄 미국-소련 협상을 가질 것을 워싱턴에 요청했다. 한반도의 분단은 또 다른 비극을 낳는 것이라고 경고하

미군의
군정 통치

면서 한국의 정치 지도자들을 설득해 남북 분단을 애써 막으려 노력했
다. 하지 사령관과 그의 정치고문들은 일본의 전쟁배상 몫으로 일본 공
장을 철거해 한국에 옮겨 건설하고자 워싱턴 관계자들을 집요하게 설득
하기도 했다.

그는 또 한국인의 집에 들어갈 때에는 신발을 벗을 것이며 한국 여성
의 손을 잡지 말라고 장병들에게 충고했다. 한국인이 굽실거리는 것은
겸손함 때문이지 비굴함이 아니라고 강변하기도 했다.

그러나 하지 주한미군사령관에 대한 미국과 한국의 학자들의 평가는
인색하다. 좌우 극단의 대결을 벌이는 한국 정치에서 적절한 리더십을
발휘하지 못했다는 지적이 일반적이다. 미군정을 연구한 하와이주립대
제임스 머트레이(James I. Matray) 교수는 미군정 3년을 "Hodge Podge"
라고 표현했다. '뒤죽박죽'이라는 뜻에다 하지 사령관의 이름인 'Hodge'
와 결부시켜 조롱한 것이다. '하지를 위한 변명과 항변'의 목소리는 아직
들리지 않고 있다.

| 1 |

미국의 첩보 활동,
한국인 밀정을 찾아라
: 1945년 8월 18일

일본의 항복 선언 후 불과 사흘 뒤인 1945년 8월 18일, 미 전쟁성 정보국은 비밀문건을 작성해 관련 부대에 전달했다. 한국 점령 임무를 부여받은 미 제24군단이 한국에 상륙하기 20일 전이었다.

비밀
극동지역 내 한국에서의 첩보 획득 대상과 목표 (WAR DEPARTMENT
INTELLIGENCE TARGETS IN THE FAR EAST(KOREA))
첩보 목표 1-158, 1945년 8월 18일.

파손이 심해 비닐커버에 보관되어 있던 미 전쟁성의 문서는 한국에서 비밀리에 긴급히 시행해야 할 첩보작전 대상과 목표를 구체적으로 제시하고 임무를 부여했다. 158개의 첩보 대상이 선정되었는데 선정 과정에서 미군은 물론 미국 정부 내 다수의 관련 기관들이 참여하고 공조했다. 미 국무성, 육군화학전단, 육군공병대, 연방공중보건국(Office of Surgeon General), 해외경제국(FEA), OSS(전략정보국), MIS(작전자료입력처)의 인명관리팀, MIS 경제팀, AAF(육군항공단), CWS(화학전부대), ALSOS(핵무기 등 첨단무기 조사처), 미 전쟁성 통신참모부 등의 요청과 조언을 취합했

극동지역 한국에서의 첩보 획득 대상과 목표. 미 정부와 미군 각 부서가 제시한 첩보 대상을 우선 가치의 정도에 따라 순위를 정했다.

고, 첩보 목표 수행기관은 MG(미군정)와 CIC(미군첩보부대)로 나누어 지정했다. 필요시 미국 정부 내 각 분야 전문기관이 참여하도록 했다.

첩보 목표 158개를 선정하고 목표마다 우선순위를 정하며 3단계로 분류했다. 첩보 1급은 정보의 가치로 미루어 가장 시급한 것, 2급은 가능한 한 조속히 탈취해야 할 중요한 것, 3급은 시급성과 중요도가 덜한 것으로 분류했다. 그러나 서둘러 작업한 흔적이 군데군데 나

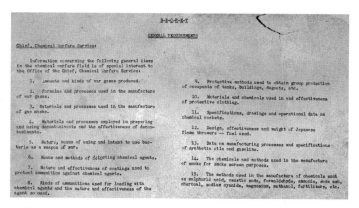

화학무기 관련 첩보 활동지시서. 화학무기의 현품 확보, 제조기술, 방호복, 해독물질 등에 대한 조사를 지시하고 있다.

타났다. 동일한 첩보 목표가 중복 제시되었고 우선순위도 서로 달랐다. 또 첩보 목표의 위치가 남한이 아닌 북한에 있어 사실상 수행 불가능한 내용도 포함되어 있었다. 미 극동군사령부는 이듬해인 1946년 7월, 극비로 희귀 자원의 대대적인 수색 및 탐사 작업을 전개했다.

미 전쟁성이 가장 시급하다고 판단한 한국에서의 첩보 우선순위 1급은 다음과 같다.

Target No.	Information Desired (In addition to remarks on cover sheet)	Priority	Possible Sources and/or Accessory Information	*Staff Section or Agency Responsible for Obtaining Information and Preparation of Report	Interested Agencies
1	Roster of government officials (Shokuinroku).	2	Provincial Government Police Divisions	MG	MIS Who's Who Br ONI STATE FEA OSS
2	Names of Koreans used by Japanese as secret agents.	1	Same as Target #1	CIC	Same as Target #1
3	Information on members of Korean and provincial government, prominent business and professional men, scientists and foreigners.	2	Same as Target #1	CIC	Same as Target #1
4	Information regarding collaborators and political prisoners.	1	Same as Target #1	CIC	Same as Target #1
5	Data on Korean Communist personalities, organizations and activities.	1	Same as Target #1	CIC	Same as Target #1
6	Names, locations, publications and list of members of political, ideological, economic, industrial, military and national defense societies.	3	Same as Target #1	CIC	Same as Target #1
7	Reports and correspondence regarding Korean anti-Japanese elements in Korea, China and Manchuria.	2	Same as Target #1	CIC	Same as Target #1

▌첩보 활동 대상 리스트에 따르면 최우선 순위로 한국인 밀정과 부역자 명단 확보가 잡혀 있다.

첩보 목표 번호 2- 우선순위 1급: 일본의 밀정(비밀 요원)으로 이용된 한국인 명단.

한국인 밀정 명단은 미 국무성, 전략정보국 등 5개 기관이 제각기 요구했으며 첩보 목표 획득 책임기관으로 미군첩보부대(CIC)를 지명했다. 이 자료를 획득할 수 있는 일본 측 기관으로는 총독부, 각 지방 경찰국을 제시했다.

> 첩보 목표 번호 4- 우선순위 1급: 친일 부역자와 정치범에 관한
> 정보.

역시 밀정과 동일한 기관에서 요구했고 첩보 획득을 책임지는 기관
은 CIC, 정보 획득 대상기관은 조선총독부, 도 경찰국이었다.

> 첩보 목표 번호 5- 우선순위 1급: 한국 공산주의자와 공산주의
> 조직 그리고 활동 상황에 관한 자료.

첩보 획득 책임기관은 CIC였다.

> 첩보 목표 번호 9- 우선순위 1급: 한국 거주 백계 러시아인들의
> 정치적 입장과 활동 실태.

역시 첩보 획득을 책임지고 수행할 기관은 CIC였다. 아마도 미국은
한국 점령 이전부터 소련과의 적대관계가 불가피하다는 판단을 하고
있었던 것 같다. 때문에 러시아의 공산화를 피해 일제 하 한국으로 이
주한 것으로 보이는 이들 백계 러시아인에 대해 주목했을 것이다.

> 첩보 목표 번호 16- 우선순위 1급: 총독부와 각 도에 근무하는
> 한국인 공무원 명단과 신상명세 입수.

첩보 목표 번호 17- 우선순위 1급: 한국인 유력 기업가, 전문인, 과학자, 외국인에 관한 정보.

한국 내 항만 시설 및 조선 시설 실태(처리 능력, 건설 및 보수에 관련된 기계 장비) 파악도 우선순위 1급으로 잡혀있었다.

그런데 경남 부산 소재 동물검역연구소 또한 첩보 우선순위 1급으로 지정한 것이 눈에 띈다. 작전 명령서는 우역(牛疫) 면역 관련 중대한 연구 성과에 관한 첩보 입수가 목적이라고 밝혔다. 그 기관에서 접촉할 대상으로 가끼야기(Kakiyaki), 나까니시(Nakanishi), 오이유미(Oiyumi), 나까무라(Nakamura)까지 관련 연구원으로 짐작되는 4명의 이름도 제시했다. 우역은 바이러스에 의해 발생하는 소의 전염병으로, 고열과 소화기 점막의 염증, 괴사, 심한 설사를 특징으로 하며 이환율과 폐사율이 거의 100퍼센트에 달한다. 아마 미군은 이곳을 일제의 생물학 무기 제조 및 연구에 깊게 관련된 기관으로 판단한 듯하다.

또 조선총독부 중추원의 한국인 구성원 명단과 신상명세 등도 첩보 우선순위 1급으로 분류했다. 중추원은 일제강점기 조선총독부의 자문 기관으로, 일제는 국권피탈 공로를 세워 일본으로부터 작위를 받은 친일 정객과 유력인사를 포섭해 중추원 참의 등의 명예를 주었다. 또 첩보 활동에 참가한 조직과 인물에 관한 기록 역시 1순위에 잡혀 있었다.

미 전쟁성이 작성한 한국 내 첩보 획득 우선순위 2급은 다음과 같다.

1. 한국과 중국, 만주에서 활동한 한국인 항일인사에 관한 보고서와 교신 내용.

2. 혁명단체 및 항일단체들의 성격과 세력, 활동 내용. 특히 한국 독립운동단체들.

3. 한국 내 유력 신문사 이름, 편집인 그리고 정치 성향.

4. 최근 한국의 인구통계조사에서 집계된 노동 인력 등에 관련된 통계자료.

5. 한국과 만주, 중국 해안 지역에 설치된 레이더 시설을 포함한 방위시설, 요새 등에 관련된 자료와 사진.

6. 전투정보와 관련 기관.

7. 전쟁물자 생산시설, 물자의 출처, 전쟁물자의 형태, 전쟁물자 비밀폐기장의 위치.

8. 전쟁용 독가스의 종류와 수량. 독가스 생산장소와 저장 위치.

9. 조선총독부의 식민통치 관련 보고서.

10. 일본 헌병부대 조직 그리고 위치에 관한 자료.

첩보 우선순위 3급은 자원에 관련된 대상들이 주를 이루었다.

1. 쌀과 보리, 밀 등 곡식 생산량, 비축량, 1938년 이후 일본에 반출된 곡식량에 관한 연간 통계.

2. 한국과 만주 내 정유 시설 및 생산량, 정유 처리기술, 시설의 위치, 원료.

3. (조선석탄산업주식회사) 석탄, 철광, 망간, 니켈, 텅스텐, 몰리부덴 채굴량과 탄광 위치. 정보 획득 예상 기관으로 일본탄광주식회사(Nippon Kogyo KK)를 특정했다.

4. 알루미늄광, 마그네사이트 등의 강금속 채굴과 정련량, 시설의 위치. 이에 관한 정보를 획득할 수 있는 기관으로 쇼와전력주식회사를 명시했다.

5. 화학무기 생산에 필요한 화학물질 생산시설과 위치. 대도리(Daito-Ri) 소재 조선화학산업주식회사(Chosen Nissan Kwagaku Kogyo KK)

6. 전쟁용 독가스 생산회사 및 생산량, 종류, 제조방법. 생산시설 위치. 물리화학연구작업소(Rikon Kegaku Koba), 위치 대동강(Daido River) 하구.

미 전쟁성은 각 분야 책임자와 전문가들의 첩보 획득 요청사항을 별도로 제시했다. 먼저 미 전쟁성 화학전국장(化學戰局長)은 ① 생산된 독가스의 양과 종류, 화학적 공식과 처리 과정 그리고 제조에 사용된 물질, ② 독가스 해독제 제조에 필요한 물질 그리고 제독제의 효능, ③ 생물무기를 사용할 의사가 있었는지와 해당 생물무기의 사용 방법, ④ 화학탄을 장전할 수 있는 총기의 종류와 화학탄의 위력, ⑤ 화학무기 탑재 로켓의 제원과 설계도, 운용자료 등을 요구했다.

전쟁성 공병감(工兵監)은 ① 일본군 대탱크지뢰 및 대인지뢰에 관한 모든 데이터, 특히 다양한 조건에서 지뢰의 안정성을 유지하고 폭발력이 보장되게 하는 방수용 퓨즈와 도화선의 제조 방법, ② 광선과 음파를 이용한 원격 지뢰제거 장비 개발에 관한 연구 성과, ③ 유도미사일 교란 장치, 대전차 장애물에 관련된 자료, ④ 냉장고와 에어컨 장비, 탐조등, 대형 절단기에 관한 자료, ⑤ 굴착기, 분쇄기, 크레인, 트랙

S-E-C-R-E-T

Office of the Surgeon General:

Information concerning the following items in the medical field is of special interest to the Office of the Surgeon General:

1. Drugs and biologicals; status of development and production.

    a. Sera and vaccine: Cholera, plague, typhoid, dysentery, meningococcus, diptheria, anthrax, tetanus, scrub typhus, typhus, tuberculosis, and use of compound vaccines.
    b. Vitamins, etc.
    c. Anti-malarial agents.
    d. Anti-amoebic agents.
    e. Anesthetics, sedatives and hypnotics.
    f. Autonomic drugs.
    g. Bacteriostatic agents (sulfonamides).
    h. Bacteriostatic and bacteriocidal agents (mold extracts).

2. Electro-medical and electro-surgical equipment; status, design, patents, production.

3. Hospital and technical equipment; design, patents, production, Surgical, dental and laboratory equipment.

4. Optical equipment; design, patents, methods of manufacture, production.

    a. Ophthalmic glass, lens grinding.
    b. Spectacles, materials, mode of distribution, materials used for frames.
    c. Artificial eyes.
    d. Modes of visual correction with gas masks.
    e. Microscopes, standard and folding models.

5. Plastics and alloys; insofar as they increase the efficiency of medical equipment or replace strategic material.

6. Control of climatic factors. The preservation of medical and surgical equipment in the tropics, with reference to preservation of surfaces, ventilation, containers, etc.

7. Disease control; with reference to modes of therapy, epidemiological techniques, vector control and other public health measures undertaken in the various diseases, especially

(cont.)

▌미국 정부는 전쟁무기 관련 첩보 뿐만 아니라 각종 전염병의 면역혈청과 백신 그리고 항생물질에 관한 첩보 입수에도 높은 관심을 보였다.

터, 불도저 등 일본의 건설 중장비에 관한 제원과 성능에 대한 데이터를 요구했다.

미 연방공중보건국장은 ① 개발 중이거나 생산 중인 콜레라, 림프절 페스트, 장티푸스, 결핵 등 전염병의 면역혈청과 백신, ② 이끼에서 추출한 항생물질 또는 살균물질, ③ 전자식 의료장비, 병원장비, 의학연구소 장치에 관한 설계도, 특허 생산품, ④ 안과 장비, 특히 안경과 현미경 관련 설계도, 특허 내용, 제조 방법, ⑤ 외과적 기술 분야 가운데 입체광학, 혈액 대체제, 두개골 손상 복원술 등을 요구했다.

미 전쟁성 통신국장은 ① 군사적·상업적 목적의 레이더 및 전자 장비, ② 사용 중이거나 개발 중인 레이더 탐지 방지 장치, ③ 암호 장비, ④ 일본이 개발 중인 근접신관 관련 자료, ⑤ 일본이 개발 중인 유도미사일 자료, ⑥ 일본 카메라 장비의 종류, 특별한 형태의 필름 현상 기술을 요구했다.

미 전쟁성이 작성한 한국 내 첩보 활동 세부 목표에 포함된 내용들과 첩보 활동 결과는 상당 부분 비밀 해제된 문서에서 발견된다. 미 국무성, 전략정보국 등 미군과 미 정부 내 여러 기관에서 요구했고, CIC가 첩보 입수 활동을 전담한 목표 가운데 우선순위 1로 분류된 다른 내용들 역시 비밀 해제된 문서를 통해 전체 또는 부분으로 나뉘어 공개되었다.

그러나 한국인 밀정의 명단은 아직 전혀 드러나지 않고 있다. 이에 대해 미국 국립문서보관소의 서지학자 에릭 반 슬랜더(Eric Van Slander)는 당시 CIC가 한국인 밀정에 관한 정보를 얼마나 완벽하게 획득했는가의 문제는 있을 수 있겠지만, 전혀 입수하지 못했을 가능성은 없다고 말했다. 관련 문건이 비밀 해제되었음에도 문건에 대한 분류 작업이 되지 않아 산적한 문서의 더미 속에 숨어 있을 가능성도 거의 없을 것이라고 말했다. 그는 오랜 경험으로 미루어 판단한다면 한국인 밀정과 관련된 비밀문건은 아직도 해제되지 않은 채 그대로 남아있을 것이며, 이것에 대한 해제 여부와 그 이유는 미 국무부 또는 국방부의 판단에 맡겨져 있을 것이라고 말했다.

| 2 |

미국이 바라본 분단의 득과 실
: 1945년 9월 24일

　1945년 9월 8일 인천 상륙을 마친 미군들은 이튼날인 9일 아침 2편의 기차와 200대의 트럭에 나뉘어 타고 서울에 도착했다. 오후 3시 45분 미 제24군단장 하지 중장과 제7함대사령관 토마스 킨케이드(Thomas C. Kinkaid) 제독은 일본 제17방면군사령관 고오즈키, 조선 총독 아베 노부유키 등으로부터 항복 문서 서명을 받았다. 오후 4시 30분, 총독부 정문 앞에 게양된 일장기가 내려지고 성조기가 올라갔다. 조선호텔과 반도호텔 등 주요 호텔은 곧바로 미군 고위층 전용으로 징발되었다. 조선호텔은 장군급 장교들의 전용 숙소로, 반도호텔은 고급장교의 숙소 또는 사무실 공간으로 할당되었다. 한국인들의 출입은 엄격하게 금지되었다. 미군의 점령이 시작됐다.

　하지 사령관은 한국에 진주한 직후 미 국무부와 맥아더사령부에 한국 실태 보고서를 제출했다. 아시아지역 전문가 베닝호프 미군정 정치고문은 이미 서둘러 보고서 작성 기초작업을 마치고 하지 사령관을

HEADQUARTERS
UNITED STATES ARMY FORCES IN KOREA
APO 235

25 September 1945

MEMORANDUM:

TO   :   All Staff Sections.

        In the interests of security, and to assure privacy in the residence sections of the buildings, the following regulations will be effective 1200, 25 September 1945.

        a. No Japanese or Korean, except workmen authorized and issued passes by the Provost Marshal, will be permitted in the Hotel buildings after 1800. If any native appears with a pass to see an officer, the officer will be notified by telephone and will come down to the door. No officer is author-ized to vouch for a native nor take one out of the hotel lobby. In the Hanto Office Building, an officer may conduct a native to his office, but must also bring him back to the door when his business is over.

        b. The Chosen Hotel is a residence for General Officers, and senior field grade officers. All other military personnel will be excluded from resi-dence and mess except:

        (1) Such officers of Military Government as are authorized to mess at the Hotel.

        (2) Men assigned for duty who have passes from the XXIV Corps Provost Marshal.

        (3) Native help.

        (4) Persons for whom special passes have been requested by of-ficers in residence at the hotel. This special pass will state the date and hour of entry into the building and will be requested prior to 1600.

        BY COMMAND OF LIEUTENANT GENERAL HODGE:

CRUMP GARVIN
Brigadier General, G.S.C.
Chief of Staff

▌1945년 9월 25일 미군장성 전용 숙소인 조선호텔에 대한 출입통제 강화를 지시한 주한미군사령부 문서.

기다리고 있었다. 〈한국 실태 보고서〉는 점령군 군대들이 이 나라를 둘로 쪼개 꾸려가는 것은 불가능하다고 경고했다. 남과 북이 따로 생존할 수 없기에 한국인들이 고통을 받을 뿐만 아니라 미국과 소련 양

점령국들도 큰 부담을 떠안게 될 것이라고 했다.

> 점령국 군대들이 한국을 둘로 쪼개 현격하게 다른 정책들을 공동 지휘 없이 따로따로 작동시킨다는 것은 불가능한 일입니다. 수도는 남한에 있고 모든 통신은 여기에 기반을 두고 있습니다. 한국의 남부 지방에는 곡물 주산지가 있고 북한은 석탄과 수력 자원의 대부분을 갖고 있습니다. 둘 중 어느 쪽도 독자적인 국가로서 작동할 수 없습니다.

이어 미국이 원하는 한국의 모습이 무엇인지 하지 사령관 자신조차도 모르고 있으며 매우 궁금하다고 질문을 던졌다.

> 본관은 한국인들의 앞날에 대해 아무런 정보도 갖고 있지 않습니다. 이 나라에 과연 어떤 일이 일어날 것인지 그리고 당장 닥친 군사적 필요에 따른 잠정적 분단이 아니라 점령 상태에서 거의 완전하게 분단하겠다면 그 같은 한국에 대한 해법은 무엇인지, 그리고 이런 일이 미국과 소련 두 나라 사이에 진행되는 것인지, 몇몇 연합국 간에 이루어진 것인지, 아니면 미국에 의해 채택되어 진행되는 정책인지에 대해 아무런 정보가 없습니다.

하지 사령관은 9월 24일 후속으로 보낸 극비 보고서에서도 한국을 분단해 거두는 실익에 대해 보다 근본적인 의문을 던지며 미국-소련 양국 합의에 따른 잠정정부 수립이 바람직하다는 의견을 제시했다.

미국에게 있어 '대한민국은 한반도의 절반을 차지한 가운데 공산 소련의 진출을 차단하는 미국의 군사기지를 지키는 존재'였다. 그러나 꼭 유지해야 할 군사기지인지 여부는 때에 따라 엇갈렸다. 미국은 한반도 남쪽의 절반에 해당하는 거점 유지를 위해 얼마만큼의 비용을 들일 것인지 항상 망설이고 저울질했다.

미국의 저울질은 1947년 7월 미 국무성과 전쟁성 사이에 진행된 주한미군 철수 논의와 1948년 10월에 작성된 CIA 보고서뿐만 아니라 1961년 케네디 행정부의 한국 관련 문서와 보고서 등에서도 끊임없이 확인된다. 비밀문서 곳곳에서 발견된 한국에 관한 미 국무성, 전쟁성, 미군정과 하지 사령관의 언급을 보면 미국에게 있어 한반도는 소련에게 넘겨줄 수 없는 지정학적 가치가 있는 존재였다. 그러나 미국-소련 간 합의에 따라 소련이 한반도의 일부를 차지하지 않겠다면 미국 역시 굳이 부담스러운 비용을 지불하며 다른 일부를 지켜야 할 이유는 없었다.

따라서 한반도가 양대 진영의 충돌을 막는 완충지대로서의 기능을 제대로 수행할 수만 있다면, 남북을 나누어 분할 점령할 필요도 없다는 미국-소련 간 공동의 인식이 형성될 수도 있었을 것이라는 추론도 가능하다. 실제로 서구 유럽의 부흥을 이끌어낸 '마샬 플랜'의 주도자 조지 마샬 미 국무장관은 오스트리아와 한국 두 나라를 '점령된 적국'이 아니라 '해방된 국가'의 독특한 지위로 분류했었다. 마샬의 구상에는 두 나라 모두 공산진영과 자유진영간 대립의 완충지대로 설정하는 안이 포함돼 있었던 것이다. 따라서 한민족이 선택하기에 따라 한국도 미국의 주도와 소련의 합의에 의해 오스트리아와 마찬가지의 길,

분단에 이은 참혹한 전쟁 대신 영세중립국의 길을 선택할 수 있었을지도 모른다.

그러나 오스트리아가 좌우합작에 성공할 수 있었던 중요한 요인으로, 현실을 직시하고 양보를 주고받으며 합리적인 타협을 이끌어 내는 좌우쌍방의 정치인들이 존재했다는 사실이다. 오스트리아는 1945년 연합국 4개국의 점령을 거쳐 1955년 영세 중립국의 지위를 가지고 독립주권을 회복하였다. 결코 독일과는 다시 통합하지 않을 것이며 영세 중립국으로 남는다는 조건 아래에서였다.

| 3 |

서울시민의 첫 민원과 사령관의 답장
: 1945년 10월 15일

하지 사령관이 한국에 진주한 이후 본인이 직접 처리한 첫 민원의 기록은 노인으로 짐작되는 한 서울시민의 탄원서였다. 한국 점령 한 달이 지난 1945년 10월 15일, 하지 사령관은 장문의 편지를 받았다. 서울시민 김면운(Kim, Myun Un)이 보낸 이 편지는 리차드 힐리 대위의 책임 하에 전문이 영어로 번역되어 1주일 만인 10월 22일 하지 사령관에게 전달되었다. 편지는 긴 인사말로 시작했다.

장군께서는 한국에 오신 이후 다방면에서 우리 국민을 위해 활동하고 계십니다. 진정 대단히 고맙습니다. 장군께서 보셨듯이 한국은 본래 박애와 홍익, 예의와 지혜가 넘치는 땅이며 이곳의 백성들은 부모를 공경하고 형제에게 우애하며 국가에 충성하고 상하 계급 간에는 믿음으로 대하고 있습니다. 그래서 우리 민족성은 매우 점잖고 선량합니다.

HEADQUARTERS UNITED STATES ARMY FORCES KOREA
Office of the A. C. of S., G-
Language and Documents Section
APO 235

Translation No. 140   22 October 1945
Foreword:
        Translation of letter in Korean to General HODGE.
Translation follows:

                                                      15 October 1945
To our dear Lt. General JOHN R. HODGE,

        Since you have come to KOREA, you have been working for us in all phases
of activity. We thank you very much. As you have seen here, KOREA is natur-
ally a land of humanity and justice, courtesy and wisdom, and all of the people
here think much of filial piety, brotherly love, loyalty, and credence from
the upper classes to the lower. So the popular feelings in this country are
very gentle and good.
        In ancient times there were some relations with other countries, but from
about fifty years ago, KOREA'S contacts became more numerous especially with
JAPAN and began to trade and to absorb other countries' civilization. JAPAN,
a country of militarism and monarchism, under the plea of helping KOREA, began
to interfere with the Korean Government, and in the course of time her oppres-
sion of KOREA became heavier. At last, she could unite our country with her.
Since then, she has treated our people as slaves, and never thought of the
welfare of our nation. Indeed we cannot express the anxiety we have suffered
for these past 36 years.
        Meanwhile, by the special help of God, JAPAN was attacked and destroyed
completely by the United States of America. Accordingly, thanks to your kind-
ness, our KOREA could arise from its past pain. Indeed, we cannot help thank-
ing you in the same light as we give thanks to God.

▎하지 사령관의 첫 민원 처리는 한 노인이 보낸 편지였다. 윤치호를 비롯한 친일파를 경계하라
는 내용이었다.

인사말을 건넨 김면운은 본론으로 들어갔다. 곧바로 친일파를 멀리
할 것을 충고하면서 그 예로 윤치호를 거명했다.

장군께서는 한국에 처음 오신 만큼 당신께서 대면하는 한국인들
을 통해서만 한국을 이해하고 계실 것입니다. (중략) 그런 인물 가
운데 한국 관리를 했던 윤치호라는 인물이 있을 것입니다. 그는
부유하고 원로로 꼽히고 있습니다. 젊어서 미국에서 유학했고 평
화와 정직함을 사랑하는 미국인들과 함께 공부했습니다. 그 같은
경력에도 불구하고 그는 일본인에게 매수되었습니다. 그 결과 과
거 그의 행적은 비열하고 맹종적이었습니다.

김면운은 미군정의 관리 임용에 대해 비판을 가했다.

옛 성인께서는 하찮은 농부의 말도 경청하셨습니다. 장군께서도
비록 식견은 짧지만 제 말씀을 참고해주시기 바랍니다. 요즘 경기
도청에서는 다수의 공무원에 대한 해임과 임용이 진행되고 있습
니다. 또 중앙청과 서울시청 각 국에서도 미군정 국장대리와 자문
역이 임명되고 있고 군수와 경찰서장도 임명되고 있습니다. 그런
데 이들의 임용 기준은 무엇입니까? 이들 일부는 국민의 존경을
받는 인물들이지만 대다수는 돈의 힘으로 국장 자리를 차지한
자들이며 또 다른 다수는 친일 인사들입니다. (중략) 친일파가 고
위직을 차지하니까 그 친일 관리의 추천으로 평소 가깝게 지내던
친일 세력 인물들이 잇달아 자리를 차지하고 있습니다. 대신 학
식 있고 성실하며 정직하면서 경력을 갖춘 인물은 아직도 선택되
지 못하고 있습니다.

김면운 씨는 친일파의 모함으로 오히려 참신한 공직자가 친일파로
몰려 해임되었다고 주장하면서 부당한 임용 사례들을 제시했다.

친일파 세력들은 처신이 능숙해서 미군정청의 미국인들도 그들에
게 속아 넘어가고 있습니다. 친일파들은 심지어 지금도 일제 통치
때와 동일하게 사회 곳곳에서 영향력을 행사하고 있습니다. 일제
때 총무국장이었던 현 서울부시장은 자신의 안일만을 추구했던
아주 나쁜 공직자였음에도 고위직을 차지했습니다. 어떤 지방 읍

장은 지난 8월 30일까지도 매일 정오 때마다 일본의 안녕을 기도 드렸던 인물입니다.

사령관 각하, 한국을 세심하게 살펴보십시오. 그리고 정직하게 다스리시길 바랍니다. 그렇게 하신다면 지난 36년 동안 일본과 친일 파들로 인해 고통을 받아온 우리들은 행복하기 이를 데 없을 것입니다. 제가 드린 말씀이 도움이 된다면 저의 행복일 것입니다.

하지 사령관은 10월 27일 답장을 보냈다.

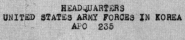

```
                    HEADQUARTERS
        UNITED STATES ARMY FORCES IN KOREA
                       APO 235

                               27 October 1945


    Kim, Myun Un,
    No. 5, Kosichung, Seoul.

    Dear Mr. Kim:

         I wish to thank you for your letter and to assure
    you that I deeply appreciate the interest you have
    displayed in bringing certain matters to my attention.

         However, before I can possibly take any definite
    action based on your information it must be more com-
    plete.

         If you will supply the names of the persons,
    specific facts, dates, places and acts to which you
    refer in your letter I shall be better able to use
    your advice as a guide and a help in making future
    decisions.

                 Faithfully,




                      JOHN R. HODGE,
                 Lieutenant General, U. S. Army,
                        Commanding.
```

▌하지 사령관은 답신을 보냈다. 친일파들의 행적에 대한 보다 객관적이고 자세한 정보를 정중하게 요청하고 있다.

친애하는 김면운 씨,

편지에 감사드리며 귀하가 몇몇 사안에 대해 관심을 갖고 본인의 주의를 환기해주신 데 대해 특히 깊은 감사를 드리고자 합니다. 그러나 귀하가 제공한 정보는 보다 완벽하게 보완이 되어야 합니다. 그 후 이를 근거로 단호한 조치가 취해질 수 있을 것입니다. 귀하가 편지에서 언급한 관련자의 이름과 구체적인 사실, 일시와 행위 내용을 알려주신다면 향후 의사결정에 귀하의 조언을 지침으로 삼을 수 있을 것입니다. 건승을 빕니다.

존 R. 하지, 육군 중장, 주한미군사령관

| 4 |

남북한의 숨길은 이어주어야 한다
: 1945년 12월 6일

미 전쟁성은 1945년 12월 6일, 조지 애치슨(George Atcheson) 맥아더사령부 수석정치고문관에게 긴급 비밀 전문을 보냈다.

비밀 긴급 처리

발신: 전쟁성

수신: 애치슨 미 극동군총사령부 정치고문관

참조: 하지 주한미군사령관

하지 주한미군사령관은 소련군과 한국의 분단으로 인해 파생된 문제들에 관해 자신은 협상 전권을 갖고 있는 반면, 소련 측 사령관은 그 같은 협상을 진행할 권한이 없다는 것을 알았습니다. 이로 인해 미국-소련 양국 사령관들이 방임하는 가운데 38선은 사실상 닫힌 국경이 되어버렸습니다. 그 결과 한국인들의 삶은 크게 지장을 받고 있습니다. 미군정과 소련 양측이 몇 가지 중요한 현안에 대해 조속하게 합의를 이루지 못하면, 남북한의 한국인 모두에게 적절한 절차를 밟아 독립을 부여해야 하는 미국-소련의 책임 수행은 심각하게 위협받게 될 것입니다. 따라서 하지 사령관은 다음 6개 항에 대해 합의에 이를 수 있도록 조속히 소련과 협상에 나서줄 것을 맥아더 총사령관에게 요청했습니다. 미군정은 신탁통치에 대해 논의하기에 앞서 남북 분단에 따라 한국인의 삶에 닥친 어려움과 제한을 없앨 수 있도록 모든 가능한 단계를 취해야 합니다. 또 앞으로 통합된 한국이 정상적인 발전을 하면서 정치적·사회적·경제적 단합을 할 수 있도록 허용하는 단계적 조치를 취해야 합니다.

하지 사령관의 긴박한 요청을 받아들인 전쟁성의 지시 내용은 매우 구체적이다.

귀관들은 원칙에서 후속 조항에 이르기까지 합의를 이루어내기 위해 소련 정부 측과 접촉하도록 다음과 같이 지시하는 바입니다. ① 소련 점령지역에서 미국 점령지역으로 석탄과 전력이 적정하게 규칙적으로 전달되도록 하겠다는 확약, ② 두 지역 간 철도교통 그리고 그 밖의 소통수단의 재개통, ③ 한반도 전역에 걸쳐 하나로 단일화된 재정 정책의 채택, ④ 바다를 통한 선적과 운송의 재개, ⑤ 일본인의 일본 송환을 포함한 난민의 질서 있는 정착, ⑥ 두 지역에 최소한의 필수품 거래가 가능한 정상적인 교역의 재개.

전쟁성은 이어 실질적인 효력을 발휘할 수 있도록 보장하는 구체적인 요구사항을 지시했다. 역사에서 가정(假定)은 무의미하지만 하지 사령관이 마련하고 미 전쟁성이 승인한 남북교류에 관한 미·소 합의안이 성사돼 실행에 옮겨졌더라면, '남북분단과 대결'을 향해 소용돌이치던 물굽이는 '민족 화합과 통일'로 방향을 바꿀 수 있었을지도 모른다. 비밀 전문은 계속되었다.

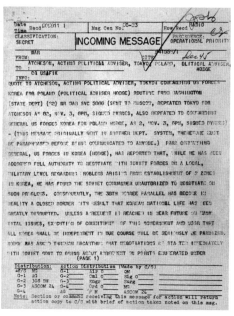

■ 미 전쟁성이 맥아더사령부의 애치슨 고문관에게 보낸 비밀 전문. 남북한 간 교류의 통로를 유지하도록 미소협상을 진행하라고 지시했다.

소련 측으로 하여금 동의하도록 압박해야 할 것이라고 판단되는 구체적인 요구사항은 다음과 같습니다.

① 분기마다 최소 24만 톤의 석탄을 남측에 공급하도록 할 것. ② 남측에 대한 전력의 지속적인 공급 확약을 받을 것. ③ 38선 경계를 넘어 오가는 철도 운행의 재개와 함께 철도 차량과 장비의 유지와 보수, 역무원과 기차 엔진의 상호 교류를 허용하는 조항을 마련할 것. ④ 금융기관 관리 방법, 외환과 상품에 대한 규제와 환율, 남북한 전역에 통용되는 표준화폐 등과 관련해 남과 북이 통일된 재정 정책을 채택할 것. ⑤ 현행 38선 경계를 현재

의 행정구역 획정과 일치하게 재조정함. 단, 경기도 전역은 미국 지역으로 넘기고, 황해도 전역은 소련 지역으로 넘길 것. 소련 측은 강원도 북쪽 지역을 포기하지 않지만 38선에 가장 근접한 곳의 경우 지방행정 획정에 맞게 남북으로 나누어 경계선을 조정함. ⑥ 전화, 전보, 우편배달은 방해받지 않고 상호 교류하고 이를 위해 우편의 상호 접수와 배달, 요금을 규정한 조항에 합의함. ⑦ 해상 운송의 재개 그리고 이를 가능하게 하는 항만 통제, 항해에 관한 규정에 합의할 것. ⑧ 소련 지역에 있는 일본 난민들이 미국 지역을 경유해 일본으로 귀환할 수 있도록 허용하도록 합의할 것. ⑨ 한국 이주민들의 자유로운 이동을 허용하며 자유로운 경제활동 역시 허용할 것.

전쟁성은 또한 이 요구사항은 최대치인 만큼 흥정을 통해 얻되 ①에서 ④까지, 즉 ① 석탄의 분기별 24만 톤 공급, ② 전력의 안정적 제공, ③ 남북한 철도 운행, ④ 화폐와 재정 정책의 통합은 꼭 성사해야 할 사항이라고 못 박았다. 또 이 비밀 전문에 따라 소련 측과 상호 협정을 체결할 수 있는 권한을 하지 주한미군사령관이 갖도록 허용하는 지침을 내릴 것을 맥아더총사령부에 지시했다. 또한 하지 사령관은 남북한 간 최소한의 통합을 유지하는 이상의 요구사항을 얻어내기 위한 보상으로, 남한에서 소련 측에 제공할 수 있는 상품을 제시할 수 있다고 밝혔다.

하지 사령관은 남측이 협상에서 소련 측에 제시할 수 있는 상품

Date				
Time	Recd	Msg. Cen No.		How Recd

CLASSIFICATION:

INCOMING MESSAGE

PRECEDENCE:

FROM:

CITE:

TO :

INFO: **3**

SPECIFIC REQUIREMENTS WHICH IT IS CINSIDERED 8/YV SOVIETS SHOULD BE PRES-
SED TO AGREE TO UNDER GENERAL TERMS OUTLINED FROM (1) THROUGH (6) ABOVE.

(1) DELIVERY OF MINIMUM OF 240,000 TONS OF COAL PER QUARTER TO
SOUTHERN AREA. (2) ASSURANCES OF CONTINUED PRODUCTION AND DELIVERY TO
SOUTHERN AREA OF ELECTRIC POWER. (3) RESUMPTION OF RAILROAD TRABFIC
ACROSS 38TH DEGREE BOUNDARY AND PROVISION FOR INTERCHANGE OF ROLLING
STOCK, MAINTENANCE AND REPLACE EQUIPMENT, CREW AND ENGINE. CVXOOYTDHEP
GKX71VQUZHUZXDRE. (4) ADOPTION FO UNIFORM FISCAL POLICIES IN RESPECT TO
METHODS OF HANDLING FINANCIAL INSTITUTIONS; RESTRICTIONS ABD R,TES OF
FOREIGN EXCHANGE AND COMMODITIES; STANDARD CURRENCY FOR ENTIRE COUNTRY.
(5) ADJUSTMENT OF PRESENT 38TH DEGREE CONFORM ADMINISTRATIVE LOCAL SUB-
DECISIONS, PERMITTING REESTABLISHMENT OF NORMAL GOVERNMENTAL ACTIVITIES IN
RURAL AREAS. (ALL OF KYONGSI DO SHOULD VE IN US ZONE AND ALL WANGHAE-DO
SHOULD BE IN SOVIET ZONE.IN ADDITION, OF SOVIETS WILL NOT RELINQUISH
NORTHERN KA H'WIO-DO, LINE SHOULD FOLLOW BY LOCAL AGREEMENT, ESTABLISHED
POLITICAL SUB-DIVISIONS NEAREST 38TH PARALLEL.) (6) PROVISIONS FOR
UNINTERRUPTED EXCHANGE OF TELEPHONE, TELEGRAPH AND POSTAL SERVICES WITH
MUTUAL ACCEPTANCE OF POSTAGE ABD RECIPROCAL COLLECTIONS AND APPORTIONMENTS

DY /TREATMENTENTION:	Action Distribution (Made by C/S)			
C/S MG	G-1	Air O	QM	
G-1 AG	G-2	Cml O	Sig O	
G-2 308 BW	G-3	Engr	Surg	
G-3 ASCOM 24	G-4	Ord O	MG	
G-4	AG	P M	ASCOM 24	

Note: Section or command receiving this message for action will return
action copy to C/S with brief of action taken noted on this msg.

REPRODUCED BY 64TH ENGR TOPO CO CORPS

▌미 전쟁성과 주한미군정은 남북 분단으로 인한 한국인의 고통을 덜기 위해 미소 간에 협의할 구체안을
마련했다.

의 종류와 양은 다음과 같다고 밝혔습니다. 1946년 1분기에 가용 가능한 양은 쌀 400~500만 뷔셸, 함량 80퍼센트의 몰리부덴 125톤, 흑연 3,750톤, 납 375톤, 50퍼센트 함량의 망간괴 2,550톤, 기타 남한에서 생산되는 광산 기계류와 생필품 등입니다.

이 전문은 또 이와 같은 지시 내용은 모스크바 주재 미국 대표부에도 전달될 것이라고 밝혔다. 그런데 전쟁성은 남북한 신탁통치가 조만간 실시될 것으로 낙관하고 있었다.

여러분도 아시다시피 미국 정부는 한국을 곧 독립시키는 것을 전제로 다국가에 의한 신탁통치 체제를 수립하고 조속히 한국에서 미군정을 끝내는 것을 선호하고 있습니다. 소련 역시 포츠담선언을 준수한다며 한국의 독립에 동의했습니다. 스탈린도 여러 차례 4대국의 신탁통치에 찬성한다고 언명했고, 유엔의 틀 안에서 신탁통치 협정이 진행될 것이므로 전쟁성은 그 협정 초안을 준비 중입니다. 참고로 그 초안을 전문으로 발송할 것입니다.

그러나 미 전쟁성은 주한미군정이 제시한 문제들의 해결이 시급한만큼, 신탁통치 협상에 앞서 즉시 현안 문제에 대한 협상에 들어가야 할 것이라고 거듭 강조했다.

이미 주지하는 바와 같이 미국−소련 양국 군에 의한 한국의 분단과 점령으로 남북한 간 연결이 단절되어 빚어진 사태에 대해 미

언론과 미국 국민들의 불만도 날로 증가하고 있습니다. 따라서 소련 총영사와 관계자들이 미군 지역 내에서 계속 활동하도록 허용하는 안에 대해 협상하는 것도 유용할 것입니다.

전쟁성은 이어 사안이 급한 점을 고려해 현재 워싱턴에 출장 중인 베닝호프 주한미군정 정치고문관으로 하여금 한국 귀국에 앞서 소련 측에 설명할 수 있도록 하는 것도 바람직할 것이라고 조언했다. 그러나 하지 사령관이 긴급 요청하고 전쟁성이 지시한 남북교류 협상지침은 작동하지 못했다. 남북한 간 우편물 교환이 성사되었을 뿐이다.

1946년 새해와 함께 신탁통치를 둘러싼 좌우대립은 날로 격화되었다. 미소공동위원회의 결렬과 함께 한반도는 요동쳤다. 한국의 정치 지도자들은 신탁통치를 둘러싼 대립에 몰입한 나머지 남북 분단의 지속에 따른 한국인들의 고통에 대해 달리 관심을 갖지 않았다. 북한이 남한에 대한 석탄 공급에 협조할 것인지, 또 전력을 계속 안정적으로 제공할 것인지, 남북한 간 단절된 철도가 어떤 불편을 초래하는지에 대해 한국의 정치인들이 대책을 논의한 기사는 없다. 민족적 동질성을 유지하고 남북 단절에 따른 경제적 고통을 덜기 위한 미군정의 선제적 노력에 대해 전혀 정보를 갖고 있지 않았던 것으로 보인다. 이 같은 노력들이 신탁통치를 전제로 진행되고 있다는 사실 역시 한국의 정치인들은 몰랐던 것 같다.

그런데 1945년 12월 6일 같은 날 〈동아일보〉는 이승만 박사의 움직임을 1면 머리기사로 보도했다. 〈보국금(輔國金) 2억원 기채. 이 박사 중심, 재계 동원〉이라는 제목의 기사였다. 이승만 박사는 해방된 지 두 달이 지난 10월 16일 귀국했다. 김구는 그로부터 한 달 후인 11월 23일 귀국할 수 있었다. 기사는 귀국한 뒤 50일이 된 이승만의 움직임에 관한 것이었다.

조선 재계의 유력자를 망라하야 보국기금실행위원회가 되엿다. 지난 3일 오후 7시 김홍량, 민규식, 김성권, 전부일, 조준호, 박기효, 강기하 씨 등 재계 거두 17명이 이승만 박사 비서 윤치영 씨의 초대로 돈암장에 회동하야 이 박사로부터 건국 촉성에 대하야 경제 방면으로서 적극적인 협력을 바란다는 요청이 있엇스며 국내 국외에 대한 완전 독립을 촉성하는 선전 사업이며 국내 창고에 적체해 잇는 물자의 인수 소화 등 거대한 자금을 요하는 사업인 만큼 이에 빗추어 보국기금실행위원회를 조직하자는 제안이 나와 위원장 김홍량, 부위원장 민규식, 위원 13인이 선출되었으며 기금 거출방법으로는 이 박사의 주선으로 군정청을 통하야 조선은행에서 2억원 한도로 차입하기로 하엿다 한다. 지난 4일 오후 2시부터 계속하야 위원회를 조선취인소중역실에서 개최하고 제반 구체적인 사항을 상의하엿으며 우선 당면한 필요한 자금을 각자가 부담키로 하야 김홍량 씨 외 8인이 10만 원씩 도합 90만 원을 거출키로 가결하엿다.

기사는 끝으로 돈은 외국에 사절을 보낼 때에 사용할 것이라고 보도했다. 재계인사들이 이승만 박사에게 정치자금을 마련해 제공하며,

이에 대해 이승만 박사가 미군정을 설득해 국내 창고에 쌓여 있는 일제 소유의 물자를 불하받을 수 있도록 앞장서 교섭하겠다는 내용으로 해석된다. 같은 날 〈조선일보〉도 같은 소식을 1면 머리기사로 보도했는데 〈동아일보〉와 동일한 기사에 비판적인 시각을 맨 뒤에 더했다. 〈동아일보〉는 언급하지 않았으나 〈조선일보〉가 더 보탠 기사다.

그런데 이 (보국기금실행)위원회의 구성 분자가 일본제국주의 시대의 소위 재계 거두이니 만큼 과거에 민족적으로 대소의 죄과를 범한 일도 만타고 단정하야도 조흘 것이며 그러한 부정재(不淨財)로서 가장 신성한 우리의 독립자금에 충용한다는 것은 큰 모독이라고 하지 안흘수 업슬 것이라고 하야 일반 여론의 동향이 가장 주목된다.

| 5 |

하지 사령관의 군 기강 바로잡기와 반발
: 1945년 12월 8일

1945년 12월 8일 미군이 한국에 진출한 지 세 달이 지났다. 하지 주한미군사령관은 인천에 주둔 중인 미 제24군수기지사령부의 길버트 치브스(Gilbert R. Cheeves) 사령관에게 군기강 해이에 대해 경고를 보냈다.

미국인들에 의한 총기 강도와 절도 행위가 특히 경인 지역에서 늘고 있습니다. 전국에 산재한 일본인 창고를 지키는 경비원들의 부적절한 행동도 다수 드러났습니다. 이런 일로 말미암아 미군의 점령정책이 크게 위협받고 있습니다.

경비원들이 한국인들로부터 뇌물을 받고 창고 털이를 눈감아주는 일이 발생하고 있는데 장교들의 부정 행위도 다수 발견되었다고 지적했다.

귀관에게 주어진 모든 권한을 동원해 그들이 망각한 우리 미국의 유산인 선량한 시민의식과 우리 특유의 높은 몸가짐에 대해 철저히 교육을 시행할 것을 요청하는 바입니다.

하지 사령관은 미 제24군수사령부에 보낸 공문의 사본을 전 부대에 발송했다. 그러나 반발은 거셌다. 부산에 주둔 중인 미 보병 40사단장 도날드 마이어스(Donald J. Myers) 준장은 1945년 12월 12일 예하 포병

■ 하지 사령관은 1945년 12월 주한미군 지휘관들에게 미군의 강도, 절도 행위 증가에 강한 경고를 했다.

대장 에드윈 한(Edwin A. Hann) 대령을 상대로 하지 주한미군사령관에 대한 불만을 쏟아냈다.

친애하는 한 대령,
24군단장이 보낸 편지 사본을 보내니 읽어보기 바랍니다. 하지 사령관은 도대체 이 일이 뭐길래 편지에 본인이 자필 서명을 해야 할 만큼 중하고 중한 일로 여기고 있으니 말이오.

마이어스 사단장은 범죄 성향이 있는 몇 명의 미군 때문에 양식 있고 믿음직스러운 수천 명의 병사들이 예절과 준법 교육을 줄곧 받느라 긍지에 상처를 입을까 걱정된다고 말했다. 그런데 여기에 또 납득할 수 없는 비극이 벌어지고 있다고 마이어스 준장은 비꼬았다.

우리 병사들이 마음속까지 범죄인은 아닌데 한번 발을 잘못 내딛어 체포되고 군사법원에서 심한 처벌을 받고 있으니 참으로 비극입니다. 본관은 두 명의 병사들을 면담했는데 한 명은 불명예 제대 조치되었고 다른 한 명은 단기 1년 장기 2년의 금고형을 선고받았습니다. 병사 한 명은 한국인으로부터 값도 안 나가는 시계를 빼앗았고 다른 병사는 몇 푼 안 되는 돈을 털었습니다. 이들 모두 교정 교육을 받았고 더구나 한 명은 곧 귀국을 기다리는 부인과 아이가 있다오. 이들 어느 누구도 범죄인으로 분류되어서는 안 됩니다. 한 명은 전공을 세운 병사입니다. 어째서 이들의 장래를 망쳐야 하는지 나는 도저히 이해하지 못하겠습니다. 이들이야말

▌ 마이어스 준장은 한국인을 상대로 강도 행위를 한 미군 병사를 처벌한 하지 사령관에게 공공연한 비난과 불만을 터뜨렸다.

로 지도와 면담으로 처벌을 끝내야 할 병사들입니다.

같은 날 마이어스 사단장은 하지 주한미군사령관에게 서한을 발송했다. 마이어스 사단장은 관련 범죄를 수사하던 중 미군들의 위신을 손상시키려는 조작 가능성을 발견했다고 주장했다. 아마도 그가 하지 사령관에게 강하게 전하고자 하는 것은 바로 이 부분이었을 것이다.

수사를 진행하던 중 해당 미군의 범행이 아니라 허위 신고인 경우도 있었고, 미군을 헐뜯기 위해 의도적으로 조작한 사례들도 있었습니다. 한국인들이 미군의 범행을 주장하고 나선 것은 사실인데 그런 뒤 그들은 자취를 감추어버립니다. 그래서 본관은 중요 범죄의 경우 관련 미군 병사에 대한 수사가 처리될 때까지 모든 목격자들을 끌어다 구금하라고 지시했습니다. 이렇게 하면 미군 범죄에 대한 허위 신고와 조작을 막을 수 있을 것입니다.

관련 수사가 끝날 때까지 목격자 전원을 구금하라는 마이어스 사단장의 지시는 당연히 역효과를 가져올 것이 명백했다. 한국인 목격자나 증인들은 신고를 하면 구금의 불이익은 물론 범죄 조작의 혐의까지 받게 될 위험이 따르기 때문이었다. 아마도 마이어스 사단장은 그같은 효과를 오히려 노렸고, 이는 하지 사령관의 지시를 무력화하는 지능적인 항명에 다름 아니었다.

| 6 |

미군정의 감청과 검열
: 1946년 2월 18일

미군정은 2월 13일 북에서 남하한 공산주의자인 이춘열이 박헌영에게 보내는 편지를 검열했다. 소련군이 북한을 점령한 이후의 정책에 북한 주민들이 실망하고 있다는 내용이 들어 있었다. 다음은 이춘열의 편지 내용이다.

소련군들이 북한 점령통치를 시작했을 때 인민들의 마음은 우리에게 유리하게 작용했습니다. 그러나 우리의 정책은 어떤 점에서 탄압적이었습니다. 때문에 영향력 있는 사람들 상당수가 남조선으로 피해왔으며 민심은 우리와 멀어졌습니다.

이춘열은 또 그 나름의 민심 회복 방안을 제시했다.

남북을 오가는 사람에게 관용을 베풀고 피난민에 대한 금품 갈

▌ 미군정 정보처는 공산주의자 이춘열이 박헌영에게 보낸 편지를 검열한 뒤 전문을 번역해 수뇌부에 보고했다.

취를 금하며 보안 서원들을 훈련시키되 선전선동으로 감화를 해야 합니다. 또 일제 밑에서 일했던 자라 할지라도 반역자나 악질 분자가 아니라면 손을 잡아 그들을 이용해야 합니다.

이춘열은 박헌영에게 즉시 북한에 측근을 보내 자신의 제안을 시행하도록 하라고 조언하면서 "이와 같은 조치가 즉각 흐트러짐 없이 시행되지 않으면 북한은 반동적인 민심이 압도하는 위험에 빠질 것"이라고 경고했다. 미군정은 또 대전에 주소를 둔 조원구라는 인물이 2월 18일 대한독립촉성국민회 의장인 이승만에게 보낸 편지를 포착해 검열했다. G-2는 그 내용을 자세하게 번역해 보고했다.

미국은 소련을 불신하고 소련은 미국을 불신하기 때문에 두 나라 모두 한국에서 철수하지 않을 것이라고 합니다. 또 4대국 정상들이 독립을 약속했음에도 한국은 둘로 나뉘어 있습니다. 그들은 한국의 심장을 둘로 갈라 담을 쌓아놓고, 일부 한국인들의 도움을 받아 그들의 이념을 제각기 선전하기 시작했습니다.

조원구는 이 때문에 한국인들은 두 패로 나뉘어 서로 죽이고 있으며 한국의 독립이 아니라 파멸을 가져오고 있다고 주장했다.

차라리 한국을 분단하지 말고 한국을 패전국으로 간주해 점령해서, 해마다 배상금으로 전쟁 비용을 미국-소련 두 나라에 지불하도록 하고 혹시 한국이 필요할 경우 협조를 요청하도록 하는 것이 낫겠습니다.

아마도 조원구는 이승만이 남한단독정부 수립 주장을 구체화하기 전이었기 때문에 이승만의 입장을 제대로 파악하지 못한 것으로 보인다. 미군정은 검열과 도청을 범죄혐의 포착에 적극 활용했다. 어떤 경우에는 입수 즉시 수사진이 현장에 투입되기도 했다.

1946년 2월 21일 서울 서대문구 연남정(SHOROKU, ENAN-CHO) 06에 거주하는 박용기와 고재덕(303 SANYO-RU, YONAN), 두 사람의 통화를 감청하던 중, "화약 파는 곳을 알아냈다. 즉시 서울로 오라"는 통화를 확인하고 수사에 착수했다고 보고했다. 또 경남 마산시 자산동 42번지에 주소를 적은 이복치라는 인물이 다량의 아편을 가지고 있다는 내용의 편지를 발송한 사실을 서신 검열을 통해 확인하고, 마산 현지에서 대대적인 수색을 펼쳤으나 편지 주소에 적힌 인물이 거주하지 않았다고 보고했다.

미군정의 정보 보고에 따르면 정치인에게 보내는 편지의 경우에도 민감한 내용들은 쉽사리 노출되었다. 일반 국민뿐만 아니라 지도층 인사들조차 그 당시에는 전화 감청과 서신 검열을 당할 수 있다는 사실을 인식하지 못하고 있었던 것 같다.

서신 검열에 따르면 박헌영을 추종하는 공산주의자 이춘열은 남북 왕래를 허용하고 일제 밑에서 일했던 사람도 악질분자가 아니라면 그들도 포용하자고 박헌영에게 강변하고 있었다. 또 이승만 박사의 우익인사인 조원구는 분단된 조국보다는 차라리 패전국으로 처리돼 배상금을 내더라도 하나 된 나라가 차라리 더 낫다고 강조하고 있었다. 좌우로 나뉜 이들은 민족의 분열과 분단은 피를 부르고 파멸을 가져온다고 꿰뚫어 내다보고 있었던 것이다. 그러나 공산주의자 이춘열과 우익민주진영인사 조원구의 그 후 발자취는 아직 찾지 못했다.

미군정의 우편검열과 전화도청은 광범위하고 신속했다. 귀국한 광복군들의 동향은 주요 사찰대상이었고, 미군정은 광복군들이 주고 받는 편지를 빈틈 없이 검열했다. 1946년 12월 18일 미군정 G-2 정보 보고는 대전시 천일로 (CHUN-ILRO) 2가 82에 주소를 둔 광복군단체가 〈화랑〉이라는 이름의 월간지를 일제히 발송했는데 발송일자가 광복군 해체령이 내려진 지 7일이 지난 시점이라고 보고하고 있다. 또 월간지의 이름 〈화랑〉은 고대국가 신라의 엘리트 무사집단을 가리킨다며 그 유래를 소개하기도 했다.

| 7 |

'해방된 국가의 권리와 관습을 존중하라'
하지 사령관의 긴급 명령
: 1946년 3월 3일

하지 주한미군사령관은 1946년 3월 3일 주한미군 전 부대에 긴급
전문을 보냈다.

미군의 범죄 행위를 줄이기 위해 본관은 다음과 같이 명령합니
다. 한국 경찰은 한국 전역에 걸쳐 미군이 한국인을 상대로 살
인, 과실치사, 강간, 강간미수, 범죄성 폭행, 강도 등의 범죄를 저
질렀을 경우 미국의 법 집행기관을 대표하는 자가 입회하지 않은
가운데서도 미군을 체포할 수 있습니다. 그리고 위에 언급된 중
범죄를 저지른 혐의로 체포된 미군의 신병은 가능한 한 최단 시
간에 미군 당국에 넘길 것을 명령합니다. 사소한 비행은 이번 명
령에 해당되지 않습니다. 이 명령에는 한국 경찰이 각각의 상황
에 맞게 필요할 경우 체포 구금을 위한 강제 수단을 사용할 수
있는 권한도 포함됩니다.

하지 사령관은 다시 세 달 뒤인 1946년 6월 3일 담화를 발표했다. 이번에는 마치 정복자가 된 것처럼 행동하는 일부 미군의 우월의식에 대한 경고였다.

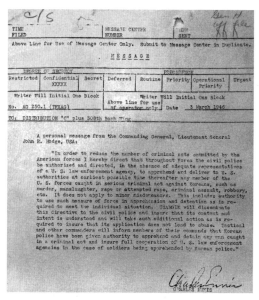

하지 사령관은 살인, 강간, 강도 등의 범죄를 저지른 미군에 대해 한국 경찰이 단독으로 체포하고 필요한 긴급조치를 할 수 있도록 허용하는 명령을 발표했다.

마치 위대한 정복자인 것처럼 해방된 국가의 권리와 관습을 마구 짓밟는 행위는 가장 위험한 것입니다. 이따위 마음가짐은 전쟁터에서 총탄이 오가는 전투를 치르고 빛나는 전공을 세운 진정한 미국의 병사들에게 있을 리 없습니다. 오히려 총 한 방 쏘지 않은 신참병들이 저지르는 짓일 것입니다.

하지 사령관은 미군들에게 한국의 관습을 익히고 한국인들을 존중하라고 설득했다.

한국인 집 안에 들어갈 때에는 신발을 벗어야 합니다. 한국 여성의 손을 잡지 마십시오. 품위 있는 한국의 젊은 여성과 사람들이 오가는 길을 나란히 걷지 마십시오. 그 여성은 품행이 나쁘다는 평을 받아 이웃과 어울리기 힘들게 되고 미군 병사는 한국인들의 적대감을 불러일으킬 것입니다.

한국인의 겸손함을 굽실거리는 것으로 오해하지 말라고 충고하기도 했다.

한국인은 고개 숙이고 공손하게 말합니다. 겸손하기 때문이며 어떤 혜택을 받고자 손을 비비는 것이 아닙니다. 한국은 민족성을 지켜온 4,000년의 역사를 갖고 있으며 겸손하고 친절하지만 대단한 자부심을 갖고 있습니다. 자칫 오판하면 크게 후회하게 됩니다. 너무 지나치면 칼끝과 몽둥이 세례를 받을 것입니다.

하지 주한미군사령관은 1947년 1월 7일, 24군단 산하 사령관 전원에게 메모 형식의 지시를 했다.

개인이든 집단이든 한국에 대해 공개적으로 모욕을 가하는 것은 주한미군 장병으로서는 절대로 취할 자세가 아닙니다. 한국인들은 완벽하지 않습니다. 미국인도 또 다른 나라 국민 역시 완벽하지 않습니다. 그런데 한국인에 대한 우리의 처신이 상상하는 것 이상으로 우리의 임무 수행에 큰 해를 끼치고 있습니다. 한국인들과 보다 개선된 관계를 유지할 수 있도록 우리 장병들이 한국인들에 대해 좀 더 인내하고 배려하도록 지휘권을 행사하기를 기대합니다.

그리고 이튿날 미 제7보병사단 로저 윅스(Roger M. Wicks) 준장에 대해 강한 경고 조치를 내렸다. 미군속(美軍屬)이 체포되는 현장에서 내뱉은 발언이 문제가 되었다.

미 제24군단사령관실, 1947년 1월 8일.

제목: 경고

경유: 미 제7보병사단사령관

발신: 존 하지 육군 중장, 주한미군사령관

수신: 로저 윅스 준장

1. 조사에 따르면 지난 12월 10일 전쟁성 군속 리차드 로빈슨이 24군단사령부에서 근무 중 교통 규칙을 위반했고 이에 대한 체포가 진행되고 있는 가운데 귀관은 그의 위반 행위가 사소한 일이며 전쟁성 군속들의 반발을 불러올 것으로 믿는다는 등의 언동을 했다. 민간인 군속을 관리함에 있어 특히 신중했어야 했고 귀관 스스로 격분하지 않도록 자제했어야 했다. 또 사안을 그릇 판단해 동요가 일어나지 않도록 귀관의 공적인 능력을 발휘했어야 했다.
2. 귀관에게 주어진 임무를 수행함에 있어 발언이나 행동으로 비난하는 일이 없도록 행동을 자제할 것을 경고한다.
3. 이 경고 서신은 귀관의 근무 평가에 반영되지 않는다.

1947년 4월 15일, 하지 사령관은 러치 미군정장관에게 지침을 전달했다. 미군 법정 대신 한국 법정이 재판을 전담한다는 소문에다 이를 추진한다는 한국 언론의 기사까지 나돌았기 때문이다. 하지 사령관은 자신에 대한 음해성 풍문으로 파악했다.

미군정의 군사법정 재판 업무를 한국 법정이 대신하는 것을 검토하고 있다는 것에 대한 나의 견해를 밝힙니다. 이는 지나치게 대폭적인 조치입니다. 이 일은 점진적으로 진행해야 합니다. 궁극적으로는 한국인들 자신의 일은 그들이 처리해야 한다는 것은 당연합니다. 한국인 간의 다툼, 한국인과 정부 간 사소한 분쟁은 한국 법정에서 다루도록 하는 것이 적절할 것입니다. 미국인에 대한 절도 행위 공격 등은 미군 법정에서 처리해야 합니다. 한국 법정이 모든 재판을 맡아 처리한다는 풍설은 악선전이며 미군에 대한 선동일 것입니다.

주한미군의 군 기강을 둘러싼 하지 사령관과 휘하 장군들 간의 마찰은 워싱턴으로까지 번졌다. 하지 사령관이 이 때문에 매우 어려운 처지에 빠져 있음을 보여주는 문건이 곳곳에서 발견된다. 주한미군 장병들은 힘든 근무여건 등 갖가지 불만을 고향의 부모에게 보내는 편지를 통해 터트리기 시작했다. 불만 가운데에는 한국인에 대한 인권 침해에 관련된 행위에 대한 엄벌도 포함되어 있었다. 하지 사령관의 서류파일에는 병사들의 부모단체가 보내온 호소와 항의가 섞인 편지들이 들어있었다. 병사의 부모들은 언론과 워싱턴의 정치인들을 움직이기 시작했고, 결국 아이젠하워 육군참모총장이 나섰다.

1947년 3월 21일 아이젠하워 육군참모총장이 맥아더 미극동군사령관에게 긴급 비밀전문을 보냈다. 아이젠하워 참모총장은 이 전문을 맥아더가 친히 열어볼 것을 요구하고 있었다. 두 사람 모두 2차세계대전의 전쟁영웅이며 아이젠하워는 1944년 12월 20일, 맥아더는 1944년 12월 18일 최고 계급인 육군 원수가 되었다. 아이젠하워는 1953년 1월 트루만대통령에 이어 미국의 34대 대통령으로 취임했다.

> 의회는 한국의 불만족스런 상태에 대한 질문과 그에 관한 답변을 전쟁성에 요구하고 있습니다. 의회의 관심은 병사들의 편지에 대부분 근거하고 있으며, 상당 부분 널리 보도되기도 했습니다. 대부분의 불만사항들에 대한 해답은 하지 사령관으로부터 입수된 정보로 충분하게 해소된 듯 하지만 사실은 불충분합니다. 의회는 전쟁성 장관 또는 미 의회에 구성된 조사위원회는 공식 조사를 하도록 하자는 요구를 제기할 가능성이 매우 높습니다. 불만의 대부분은 주한미군의 생활여건과 급식, 의복, PX물품의 공급 등에 관한 것들입니다. 전쟁성과 미 극동군사령부에게 가장 바람직한 경우는 불만을 제기한 민간인들과 정부기관에 정확하고 세세한 정보를 제공해 의회가 공식행동에 착수하려는 움직임을 사전에 무산시키는 것입니다.

아이젠하워 참모총장은 '불만의 대부분은 생활여건, 급식, 의복, PX물품 등에 관한 것'이라고 밝히고 있다. 그러나 불만의 한 부분에는 한국인에 대한 미군범죄와 인권침해를 둘러싼 하지 사령관과 휘하 미군

장성들과의 심각한 갈등 그리고 이에 대한 미군장병들의 불평이 포함됐음이 분명하다. 하지의 주한미군사령부는 앞서 미 연방정부의 근로조건 감사에서 미군과 군속들의 근무여건이 나쁘다는 지적과 함께 개선을 요구하는 공식서한을 받기도 했다. 이에 대해 하지 사령관은 전쟁성을 통해 반론을 제기하며 격렬히 항의했었다.

아이젠하워 참모총장은 철저한 조사를 벌이되 미 극동군사령부에서 조사에 착수하기 어렵다면 육군성에서 직접 조사할 것이라고 엄포를 놓고 있었다.

> 본관은 이 사안이야말로 귀관의 사령부가 철저한 조사에 착수해야 할 만큼 매우 중요한 일이라고 믿고 있습니다. 귀관이 육군성 수사처에서 조사하기를 선호하고 귀관이 정식으로 추천한다면 그렇게 할 것입니다. 이 문제에 관해 이미 하지 사령관과 논의했으나 이 문제는 물론 귀관의 승인사항이기도 합니다. 본관이 판단하건대 귀관은 워싱턴과 도쿄에서 정직하고 완벽하다는 평가를 받고 있고, 이 조사를 맡아 능력을 맘껏 발휘할 수 있는 적임자를 이미 곁에 두고 있을 것으로 믿어 의심치 않습니다.

1947년 12월 19일 마샬 국무성 장관은 하지 사령관에게 친서를 보내 미군 철수 결정 사실을 공식 통보했다. 친서에서 그는 하지 사령관에게 제기됐던 민원과 불만으로 입은 마음의 고통을 충분히 이해한다고 위로하면서 주한미군사령관 유임 사실을 알렸다. 마샬은 국무성

장관을 맡기에 앞서 전쟁성 장관을 역임했으며 육군 원수이기도 하다. 여기 더해 유럽부흥계획, 마셜플랜의 주창자이기도 하다.

한국인 인권에 대한 정책을 둘러싼 하지 사령관과 휘하 군 장성과의 갈등, 그리고 미군범죄 엄벌에 대한 미군장병들의 불만은 워싱턴 정가에서도 뜨거운 이슈였고, 이승만 박사와의 갈등과 더불어 하지 사령관을 옥죄고 있었다.

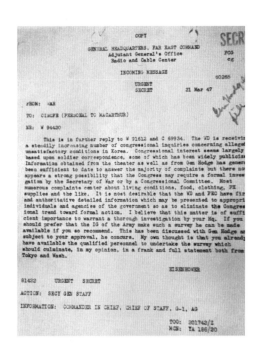

아이젠하워가 맥아더에게 보낸 전문. 주한미군의 사기 저하와 불만에 관한 조사에 착수할 것을 지시했다.

하지 사령관이 1948년 8월 17일 주한미군사령관직을 떠난 후 2년도 채 못돼 한국전쟁이 발발했다. 그의 정치적 역량에 대해서는 부정적인 평가가 앞서고 있다. 그러나 예전이나 지금이나 군인으로서 존 리드 하지 중장에게는 조지 패튼 장군과 필적하는 야전(野戰)의 명수이며 군인 중의 군인이라는 칭송에 가까운 평가가 이어지고 있다. 그가 제3군사령관을 맡고 있을 때 한국전쟁이 발발했으나 한국전쟁에 투입되지는 않았다. 이승만 대통령과의 불편한 관계가 고려됐다고 한다. 1952년 육군대장에 진급해 미 육군 지상군사령관을 맡았고 1953년 전역했다. 그는 1963년 2월에 사망했다.

| 8 |

민심의 향방을 파악하기 위한
미군정의 여론조사
: 1946년 3월 8일

미 극동군총사령부, 즉 맥아더사령부는 1945년 9~10월 2개월에 걸친 〈일본과 한국의 비군사 분야의 동향에 관한 요약 보고〉를 통해 한국 내 검열과 도청, 여론조사에 대해 언급했다. 맥아더사령부는 보고에서 미군정 시작과 동시에 신문과 라디오 등 언론에 대한 검열을 실시하고 있다고 밝혔다. 미군정은 또 여론조사 기능을 갖추고 여론과 정보수집을 하고 있다고 보고했다.

주한미군정이 초기에 실시한 여론조사에서 파악한 한국인들의 관심사와 불만사항은 다음과 같았습니다.
1. 미군정이 아직도 일본인 관리들을 보좌관으로 데리고 있는 사실.
2. 중경임시정부의 귀국.
3. 물가통제 체제의 구축과 강제이행 조치.
4. 외딴 지역에 미군정 병력이 배치되지 않은 것.

5. 북한 실태.

6. 미군정에서 일하는 통역에 대한 불신.

7. 농지분배.

미군정이 실시한 여론조사 가운데 눈길을 끄는 것이 있다. 한국의 정치지도자들에 대한 지지 성향 조사이다. 이승만과 김구, 김규식, 조만식, 여운형이 조사 대상이었다. 1946년 3월 8일, 미군정 정보처가 작성한 정기 보고 문건은 강원도 전역에서 실시한 여론조사 결과를 보고하고 있다. 그러나 조사 방법과 규모에 대해서는 구체적으로 언급하지 않았다. 전화를 이용한 조사는 불가능했을 것이므로 직접 면접 조사였을 것이다.

> 면접 대상자의 60퍼센트는 우익, 40퍼센트는 좌익이었습니다. 이승만은 보수 성향의 100퍼센트, 전체 조사자의 70퍼센트가 지지했고 김구는 보수 성향의 90퍼센트, 전체 조사자의 60퍼센트가 지지했으며 김규식은 보수 성향의 80퍼센트, 전체 조사자의 50퍼센트 지지, 조만식은 보수 성향의 80퍼센트, 전체 조사자의 50퍼센트 지지, 여운형은 보수 성향의 10퍼센트, 전체 조사자의 30퍼센트가 지지했습니다.

또 1946년 2월 25일의 미군정 정보 보고는 정당 등록 의무화에 대해 148명을 대상으로 면접 조사를 실시했는데, 62퍼센트가 찬성을 했고 30퍼센트는 비판적이었으며 8퍼센트는 응답을 하지 않았다고 밝혔다. 다음은 조사 결과다.

```
                              Exhibit 2
                            (for reference)

To: Dr. Kiusic Kimm
    The Chairman of the Interim Legislative Assembly
    of South Korea

Dear Dr. Kimm:

        We submit to you for your information the following
report obtained from a general survey of the public opinion
in the city of Seoul.

                        REPORT

QUESTION: WHAT METHOD DO YOU DEEM TO BE DEMOCRATIC IN
          PRACTICING THE LAND REFORM POLICY IN SOUTH KOREA?

ANSWER: (Transcription from the original shorthand record)

    1.    By "democratic practice" is meant the abolition of the
    feudalistic system of control of farm, the confiscation
    of these properties free to farmers, who constitute the
    the majority of the Korean people.

        National stabilization and rehabilitation may be expected
when the farming class, as contrasted with the minority who are
land owners, become more prosperous.

        The enemy lands which are owned by traitors and pro-
Japanese are of course to be confiscated without any compen-
sation and given to farmers free; and the rest owned by Koreans sho
should be bought by the Government at the minimum price, th us
insuring and improving their livelihood.

        In case this policy is put into realization, the Gov-
ernment may meet some financial difficulties.  The Government
can, however, overcome them by adapting some proper tax system.
If put in force, this land reform policy will eventually benefit
the political coalition movement, which is, at present time,
making slow progress.  This policy will also have a vital and
idealistic meaning in the establishment of a unified Govern-
ment. (20 o/o)

    2.    Confiscation of the farm lands without compensation,
and free distribution. (20 o/o)
```

▌ 미군정은 토지개혁에 관한 여론조사를 실시했다. 일본인과 친일파의 토지는 무상몰수 무상분배, 한국인 지주의 토지는 최저가 매입 후 분배가 절대 다수였다.

1. 현 정치 상황이 혼란스러운 만큼 등록제는 적절하다, 56퍼센트.

2. 다시 또 강제로 등록해야 하므로 부적절하다, 10퍼센트.

3. 좌파에 큰 타격을 줄 것이다, 9퍼센트.

4. 일제 치하 평화유지법과 유사하다, 8퍼센트.

1947년 4월 17일, 하지 사령관은 김규식 남조선과도입법회의 의장에게 업무 협의를 위해 만나자는 제의를 담은 서한과 함께 여론조사 결과를 동봉했다.

김 의장님, 서울시에서 최근 실시한 종합 여론조사 결과를 보고받았기에 전해드립니다. 참고하십시오.

〈보고〉

질문: 남한에서 토지개혁을 실시하는 데 있어 어떤 방법이 민주적이라고 생각하십니까?

답변:

1. 민주적인 실행은 농촌을 지배하는 봉건적 체제를 폐지하는 것으로, 봉건적인 체제 아래 있는 토지들을 몰수해 한국 국민의 다수를 차지하고 있는 농민들에게 무상으로 나누어주는 것입니다. 국가 안정과 부흥은 소수인 지주들과 대비되는 농민 계급들이 보다 더 풍족해지는 것입니다. 반역자와 친일파 등이 소유한 적산토지는 아무런 보상 없이 농민들에게 무상으로 분배해야 하며, 한국인 소유의 토지는 정부가 최저가에 매입해 농민들의 삶을 보장하고 개선해야 합니다. 이 정책이 실행에 옮겨지면 정부가 재정난을 겪게 될 것이지만, 적절한 세제 도입으로 극복할 수 있을 것입니다. 토지개혁이 실행되면 현재로서는 서서히 진전되겠지만, 결과적으로 정치적 단합에 큰 도움을 줄 것입니다. 이 정책은 또 통일 정부 수립에도 생동력 있고 이상적인 의미를 안겨줄 것입니다.(80퍼센트가 같은 의견)

2. 토지의 무상몰수와 무상분배.(20퍼센트 지지)

미군정은 중요한 현안에 대해 수시로 여론조사를 실시해 민심의 향방을 파악했다. 일부 학자들의 주장대로 미군정이 추진하려는 정책을 합리화하거나 여론을 이끌려는 수단으로 활용했을 가능성은 당연히 있다. 그러나 미군정의 정책에 부정적인 반응을 보인 조사 결과가 다수를 이루고 있는 것으로 미루어 조사 방법과 결과를 왜곡했다고 보기는 어려울 것 같다. 토지개혁의 경우 비협조적인 자세를 보이던 한민당계 정치인들에 대한 압박 수단으로 활용할 수는 있었을 것이다.

| 9 |

사라진 3인의 한국인 전범
: 1946년 3월 20일

1946년 3월 20일 도쿄에 있는 미 육군태평양지역총사령부는 주한 미군사령부에 한국인 전범 3명을 넘기겠다고 통보했다. 그런데 그 전 범들이 머물고 있는 곳은 군 교도소가 아니라 도쿄의 중심가에 있는 격조 있는 호텔이었다.

아래 이름의 한국인 죄수들을 전범으로서 재판을 받도록 하기 위해 일본 도쿄에 있는 마루노우치호텔에서 미 제24군단사령부까 지 수송할 것을 명령하는 바다. 이들 전범들은 미 제1기병사단사 령부 존 바이어스(John Byers) 소위가 별도의 출장 명령을 받아 호 송한다.

이어 이들 전범들을 군용 수송기편으로 이송하라고 명령했다.

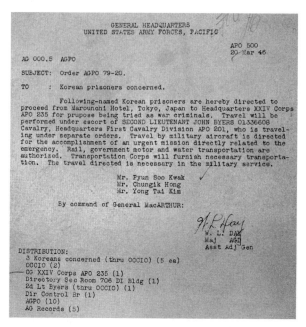

┃ 맥아더사령부는 1946년 3월 20일 도쿄 마루노우치호텔에 숙박 중인 한국인 전
  범 3명을 군 수송기 편으로 한국에 긴급 호송할 것을 주한미군과 해당 부대에
  지시했다. 그러나 이들 3명의 행방은 그 후 밝혀지지 않았다.

군 항공기로 이송하도록 명령한다. 위급 상황과 관련된 시급한 임
무를 수행하기 위함이다. 철도와 정부 소유 자동차와 해상 운송
역시 이용할 수 있도록 허가한다. 수송 관련 부대들은 필요한 수
송수단을 마련해 제공하라. 이번 명령에 따른 수송은 군사활동
의 필요에 의해 진행되는 것이다.

그리고 수송 대상인 전범 3명의 명단이 적혀 있었다. 전범이 분명한
데도 군인 신분이 아니다. 그리고 그들의 이름 앞에는 'Mr.'를 붙여 전
범답지 않게 인격적인 예우에 신경을 썼다.

Mr. Pyun Soo Kwak   곽변수

Mr. Chungik Hong   홍중익

Mr. Yong Tai Kim   김용태

맥아더 장군의 명령에 따라

W. L. 데이(W. L. Day) 소령, 부관부 부참모

이들은 누구인가? 한국으로 이송된 것으로 미루어 이들의 범죄행위가 이루어진 곳은 한국이었던 것으로 짐작된다. 먼저 생각할 수 있는 것은 전쟁포로 관련 범죄다.

미 전쟁성은 일본이 항복하기 전인 1945년 7월 21일 태평양지역의 군단과 산하 부대 단위 별로 각각 전범 관련 부서를 설치하라고 지시했다. 군법무관과 해당 부대 통신장교는 상시 연락 체계를 구성하라고 명령했다. 그리고 구체적인 임무를 지시했다.

해방된 포로수용소의 상태, 구조된 미군 포로들의 상태를 사진과 동영상으로 채증하는 한편 부당한 처우, 학살, 방치 여부에 대해 조사가 필요하다.

이에 따라 하지 중장의 제24군단은 한국에 진주하기 전에 이미 전범 관련 문제를 주관하는 조직을 신설하고 전범에 대한 조사계획을 마련해놓고 있었다. 주한미군사령부는 한국에 진주한 지 15일 만인 1945년 9월 23일 서울포로수용소장 노구치 야스루 대령과 인천포로

수용소장인 고주로 오까자끼 중령 등 33명을 전범 혐의로 체포했다. 이들은 포로 학대, 살인 혐의로 체포되었다. 전범 혐의자 가운데 18명이 중위 이상의 장교였으며 원사를 포함한 하사관이 10명이었고 나머지는 사병과 포로 경비를 맡았던 민간인 군속이었다. 일본으로 도주하거나 행방을 알 수 없는 4명에 대해서는 수배 명령을 내렸다.

주한미군사령부의 전범 수사는 매우 신속하고 광범위하게 진행되었다. 인천과 서울 2곳의 포로수용소에 근무하고 있거나 근무했던 250여 명의 명단을 모두 확보했다. 일본군 대령인 서울포로수용소장부터 의무관, 행정장교, 하사관과 사병, 임시 직원에 이르기까지, 포로들이 진술한 포로 학대, 살인, 부당대우 내용들을 사실 확인과 함께 경중을 가리는 작업을 거쳐 33명을 체포한 것이었다. 수사 착수 불과 15일 만의 일이었다.

주한미군사령부의 수사는 계속되었다. 그런데 전범 혐의를 받고 있던 군의관 Y. 미쭈구치 중위가 행방을 감추었다. 일본으로 도주한 것으로 보고 미 극동군총사령부에 체포를 요청했다.

> 일본군 측 관계자에 따르면 그는 1945년 9월 16일경 민간인으로 위장해 일본으로 도주했다고 합니다. 시가현 오쓰시 나까노쇼에 있는 그의 집에 있는 것이 분명합니다.

또한 전범 혐의를 받고 있으나 북한 지역에 있는 것으로 판단되는 인물에 대해서는 소련 측에 확인과 신병 인도를 요청하는 끈질김을 보였다.

전범 체포의 회오리바람이 잦아든 1946년 3월, 군용기에 실려 한국으로 긴급 호송된 3명의 한국인 전범은 도대체 누구이며 어떤 범죄에 관여되어 있었나? 이화여대 사학과 정병준 교수는 일본에서 전범으로 체포되었으면 스가모형무소 등에 수용되었을 텐데 호텔에 있다는 것은 정상적인 절차에 의해 진행된 일은 아닌 것 같다는 견해를 밝혔다. 짐작컨대 동남아시아 등지에서 일본으로 송환되었다면 범죄혐의가 이미 드러났고, 한국 24군단으로 수송한다는 것은 전쟁범죄가 한국에서 발생했을 가능성이 높다고 말했다. 일단 가정할 수 있는 것은 한국 내 연합군포로수용소 내 학대 행위였다. 긴급하게 군용비행기로 수송한다는 점에서 학대 혐의가 크거나 긴급하다고 인정되었을 가능성이 크다고 건국대 신복룡 명예교수는 밝혔다.

신복룡 교수는 정병준 교수의 추측에 대부분 의견을 같이한다고 말했다. 그러나 포로 학대 혐의보다는 전쟁범죄의 구성 요건이 될 수 있는 군사 연구 및 개발에 관련된 군사기밀 핵심 실무자이거나 기밀 책임자일 가능성을 조심스럽게 제기했다. 특히 해방 70년이 지났음에도 그들의 자취가 노출되지 않은 것으로 미루어 일본군이 비밀리에 추진하던 프로젝트 관련 중요 참여자일 가능성이 있다고 말했다. 한국인과 중국인 1,467명을 대상으로 세균전 관련 인간생체실험으로 악명이 높은 일본 731부대 책임자들이 연구 결과를 제공하는 조건으로 전범 처리에서 제외된 사례가 연상된다고 신 교수는 말했다. 그런데 주한 미군사령부의 전범 수사 대상자 250여 명의 명단, 전범 혐의자 33명의 명단에는 한국으로 특별 호송될 이들 3명은 포함되어 있지 않았다. 따라서 일단 이들은 한국 내에서 발생한 포로 학대 등과 관련된 전범은 아닐 가능성이 크다.

여기서 1946년 7월 30일, 연합군총사령부 최고사령관이 주한미군 사령관에게 직접 내린 명령에 주목할 필요가 있다. 극비로 분류된 이 문서는 일본군을 상대로 한 첩보 활동을 통해 한국 내에 존재하고 있 는 것으로 파악된 희귀 광물의 보존 또는 매장 위치와 양을 자세하게 열거하고 있었다. 그 후 미국 지질학자들이 대거 투입되어 한국 전역 을 샅샅이 뒤졌다. 희귀 광물 가운데에는 원자탄의 원료인 우라늄광 도 포함되었다.

수용소 대신 호텔에 머물다 군용기 편으로 한국에 특별 호송된 한 국인 전범 3인, 이들이 이 작업과 관련되어 있지는 않을까? 한국인 전 범 3명이 한국에 호송된 지 4개월이 지난 후, 대대적인 우라늄 수색 작업이 극비리에 진행되었다는 사실이 이를 뒷받침하고 있는 것은 아닐까?

미군정 하에서 체포된 전범 혐의자가 미군정의 허락 아래 조용히 자 취를 감춘 사례가 두 가지 더 비밀 해제 문서에서 드러났다.

1946년 2월 1일 미군정 G-2 정보 보고
일본 헌병대의 한국인 조직원이었던 시게마스 세이젠(Shigematsu, Seizen)이 1월 3일 인천에서 체포되었습니다. 그는 해방 전 예비 학살에 가담한 혐의를 받고 있습니다. 미군범죄수사대가 수사하 고 있습니다.

미군정 정보처는 2개월이 지난 3월 30일 후속보고를 했다. 이 보고를 끝으로 이들의 자취는 더 이상 미군의 수사기록에서 사라졌다.

시게마스 세이젠과 기토 치원(Kito, Chi Won)은 일본 헌병대원으로 각각 지난 1월 3일과 8일 해방 직전 학살 가담자로 체포되었으나 미군범죄수사대가 수사한 결과 증거 부족으로 이들을 석방했습니다.

미국은 제2차세계대전 말기부터 종전 이후 상당 기간 미 합동참모본부가 주도하고 다른 여러 정보기관이 참여한 가운데 비밀작전을 전개해 나치 독일의 과학자들을 미국으로 빼돌렸다. 종이집게작전(Operation Paperclip)이라고 불리는 이 공작으로 기계공학, 화학, 생물학 등 각 방면의 나치 두뇌들이 전범혐의를 피하면서 미국 주요기관에 투입되었다. 미국은 일본에 대해서도 '일본에 대한 정보 목표(Japanese Intelligence Target)'를 설정했으며 그 가운데 한국을 대상으로 한 항목을 따로 만들어 수집 활동을 전개했다. 당장 시급한 과제와 목표는 밀정과 부역자, 전범 색출에 있었다. 그러나 장기적인 과제는 따로 있었다. 군사, 과학뿐만 아니라 의학과 첨단산업 분야에 관련된 전문 인력과 연구 성과의 확보 그리고 관련 시설과 자원에 대한 광범위한 정보수집 활동이 그것이다.

| 10 |

재미교포 윤병구의 모국 사랑
: 1946년 5월 14일

1946년 5월 백악관과 전쟁성에 한 재미교포의 편지가 전달되었다. 캘리포니아주 로스앤젤레스에 거주하는 66세의 한국계 목사 윤병구 씨였다. 타자기 성능이 좋은 편이 아니었는지 알파벳 글자가 곳곳에서 줄을 벗어나 있고 알파벳들도 때로는 짙고 때로는 옅게 인쇄되는 등 거칠었다. 기독교 용어가 보이고 표현의 적절성으로 미루어 영어가 모국어가 아니라는 것은 쉽게 짐작되었다.

존경하는 대통령께,

주한미군사령부가 경제 정책을 그릇 판단해 거대한 악마가 뒤따를 것이 두려워 대통령께서 관심을 가져 주실 것을 청하는 바입니다. 한국위원회 회장을 맡고 있는 벤 림 대령에게 보낸 제 편지 사본을 동봉합니다. (중략) 대통령께서 한국에서 돈을 벌겠다는 몇몇 미국인을 만족시키기보다는 한국인의 선의를 얻고 한국-미

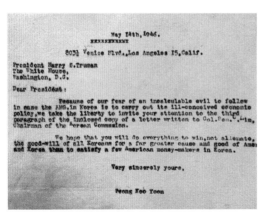

May 14th, 1946.
XXXXXXXXXX
803½ Venice Blvd.,Los Angeles 15,Calif.

President Harry S.Truman
The White House,
Washington, D.C.

Dear President:

    Because of our fear of an incalculable evil to follow
in case the AMG.in Korea is to carry out its ill-conceived economic
policy,we take the liberty to invite your attention to the third
paragraph of the inclosed copy of a letter written to Col.Ben.C.Lim,
Chairman of the Korean Commission.

    We hope that you will do everything to win,not alienate,
the good-will of all Koreans for a far greater cause and good of Amer
and Korea than to satisfy a few American money-makers in Korea.

                            Very sincerely yours,

                            Peong Koo Yoon

▌재미교포 윤병구 목사는 트루만 대통령과 전쟁성 장관 등에게 미군 정과 결탁해 한탕을 노리려는 미국 정상배들이 한국에 몰려가고 있 다며 이를 막아줄 것을 호소했다.

국 두 나라의 행복을 이룩하는 보다 위대한 대의를 위해 노력을 다하시리라 믿습니다. 건승을 빕니다.

윤병구 목사는 앞서 한국위원회 회장을 맡고 있는 한국계 미국인 벤 림 대령에게도 편지를 보냈다. 그의 지인이면서 미국 정부 내 고위직과 대화가 가능한 한국계 미국인으로 그를 지목했을 것이다. 벤 림은 대한민국 수립 후 외무부장관을 역임했던 임병직이다. 동봉한 편지의 내용이다.

친애하는 벤,

당신의 관심을 환기하고자 하는 것은 주한미군정의 그릇된 정책입니다. 일본인들이 한국인의 고혈을 짜내는 수단으로 사용하던 동양척식회사의 모든 자산을 특정 미국 자본가들에게 매각하려는 정책이 바로 그것입니다. 만일 〈동아일보〉의 보도가 가까운 장래에 사실이 된다면 미국의 자본가들은 자유경제를 사랑하는 모든 한국인을 미국 자본주의자들의 경제적 폭정에 저항해 소련 진영에 가담하는 공산주의자가 되게 만들 것입니다. (중략)

미군정이 해야 할 일은 동양척식회사의 자산을 모두 확보해 새로

들어설 한국 정부에 넘겨주거나, 아니면 한국의 자본가들이 동양
척식회사의 경영권을 행사하도록 하는 것입니다. 그러면 한국에
는 경제와 자유가 틀을 잡을 것입니다.

부디 편지 내용을 검토하시고 동의하신다면 대통령과 전쟁성 장
관, 국무성 장관에게 제 소견을 전해주시기 바랍니다.

건승을 빕니다.

윤병구 목사는 트루만 대통령에게 보낸 동일한 서한을 역시 같은 날
인 5월 14일 미국 국무장관과 전쟁성 장관에게도 발송했다. 매우 신
속한 반응이 워싱턴이 아닌 서울에서 나왔다. 불과 열흘 만이었다.
5월 24일 하지 주한미군사령관은 연필로 직접 쓴 메모를 러치 군정장
관에게 건네주며 즉각적인 조치
를 지시했다.

러치 장군,

재미있는 편지입니다. 나는
그 나이든 친구에게 답장을
할 것입니다. 분명 우리는 여
태까지 우리에 대한 악의적
인 흑색 선전을 과소평가해
온 것 같습니다.

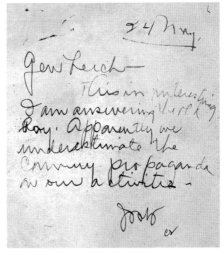

▍하지 사령관의 메모 지시. 하지는 편지의 내용을 심각하게
받아들였고, 공산주의자들의 흑색 선전이 한국인들에게
파급되고 있다고 판단했다.

윤병구 목사의 편지에 대한 미군정의 답변

러치 군정장관은 하지 사령관의 지시가 있었던 5월 24일 바로 그날 윤병구 목사에게 답장을 보냈다.

친애하는 윤병구 씨,

벤(짐작컨대 림 대령인 듯하다)에게 보냈던 편지 사본을 지금 막 받았습니다. 미군정이 그 악명 높은 동양척식주식회사의 자산을 미국인 자산가들에게 모두 매각하도록 허용하는 정책을 시행한다는 내용은 본인으로서도 놀라울 뿐입니다. 한국에 반미적인 흑색선전이 이처럼 효과적으로 침투해 있는 줄은 미처 몰랐습니다.

러치 군정장관은 일본인 소유 재산의 처리 절차를 자세히 설명했다.

미군정은 몇 주 전에 군사정부가 통제하는 지주회사로 신한공사를 설립했습니다. 일본인 소유의 적산들의 최종 처리 방안을 결정할 한국 정부가 수립될 때까지 이 회사는 구 동양척식회사의 자산을 잘 관리하고 운영할 것입니다. 이로써 미군정은 한국인에게 혜택을 주기 위한 모든 조치를 취한 것입니다. 계획에 따르면 신한공사는 미군 장교가 미군정의 간부로서 오로지 자신의 역량 아래 외부 간섭 없이 운영하며, 귀하가 제안한 바로 그 내용과 일치하게 추진하도록 정해져 있었습니다.

그러나 절차의 실수로 오해 가능성이 있었다고 설명했다.

관련 규정집이 한국어로 번역될 때 방해 공작이 개입되었고 이 때문에 관련 단어들이 왜곡되고 결국 오역되었습니다. 한국과 미국 내에서 한국을 위해 애쓴 노력들임에도 미국인에 대한 불신을 낳고 말았습니다. 반미주의자들이 즉각 신한공사의 목적을 헐뜯는 거짓 선전들을 엄청나게 내놓는 바람에 몇몇 사람들이 그릇되게 이끌려가고 있습

HEADQUARTERS
United States Army Military Government In Korea
Office of the Military Governor
Seoul, Korea

24 May 1946

Mr. Peong Koo Yoon
803½ Venice Avenue
Los Angeles 15, California

Dear Mr. Yoon:

I have just received the copy of your letter to "Ben" (presumably Colonel Limb) dated 14 May.

Your reference to the policy of the AMG "in permitting certain American capitalists to 'buy' all the assets and properties of that infamous former Oriental Development Company" is surprising to me. I hadn't realised how effectively the inspired anti-American propaganda from Korea had penetrated.

A few weeks ago we set up a holding company under Military Government control called the New Korea Company to gather up and operate for Korean benefit the former holdings of the Oriental Development Company for Korea until such time as the Korean government is established, takes control of and determines the final disposition of the former Jap properties. The plan provided that the New Korea Company be headed by an American Military Government Officer solely in his capacity as a Military Government official in other words doing exactly what you described as the proper action in the last sentence of the third paragraph of your letter to Colonel Limb.

When the text of the order was translated to Korean, it was sabotaged and words twisted so that it could be interpreted wrongly. Inspired effort here as well as in the United States is doing all it can to discredit the Americans. Anti-Americans very promptly put out a lot of false propaganda on the subject of the New Korea Company, misleading several people. The effort, of course, is an attempt to gain Communist followers. The translation was corrected to accord with the facts of the American text and the order further clarified so that no one could question its intent.

There are no American capitalists in Korea but there are a lot of hard working American citizens paid by the United States taxpayers' money, who are doing everything they can to save and improve Korean economy for Koreans and future Korean welfare.

▌러치 장관은 중상모략이라고 반박하며 윤병구가 흑색 선전에 휘말리고 있다고 경고했다.

니다. 물론 이런 악의적인 노력들은 공산주의 추종자들의 시도인 것입니다. 이제 잘못된 번역도 미국의 원본에 맞도록 수정되었으며 관련 명령들도 더 이상 그 취지에 의문을 던질 수 없도록 명료하게 추가로 정리되었습니다.

하지의 미군정은 자신들의 실수를 인정하면서도 윤병구 목사의 거

침 없는 문제 제기에 불쾌감을 숨기지 않았다.

> 한국에 미국인 자본가들은 한 명도 없으며, 미국 납세자들의 돈
> 으로 봉급을 받으며 '한국인을 위한 한국 경제 그리고 미래 한국
> 인의 복리'의 틀을 만들고 개선하기 위해 온갖 노력을 다하고 있
> 는 미국 시민들이 있을 뿐입니다. 우리의 이와 같은 노력을 훼방
> 하려 애쓰는 몇몇 사람들이 있음을 잘 알고 있습니다. 그러나 민
> 주적인 한국인들 가운데 그들이 내민 미끼에 깊숙이 말려들 사람
> 은 별로 없을 것으로 기대하고 있습니다.

러치 장관은 끝으로 공식 서한에서 표현할 수 있는 최대의 유감과
경고를 윤 목사에게 보냈다.

> 본인은 귀하가 트루만 대통령과 패터슨 전쟁성 장관에게도 편지
> 를 보낸 사실을 알고 있습니다. 귀하는 귀하 자신을 사악한 악선
> 전의 희생물로 만들었습니다. 진실된 사실들을 알게 되면 귀하가
> 한국에 끼친 폐에 대해 거듭 후회할 것입니다. 귀하에게 확언하
> 건대 애초부터 미국은 한국에서의 미국의 이익은 한국인을 위한
> 정책을 시행하는 데 있다고 판단했고 또 그대로 추진하고 있습니
> 다. 건승을 빕니다.
>
> 아더 L. 러치, 미군정 군정장관

하지 사령관의 문서파일에는 윤병구 목사에 대한 후속보고가 들어

있었다. 윤병구 목사는 이듬해인 1947년 3월 29일 한국에 영구 귀국하겠다는 청원을 제출했으며 미군정은 이를 받아들이겠다는 내용이었다. 독실한 기독교 신자였던 윤병구는 1903년 하와이에 이주해 미국감리회의 지원을 받으며 하와이군도 사탕수수밭에 흩어진 한인 동포를 상대로 전도 활동을 전개했다. 1905년 데오도어 루즈벨트 대통령에게 한국독립청원서를 직접 작성해 청원하는 것을 시작으로 미국 전역에서 한인교회 목사로 재임하면서 이승만을 지원했다. 또 대한인국민회를 결성해 한인 동포들을 규합하여 독립운동을 전개했다. 윤병구 목사는 1949년 3월 14일 한국으로 돌아왔으며 6월 20일 한미협약 초안 작성에 몰두하던 중 갑자기 세상을 떠났다. 1977년 대한민국 정부는 윤병구 목사에게 건국훈장 독립장을 추서했다.

윤병구 목사와 러치 장관 사이에 오간 서한에서 언급된 벤 림(Ben Limb) 대령, 즉 임병직은 1893년생으로 대한민국정부 수립 후 외무부장관과 주 유엔대사를 역임했으며 1976년에 사망했다. 그해 건국훈장 대한민국장이 추서되었다. 임병직은 1913년 이승만의 주선으로 미국 오하이오주 디킨스대학에서 수학한 후, 이승만과 서재필을 도와 필라델피아에서 재미한인대회를 소집하고 독립 투쟁의 방향을 모색했다고《한국민족문화대백과》는 그의 공훈 내용을 소개하고 있다. 임병직은 이승만의 비서를 맡아 상해임시정부 부임에 수행했고 임시정부 무관 대령으로 임관되어 OSS작전 등 한미 교섭에 기여했다는 평가를 받고 있다.

| 11 |

일본 산업시설의 한국 이전 계획
: 1946년 6월 22일~1948년 4월 10일

1946년 6월 22일, 하지 주한미군사령관이 연합국 배상위원회 미국 측 대사 에드윈 폴리(Edwin W. Pauley)에게 보낸 서신이 눈길을 끈다. 1946년 5월 16일 트루만 미국 대통령의 대일 배상특사로 한국을 방문했던 폴리 대사가 보내온 감사편지에 대한 답장이었다. 편지에 따르면 폴리 대사는 한국의 재건을 위해 일본에 있는 산업시설을 철거해 한국에서 활용하는 방안을 하지 사령관에게 적극 제안했다.

존경하는 폴리 대사님,

대사께서 지난 6월 22일자 서신에서 한국의 실태에 관련해 많은 정보를 주셨기에 시간을 갖고 깊이 생각했습니다. 대사께서 "아시아에서 미국의 성공 여부가 달린 이념의 전쟁터가 바로 한국"이라고 적절한 언급을 하셨는데 저는 전적으로 공감하는 바입니다. 한국은 지난 수십 년간 국제 대결의 장이었으며 그래서 우리의 주요 정책 목표 가운데 하나는 한국이 더 이상 갈등의 원천이 되지 않도록 방지하는 것입니다.

하지 사령관은 이를 위해 어느 세력에 복속되지도 또 위협을 가하지도 않는 자주적이며 민주적인 한국을 건설하기 위해 열심히 그리고 꾸준히 노력하는 것이 최선의 길이라

My dear Mr. Pauley:

I have given further consideration to your informative letter of June 22, 1946, on the Korean situation. I agree with you that Korea is, as you so aptly phrase it, "an ideological battleground upon which our entire success in Asia may depend." Korea has been for many decades the focus of international rivalries and I consider one of the principal objectives of our policy there to be to prevent Korea from again becoming the source of future conflict.

Your recommendations, it seems to me, fall into two general categories --those calling for efforts on our part to persuade the Soviet Union to comply with the Moscow Agreement and those calling for action within Korea. While I agree that we should continue our efforts to persuade the Soviet Union to comply with the spirit and terms of the Moscow Agreement of last December, I believe that the most effective way to meet the situation in Korea is to intensify and persevere in our present efforts to build up a self-governing and democratic Korea, neither subservient to nor menacing any power.

You will be glad to learn that we are incorporating into our revised policy for Korea most of your recommendations for specific action there. We intend to carry on an informational and educational campaign to sell to the Koreans our form of democracy and for this purpose to send American teachers to Korea and Korean students and teachers to this country. I also hope that a considerable number of Korean engineers can be trained here and that American engineers can go to Korea to assist in the rebuilding of its industries.

In reference to your recommendations regarding the use of Japanese reparations for the industrial revival of Korea, your suggestion that the United States assign some of its share of Japanese industrial equipment to Korea appeals to me more than your suggestion that we attempt to obtain an agreement, against probable opposition by some of the Allied Powers, to the principle that Korea has a right to share in Japanese reparations. In reference to your suggestion of participation of private American capital in Korea, I question the advisability of such action prior to the establishment of a Korean Government, except on a restricted and carefully controlled basis.

Some of the other points in our present policy which will interest you are:

▌에드윈 폴리 대일 배상특사는 배상금 형식으로 일본의 공장을 철거해 한국에 옮겨 활용하는 방안을 권고했다.

고 믿고 있다고 말했다. 그리고 이를 위해 내놓은 폴리 대사의 제안들 가운데 한 가지에 특히 주목한다고 밝혔다.

대사께서는 한국의 산업 재건을 위해 일본에 대한 배상권을 적극 행사할 것을 권고하셨습니다. 그 방안의 하나로 미국에 대한 배상의 몫인 일본의 산업시설 일부를 철거해 한국으로 가져가는 안을 내놓으셨습니다. 또 다른 제안인 한국 스스로도 일본에 대해 한국 몫의 배상권을 행사할 수 있다는 주장을 할 수 있으나, 이에 대해서는 연합국 가운데 일부가 동의에 반대할 가능성이 있다는 점에서 앞의 제안에 더 마음이 끌립니다.

미군정은 미국의 대일 배상권 행사의 일부 몫을 떼어 한국의 경제 재건에 활용하는 방안을 검토하기 시작했다. 미군정의 계획은 미국의 대일정책에서 비롯되었다. 미국의 초기 일본 점령정책의 핵심은 "일본이 다시는 미국에 위협이 되지 않도록 한다"는 것이었다. 이를 위해 일본의 군사력과 경제력을 해체하는 것이었다. 특히 일본의 군사력을 지탱하는 중공업 관련 기반을 파괴하는 것으로 계획을 세웠다.

1946년 6월 일본을 방문한 폴리 대사는 "일본의 화학공업 시설을 아시아 각지에 이전시켜 화학비료를 증산하도록 하는 안을 검토할 것"이며 "대일 배상의 원칙은 일본의 전쟁 능력을 박탈하는 것"이라고 말했다. 이 같은 상황에서 철거한 일본의 산업시설을 한국으로 이전하는 문제가 거론되는 것은 매우 자연스러운 일이었다. 앞서 1945년 11월 일본의 전쟁배상을 위한 현지 조사를 벌였던 폴리 대사는 "미국의 배상정책은 일본 경제에 필요한 최소한도 이외의 모든 것을 제거하는 것"이라고 밝힌 바 있다.

한국 경제 재건 프로젝트

극비
미 국무부 주한미군사령관 경제고문관실 1948년 4월 10일.
수신: 존 R. 하지 중장, 주한미군사령관.
발신: 아서 C. 번스.
워싱턴 출장 보고.

번스 주한미군사령관 경제 고문은 한국 단독정부 수립을 위한 총선거를 앞두고 새 한국 정부가 직면할 경제 문제 전반에 대해 검토하면서 이에 대한 대안을 마련하기 위해 워싱턴에 출장을 다녀왔다. 번스 고문은 다음과 같이 보고했다.

워싱턴에 있는 동안 저는 미 국무성, 육군성, 재무성의 수많은 다양한 실무 대표들이 참석하는 수많

▌극비로 분류된 번스 고문의 미국 출장 보고서. 번스는 일본의 공장 시설을 한국으로 뜯어 옮기는 문제를 정부 측과 긴밀하게 진행했다.

은 회의와 간담회에 참석했습니다. 워싱턴을 떠나기 전에 저는 한국의 경제 재건에 관한 매우 중요한 현안들 그리고 한국 정부와 관련된 회계 처리에 관한 주요사항들을 회의에 제시했고 논의했습니다.

번스 고문은 먼저 미군정이 대외교역의 보증기금으로 활용하고 있는 2,500만 달러 규모의 미국 정부 보증차관을 새 한국 정부가 계속 활용할 수 있도록 길을 열어주는 문제를 논의했다고 보고했다. 이어 번스 고문은 한국의 경제 재건을 위해 일본의 공장과 플랜트를 한국에 옮겨 이용하는 방안을 구체적으로 논의했다고 보고했다.

미국이 일본에 대해 갖고 있는 배상권 일부를 한국에 할당해 행사하는 문제를 버 스미스(Burr Smith), 랠프 피셔(Ralph Fisher) 등 미 국무성, 육군성, 재무성 관계자들과 논의했습니다. 토의에서 나온 주요 내용으로 미국이 배상권을 행사할 수 있는 몫은 일본 내 모든 제조공장과 물자의 6퍼센트 이상임에도, 지금까지 단지 6퍼센트만을 배상으로 받아내고 있는 것으로 추정됩니다.

참석자들은 남은 몫을 한국에 할당해 한국의 경제 재건에 적극 활용하는 방안에 대해 검토했다. 다음은 번스 고문의 보고 내용이다.

대일 배상권 행사를 한국을 위해 적용하도록 하려면 한국이 유용하게 사용할 수 있는 제조공장과 설비들의 리스트를 작성해야 합니다. 배상 청구 대상으로 할 공장과 설비에 관한 리스트는 과거부터 있었던 모든 공장 시설을 토대로 작성해야 합니다. 그런데 스미스 씨에 따르면 앞서 한국이 필요하다고 제출했던 공장과 설비 리스트 가운데 70퍼센트는 배상 청구를 할 수 있는 대상이 아니었습니다.

번스 고문은 이어 일본에 대한 배상 청구에 관한 최종 결정은 1948년 중에 내려질 것으로 보이나 1949년 초까지 지연될 가능성도 있는 것으로 보인다고 보고했다. 또 일본의 공장 설비를 떼어내는 규모를 크게 줄일 것을 권고하는 〈스트라이크(Clifford S. Strike)〉 보고서가 있는데, 이에 대해 윌리엄 헨리 드레이퍼(William Henry Draper Jr.) 육군성

차관은 지지하는 편이지만, 미 태평양최고사령부는 이 보고서의 관련 부분에 대해 드레이퍼 차관만큼 지지하지 않는 것은 분명하다고 보고했다. 번스 고문은 따라서 일본의 공장을 뜯어내 한국으로 옮기는 문제는 보다 치밀하게 진행해야 한다고 보고했다.

> 한국은 배상권을 행사할 수 있는 나라가 아니라는 지적이 있었습니다. 그러나 미국이 한국을 위해 배상권을 행사할 수 있습니다. 단, 미국이 일본의 공장과 설비를 떼어내 한국에 보내려 한다면 조건이 따라야 한다는 지적이었습니다. 한국에 가져온 공장 설비들이 유용하게 사용되지 않고 쓸모없이 버려진다면 미국은 한국에 필요하지도 않은 설비를 뜯어냈다는 비판을 받을 수도 있습니다. 따라서 한국은 일본에서 옮겨갈 플랜트 설비들이 한국의 산업발전계획에 필요할 뿐만 아니라, 설비들을 효과적으로 이용할 수 있다는 점도 보여주어야 합니다. 그래야만 한국을 위한 배상권 행사가 정당성을 갖게 된다는 것입니다.

번스 경제고문은 일본의 플랜트를 한국에 뜯어 옮기기 위한 전반적인 계획과 함께 구체적인 실천사항도 논의했다고 보고했다.

> 배상권 행사로 받아낼 설비들의 이용에 관한 계획 그리고 한국에게 꼭 필요한 것들이라고 의견이 모아진 플랜트의 리스트에 관한 종합계획이 필요합니다. 미 태평양총사령부 관계자들은 한국이 이런 플랜트와 설비들을 다룰 만한 전문인력이 있는 것 같지 않

다는 생각을 갖고 있습니다.

따라서 한국은 두 가지 작업을 해야 한다고 미 재무성의 스미스 씨를 비롯한 관계자들이 강조했다고 번스 고문은 밝혔다. 다음은 보고된 구체적인 내용이다.

한국은 조직화된 계획과 한국이 필요로 하는 모든 설비와 플랜트를 포함한 잘 정리된 리스트의 초안을 작성해야 할 것이며, 리스트에는 이들 설비와 플랜트들이 한국 경제에 잘 활용될 것임을 보여줄 수 있는 운영계획과 방법이 꼭 들어있어야 한다고 조언했습니다. 또한 항목마다 소요와 능력에 기초해 해당 플랜트의 한국 이전 정당성에 관한 강력한 소명이 담긴 진술서를 꼭 준비하라고 말했습니다.

이어 한국이 대표단을 구성해 일본 현장에서 직접 선정 작업을 할 것을 관계자들은 주문했다.

한국은 일본에 대표단을 파견해야 하며, 대표단은 미국이 한국을 위해 배상권을 행사할 플랜트와 설비들을 일일이 지명해 선정해야 할 것이라고 말했습니다. 특히 스미스 씨는 현재 활동 중인 배상위원회가 플랜트를 선정하는 작업까지 해줄 수는 없다고 강조했습니다.

번스 고문은 스미스 씨의 구체적인 조언을 보고서에 담았다.

> 한국은 과학 설비, 공공이용 설비, 한국의 상공부가 필요로 하는 설비 등 모든 설비 그리고 미군정 내 다른 기관들이 제기하는 요구들을 한 개의 리스트에 체계적으로 종합하고, 현재보다 더 세부적으로 발전시킬 수 있는 일종의 조정위원회를 구성하라는 제안이 있었습니다. 또 논의 과정에서 새 한국 정부가 직면할 정치적 불안정의 문제도 남한이 플랜트와 설비를 지혜롭게 사용할 수 있는지 판단할 수 있는 요소가 될 것이라는 언급도 있었습니다.

또한 일본에서 철거해 옮길 수 있는 것은 크게 다음과 같이 제한을 받는다고 스미스 씨의 설명을 인용해 보고했다.

> 철거해 이전 가능한 플랜트와 설비는 철과 강철을 포함한 중공업, 황산 관련 플랜트, 알루미늄, 마그네슘 관련 플랜트, 조선 및 선박 수선, 열 발전 설비, 전동공구, 볼 베어링 생산 설비, 전환 가능한 전동 공구를 갖춘 무기 및 항공기 제작 플랜트 등입니다.

그러나 곧 이루어질 것 같았던 일본 산업시설의 철거와 한국 이전은 성사되지 못했다. 1946년 말 중국국민당 정부의 패색이 짙어지고 1947년 냉전이 본격화되자 미국은 중국에 대한 군사 개입을 포기했다. 미국의 대일정책도 일본이 다시는 미국의 위협이 되지 않도록 순수한 농업 국가로 자립시키는 것에서, 극동 지역에서 생겨날 전체주의 세력의 도전을 막아주는 방파제로 만들어야 한다는 의견이 힘을 얻기 시작했다. 극적 반전이었다. 1949년 장개석의 국민당군이 중국 본토에서 완전 패퇴하면서 일본의 방파제 역할론은 미국의 대일정책으로 자리 잡았다. 일본 내 공장 해체와 이전계획은 무산되었다.

아더 번스는 누구인가? 1946년 2월 6일자 〈중앙신문〉 기사다.

> 번스 등 미국인 11명, 군정청 특별정치고문으로 내한.
> 군정청 특별고문의 자격으로 미국으로부터 아더 씨, 번스 이하 11명이 11일 하오 김포비행장착 래조했다. 금반 래조한 특별정치고문단 일행은 조선의 군정을 원조하여 조선의 자주독립촉성에 이바지하려는 것으로 동 일행은 방금 군정청 각국과에 배치되어 집무 중이다. (중략)

아더 번스는 1901년 캐나다에서 태어났다. 한국교회사 인명록에 따르면 그는 캐나다의 사스카취안대를 졸업한 뒤 1928년부터 1934년까지 함흥, 원산을 중심으로 YMCA를 통해 농촌갱생활동을 전개하다 일제의 탄압으로 돌아갔다. 그러다 1944년 미 연방준비은행 국제 아시아 관련 자문위원으로 재직 중 1946년 2월 하지의 농업·경제고문으로 위촉되었다. 미소공동위원회 공동대표단에 합류해 중도파 육성, 미국의 원조 등이 공산주의를 억제하는 효율적인 정책이라고 미 국무부를 설득하며 경제 지원을 이끌어냈다. 하지 사령관과 미 국무부 사이 매개자였던 그는 미국경제협조처 한국지부장을 거쳐 1952년 필리핀 경제고문으로 일했으나 이듬해 심장마비로 사망했다.

| 12 |

미국의 한반도 희귀광물 조사
: 1946년 7월 30일

　　1946년 7월 30일 연합군총사령부는 맥아더 최고사령관의 이름으로 주한미군사령부에 극비 지시를 내렸다. 매우 이례적인 내용이었다. 방사성 물질을 함유한 희귀광물을 찾기 위한 작업이 극도의 비밀을 유지하는 가운데 시작되었다.

극비

발신: 연합군총사령부 최고사령관, 1946년 7월 30일.

수신: 주한미군사령부 사령관.

제목: 희귀광물 재고 파악.

1. 아래의 위치에 다음과 같은 양의 희귀광물이 비축되어 있는 것
　　으로 보고되었음.

A. 베릴

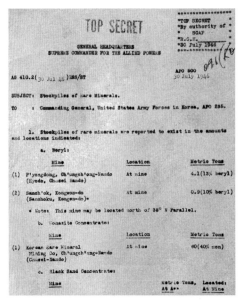

1946년 7월 30일 극비 문서. 일본이 숨겨 보유했던 것으로 조사된 우라늄 등 희귀광물의 종류와 소재지를 통보하면서 극비리에 찾아내라는 지시를 하고 있다.

1) 충남 평동광산 재고량 4.1톤 (함량 13퍼센트).

2) 강원도 삼척 재고량 0.9톤(함량 10퍼센트). 북위 38도 이북에 있을 가능성 있음.

B. 모나자이트 농축물.

1) 조선희귀광산주식회사, 충남 재고량 60톤(함량 40퍼센트).

C. 블랙 샌드(흑사, 黑砂) 농축물.

1) 경북 영주군 풍기광산 인천 야적장 비축량 400톤, 광산 재고량 100톤.

2) 충북 청주군 미호광산 인천 야적장 비축량 155톤, 광산 재고량 155톤.

3) 일본희귀광산주식회사(전북 김제군, 정주군) 재고량 104톤.

2. 다음을 확인할 것.

A. 보고된 위 재고량의 존재 여부 확인.

B. 보유했던 희귀광물의 보관장소를 옮겼을 경우에는 새로운 위치, 장소를 옮긴 이유, 원광이 정제되었으면 정제된 희귀광물의 보관장소를 파악할 것.

3. 아래의 희귀광물 재고에 대한 수색 노력을 계속하고 보고하기 바람.

A. 블랙 샌드, B. 지르콘(Zircon), C. 모나자이트, D. 베릴, E. 퍼구소나이트(Fergusonite), F. 그 밖의 우라늄(Uranium)과 토륨(Thorium)을 함유한 광물들.

4. 위 2항과 3항에 관련된 지시를 수행하면서 어떠한 언론 공개도 불필요함.

맥아더 장군의 명에 따라,

R. G. 허시(R. G. Hersey) 중령, 부관참모부 부참모

한 달 뒤인 1946년 8월 29일 실태조사 결과에 대한 보고서가 작성되었다. 보고자는 데이비드 갤러거(David Gallagher), 미 극동군총사령부에서 파견한 민간인 신분의 지질학자이면서 미 극동군사령부 자연자원조사단장이었다. 갤러거 단장은 주한미군 공병참모부, 미 상무부에서 파견한 전문인력으로 구성된 한국지질탐사팀을 통합 지휘했다.

갤러거 단장은 먼저 베릴에 대해 보고하면서, 극동군사령부가 입수한 희귀광물에 관한 정보 역시 신뢰할 수 없을 정도로 부정확했다고 지적했다.

그저 평범한 광물인 베릴에 대해 왜 이처럼 관심을 쏟아야 하는지, 또 방사성 물질이 아닌 이 광물을 방사능 물질인 우라늄-토륨 계열에 끼워 포함시킨 이유조차 알기 어렵습니다.

한 달 뒤 탐사팀은 우라늄 등 희귀광물에 관한 첩보는 매우 부정확했으며 확인된 자원도 경제가치가 낮은 것들이라고 보고했다.

'충남 평동에 함유량 13퍼센트의 베릴 4.1톤이 비축되어 있다'고 했으나 충청남도에는 베릴을 함유한 페그마타이트석이 매장되어 있다는 어떠한 기록도 없으며 평동이라는 지명과 유사한 광산도 찾을 수 없었습니다. 그리고 베릴 함유량 13퍼센트의 가치는 정제에 투입된 비용에 크게 못 미칠 것입니다.

베릴이 삼척에 있다는 정보에 대해 미 연방정부 지질조사팀 클레퍼(M. R. Klepper) 씨가 실사를 벌였습니다. 북위 38도 이남의 삼척에 있는 모든 광산을 뒤졌으나 베릴을 함유한 페그마타이트석을 찾을 수 없었습니다. 그 지역의 지질로 미루어 베릴이 매장되어 있을 가능성은 거의 없다는 클레퍼 씨의 보고가 있었습니다. 함유량 10퍼센트는 투입 비용에도 못 미치는 터무니없는 수준입니다.

갤러거 단장은 전략 희귀광물인 모나자이트에 대한 조사 역시 매우 실망스럽다고 보고했다.

충남에 있는 조선희귀광산에 함유량 40퍼센트의 모나자이트가

60톤이 비축되어 있다는 정보를 조사했습니다. 충남 보령군 웅천 면에 있는 조선광산을 지목한 것으로 판단됩니다. 파악한 바에 따르면 이곳에서는 지난 1944년 (특수강을 만드는 원료인) 타이타 늄철석(ilmenite)으로 보이는 광석 45톤을 채굴했으며 동시에 지 르콘과 모나자이트를 함유한 중사(重砂, heavy sand) 159.3톤을 채 굴했습니다. 함유량 40퍼센트의 모나자이트석이 있다는 정보는 한국의 지질로 보건대 지나치게 과장되었거나 아니면 2차 정제를 전담하는 별도의 시설이 따로 존재할 가능성도 있습니다. 그런데 60톤이라는 정보는 실제로는 60부대이고 함유량 40퍼센트라는 정보는 사실은 4퍼센트인 것으로 확인되더라도 놀라운 일은 아닙 니다.

흑사(黑砂, black sand)에 관한 조사 결과 역시 기대 이하였다. 경북 풍기 지역에 대해 조사한 결과 지난 1942년부터 1945년 8월까지 1,450톤의 흑사를 채취했으나, 이 가운데 모나자이트 함유량 4퍼센 트 이상, 지르콘 함유량 6퍼센트 이상인 400톤만을 일본화학연구소 가 매입해 열차 편으로 인천으로 수송했다는 것이다. 클레퍼 씨는 함 유량이 못 미치는 나머지 흑사는 풍기에 있는 동학광산에 보관되어 있다고 보고했다. 흑사 채취는 낙동강 바닥을 깊이 75센티미터까지 훑어내 체와 냄비를 사용해 손으로 거르는 방법으로 진행되는데 함유 량이 적어 채산성이 크게 못 미친다고 평가했다. 미호광산의 경우 여 러 자료를 검토한 결과 지난 1944년 지르콘 18톤, 모나자이트 10톤 을 생산하고 지르콘과 모나자이트의 원광 형태인 중사 70톤을 생산했으며 텅스텐을 함유한 원석인 회중석(灰重石, scheelite)은 7만 톤을 생산했다고 한다. 그러나 이와 같은 회중석 생산량은 세계 총 생산량의 2배라는 점에서 의심스런 통계이지만, 회중석이 그리 중요한 광물이 아니라는 사실도 유의할 필요가 있다고 보고서는 지적했다.

갤러거 단장은 인천에 있는 일본화학연구소 희귀광물부 인천지소는 길이 22미터 폭 6미터의 홀을 가진 작은 1층 건물이었는데 내부 대부분은 비어 있고 기물은 파손되었으며 중사에 관한 책이나 문서는 전혀 없고 작은 방에 중사가 들어 있는 마대 몇 자루가 있었다고 보고했다. 샘플을 채취해 분석한 결과 지르콘, 모나자이트, 석류석(石榴石), 자철석(磁鐵石), 티타늄철석 등의 원석이 들어 있었다고 밝혔다.

끝으로 김제의 경우 명백하게 헛짚은 곳이라고 갤러거 단장은 단정했다. 김제에서는 미쓰비시광산주식회사에서 한 해에 100만 그램의 사금을 채취했었으나 전쟁 기간 중 준설기 3대를 모두 철거해 다른 곳으로 옮겨갔으며 104톤의 흑사가 비축되어 있다는 자료나 정보는 전혀 없다고 밝혔다. 갤러거 단장은 한국 내 광물자원과 매장량에 관한 종합 탐사가 준비되고 있으므로, 그 과정에서 희귀광물에 대한 조사도 대대적으로 이루어질 것이라고 덧붙였다.

그러나 한국에서 원자탄의 원료물질인 우라늄과 토륨을 찾아내려는 미군과 미국 정부의 노력은 헛수고에 그쳤다. 희귀광물에 관한 정보의 출처는 분명 일본 정부였다. 그런데 일본 측이 이같이 부정확하고 과장된 자료를 미군 측에 제공한 이유는 무엇인가? 이에 대한 설명을 제공해줄 수 있는 문서는 발견되지 않았다. 그러나 우라늄 광맥 자체는 1943년 일제의 지하자원 탐사에서 발견된 것으로 알려져 있다. 일제가 제2차세계대전의 패색이 짙어진 이후 주요 군사연구기관을 당시 질소비료 공장이 밀집된 함경남도 흥남 일대로 옮기면서 북한의 우라늄 일부가 처음으로 실험에 사용되었을 가능성이 제기되어왔다. 미국 측이 입수한 정보, 관심과 노력이 전혀 터무니없는 것은 아니었을 것이다. 그 후 일부는 사실로 확인되었다. 한반도에는 막대한 양의 우라늄이 매장되어 있었다.

지난 2007년 한국광물자원공사 탐사 결과에 따르면 우라늄은 충북 괴산, 청원, 충남 금산 일대에 매장되어 있으며 전체 매장량 2,462만 톤 가운데 사용 가능한 우라늄은 96만 톤으로 나타났다. 그러나 우라늄의 품위가 낮아 채산성이 적어 개발한 적은 없다. 우리나라는 원전 가동에 필요한 우라늄은 카자흐스탄, 캐나다, 호주 등에서 전량 수입하고 있다. 지난 2017년에는 4,730톤을 사용했으며, 우리나라에는 농축 시설이 없기 때문에 프랑스 등에서 위탁 제련하여 다시 변환 및 농축 단계를 거친 것을 가져다 쓰고 있다.

한편 1980년 6월 북한의 발표에 따르면 북한의 우라늄 매장량은 2,600만 톤이며 채굴 가능량은 400만 톤이라고 한다. 이는 세계 추정 채굴 매장량 1,370만 톤의 29퍼센트에 해당하는 막대한 양이지만 통계 신빙성이 낮다는 평가를 받고 있다.

| 13 |

주한미군 병사의 성범죄 보도
: 1946년 8월 16일

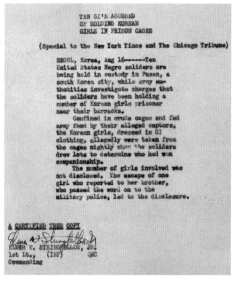

TEN GI'S ACCUSED
OF HOLDING KOREAN
GIRLS IN PRISON CAGES

(Special to the New York Times and The Chicago Tribune)

SEOUL, Korea, Aug 16————Ten
United States Negro soliders are
being held in custody in Pusan, a
south Korea city, while army au-
thotities investigate charges that
the soliders have been holding a
number of Korean girls prisoner
near their barracks.
Confined in crude cages and fed
army food by their alleged captors,
the Korean girls, dressed in GI
clothing, allegedly were taken from
the cages nightly when the soliders
drew lots to determine who had won
companionship.
The number of girls involved was
not disclosed. The escape of one
girl who reported to her brother,
who passed the word on to the
military police, led to the disclosure.

A CERTIFIED TRUE COPY

ELMER W. STRINGFELLOW, JR.
1st Lt., (INF)   QMC
Commanding

▌주한미군이 한국 여성 10명을 석유저장고에 가두고 성노예로
삼았다는 〈뉴욕타임스〉 등의 기사가 하지 사령관 파일에 보존
되어 있다.

1946년 8월 16일자 〈뉴욕
타임스〉와 〈시카고 트리뷴〉은
'미군 병사들이 젊은 한국 여
성들을 감옥에 가두었다'는 제
목의 서울발 기사를 보도했다.

서울, 한국, 8월 16일. 다수의
젊은 한국 여성들을 자신들의
막사 부근에 죄수처럼 가두어
둔 혐의로 10명의 미국 흑인 병
사들이 부산에서 체포되어 구
속되었다. 한국 여성들은 석유
저장고에 갇혀 미군복을 걸치

고 있었으며 밤마다 갇혀진 우리에서 끌려나와 흑인 병사들이 제비뽑기로 결정한 병사들과 짝지어졌다고 한다. 갇혔던 한국인 젊은 여성의 수는 아직 공개되지 않았다. 이 사실은 갇혀있던 한 소녀가 탈출해 오빠에게 알리고 그의 오빠가 미군 헌병에 신고함으로써 밝혀졌다.

이 보도는 뒤늦게 한국에 알려졌다. 9월 19일 미 6사단장 피어스(J. T. Pierce) 준장은 하지 주한미군사령관에게 보고하는 가운데 대부분 사실과 다르다고 해명했다.

발신: 미 제6사단사령부 1946년 9월 19일.
수신: 미 제24군단사령관.

1. 사령관께서 지시하신 사항에 대한 조치 내용을 보고합니다.
2. 첨부된 자료에 들어있는 정보들은 저희 부대에서 제공하지 않았습니다.
3. 문제의 기사는 1946년 8월 21일 미 제6사단 헌병대가 작성한 수사 보고에서 드러난 사실과 일치하지 않았습니다. 수사 보고서는 "한국인 창녀 8명이 418병참부대 급식중대와 3077보급부대 연료중대, 4482수선중대가 자리 잡은 곳에서 발견되었다"고 밝히고 있습니다. 한국 여성 모두 자발적으로 그곳에 들어왔고 그들 가운데 어느 누구도 자신의 의사에 반해서 붙잡혀 있지 않았습니다. 어떤 한국 여성도 석유저장창고에 갇혀있었다

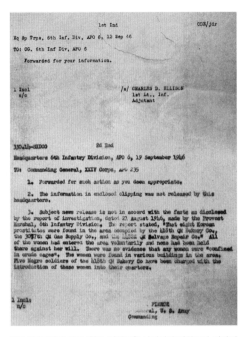

는 증거가 없습니다. 그 여성들은 그 지역 건물 곳곳에서 발견되었습니다. 현재로는 418병참부대 급식중대의 흑인 병사 5명이 군부대 안에 여성들을 들여온 혐의를 받고 있습니다.

미 6사단장의 보고. 한국 여성들은 납치되지 않았으며 자발적으로 부대에 들어 온 창녀들이라고 해명했다.

9월 23일 미 제24군단사령부 부관참모는 문제가 된 미군 병사들이 8명의 창녀들을 군부대 안에 끌어들인 사실을 놓고 해당 언론의 특파원들이 과장 보도를 한 것도 문제지만, 관련 보도가 나간 뒤에 발생 사실조차 사령부에 보고되지 않은 것은 즉시 개선되어야 한다고 해당 부대 및 각 부대에 통보했다.

제24군단 부관참모 찰스 에니스(Charles Ennis) 대령은 "비우호적인 보도는 유감스럽지만 이 사건을 계기로 휘하 장병들이 관련 복무규정과 기강을 바로 세워 장병 개개인이 조국인 미국과 우리 부대의 소중한 대표가 되도록 하자"는 하지 사령관의 당부를 전한다고 밝혔다. 이 사건의 진상 확인 과정에서 한국 경찰 또는 피해 당사자들의 진술은 전혀 없었다. 그리고 한국 언론들의 관련 보도 역시 찾을 수 없었다.

| 14 |

찰스 고포스 일병의 한국 예언
: 1947년 1월 24일

1947년 1월 24일 주한미군 17연대 B중대 찰스 고포스(Charles P. Goforth) 일병은 하지 주한미군사령관의 〈한국에서의 우리의 사명〉이라는 제목의 신년사에 대한 자신의 소감을 담은 편지를 하지 사령관에게 보냈다.

> 사령관님, 저희 중대에 배치된 한국인 통역에 따르면 북한 사람들은 하층민들이어서 독립을 원하지 않으며 한국이 점령된 가운데 다른 나라를 기꺼이 섬기려고 한답니다. 소련이 가혹한 제재를 가하고 있어서 많은 북한 사람들이 남한으로 피난하고 있고 미국이 남한에서 철수하더라도 소련은 북한에서 철수하지 않을 것이라고 합니다. 그러나 남한은 꼭 독립을 원한다고 그 한국인 통역은 거듭 강조합니다.

고포스 일병은 미국-소련 양국이 한국을 나누어 통치하다 철수를 하면 한국에서는 내전이 일어날 것이 분명하다고 주장했다.

제 의견입니다만 미국은 지금 소중한 시간과 돈을 낭비하고 있다고 생각합니다. 제각기 다른 체제를 갖고 있는 미국과 소련의 점령 아래 둘로 갈라져 있는 나라가 단합과 독립을 이루기는 불가능하기 때문입니다. (중략) 무엇이 민주적인 정부인지 제각기 다른 견해를 갖고 있는 미국과 소련이 한국에서 철수하고, 한국인 스스로 그들의 정부를 구성할 수 있도록 기회를 주어야 한다는 것

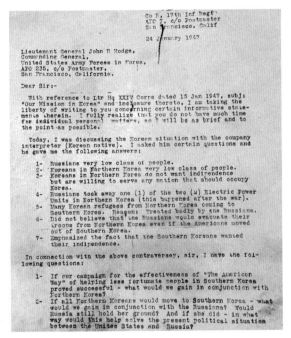

■ 찰스 고포스 일병은 신년사에 대한 소감을 담아 하지 사령관에게 편지를 보냈다. 그는 한국에 내전이 발발할 것을 우려했다.

이 제 의견입니다. 미국-소련 양국 군대가 동시에 철수하면 남북한 간 내전이 틀림없이 발발할 것입니다. 그렇지만 모든 점령군들이 철수하지 않는다면 한국의 독립은 결코 이루어지지 않을 것이라는 점도 명백하다고 저는 생각합니다. 이에 대해 장군님의 생각을 좀 더 명쾌하게 듣고 싶습니다.

2월 8일 하지 사령관은 답장을 보냈다. 하지 사령관은 먼저 미군 병사가 한국에서 미군의 역할과 한국 문제에 대한 해법에 대해 매우 진지한 생각을 하고 있는 데 대해 대견스럽게 생각한다는 말로 편지를 시작했다.

소련 측은 모스크바합의에 관해 임의로 해석하고 한국의 언론을 그릇 이끌어 우리 미국의 노력을 가로막고 있습니다. 또 귀하의 한국인 친구의 말은 한국인들이 북한 사람들에 대해 갖고 있는 지역 차별적인 태도를 반영하고 있습니다. 이와 같은 한국인들의 분열과 적대의 정치는 하나된 한국을 만들려는 우리의 노력을 힘들게 하고 있습니다.

February 8, 1947

Charles P. Goforth
Co. B, 17th Inf. Regt.
APO 7
U. S. Army

Dear Goforth:

I was very pleased to have your letter of January 24 and much interested in your views and searching questions concerning the Korean problem. It is a source of satisfaction to me that men in my command are giving serious individual thought to our mission in Korea and to the solution of the Korean question.

Answering the specific questions:

1. What would we gain in conjunction with North Korea if our efforts to do a good job in South Korea proved successful? Probably it would intensify dissatisfaction of the people of North Korea with conditions there, with the result that they would agitate for reforms, more freedom, better administration. This might influence the North Korean leaders and the occupying authorities to emulate our policies in South Korea. But we would much rather unite our efforts with those of Russia to bring about uniform good conditions and progress and a united Government for all Korea.

2. If all North Koreans would move to South Korea, what would we gain in conjunction with the Russians? Would they still occupy North Korea? I think any wholesale abandonment of North Korea by its population is highly improbable. In fact, the movement of large numbers of persons to South Korea ended long ago.

▎하지 사령관은 한국에서의 미군의 역할과 한국 문제 해법에 대해 깊이 생각하고 있는 고포스 일병을 칭찬한 뒤 그의 질문에 대해 자상하게 설명한 답신을 보냈다.

하지 사령관은 한국인들의 분열과 적대적 정치 행태에 깊은 유감을 나타내면서 지역 감정에 휩쓸리지 말라고 충고했다.

당신 친구는 북한 사람들이 매우 낮은 하층민이어서 한국을 점령한 어떤 나라도 기꺼이 섬기려 한다고 말했습니다. 그러나 내가 알기로 일본인들은 북한 사람들을 한국 사회에서 가장 민족주의적인 세력으로 판단한 바 있습니다. 북한에서 활동한 미국 선교사들도 그들이 유달리 발전지향적이고 힘이 넘치며 충실하다고 지적한 바 있습니다. 나는 북한 사람 대다수가 남한 사람들과 마찬가지로 한국인들만의 통일된 국가를 갖기를 열망하고 있다는 것을 의심치 않습니다.

외국 군대 철수를 둘러싼 딜레마를 지적하고 한국의 내전 발발 위험성을 단순하지만 명쾌한 논리로 단언하는 주한미군 일병의 예언과 병사의 질문에 꼼꼼하게 설명하며 한국인들의 분열과 대립의 정치적 삶을 아쉬워하는 사령관의 모습이 인상적이다. 1947년 1월 미군사령관과 병사가 걱정스럽게 한국인들을 지켜보고 있었던 그때에도 분열과 대립이 초래할 참극의 가능성을 경고하며 화합을 호소한 한국의 정치 지도자는 없었다. 일반 국민들은 이미 다시 전쟁이 일어날 것이라고 수런대고 있었는데도 말이다. 이들 장군과 병사 사이에 오간 따뜻한 대화에서 한국에 대한 가식 없는 애정이 엿보인다.

| 15 |

손원일 제독의 수모와 하지의 사과
: 1947년 9월 5일

1947년 9월 5일 하지 주한미군사령관은 손원일 조선해양경비대 총
사령관 앞으로 서신을 보냈다.

친애하는 제독,

귀하와 귀하의 참모들이 지난 8월 14일 인천 찰리 부두에서 근무
중인 미군 헌병으로부터 공개적으로 몸수색을 받았다는 보고를
받고, 본인은 이에 주목하고 있습니다. 본인과 주한미군사령부는
이와 같은 행태를 용납하지 않고 있고 앞으로도 용납하지 않을
것임을 확약하는 바입니다. 앞으로는 어떤 경우에도 다시는 그
같은 행위가 재발하지 못하도록 방지 조치를 취했습니다. 본인은
조선해양경비대의 장교와 대원들에 대한 최고의 존경을 갖고 있
습니다. 귀 부대가 한국의 연근해 방위를 수행하며 거둔 빛나는
성과를 자랑스럽게 지켜보고 있습니다. 이는 찬사를 받아 마땅합

HEADQUARTERS XXIV CORPS
APO 235

5 September 1947

Commodore SOHN, Won Yil, 80001
Korean Coast Guard
c/o Department of Internal Security
United States Army Military Government in Korea
APO 235 Unit 2

My dear Commodore:

It has just come to my attention that you and members of your staff
were publicly searched by the military policeman on duty at Charlie Pier,
Inchon, 14 August 1947, and I wish to assure you that this headquarters
does not and will not condone such practices. Action has been taken to
preclude future recurrence of any such incident.

I have always held the highest esteem for the officers and members
of the Korean Coast Guard, and have noted with pride the fine work that
has been accomplished by this splendid organization in guarding the Korean
Coast Line, which is indeed deserving of commendation.

Please be assured that I deeply regret the inconvenience and indignity
accorded you and your staff. I am,

Sincerely yours,

JOHN R. HODGE
Lieutenant General, U. S. Army
Commanding

▌하지 사령관이 손원일 제독에게 정중한 사과를 전하는 서한.

니다. 제독과 휘하 참모들에게 불편을 주고 품위를 훼손한 데 대
해 깊은 유감을 표명합니다. 건승을 빕니다.

존 R. 하지, 육군 중장, 미 육군 24군단장

같은 날 하지 사령관은 조선해안경비대 교관으로 파견근무 중인 미
해안경비대 오스틴 와그너(Austin C. Wagner) 중위에게 거의 동일한
내용의 서신을 보냈다. 하지 사령관이 가능한 모든 언사를 동원해 깊
은 유감을 표명하고 재발 방지를 약속하는 것으로 미루어, 손원일 조

선해양경비대장 일행은 다중이 보는 가운데 거칠게 몸수색을 당한 것으로 짐작된다. 조선해양경비대가 미국 해군이 아닌 미 해안경비대의 교육 훈련을 받게 된 것은 정규군으로 편성될 경우 미국-소련 간 논란이 발생할 것을 우려했기 때문이었다.

1946년 8월 7일 트루만 대통령은 조선해양경비대의 창설을 위해 교육 훈련을 이끌 미 해안경비대 요원의 파견을 승인했다. 3페이지에 달하는 관련 비망록은 미 해군장관이 요청을 하고 미 재무성장관이 배서를 한 뒤 트루만 대통령이 승인하는 복잡한 절차를 거쳤다. 그것도 한 차례 예산 부족과 인원 부족을 이유로 관련 부처가 파견을 거부했었다. 그러나 거부 이유는 따로 있었다. 해안경비대 요원을 파견하더라도 한국의 정규군 요원에 대한 군사교육이라는 소련 측의 문제 제기가 있을 수도 있었기 때문이었다. 이에 미 재무성장관은 해안경비대 요원의 해외 파견은 대통령의 승인이 필요하다고 주장하며 트루만 대통령의 결정을 요청했다.

> 대통령의 지침이 없는 한 해안경비대는 소속 요원을 이 일에 투입할 수 없습니다. 대통령께서 미국 해안경비대가 떠맡아야 할 과제라고 판단하시면 아래에 승인 서명을 해주시기 바랍니다.

이에 따라 미국 정부는 한국 연안에서 발생하는 밀수와 해적 행위 등은 한국 경찰의 임무라는 논리를 갖추어 다시 파견 결정을 내렸다. 미 해안경비대는 장교 8명과 사병 8명을 한국에 파견했고, 조선 해안경비대는 1948년 대한민국 건국 직전까지 3,000명의 인원과 함정

105척을 확보했으며 진해에는 조함창을 운영했다. 조함창은 건국 직후 그해 9월 5일 해군이 창설되면서 발전적으로 계승됐다.

손원일 제독은 1946년 해안경비대 총사령관 그리고 대한민국 정부 수립 후 해군참모총장을 역임하면서 뛰어난 외교력을 발휘해 해군 전력 증강에 기여했다. 국방부장관으로 재직하는 동안에도 국방력 증강과 군 행정 쇄신에 큰 공헌을 했다는 평가를 받고 있다. 손원일 제독은 독립운동가로 상해임시정부 의정원의장을 지낸 손정도 지사의 아들이며 자신 역시 독립운동과 관련되어 옥고를 치르기도 했다. 해군은 손원일 제독을 한국 해군의 아버지라고 부를 만큼 그를 존경하고 업적을 기리고 있다.

| 16 |

하지 파일에서 발견된 예상 밖의 문서들
: 1948년 3월 25일

미국 국립문서보관소에 소장되어 있는 하지 주한미군사령관의 문서함, 이른바 하지 파일에는 예상치 않았던 문서가 들어 있는 경우도 드문드문 있었다. 이 편지도 뜻밖의 문서 가운데 하나다. 보낸 곳은 The Institute of Korean Alphabet Reformation, 즉 한글개혁연구소였다. 뉴저지주 매디슨에 있으며 보낸 이는 사무총장 존 스타 김(John Starr Kim)으로 1948년 3월 25일자 편지였다. 존 스타 김은 한글타자기를 발명했고, 이를 미군정을 통해 한국에 보급하려는 꿈에 부풀어 있었다.

하지 사령관님께,

지난달 사령관님의 편지를 받고 기쁜 나머지 어쩔 줄을 몰랐습니다. 제 심장은 마치 북처럼 쿵쾅거렸고 제 발은 춤추는 인디언처럼 높이 껑충껑충 뛰어올랐습니다. 사령관께서 한국의 새 한글

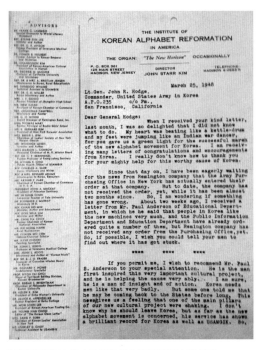

■ 한글개혁연구소 존 스타 김이 하지 사령관에게 보낸 편지.

운동의 새로운 행진을 위해 푸른 신호등을 켜주셨기 때문입니다.

그날 이후로 뉴욕 소재 미 육군 조달사무소에서 레밍턴타자기 회사에 주문을 했다는 소식이 오기를 애타게 기다렸습니다. 그러나 아직 레밍턴타자기 회사는 주문을 받지 못했고 벌써 두 달이 지났습니다. 그래서 저는 무언가 잘못되지 않았나 걱정하고 있습니다.

그런데 2주 전 한국 교육부의 폴 앤더슨 씨가 편지를 보내왔는데 한국 사람들이 새 기계를 아주 좋아하며 그래서 다량의 타자기를 주문했다고 알려왔습니다. 그런데도 레밍턴사는 아직도 조달사무소로부터 아무런 주문도 받지 않았다고 합니다. 사령관님께서 어디에서 주문 절차가 중단되었는지 찾아내 알려주시면 고맙겠습니다.

그런데 존 스타 김은 편지의 후반에 예사롭지 않은 내용을 썼다. 자신은 예언가라고 말하며 눈앞에 다가올 한국의 앞날을 말해주겠다고 하지 사령관에게 제의했다.

쓸데없는 예방책일수도 있겠지만, 저는 사령관께서 한국의 북쪽에 있는 소련의 움직임을 날카로운 눈으로 지켜보시기를 바랍니다. 저는 정치나 전략에 대해서는 문외한이지만, 많은 한국인들은 제가 보통사람들의 먼 미래까지도 미리 정확하게 들여다보는 비상한 통찰력 등 하늘이 내린 능력이 있음을 알고 있습니다. 왜냐하면 제2차세계대전 전후 일본과 소련의 전략에 대해 세세하게 대중 앞에 공개 예언을 했고 사격 표적지 한가운데를 맞추듯 적중했었기 때문입니다.

캐나다 해외선교위원회 총재인 A. E. 암스트롱 박사의 요청에 따라 작성한 제 예언의 사본을 첨부하오니 참고하십시오. 암스트롱 박사는 한국의 정치 정세, 특히 총선거와 유엔위원회의 전망에 대한 제 의견을 물어왔었습니다. 저는 미국이 어떻게 하면 최소의 비용으로 빠른 시일 내에 한국을 철저하게 민주화하고 기독교화하며 친미화할 수 있는지 실용적인 계획을 숙고 끝에 마련하고 있습니다.

하지 사령관은 5월 18일 답장을 작성했다.

귀하의 3월 25일자 편지를 받고 한글타자기가 어떻게 되었는지 점검했습니다. 이미 몇 대는 도착했습니다. 조달처 미국사무소의 설명에 따르면 우리가 주문한 한글타자기는 올해 8월 혹은 9월 중에 전달될 것이라고 말했습니다. 그리고 폴 앤더슨 씨는 지금 일본 문부성에 있습니다. 그는 한국에 오래 있었습니다. 그가 떠나는 것을 아쉬워하는 한국 친구가 많은 것으로 알고 있습니다. 귀하의 편지에 담긴 사려 깊음과 자신감에 대해 고마움을 전합니다.

미군정에 처음으로 한글타자기 공급에 성공한 존 스타 김의 한국식 이름은 김준성이다. 두벌식 한글타자기의 발명가인 그는 뜻밖에도 뉴욕한인교회 목사였다. 그가 만든 한글타자기는 업무 현장에 처음으로 다량 투입되고 그 실물이 남아있는 최초의 한글타자기인 것으로 알려지고 있다.

하지 사령관이 '편지에 담긴 사려 깊음과 자신감'을 언급한 것으로 미루어 존 스타 김의 예언지를 받아 읽은 것으로 보인다. 존 스타 김은 영문 알파벳처럼 한글도 모음과 자음을 풀어쓰는 것이 한글의 선진화라고 믿었고 한글타자기도 풀어쓰기 두벌식 타자기를 선보였다. 그러나 한국의 한글학자들은 상당 기간의 논란 끝에 풀어쓰기를 선택하지 않았다. 타자기 역시 그 뒤에 도입된 세벌식 공병우 타자기가 대세를 이루게 된다.

한국인 교포 소녀의 편지

1948년 4월 8일 하지 사령관은 한 젊은 한국계 여성으로부터 항의와 애원이 섞인 편지를 받았다. 편지 작성 양식이 서툴고 타이핑이 거친 것으로 미루어 10대 한국인 교포 소녀로 짐작된다.

존경하는 사령관님,

저와 제 사촌 조한 정(Johan Chung) 그리고 제 친구 O. H. 김(O. H. Kim)은 한국 경상남도 마산시 회원초등학교에 사는 제 오빠 박기영에게 옷이 든 소포를 보냈습니다. 지금까지 20차례가 넘게 보냈고 도착할 시기가 지났는 데도 아직 오빠에게 하나도 전해지지 않았답니다. 오빠는 저로부터 소포에 무엇이 들었는지 내용을 전달받지 않는 한 그 내용물에 대해 우체국에 가서 밝힐 수 없으며 그렇게 되면 영영 그에게 전달되지 못한다고 말하고 있습니다. 오빠는 그동안 별 문제없이 우리가 보낸 돈과 식품들을 잘 받아왔습니다.

사령관님, 옷이 든 소포들이 오빠에게 전달되도록 어떻게 힘이 되어주실 수 없을까요? 오빠는 그것들이 정말 꼭 필요합니다. 그동안 우리들은 그가 필요로 하고 우리가 마련할 수 있는 것은 소포로 보내왔습니다. 우체부가 오빠에게 별다른 문

▌미국에서 한국에 있는 사촌에게 보낸 소포가 배달되지 않았다고 호소하는 재미교포 여학생의 편지. 도와주라는 하지 사령관의 연필 메모가 있다.

제없이 배달하도록 보살펴주실 것을 애원합니다. 제발 저희들에게 해주실 수 있는 것은 꼭 도와주십시오. 안녕히 계십시오.

헤이즐 박

하지 사령관은 자신의 이름으로 답장을 준비하라고 헤이즐 박이 보낸 편지의 맨 위에 연필 메모로 지시했다. 일반적으로 하지 사령관은 업무 관련성이 없는 편지의 경우 해당 부서의 담당장교 또는 공보담당 소령의 이름으로 답장을 했다.

친애하는 박 양에게,

박 양이 보낸 1948년 4월 8일자 편지와 관련해 조사를 진행했습니다. 조사 결과 박 양의 오빠에게 이번 달 소포 29개가 배달되었습니다. 소포 모두 신속하게 배달된 것입니다. 1948년 4월 11일 이전에 배달된 소포는 없었습니다. 선박으로 보내는 우편물은 항공우편보다 훨씬 느립니다. 박 양의 오빠가 소포를 받지 못했다고 말할 때 분명 이런 요인을 지나쳤던 것 같습니다.

안녕히 계십시오.

존 R. 하지, 육군 중장

| 17 |

미군정의 한국 저명인사 비밀내사 존안자료
: 1948년 4월 9일

1948년 4월 9일자 미군정 비밀문서에 따르면 주한미군사령부 클라이드 싸전트 정치고문단 단장은 하지 사령관에게 정치고문단의 업무 진행 결과를 최종 보고했다. 사직서와 함께 제출한 보고에는 한국인 지도층을 대상으로 전개한 광범위한 내사 작업에 관한 내용이 들어있다. 그 보고에 따르면 한국인 6,000명의 비밀내사 작업이 진행됐다.

미군정 정치고문단은 3,000명의 한국인에 대한 내사를 진행해 그들에 관한 신상자료를 거의 완전하게 수집해 정리했고, 이들은 미국 정부파일에 포함되었습니다. 또 여기에 한국 사회 각계를 망라한 또 다른 한국인 3,000명에 관한 내사를 마치고 정리 작업을 진행 중입니다. 처음의 목표는 이보다 2,000명이 더 많은 8,000명이었습니다. 그리고 수백 명의 한국인 지도층 인사들에 대해서는 객관적인 인적사항뿐만 아니라 성격과 성향, 평가 등이 포함된 보다 내밀한 정보를 포함시켰습니다. 이 역시 추가 작업이 진행되고 있습니다.

싸전트 단장은 한국인 저명인사들을 다룬 이 내사 자료들은 미국의 영토 밖에서 진행된 다른 어떤 내사 자료보다도 가장 철저하고 포괄적인 내용을 담고 있다고 자부했다.

당초의 목표를 웃도는 정보수집 활동 결과 현재뿐 아니라 미래에도 필요하고 활용할 수 있는 자료를 포함시킬 수 있었습니다. 5년 후에 한국에서 영향력을 발휘할 잠재력이 있는 모든 한국인들을 담고자 했습니다.

싸전트 단장은 이 내사 자료는 워싱턴에서든 한국에서든 의자에 앉아 베낄 수 있는 정보가 아니라, 지방까지 일일이 현장을 뒤지며 정보를 수집하고 작성한 것으로 차후 미군이 한국을 떠난 이후의 경우에도 대비했다고 덧붙였다.

존안자료(存案資料)라고 불리는 비밀내사 자료의 작성과 운영의 주체는 미 국무부 신상정보부 정보수집분석과였다. 그리고 한국 현지에서의 실무 작업은 주한미군사령관의 고문으로 파견된 정치고문관들이 이끌었던 것으로 나타났다. 주한미군사령관 정치고문단은 대부분 미 국무부에서 파견된 민간인 신분이었다.

존안자료는 없애지 않고 보존해두는 문건이나 안건을 뜻한다. 통치자가 주로 장관, 차관, 위원회위원장, 위원, 대법관, 공기업 사장 등 임명직 고위공직자의 임명에 참고하기 위해 작성된 문건이다. 공직자의 경우 현재의 능력뿐만 아니라 과거의 경력, 가족관계, 사생활, 병역, 범죄사실, 재산형성 과정, 정치 성향 등 청렴성, 도덕성, 충성도를 판단할 수 있는 모든 것을 포함하는 내용을 담고 있다. 국가 통치를 위해 꼭 필요한 작업인 셈이다. 존안자료는 우리나라뿐만 아니라 미국 등 대부분의 국가에서 활용되고 있다. 그러나 지금도 몇몇 나라에서는 정부 공직자에 범위를 국한하지 않고 정치인, 각계 각층 유력인사에 대한 신상내사 자료까지 비치하고 통치에 사용하고 있다.

과거 우리나라의 경우 안기부, 보안사, 경찰, 검찰에서 제각기 존안자료를 관리해왔다. 이 작업은 때로는 상호보완적으로 때로는 경쟁적으로 진행되었고 공작정치에 악용되기도 했다. 1947년 7월 5일에 작성된 미 국무성 비밀 존안자료는 미군정 내 고위직이었던 민정장관 안재홍을 비롯해 경무부장 조병옥, 법무부장 김병노 등 13명에 대한 내사 기록을 담고 있었다.

1. 안재홍(미군정 민정장관): 대한민국의 독립운동가, 정치가, 언론인, 역사가, 만화가. 일제강점기 당시 국내에서 활동한 몇 안 되는 중도 우파, 비타협적 민족주의자로 9번이나 투옥되었으나 일제의 탄압에 굴복한 기록이 전혀 없다. 신간회 창립에 간여했으며 광복 후 여운형, 김규식, 조만식 등과 함께 좌우합작운동에 참여했다. 1945년 12월 모스크바3상회의 내용이 발표되자 그는 김구, 이승만이 극렬한 반탁을 주장한 것과 의견을 달리했다. 안재홍은 '만일 적정 타당한 합작으로 하루빨리 통일정부를 만들어내지 않으면 우리의 조국

에는 중대한 위기가 찾아올 것이라고 주장하며 통일임시정부 수립을 위한 좌우합작운동을 지지했다. 1946년 12월 김규식과 함께 미군정의 남조선과도입법위원회 의원으로 참여했고, 1947년 미군정에서 중도파로 남조선과도정부를 세운 뒤 안재홍을 민정장관으로 임명했다. 이상은 《한국민족문화대백과》와 《정치학사전》 등 문헌에서 발췌한 내용이다. 미 국무부 비밀내사 자료는 3페이지에 걸쳐 그의 이력을 자세히 기록하고 있다.

AN Chaehong (continued)   KOREA

Remarks:

A forceful character and much respected by the Korean community, An is one of the Korean independence leaders who stayed in Korea throughout the period of Japanese control. He was imprisoned by the Japanese nine times.

Considered a moderate-rightist in party politics, his stand on the trusteeship and participation in the Joint Committee (Military Government) issues have served to alienate him, in some respects, both from the more conservative elements of the Korean Independence Party of which he was a member and leftist elements of other parties. Contrary to the position of the ultra-conservative members of the Korean Independence Party, An voted against the Anti-Trusteeship Resolution passed in the Interim Legislative Assembly on January 20, 1947. The cleavage of political aims is delineated in a report that the Korean Provisional Government group (composed of ultra-conservative leaders of the Korean Independence Party headed by KIM Ku) split with the Nationalist Party Group led by An over the trusteeship issue. KIM Koo led the anti-trusteeship movement, the implementation of which assumed an anti-Military Government character. An, on the other hand, desires to cooperate with the Military Government and to discuss trusteeship after the establishment of a provisional government. Perhaps because he held to this position, An was ousted from membership in the Korean Independence Party in June 1947.

AN Chaehong has recently shown his intention to secure firm control of the administration of South Korea in his own hands. He realizes the value of having loyal subordinates, not only to build up a strong political machine, but also to achieve maximum governmental efficiency. On June 30, 1947, in his capacity of Civil Administrator, he directed the transfer of a number of high Korean officials including four Korean Governors, as well as the transfer of Chung Ilhyung, the Korean Director of Civil Service. All involved in the reshuffle were rightists, appointed to their positions prior to An's assumption of office, and as such were presumed to have had no particular allegiance to An. The crux of An's difficulties appears to have been his clash with Chung, who is reported to control the loyalty of many high ranking South Korean Interim Government officials. These officials, according to An, have not cooperated with him in carrying out his policies. While the local rightist press has vituperously denounced An's act as unfair, and though there are grounds for the contention that AN had acted beyond his powers and that the transfers required the approval of the Interim Legislative Assembly, the assembly finally upheld AN Chaehong's action by deciding that as new personnel were not involved the transfers did not require such approval.

As a moderate-rightist, he is convinced of the necessity of freeing Korea from Soviet influence and publicly maintains that his party has rejected the idea of ultra-right or ultra-left and would henceforth work as a center party. While he asserts that the "nationalism" of his Nationalist Party stands for representative democracy, he warns his fellow-countrymen against borrowing ideas from other countries without modification.

▌미 국무성 내사 자료는 안재홍이 9번 투옥되었으나 한 번도 탄압에 굴복하지 않았다고 기록했다.

1895년생, 경기도 평택 출생, 와세다대학 정치경제학과 졸업, 기독교.

그가 1921년부터 1932년까지 〈시대일보〉, 〈조선일보〉의 편집인을 지냈고 한글학회사건으로 투옥된 사실, 해방 후 여운형과 함께 건국준비위원회를 설립했고 과도입법회의의원을 거쳐 1946년 2월 사임 후 미군정 민정장관으로 취임하기까지 25년간에 걸친 이력을 자세히 기록했다. 이어 그에 대한 평가를 했다.

> 추진력 있는 성격에 한국 사회의 많은 존경을 받는 인물로 일본 통치 기간 내내 한국에 살았던 한국 독립지도자들 가운데 한 명입니다. 그는 일본인에 의해 9번 투옥되었습니다. (중략) 온건중도로 분류되고 신탁통치와 미군정 좌우합작위원회 참여 등 현안과 관련해 미군정에 호의적인 입장을 취하고 있으며, 이 때문에 더 보수적인 한독당 인사들과 좌파들의 정당 양쪽 모두와 소원한 관계가 되었습니다. 1947년 1월 20일 과도입법회의에서 반탁결의안에 반대표를 던져 김구가 이끄는 임정그룹과 결별했습니다.

미 국무부 내사자료는 안재홍 자신이 이끄는 국민당이야말로 대의민주주의를 근간으로 하는 민족주의를 실현하는 정당이라고 역설하고 있다고 소개했다. 안재홍의 국민당은 또 외국의 이념들을 우리 실정에 맞게 손질하지 않은 채 빌려오는 것을 경계하는 민족주의를 표방하고 있으며, 극우와 극좌를 모두 배격하고 있다고 내사자료는 밝혔다. 이 자료는 이어 안재홍이 최근 자신에게 충성하는 부하들을 모아야 할 필요성을 절감하고 인사를 단행했는데 중도우파의 자기 사람들을 앉히며 정부 내 권한을 독점하려는 욕망이 엿보인다고 지적했다.

> 경질된 고위관리에는 도지사 4명과 정일형 인사행정처장 등이 포함되어 있는데, 이들은 안재홍 본인이 취임하기 전에 임명되어 자신에 대한 충성심이 없는 우파인물이었다고 말했습니다. 안재홍

이 특히 힘들어했던 부분은 정일형과 충돌한 것인데 정일형이 과도정부 내 고위직 인사들을 좌지우지했다는 것입니다. 안재홍에 따르면 이 때문에 고위관리들이 자신의 정책 추진에 협력하지 않았다는 것입니다.

또 주한미군정 방첩부대는 1947년 5월 15일 안재홍의 비서관이 한국 육군과 해군 창군에 관련된 비밀계획을 추진하고 있다는 정보를 입수해 그를 체포했다고 내사 자료에서 기록하고 있다. 안재홍은 그의 비서에게 육군과 해군 창군계획을 수립하도록 지시했음을 자인했다고 밝혔다.

그는 그 사실을 자인하면서도 참고하기 위해 계획을 짜보라고 지시했을 뿐 숨겨놓은 다른 의도는 없다고 해명하고 있습니다. 그의 요청에 따라 비서관을 석방하고 수사는 잠정 보류했습니다.

미군정은 안재홍이 미국과 협의 없이 국군 창설계획을 단독으로 비밀리에 진행하고 있는 것을 적발해 단호한 조치를 취했다. 내사 자료에 따르면 미군정은 안재홍 등의 독자적인 창군계획을 매우 민감하게 받아들여 가담한 인사들에 대한 수사를 진행했다. 국무부 내사 자료는 미국 정부와 미군정이 안재홍에 대해 신뢰하면서도 그에 대한 세심한 관찰과 내사를 게을리하지 않았음을 보여준다.

제주 주둔 미군정 고문의 문서에 따르면, 안재홍 민정장관은 제주 4·3을 촉발하고 최악의 상황으로 몰고 간 유해진 제주지사를 임명했고, 서북청년단을 동원해 테러를 가해 사태를 악화시킨 유 지사의 파면을 여러 차례 요구했으나 받아들이지 않았다고 한다. 안재홍은 한국전쟁 중 납북되었다. 1965년 사망했고 장례위원장은 홍명희가 맡았다.

2. 지용은(미군정 식량행정처장): 내사 자료에 나타난 지용은 식량행정처장에 대한 미국의 평가는 비판적이고 냉정했다.

> 1891년생. 북한 출신. 결혼 4자녀. 노스웨스턴대 졸업.
> 1917년 평양 신학대 강사.
> 1945년 미군정 지역사무처 통역 겸 자문.
> 1946년 이후 미군정 식량행정처장.
>
> 노스웨스턴대 졸업 후 신학대 강사를 했고 평양에 방직공장을 경영하는 등 다양한 사업을 했습니다. 상황 판단은 빠르지만 성실성은 의문스럽습니다. 미군정 내 개인에게 제각기 접근해 ① 미국인 이름으로 과거 일본인 재산을 매입하거나 ② 미국 상품의 한국 내 독점판매권을 획득하거나 ③ 과거 일본인 소유의 창고 내 상품을 징발해 되파는 등의 사업을 함께하자고 몇 차례 선제적 제의를 하기도 했습니다.

미군정 정보기관은 지용은 처장의 사생활에도 주목했다.

> 지용은은 저녁에는 서울의 집에서 마음에 맞는 북한 출신 인사

들과 밤마다 모임을 갖고 무언가 머리를 맞대고 논의하고 있습니다. 그는 정치적으로 극렬한 보수주의자인 것으로 보고되고 있는데, 신뢰하는 지인들에게는 공산주의에 대한 폭력적인 증오를 나타내고 있습니다. 최근 접촉했을 때 그는 미군정은 가능한 한 오래오래 한국에 머물러야 한다는 확고한 신념을 갖고 있었습니다. 그러면서 한국인들이 자치(自治)를 할 수 있는 때는 아직 오지 않았으며 심지어는 그럴 수 있을 때가 안 올지도 모른다는 소감을 내비쳤습니다.

미 국무부가 주도해 수집한 내사 자료는 지용은 처장 스스로 1940년대 초 민족주의 성향 때문에 교직에서 추방되었다고 말하고 있다고 기록하고, 영어를 유창하게 구사하는 고위공직자라고 밝혔다.

그는 쾌활하고 정이 넘치는 인물인 데다 정보가 풍부하고 재치와 익살이 뛰어나 좌중의 분위기를 장악해 참석자의 마음을 완전히 무장해제하게 만드는 엄청난 장점을 구사합니다.

미 국무성의 내사 자료는 끝에서 소련군이 북한을 점령하자 그는 가족을 남겨두고 즉시 단신으로 서울에 왔다고 적고 있다. 그렇지만 그의 가족들은 뒤늦게 서울에 오느라고 고생을 했으며 미군정이 공공보건학 연구를 위해 작년 1946년에 선발해 미국에 유학을 보낸 2명의 의사 가운데 한 명인 황노웅(Whang Long-Woong)이 지용은의 조카였다고 덧붙였다.

3. 조병옥: 미 국무성 내사 자료에 기록된 그의 신상이다.

조병옥(미군정 경무부장).

1894년생으로 알려짐. 충남 천안 출생. 평양 숭실학교, 컬럼비아 대 경제학 박사.

1934년 조선 신학대 조교수, 1945년 한민당 간부.

1945년~현재 미군정 경찰부장.

미 국무부 내사 자료는 조병옥의 학생운동 가담과 복역 사실을 가장 먼저 언급했다.

조병옥은 1929년 학생운동에 가담해 2~3년 투옥된 적이 있습니다. 학생들은 기독교계 대학의 교수인 그가 학교와 일본총독부에 대해 서슴없이 비판을 가하자 그를 따랐습니다. 그러나 사회적·종교적 이슈에 대한 그의 견해를 싫어하는 학교 당국자와 동료들의 종용으로 교수직을 사임했으며 그 뒤 일본에 의해 재차 투옥되었습니다.

내사 자료는 그가 출옥 후 북한에 있는 금광에 투자해 한때 큰 돈을 벌었으며 암살사건에 관여한 혐의로 일제의 감시대상이 되기도 했다고 기록했다. 해방 후 활발한 정치 활동을 전개해 한민당 사무총장을 맡았다고 적고 있다.

▍미 국무성 내사 자료는 조병옥 경무부장이 좌익을 일방적으로 탄압해 사퇴 요구가 거셌지만 유임되었으며, 박력 있고 강인한 인물이라고 평했다.

조병옥은 경무부장직을 맡아 경찰 인력의 재정비작업을 효과적으로 수행했고, 그 과정에서 상당한 명망을 얻게 되었다고 1946년 8월 18일 내사 보고서는 평가했습니다. 그러나 1946년 12월 남한의 혼란 실태를 조사하고 타개책을 마련하기 위해 구성된 한미합동위원회에서 한국인 위원들은 조병옥이 경찰업무 수행에 우익청년단체들을 동원해 좌익인사를 처단하는 등 과도한 행위를 했다며 그의 면직을 요구하기도 했습니다. 그러나 미국인 위원들은 그가 현직을 유지하도록 했습니다.

한편 미군정은 그 뒤 과도정부입법의회 입법을 통해 일본 치하에서 공직을 맡았던 경찰관에게 정치적인 직책을 맡지 못하도록 금지하고 이들의 특권을 방지하는 선거법을 통과시키려 했다. 그때 조병옥의 우익성향이 더욱 두드러졌다고 내사 자료는 기록하고 있었다.

(조병옥에게 장악된) 경찰 내 고위직 인사들은 모든 경찰들을 동원해 관련 선거법 통과를 찬성하는 의원들에게 압박을 가하는 등 법 통과를 직접적으로 저지하려는 행동에 나섰습니다. 정보 보고에 따르면 조병옥이 이끄는 정당은 이를 계기로 경찰 고위층에게 뚜렷하게 부각되었다고 합니다.

이 문서는 그러나 조병옥의 리더십을 높게 평가하고 있다.

조병옥은 리더십을 갖추고 있으며 예리한 분석력을 소유하고 있는 것으로 보입니다. 또한 그는 박력 있고 강인한 성격이 엿보이는 인상적인 외모를 갖고 있습니다.

3. 정일형(과도정부 인사행정처장): 미 국무부가 작성한 존안자료에 따르면 남조선과도정부의 고위관리인 정일형은 정치적 영향력이 큰 우익성향의 정치인이라고 한다.

1945년 12월 미군정 인사행정처장과 미군정 사무국장을 맡았습니다. 1947년 7월 15일자로 시행된 인사 이동에서 우익인 정일형은 충남지사로 전보되었습니다. 안재홍 민정장관은 보다 더 효율적으로 자신의 정책을 수행하라며 그의 전보를 명령했으나 정일형은 수락을 거부했습니다. 알려진 바로 정일형은 남조선과도정부 내 고위공직자 다수를 자신의 영향력 아래 두고 있었는데 그 공직자들이 안재홍에 협력하지 않았다고 합니다. 이때 우익언론

과 과도입법회의에서는 정일형에 대한 전보 인사가 의회의 승인을
받지 않았다며 거센 항의와 비난을 했습니다. 그러나 신인 기용
이 아닌 한 의회의 승인을 받을 필요는 없다는 결론을 내리고 안
재홍의 인사 조치를 수용하는 것으로 매듭지어졌습니다.

4. 김병로(미군정 과도정부 사법부장): 김병로는 1887년 전북 순창 출
생으로 1948년 초대 대법원장을 지낸 한국의 법조인, 정치가, 변호
사였다. 6·10 만세운동 관련자의 무료 변론을 맡았다. 1923년 허
헌, 김용무, 김태영 등과 함께 형사공동연구회를 만들어 독립운동
을 후원했다. 그들이 맡았던 사건들은 여운형, 안창호에 대한 치안
유지법 위반 사건, 김상옥 의사 사건, 광주항일학생운동, 6·10 만세
운동 등이 있고 신간회 중앙집행위원장을 맡았다. 1948년 대법원
장으로 취임해 재임 9년여 동안 외부의 압력과 간섭을 뿌리치고 사
법권 독립의 기초를 다졌다는 평가를 받는다.
김병로에 대한 미 국무성 내사 자료는 신탁통치와 토지개혁 등 사회
현안에 대한 그의 입장과 명료한 처신을 간단하게 기록하고 있다.

명치대 재학, 일본대 졸업. 법학.
1946년 3월 비상국민회의 법사위원장, 한민당 중앙조사위원장.
1946년~현재 미군정 법무부부장.

김병로는 법학교수이며 변호사회 회장이었습니다. 한국과 영미법
이론의 차이점을 연구하고 견해를 서로 교환하는 한미법학아카

데미의 구성을 주관했습니다. 그는 한민당 내 우익인사 가운데 영향력 있는 인물로서 한국의 신탁통치를 반대하고 있습니다. 그러나 1946년 3월 한국의 신탁통치를 결정하는 일이 아닌 한 미소 공동위원회와 어떤 문제도 함께 협의할 것이라는 당의 입장을 거듭 확인했습니다. 1946년 10월 한민당이 좌우합작위원회가 마련한 토지개혁안에 반대하자 이에 항의해 한민당을 떠난 것으로 보고되었습니다.

5. 고황경(Evelyn Koh, 과도정부 보건부 부녀국장):《한국민족문화대백과사전》에 따르면 1909년 서울 출생, 2000년 사망한 교육자, 여성운동가이며 친일반민족행위자로 기록되어 있다. 대표 직책은 조선임전보국단부인대 지도위원, 미군정청 부녀국장, 이화여자대학교 교수, 서울여자대학교 총장이다. 할아버지는 미국 선교사 통역이었고 아버지 고명우는 세브란스의전을 졸업한 후 세브란스병원 의사로 활동했다. 다음은 미 국무성 내사 자료 내용이다.

> 1907년생, 세브란스병원 의사의 딸입니다. 일본에서 경제학을 공부한 뒤 법학사 학위를 취득했고 1937년 미시간대에서 박사학위를 취득하고 이화여대 사회학 교수로 근무했습니다. 1946년 3월 조선교육사절단의 일원으로 미국을 다녀왔으며, 영어와 일어에 능하고 1946년부터 현재까지 미군정 부녀국장직을 수행 중입니다.

이 자료는 고황경의 특이사항에서 다음과 같이 기록했다.

> 고황경 박사는 한국에서 탁월한 실력을 가진 여성학자로 꼽히고 있습니다. 고 박사는 그의 언니와 함께 고아원을 운영 중이며 그들의 소득 전액과 여유 시간을 모두 여기에 쏟고 있다고 합니다.

고황경에 대한 호의적인 평가는 계속되었다. 그에 대한 내사 자료는 체격과 체력까지 언급하고 있다.

> 고 박사는 특출한 사회학자이자 작가로 여성 해방과 여성의 교육 기회 확대를 위한 활동을 이끌고 있습니다. 대단히 내성적이며 소박한 한복을 입습니다. 체격은 한국 여성으로서는 큰 편이지만 체력은 강하지 않은 것으로 알려졌습니다.

그러나 이 내사 자료는 고황경이 1937년 중일전쟁 직후 일본의 전쟁 비용에 보태기 위해 금비녀를 헌납하는 애국금차회 발기인으로 참여하고, 그 후 다시 조선임전보국단 발기인을 맡는 등 친일활동을 한 사실은 언급하지 않았다.

6. 신동기(미군정장관 보좌관): 미 국무성 내사 자료는 신동기의 능력을 높게 평가했다. 의사인 그의 부인을 함께 자세히 소개하고 있다.

> 부인이 여의사 한소제, 슬하에 3남 1녀.

1927년 노스웨스턴대학교 졸업.

1930년에서 1945년까지 이승만의 미국 체류 기간 중 함께 일했습니다. 1946년 이후 군정장관 보좌관이며, 조용하고 나지막한 목소리로 쉽사리 흥분하지 않는 드문 한국인입니다. 항상 성실하며 앞으로 정치적 성공을 거둘 것으로 보이는 인물입니다. 전형적으로 직분을 다하는 공직자형으로 자신을 드러내지 않으며 더구나 선동을 하는 인물도 아닙니다. 정부 행정 경험이 제한적이지만 숙달 속도가 빠릅니다.

내사 자료는 그의 아내 한소제에 대해 상당한 부분을 할애했다.

신동기의 처 한소제 박사는 도쿄의대에서 의학을 전공했고 미시간에서 3년간 공부했습니다. 그녀는 걸스카우트연맹 임원으로 1946년 겨울 미국에 머물며 걸스카우트 교환 트레이너로 체류했습니다. 신동기의 큰 아들, 조지는 워싱턴에서 출생했으며 현재 미국에서 음악을 공부하고 있습니다.

신동기의 처 한소제는 한국 최초의 여의사다. 내사 자료와 달리 그녀는 도쿄의대가 아닌 도쿄여자의과대학을 졸업했다. 한소제가 거주했던 주택은 현재 혜화동주민센터로 사용되고 있고 서울미래유산으로 지정되었다. 1961년부터 남편인 신동기 전 필리핀대사와 함께 미국에 거주하면서 어려운 유학생들을 돌보는 데 힘썼다고 한다.

7. 이용설(과도정부 보건후생부장):《한국민족문화대백과》에 따르면 이용설은 1895년 평양 출생으로 1993년에 타계했다. 세브란스의전을 졸업한 뒤 베이징의 한 병원에서 근무할 때 안창호를 만났고, 그의 사상에 감명을 받아 흥사단에 입단했으며 그 후 흥사단 운동에 헌신했다. 1926년 다시 미국에 유학해 노스웨스턴대에서 수학했고 외과전문의가 되어 세브란스 의대교수로 활동했다. 1936년 수양동우회 사건으로 옥고를 치렀으며 다양한 사회봉사 활동과 근검한 생활, 독실한 신앙생활로 사회와 기독교계의 존경을 받았다. 이용설에 대한 미국 정부의 내사 자료는 다음과 같다.

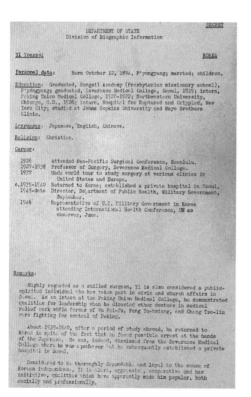

1894년생. 평양. 기혼. 자녀 있음. 숭실학교, 세브란스 의대 졸업. 1926년 노스웨스턴대에서 정형외과전문의 자격 취득. 존스홉킨스대에서 수학.

미 국무부의 내사 자료는 이용설에 대해 그의 인성과 전문성, 사회 기여도 모든 점에서 최고의 찬사와 평가를 했다.

▌이용설 과도정부 보건후생부장에 대해 미 국무성 내사 자료는 그의 인성과 전문성, 애국심, 신앙심, 사회 기여도 모든 점에서 존경스럽다고 표현했다.

이용설은 높은 수준의 전문성을 가진 외과전문의입니다. 공공 봉사 정신이 투철한 성격으로 지역 사회와 교회에 참여하고 있습니다.

또 이용설은 조국의 독립을 위해서 몸을 아끼지 않았다고 기록했다.

1939년과 1940년 해외 유학을 마치고 체포될 위험이 있음에도 불구하고 한국에 돌아왔습니다. 결국 그는 세브란스의대 교수직에서 해고되어 개인병원을 운영했습니다. 그는 철저히 한국의 독립을 위해 온 마음을 다했던 것으로 보입니다. 이용설은 항상 주의 깊으면서도 공격적이며 협조적이기도 합니다. 또 매사 주도적이고 품위가 있어 사회적으로나 직업 분야 양 측면에서 확연한 인기를 모으고 있습니다.

미군의 존안자료 그리고 한국학중앙연구원이 펴낸 〈한국민족문화대백과〉는 1940년 12월 이후 이용설의 친일활동에 대해 언급하지 않고 있다. 그러나 민족문제연구소가 펴낸 〈친일인명사전〉에는 그가 친일반민족행위를 한 종교계인사로 올라있다. 1938년 12월 수양동우회사건에 연루되어 세브란스의전 교수직을 사임하고 다시 1940년 8월 치안유지법 위반으로 징역2년에 집행유예 3년을 선고 받은 이용설은 그해 12월 전향자들의 교회단체에 참여했다. 이어 1941년 조선임전보국단에 가담해 '대동아전쟁은 신의 뜻'이라고 찬양했다는 신문기사와 함께 해당내용이 기록되어 있다. 이용설은 과도정부 보건후생부장을 역임했으며 1948년부터 1962년까지 세브란스의대학장과 세브란스병원장을 지내며 존경과 신망을 받았다.

8. 유억겸(문교부장): 유억겸은 1895년 서울 출생으로 1947년 사망했다. 어머니는 순종의 왕후 윤씨의 동생이다. 유억겸은 유길준의 둘째 아들로 1912년 어린 나이에 일본으로 건너가 중·고등학교 학업을 마친 뒤 1919년 동경제대 법학부에 들어가 1922년 졸업했다. 그 후 귀국해 연희전문학교 교장, 미군정 문교부장, 대한체육회 회장을 역임했다.
《한국민족문화대백과》에 따르면 유억겸은 신간회 발기인으로 참여했고 1938년 수양동우회 사건에 연루되어 3개월의 옥고를 치른 뒤 전향성명서를 발표했다. 그 후 임전보국단, 학도병 종로익찬회 강연대원으로 활동해 관련법에 따라 친일반민족행위자로 규정되었고, 친일반민족행위자 결정 이유서에 그의 행적이 상세하게 채록되어 있다. 유억겸은 해방 후 한국민주당 창당발기인을 맡기도 했다. 미국 내사 자료에는 다음과 같이 기록되어 있다.

> 1896년 서울 출생. 유력한 왕족 가문으로 그의 처는 공주의 누이
> (아마도 그의 어머니가 왕후의 누이라는 사실을 잘못 파악한 듯). 종교
> 는 기독교, 1923년 동경제국대학 법학부를 졸업.

이어 그의 경력을 자세히 소개했는데 매우 부정확하다. 유억겸이 일본에서 중학교를 졸업하던 해인 1916년부터 1년간 조선아마추어육

상협회 부총재를 역임했다고 기록하고 있다. 그의 나이와 한국과 일본의 지리적 거리에 비추어 현실적으로 불가능한 경력이다. 또한 그는 조선신학대 교수와 부학장을 역임했고 조선아마추어육상연맹 총재를 거쳐 1946년부터 현재까지 미군정 교육부장을 맡고 있다고 기록되어 있다. 특이사항에 언급된 내용들은 그의 친일 경력들을 애써 변명하고 호도하고 있다는 지적을 면하기 어려울 것 같다.

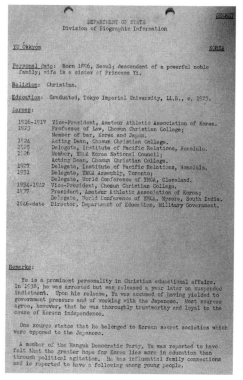

▌유억겸에 대한 기록은 정확성이 결여되어 있었다. 그가 친일파 라고 하지만 교육의 중요성을 역설했으며 독립비밀결사에 숨은 조직원이라는 주장도 있다고 기록했다.

유억겸은 기독교 교육 분야에서 특출한 인물입니다. 1938년 그는 투옥되었으나 1년 뒤 집행유예로 석방되었습니다. 석방 후 그는 일제의 압력에 굴복해 일본인을 위해 일했다는 비판을 받았지만, 대부분의 소식통들은 그가 한국 독립의 대의에 철저하게 충실했으며 충성을 다했다는 데 의견을 같이하고 있습니다. 한 소식통은 그가 일본에 반대하는 비밀결사에 소속되어 있었다고 밝혔습니다. 유억겸은 한민당 당원이며 한국이 정치적 시위보다는 교육에 더 희망을 걸어야 한다고 믿고 있는 것으로 알려졌습니다. 그는 영향력 있는 가문과 인적 관계가 있으며 그를 따르는 젊은 층이 있는 것으로 알려졌습니다.

9. 유동열(군사부장): 유동열은 1879년생으로 1903년 일본 육군사관학교를 졸업했다. 러일전쟁에 참전한 뒤 대한제국군에 복귀했으나 1907년 군대가 강제 해산되자 지하운동에 가담했다. 그 후 만주로 망명해 길림 등지에서 독립운동을 전개했고 1930년 임시정부에 복귀해 국무위원 군무부장을 지냈다. 1935년 김규식, 지청천 등과 조선민족혁명당을 조직해 통일전선을 구축했으며, 1945년 광복 후 귀국해 미군정 통위부장을 지내다가 한국전쟁 때 74세의 나이에 납북되었다. 미 국무성 내사 자료는 유동열이 1875년 박천 출생으로 1906년부터 1908년까지 미국에 체류했으며 1919년 신민회를 조직했고 러시아와 만주, 중국 등지에서 독립운동을 전개했다고 기록하고 있다.

유동열은 일제강점 이후 대한민국임시정부와 연대해 독립운동을 전개한 유능하고 존경받는 인물입니다. 40여 년간 김규식의 친구이며 그들은 1915년 몽고에 망명한국군을 창설하기 위해 함께 노력했습니다. 유동열은 홍진, 김병춘, 김학규 등과도 친밀한 것으로 알려져 있습니다. 유동열은 김규식이 신진당 총재직을 거절하자 그 대신 총재를 맡았다고 합니다.

그러나 유동열은 비밀리에 광복군 재건계획에 참여한 것으로 보인다고 내사 자료는 밝히고 있다.

1947년 5월 17일 최근 보고에 따르면 유동열은 한국 육군과 해군을 창설하기 위한 비밀계획에 참여한 내부 가담자 네 명 가운데 한 명입니다. 유동열은 그러나 자신은 이승만에 반대하며 다만 그는 한국광복군을 되살리려 했을 뿐이라고 해명했다고 합니다.

유동열은 김규식의 오랜 동지였으며 비밀리에 광복군 재건계획에 가담했다고 기록했다.

10. 이철원 미군정 과도정부 공보부장에 대해서 미 국무부 내사 자료는 그가 보령 출신으로 컬럼비아대 우등 졸업이라고 기록하고 성격이 온화하고 신뢰할 만하다고 평하고 있다.

11. 오정수 미군정 과도정부 상무부장에 대해 내사 자료는 그가 1902년생으로 보스턴대에서 2년 반 수학했고, 1927년 보스턴 공대에서 기계공학사 학위를 받았으며 1927년 군사과학과 국제법을 공부했다고 간단히 언급했다.

12. 문장욱 미군정 과도정부 외교부장에 대해 내사 자료는 미국 심슨 대를 졸업하고 조선신학대, 컬럼비아대학교를 거쳐 남가주대학교에서 박사학위를 받았으며, 1945년 미군정비서실 외교담당비서관을 거쳐 1946년부터 현재까지 미군정 외무부장을 맡고 있다고 간단하게 기록하고 있다.

13. 이훈구 농무부장에 대해서는 1890년생으로 일본에서 공부했고 시카고대학교 박사이며 〈조선일보〉 부사장, 평양연합기독대학 부학장을 역임했고, 1945년부터 미군정 농무부장을 맡으면서 1946년부터 미군정 경제자문위원도 맡고 있다고 내사 자료는 기록했다. 그의 저서로는 1936년에 발행한 《한국의 토지이용과 농촌경제》가 있다고 밝혔다. 그러나 전문 지식과 능력은 있으나 리더십에 대한 평가에는 인색했다.

  이훈구는 농촌사회학 전문가입니다. 북한 출신으로 강한 지역적 편견을 소유한 것으로 보입니다. 비록 명석하고 능력은 있지만 많은 부하를 지휘하기 어려운 인물이라는 것이 함께 일한 관계자의 판단입니다.

  한국인 지도층에 대한 비밀내사 작업은 주한미군사령부 정치고문단이 주관했다. 1948년 4월 9일 주한미군사령부 정치고문단 단장인 싸전트는 하지 사령관에게 정치고문단의 업무 진행 결과를 최종 보고했다. 싸전트 단장은 이 내사 자료들은 미국의 영토 밖에서 진행된 다

른 어떤 존안자료보다도 가장 철저하고 포괄적인 내용을 담고 있다고
자부했다.

싸전트 미군정 정치고문단장은 해방 직전까지 진행되었던 중경임
시정부의 한국광복군과 미국 첩보기관 OSS가 비밀리에 진행한 한국
침투작전인 '이글작전'의 실무책임자인 '클라이드 B. 싸전트' 대위 바
로 그 사람이다. 그는 이 업무 보고와 함께 사직 의사를 밝혔다. 그는
5·10 남한단독선거가 실시된 직후 미국으로 돌아갔다.

| 18 |

하지 사령관에게 전해진 반가운 편지
: 1948년 7월 4일

하지 주한미군사령관은 1948년 7월 뜻밖에 반가운 편지를 받았다.
미국으로 귀국한 뒤 바로 전역한 병사가 보내온 편지였다.

배틀크릭 낙농장(Battle Creek Dairy).
327 칼라마주 스트리트.
배틀 크릭, 미시간주 1948년 7월 4일.

존경하는 사령관님,
네 달 전 미국으로 돌아온 이래 한국에 관한 기사를 주의 깊게
뒤지고 있습니다. 저는 군 입대 초기에는 473병참부대에 근무했
고 1947년 1월 5일부터 1948년 2월까지 인천의 78병참기지창에서
근무했습니다. 한국에서 군 복무를 하면서 여러 면에서 깊은 인
상을 받았습니다.

미국의 신문들은 한국 관련 기사를 별로 다루지 않고 있으며 주간잡지 등 정기간행물도 일반도서만큼이나 한국 관련 기사를 싣지 않습니다. 심지어 〈뉴욕타임스〉도 한국에서 미국의 역할이 얼마나 중요한지 설명하지 않고 있습니다. 잠재적인 적국을 견제하는 데 한국이 대단히 중요하다는 점에 대해서는 연방정부 관계자와 민간인 분석가들 모두 일

▌벤자민 베네딕트는 편지에서 군 복무 중 하지 사령관의 한국인에 대한 인권존중 시책에 크게 감명받았지만 미군 장병의 반발이 거세 안타까웠다고 밝혔다.

치된 의견입니다. 이와 같은 명제는 어느 것과 견줄 수 없이 중요하다는 데는 이론이 없을 것입니다.

그런데 한국에서의 경험을 가진 개인으로서 저는 우리 미국인이 세계의 다른 지역과 마찬가지로 한국 국민의 생활수준 개선과 정치적 표현의 자유 확대에 보다 강한 역점을 두어야 한다는 믿음을 갖게 되었습니다. 한국인들도 근본적으로 세계의 어느 다른 나라 사람과 똑같이 평등합니다. 따라서 이들에게도 미국을 포함한 다른 나라의 남성과 여성들이 사업을 하고 일을 할 권리가 보장된 것처럼 경제적·사회적 권리가 부여되어야 합니다.

제가 생각하기에 최고사령관인 장군께서는 대부분의 휘하 부하 장병들이 인식하고 있는 것보다 더 우리 미군이 한국의 토착민들과 원만하고 품격 있는 관계를 수립해 한국 점령이 민주적인 절차에 의해 진행될 수 있도록 무척 애쓰고 계셨습니다. 그러나 사령관님의 단호한 노력에도 불구하고 너무나 많은 장교와 사병들이 장군님의 지휘서한과 명령에 복종하지 않는 것을 목격했습니다. 민주적인 미국인이라면 누구든 성공을 염원하는 것처럼 우리의 점령지역에서도 이를 실현하겠다는 의지가 장군님의 지시에 담겨 있는데도 말입니다.

저는 미군 병사들이 한국인들에게 폭력을 가하는 것을 자주 목격했습니다. 그것도 한 차례가 아니고 여러 차례였습니다(이것은 사령관님의 명령에 대한 불복종입니다). 저는 미군 중령이 지시를 즉각 따르지 않았다는 이유로 한 한국인 노무자의 얼굴을 지팡이로 후려치는 것을 목격한 일도 있습니다. 병영 안에서는 미군 장병들 대부분이 한국인들에 대해 항상 모멸적인 내용으로 대화를 합니다. 사령관님에 대해서도 "하지는 더러운 한국인의 애인"이라고 부르는 것을 몇 번 들었습니다. 사실 제가 한국인도 우리와 평등한 인간이라고 말할 때마다 예외 없이 "더러운 한국인의 애인"이라는 야유가 한꺼번에 쏟아지곤 했습니다. 이와 같은 인종적이거나 민족적인 우월감이 특정 부대나 미국인의 특정 집단만의 일이 아니라는 것을 저 자신이 한국에 있는 내내 충분히 알고도 남음이 있었습니다. 장군께서도 이를 잘 알고 계시리라 믿습니다.

장군께서 수천 명의 부하 장병들이 갖고 있는 한국인들에 대한 편견 그리고 장병의 관습과 특권 의식까지 바꿀 수는 없음을 잘 알고 있습니다. 그럼에도 불구하고 미군이 기약할 수 없는 기간을 한국에 주둔해야 한다면 미국 장병들에게 한국인들을 동등한 인간으로 대우하라고 보다 강한 명령을 내리시기 바랍니다. 또 민간인들을 독단적이며 야만적으로 다루고 있는 한국 경찰과 군인들의 전체주의적인 인식을 몰아내는 데 더 많은 노력을 기울여주십시오. 그들에게 우리 미국인들이 어떻게 살아가고 있는지 보여주고, 그래서 우리가 인종적으로나 민족적 배경이 다름에도 불구하고 타인들에게 얼마나 친절하고 사려 깊을 수 있는지 한국인들에게 보여주고 알게 하는 노력을 더 하실 수 있기를 기원합니다. 깊은 존경을 담아 인사드립니다.

벤자민 A. 베네딕트(Benjamin A. Benedict)

'gook'의 사전 의미는 '오물', '때'를 뜻한다. 이는 한국인을 포함한 아시아인을 비하하는 영어의 속어다. 여기에서 저자는 'gook'을 '더러운 한국인'으로 표현했다. 어원은 한국전쟁에 참전한 미군들이 '미국, 미국' 하는 걸 듣고 gook이라는 속어가 시작되었다는 말도 있다. 필리핀 점령 이후 1893년에 발행된 《미국속어사전》에 이미 gook이라는 단어가 등장한다. 이 사전에는 '창녀'를 뜻한다고 되어 있다. 그때 흔히 필리핀 여성을 비하하는 말로 쓰였다고 한다.

하지 사령관은 답장을 보냈다. 자신의 이임을 1달 앞둔 때다.

```
                                        17 July 1948


Mr. Benjamin A. Benedict
Battle Creek Dairy
337 Kalamazoo St.
Battle Creek, Mich.

Dear Mr. Benedict:

        I was delighted to receive your letter and to learn that
a former member of this command had carried away from Korea some
realization of our problems here.

        As you well know, my greatest problem here has been to try
to get a constantly changing personnel to get some small idea
of service to those we are trying to help, rather than a too
typical thinking in terms of how superior all Americans are to
all Orientals.  This is a difficult task, particularly when we
have had five complete turnovers in soldiers in less than three
years.

        I have taken the liberty to send your well written letter,
with identification removed, to each of the major echelon
commanders, calling their attention to the many current directives
on this subject and directing renewed effort be made to carry
them out.

        For your further information, every specific case of mis-
treatment of Koreans by Americans reported, is thoroughly in-
vestigated and severely punished where proven.

        With best regards and in appreciation for your thoughtful
letter,

                                        Sincerely yours,


                                        JOHN R. HODGE
                                        Lieutenant General, U. S. Army
                                        Commanding
```

▌하지 사령관은 답장에서 우리 미국인이 한국인을 봉사정신으로 대하고 그들보다 우월하다는 의식을 내려놓도록 끊임없이 변화를 시도할 것이라고 말했다.

친애하는 베네딕트 씨,

본관은 귀하의 편지를 반갑게 받았습니다. 또 본관의 지휘 아래 한국에서 복무를 했던 구성원이 우리가 안고 있는 문제에 대한 인식을 갖고 한국을 떠났다는 것을 알고 무척 기뻤습니다. 아시다시피 내가 이곳에서 떠맡은 가장 큰 문제는 우리가 돕고자 하는 사람들에게 작게나마 봉사의 정신으로 대하고 우리 구성원들을 끊임없이 변화하도록 시도하는 것입니다. 나는 모든 미국인들이 모든 동양인에 대해 얼마나 더 우월한지 하는 식의 고식적인 사고를 내려놓도록 하는 시도를 해왔습니다. 이 과제는 힘든 일이었습니다. 더군다나 불과 3년도 못 되는 기간에 병력들이 5차례나 전면교체되었으니 더욱 힘들었던 것입니다.

본인은 귀하의 훌륭한 편지를 산하 부대 주요 지휘관들에게 보내는 한편, 이에 관한 최근의 명령들에 보다 주의를 기울이고 그 명령을 수행하기 위한 노력을 새롭게 진행하라고 지시할 것입니다. 좀 더 알려드리자면 미국인이 저지른 한국인들에 대한 부당한 처신이 신고되면 예외없이 철저하게 조사하고 입증된 사안에 대해서는 가차 없이 엄중하게 처벌할 것입니다.

귀하의 사려 깊은 편지에 깊이 감사하며 내내 건승을 기원합니다.

존 R. 하지, 육군 중장, 사령관

하지 사령관에게 편지를 보냈던 베네딕트는 1928년 1월 23일 미시간주 오클랜드 카운티 트로이라는 소읍에서 태어나 2018년 12월 10일 오레곤주 서니사이드에서 90세를 일기로 사망했다. 고등학교를 졸업한 이듬해인 1946년 9월 군에 입대해 한국에서 근무한 그는 1948년 3월 한국 근무를 마치고 전역했다. 그 후 오레곤대학교에 입학해 과학사와 정치학을 전공해 학사와 석사학위를 취득하고 고등학교에서 사회학과 역사학을 가르쳤다. 그를 추모하는 글에 따르면 그는 하루 5마일을 꾸준히 달렸으며 항상 사전을 끼고 다녔다고 한다. 또 자연보호활동을 활발하게 전개했으며 교사직을 사직한 뒤 세계의 재난 연구를 했다고 한다. 사별한 부인 엘렌과의 사이에 다섯 자녀가 있고 9명의 손자, 4명의 증손자를 두었다고 그의 부고란(訃告欄)은 전했다.

다음은 러치 미군정장관이 1947년 4월 당시 남조선과도입법회의 김규식 의장에게 보낸 서한이다. 이 서한은 정부 수립을 위한 헌법 등의 절차를 신속하게 진행해줄 것을 요청하면서 미군정 법무부의 인력지원을 아끼지 않을 것이라고 밝히고 있다. 그런데 그 공문서에 사용된 문서 양식이 눈에 띈다. 문서 맨 위에 한문으로 남조선과도정부(미군 지역)라고 적혀 있고 그 아래에 약간 작은 크기로 영문으로 쓰여 있다. 또 문서 맨 아래에 다음과 같이 인쇄되어 있다.

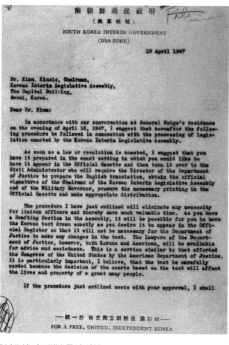

■남조선 과도정부 문서 서식.

미군정은 한국인에게 어떤
존재였으며 하지 주한미군사
령관은 우리에게 어떤 존재로
자리매김되어야 할지 다시 생
각할 필요가 있어 보인다. 그
들은 점령군인가? 그리고 하지
사령관은 전도사인가? 선한 이
방인 점령자인가? 아니면 위선
자인가?

하지 사령관과 미군정에 대한 국내외 학자들의 평가는 비판적이다. 미
국의 해방 후 한국점령정책을 연구했던 제임스 매트레이(James I. Matray)
텍사스大 교수는 '그는 혁혁한 무공을 올린 군인이지만 한국인과 한
국의 정치인들을 능숙하게 다루고 처리하면서 미국의 정책을 시행할
수 있는 통치능력이 없었다'고 평가했다. '그의 본래 성격과 군인이라
는 직업적 특성, 경험부족이 한국정치의 양극화와 남북분단, 결국은
한국전쟁의 발발까지 초래하고 말았다'고 혹평했다. 그러나 하지 주
한미군사령관은 그 당시 누구보다도 한국인을 이해하고 도우려 했던
인물이었다. 그는 성과에 관계없이 좋은 의도(意圖)를 갖고 있었다.

| 19 |

주한미군 병사의 어머니들
: 1948년 7월 24, 26일

하지 사령관에게 펜글씨의 편지가 도착했다. 글씨는 서툴고 격식을 벗어났다. 주소와 받는 이는 '한국 서울 미군사령관, 존 하지 장군', 보낸 이는 주한미군 병사의 어머니였다.

존 하지 장군, 라 그란데, 오레곤.
육군사령관, 한국, 서울. 1948년 7월 24일.

사령관님께,
제가 이 편지를 쓰는 심정을 무엇과 비교할 수 있을지 모르겠습니다. 제 아들은 얼 윌슨(Earl M. Wilson)입니다. 제가 장군께 편지를 쓴 걸 아들은 모르게 해주십시오. 1주일 전 편지에서 아들은 군사법원에서 벌금 50달러에 병장에서 일병으로 강등되었다고 말했습니다. 그런데 왜 그렇게 되었는지는 말하지 않았습니다. 사령

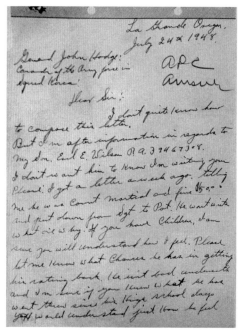

La Grande Oregon.
July 24ᵗʰ 1948.

General John Hodge:
Comand of the Army force in
Equal Korea

APC
answer

Dear Sir:

I don't quite know how
to compose this letter.
But I'm after information in regards to
my Son. Earl E. Wilson R.A. 39467308.
I don't want him to know I'm writing you.
Please! I got a letter a week ago. telling
me he was Court martial and fine $50.°°
and put down from Sgt to Pvt. He won't write
what ore why. If you have children, I am
sure you will understand how I feel. Please
let me know what Chance he has in getting
his rating back. He isn't bad anchwents
and I'm sure if you knew what he has
went threw since his High school days
you would understand just how he feel

월슨 병사의 어머니가 쓴 편지.

관께도 자녀가 있을 테니 제가 어떤 마음인지 이해해주실 줄 믿습니다. 그가 계급을 되찾을 기회가 있을까요? 속마음은 나쁜 애가 아닙니다. 그가 고등학교 재학 시절 이래 어떻게 지냈는지 아신다면 지금의 제 심정을 짐작하실 것입니다. 사령관님께 자료를 보내드립니다. 사령관님께서 답장과 함께 돌려주시기 바랍니다. 참을성 있게 기다리겠습니다. 안녕히 계십시오.

찰스 E. 윌슨 부인(Mrs. Charles E. Wilson)

주한미군사령부 사령관보좌관 윌리엄 딜라니(William M. Delaney) 소령은 8월 8일 답장을 썼다.

윌슨 부인,

부인께서 7월 24일 편지에 아드님의 근황에 대해 물으셨는데 하지 사령관의 지시에 따라 이에 대해 답변해드리겠습니다.

군사법원의 판결에 의해 윌슨 병장은 일병으로 강등되었으며 벌금을 물었습니다. 허가 없이 한국인을 미국 정부의 관용차량에 태우는 위반 행위에다 또 음주 상태에서 운전을 한 이유 때문입니다. 저는 그의 상관인 중대장과 이야기를 나누었는데 윌슨 병사는 사단에서 최고 수준의 무전병이라고 확인해주었습니다. 윌슨 일병은 타 부대로 전출될 것입니다. 그러나 윌슨 일병은 평소 품행이 올바르고 무전병으로서의 능력이 뛰어난 만큼 원래의 계급을 꼭 되찾을 것입니다. 보내주신 자료는 부인의 요청에 따라 동봉했습니다. 제가 드린 소식으로 좀 안심이 되셨기를 바랍니다. 안녕히 계십시오.

윌리엄 딜라니 소령, 보좌관

병사의 어머니가 보낸 편지는 또 있다. 그러나 이에 대한 답장은 찾을 수 없었다. 역시 격식을 갖추지 못한 펜글씨였다.

후식 폴스(Hoosick Falls), 뉴욕.
1948년 7월 26일.
미 육군 중장.
존 R. 하지 미합중국 육군.

사령관님께,
언젠가 사령관께서 제가 문의한 일에 대해 친절하게 답변해주신 일이 있습니다. 이번에도 만사 제치고 제 문의에 답해 주시면 정말 고맙겠습니다. 저는 제 아들의 소식을 지난 4월 이후 듣지 못했습니다. 저는 아들이 어디에서 어떻게 지내고 있는지 알고 싶습

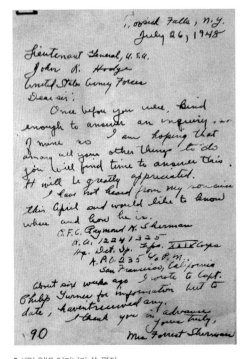

■ 셔먼 일병 어머니가 쓴 편지.

니다. 제 아들은 일병 레이먼드 R. 셔먼(Raymond R. Sherman)이며 군번은 12247325입니다. 약 6주 전 저는 필립 여니스 대위에게 아들 소식을 알려달라고 요청했으나 여태 어떠한 답도 듣지 못했습니다. 미리 감사드립니다. 안녕히 계십시오.

포레스트 셔먼 부인
(Mrs. Forrest Sherman)

하지 주한미군사령관은 1948년 8월 27일 이임했다. 미처 편지를 받아보지 못했거나 답장을 쓸 여유가 없었을지도 모른다. 그러나 전입 중대장의 답장이 없었던 것으로 미루어 그녀의 아들 레이먼드 셔먼 일병의 신변에 경징계가 아닌 중형이 닥쳤을 가능성 등 어두운 추측을 자아낸다.

어느 나라든 병사의 어머니는 항상 안타깝다.

| 20 |

사령관님, 제 아들이
한국 여인을 사랑합니다
: 1949년 1월 4일

잘 쓴 글씨에다 진심과 정성을 담은 편지를 받으면 그 편지의 주인 공에 대해 호감을 갖기는 예나 지금이나 같을 것이다. 1949년 1월 주한미군사령관에게 편지 한 통이 왔다. 그 편지의 글씨는 과거 한국 중학생들이 사용했던 영어서체교본(penmanship)에 나온 표본글씨에 못지 않다. 정중하고 깔끔한 글씨는 글을 쓴 당사자의 모습도 그와 비슷하게 연상된다. 교양 있고 상냥하면서 품위 있는 중년 백인 여성의 모습이다.

그녀는 텍사스주 신턴에 사는 메리 펄 페어차일드(Mrs. Mary Pearl Fairchild), 주한미군 병사의 어머니다.

존경하는 사령관님,
제207헌병중대에 복무 중인 제 아들 델버트 페어차일드(Delbert D. Fairchild) 병장과 관련해서 편지를 드립니다. 제 아들은 한국

페어차일드 부인의 손편지. 글씨 솜씨도 좋지만 아들과 그의 약혼자인 한국 여인에 대한 사랑과 이해가 가득 담겨 있다.

에서 2년이 넘도록 복무하고 있습니다. 그런데 제 아들이 범죄조사 요원으로 근무하면서 같은 사무실의 젊은 한국 여성과 사랑에 빠졌습니다. 그 아가씨는 제 아들이 눈을 번쩍 뜨게 만들만큼 영향을 미쳐 삶의 아름다움과 소중함에 대해 많은 감동을 주고 있습니다. 제 아들은 전에는 자신 아닌 다른 사람은 무시하거나 관심조차 없었습니다.

그 한국 아가씨는 자신의 아들에게 "존경"과 "사랑"이라는 단어의 진정한 의미를 가르쳤으며, 그 결과 절제할 수 없던 아들의 음주벽과 주체하지 못할 정도로 급한 성미도 억제할 수 있게 되었다고 말했다. 게다가 책임감을 일깨워 삶에 대한 새 안목도 갖게 만들었으며 지금까지 어느 누구도 이처럼 영향을 미치고 변화를 이끌 수 없었다고 강조했다.

편지는 그런데, 아들과 약혼녀가 현행법 규정에 따라 결혼 허가를 청원했지만 아무런 답을 받지 못하고 있으며 이 때문에 아들은 몸도 마음도 심각하게 해치고 있다고 말했다. 또 인종 간 장벽을 쌓은 현행 이민법 규제가 있어 결혼을 포기해야 한다고 하지만, 자신의 아들은 이런 제약이 있음을 알고도 심사숙고 끝에 결정한 만큼 절대 결혼을 포기하지 않을 것이라고 밝혔다. 페어차일드 부인은 이어 아들은 동양으로 영주해 한국의 역사와 언어를 공부하고 싶다고 말해왔다면서 아들의 결정이 결코 충동적인 것이 아님을 강조했다. 페어차일드 부인은 끝으로, 이 결혼은 사랑하는 두 사람뿐만 아니라 미국의 이익에도 최선일 것이라며 거듭 호소했다. 그러나 페어차일드 부인은 답장을 받지 못한 것으로 보인다. 그녀의 정성을 다한 고운 글씨의 편지에도 불구하고 아들에게 도움을 주지 못했다.

부디 사령관께서 크나큰 짐을 진 저에게 희망의 빛을 주시고 근심과 걱정을 덜어주시기 바랍니다. 제가 바라는 것이 있다면 오로지 제 아들의 건강과 행복입니다. 제발 그들을 도와주십시오!

비밀 해제되어 미국 국립문서보관소에 소장된 미국 정부나 미군의 문건을 보면 예외없는 규칙성이 발견된다. 보통 편지의 앞뒤에는 후속 조치에 관한 별도의 서류가 붙어 있었다. 그런 것이 없더라도 연필 메모같이 형식에 얽매이지 않은 채 향후 조치에 대한 논의와 결정의 흔적이 꼭 있기 마련이었다. 그런데 이 편지에서는 어떠한 후속 문서나 연필 메모도 찾지 못했다.

1924년생인 델버트 페어차일드 병장은 찰리 페어차일드와 그의 부인 메리 펄 페어차일드의 아들로 1951년 2월에 전역했다. 정상적인 전역이었고 이에 따른 미국 정부의 연금과 전역자에 대한 혜택은 지금껏 진행되고 있는 것으로 나타났다. 델버트 페어차일드 병장은 현재 97세의 나이에 생존해 있는 것으로 보인다. 미국에서 일반화된 부음기사(obituary)가 보이지 않기 때문이다. 이 내용은 그의 아버지 찰리 페어차일드의 부음기사와 미군연금지급자 명단에서 확인할 수 있었다. 검색에 따르면 슬하에 아들 데론 페어차일드(Theron H. Fairchild)를 두고 있다. 그러나 그의 부인이 누구인지 더 이상의 추적 검색은 진행하지 못했다.

1949년 페어차일드 병장의 사랑은 결실을 맺지 못한 것으로 보인다. 결혼 청원은 받아들여지지 않았음이 명백하다. 그것은 사실상 군 사령관의 재량 밖 일이기 때문이다. 그 후 당국의 허가 없이 결혼한 한 백인 미군 병사와 한국인 여성, 그리고 그들의 자녀에 관한 미군 당국의 결정과 조치가 있었다. 이로 미루어 페어차일드 병장과 한국인 여성의 사랑은 적어도 그때에는 이루어지지 않았음을 단정할 수 있다.

로쏘우 상병 가족의 생이별

1949년 6월 16일 주한미군 인사참모부는 급히 문서처리 협조전을 관계부서에 돌렸다. 〈현역 복무자와 한국 국적자의 결혼〉이라는 제목의 이 문서는 다음과 같이 보고했다.

> 미 5보병연대 본부중대 니콜라스 로쏘우(Nicholas Rossow) 상병이 지난 5월 28일 한국인 젊은 여성과 결혼했습니다. 그런데 이번 케이스는 좀 복잡합니다. 이 병사는 이미 그 한국 여성 사이에서 아이를 가졌고 1.5세쯤 된 것 같습니다.

이어서 이 문서는 로쏘우 상병의 소속 부대장은 그의 결혼에 대해 아는 바가 없다고 해명하고 있고, 해당 병사는 군 당국에 왜 결혼 허가 청원을 하지 않았는지 사유서를 제출했다고 밝히고 있다. 또 관련 규정에 대한 검토에 들어갔다.

> 해당 병사는 가족수당과 이사 비용 등 혜택 제공을 요청하고 있으나 '결혼 청원에 따른 허가 없이 결혼한 사람은 이민서류 작성에 따른 조력을 받지 못하는 것은 물론, 정상적이고 합법적인 결혼에 부여하는 제반의 특권도 허용되지 않는다'는 규정에 따라야 할 것입니다.
> 사전 허가 없이 결혼함으로써 복무규정을 위반한 데 대한 처벌 행위는 사령관의 특권사항이지만, 그것은 그 행동에 의해 침해

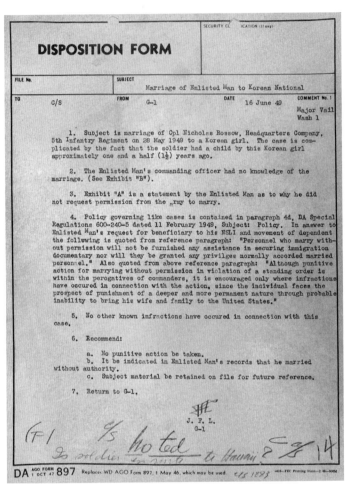

DISPOSITION FORM

SECURITY CL ICATION (If any)

FILE No.   SUBJECT
            Marriage of Enlisted Man to Korean National

TO   FROM   DATE   COMMENT No. 1
   C/S   G-1   16 June 49   Major Vail
                                             Wash 1

1. Subject is marriage of Cpl Nicholas Rossow, Headquarters Company, 5th Infantry Regiment on 28 May 1949 to a Korean girl. The case is complicated by the fact that the soldier had a child by this Korean girl approximately one and a half (1½) years ago.

2. The Enlisted Man's commanding officer had no knowledge of the marriage. (See Exhibit "B").

3. Exhibit "A" is a statement by the Enlisted Man as to why he did not request permission from the Army to marry.

4. Policy governing like cases is contained in paragraph 4d, DA Special Regulations 600-240-5 dated 11 February 1949, Subject: Policy. In answer to Enlisted Man's request for beneficiary to his NSLI and movement of dependent the following is quoted from reference paragraph: "Personnel who marry without permission will not be furnished any assistance in securing immigration documentary nor will they be granted any privilges normally accorded married personnel." Also quoted from above reference paragraph: "Although punitive action for marrying without permission in violation of a standing order is within the perogatives of commanders, it is encouraged only where infractions have occured in connection with the action, since the individual faces the prospect of punishment of a deeper and more permanent nature through probable inability to bring his wife and family to the United States."

5. No other known infractions have occured in connection with this case.

6. Recommend:

   a. No punitive action be taken.
   b. It be indicated in Enlisted Man's records that he married without authority.
   c. Subject material be retained on file for future reference.

7. Return to G-1.

                                        J. F. L.
                                        G-1

DA AGO FORM 897 Replaces WD AGO Form 897, 1 May 46, which may be used.
   1 OCT 47

주한미군 병사가 한국 여성과 허가 없이 결혼하여 아이를 낳았다고 보고하고 있다.

가 발생한 경우에만 적용함이 타당합니다. 더군다나 해당 병사는 그의 아내와 가족을 미국으로 데려갈 수 없게 됨으로써 더 깊고 더 항구적인 마음의 징벌을 받게 될 상황에 직면할 것이기 때문입니다.

타인종 간 결혼을 한 부부는 미 이민법에 따라 까다롭게 입국을 제한해 사실상 허용하지 않고 있으므로 별도의 처벌을 가하지 말 것을 이 보고서는 건의하고 있다. 다만 해당 병사가 당국의 허가 없이 결혼한 사실은 기록에 적시하고 향후 참고를 위해 이 건과 관련된 문서는 보존할 것이라는 단서를 달았다.

이튿날인 6월 17일, 미군사령부 인사참모부는 로쏘우 상병이 당초 예정된 일정보다 늦었지만 1949년 6월 21일 당사자 혼자 하와이로 떠나기로 했다고 보고했다. 로쏘우 상병 가족의 생이별이 진행되는 동안 또 다른 미군 병사의 결혼에 관한 보고가 문서 처리전으로 진행되고 있었다.

주한미국대사관의 허친슨(C. A. Hutchinson) 영사는 1949년 6월 16일 주한미군사령관에게 다음과 같이 통보했다.

> 주한미국대사관 영사부는 16일자로 귀 사령관의 휘하에 있는 랠프 에드워드 비스거(Ralph Edward Visger) 일병과 폴란드계 무국적자로 서울 효창동 6번지에 거주하는 할리나 츠라예브스키(Halina W. Czurajewski) 양의 결혼을 확인한 한국 측 문서에 대한 공증서를 발행했습니다.

영사인 자신이 발행한 공증서는 외무 업무규정에 따라 외국의 공적문서의 서명이 진본임을 공증하는 것으로 결혼을 승인하는 조치가 아니라고 강변하고 있으나, 결혼의 합법성을 크게 뒷받침하는 것은 사실이다. 영사의 설명은 계속된다.

저희는 "주한미국대사관 영사부는 첨부한 문서(결혼 관련 서류)의 내용에 관해서는 책임이 없다"는 단서를 달아 공증서를 발급했습니다. 따라서 저희 대사관은 규정된 절차에 따라 귀하에게 통보하는 바이며 귀하께서는 적절하다고 판단되는 적절한 조치를 취하시기 바랍니다.

주한미군사령부 인사참모부는 비스거 일병이 결혼 허가 청원서를 사령부에 따로 제출하지는 않았다는 단서를 달아 사령관의 재가를 요청했다. 그런데 비스거 일병에 대해서는 사전 허가를 받지 않은 데 따른 불이익이나 징계에 관한 건의도 전혀 제출하지 않았다. 결혼의 묵시적 승인이며 향후 미국 입국에 불이익을 줄 수 있는 제약을 주한미국대사관과 주한미군사령부가 재량의 범위에서 추인 절차를 밟아 풀어준 것이다. 두 사람은 모두 백인이었다.

미국에서 타인종 간 결혼을 금지한 법은 2000년에야 앨라배마주를 마지막으로 완전히 사라졌다. 1967년 미 연방대법원은 러빙 대 버지니아(Loving vs. Virginia) 관련 사건을 판결하는 가운데 인종 간 결혼을 금지하는 모든 주의 법은 위헌이라고 선언했다. 인종 간 결혼 금지는 역사의 유물이 되는 듯했지만 차별은 끈질기게도 그 후 33년간 더 이어졌다. 아직도 미국 국민 가운데에는 흑백결혼금지법 폐기 여부와 관계없이 많은 인종차별주의자들이 있고, 차별 행위는 갈수록 과학적으로 무장하고 합법을 가장하며 이어지고 있다.

지난 2009년 루이지애나주의 한 치안판사는 자신은 인종주의자가 아니지만 인종을 섞는 것은 옳다고 생각하지 않을 뿐이라며 흑백 커플의 결혼 허가서 발급을 거부했다. 또 "그동안 인종 간 결혼은 오래 지속되지 못하고 있는 데다 흑인 사회든, 백인 사회든 혼혈아를 받아들일 준비가 되어 있지 않으므로 혼혈 자녀들이 고통을 받게 될 것이 뻔하다는 결론을 내렸다"고 주장했다고 외신들은 보도했다. 미국의 인종 차별은 그 방법과 모습을 달리하며 이어지고 있다.

6장

1945년 12월 27일 모스크바에서 미국, 영국, 소련 3국의 외무장관이 모여 제2차세계대전 종전 후 세계 곳곳에서 벌어진 다양한 문제의 처리에 관해 논의했다. 한국에 관해서 논의 끝에 이룬 합의는 한국에 민주주의임시정부를 수립하되 5년 이내의 기한으로 신탁통치를 한다는 것이었다. 한국에 이 사실이 알려지자 신탁통치 반대운동이 격렬하게 일어났고 여론은 찬탁과 반탁으로 갈라서기 시작했다. 좌익은 좌익대로 또 우익은 우익대로 찬탁과 반탁으로 나뉘어 대립했고 테러가 일상화되었다.

폭력과 테러,
미군정의 개입

그 당시 미군정 보고는 매일 남한 전역에서 벌어지는 크고 작은 좌익과 우익의 충돌을 기록하고 있다. 이런 가운데 전염병이 소리 소문 없이 곳곳에서 창궐했고, 일제가 해마다 일본으로 실어 내갔던 800만 석의 쌀이 그대로 남한에 있었음에도 일제 치하보다 더 심각한 식량난이 닥쳤다. 배고픔과 전염병이 몰아친 가운데서도 패를 가른 싸움은 더욱 거세졌다. 증오와 대립은 굶주림을 이기고도 남아 오히려 부채질을 했다. 한국은 억압의 시대에 이어 잔인한 계절을 맞고 있었다. 36년에 걸친 일제의 억압에서 벗어난 지 5개월도 채 못 되는 때였다.

| 1 |

폭력과 테러로 새해를 맞은 1946년
: 1946년 1월 1~2일

1946년 1월, 새해의 시작이 무색할 만큼 이틀 동안 전국 곳곳에서 집단 유혈충돌이 일어났다. 미군정 정보처는 좌익과 우익간에 벌어진 총격전을 보고했다.

（좌익 조직인）조선국군준비대와 （우익조직인）대한민주청년동맹은 지난 12월 29일부터 새해 1월 2일까지 연일 폭력 대결을 벌이고 있습니다. 지난 29일에는 좌익 신문사인 〈조선인민보〉 사옥 안에서 총격전을 벌이기도 했습니다. 또 지난 31일 조선국군준비대 대원들은 청년단을 급습해 서류를 불태우고 집기를 부수었으며 대한민청단원 다수를 납치했습니다. 미군정 범죄수사대는 1월 2일 국군준비대에 유치되어 있던 이승만 박사의 경호원 이호진과 민청단원 17명을 구출하고 부근을 수색한 결과 수류탄 여러 발, 경박격포 20정을 발견했습니다.

이튿날인 3일 국군준비대 건물을 재차 급습해 일제 소총 1정, 권총 2정, 대검 2자루를 압수했습니다. 준비대 간부 4명을 연행하고 아직도 행방이 확인되지 않은 청년단원들을 찾고 있습니다.

미군정 수사대는 1월 2일 부산 청년단본부를 급습해 대나무를 날카롭게 깎고 불에 그을려 단단하게 만든 죽창더미를 찾아냈습니다. 동시에 부산 국군준비대 부산본부를 수색했으나 몽둥이만을 찾아냈습니다. 수사대는 두 조직들이 각각 총기를 숨겨두고 있다고 믿고 있습니다. 즉각 자진해서 제출할 것을 명령했습니다.

조선국군준비대는 해방 직후인 1945년 8월 17일 일제 때 징병을 다녀온 인맥을 중심으로 결성된 귀환장병대로 출발했다. 이 좌익성향의 군사단체는 9월 7일 조선국군준비대로 이름을 바꾸었다. 12월 서울 중앙중학교에서 열린 조선국군준비대 전국 행사에 김구 주석을 비롯, 김원봉, 안재홍이 참석해 축사를 했다. 이는 적어도 당시에는 이른바 공산주의 계열과 민족주의 계열의 분화와 마찰이 그리 심각하지 않았음을 보여준다. 그러나 이 단체는 반탁, 찬탁 대립 이후 대한민청 등 우익계의 청년단체들과 충돌했다. 또 여운형이 주도한 조선건국준비위원회가 만든 조선인민공화국의 지역 조직인 지역인민위원회를 지지했으므로 미군정과의 충돌은 피할 수 없었다. 1946년 1월 20일 미군정의 해산 명령으로 다른 유사단체들과 함께 해산되었다.

이 단체를 이끈 총사령관 이혁기는 일제 말 경성제대 출신으로 주도적 위치에서 학생운동을 이끌었던 인물이다. 미군정의 해산 명령에 앞서 1월 4일, 이혁기는 미군수사대에 체포되었다. 국군준비대원

```
     b.  Disturbances.

        (1)  No civil disturbances were reported to have occurred during the period.

        (2)  LEE, Hyuk Ki, commander of the National Preparatory Army, was arrested
by American authorities in SEOUL on 041700 Jan 46.  Upon interrogation, LEE admitted
having ordered the raid made on the headquarters of the SEOUL Young Men's Association
by members of his organization on 31 Dec 45.  He further admitted having knowledge
of the fact that eighteen members of the Young Men's Association were abducted dur-
ing the raid by his men and severely beaten.  Investigation is being continued by
CIC.

        (3)  At CHINJU (1100-1350), members of the Korean Revolutionary Alliance
Association gained the release of five of the seven persons who were being held in
the CHINJU jail on charges of setting fire to the HYCPCH'ON (1110-1400) Courthouse
on 29 Oct 45.  (See USAFIK G-2 Periodic Report #53.)  Members of the Association
are alleged to have explained their illegal action by stating that the men were
needed to fight "trusteeship".  Efforts are being made to rearrest the five men and
to arrest those responsible for having released them.

     c.  Political Parties.

        (1)  At CH'ONGJU (1049-1530), it is reported that an "Anti-Trusteeship Com-
mittee" has been organized by residents of both the town and the surrounding area.
The Committee is said to be a branch of the main organization that has headquarters
in SEOUL.

        (2)  At SAMCH'OK (1209-1631), the SAMCH'OK County Farmers' Union (SAMCH'OK-
GUN NONG MIN CHO HAP), a member organization of the Federation of All-Korea Farmers'
Guild, held its initial meeting on 26 Dec 45 at which time PAk, Nai Bin and CHOI,
Tong Ki, were elected president and vice-president respectively.  Delegates at the
meeting are reported to have represented 12,925 members throughout seven districts
in SAMCH'OK-GUN.  It is believed that the Farmers' Union is closely affiliated with
the Korean People's Republic, the only political party in the county.

     d.  Korean Press - For the purpose of showing matters of current public interest
in KOREA, translations have been made of the headlines of the leading articles of
all major newspapers in SEOUL and of the text of the articles considered to be of
particular interest.  (See Incl #1.)

5.  SUMMARY OF INTELLIGENCE IN ADJACENT AREAS.

     The following information has been obtained from a reliable Korean who left
P'YONGYANG (HEIJO) (880-1820), location of the Russian XXV Army Headquarters in N
KOREA, on 1 Jan 46:

     a.  The Russians are suppressing all means by which the people in Northern KOREA
may hear of the MOSCO announcement, and are making no efforts to inform the people,
either officially or unofficially.  This has thus far been accomplished by banning
all demonstrations, jamming of the air-waves, and censorship of the press.  A group
of the prominent citizens of P'YONGYANG is said to have questioned the Russian com-
mander concerning the word "trusteeship" and were told that the word does not mean
the same as mandate, but rather protection, and help.
```

```
        (2)  LEE, Hyuk Ki, commander of the National Preparatory Army, was arrested
by American authorities in SEOUL on 041700 Jan 46.  Upon interrogation, LEE admitted
having ordered the raid made on the headquarters of the SEOUL Young Men's Association
by members of his organization on 31 Dec 45.  He further admitted having knowledge
of the fact that eighteen members of the Young Men's Association were abducted dur-
ing the raid by his men and severely beaten.  Investigation is being continued by
CIC.
```

▌미군수사대는 좌익계 군사단체 조선국군준비대를 집중 검속해 총사령 이혁기를 체포하고 이 단체를 해산했다.

을 동원해 우익단체인 청년동맹을 습격, 이승만의 경호원과 청년단원 17명을 납치했기 때문이었다. 그는 월북 후 전쟁 전 사망한 것으로 알려졌다.

우익단체들은 수백 개로 나뉘어 활동하던 중 1945년 12월 21일 대한독립촉성 전국청년총연맹으로 합쳤고 다시 1946년 봄 대한민주청년동맹, 대한민청으로 다른 단체들과 함께 통합되었다. 김두한을 정점으로 한 대한민청은 좌우합작 운동 방해, 좌익정치인 테러 등을 주도했다.

미군정 범죄수사대는 3일 (여운형이 주도하는) 조선인민공화국단체 조직원 4명을 납치한 뒤 구타해 심한 중상을 입힌 신한혁명청년단원 30명을 체포했습니다. 또 본부 수색을 벌여 권총 1자루, 수류탄 2개, 대검 2개를 찾아냈습니다. 결사애국단원 30명은 대구 성산동파출소를 습격해 경찰 3명을 공격했습니다. 탈출한 경찰관의 보고를 받은 대구경찰서 경찰들이 미군 헌병의 지원 아래 현장에 출동, 주동자 김홍국을 포함한 조직원 4명을 체포했습니다. 12월 28일에는 대구역 열차 안에서 패싸움이 벌어져 지금까지 7명이 사망했습니다. 두 패거리 간의 다툼에 정치적 동기는 없는 것으로 보이며 한 패거리는 최근 일본에서 귀국한 한국 동포들입니다. 모두 36명이 연행되었으나 현재는 10명을 계속 구금한 채 수사 중입니다.

1946년 2월 7일 저녁 서울경찰은 미군정 당국의 지휘에 따라 전국노동조합전국평의회를 급습했습니다. 건물 부지를 수색하던 중 일제 기관총 1정과 기관총탄 818발, 권총 6정과 실탄 240발, 공기총 1정, 소총 1정, 수류탄 101개, 대검 3점을 압수했습니다. 본부에서 발견된 11명을 압송해 종로경찰서 유치장에 가두었습니다.

7일 낮 경남 마산에서 인민당 지역본부 건물에 화재가 발생해 전소되었습니다. 인민당과 대립하던 마산청년동맹 조직원의 소행 가능성을 수사하고 있습니다.

7일 저녁 8시 서울 시내에서 미군 순찰병을 향해 권총을 발사한 사건이 발생해 즉시 현장을 포위하고 수색을 벌인 끝에 권총을 소지하고 있던 한국인 2명을 체포했습니다. 그 중 1명은 권총을 발사한 사실을 인정했으나 술에 취해 허공을 향해 공포탄을 발사했을 뿐이라고 해명했습니다. 두 사람은 김구의 경호원이라고 진술했습니다. 또 같은 날 서울에서 권총과 면도칼로 각각 무장한 한국인 2명을 체포했습니다.

1946년 새해에 일어난 좌와 우로 갈라선 젊은이들의 패싸움은 정치적 격돌의 예고였다. 그들 뒤에는 정치인들이 있었다. 정치가 테러를 불러왔고 이윽고 테러가 정치를 이끌기 시작했다. 서북청년회 등 정치 외곽단체 조직원들은 7만 명에서 9만 명에 달한 것으로 알려졌다. 서북청년회 간부와 대한청년단 부단장을 맡았고 1957년 교통부장관을 역임했던 문봉제는 〈중앙일보〉 기고에서 서북청년회는 전국에 57개소의 지부와 7~9만 명의 회원을 가진 전국 조직이었다고 말했다.

이철승이 주도했던 반탁우익학생단체인 전국학생총연맹과 김두한의 대한민청 등도 정치 전면에 등장했다. 극우비밀테러단체인 백의사를 포함한 우익단체들은 인맥을 통해 직간접으로 연결되어 공조 체제를 구축했고 정치권과 재계와도 밀접하게 연결되었다. 테러 사건이 발생했을 때마다 배후에 특정 정치세력이 지목되었고 정치 지도자가 증인으로 법정에 섰다. 1954년 이래 3~9대 국회의원에 당선되었고 야당의 당수를 역임한 중진이자 실세로 활약했던 유진산은 비밀테러단체인 백의사의 총무였다는 증언이 있었고 이에 대한 별다른 반론

▌미군정이 작성한 1946년 10월 중 발생한 전국 소요사태 발생 집계표. 대도시뿐만 아니라 소읍과 마을 단위에서도 테러가 발생했다. 테러에는 총기와 사제 수류탄도 사용되었다.

이 없었다. 그는 서북청년단 등 우익청년단체와 긴밀한 관계를 유지했다.

폭력과 테러로 시작한 1946년은 전국 곳곳에서 산발적인 소요사태로 번졌다. 미군정의 소요사태 발생일지에 따르면 서울과 부산 등 대도시뿐만 아니라 소읍에서도 테러는 일상화가 되었다. 찬탁과 반탁, 식량난이 집회와 소요를 불러오는 단초를 끊임없이 제공했다.

1946년 10월 9일 밤 9시 경남 목계리에서는 15명의 폭도들이 마을을 급습해 주민들로부터 현금 2,280원과 1만 원어치의 의류, 암소 1마리, 재봉틀 1대를 털어 달아났다. 경찰은 폭도들이 옆 마을도 습격했다고 보고했다.

| 2 |

새해 G-2 보고가 주목한
신불출, 모기장 업자, 안성군수
: 1946년 1월 4일

1946년 1월 4일 미군정 정보처(G-2)는 연말에 대구에서 열린 만담가 신불출(申不出)의 공연에 대해 자세히 보고했다.

> 한국의 유명한 코미디언이며 만담가인 신불출은 대구 공보관에서 공연했으며 공연을 마치면서 해머와 낫이 그려진 적기를 휘날렸습니다. 그러면서 그는 공산주의가 조선인이 염원하는 독립으로 이끌 것이라고 외쳤습니다. 태평양전쟁 중 신불출은 일본의 전쟁선전대에 고용되어 미국과 연합국을 비방하는 발언을 했다고 합니다. 범죄수사대에서 수사를 진행하고 있습니다.

미군정 정보처는 3월 16일 공산주의 연예인들의 활동이 활발하다며 이들의 지방순회공연에 대해 보고했다.

sided and it is believed that any hostile actions which may have been
considered have been postponed until results of the pending conference
between the United States and the Russian military commanders in KOREA
is announced. It has now become apparent that throughout KOREA in re-
cent days, many demonstrations have been staged and posters have been
prepared by various Young Men's Associations, in efforts to agitate the
people against the MOSCOW announcement and against the US Military
Government. It is believed that a great deal of this activity stemmed
from a meeting of a committee on 29 Dec 45, representing 40 different
political parties. (See USAFIK G-2 Periodic Report #112, page 7 of
Incl #2.) This meeting was for the purpose of developing a method of
strikes beginning 29 Dec, and of contacting the Provisional Govern-
ment and various Young Men's groups. In practically all cases, KIM,
Koo and the Provisional Government have been heartily endorsed. With
the failure of KIM, Koo's attempted coup d'etat, however, it is believ-
ed that these Young Men's Associations have realized the uselessness in
opposing Military Government, and will begin to curb their active agi-
tation. In SEOUL, the city which serves as the sparkplug for activities
throughout American-occupied KOREA, life began to return to normal as
striking workers returned to their jobs, stores reopened, and activ-
ity went on much as usual.

b. Disturbances - No civil disturbances were reported during the
period.

c. Political Parties.

(1) The only demonstration of importance reported during the
period occurred in SEOUL in the form of an orderly parade conducted by
members of the People's Committee of the Korean People's Republic.
Red arm bands and the hammer and sickle flag were much in evidence
during the demonstration which began at the SEOUL Stadium at 031300
Jan 46, and proceeded through the streets of the city to the residence
of KIM, Koo. KIM spoke to the demonstrators briefly, after which the
crowd dispersed. This is the first public demonstration from the left
wing organizations since the receipt of the news regarding the MOSCOW
communique. The left wing had been noticeably silent until this dem-
onstration.

(2) SHIM, Bool Chul, a well known Korean comedian and skit
artist, appeared in the TAEGU (1150-1430) Public Hall on 23 Dec in what
TAEGU citizens, who attended his performance, termed a Communist propa-
ganda play. SHIM is said to have brought his performance to a close
by waving the red hammer and sickle flag and declaring that Communism
is leading the way toward the long cherished Korean independence. It
is also reported that during the war, SHIM was employed by the Japanese
War Propaganda Office and that he often spoke against the United States
and other United Nations. Investigation of SHIM is being made by CIC.

(3) Based on information that political parties and organiza-
tions with political affiliations had weapons in their possession,
American authorities conducted raids on the headquarters of three such
groups during the period.

(a) At SEOUL, a raid on the alleged Military Police Head-
quarters of the Korean National Preparatory Army on 030200 Jan 46 re-
sulted in the confiscation of a Jap rifle, 2 pistols with ammunition,
and 2 Jap bayonets and scabbards. Four members of the so-called army
were arrested and placed in the provincial jail.

(2) SHIM, Bool Chul, a well known Korean comedian and skit
artist, appeared in the TAEGU (1150-1430) Public Hall on 23 Dec in what
TAEGU citizens, who attended his performance, termed a Communist propa-
ganda play. SHIM is said to have brought his performance to a close
by waving the red hammer and sickle flag and declaring that Communism
is leading the way toward the long cherished Korean independence. It
is also reported that during the war, SHIM was employed by the Japanese
War Propaganda Office and that he often spoke against the United States
and other United Nations. Investigation of SHIM is being made by CIC.

▌신불출 공연에 대한 미군정 정보처의 보고 내용.

공산주의 예술가들의 움직임이 계속 보고되고 있습니다. 한 연예
인단은 최근 진해에서 순회공연을 하던 중 러시아 혁명사를 묘사
하는 연극을 공연했습니다. 이어 적기를 휘저으며 〈인터내셔널가〉
를 부르면서 공연을 마쳤습니다. 이들은 공연을 선전하기 위해 트

럭에 브라스밴드를 싣고 거리 곳곳을 휘젓고 다녔습니다.

이어 3월 23일 정보 보고는 신불출의 2차 대구 공연을 보고했다.

유명 코미디언이자 만담가인 신불출은 명백하게 공산주의에 경도
된 인물로 널리 알려져 있습니다. 그는 3월 18일 대구 공보관 공
연에서 만담을 하는 가운데 좌우익간 협력 실패로 독립이 지연되
고 있는 데 대해 강하게 비판하고 풍자하는 공연을 했습니다.

보고는 이어 지난해 연말 공연에서도 적기를 흔들며 공산주의를 예
찬한 바 있다고 전했다. 신불출은 일제강점기에 풍자와 해학으로 그 당
시 최고의 인기를 얻은 만담가이자 연극인이었다. 일제의 정책을 조
롱하는 대담한 만담으로 유명했고 해방 후 좌익계열인 조선영화동맹
에 가입했다. 신불출은 대구 공연에 관한 미군정 보고가 있은 지 3개월
뒤인 1946년 6월, 서울에서 6·10 만세운동 기념 공연을 마치고 귀가
하던 중 김두한 일당의 총격을 받았으나 가까스로 살아남았다. 김두
한은 1969년부터 56회에 걸쳐 동아방송에서 방송한 〈노변야화〉에서
〈동아일보〉 편집국장과 사장을 지낸 권오기 진행자와 대담하는 가운
데 신불출을 노린 테러에 대해 자세하게 증언했다.

신불출이는 만담가예요. (중략) 종로경찰서 유치장에도 같이 있었
고 일정 때 술도 같이 마시고 이야기도 자주 해서 아주 친했지요.
신불출이 일정 때 연극을 할 때도 사회주의에 심취해 있었지만

해방 후에는 본격적으로 좌익운동을 했지요. 이거 그냥 놔두었다 간 안 되겠거든. 그래서 고 동지를 불렀어요. 이 키가 작은 독종 은 사람을 죽이라고 해야 좋아해요. 그래서 내가 독일제 브라우 닝을 주고 신불출의 집으로 데리고 갔어요. 낙원동에 있는 지금 의 여관 자리가 바로 신불출의 집이에요. 11시 40분쯤 되니까 신 불출이 들어와요. 우리 둘이 마스크 쓰고 쓱 지나가면서 고 동지 가 옆에서 총을 두 방 쏘았어요. 총알이 신불출의 왼쪽 팔을 뚫 고, 하나는 옆구리 스치고 나갔단 말이에요. 다시 갈기려는데 사 람들이 뛰어오고 해서 그 자리에서 죽이질 못했지요. 나중에 신 불출이 월북했다는 소식을 들었습니다. 여기 있으면 죽을 테니까 도망간 거죠. 그 후로 예술 하던 공산당은 거의 없어져버렸죠.

신불출은 가까스로 목숨을 건졌지만 곧바로 구속되었다. 공연 중에 미국과 미군정을 비방한 이른바 '태극기 만담사건'이 문제가 됐기 때 문이다. 1947년 그는 월북했다. 한동안 활발하게 활동했으나 1960년 대 초 북한의 통제적인 문화정책을 비판한 뒤 숙청되었다.

모기장 업자의 절망

1946년 1월 4일 미군 정보 보고는 서신 검열 중에 찾아낸 색다른 내 용을 소개했다.

ECONOMIC CONDITIONS

INDUSTRY

Operational Status: Korean industries were active
during the period and new industries have appeared in
Southern Korea, to some extent necessitated by the inability
to get finished products from north of the 38th parallel.
Among the industries reported to be in operation are those
producing nitrogen, grease, dynamite, acetylene, textiles,
foodstuffs, flour, rayon, artificial petroleum, alkali,
aluminum, magnesium, iron, zinc (SFO-533), cement, gunpowder
and glycerine. (SFO-516)

Rubber shoe factories are also in operation and are re-
ported to be selling for 85 yen at Kyonggi-Do by a writer who
said "a certain amount of rubber shoes are available if one
can obtain a certificate from MG. You may give a banquet
for the authority concerned in order to get this certifi-
cate. (SFO-882).

Production figures for raw turpentine were disclosed
by a writer who stated that 150,000 kilograms were produced
in the seven counties of Hwanghae-Do and that the net pro-
duction of raw turpentine in Korea during July 1945 was
255,560 kilograms. (SFO-604).

Alarm that United States scientific developments would
ruin his business was expressed by a writer who stated "I hear
that the United States Army can make mosquitoes, fleas and
lice disappear by spraying disinfectants from the sky and I
fear that it will be detrimental to the netting manufac-
turers' interests." (SFO-769).

Organizations: Industrial organizations formed in-
cluded the Konkoku Industrial League (SFO-683) but no other
information concerning its members or purpose was available.
The Chosen Technical Conference was established and, accord-
ing to the writer, "will enable us to confer with manufac-
turing companies on industrial techniques, dispatch tech-
nicians where needed, get factories back to producing, en-
courage here production of daily necessities, diffuse scien-
tific knowledge, train technicians quickly and in large
numbers and be in close control with economic circles."
(SFO-516)

┃모기망 업자의 절망이 담긴 어느 서신.

한 편지는 미국이 가져온 과학 발전으로 인해 그의 사업이 이제 망하게 되었다고 크게 걱정하고 있었습니다. 그는 편지에서, "미군들은 하늘에서 살충제를 뿌려 모기, 벼룩과 이를 말끔히 사라지게 만들 수 있다고 들었다. 모기장을 만드는 우리는 앞으로 엄청난 피해를 입게 될까 두렵다"고 걱정하고 있었습니다.

이와 함께 미군 정보 보고는 미군정에 힘입어 돈벌이를 할 계획을 추진하는 내용이 담긴 편지 내용도 보고했다.

서신 검열에서 발견된 편지 내용에 따르면 경기도에서 고무신 한 켤레가 85원에 거래되고 있다고 합니다. 그런데 이 편지의 작성자는 미군정에서 고무신 취급 허가를 받아내기만 하면 고무신을 다량으로 배당받을 수 있으며, 이를 받아 내다팔면 돈을 벌 수 있으므로 허가를 내주는 관계자에게 접대를 해서라도 허가증을 받아내라고 재촉하고 있습니다.

이런 가운데 남한의 산업이 활력을 되찾기 시작하고 있으며, 특히 북한에 생산기지가 있어 남한에서는 생산이 불가능했던 분야를 중심으로 새로운 산업들이 등장하고 있다고 미군정 정보처는 1946년 1월의 산업 동향에서 보고했다. 그 가운데 질소와 윤활유, 다이너마이트, 섬유, 제분, 시멘트 등의 생산이 눈에 띈다며 남한의 재빠른 적응력에 주목했다. 또 부산에서 보내는 한 편지의 필자는 "나는 일본으로 다시 돌아가려는 생각을 바꾸어 한국에 그대로 눌러살기로 했다. 식량 사정이 일본보다 한국이 더 나은 편이다"라고 밝히고 있었다. 그러나 한국도 1월이 지나고 2월에 들어서면서 심각한 식량난에 빠져 소요사태가 곳곳에서 발생하기 시작했다.

일제 기업에 행정명령을 내린 안성군수

1946년 1월 4일 미군정 정례 정보 보고는 경기도 안성군수가 일본 기업들을 상대로 행정명령을 발동했다고 전했다.

경기도 안성군수는 최근 일본에 있는 26개 회사에 전보로 명령을 발송했습니다. 안성군수가 보낸 전보에는 한국에서 징용된 노동자들을 즉각 송환하라는 명령이 담겨 있습니다. 안성군수가 전보를 보낸 26개 회사들은 일본에 있는 탄광, 강관공장, 항공기 제작공장, 무기공장, 내화벽돌 회사들입니다. 연합국 점령 초기에 문제를 야기한 일본기업 경영자와 소유자들은 모두 제거되었으므로 이 문제를 해결할 여건은 좋은 편입니다.

ECONOMIC CONDITIONS

LABOR

Agricultural: Little comment was noted concerning agricultural workers, farm owners and tenants. Military Government directives now require that the revenue from farms is to be divided on a basis of three parts to the tenant and one to the owner. This ratio is generally unfavorable to farm owners and one writer reported that in some villages farm owners and managers were being ejected from their farms, often with violence. One owner stated that he would not rent his farm on that basis and another expressed the belief that he might as well sell his land as it was no longer possible to make a profit at the present rate.

Factory: No disorders were reported as a result of factory workers' activities. However, the Governor of Ansong County sent a telegram to 26 firms in Japan demanding the immediate return of the workers who were sent from Korea. These letters went to coal mines, steel pipe, aircraft, arms, and fire brick companies. (SEO-TL-390). Apparently the Japanese managers and owners who caused trouble early in the Allied occupation have all been removed and conditions are favorable.

One writer reported a rumor which he had heard to the effect that Koreans living in Japan who do not return to Korea by the end of March 1946 will be called by the United States Military Government for eight years labor service in San Francisco. He warned his friend that he had better return to Korea as soon as possible. (PUS-230). No basis for the rumor was given by the writer.

Organizations: A labor meeting was scheduled to be held in Seoul 25 December but the name of the organizations sponsoring the meeting was not disclosed. The writer sent messages to several factories in Southern Korea requesting that they send representatives to the meeting. (SEO-833).

Factory: No disorders were reported as a result of factory workers' activities. However, the Governor of Ansong County sent a telegram to 26 firms in Japan demanding the immediate return of the workers who were sent from Korea. These letters went to coal mines, steel pipe, aircraft, arms, and fire brick companies. (SEO-TL-390). Apparently the Japanese managers and owners who caused trouble early in the Allied occupation have all been removed and conditions are favorable.

▌안성군수가 한국인 징용자 소환을 요구하는 행정명령을 일본의 26개 기업에 발동했다고 보고했다.

행정명령을 담은 전보를 발송한 안성군수가 누구인지 미군정 정보 보고는 밝히지 않고 있다. 아마도 제1대 서재식 군수, 제2대 홍우승 군수 가운데 한 사람일 것이다.

| 3 |

필립 킹, 김규식의 아들은 친일 부역자
: 1946년 1월 14일

1946년 1월 14일 주한미군사령부 중국연락사무소는 사령부에 대
외비로 전문을 보내왔다.

대한민국임시정부 부주석인 김규식의 아들은 필립 킹(Philip King)
입니다. 여러 개의 가명을 갖고 있는 필립 킹은 아버지인 김규식
부주석과 부자의 인연을 끊었다고 합니다. 그는 〈상해일보〉 칼럼
기고가로 활동했습니다.

〈상해일보〉는 상해 국제공동조계의 일본 거류민들이 발행하던 신문
이었다. 보고는 계속되었다.

(그는) 유명한 일본계 나치주의자 허버트 몹(Herbert Mov)을 도와
부역 활동을 했습니다. 일본군 통신(Japanese Army Press)의 중국

지사장인 아키야마 대령의 수석보좌관이 되었습니다.

그런데 이 전문은 놀라운 소식을 전했다.

필립 킹이 한국 귀국 허가를 요청했고 받아들여졌습니다. 그는 현재 김구와 우리 사령부 간 연락관으로 근무하고 있는 것 같습니다.

PRO-JAPANESE REMOVAL

Philip King, alias several other names, vice-president Korean Provisional Government, son of Kimm Kiu Sic. Broke relations with father. Was columnist on Shanghai paper. Collaborator with prominent Japanese-Nazi, Herbert Mov. Became Chief assistant to Colonel Akiyama, chief of Japanese Army Press in China. Philip King requested permission to return to Korea and received it. He maybe serving as liaison officer between Kimm Koo and our Army Hq.
FROM: CG CHINA TO: CG XXIV CORPS INFO: CINCAFFA ADV CFBX 20027 140936/Z Jan 46 CONFIDENTIAL
....

5. (b) "....and Koreans who collaborated with the former Japanese will be removed."
Letter of Transmittal from APO 500 29 Oct. 1945 AG 014.1/ 29 Oct 45 GS
....

Finance: D. (1) (a)
All Japanese directors have been relieved, and the names of Korean nominees submitted for approval.
Report of Military Government Activities. (Week ending 15 Dec 45) 3 Jan. 46
....

War Dept. advises, for political reasons, relief from office of Governors of Provinces and Provincial Chiefs of Police. Removal of Collaborationist Korean Administrators and Japanese Officials should be accomplished as rapidly as possible.
FROM: CINCAFPAC ADV TO: CG XXIV CORPS 171525/I Sept 45 SECRET
....

The functions of Jap Governor-General have been assumed by an American Military Governor. This Headquarters feels that the following expressions should be discontinued: "Governor-General" and "Government General". Suggestions have been indicated.
FROM: CG XXIV CORPS TO: CINCAFPAC APO 500 141057/Z 141957/I SEPT 45 SECRET
....

Replacement of Key Japanese Personnel by Qualified Military Government Officers should be accomplished as you deem advisable.
FROM: CINCAFPAC ADV ACTN: CG XXIV CORPS INFO: CINCAFPAC MANILA 140630/Z Sept 45 SECRET

▌김규식의 아들이 필립 킹임을 밝히는 대외비 전문.

| 4 |

전염병이 창궐한 남한
: 1946년 1월 21일~2월 20일

좌우합작을 둘러싸고 극심한 대립을 벌이는 가운데 2월 25일, 미군 정 정보처는 남한 곳곳에서 전염병이 번지고 있다고 보고했다. 이와 같은 정보는 행정기관을 통해 올라온 보고가 아니라 미군정이 전국에 걸쳐 실시 중인 서신 검열로 파악한 내용을 정리한 것이다.

지난 1월 21일부터 한 달간의 서신 검열에 따르면, 전국에 천연두 가 광범위하게 확산되고 있습니다. 서울, 경기 지방에는 천연두와 발진티푸스가 시골을 중심으로 급속하게 번지고 있으나 의사도 약품도 없다는 아우성이 나오고 있습니다. 충남 지방과 울산에도 천연두가 번지고 있습니다. 충남 구평에서는 어른과 어린이 가릴 것 없이 발생해 10명에 6~7명 꼴로 사망하고 있습니다.

1946년 1월 중 진행된 서신 검열에서 서울과 경기 지역을 중심으로

046

HEADQUARTERS, XXIV CORPS
G-2 Section
Civil Communications Intelligence Group - Korea

AFPAC/K/No. 5   APO 235
                                             25 February 1946

A Digest of Information Obtained From Censorship
of Civil Communications in Korea
(SOCIAL AND CULTURAL CONDITIONS)

Period: 21 January---20 February 1946

INTRODUCTION

The material in this Digest has been assembled from
information obtained from postal and electrical communications
censored by CCIG-K. The largest percentage of internal commu-
nications censored originated south of the 38th parallel, in
the American-occupied zone.

It should be borne in mind that opinions expressed in
personal communications carry no more weight than an ordinary
conversation of one person with another. Only when a given
subject is discussed by many writers can opinions be weighed,
and then comparison with other intelligence is necessary for
complete evaluation.

Unless otherwise noted, all comments were written by
Koreans.

NATIONAL HEALTH

General: In contrast to previous periods, communications
indicate a widespread alarm over "epidemics" of smallpox and
typhus. Seoul and the Kyonggi-Do region are the sources of
most of the reports, though February comments detected out-
breaks in many of the rural sections. A call for more doctors
and medicine was prevalent.

Epidemics: Smallpox provoked the majority of comments,
a 1 February letter from Koop'Yawng-Li, Chungchong-Namdo
stating, "A smallpox epidemic is raging in our district. The
adults as well as children are being infected and six or seven
cases out of ten die from it." (PUS/561). Writing on 27
January, one observer said, "Smallpox is spreading rapidly in
the vicinity of Ulsan Koon, Ulsan Erp and Hasang Myawn. So
far ten people have died. Many Koreans returning from Japan
have carried the virus with them . . . (PUS/551).

▌미군정은 2월 하순부터 전국의 지방 곳곳에서 천연두와 발진티푸스가 확산되고 있는
사실을 서신 검열을 통해 먼저 파악한 듯하다.

천연두와 장티푸스의 창궐을 경계하는 내용들이 잇달아 발견되었다.
1946년 2월 25일의 미군정 G-2 보고는 1월 말과 2월이 되면서 충남
과 경북, 경남에 천연두와 장티푸스가 빠르게 번지고 있는 사실이 파
악되고 있다고 밝혔다.

그런데 1월 27일자 울산의 한 편지를 보면 천연두가 일본에서 옮겨
온 것으로 추측된다고 정보 보고는 밝혔다.

울산군 울산읍 하상면 지역에는 천연두가 빠르게 번지고 있습니다. 현재 10명이 사망했습니다. 일본에서 귀국하는 교포들이 바이러스를 가지고 온 것 같습니다.

미군정 보고서는 또 경북 양감국민학교는 천연두와 성홍열 때문에 학생 절반이 결석하고 있으며 서울, 경기, 경북, 충남, 충북, 인천에서 천연두와 발진티푸스가 급속하게 퍼지고 있어, 충남 동교리에서만 8명이 천연두로 사망하고 경기도 전야포(Jawnya-Po) 마을에는 주민 대다수가 발진티푸스에 감염되어 이미 3명이 사망했다고 보고했다. 전화 감청에 따르면 안성에서는 페스트가 퍼진다는 소문도 있다고 전했다.

〈동아일보〉는 1945년 12월 4일 영등포에서 40명의 천연두 환자가 발생했으며 외국에서 귀국한 전재민으로 인해 전염병이 퍼질 가능성이 있다고 보도했다.

1946년 5월 7일에는 귀환선에 호열자(콜레라)가 만연했다고 보도했다.

항도 부산에는 지난 2일 자나 깨나 해방된 조국 산천을 그리며 멀리 해남도 남지나에 가 있든 3,150명의 전재 동포들을 실흔 수송선이 환희의 개선을 한 채 1주일이 가차웁도록 상륙을 못 하고 있다. 그 이유는 즉 배 안에 진성 '호열자'와 '와라치으스(파라티푸스)' 등 전염병이 창궐하여 6일까지 2명의 사망자를 내어 수장을 하엿고 환자들이 갈사록 느러나 미주둔 군당국의 방역부에서 격리소독을 하는 중이다. 이리하야 부산은 호열자 침입의 위경에 잇서 시민의 불안 또한 적지 않다.

〈동아일보〉는 1946년 10월 24일 기사에서 전국의 콜레라 사망자가 9,700여 명이라고 보도했다.

1만 5,000여 명이 넘는 환자 중 9,700여 명의 동포를 죽엄의 길로 이끌은 호열자도 이제는 거의 퇴진하고 있다. 그러나 앞으로는 천연두와 장티푸스, 발진티푸스 등의 전염병이 번지기 쉬운데 이를 미연에 막고자 보건후생부에서는 약품 기타를 준비하고 만전의 대책을 세우고 있는 중이다.

1946년 남쪽의 한국인들은 신탁통치와 좌우합작을 둘러싼 극한 대립, 전염병과 식량 기근으로 혹독한 한 해를 보냈다. 그러나 그 시련은 해를 넘겨 이어지고 또 이어졌다.

| 5 |

쌀 밀반출 금지 육해공 합동작전
: 1946년 2월 25일

미군정은 1946년 2월 25일 쌀 자유판매 및 자유반입 금지 조치를 발표했다. 대규모 식량난이 예상되었기 때문이다.

> 금일 조선에서 가장 중대한 문제는 굶주린 국민을 먹이는 것입니다. 조선에서 식량이라고 함은 쌀을 의미하는 것인데, 조선의 국민은 자기들이 세계에서 가장 대표적인 미곡 생산국이라고 생각하고 있는 동시에 1945년의 수확을 풍작으로 알고 있습니다. 그러나 수확기 이후 지난 4개월 동안에 미곡 수확의 절반이 소비되었다는 사실을 아는 사람은 적습니다. 다음 수확기까지 8개월이나 남아있는데 미곡은 작년의 반밖에 남지 않았습니다.

미군정은 현행대로 자유판매를 계속하면 오는 7~9월에 쌀이 바닥날 것으로 우려했다. 따라서 기근 사태를 방지하기 위해 쌀 자유판매를 금지하고, 쌀을 공평하고 적정하게 배급하는 방식의 억제 수단을 세울 수밖에 없다고 밝혔다.

미군정은 식량 수급 전담 기구인 식량행정처의 관장 아래 전국의 도, 군, 면에 이르기까지 각급 행정기관을 동원하여 대대적인 대책을 발표했다. 농업에 종사하지 않는 인구 약 600만 명의 식량에 해당하는 쌀 450만석 수집을 목표로 설정했다. 그러나 불과 75만석의 쌀만 수집했을 뿐 매점매석과 밀반출이 성행했다. 그뿐만 아니라 민란 수준의 항의 사태도 곳곳에서 벌어졌다.

쌀 주산지인 호남과 충청 지방의 쌀값에 비해 부산과 서울의 쌀값은 보통 5배, 많게는 10배까지 치솟았다. 이 때문에 차익을 노린 쌀 밀반출 기도가 성행했다. 일반인들은 보따리로 날랐고 새벽과 초저녁에 수백 석씩 배에 실어 서울과 부산으로 실어나르는 기업형 밀수도 나타났다.

미군정은 1946년 10월 15일, 식량 부족과 미곡 수집을 틈타 남조선 혁명을 노린 거짓 선전선동과 모략이 기승을 부리고 있다고 밝혔다. 또 "일본으로 쌀을 가져간다는 허튼 소문까지 있으나 전혀 그런 일이 없으며 오히려 미국에서 매달 3만 2,000톤의 곡식을 들여와 기근을 덜고 있다"고 강조했다. 앞으로도 쌀 수집을 계속하는 한편 매점매석과 불법 밀반출 등 불법 행위에 대한 확고한 대책을 세우겠다고 했다.

미군정 식량행정처는 10월 19일 구체적인 행동에 나섰다. 해안경비대 사령관, 24군단항공대대 지휘관, 김포비행대 지휘관과 식량행정처장이 참석한 가운데 쌀 밀반출을 막기 위한 육해공 수색 및 검거작전을 전개하기로 결정했다. 즉시 하지 주한미군사령관에게 보고되었다.

2대의 L-5기가 21일 광주
에 도착해 미군정 전남사
령관에게 신고할 것이며
전남사령관은 관측관을
지원할 것입니다. 이 수색
기들은 밀수선들이 항행
에 나서는 시간으로 알려
진 일출 전 새벽과 일몰
전 석양에 해안을 따라
수색 비행을 전개해 200
가마 이상의 쌀을 선적할
수 있는 선박을 색출할
것입니다.

NATIONAL FOOD ADMINISTRATION
Headquarters USAMGIK
APO 235, US ARMY

19 October 1946

MEMO: For Commanding General, XXIV Corps
Attn: G-3

▎미군정은 수색기 3대를 동원해 서해안 및 남해안을 뒤졌으나
밀반출선을 색출하지 못했다.

육상과 해상, 공중 3면에서 서해안과 남해안을 수색하는 입체 작전
이었다.

광주에 배치된 수색기 1대는 한국의 남서쪽인 군산에서 진도까
지, 다른 1대는 진도에서 진해까지 수색작전을 전개하게 됩니다.
현지 군정사령관은 보고받은 직후 육상 병력을 급파해 선박과 선
원을 억류해야 합니다. 또 수색기는 목포해안경비대 상공에 이르
렀을 때 수색 결과 보고가 든 연락통을 경비대 경내에 투하시킬
것입니다.

또 다른 L-5 수색기는 서울공역에 배치되어 10월 21일부터 인천과 군산 간 해안선을 같은 방법으로 수색하면서 홍성에 있는 미군정부대와 서울해안경비대가 합동으로 작전을 전개하기로 했다. 하지 사령관은 보고받은 즉시 "잠정적으로 승인하며 10월 26일까지의 작전 결과를 28일 12시까지 보고할 것"을 명령했다. 그러나 10월 28일 하지 사령관에게 보고된 작전 결과는 초라했다. 공중 수색으로는 단 한 척도 적발하지 못했다.

작전 결과를 보고합니다. 10월 22일부터 26일까지 3대의 수색기가 한국의 서해안과 남해안을 잇는 해안선을 따라 쌀 밀반출 선박 색출작전을 전개했습니다. 서울공역에 기지를 둔 수색기는 인천과 군산 간을 6차례 수색 비행했습니다. 그러나 관측관은 항행 선박이 너무 많아 밀반입선박과 전혀 구분할 수 없었으며 이 때문에 단속실적 보고 불능이라고 밝혔습니다. 이번 공중 수색에서는 적발된 선박과 관련자, 압수된 쌀도 전혀 없습니다.

광주에 기지를 둔 2대의 L-5 수색기는 군산과 진해 간 해안선을 9차례 수색했으며 밀반출선으로 의심되는 선박 8척을 발견해 보고했으나, 억류에 성공한 선박은 한 척도 없었고 체포된 선원이나 압수된 쌀 역시 전혀 없었다. 그러나 광주에 기지를 둔 두 대의 L-5 수색기는 해안수색활동을 1주일 더 전개하기로 했다.

비록 적발된 쌀은 전혀 없었지만 이번 공중 수색작전은 큰 득이 있었을 것이라고 조종사와 관측관들은 설명하고 있습니다. 전라남도의 강가와 해안선을 따라 전개된 수색활동은 쌀 밀반출 시도를 상당수 미리 포기하게 만들었다고 확신하고 있습니다.

쌀 세 가마가 빚은 폭동

주한미군사령부는 1946년 3월 2일 전북 함열역에서 발생한 소요사태에 신경을 곤두세웠다. 이 사건을 계기로 미군은 식량난이 단순한 소요가 아닌 사회안정을 위협하는 폭동으로 번질 수도 있다고 인식했다. 미군정은 신탁통치 문제로 민심이 가뜩이나 악화되어 있는데 식량난까지 겹쳐 자칫 대규모 소요사태가 촉발될 것을 우려하고 있었다.

다음은 G-2 정보 보고 내용이다.

3월 2일 이리 북쪽 인근에서 이리역 철도원과 이에 맞선 지역 경찰 및 소방관 사이에 충돌이 발생했습니다. 이는 폭동 이상의 사태였습니다. 함열역에서 지역 경찰관과 소방서원이 일상적인 열차 검색을 하는 것을 철도원들이 방해하면서 싸움이 발생했고 기관사가 부상을 입었습니다. 검색에서 서울행 열차의 기관차 안에 숨겨 있던 쌀 세 가마가 적발되었습니다. 구타를 당한 열차 기관사는 이리역에 돌아와 검색 사실을 이리역장과 동료들에게 알렸습니다.

이리역장과 철도원들은 180명의 동료들을 규합했고 특별열차를

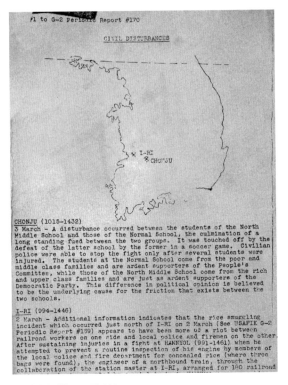

식량난에 관한 G-2 정보 보고.

편성해 함열역으로 몰려갔습니다. 몽둥이와 해머, 돌을 소지하고 오후 4시 함열역에 도착해 지서를 공격했습니다. 3~4명의 경찰이 구타를 당해 회생하기 어려운 중상을 입었습니다. 철도원들은 다시 열차에 올라 이리에 되돌아오던 중 출동한 미군과 경찰 병력에 의해 저지되었습니다. 잠시 저항하는 듯 했으나 공포탄을 발사하자 순순히 체포에 응했습니다.

이리역장과 철도원 74명은 전주와 군산교도소에 유치되었습니다. 역무원들은 구금된 철도원들을 석방하지 않으면 파업에 들어가겠다고 위협하는 가운데 철도원들이 파옥(破獄)을 준비하고 있다는 풍문이 나돌고 있습니다. 현지 군정관계자들은 계속 수사하고 있습니다.

철도원들의 쌀 밀반출 기도사건은 미군정 당국이 시세차익을 노린 타지역 반출을 금지하면서 발생했다. 쌀 주산지인 전남북 지방에서 부산 또는 서울로 쌀을 밀반출해 밀매할 경우 최고 15배의 차익이 발생하기도 한다는 미군정 정보 보고가 있었다. 1946년 2월 19일 G-2 정보 보고에 따르면 미군정의 식량매입창구인 신한공사가 작년에 한 석당 48원에 매입한 쌀을 최근 740원에 팔고 있으면서 정작 제대로 해명하지 못해 농민들의 불만은 날로 커지고 있음을 보고했다.

미군정은 쌀 밀반출 방지를 위해 하지 사령관의 명령에 따라 항공기를 동원한 대대적인 해상감시활동을 전개했다. 1946년 2월 19일 감포 해상에서 쌀 118가마와 수수 40가마, 옥수수 2가마를 싣고 가던 선박을 불심검문해 적발하고 쌀 118가마를 압수했다. 이 배는 마산에서 포항으로 가는 길이었으며 항해 도중 해상에서 쌀을 매입해 옮겨 실은 사실이 밝혀졌다. 또 3월 22일에도 허가 없이 쌀을 선적해 통영으로 항해하던 선박 2척을 적발했다고 보고했다.
다음은 1946년 3월 16일 미군정 G-2 정보 보고다.

3월 15일 경북 의성에서 소요가 발생했습니다. 창고에서 쌀을 꺼내 미군정 트럭에 옮겨 싣던 중 군중들이 몰려와 쌀을 탈취하려

했습니다. 그 쌀은 영양으로 수송하려던 것이었습니다. 미군 병력이 현장에 도착해 경비하는 가운데 쌀을 무사히 싣고 트럭이 출발했습니다. 군중들은 1,000명까지 늘었지만 사소한 몸싸움만 있었으며 트럭이 출발하자 군중들은 일제히 돌을 던졌습니다. 차량 유리창이 파손되고 다수 한국인이 부상했으며 군중들은 자정이 되도록 거리를 행진하며 쌀 반출에 항의했습니다.

3월 23일에는 다음과 같은 보고도 있었다.

3월 22일 목포에서 쌀 배급을 요구하는 소요사태가 발생했습니다. 200명의 군중들이 목포경찰서에 모여 연좌시위를 벌이다 밤 늦게 경찰의 귀가 설득으로 해산했습니다.

앞서 1946년 2월 24일, 미군정 정보처장 뉴먼 대령은 쌀 부족 사태의 심각성을 보고했다.

지금 서울은 굶주리고 있습니다. 한국인들은 전통적으로 춘궁기를 겪어왔습니다. 보리를 수확할 때 잠시 굶주림을 덜지만 가을 벼를 수확할 때까지 굶주림은 계속되었습니다. 그런데 한국인들은 굶주림에 대한 두려움을 정치적 이유로 확대하고 있습니다. 한국인들은 지금 귓속말을 하고 있습니다. "농촌에서 거둔 쌀을 실은 트럭이 지금 어디로 가고 있는 거지? 읍으로 가는 것이 아닐지도 몰라. 어디로 가는 거지?" 이렇게 의문을 던지고 있습니다.

2월 28일 미군정 수사기관은 서신 검열에서 나온 내용을 보고했다. 쌀 배급 부족에 따른 불만을 담은 내용이었다. 서울 신설동 138-88에 거주하는 이상호의 편지 내용이라고 보고하고 있다.

심지어 우리가 일본의 지배를 받을 때에도 하루에 세 홉은 배급 받았다. 그런데 한국은 해방되고 대단한 풍년이 들었는데도 쌀을 배급받지 못해 굶어죽을 정도이다. 제발 일제 때 받던 양의 절반 만이라도 배급하면 다행이겠다. 그래야 목숨을 이어갈 수 있다. 정치인들은 이 일에 왜 무관심한가? 그들은 어떻게 살고 있으며 어떻게 식량을 구하고 있는지 궁금하다.

미군정 수사기관은 보고의 말미에서 이렇게 적었다.

사실 우리 부서에서 일하는 한국인 근로자 9명도 이달 말까지 쌀 배급이 안 되면 끼니를 잇기 위해 다른 일자리를 찾아 나서야 한 다고 호소하고 있습니다. 이들은 사령관에게 연명으로 서면요구 를 제출했습니다. 미군 관계자들의 관심과 도움이 필요합니다.

| 6 |

한국인 독살기도설과 강제노동설
: 1946년 3월 2일

1946년 2월 18일 주한미군사령부 정보처는 상당수의 서신에서 독이 든 귤에 의한 독살이 언급되고 있음을 확인했다고 밝혔다. 이에 따라 서신에서 거론된 민간인 사망 사건들에 대해 조사했다고 보고했다.

독살설이 언급된 부산과 진주의 사망 사건들은 조사 결과 서신의 주장대로 "독이 든 귤을 먹었기 때문에 발생한 일"이 아님을 확인했습니다. 독살된 사람이 먹었던 귤들 가운데 하나를 성분 조사한 결과 그 귤에는 독이 들어 있지 않았습니다. 그러나 향후 서신 검열에서 독살설이 담긴 내용이 발견되면 계속 조사할 것입니다.

주한미군사령부 정보처의 1946년 2월 25일자 서신 검열 보고는 또, 일본인들이 한국인이 먹는 가공식품에 독약을 주입하고 있다고 경고하는 내용의 서신을 발견했다고 보고했다.

충남 (서산) 갈산리에서 1월 22일에 발송된 서신 속에서 발견된 내용입니다. "일본인들이 우리가 사용하는 식료품과 담배에 독약을 섞는다는 사실을 확인했다. 그 독약은 마카로니처럼 생겼다. 올해 배급된 소금을 사용하지 말라. 또 귤과 건과일, 건어물도 조심하라"고 경고하고 있습니다.

▌미군정은 일본인들이 독을 넣은 귤 때문에 한국인들이 목숨을 잃고 있다는 흉흉한 소문을 조사했다.

1946년 3월 2일 정례 보고서에는 다음과 같은 첩보가 담겨 있었다.

최근 일본에서 경북 경주로 돌아온 일가족 5명 집단사망 사건에 대한 조사가 진행 중입니다. 주검에서 비소중독사가 의심되는 흔적이 발견되었습니다. 이들이 일본에서 반입한 귤에 비소가 주입되어 있었고 이로 인해 독살되었을 가능성이 있습니다. 문제의 귤들은 요코하마 근처의 작은 읍인 호다꾸(Hodak)에서 구입했다고 합니다. 그런데 시료를 채취해 분석할 수 있는 귤은 하나도 남아있지 않습니다.

귤에 독이 들어 있다는 소문은 일본인들이 계획적으로 유포시켰을 가능성이 있다. 식량이 한국으로 반출되는 것을 저지하는 효과를 노렸을 수도 있다. 재일동포 사이에는 귀국하는 조선인들을 노리고 일본인들이 식품에 독을 넣고 있다는 소문이 파다하게 퍼지고 있었다. 이에 대해 미군정 당국은 근거 없는 풍설로 간주하고 별다른 관심을 기울이지 않았다. 그런데 이제 단순한 소문이 아니라 독의 성분까지 거명하며 사실 가능성에 대한 조사에 들어간 것이다.

미군정 통신 감청 및 서신 검열단은 이미 1946년 1월 4일부터 2월 5일까지 진행한 서신 검열에서 일본에서 선적된 귤과 쇠고기에 독이 들어있다는 내용의 편지들을 잇달아 발견했다. 몇몇 편지에는 "일본인들이 한국인들을 죽이기 위해 귤에 독을 주입했다는 말을 전해들었으니, 절대로 어린이들에게 귤을 먹이지 말라고 편지에서 신신당부하고 있다"고 덧붙이고 있었다. 그러나 미군정의 정보 보고는 경주 일가 사망 사건을 끝으로 일본인들의 한국인 독살설에 관해서는 더 이상 다루지 않았다.

비소화합물이 일시에 다량으로 체내에 들어가면 식도의 작열감과 심한 위통증, 구역질, 구토, 설사를 일으키고 때로는 토혈과 하혈을 하게 된다. 그 후 마비, 의식장애를 일으켜 죽음에 이르기도 한다. 이 때문에 독살이나 자살의 목적으로 사용되기도 한다고 관련 의학 문헌들은 설명하고 있다.

일본인들의 한국인 독살기도설을 둘러싼 공포가 나돌기 시작하던 때와 거의 일치하는 1946년 1월 4일, 미군정 정보처는 서신 검열에서 '일본의 미군정이 재일한국인들을 강제노동에 투입할 것'이라는 내용의 편지를 적발했다.

> 그 편지의 작성자는 일본의 미군정 당국이 1946년 3월 말까지 한국에 돌아가지 않는 일본 거주 한국인들을 강제징집해 샌프란시스코로 보낼 것이며 이들은 8년간 강제노동을 하게 될 것이라는 소문을 들었다고 거듭 전하고 있습니다. 따라서 하루라도 빨리 한국으로 돌아오라고 친구에게 경고했습니다. 그러나 편지 작성자는 그 소문의 출처를 밝히지 않았습니다.

한국인 독살기도설과 한국인 강제노동설은 누군가가 의도했든 안했든 일본에 거주 중인 한국인들로 하여금 하루빨리 빈손으로 귀국하도록 재촉하는 효과를 거두었을 것이다.

한반도 전쟁임박설
: 1946년 2월 12일~3월 16일

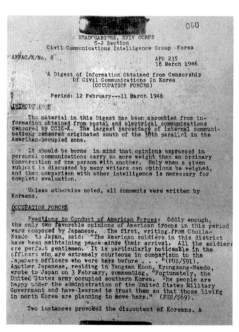

미군정 정보처는 민간인 사이에 전쟁임박설이 확산되고 있다
며 서신 검열 내용을 매일 자세히 보고하고 있다.

미군정 G-2 정보기록실이 1946년 2월 12일부터 3월 16일까지 진행한 민간인 서신 검열 결과를 보면 전쟁임박설이 파다하게 퍼지고 있었다.

서울 주민이 전남에 있는 친구에게 3월 16일에 보낸 편지에서 정보가 정확한 곳에서 들은 이야기라며 소련군이 38선을 봉쇄했으며 4월 또는 5월 경에 제3차세계대전이 터질 것이라고 합니다. 속히 생필품과 탄약을 비축하라고 재촉하고 있습니다. 또 다른 편지는 자신만 아는 곳에 쌀을 몰래 숨겨두고 꼭 비밀로 해두라고 말하고 있습니다.

서신 검열 보고는 2월 18일자 대전에서 보낸 편지를 소개하고 있다.

미국은 소련을 불신하기 때문에 철수하지 않을 것이며 소련군도 미군을 못 믿어 철수하지 않을 것입니다. 이제 한국은 둘로 나뉘었습니다. 미국-소련 두 나라는 한국인의 마음에 담을 높게 친 후 몇몇 한국인들의 도움을 받아 그들의 각기 다른 이념을 선전하기 시작했습니다. 그 결과 한국인들은 두 패로 갈려 서로 죽이고 있습니다.

경남 산청에서 서신 검열에 포착된 2월 16일자 서신은 혁명이 곧 닥칠 것이라는 소문을 전하고 있다며 미군정 G-2의 정보기록실 스피겔 중령은 다음과 같이 보고했다.

풍문입니다. 과거 광복군 군무부장이었던 김원봉 장군이 중국에서 돌아온 자신들의 부하 수천 명을 다시 조직화했다고 합니다. 그들은 대전에 체류하면서 곧 있을 대혁명과 내전 그리고 통일에 대비해 무기를 모으는 데 노력하고 있다고 합니다.

그런데 미군 G-2 보고는 이 기간 중 진행된 서신 검열에서 "미군에 대해 호의적인 반응을 보인 편지는 단 두 통이었으며 매우 이상하게

도 이들 모두 일본인들"이라고 밝혔다. 보고는 먼저 전남 나주에서 일본으로 가는 편지 내용을 소개했다.

이 지역에 온 미국 병사들은 도착 이후 여태까지 평온을 유지하고 있습니다. 모든 병사들이 완벽한 신사들입니다. 특히 미군 장교들은 전에 이곳에 있던 일본 장교에 비하면 대단히 예의 바릅니다.

경남 양산군에 거주하는 일본인의 편지 역시 미군 찬양 일색이다.

미국이 남조선을 점령한 것은 우리에게 행운이 아닐 수 없습니다. 미군정 아래서 이곳 사람들은 행복해하고 있습니다. 북한 주민들이 이곳으로 이사하려 하고 있다는 사실을 알고 미군들에 대한 신뢰를 더욱 깊이 갖게 되었습니다.

2월 8일 북한의 함경남도 함흥에서 넘어온 일본인의 편지는 소련 병사들을 거세게 비난하고 있다고 보고서는 밝혔다. 다음은 편지 내용의 일부다.

일본인이든 한국인이든 하루에 두 번씩 약탈 대상이 되고 있습니다. 성진, 함흥, 길주 지역에 1만 6,000명의 일본인들이 있는데 이들 모두 영양실조로 병들었습니다. 이들은 함흥에 도착하기도 전에 하루 50~60명씩 죽고 있습니다.

이 일본인 편지는 소련군들이 저지르는 강도와 극악한 행위를 언급하고 심지어 최근에는 소련 여군들도 남자들을 공격하고 있다고 전했다.

패전 이후 일본인들은 닥쳐올 박해에 대한 두려움에 떨고 있었다. 따라서 미군에 대한 고마움은 북한에서 전해지는 소련군의 행위와 비교했을 때 더욱 증폭되었을 것이다. 또 약자로 전락한 일본인들이 서신 검열을 미리 알고 그들 특유의 과도한 대응을 했을 수도 있다. 미군 정보 보고는 이어 한국인들에 대한 서신 검열 내용 일부를 소개하면서 한국인들은 일본인들과 대조적으로 어김없이 불만을 터뜨리고 있다고 밝혔다. 서울에서 보낸 편지는 동두천역 부근에서 미군 병사 세 명에게 2,000원을 강탈당한 사실을 전하고 있으며 서울 거주자가 부친 또 다른 편지는 미군들이 한국인 협잡꾼들과 손잡았다고 전했다.

미군 병사들은 그들이 가져온 물건들을 한국인 협잡꾼들에게 비싸게 팔고 있습니다. 그 물건들은 자기들 부대에서 훔쳐 몰래 빼낸 것들입니다. 그런데 미군은 한국인들이 누구든 미군 물건들을 갖고 있으면 한국인이 미군 부대에서 훔쳐낸 것이라며 몰수한다고 불만을 터트렸습니다.

한국인 전범들
: 1946년 3월

1946년 3월 주한미군사령부는 연합군전범조사위원회로부터 전범으로 확정된 자, 전범 혐의를 받는 자 그리고 전범과 관련해 기소되지 않았으나 범죄의 목격자로서 증언을 해줄 증인의 명단을 넘겨받았다.

▌ 유엔전범위원회가 보내온 전범 122명 가운데 한국인 전범은 5명이었다.

비밀

유엔전범위원회 제4차 전범 명단과 전범 혐의자 그리고 증인 명단(일본인).

이들 가운데에는 일본군에 징용으로 끌려간 한국인들이 포함되어 있었다. 전범과 전범 용의자로 수배된 122여 명 가운데 포로 감시원으로 근무했던 한국인 징용자가 5명 이상 있었던 것이다.

수배자 번호 2.

성명 불상의 한국인. 별명은 '폭풍부대원'이며 버마-태국 간 철도 공사장 70킬로 노동수용소에서 포로 감시원으로 근무.

혐의 내용: 1942년 2월 15부터 1944년 9월 4일까지의 기간 동안 살인, 학살, 포로에 대한 조직적인 테러, 부당 대우.

폭풍부대원(Storm Trooper)은 독일 나치스의 돌격부대원을 일컬었다.

▌한국인 전범들은 대부분 일제에 징용된 포로 감시원이었다.

수배자 번호 3.

성명 불상의 한국인. 별명은 '딜린저'이며 버마−태국 간 철도공사장 18킬로 노동수용소에서 포로 감시원으로 근무.

혐의 내용: 1942년 2월 15일부터 1944년 9월 4일까지의 기간 동안 살인, 학살, 포로에 대한 조직적인 테러와 부당 대우.

한국인 감시원에게 붙은 별명 '딜린저(Dillinger)'는 미국의 악명 높은 갱 두목의 이름이다. 딜린저는 1930년대 24개의 은행을 털고 교도소를 두 번이나 탈옥했으나 FBI의 매복에 걸려 사살된 인물이다.

다음은 범죄 관련 부대원으로, 범죄 가담 여부에 대한 수사를 받기 위해 전원 구금 대상자 명단에 포함된 성명 미상의 한국인들이다.

수배자 번호 12.

한국인 포로 감시원을 포함한 일본군 장교와 사병. 1944년 9월 싱가포르에서 일본까지 항해한 수송선 '라쿠요마루'에 포로들을 승선시켜 이송한 부대원들임. 단, 증인 목록에 포함된 야마다 중위는 제외함.

혐의 내용: 포로 학대.

수배자 번호 13.

한국인 감시원을 포함한 일본군 장교와 사병. 1942년 5월 15일부터 1944년 5월 29일까지 싱가포르에서 타이베이로 항해하는 '토야시마루'에 포로들을 승선시켜 감시 하에 이송한 자들임.

혐의 내용: 포로 학대.

수배자 번호 14.

한국인 감시원을 포함한 일본군 장교와 사병. 1942년 5월 창이에서 메르구이로 항해하는 '셀레베스마루'에 포로들을 승선시켜 감시 하에 이송한 자들임.

혐의 내용: 포로 학대.

그런데 전범 혐의가 아닌 단순한 증인으로 수배 중인 한국인도 있었다.

인명 번호 6.

이름은 호리우치(HORIUCHI), 한국인 포로 감시원.

증언할 사건: 1924년 2월 15일부터 1944년 9월 4일까지 말라야, 태국, 버마 등지에서 포로 관리를 담당했던 부대 소속원임.

위 증인은 범죄에 가담하지 않았으며 사실상 연합군 포로들에게 도움을 주었음. 당연히 호의적으로 대우해야 함.

케네디 대통령이 암살되던 해인 1963년 겨울 필자는 우연히 남양이라는 머나먼 곳으로 갔던 조선인 소녀와 조선 청년들에 대한 이야기를 들었다. 필자가 다니던 시골 중학교 교무실에서였다. 난롯불을 쬐던 학교 서무과 김 씨는 평소 말이 없는 분이었는데 그날 말문을 열었다. 그의 이야기는 내가 상상도 못했던 곳에서 발생한 일이었다.

그는 일제에 징용되어 남양으로 갔으며 그곳에서 일행 중 일부는 비행장을 건설했고 일부는 미군 포로수용소 감시원으로 일했다고 말했다. 남양(南洋)이라는 곳이 남태평양이라는 것도 나중에 짐작했을 뿐 그가 있었던 섬의 이름은 들은 기억이 없다. 김 씨가 말한 내용 가운데 기억나는 것은 두 가지였다. 섬 앞에서 일본군 수송선들이 미 해군과 폭격기의 공격으로 침몰했는데 엄청난 희생자가 발생했다는 것이다. 참혹하게 목숨을 잃은 희생자 가운데에는 조선 처녀들도 숱하게 많았다는 말을 했다. 나는 그때 안타까운 마음으로 왜 그녀들이 그곳까지 갔었는가에 대한 의문이 맴돌았지만 묻지 못했다. 이제야 그들이 우리의 위안부 소녀들일 것이라는 추측을 하고 있다.

징용으로 끌려간 한국인 청년들의 상황도 비참했다고 김 씨는 무표정한 얼굴로 그때를 회상했다. 그는 일본의 항복이 알려진 직후의 순간을 그림을 그리듯 자세히 설명했다. 항복 직후 미군 포로들이 일본 측 감시원들에게 페인트를 요구했다는 것이다. 포로들은 포로수용소 지붕 위에 올라가 흰 페인트로 'P.O.W'라고 크게 적었고 정찰기가 다녀가고 잠시 뒤 미군 비행기가 날아오더니 엄청난 양의 갖가지 보급품을 낙하산으로 쏟아냈다며 미국의 엄청난 국력을 실감했다고 말했다. P.O.W(prisoner of war)라는 영어가 전쟁 포로를 뜻하는 것임을 그때 처음 김 씨에게 듣고 배웠다. 평소 포로들에게 따뜻하게 대했던 김 씨 자신은 그때 미제 과자와 통조림을 건네받아 정말 맛있게 먹었노라고 전했다. 그러나 포로들을 학대했던 일본군들은 모두 체포되었다고 했다. 함께 징용되어 감시원으로 있었던 고향 친구도 그때 체포되었는데 여태껏 돌아오지 않고 있다고 말했다.

| 9 |

미국인을 사로잡은 박인덕 여사
: 1947년 1월 21일

하지 사령관은 1947년 1월 21일 플로리다주 드랜드에 있는 스테슨 대학교 총장으로부터 편지를 받았다.

하지 사령관님께,

본인은 사령관께서 박인덕 여사를 미국으로 파견하는 데 도움을 주신 데 대해 감사드리기 위해 편지를 씁니다. 그녀는 어제 아침 저희 예배당에서 900명의 학생과 120명의 교직원이 참석한 가운데 연설을 했는데 참석자 모두를 매료시켰습니다. 학생과 교직원 모두 그녀에게 기립 박수를 보냈습니다. 박인덕 여사는 한국의 가능성에 대해 우리의 눈을 뜨게 해주었습니다. 지금까지 어느 누구도 그렇게 하지 못했습니다. 박인덕 여사는 내년에 한국 학생 한 명을 저희 스테슨대학에 보내기로 했으며 우리는 그 학생에게 학비와 생활비, 식사와 숙소를 제공할 것입니다. 이런 결과는

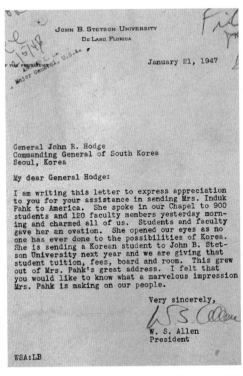

JOHN B. STETSON UNIVERSITY
DE LAND, FLORIDA

January 21, 1947

General John R. Hodge
Commanding General of South Korea
Seoul, Korea

My dear General Hodge:

I am writing this letter to express appreciation
to you for your assistance in sending Mrs. Induk
Pahk to America. She spoke in our Chapel to 900
students and 120 faculty members yesterday morn-
ing and charmed all of us. Students and faculty
gave her an ovation. She opened our eyes as no
one has ever done to the possibilities of Korea.
She is sending a Korean student to John B. Stet-
son University next year and we are giving that
student tuition, fees, board and room. This grew
out of Mrs. Pahk's great address. I felt that
you would like to know what a marvelous impression
Mrs. Pahk is making on our people.

Very sincerely,

W. S. Allen
President

WSA:LB

▌하지 사령관은 미 스테슨대 총장의 편지를 받았다. 그가 파견한 박인덕 여사의 연설에 감명받은 모든 학생과 교수들이 기립 박수를 했다는 내용이다.

박 여사의 감명 깊은 연설 덕분입니다. 저는 박인덕 여사가 우리에게 기적 만큼이나 깊은 인상을 어떻게 주었는지 사령관께서도 아시리라 믿습니다. 건승을 빕니다.

W. S. 알렌

하지 사령관은 2월 5일 알렌 총장에게 답장을 보냈다.

알렌 총장님,
박인덕 여사의 노고에 찬사를 보내주신 1947년 1월 21일 편지에 감사드립니다. 한국이 안고 있는 문제들에 대해 박 여사가 미국인들에게 그처럼 잘 전달하고 또한 여러분들이 박 여사를 따뜻하게 맞아주셨다 하니 저 역시 기쁘기 짝이 없습니다. 또한 한국 학생에게 귀 대학교에 입학할 수 있는 배려를 해주신 데 대해 감사드립니다. 이와 같은 움직임들은 우리 미국 국민들로 하여금 미지의 나라를 보다 더 이해할 수 있도록 이끌 것입니다. 건승을 빕니다.

존 R. 하지

박인덕의 연설은 곳곳에서 매우 인상적이었고 성공적이었던 것 같다. 플로리다주 탬파에 있는 탬파 하이츠 감리교회 홀래디(E. L. Hollady) 목사는 4월 29일 하지 사령관에게 감동어린 편지를 보냈다

복음을 전하는 일뿐만 아니라 국내외의 일에도 관심을 갖고 있는 목자로서 솔직하게 말씀드리고자 합니다. 박인덕 여사는 기독교의 사명뿐만 아니라 세계 평화와 관련해서도 크나큰 역할을 하고 있다는 것이 깊고 오랜 생각 끝에 내린 제 판단입니다. (중략) 저는 개인적으로 박 여사와 같이 탁월한 세계적 안목을 지닌 기독교적 평화대사를 미국에 보내주시고 맞을 수 있게 해주신 귀하께 감사를 드립니다.

5월 17일자 하지 사령관의 답장 사본도 미국 국립문서보관소에 함께 소장되어 있다.

홀래디 목사님,
박인덕 여사의 소식을 담은 4월 29일의 친절한 편지에 깊이 감사드립니다. 저는 박 여사의 미국 내 활동을 매우 관심 깊게 주목하고 있습니다. 목사님도 묘사하셨듯이 그녀야말로 미지의 나라에서 온 크게 신뢰할 수 있는 친선대사이기 때문입니다. 그녀의 성격은 항상 마음을 끌고 성실함은 의심의 여지가 없습니다. 저는 그녀를 이 멋진 나라에 있는 여성들 가운데서도 출중한 여성이라고 생각하고 있습니다. 혹시 박인덕 여사를 다시 보시거든 제 안부

를 전해주시고 성공을 이어가기를 기원한다고 전해주십시오.

　박인덕은 1896년에 출생했다. 교육자, 작가, 사회운동가, 여성주의
운동가였다. 이화학당, 미국 웨슬리안대학교를 거쳐 컬럼비아대학교
사범대학과 대학원을 졸업했다. 학생 때는 이화학당 최고의 미인이자
인재로 명성이 높았다. 졸업 후 모교 교사로 일하며 민족의식을 고취
했다는 죄목으로 투옥되는 등 세 차례 옥고를 치르기도 했다. 1921년
주위의 반대를 무릅쓰고 부유한 유부남을 이혼시켜 결혼했으나 6년
뒤 가정을 뒤로 하고 미국 유학길에 올랐다.

　1931년 귀국 직후 남편에게 위자료를 지급하고 이혼해 한국 최초로
남편에게 위자료를 주고 이혼한 사례가 되었고, '조선의 노라'라고 불
리며 사회의 관심을 모았다. 박인덕은 이혼을 통해 자신의 정체성을
찾으며 농촌 부녀자들의 계몽에 앞장서고 육영 사업에도 힘썼다. 그
러나 그는 1939년 친일 성격의 여성단체에 참여했고 1941년 이후 전
쟁을 지원하는 연설을 하거나 논설을 싣는 등 반민족 친일의 행적을
남기기도 했다.

　1946년 국제부인회 한국 대표로 미국을 방문했고 그 후 미국 각지
에서 한국의 실정을 강연했으며 자전적 영문소설을 출판했다. 1962년
인덕학원을, 1972년 인덕대학교를 설립했다. 1980년 4월 사망했다.

| 10 |

사할린징용 동포들의 기약 없는 귀환
: 1947년 11월 1일

1947년 11월 1일 하지 주한미군사령관은 도쿄에 있는 맥아더사령부, 즉 미 극동군총사령부 참모장 폴 뮬러(Paul J. Mueller) 소장에게 서신을 보냈다.

친애하는 폴,

내가 전달을 요청받은 맥아더 장군에게 보내는 서한을 동봉합니다. 최근 소련령 사할린에서 귀환한 몇몇 인사들로부터 그곳 한국인들에 대한 소련인들의 참혹한 대우에 대해 머리카락이 쭈뼛해지는 증언들을 들은 바 있으며, 이에 대한 무언가 해결 노력을 해달라는 많은 요청들을 받고 있습니다. 극동군총사령부가 그곳에 있는 일본인과 한국인들에 대한 어떤 정보를 갖고 있는지 나는 알지 못합니다. 그러나 이와 관련해 관심을 갖고 있는 한국인들에게 알려줄 사항이 있거나 먹구름같이 잔뜩 드리운 그들의 격

1 November 1947

Maj. General Paul J. Mueller
Chief of Staff, FEC
APO 500

Dear Paul,

　　Enclosed herewith is a letter to General MacArthur which was given to me with request for delivery.

　　There have been a few recent repatriates from Sakhalin (Soviet) who tell the Koreans hair-raising stories of rough treatment, and we are getting many requests to do something about it.

　　I do not know what information SCAP has of Sakhalin, concerning both Japs and Koreans there, but if you have anything we can tell the Koreans to show interest, or that there may be a rift in their clouds, it will help us.

Sincerely yours,

JOHN R. HODGE
Lieutenant General, U. S. Army
Commanding

▌하지 사령관이 맥아더의 참모장인 폴 뮬러 소장에게 보낸 편지. 사할린 교포의 참상을 맥아더 극동군 총사령관에게 알리는 데 도움을 줄 것을 간곡하게 부탁했다.

정거리를 거두어줄 수 있는 방안이 있기를 바라는 바입니다. 이는 나에게도 도움이 될 것입니다.

건승을 빕니다.

　하지 사령관의 조치는 이례적으로 신속했다. 하지 사령관은 '사할린 징용한국인귀환촉진회'라는 이름의 단체가 맥아더 총사령관에게 보내는 호소문을 첨부했다. 이 호소문은 닷새 전 미군정에 접수된 것이었다. 이 호소문을 제출한 사람은 서울 중구 재동 129, 사할린징용한국인귀환촉진협회의 대표 이봉상이었다. 주한미군사령부의 실무 관계자 가운데 누군가가 마음에서 우러난 도움을 주었으리라 짐작된다.

신파조의 애원을 배제했으면서도 간결하고 전달력 있는 표현이 인상적이다.

> 총사령관 각하,
>
> 일본과의 전쟁에서 승리한 이후 각하께서 기울인 많은 노력에 대해 존경을 표하는 바이며 각하께 서한을 드리게 됨을 큰 영광으로 생각합니다. 저희는 여태껏 뚜렷한 이유도 없이 소련에 의해 사할린에 억류되어 있는 4만 한국인들의 열망에 대해 말씀드리고자 합니다. 저희가 알기로는 미 극동군총사령부가 이 문제를 해결하기 위해 적절한 교섭을 진행할 수 있는 유일한 기관입니다.
>
> 다음 사항들은 사할린징용 한국인들이 현재 직면하고 있는 현실입니다. 남한에 고향을 둔 4만 한국인들의 송환을 위해 소련 측 사령부 관계자와 협상에 나서주실 것을 정중하게 청원드립니다.
>
> 1. 소련에 의해 사할린에 억류된 한국인들은 태평양전쟁 당시 일본인들에 의해 광부 또는 중노동에 징발된 사람들입니다.
> 2. 지금 이들 한국인들은 해방된 나라의 국민으로서 적절한 보호조치 없이 사할린에 억류되어 있으며 오히려 소련군에 의해 과거보다 더 참혹한 학살적인 노예 상태에 있습니다.
> 3. 한국인들 스스로 소련 당국과 몇 차례 협상을 진행했지만 소련 측은 한국에 잠정적인 정부가 수립되기 전까지는 정부 차원의 한국인 송환 접촉은 이루어질 수 없다는 이유로 여태껏 송환을 거부하고 있습니다.

ASSOCIATION
Rapid Realization of Repatriation of Koreans from Saghalien
129 Cho-Dong, Cheong-Koo, Seoul, Korea

26 Oct 1947

Gen. Douglas. MacArtheir
The Supreme Commander of
Allied Forces in Pacific
Tokyo, Japan.

Dear Sir

        It is our great honore to write to your for our
high respect in regards to your enthusiastic efforts
which has been made since V-J day.

        We like to inform yourthis time about our anxiety
for our some 40 thousands families who are still held in
Saghalien by USSR without any definit reason, and it is our
understanding that your Headquarters is the only agency which
can solve this problem making proper contact.

        Following items are the present carcumstances they
happend now, and it is sincerely petitioned to you to make
due negotiation with said officer of Russian command for
therepatriation of 40 thousands Korean Nationals most of
whom have their house in South Korea.

        1. The Koreans who are kept in Saghalien by Russian
are the people mobilized by the Japanese as miners or heavy
workers during the Pacific war.

        2. They are held in Saghalien now without any proper
protection as a liberated people and enslaved more atrociously
by Russian Army than before.

        3. Several Negotiation were made by themselves with
the Soviet authority, however, repatriation was refused at
the reason of that no government can make any contect to
repatriate the Koreans untill the provisional Korean Government
established.

사할린 교포 이봉상은 맥아더 사령관에게 사할린에 있는 징용 한국인의 참상을 알리고 도움을 호소했다.

4. 한국인들은 적국의 포로가 아니며 따라서 연합군은 억류된 해당국 국민들을 조속히 조국으로 돌려보내야 한다는 합의에 따라 송환해줄 것을 소련 당국에 여러 차례 요구했으나 뚜렷한 이유도 없이 받아들이지 않고 있습니다.

5. 소련 측 주장이 옳다면 저희들은 각하의 극동군총사령부가 우리 한국인들을 위해 필요한 모든 절차를 취할 수 있는 해당 기관일 것으로 판단하며, 절차에 착수한다면 소련 측도 이 문제

를 다루기 위해 접촉에 나서야 할 의무를 갖게 될 것입니다.

6. 총사령관 각하께서 소련 측에 조속히 협상을 제의하도록 조치를 취하시고 또 협상이 진행되도록 해주시기를 정중하게 요청 드립니다.

하지 주한미군사령관의 중재로 미 극동군총사령부에 전달된 이봉상 대표의 청원에 대해 맥아더사령부는 즉각적인 반응을 했다. 이봉상 대표가 호소를 하고 하지 사령관이 이를 맥아더사령부에 전달한 지 22일 되는 1947년 11월 22일 맥아더사령부의 조치가 내려졌다. 극동군사령부는 바로 송환 대책을 마련해 소련 측과 협상에 나서고 주한미군정은 이들의 수용 대책을 마련하라는 내용이었다. 맥아더의 조치는 지시가 아닌 권고였다.

그러나 이봉상에게는 이 소식조차 전달되지 않은 것으로 보인다. 이봉상이 기다리던 답변은 우회적인 경로를 거쳐 나왔다. 그로부터 1년이 지난 1948년 7월 20일 미군정 외무국 내부문건의 형식이었다. 미군정 외무국 경상남도 부산사무소에 근무하는 질레트 부인(Mrs. Gillette)은 사할린 동포의 귀환과 재일한국인의 일본귀화 문제에 대한 미군정의 처리방침을 질의한 것으로 보인다. 미군정 외무국 고문관 대리 해롤드 브라운(Harold P. Brown)소령은 사할린 동포에 관해 다음과 같이 답변했다.

주한미군사령부나 극동군총사령부가 이 문제에 관한 판단을 미루어 왔던 것은 아닙니다. 1947년 이후 우리는 이 문제를 줄곧 검토해왔습니다. 그런데 올해 2월 주한미군사령부는 다음과 같은 의견을 보내 왔습니다. 남한이 수 만 명의 사할린거주 한국인들을 받아들여 이들에게 거처를 제공하며 제대로 먹이고 입히는 일은 한국인들이 낸 세금으로는 큰 부담이라는 관점에서 판단하면 미군당국이 이들을 선뜻 받아들이는 것은 현재로서는 바람직하지 않다는 것입니다. 물론 이 결정은 소련 내 시베리아, 몽골, 캄

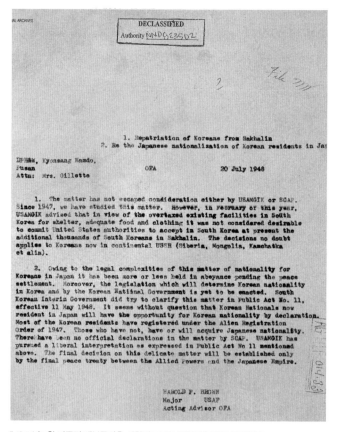

1947년 7월 미군정 내부문건은 사할린교포의 귀환에 난색을 표명했다.

차카 등에 있는 한국인에게도 당연히 동일하게 해당됩니다. (이하 생략)

45년이 흐른 1992년 6월 5일 일본〈아사히 신문〉은 일본국회도서관 헌정자료실에서 찾아낸 자료를 토대로 사할린 거주 한국인 귀환문제에 관해 보도했다. 9월6일자〈동아일보〉는 이 기사를 그대로 전했다.

당시 도쿄의 미 극동군총사령부는 남한의 민간단체가 맥아더 총사령관에게 보낸 사할린잔류자 귀국 청원에 대해 "잔류조선인은 일본인에 의해 노동자로서 사할린에 강제 이송되었다"는 경위에 따른 인도적 견지에서, "일본인과 함께 호르무스크에서 승선시켜 일본 사세보항에 기항, 검역을 마친 뒤 부산으로 귀국시킨다"는 구체안을 제시해 이를 소련 측에 전달하도록 미 극동군총사령부 외교국에 1947년 11월 22일 권고했다.

〈동아일보〉의 1992년 6월 25일자 보도는〈아사히신문〉을 인용해 45년간 숨겨왔던 슬픈 비밀을 다시 전했다.

먹이고 입히고 재워줄 수가 없어서

사할린 동포의 귀향은 미극동군총사령부를 설득하는 것이 해결의 전부는 아니었던 것이다.

이 기사는 1947년 7월 미군정 외무국 해롤드 브라운 소령의 답신이 나오게 된 배경을 자세하게 설명하고 있다.

> 〈사할린으로부터의 조선인 철수〉라는 제목의 69장에 이르는 이 문서에 따르면, 당시 주한미군정은 전후 남한으로 귀국한 인구가 이미 280만 명이 넘고 있어 이들을 먹이고 입히고 재워줄 능력조차도 이미 넘어섰다면서 사할린 잔류 동포들의 귀국에 반대했다.

사할린 잔류 한인들을 귀국시키기 위한 계획은 남한 경제 사정을 이유로 난색을 보이는 주한미군정에 의해 실행 단계에서 무산된 것이었다.

1947년 11월 그즈음 사할린에 억류된 징용 동포의 앞날을 가늠하는 중요한 시점에 이 문제에 관한 미군정의 고심 어린 검토 흔적은 미군정 비밀문서에서는 아직까지 찾아볼 수 없었다. 또 관심을 보인 한국의 언론인이나 정치인 누구도 그 당시 신문 기사 검색에서는 안타깝게도 찾을 수 없었다.

그때 조국에서는 정치인과 언론은 물론 국민 모두가 격렬하게 대립하고 있었던 탓이다. 찬탁과 반탁으로 또 좌와 우로 나뉘어 필사적으로 싸우고 있었다. 거기에 일제 하에서보다 더 심각한 식량난이 전국에 몰아쳤고 돌림병까지 창궐하고 있었다. 이런 가운데서도 초라한 짐을 싸서 돌아오는 행렬은 끊임없이 이어지고 있었다. 그야말로 어수선한 조국이었다.

1946년 3월 30일 미군정 일일 보고에 따르면 해방 이후 남한으로 귀국한 인구는 모두 152만 5,166명이었다. 이 가운데 일본에서 귀국한 동포는 99만 8,434명, 38선 이북에서 월남한 동포 58만 645명, 중국 동포는 1만 1,503명이었다. 같은 기간에 일본으로 돌아간 숫자는 67만여 명으로 일본인 민간인은 49만 7,302명, 일본 군인 17만 8,750명이었다. 하루 인구 증가폭은 3,500명 안팎이었다.

1945년 해방 이후 한국 경제는 정치적 혼란, 남북 분단으로 인한 생산 체계의 단절, 해외 귀환자와 월남민 등으로 인한 인구 급증으로 큰 어려움을 겪었다. 이로 인해 사회적 불안정성이 커졌으며 노동자, 농민을 비롯한 민중의 생활은 일제강점기보다 더욱 궁핍한 상태에 놓여 있었다.

그로부터 근 20년이 지났다. 1967년 8월 15일 〈경향신문〉은 사할린에서 일본으로 귀환한 사할린 동포의 증언을 통해 '아~ 망향 22년'이라는 제목으로 사할린 동포의 참상과 아픔을 보도했다.

광복 22년. 그러나 조국의 모습을 보지 못하고 오늘도 망향의 꿈을 안고 사는 우리의 핏줄이 지금 소련령 사할린에 있다. 태평양전쟁 종결 전, 소위 조선총독부령 '제2호 외지 노동자에 의한 노동의 충족에 의거 산업 전사'라는 그럴듯한 이름으로 일제에 의해 강제징용 또는 징병되어 끌려갔던 이들 화태 교포들은 조국을 되찾은 지 22년이 지난 지금까지 노예의 대명사인 양 인간 이하의 학대와 중노동의 곤욕을 견디면서 오로지 고국으로 돌아올 날만을 기다리고 있다.

한일수교와 함께 일본에 송환되어 거류 중인 사할린 출신 동포 2,000여 명의 꾸준한 호소가 주효해 한일교섭이 시작되었고 언론의 관심도 받게 된 것이다. 그러나 교섭은 교착 상태에 빠졌다. 〈경향신문〉의 기사는 계속되었다.

우리 정부는 그들이 종전 전 일본인으로 끌려갔으므로 일단 일본 정부가 인수하는 형식을 취해야 하며 귀환 교포 중 일본 거주를 희망하는 자에게는 법적 지위협정에서 규정한 영주권을 부여해야 하며 귀국 희망자는 한국이 인수한다는 기본 입장을 취하고 있다. 일본은 이들의 인수를 약속하고 단순히 일본을 경유만 한다면 교섭에 응하겠으며, 그들이 일본 정착을 희망한다면 법적 처리 문제가 곤란하다고 주장하고 있는가 하면 소련은 그들을 한국에 보내지 않는다는 보장이 있다면 송환하겠다는 태도를 보이고 있다.

결국 아무런 소득이 없었다. 다시 20여 년이 흘렀다. 사할린 동포의 고향 방문이 허용된 것은 지난 1989년이었다. 서울올림픽을 계기로 한국-소련 해빙 무드가 조성되면서 사할린 동포들은 그해 처음으로 고향 땅을 밟았다. 종전 44년만이었다. 한인들의 영주 귀국은 1992년에 처음 이루어졌다. 그 후 사할린 동포들의 귀향은 더디게 그러나 꾸준하게 진행되고 있다.

하지만 또 다른 벽이 있었다. 1998년 4월 28일 〈동아일보〉에 따르면 1990년 이후 모국에 돌아온 사할린 동포들은 달라진 인심 때문에 고국 속에서 영원한 이방인으로 머물고 있다면서 동포의 말을 전했다.

잠시 들르는 것하고 아주 살러 가는 것하고는 아무래도 다르잖아
요. 아주 살러 왔다고 하니 나를 대하는 친척들의 태도가 어딘지
달라 보였어요. 어떻게 자식을 두고 혼자 왔느냐며 독하다는 사
람도 있었고 당장 사할린으로 돌아가라는 사람도 있었어요.

1947년 조국은 '먹이고 입히고 재울 수 있는 능력이 부쳐서' 사할린
동포를 받아주지 못했다. 이제 조국은 그들을 먹이고 입히고 재울 수
있게 되었지만 사할린 귀국 동포들의 가슴은 지금도 아려오기는 마찬
가지라고 이 기사는 전하고 있다.

고향은 옛 고향이 아니었다. 지명은 바뀌지 않았지만 마을 앞으
로 시냇물이 흐르고 뒷동산에 뻐꾸기 울던 그런 고향은 아니었
다. 전쟁과 분단 그리고 산업화는 고향을 통째로 들어다 전혀 다
른 땅에 옮겨놓은 듯했다. 바뀐 것은 고향 산천만이 아니었다. 인
심도, 삶의 방식도 달라져 있었다.

1947년 10월, 사할린징용자들의 귀향을 위해 동분서주하던 이봉상
대표의 자취는 그 후 찾지 못했다. 그는 오늘의 이 정황을 어떻게 생각
할지….

| 11 |

B-29 승무원 포로들의 행방
: 1948년 3월 5일

제2차세계대전이 끝난 직후부터 3년이 넘도록 맥아더총사령부와 주한미군사령부 사이를 바쁘게 오간 중요 관심사의 하나는 일본군에 포로로 잡혔던 미군을 포함한 연합군 포로들의 행방, 그리고 포로들을 학대하거나 살해한 혐의를 받는 일본군과 군속들의 행방을 찾는 일이었다. 그 가운데에는 일제에 징집되거나 징용으로 끌려간 한국인들도 다수 있었다.

CIC 971파견대가 주한미군사령부에 보낸 보고서

제목: 일본인에게 억류되었던 미 B-29 승무원 행방에 관한 보고

1948년 3월 5일 주한미군방첩부대(CIC) 971파견대는 일본군으로 징집되었던 한국인 김관수와 김대만의 소재를 찾아내 심문했다. 앞서 1947년 10월 24일 미 극동군최고사령부가 1945년 일본 본토 폭격

UNITED STATES ARMY FORCES IN KOREA
HEADQUARTERS
971st COUNTER INTELLIGENCE CORPS DETACHMENT
APO 235

5 March 1948

MEMORANDUM FOR THE OFFICER IN CHARGE:

SUBJECT: American Air Crews' Members Held by Japanese, information concerning

Investigation was initiated by the Commanding Officer, 971st CIC Detachment, APO 235, upon receipt of Ltr. AG 000.5 (24 Oct 47)LS-I, GHQ, SCAP, dtd 24 October 1947, subj: Request for Information. Basic request concerned information desired on KWANG SOO KIM, former Japanese conscripted Korean soldier.

1. KIM, Kwan Soo () was interviewed on 7 January 1948, in Nokdong village, located approximately 16 miles southeast of Kohung,(1030-1280) Korea. KIM stated that he was conscripted by the Japanese Army on 2 February 1944, and served with the army until August 1945, during which time he was stationed in Nagoya, Japan. One day in April, 1945, two American fliers, who were both B-29 gunners and based on Tinian Isalnd, were brought to his (KIM's) company in the 13th Regiment for imprisonment because the prisoner of war jail had burned down. One of the flyers was 19 years of age and the other 20 years of age. The latter was from the state of Mississippi, about 5' 7" tall, well built, had light brown hair, of light complexion, and had large hazel colored eyes. KIM first identified this flyer as "HURRISON" or "HARRISON" but was not completely sure that this was the flyer's name. However, he stated that the name could possibly have been ROBERTSON of a name similiar to HURRISON.

Agent's Notes: This ROBERTSON may have been T/Sgt Elgie L. Robertson, ASN 6951060 whose name appears on the Army Aif Force's Air Crew Reports of 20th AAF B-29s. However, KIM originally stated in 1945, that HURRISON OR HARRIeSON was from the state of Massachusetts; he now gave Mississippi as the flyer's home state.

KIM further stated that the two flyers were with his company for a period of two weeks and then taken away. Later, he heard that they had been shot at Obata Training Field which is about 2 miles northeast of Nagoya.

Two weeks after the two aforementioned crewmen were taken away, two more flyers, who had been based on Saipan, were brought to KIM's company where they were held for approximately 10 days. One of the flyers was a B-29 pilot with the rank of Lieutenant. He was about 30 years of age. The other person was an air corps sergeant who had been on the same plane

▌미군수사대는 B-29 승무원들의 최후에 관한 목격자를 추적한 끝에 일본 병사였던 한국인들을 만났다. 그들로부터 B-29 승무원들이 처형되었다는 증언을 들었다.

중 행방불명된 B-29 승무원들의 소재를 알고 있을 가능성이 있는 일본군에 징집된 한국인을 찾아내 조사하라는 지시를 미군정에 내린 데 따른 것이다.

CIC는 먼저 1948년 1월 7일 전남 고흥군 녹동에 거주하는 김관수를 찾아내 면담했다. 김관수는 1944년 2월 2일 일본군에 징집되어 1945년 8월까지 일본 나고야에 있는 일본 육군 13연대에 복무했다. CIC는 B-29 승무원들에 대한 그의 진술 내용을 보고했다.

> 김관수는 1945년 4월경 그의 부대에 2명의 B-29 승무원들이 이송되어 왔는데, 이들은 티니안섬에서 출격했고 각각 19세, 20세로 모두 사격수였다고 진술했습니다. 20세의 병사는 미시시피주 출신으로 건장한 체격에 키는 170센티미터였는데 옅은 갈색 눈이었다고 말했습니다. 그의 이름은 정확히 기억하지 못하지만 '허리슨(Hurrison)' 또는 '해리슨(Harrison)', 혹은 '로버트슨(Robertson)'이었던 것 같다고 기억했습니다.

김관수는 이들이 약 2주간 수용되어 있다가 어디론가 끌려갔는데 나고야시 부근 오바타 군 훈련장에서 총살되었다는 이야기를 들었다고 진술했다. 또 그로부터 2주 후 또 다른 두 명의 B-29 승무원이 이송되었는데 한 명은 나이 30세의 중위로 조종사였으며 이름은 '셔먼(Sherman)' 혹은 '솔로몬(Solomon)'으로 기억한다고 말했다. 이들 역시 얼마 뒤 끌려나갔는데 이들에 대해 그 후 전혀 들은 바 없다고 진술했다.

CIC는 이어 1948년 2월 17일 김대만이 서울 용낙동(Yong Nak Dong) 7번지에 거주하며 서울시경찰국에 근무하고 있음을 확인하고 그에 대한 심문을 진행했다. 그 역시 일본 육군 13연대 35병참대 소속으로 나고야에 주둔했으며 1945년 4월 혹은 5월경 부대로 이송된

B-29 승무원 두 명과 대화를 나눈 일이 있다고 증언했다.

김대만은 자신의 계급이 일본군 병장이었기 때문에 다른 일본인 간수들의 제지를 받지 않고 B-29 승무원들과 다섯 차례 이야기를 나눌 수 있었다고 진술했다. 서툰 영어로 나눈 대화에서 이들이 티니안섬에서 출격했다는 사실을 알았다고 했다. 그중 한 명은 27세에 상병 계급장을 달고 있었고 갈색 머리에 파란 눈, 168센티미터 정도였는데 캘리포니아주 출신이라고 말했다. 다른 한 명은 계급장이 없었으며 갈색 눈과 매우 마른 몸집으로 키 170센티에 20세쯤으로 보였다고 진술했다.

김대만은 이어 자신은 해안경비병력으로 차출되었다가 다시 1948년 8월 20일 자대로 복귀했으나 이들 두 명은 이미 군 감옥에서 끌려나간 뒤였으며 오바타 군 사격장에서 처형되었다는 이야기를 들었다고 말했다.

> 김대만은 이어 다른 여러 명의 동료 병사들을 통해 여러 경로로 전해 들은 바에 따르면 이들 두 명을 포함한 B-29 승무원 9명이 함께 처형되었다고 말했습니다. 그런데 이들 9명 모두 일본도로 목이 베여 목숨을 잃었다고 합니다.

또 김대만의 진술에 따르면 제2차세계대전이 끝나기 직전 오쿠자끼 유사부로(Okuzaki Yuzaburo) 연대장의 명령에 따라 부대원들은 B-29 승무원들이 수용되어 있던 군 감방을 모두 철저하게 파괴했다. 수감되었던 B-29 승무원들이 감옥의 벽을 긁어 그들의 메시지를 남겨놓

앉기 때문이었다는 것이다.

그러나 김대만은 그때 자신이 직접 군 감옥 해체와 파괴 작업을 감독했는데 감방 벽에서 포로들이 남긴 낙서나 메시지를 직접 목격하지는 못했다고 합니다. 김대만은 미 제20공군(21폭격사령부) B-29 폭격대 실종 승무원에 대한 이름을 한 명도 기억해내지 못했습니다. 이 이유에 대해 김대만은 이미 3년이란 시간이 흘러 미공군 승무원들과 나눈 대화 내용을 세세히 기억하지 못하기 때문이라고 말하고 있습니다.

CIC는 김대만이 성의껏 심문에 임했다고 판단하고 더 이상 추궁하지 않았다고 보고했다.

미군은 1945년 초 일본 본토에 대한 B-29 폭격 효과가 적은 주간 고공폭격 대신 야간 저공폭격으로 전환하고, 살상 및 파괴 효과가 적은 고폭탄 대신 목조로 지어진 일본 건물에 치명적인 화재를 일으키는 소이탄인 네이팜탄을 사용하기 시작했다.

1945년 3월 9일, B-29 폭격기 339대가 6시간 동안 도쿄를 야간공습했고 8만여 명의 사망자와 100만 명 이상의 이재민을 냈다. 이어 3월 11일 나고야, 3월 13일 오사카, 3월 16일 고베, 다시 3월 18일 나고야에 대한 공습이 실행되어 수많은 사상자가 발생했다. 그 후에도 도쿄에는 5월 말까지 B-29에 의한 야간폭격이 여러 차례 있었다. 이로 인해 민간인 26만 명이 사망하고 40만 명이 이상이 부상을 당했다고 한다. 군인과 민간인, 군수시설과 민간주택을 가리지 않는 철저한 파괴와 섬멸적인 초토화 공습작전은 일본 국민들에게 공포와 분노를 안겼다.

일본인들은 그 후 이와 같은 초토화 공습작전을 창안하고 지휘한 커티스 르메이(Curtis LeMay) 미 제20공군 폭격집단사령관을 "살인자 르메이"라고 불렀다. 그 당시 폭격의 참상에 충격을 받은 일본인들은 격추돼 포로로 잡힌 B-29 전폭기 조종사와 승무원에 대해 가혹한 보복 행위를 가했을 것으로 짐작된다. 그 방법의 하나로 김대만이 진술했듯 이들 승무원에게 총살 대신 일본도를 사용한 참수를 자행했을 가능성이 크다.

미군이 거둔 도쿄대공습의 효과는 한국전쟁 중 북한에 대한 폭격으로 이어져 그대로 확대 재현되었다. 한국전쟁 당시 르메이 장군은 미 전략공군사령관을 맡고 있었고 북한에 대한 소이탄 공습을 강력하게 주장했으며 다른 공군 지휘관들도 여기에 적극 동조한 것으로 전해졌다. 맥아더 사령관은 1950년 11월 중공군의 참전 직후 이를 받아들여 북한 민간인들이 거주하는 도시와 농촌을 주요 군사 목표로 간주하라고 지시했다. 군인과 민간인, 군사시설과 민간인 가옥을 구분하지 않고 북한군과 중공군이 발붙이고 쉴 틈을 보이는 곳은 어느 곳이든 가리지 않고 폭격하라는 초토화 작전을 명령한 것이다.

1950년 11월 한 달간 전개된 공습에서 수많은 북한의 도시들이 사라졌다. 그만큼 인명 피해도 극심했다. 북한의 도시 파괴율을 보면 만포진 95퍼센트, 회령과 남시 90퍼센트, 함흥과 흥남은 85퍼센트였다. 평양도 75퍼센트에 달했다. 이는 제2차세계대전 당시 폭격의 참혹한 실상이 널리 알려진 일본 도쿄와 고베, 나고야 그리고 독일의 드레스덴 폭격의 50퍼센트 내외를 크게 능가한 파괴율이었다.

〈워싱턴포스트〉 동아시아 특파원을 역임한 북한 전문가 블레인 하든(Blaine Hardon)은 북한의 핵실험과 탄도미사일 발사가 잇달아 실시되던 지난 2017년 11월, "북한의 이와 같은 실험으로 전 세계적 재앙이 가까워졌다"고 말하면서 "미국과 북한의 대결 관계를 이해하려면 한국전쟁의 야만성과 트라우마를 살펴보는 것이 필요하다"고 지적했다. 하든은 "한국전쟁에서 미군의 폭격으로 북한의 주요 도시들이 모두 파괴되었다. 당시 미 전략사령부를 이끌었던 커티스 르메이 장군은 미국의 공습으로 인한 사망자가 북한 전체 인구의 20퍼센트에 이를 것으로 예상한 바 있다"라고 전했다.

또 다른 북한 전문가로 《한국전쟁의 기원》을 쓴 부르스 커밍스(Bluce Cummings)는 2018년 2월 동아대학교 초청 강연에서, 세계 현대사에서 폭력과 위협에 관련된 큰 참사로 '일본제국주의에 대항한 전쟁', '북한에 대한 미국의 공습', '한반도 핵무기 역사와 위협' 세 가지를 꼽았다. 그는 이어 말했다.

한국전쟁 당시 미군은 북한의 모든 인민에게 폭탄 60만 5,000톤과 네이팜탄 3만 2,557톤을 쏟아부었다. 이는 제2차세계대전 태평양전쟁 내내 모든 교전 지역에 투하한 50만 3,000톤 보다도 많은 양이다. 이 사실을 아는 미국인들이 얼마나 될까?

| 12 |

제주 비극의 원인
: 1947년 11월 21일~1948년 3월 23일

1947년 11월 21일 주한미군제주군정청 수사관들은 특별감찰관 넬슨 중령에게 유해진 제주도지사가 테러분자들과 내통해 테러 행위를 이끌었다고 보고했다. 보고서의 내용은 다음과 같다.

1947년 9월 7일 저녁 제주중학교 교장의 부인인 최윤순은 대문을 두드리는 소리를 들었다. 낯선 남자 몇몇이 대문 밖에서 문을 두드리며 열라고 재촉하고 있었다. 최씨는 남편이 집에 없으니 문을 열어줄 수 없다고 거절했다. 남편인 현경호 제주중학교 교장은 한때 제주도 좌파의 지도자급 인사였다. 문을 두드리던 사람들은 사라졌다. 그후 10분에서 15분쯤 지났을 때 최씨는 전화를 받았다. 경찰서 수사과라며 경찰이 집을 수색할 예정이므로 협조하라고 통고했다. 몇 분 뒤 3~4명의 남자들이 집에 도착했다. 경찰서의 전화가 있었던 터라서 최씨는 다른 의심 없이 대문을 열어주었다. 남자들은 집에 들어서자마자 최 씨와 가정부를 심하게 구타하고 떠났다.

On 7 September 1947, a woman, CHOI, Yoon Soon was beaten by a group of six or seven persons. CHO I is the wife of the principal of the Cheju Middle School, HYUN, Kyung Ho. HYUN was at one time one of the leading leftist on Cheju-Do. Mrs. CHOI was first called upon to open the gate to her home but had refused as her husband was not home. About ten or fifteen minutes later Mrs. CHOI received a phone call telling her that the call was from the Police Inspection Command Offic and the police wanted to search her home. A few minutes later several persons came to her door and she opened the house to them. The men entered the home and beat Mrs. CHOI and a little servant girl. The following morning I checked the telephone office in regards to the telephone and the operator reported that the call had come from Governor RYU's home. The reason that the call had made such an impression on the operator was that she had talked to the lady for not answering the phone immediately. The operator reported that she had handled two calls from Governor RYU's house close together. The first call had been to the Middle School asking the address of the principal and the other to his home. Governor RYU denied knowing anything about the calls.

▌유해진 지사는 서북청년단원을 사주해 좌익으로 지목된 인사의 부인을 폭행했다. 미군 측 조사에 따르면 유 지사가 경찰을 사칭해 밤늦게 대문을 열게 했다고 전했다.

이튿날 아침 이 사실을 보고받은 미군정 수사관들은 전화국을 방문해 조사를 벌였고 사건의 실체를 파악했다. 다음은 제주 미군정의 보고다.

전화교환원은 그날 저녁 교장 사택으로 연결된 전화가 도지사 사택에서 걸어왔던 것이라고 말했습니다. 맨 처음에는 제주중학교에 걸었던 전화였는데 중학교 교장 자택 주소를 묻는 것이었고, 두 번째 전화는 교장 사택에 직접 거는 전화였다고 교환원은 말했습니다. 이에 대해 유해진 제주도지사는 전화 통화에 대해 전혀 아는 바가 없다고 부인하고 있습니다.

미군 측 조사에 따르면 유해진 제주지사는 극우인사로 우익단체활동에 적극 참여해 광복청년동맹과 대동청년단 고문을 맡았다. 유 지사가 1947년 7월 23일 자신의 서한을 전달해야 할 일이 있다면서 제주도청 공무원이 아닌 민간인의 비행기 탑승을 요구해온 바 있다는 제주 미군정의 보고도 있었다.

1947년 12월 7일 미군정 제주담당관이 서울경찰을 거쳐 미군정 고문관실에 보낸 무선 보고다.

(난민용) 대나무가 2척의 선박에 실려 제주항에 도착했으나 (유해진) 제주도지사는 대금 지불을 거부하고 있습니다. 제주도지사는 돈도 없지만 그렇게

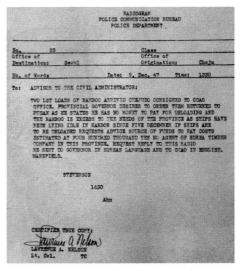

┃ 제주 미군정은 유해진 제주도지사의 반대로 노숙 난민에게 줄 대나무의 하역을 못하고 있다고 미군정 고문관실에 보고했다.

많은 대나무는 필요 없다고 말하고 있습니다. 이 때문에 대나무 구입 대금 40만 원과 운임을 받지 못한 선박회사 측은 항구에 배를 정박하고 기다리고 있습니다. 이에 관한 한글과 영문 지시를 무선으로 제주도지사에게 보내주기 바랍니다.

그 후 소동은 마무리되고 대나무는 제주항에 하역되었다. 전라남도에서 긴급 수송된 대나무는 제주도 중산간 지역에 대피한 이재민들의 월동용 움막을 짓는 데 사용될 예정이었다. 그러나 미군정 고문관의 술회에 따르면 대나무 하역 소동은 시작에 불과했다.

하역된 대나무는 그 뒤에도 부두에 방치되었으며 많은 양이 불태워졌다고 미군정 고문단은 보고했다. 제주도지사 측은 부두에 잠시 쌓아놓았는데 경비를 하던 서북청년단원들이 추위를 덜기 위해 땔감으로 일부 사용했다고 해명했다. 그러나 주민들에게 전달되는 것을 방해하려는 고의적인 행동으로 의심된다고 미군정 고문관들은 보고했다. 이 해프닝은 제주의 비극을 예고하고 있었다.

미군정은 1948년 3월 고문단들의 요청으로 유해진 지사에 대한 특별 감찰을 실시하고 그의 경질과 제주경찰의 쇄신 등을 윌리엄 딘 (William F. Dean) 군정장관에게 건의했다. 그러나 딘 군정장관은 유해진 지사를 유임시켰다.

군정장관으로 재임하던 딘 소장은 한국전쟁이 발발하자 미 제24사단장으로 대전사수작전을 전개했다. 미군과 국군이 전열을 정비할 시간을 벌었으나 사단은 와해되었다. 딘 소장은 낙오되어 한 달여 산속을 헤매다 북한군에 잡혀 3년간의 포로 생활을 했다.

유입된 유해진 지사는 그 후 경찰과 서북청년단을 동원해 더욱 강압적인 검거와 주민 탄압을 했다. 그리고 그는 제주 4·3의 비극을 이야기할 때 빠질 수 없는 역사적 인물이 된다. 유해진 지사는 6·25 발발 후 고향 전북에서 은신 중 신분이 발각되어 북한군에게 목숨을 잃었다.

박경훈 지사와 제주도

서울의 봄이 끝나고 광주항쟁이 계속되던 1980년 5월 22일 중앙청 기자실은 붐비고 있었다. 3김 씨의 연행과 연금, 전국계엄 확대와 함께 국회와 정당이 문을 닫는 바람에 갈 곳을 잃은 정치부 정당 출입기자들이 대거 중앙청 기자실로 투입되었기 때문이다. 기자의 수는 크게 늘었지만 기자실은 오히려 조용했다.

그날 오후 중앙청에서 취임식을 마친 박충훈 국무총리서리가 인사차 기자실을 방문했다. 그가 다녀온 광주 현장의 분위기 그리고 그의 고향인 제주도에 관한 이야기가 이어졌고 자연스럽게 박 총리서리의 공직 생활을 둘러싼 덕담 수준의 대화가 오갔다. 상견례가 끝나갈 즈음이었다. 나지막하게 오가던 대화의 분위기를 깨기라도 하려는 듯 L 기자가 크고 높은 목소리로 질문을 던졌다. 그런데 아무래도 엉뚱했다.

형님이 계시죠?

잠시 침묵이 흘렀다. 그리 길지는 않았지만 고개를 들어 박 총리서

리의 얼굴을 쳐다보며 그의 대답을 기다릴 정도의 시간은 흘렀던 것 같다.

　네, 이미 작고하셨지요.

　기자간담회는 바로 끝났던 것 같다. 박 총리서리가 방을 나가고 기자들도 제각기 흩어질 때였다. 나는 L 기자에게 물었다. 그는 군 징집 면제자였다. 나보다 기자 연륜이 3년이나 더 쌓였지만 어쨌든 대학 동기다. 왜 난데없는 질문을 했느냐는 가벼운 핀잔을 건넸다. 그 질문 자체보다는 언성과 말투가 결례가 되었을 것 같았기 때문이었다. 따라서 굳이 답을 기다린 것은 아니었다. 그런데 그는 바로 대답했다. 둘만이 들을 수 있을 정도로 나지막했지만 자르듯 말했다.

　빨갱이야.

　그 대한민국 총리의 형님을 나는 미국 국립문서보관소에서 찾았다. 35년이 지난 뒤였다. 그의 이름은 박경훈, 제주도지사였다. 1947년 3월 1일 제주 관덕정에서 발생한 유혈 사태에 대한 책임을 지고 사임했으나 그는 다섯 달 뒤 민심을 교란해 미군정 포고를 위반한 혐의로 기소되었다.
　다음은 1947년 12월 5일 대검찰청 검찰관 직무대리 이호의 제주 출장 결과에 대한 보고서로, 검찰총장이 미군정 사법부고문관에게 보낸 문건이다. 미농지(美濃紙)에 한문이 섞인 한글로 작성된 원본이 있

고 영문 요약문도 따로 보관
되어 있었다.

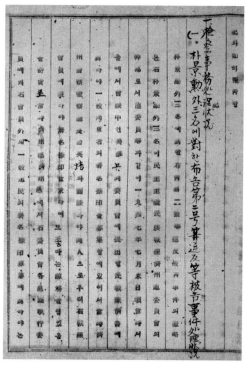

■ 박경훈 전(前) 지사 등의 포고 제2호 위반에 대한 수사와 관련해 대검찰청이 제주지검 특감을 실시하고 작성한 보고서. 박 전 지사가 편파수사로 피해를 입고 있다는 제주 미군정의 강력한 요구에 의해 실시되었다.

사법부미인(美人)고문관
귀하
제주지방검찰청 출장
조사 전말에 관한 건.

記와 如히 보고함.
박경훈(朴景勳) 외 3명에
대한 포고 2호 위반 등.

박경훈 외 3명이 민주주
의민족전선 제주도위원
회의 간부로서 타 위원
등과 같이 1947년 7월

말 일경 당시 서울에서 회담 중인 미소공동위원회에 제출할 민전
진정서에 대해 일반 동의자의 서명, 날인을 모집함에 있어서 당시
제주경찰 감찰청장 김영배와 면담하야 동인으로부터 우전선회원
에 한하야 서명 날인을 구하여도 좋다는 양해를 얻었음을 기화
로 당시 제주군 제주읍에서 우위원회 각 읍면집행위원회회원에게
우회원 외 일반 도민의 서명 날인 모집에 대하야는 검찰 사무 처
리의 적절 타당을 결한 감이 불무(不無)하고 (중략)

위 내용으로만 판단하면 미군정 고문관 측의 충고에 따라 공소를 취소함은 타당한 것 같지만, 제주경찰 감찰청장이 민주주의민족전선 회원에 한해 승인했는데도 일반 도민에게까지 승인한 것 같이 전달한 것은 잘못된 것이라고 이호 감찰관은 지적했다.

> 일반 무지한 도민으로 하야금 경찰 당국이 장래 조선의 수립될 정권의 국호가 조선인민공화국(즉 공산주의정권) 행정기관이 인민위원회로 되는 것을 자동 승인한 것 같은 오해를 일반에게 준 것인데 이는 형법 제5조 2인의 인심을 혼란케 할 것을 목적으로 허위 사실을 유포한 것에 있는 것도 같아서 혹은 이 점을 일층추구하야 적당 처리했으면 무난하지 않았을까 사료되며 (중략)

미군정 포고 위반으로 엄하게 처벌하기보다는 한결 가벼운 형법 규정을 적용하는 것이 바람직하다고 지적했다. 그러나 이호 검찰관은 미군 측의 검찰 수사 개입에 굴복해 박경훈 등을 풀어줄 수는 없다고 강조했다. 사실 제주의 경찰과 검찰이 편파 수사를 하고 있으며 인권침해가 자행되고 있다는 미군정 측의 강력한 지적과 항의에 따라 이를 바로잡기 위해 제주 출장이 진행되었다. 그는 또 조선인민공화국을 공산주의정권이라고 명기하고 있다. 그러나 조선인민공화국은 사실 여운형 중심의 조선건국위원회가 8·15광복 직후 미군 진주 이전에 정치적 주도권을 장악하기 위해 선포한 나라 이름에 불과했다.

검찰관이 일단 사건을 공판 청구한 이상 특별한 사유가 발생하지 않는 한 설령 공판에서 무죄 등의 판결이 날 우려가 있는 경우라도 그 공소를 관철함이 타당하고 미인고문관 등의 충고가 있다 할지라도 그 점을 설복시킴이 옳고 미인고문관 측에서도 차차 이 점을 이해하야 조리 있는 충고를 하고 너무 과도 강경한 요구는 않았으면 좋겠다고 사료됨.

박경훈 등에 관한 사건은 법원 심리 단계에서 미군정 고문관들의 강력한 설득과 공소를 제기한 검찰 측의 묵인하에 공소기각으로 끝났다. 이호 검찰관의 보고서는 미군정 관계자들의 강력한 요청으로 공소기각되었다는 사실을 기록에 남겨두고 있었다.

제주지방심리원에 공판 청구를 했으나 그 후 제주도 주재미인지사(駐在美人知事) 및 법무관 등의 강경한 요구에 의하야 동년 11월 8일 공소를 취소하야 동월 12일 심리원에서 공소기각의 결정을 내림.

기각 사유도 자세히 기록했다.

검토컨대 남조선 인민으로서 각자가 소회하고 있는 정치 이념이 장차 수립될 남북통일정권에 실현되기를 원하야 미소공동위원회에 그 취지의 진정을 할 수 있는 것은 하인(何人)도 제재하지 못할 자유라고 하겠고 그 이념을 동일히 하는 자들의 정치단체가 그 진정서 제출을 주선함도 역시 자유라고 하겠으므로 본건 진정서에 일반 동의자의 서명 날인을 모집함은 하등 남조선 현 미군정 실시를 방해하야 포고 제2호에 소위 공중치안을 교란한 것으로는 인정하기 어렵고 따라서 이 일에 관하야 경찰 당국의 승인을 얻을 필요조차 없음은 명백하므로….

박경훈 전 지사는 제주의 경찰과 검찰 그리고 후임 도지사로부터 집요한 탄압의 대상이 되어 있었다. 또 여기에 미군정의 강력한 요청으로 대검찰청에서 파견된 특별검찰관조차 그들의 탄압을 감쌌다. 그럼에도 불구하고 이 문건에서 확인할 수 있듯이 제주 미군정 관계자들은 끈질긴 노력 끝에 박경훈을 구명하는 데 성공했다.

박경훈 사건을 둘러싼 제주 미군정과 제주도지사 및 검·경 갈등의 배경에는 이른바 제주 4·3을 앞두고 날로 끓어오르고 있던 제주의 정치 상황에 대한 해법과 입장의 차이가 있었다. 제주 미군정은 왜 박경훈을 구명하기 위해 애썼을까? 당시 제주도 정치 상황에 대한 제주 미군정 관계자들의 인식에서 그 답을 찾을 수 있다.

제주 59미군정 책임자인 러셀 배로스(Russel D. Barros) 중령은 1947년 11월 21일 특별감찰관 로렌스 넬슨(Lawrence A. Nelson) 중령에게 제출한 보고서에서 자신이 1947년 4월 제주에 부임한 이래 이곳 농민이든 상류층이든 제주 사람들이 갖고 있는 일치된 의견은 육지에서 온 사람들이 과거 일본인들보다도 더 혹독하게 자신들을 다룬다는 것이라고 진술했다.

또 유해진 지사가 부임한 이후 우익의 테러 활동이 크게 증가했음에도 그는 이를 중단시키려는 어떤 조치도 취하지 않았으며 명백한 이유도 없이 한국식 수법으로 많은 공직자들을 쫓아냈다고 밝혔다. 그러나 박경훈 전 지사에 대해 언급하면서 배로스 중령은 그는 비록 좌익단체 의장이지만 소임을 다했다고 진술했다.

전임 박경훈 지사는 좌익단체의 의장입니다. 나는 그가 조직의 책임자로서 더 나은

UNITED STATES ARMY MILITARY GOVERNMENT IN KOREA
Office of the Chief Civil Affairs Officer
Cheju Do, Korea

21 Nov. 1947

MEMORANDUM:

To: Lt. Col. Nelson (OSI)

    In reference to the political situation on Cheju Do, there are many factors that lead to the present situation. Since my coming to Cheju in April 1947 the consensus of opinion amongst the farmers and higher class of people is that the Japanese did not treat them as badly as the people on the mainland were treated and that there were many factories operating here with a sufficient food supply on the island to take care of the people. Under Military Government the condition is not as good as under the Japanese. The people on the island speak a trifle different Korean language. (A dialect). Cheju itself being an island with its beliefs etc. is like a small nation. Mainland people in public offices do not seem to get along with Cheju people as well as a person from this island. There is at present a slightly noticeable rift in the police command on the island between the mainland police and the police originally from this island. This rift someday might lead to trouble.

    In a conference with General Lerch before my coming to the island, the General stated that he was not going to relieve the old Governor as he was no weaker than any other Governor in Korea. However, approximately one week after my arrival on the island a new Governor came to the island and my office was not notified. In the first conference with Governor Ryu, he stated that he was not a business man but only a politician. During the Governors regime on the island his attitude seems to be one of "just tolerating Americans". During different conferences with the Governor he has most impolitely stood up and walked out of the office for no known reason whatsoever. During the August 15 parade by the Constabulary and Police, he reviewed the police but failed to review the Constabulary. He has never allowed a meeting of any party except the ones that are closely affiliated with his side. Such action places the undersigned in an embarassing position with the peoples of the island. Terroristic acts of the Rightist are increasing on the island and the Governor has taken no steps to stop such action. A number of people have been relieved from office since the Governors arrival but relieved in a Korean manner.

    Ex-Governor Pak is chairman of the Leftist organization on the island and it is my belief that it is better to have a person at the head of that organization who will listen to a persons advice and follow his advice. Ex-Governor Pak is not a Communist and is very pro-American. He is Leftist for his own political reasons and because he is not a rightist. He is not a dangerous person to Korea or Military Government.

▌제주 미군정사령부는 넬슨 특별감찰관에게 제출한 보고서를 통해 육지에서 온 사람이 일본인보다 제주 주민들에게 더 가혹하며 박 전 지사는 공산주의자가 아니라 오히려 친미주의자라고 평가했다.

책임자로서 더 나은 인물이라고 확신합니다. 그는 조직원들의 충고를 귀담아듣고 실천했습니다. 전임 박 지사는 공산주의자가 아니라 오히려 대단히 친미적인 인물입니다. 그는 우익이 아니라는 정치적 이유 때문에 좌익이며 한국에도 미군정에도 위험한 인물이 아닙니다.

넬슨 중령은 광범위한 조사를 벌인 끝에 유해진이 대단히 문제가 많은 도지사라는 결론을 내렸다. 1947년 11월 23일과 1948년 3월 11일 두 차례에 걸쳐 제출된 〈특별감찰 보고서〉에서 넬슨 미군정 특별감찰관은 미국 군장교와 제주도 관리들이 일치되게 진술하는 유 지사의 문제점을 열거했다.

그는 도정 업무를 적절히 수행하는 데 있어서 반복적으로 무능함을 드러냈습니다. 그는 무모하고 독재적인 방법으로 정치 이념을 통제하려는 쓸데없는 시도를 해왔습니다. 그는 좌파를 지하로 몰고 갔으며 그곳에서 좌익활동은 더욱 위험스럽게 변모했습니다. 또한 테러 행위를 수없이 자행했습니다. 경찰 최고위직은 모두 육지에서 모집된 경찰관들로 채워졌고, 많은 자리에 제주도 주민들에게 호응받지 못하는 육지 사람들을 임명했습니다.

하곡 수집계획과 식량 배급과 관련한 행정은 한국 정부의 모든 행정기관에서 발견되는 운영 미숙의 한 전형을 보여주고 있습니다. 그는 할당량의 15퍼센트를 수집해놓고 100퍼센트를 수집했다고 보고했습니다.

제주지사는 이재민을 위한 월동막사에 사용할 대나무 10만 다발의 하역을 거부했으며 5일간의 지연 끝에 하역된 대나무를 경비원 땔감으로 사용하도록 방치했습니다.

제주 유치장은 최악의 상황을 보여주고 있는데, 3미터×4미터 한 개의 감방에 35명이 수감되었습니다. 비교적 작은 유치장에 전체 365명의 죄수가 수감되어 있었고, 지사는 수감자 대부분이 좌익이라고 밝혔습니다.

넬슨 중령은 1948년 3월 11일 이런 조사 결과를 토대로 유해진 지사 교체와 제주도 경찰행정에 대한 조사, 미국인 경찰 고문관의 제59군정 중대 임무 동시 수행 그리고 과밀 유치장 조사 등 4개 항을 군정장관에게 건의했다.

Report of Special Investigation, Gov RYU, Hai Chin, Cheju-Do, 12 Nov 47
to 28 Feb 48

assumed that all phases of his government are unsatisfactory.

17. The previous and present Chief Civil Affairs Officers agree on
his mismanagement, uncooperativeness, lack of business sense and incom-
petency.

18. The prosecution of Leftists who wished to present a petition to
the US-USSR Joint Commission was illegal.

VI. RECOMMENDATIONS

19. That Governor RYU, Hai Chin be replaced.

20. That the Department of National Police conduct an investigation
into the administration of police on Cheju-Do Island.

21. That an American Police Adviser be assigned to duty with the
59th Military Government Headquarters and Headquarters Company.

22. That the Department of Justice investigate the matter of over
crowded jails.

14 Incls:
   Exhibits "A" to "M"

LAWRENCE A. NELSON
Lt. Col.,   TC
Special Investigator

HEADQUARTERS
UNITED STATES ARMY MILITARY GOVERNMENT IN KOREA
APO 235 Unit 2

MGOCG 333.5   MAR 23 1948

                                    use
APPROVED: Except for paragraph 19.

WILLIAM F. DEAN
Major General, U. S. Army
Commanding

MGOCG 333.5   MAR 23 1948

                                    use
APPROVED: Except for paragraph 19.

WILLIAM F. DEAN
Major General, U. S. Army
Commanding

▌딘 장관은 제주보고서의 건의에 승인하는 서명을 했으나 바로 위에 유해진의 해임은 받아들이지 않는다
는 단서를 적었다. 제주 4·3의 비극을 덜 수 있는 마지막 기회가 지나갔다.

딘 군정장관은 감찰 보고서에 서명하면서 단서를 달았다.

건의사항대로 실시를 승인함. 단, 19항 유해진 지사는 그대로 유임시킬 것.

제주 4·3 사건이 있기 전인 1947년 4월 12일 제주도민 206명은 하지 장군에게 청원서를 제출했다. 이승만 박사에게 정권을 넘기고 물러나라는 요구였다.

사령관님께 그리고 휘하 장병 여러분에게 우리의 해방과 독립을 위해 애쓰신 데 대해 심심한 감사를 드립니다.

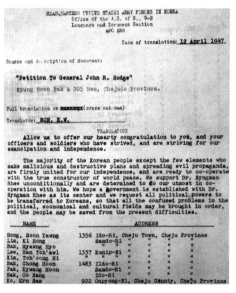

악랄하고 파괴적인 음모를 꾸미고 악선전을 퍼뜨리는 극소수 인사들을 제외한 한국인 대다수는 한국의 독립을 위해 확고하게 단결하고 있으며 진정 세계 평화를 건설하려는 사람과 협력할 준비가 되어 있습니다. 우리는 이승만 박사를 무조건 지지하며 그에게 전력을 다해 협력할 것입니다. 우리는 이승만 박사를 가운데에 모시고 정부가 수립되기를 희망합니다.

┃〈하지 장관에게 드리는 청원〉이라는 제목의 이 문서에는 청원인 박경훈 외 205명이라고 적혀 있다.

우리는 모든 정치 권력을 한국인에게 이양할 것을 요청합니다. 그래서 정치, 경제, 문화 등 여러 분야에 걸친 혼란스런 문제들을 해결하고 질서를 잡아 온 국민이 현재의 난국에서 구원받기를 희망합니다.

청원을 제출한 제주도민의 대표는 박경훈이었다. 그가 관덕정 유혈 사태의 책임을 지고 지사직을 사임한 직후였다. 그때 이승만 측은 남한 전역에서 각 도별로 대대적인 서명운동을 벌였다. 서명자 명부를 보면 대부분 그 지역의 명망가인 것으로 보인다.

1948년 2월 18일 넬슨 특별감찰관이 진행한 심문 가운데 박경훈에 대한 유해진의 답변이 있었다.

문: 박경훈 전 지사는 어떻게 생각하는가?
답: 내 생각에는 그가 사상이나 이념이 확고하지 않다고 본다. 그는 때로는 우익이고, 때로는 좌익인 것 같고 어떤 때는 중도 같기도 하다.

유해진의 언급 가운데 적어도 이 부분은 고개가 끄덕여진다.

| 13 |

제주 유혈 진압에 개입한 미군정
: 1948년 4월 27일

1948년 4월 27일 미 제24군단 작전처 티슨(A. C. Tychsen) 대령은 슈(M. W. Schewe) 중령을 대동하고 항공기 편으로 제주도에 도착했다. 티슨 대령은 대기하고 있던 제59민정중대 제주도 민정관인 존 맨스필드(John Mansfield) 중령에게 주한미군사령관의 명령을 전달했다.

1. 국방경비대는 즉시 기능을 수행해야 한다.
2. 모든 민간인 소요는 중단되어야 한다.
3. 게릴라 활동을 조속히 줄이기 위해서 국방경비대와 경찰은 긴밀한 협조를 유지해야 한다.
4. 미군 병력은 개입하지 않는다.

명령을 하달한 뒤 함께 자리한 미 제20보병연대장 브라운 대령은 맨스필드 중령에게 한국군과 함께 현 상황을 처리할 수 있는지 물었으며 맨스필드 중령의 대답은 긍정적이었다고 보고했다.

이튿날인 4월 28일 김익렬 14연대장과 김달삼 한라산유격대장은
협상을 벌인 끝에 일단 휴전에 합의를 보았다. 양측이 평화적인 수습
의 실마리를 찾은 것이다. 그러나 5월 1일 오전 11시 일단의 무장집
단이 오라리를 습격해 주민을 죽이고 방화를 저지른 사건이 발생했

DISPOSITION FORM   CONFIDENTIAL

SUBJECT: REPORT OF ACTIVITIES AT CHEJU DO ISLAND

TO: Colonel A.C. Tychsen   FROM: Lt. Col. Schewe DATE: 29 Apr 48   COMMENT NO. 1
A/C of S, G-3   G-3

1. Pursuant to instructions from Colonel A. C. Tychsen, G-3, XXIV Corps, Lt.
Col. M. W. Schewe proceeded to Cheju Do Island by air on 27 April 1948. His mis-
sion was to contact Lt. Col. John Mansfield, Commanding Officer, 59th Military
Government Company at Cheju Do, and to make an estimate of the situation on the
island; to observe activities, and to ascertain the proposed plans of Col. Mansfield
for the reduction of guerilla activities and control of the civil population on
Cheju Do. A report of the findings was to be submitted to this headquarters.

2. Upon arrival at Cheju Do at 1200, 27 April, Colonel Schewe called upon
Colonel Mansfield at his headquarters, and together they proceeded to the air strip
where, with Colonel Brown, Commanding Officer of the 20th Infantry Regiment, Major
Geist, in charge of 20th Infantry Regiment Troops on Cheju Do, and Captain De Reus,
Advisor to the 5th Korean Constabulary Regiment, they discussed the situation. Col.
Brown informed Colonel Mansfield as to the instructions of the Commanding General,
USAFIK, on the handling of the situation at Cheju Do, i.e.:

a. The Constabulary must function at once.

b. All civil disorders must cease.

c. That a definite tie-in would be made between the Constabulary and the
National Police to promptly reduce guerilla activities.

d. American military forces would not be involved.

Colonel Brown asked Lt. Col. Mansfield if he thought that he could handle the sit-
uation with the Korean forces available. The reply was in the affirmative.

3. The attached map shows the activities already engaged in and those planned.

a. The entire unit of those elements of the 5th Korean Constabulary Regi-
ment at Cheju swept the villages (indicated I on Map) on 27 April, starting at
1230. Reports from the air observers (Lt. Poindexter, 6th Division, pilot, and Captain
Burns, MG) were that the DIS unit functioned very well - all exits to the sea were
blocked; all roads blocked; and that Constabulary units could be observed proceeding
in an orderly fashion through streets, and entering buildings and homes. This report
was verified by Captain De Reus, Military Advisor to the 5th Korean Constabulary Regi-
ment, who proceeded to the villages by vehicle. Colonel Schewe did not accompany
Captain De Reus, as he was informed by Col. Mansfield and Capt. De Reus that it was
not desired that too many U. S. Military personnel be present in the villages during
the operation.

The plan was to thoroughly close all exits from each village; search
the homes for hidden weapons, entrenching tools, shovels, axes, picks, and wire cut-
ters; also, to locate any suspicious characters, organizers, and Communists. The
National Police, under the supervision of the Korean Constabulary, participated, and
were to screen the civilian personnel. The entire operation was under the personal

▌딘 미군정장관은 평화적인 수습 노력을 중단하고 곧바로 타협 없는 토벌을 하라고 지시했다.

다. 5월 2일에는 무장경찰이 귀순 중인 민병대를 습격했다.

5월 5일 딘 미군정장관 주도로 대책회의가 열렸다. 김익렬 연대장은 오라리 습격사건은 경찰들의 소행이라고 말하며 설득과 협상을 건의했다. 그러나 조병옥 경찰부장은 김익렬 연대장의 아버지가 공산주의자였다는 허위 주장을 하며 격렬하게 비난했다. 또 김익렬과 김달삼이 일본 육군예비사관학교 동문임을 거론하며 트집을 잡았다. 이 때문에 김익렬과 조병옥의 난투극이 벌어졌다. 딘 장관은 타협 없는 토벌작전을 결정했고 김익렬은 용공분자라는 의심을 받아 연대장에서 해임되었다. 제주 4·3 사건의 비극을 덜어낼 수 있는 마지막 기회가 무산된 것이다.

딘 군정장관은 김익렬 연대장과 함께 협상을 통한 사태 수습을 추진했던 맨스필드 중령을 제주군정담당관에서 해임했다. 1948년 7월 17일, 새로 임명된 에드가 노엘(Edgar A. Noel) 소령에게 브라운 대령의 제주 관련 보고서를 보내면서 이를 적극 시행하라고 지시했다.

브라운 대령의 〈1948년 5월 22일부터 6월 30일까지의 제주도 동향〉은 제주 사태가 공산주의자들의 준비된 책동이라는 결론을 내리고 강경한 조치를 건의했다.

제주도민 5,000명을 취조한 결과 다음과 같은 정보를 확보했습니다. 남조선노동당이 제주에 조직된 것은 1946년이었습니다. 남한만의 단독선거가 결정되자 본토에서 특별 조직원들이 제주도에 급파되었고 제주도 내 주요 지도자들은 공산침투전략을 집중해서 훈련을 받았습니다. 지금까지 외국인이 개입되었다는 증거는

잡지 못했습니다. 총선거가 실시되기 전에 제주도 전역의 마을마다 공산세포들이 자리 잡았습니다.

제주 남노당은 지역 조직과 따로 '인민민주군'이라는 군사 조직을 만들었으며 그 규모는 4,000명이고, 이들 가운데 10퍼센트만 소총을 갖고 있고 나머지 병력은 일본도와 창으로 무장했다고 보고했다. 이 보고서는 제주 사태가 장기화된 이유로 남조선노동당이 총선거를 앞두고 치밀하게 숙달된 조직원 양성에 성공했다는 점을 들었다. 이어 미군정이 남노당의 악선전 차단에 실패한 점, 정부 관리의 뇌물 수수와 무능력, 방첩대와 미군정 인사 간 협력 미흡 등을 들었다. 이어서 미군정중대 민정관의 실책을 지적하고 있었다.

미군정중대장은 다음과 같은 즉각적이고 단호한 행동을 취하는 데 실패했습니다.
1. 초기에 발생한 폭동을 즉시 동원 가능한 병력으로 분쇄했어야 했습니다.
2. 섬에 있는 경찰을 통제하는 데 실패했습니다.
3. 경찰 예비병력이 섬에 도착한 직후 이들을 곧바로 활용하지 않았습니다.
4. 위와 같은 단호한 조치에 호응할 수 있도록 국방경비대에 명령을 내리는 데 실패했습니다.

보고서가 언급한 경찰 예비병력은 서북청년단을 지칭한 것으로 보인다. 이 보고서는 경찰 예비병력, 즉 서북청년단의 잔혹함과 테러 행위가 과도했지만 이는 국방경비대에 공산주의 동조자들이 침투했기 때문이라고 주장했다.

국방경비대에 공산주의 동조자들이 침투했고 이 때문에 두 명의 전임 11연대장들이 공산주의 선동가들과 협상을 이끌면서 즉각적이고 적극적인 조치를 지연시키는 결과를 초래했습니다.

브라운 대령의 보고서와 거의 같은 시기에 조병옥 경무부장이 제출한 제주 사태에 관한 의견서도 발생 원인과 대응 방안 등 대부분이 일치했다. 1948년 8월 6일 딘 소장은 미군정 정보처로부터 제주 관련 보고를 받았다. 이 보고를 받은 딘 소장의 조치는 신속하고 단호했다.

비밀
제주도 공산주의자들의 동향.
제주도 공산주의자들의 동향을 다음과 같이 보고드리니 참고하십시오.

A. 공산주의자들이 일본군이 군사 요새화한 지역을 이용해 정부 관리와 남한 정부에 맞서 게릴라 활동을 계속할 것이라고 합니다. 게릴라들은 이들이 통일된 정부 수립을 손상시키고 있다고 보고 있습니다. 이를 위한 공작자금은 밀수로 마련하고 있는데 밀수량은 1회마다 25만 원 규모라고 합니다.

B. 제주도에서 출발해 일본을 다녀오는 밀수 활동은 월 5회 안팎
　　이라고 합니다.

이 보고 문건에는 딘 소장의 연필 메모가 적혀 있었다.

　　경찰부장과 노엘 소령(미 제59민정중대 제주민정관)에게 이 보고서
　　를 전하고 참고하라고 알릴 것.

1948년 8월 10일 미군정사령부 군정장관 딘 소장의 서명 아래 똑
같은 내용의 비밀문건이 전달되었다. 이 문건은 이어 미군정 내무부
에도 전달되었다. 딘 소장이 크게 주목한 정보처 보고 내용은 그 내용
의 성격상 한국인 정보 채널에서 먼저 입수해 미군 측에 전달했을 것
으로 보인다. 한국 경찰의 정보가 미군정장관을 거치며 확대 재생산
되어 제주에 대한 미군정의 대응을 강경으로 치닫게 하는 촉매제가
된 것이다. 미국 국립문서보관소에서 찾아낸 주한미군사령부 인력 이
동 관련 문서발송 수신리스트 가운데 1948년 6월 23일과 24일 제주
현지에 급파된 주한미군사령부 브라운 대령과 제59미군정중대, 주한
미군사령부 간에 오간 문서가 눈을 끈다.

문서번호 46. 1948년 6월 23일
발신: 브라운 대령(현지 파견 미군정 고위책임자).
수신: 주한미군사령부.
제목: 서북청년단원을 제주도에서 철수시키는 것.

미군정의 문서 리스트. 미군정은 1948년 6월 23일 제주에 투입한 서북청년단의 철수를 위해 수송선박을 수배했다.

이에 대한 답신은 다음날 있었다.

문서번호 45. 1948년 6월 24일
발신: 주한미군사령부.
수신: 제59미군정중대.
제목: 서북청년단 인력의 철수.

이 문서들은 제주에 투입되었던 서북청년단원들의 철수를 위한 선박의 조치에 관한 내용들이 담겼을 것이 분명하다. 유해진 지사는 1947년 4월 21일 미 군용기 편으로 제주도에 내렸다. 그가 온 이후 서북청년단은 금세 700명으로 늘었고 제주 4·3 직전에는 1,000명에 달했다.

이 문서의 존재는 서북청년단을 동원한 제주유혈 진압에 미군정이 적극 개입했다는 것을 뜻한다. 주한미군정 군정장관 딘 소장은 1948년 5월 강경하고 단호한 제주 진압을 명령하면서도 미군 병력이 직접 개입하지 말 것을 지시한 바 있다.

| 14 |

조병옥과 제주의 비극
: 1948년 7월 15일~2018년 1월

1960년 2월 16일 〈동아일보〉는 호외로 민주당 대통령 후보 조병옥 박사가 15일 밤 미국 월터 리드병원에서 급서했다고 보도하고 연일 머리기사로 관련 기사를 실었다. 다음은 이튿날인 2월 17일 〈동아일보〉 사회면 머리기사다.

청천벽력의 비보에 전 국민은 경악

꿈속에 사라진 지도자, 야릇한 운명만을 원망.

또 한 사람의 자유수호자가 이 땅에서 사라졌다. 민주당 대통령 입후보자 유석 조병옥 박사의 급서를 알리는 외전은 자유와 민주를 갈망하던 이 땅의 백성들에게는 청천벽력과도 같은 일대 비보였다. 하늘이 무너진 듯 땅이 꺼진 듯한 이 비보를 들은 국민들은 4년 전 해공 신익희 선생의 부보에 접했던 놀라움보다 더 큰 경악과 실망을 맛본 듯했다. 수술을 받고 한시도 잊을 수 없는 고국에 돌아오면 민주투쟁에 감연히 나서 옥쇄도 불사하겠다던 조 박사. (중략) 그를 이 나라 유일의 민주주의 수호자로 아끼고 우러 렀던 학자 그리고 이름 없는 시정인(市井人)에 이르기까지, 기구한 나라와 백성의 운명을 그의 급서 비보에 여며 그지없이 슬퍼했다.

천안시청은 천안시의 자랑으로 유관순 열사, 어사 박문수, 충무공 김시민 장군, 독립운동가 이동영 선생, 실학자 홍대용에 이어 유석 조 병옥 등을 뽑았다. 조병옥에 관한 천안시의 설명이다.

유석 조병옥은 1894년 갑오년 3월에 천안시 병천면 용두리에서 한 농가의 맏아들로 태어났다. 그는 일찍이 공주 영명학교, 숭실 중학교, 연희전문학교 등 기독교 선교학교에서 수학하는 동안 신 흥우, 김규식 등 민족운동 지도자들의 정신적 영향을 강하게 받 았다. 1914년 미국 유학길에 올라 와이오밍고등학교를 거쳐 컬럼 비아대학에서 경제학을 전공하고, 1925년 철학박사 학위를 받았 다. 이 시기에 서재필, 이승만 등과 독립운동에 헌신했으며 특히 안창호의 인격과 애국 연설에 감복해 흥사단에 가입, 활동했다. 신간회에 참여해 적극 활동했고 광주학생사건에 관련되어 3년간 옥고를 치렀다. 39세에 〈조선일보〉를 인수, 조만식을 사장으로 추 대하고 잠시 언론계에 종사하다가 광산사업에 4년간 손을 대기도 했다. 미군정 당국의 권유를 받아들여 경무부장의 직책을 맡기 도 했으며 1948년 이후 대통령 특사로서 유엔 한국대표 등을 역임 하고 6·25 전쟁 발발 후 전시 내무장관의 중책을 맡았다. 1960년

민주당 대통령 후보로 출마해 유세 기간 중 신병으로 미국에서 치료를 받다가 사망했다. 1962년 건국공로훈장 단장이 수여되었으며 저서로 《민주주의와 나》, 《나의 회고록》 등이 있다(《우리고장 자랑거리 모음집》에서 발췌).

다음은 지난 2018년 1월 16일 〈연합뉴스〉 보도다.

강북구청, 제주 4·3 민간인 학살책임 조병옥 흉상 건립 철회

서울 강북구청이 추진하던 순국선열 및 애국지사 16위 흉상 건립 사업에서 제주 4·3 민간인 학살 주요 책임자로 알려진 조병옥을 제외하기로 했다. 제주 4·3 희생자유족회와 제주 4·3 70주년 기념사업위원회, 제주 4·3 70주년 범국민위원회는 강북구청이 각계와 내부 의견 수렴을 거쳐 이같이 결정·통보해왔다고 16일 밝혔다.

제주 4·3 단체들은 조병옥 흉상 건립을 제외해달라고 그간 성명을 냈고 지난 10일에는 박겸수 강북구청장을 만나 해당 사업에서 조병옥 흉상 건립을 제외해달라고 요청했다. 강북구청은 조국 독립을 위해 헌신한 순국선열과 애국지사 명예를 선양하고 역사의 산 교육장으로 활용하고자 여운형, 신익희, 손병희, 이준 등의 흉상을 건립하기로 했다. 제주 4·3사건 진상조사 보고서에 따르면, 조병옥은 1947년 3·1절 기념 대회 도중 발생한 민간인 대상 발포 사건으로 시작된 대규모 학살 당시 경찰 지휘 책임자 중 1명이다.

고성식 기자(제주 〈연합뉴스〉)

- 3 -   Confidential

bring to the masses the concept of democracy as democracy is
understood by us. The Coalition Committee is trying to ful-
fill this mission, but the police under the influence of the
Rightists are making it well-nigh impossible, and unless the
police force is radically reformed there is fear and even
certainty that any future elections shall not reflect the
sentiment of the people, and that many able leaders shall be
barred.

Conclusion

To conclude I shall propose two absolutely necessary
conditions, the non-fulfillment of which can only bring dire
consequences to South Korea, and with it the utter failure of
the M. G.

(1) There must be a reshuffle of the police personnel at
least a few of the most notorious ones should be replaced. To
the unsuspecting, the police may by attending to their duty of
preserving peace and order, but the reality is quite the con-
trary. Where the police favors one side to the detriment of
the other, and where it interferes in political matters, it is
impossible to realize democratic ideals. We can give any num-
ber of instances where the police have shut their eyes to ter-
rorism and have connived with, if not instigated, terrorist
groups. Such state of affairs not only creates a feeling of
unrest and mistrust of the M. G., but the plans of the Coali-
tion Committee cannot be realized. Therefore, as already
recommended by the Korean--American Joint Conference, the
police personnel must be changed--at least some of the district
and provincial chiefs.

(2) To postpone the general election to a more proper
time. At present time Korea's economy is controlled by the
Pro-Japs, and unless the law concerning the Pro-Japs is en-
acted and acted upon, no patriotic Korean can hope to serve his
country. As stated above, only after the police force is re-
formed can we have a fair election.

┃ 키니 고문이 작성한 긴급 보고서.

시간을 거슬러 1947년 4월, 미군정 정치고문 로버트 키니(Robert Kinney)는 하지 사령관에게 시급한 개선을 필요로 하는 문제에 대한 긴급 보고서를 제출했다. 키니 고문은 남한을 끔찍한 상황에 빠뜨리지 않고 미군정을 참담한 실패로 끝나지 않게 하기 위한 절대적이며 필수적인 최우선 과제는 악명 높은 몇몇 경찰인사들의 경질이라고 건의했다. 키니 고문은 이어 지방에서 경찰의 묵인 아래 자행되고 있는 우익단체들의 테러 행위에 대해 자세히 보고했다. 조병옥 경무부장을 지명하지는 않았으나 명백하게 그의 책임을 묻고 그를 겨냥한 것이었다.

경찰이 정치에 개입해 선호하는 한 편을 지원하고 다른 편에 손상을 입힌다면 민주주의의 이상을 현실로 만들 수 없습니다. 우리는 한국 경찰들이 눈앞에서 벌어지는 테러를 못 본 척하면서 일부 테러단체들을 비호하고 있는 사례들을 얼마든지 들 수 있습니다. 보다 적절한 시기로 총선거를 미루어야 합니다. 거듭 말씀드리지만 경찰 개혁이 이루어진 후에야 공정한 선거를 치를 수 있습니다.

조병옥을 포함한 경찰 수뇌진을 제거하라는 키니의 건의는 결실을 맺지 못했다. 1947년 7월 15일에 작성된 미 국무성의 한국 내 유력인사 내사 자료 가운데 조병옥과 경찰 개혁에 관한 내용이 들어있다.

미군정 정치고문관실이 1946년 8월 18일에 작성한 보고서에 따르면 한국의 현 난국 타개책을 마련하기 위해 구성된 한미합동회의 한국인 위원들은 1946년 12월 회의에서 조병옥의 제거를 주장했습니다. 한국인 위원들은 그가 좌익을 처단하는 데 열심이었고 우익청년들을 경찰 업무에 동원했다고 비판했으나 미국인 위원들은 그를 현직에 그대로 유임시켰습니다.

그러나 과도입법의회에서 일제 치하 때 공직을 맡았던 경찰관에게 정치적인 직책을 맡지 못하게 금지하는 법을 통과시키려 할 때 경찰을 동원해 직접 저지에 나서는 등 그의 우익성향이 두드러졌고, 이 때문에 미군 당국자들은 조병옥에 대해 다시 생각하게 되었다고 기록했다.

조병옥의 제주사태 처방

조병옥 경무부장은 제주 4·3 사건이 잦아들던 1948년 7월 〈제주 사태 해결을 위한 견해〉라는 영문보고서를 작성해 주한미군사령관에게 제출했다.

제주 사태 해결에 관한 견해

1. 폭동의 원인

제주 폭동의 원인이 여러 가지 있겠지만 주요 원인은 다음과 같습니다.

A. 북노당의 지령과 이에 따른 동요.

B. 원격지인 섬이기 때문에 중앙정부의 세심한 감독의 부재.

C. 육지에서 온 관리들의 불안정한 태도.

D. 섬주민들의 배타적 사고.

E. 다수의 부패 관리와 그들의 불법 행위.

F. 무책임한 고위관리들의 무관심이 좌익들로 하여금 섬 전체에 걸쳐 자신들의 강력한 체계를 구축할 좋은 기회를 준 것.

G. 폭도들이 경찰과 경찰 가족에게 저지른 범죄 행위에 대해 경

OPINION ON THE SETTLEMENT OF

THE CHEJU SITUATION: 25 July 1948 , at Cheju-Do
by Cho Pyung Ok, Supperintendent
of National Police Department

(1) Causes of the riot;

We can enumerate many causes of the Cheju riot, but the
main reasons are as follows:

a) Directives of the North Korea labor Party and the
direct agitation by it.

b) This island was not superintendented carefully by
the central government on account of the remote dis-
tance.

c) Unstabilized attitudes of the officials from main-
land.

d) Island people's exclusive idea.

e) Many corruptive officials and their illegal acts.

f) The negligence of the irresponsible high officials
gave the leftists a good opportunity to organize their
strong systems all over the island.

g) Police took too severe revengeful measures towa-
rds the rioters for the crime which rioters committed
against the policemen and their family.
We can say that, however, the Korean Labo Party's
agitations stratagem, directives, propaganda, which
we already experienced its cruel polices in every
place, are the main reason.

(2) LEFTISTS' TACTICS ;

The Cheju situation, once dangerous and worried by the
rioters cruelty, was recently settled much, under the
splendid activities of both police and constabulary, which
was much strengthened through the landing of their rein-

▌조병옥 경무부장이 작성한 제주사태에 대한 의견서. 제주사태는 북조선노동당의 지령에 의한 소요가 원인이었으며 사태 재발방지를 위해 강경한 공안정책이 필요하다고 주장했다. 보도연맹의 창설에 관한 구상을 엿볼 수 있다.

찰이 너무 가혹한 보복 조치를 취한 점. 그러나 우리는 조선노동당의 도발 전략, 지령, 선전 등 잔혹한 정책을 이미 경험했고, 바로 이것이 주 원인이라고 판단됨.

2. 좌익들의 전략

한때 폭도들의 잔혹함에 위험하고 걱정스러웠던 제주 사태가 경찰과 국방경비대의 눈부신 활동으로 최근 들어 많이 안정되었습니다. 증원 병력이 속속 상륙하는 가운데 폭도들은 깊은 산속으로 기어들어가고 있지만 식량난으로 인해 허물어지고 있습니다. 그러나 최근 들어 새로운 고위관리들의 근거 없는 추측과 미온정책이 폭도들에게 다시 봉기할 수 있는 기회를 주고 있습니다. 그들은 제주도 출신인 새 지사와 경찰국장에게 협력하고 환영하는 척하면서 그들의 세포조직을 재건해 지하운동을 새롭게 강화하고 재차 대대적인 폭동을 준비하고 있습니다. 어떤 사람들은 제주 폭동이 최근 들어 많이 진정되었다고 말하지만, 현 상황은 실로 폭탄을 손에 든 것처럼 위험하기 때문에 한시도 마음을 놓을 수 없습니다.

3. 신임 지사와 경찰국장의 관대하고 유화적인 정책

위에서 언급했듯 제주 사태는 공산당의 선동과 계략에 의해 일어난 만큼 간단한 조치만으로는 해결될 수 없습니다. 아무리 열정적이며 성의 있는 계몽지도 정책이라고 해도 강력한 추가 정책이 뒷받침되어야 효과를 낼 것입니다. 섬 주민들의 생활환경과 문화 수준을 고려하면서 일반 주민과 폭도들을 분리시키는 강력한 조치가 단연코 필요합니다.

4. 우리의 제언

A. 본 섬의 공안을 강화할 수 있는 통합기구의 설립이 필요합니다. 현재로서는 제주도에서 가장 중요한 사안은 공안 문제입니다. 폭동을 해결하고 주민들의 마음을 안정시키기 위해서는

당분간 군과 경찰, 정부로 구성된 상위기구의 설치가 필요합니다. 예를 들어 '제주공안조정위원회' 같은 조직을 통해 경찰과 군, 관이 서로 단합된 가운데 각 기관들이 제각기 능력을 펼쳐가는 것입니다. 경찰은 공안에 주된 책임을 지고 노력하며 국방경비대는 전투에, 각 행정기관, 도, 읍, 면들은 그의 역량을 계몽과 지도, 문화 발전에 쏟는 한편 도로와 교량 재건을 한다면 정책 추진이 한결 수월해질 것입니다.

B. 투항한 주민 심사기관 설립: 위에 언급한 위원회에 투항한 주민들을 세심하게 조사하는 기구, 예를 들어 '투항폭도조사위원회'를 설립해야 합니다.

C. 투항한 주민 단체 설립: 경찰의 감독 아래 투항한 민간인들에게 사상을 전향하고 공산주의자들에 맞설 기회를 주기 위해 그들 스스로 조직을 만들도록 해야 합니다. 본부를 제주읍에 두고 지부를 경찰지서가 있는 곳에 설치해, 이들을 조심스럽게 감시하고 훈련시켜 정보를 수집하고 기타 활동을 하는 데 경찰에 협력하도록 해야 합니다.

조병옥 경무부장은 보도연맹이 정식으로 결성되기 이미 1년 전에 제주수습방안의 하나로 명칭만 없을 뿐 보도연맹과 동일한 기능을 수행하는 조직을 제주에 창설할 것을 제안했다.

보도연맹은 1949년 6월 좌익운동을 하다가 전향한 사람들을 계몽·지도하기 위해 정부가 결성한 관변단체이다. 회원은 약 30만 명이었으며 좌익색출과 전향공작, 반공대중 집회를 여는 등의 활동을 전개하는 것을 목적으로 하고 있었다. 1950년 한국전쟁이 발발하면서 보도연맹원이 전국에서 조직적으로 학살되는 보도연맹사건이 발생했다. 위장으로 전향한 좌익세력들이 전쟁을 틈타 반정부 활동을 벌일지 모른다는 우익세력들의 불안감이 크게 작용한 것이다. 학살은 주로 국군과 서북청년단 등 극우폭력단체가 저질렀다.

〈동아일보〉가 1960년 2월 16일자 호외와 관련 기사에서 다룬 것처럼 유석 조병옥의 죽음에 대해 "꿈속에 사라진 지도자를 애도하며 얄궂은 운명을 원망"하는 백성들의 대열에 제주도민들도 함께했을 것인지 묻는다면 이보다 더 가혹한 질문은 없을 것이다. 그는 제주 4·3의 주요 원인을 제주도민이 북노당의 지령에 동요하고 배타적인 사고방식을 고집한 탓이라고 지적했다. 또 주민들의 끊임없는 상호 감시와 정보수집을 일상화할 것을 안정 대책으로 제시했던 그를 '꿈속에 사라진 지도자'로 선뜻 꼽을 수는 없을 것 같다. 제주도민이 아닌 누구라도 말이다. 진보든 보수든 그 누구라도 말이다.

필자는 미국 국립문서보관소에서 제주 4·3 자료 파일을 살피던 중 1948년 8월 기준 대전을 포함한 충청남도 시군별로 작성된 남노당원과 인민해방

미국 국립문서보관소에 소장되어 있는 1948년 8월 기준 충청남도 남노당원과 인민해방전선 명단.

전선 조직원 등 공산주의자 79명의 명단을 발견했다. 아마도 지명에 낯선 분류 실무자의 실수이거나 자료가 처음부터 뒤섞여 보관되어 있었을 것이다.

필자는 이 요사찰대상자 문건을 본 순간 1980년대 광화문 치안본부 뒤에 있는 한 인쇄소에서 목격한 장면을 떠올렸다. 인쇄소에는 보안구역이 설정되어 있었고, 전국의 요사찰인물에 관한 동향을 해마다 새롭게 정리해 보고서를 만들고 있었다. 타이피스트들의 타이핑 소리, 잡담하는 소리가 반복되면서 보고서 작업이 진행되었다. 요사찰대상자 동향 보고는 시도별로 나뉘어 분류되었으며 전화번호부와 비슷한 크기와 두께였다.

그런데 격동기에 요사찰인물로 리스트에 오른 사람들에 대한 설명은 허전할 만큼 하찮은 것들이었다. 산사람들에게 강제로 동원되어 보리 한 자루를 어깨에 메고 산 입구까지 다녀온 동네 사람, 수레를 빼앗긴 사람, (단골 우스갯소리로 거론했던) 소달구지를 뒤에서 밀어주었던 사람들 이름도 어김없이 명단에 올라 있었다.

수십 년 동안 본래 적힌 흔적에 흔적답지도 않은 흔적을 다시 보태며 그 명단은 줄을 바꾸어 내용을 보태고 있었다. 제주 4·3을 근 40년 흘려보낸 1980년대에도 제주도의 명단은 두께에서 타지역을 능가하고 있었다. 제주도의 인구는 그 두께에 크게 못 미치는 데도 말이다.

2020년 10월 20일, 세계에서 가장 가난한 대통령으로 알려진 호세 무히카(Jose Alberto Mujica Cordano) 전 우루과이 대통령은 정계 은퇴 고별사를 하면서 이렇게 말했다.

증오는 불길입니다. 불타는 사랑은 뭔가를 창조하지만 증오는 우리를 파괴합니다. 나는 수십 년 동안 내 정원(庭園)에 증오를 키우지 않았습니다. 미워하면 어리석음에 이르고 객관성을 잃는다는 게 내 삶에서 힘들게 얻은 교훈이기 때문입니다.

고등학교 졸업장도 없는 무히카는 1960년대 무장게릴라투쟁으로 15년간 투옥되었으며 1980년대 민주화 시대에 정치에 뛰어들었다. 2010년부터 5년간 대통령을 지냈지만 대통령궁이 아닌 그의 검소한 농가에 그대로 머물면서 낡은 폭스바겐을 몰고 출퇴근했다. 그가 재임할 때 경제는 안정 속에 성장을 유지했고 교육 수준은 높아졌으며 실업과 빈곤, 부패는 줄었다. 또 취임 때보다 퇴임 후 지지율이 더 높았다. 세계 언론들과 함께 한국의 언론들도 인구 300만 명의 작은 나라 우루과이 전 대통령이 재출마 요구를 거절하며 정치 무대에서 은퇴했다는 소식을 전하면서, 우루과이 국민들은 무히카 대통령에게 "고마워요, 페페. 고마워요, 할아버지"라고 환호했다고 보도했다.

"삶의 모든 곳에서 이념이 드리웠던 적대의 그늘을 걷어내고 인간의 존엄함을 꽃피울 수 있도록 모두 함께 노력해나갑시다. 그것이 오늘 제주의 오름들이 우리에게 들려주는 이야기입니다"라는 누군가의 말 역시 이에 대한 그의 실천 여부를 둘러싼 논란에도 불구하고 가슴에 와 닿는다.

미국 국립문서보관소에서 한국 현대사의 비극을 찾아낼 때마다 가슴앓이를 한다는 재미 사학자 방선주 교수의 말을 빌리지 않더라도 지난 70여 년 우리는 우리를 너무 미워했고 서로 너무도 많이 죽였다.

| 15 |

광복군 총사령관 이청천,
대동청년단장 지청천
: 1948년 8월 19일

대한민국정부 수립 나흘이 지난 1948년 8월 19일 주한미군사령부
정보처는 딘 군정장관에게 긴급 보고를 했다.

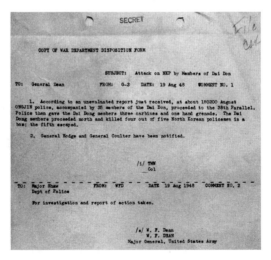

SECRET

COPY OF WAR DEPARTMENT DISPOSITION FORM

SUBJECT: Attack on NKP by Members of Dai Don

TO: General Dean   FROM: G-2   DATE: 19 Aug 48   COMMENT NO. 1

1. According to an unevaluated report just received, at about 180200 August ONGJIN police, accompanied by 35 members of the Dai Don, proceeded to the 38th Parallel. Police then gave the Dai Dong members three carbines and one hand grenade. The Dai Dong members proceeded north and killed four out of five North Korean policemen in a box; the fifth escaped.

2. General Hodge and General Coulter have been notified.

/s/ TNN
Col

TO: Major Shaw   FROM: WFD   DATE 19 Aug 1948   COMMENT NO. 2
Dept of Police

For investigation and report of action taken.

/s/ W. F. Dean
W. F. DEAN
Major General, United States Army

▌ 대동청년단은 정부 수립 나흘 뒤인 1948년 8월 19일 새벽 황해도 옹
진의 북한보안서를 급습해 보안서원 4명을 살해했다.

대동청년단원의 북한 공격

1. 미확인 정보에 따르면 8월 18일 새벽 2시 옹진경찰서는 대동청년단원 35명을 데리고 38선까지 접근했습니다. 경찰은 그곳에서 카빈 소총 3자루와 수류탄 1개를 대동청년단원들에게 건네주었습니다. 대동청년단원들은 38선 북쪽으로 넘어가 그곳 보안지서에 있던 북한보안서원 5명 가운데 4명을 살해했으며 1명은 도주했습니다.

2. 이 사실은 하지 사령관과 콜터 장군에게도 보고되었습니다. 미군정 경찰담당 고문관 쇼(Shaw) 소령에게 진상 조사 및 보고를 지시했습니다.

18일 새벽 남한의 정치단체가 경찰의 지원 아래 북한의 치안기관인 보안서를 공격했다. 남과 북에 각각 따로 들어서는 두 개의 정부가 치열하게 대결할 것을 분명하게 보여준 사건이다. 남북대결의 첫 신호를 올린 대동청년단은 어떤 단체인가?

1947년 9월 하지 주한미군사령관을 비롯한 미군정 수뇌진에게 초청장이 왔다. 9월 21일 오후 3시 서울운동장에서 열리는 대동청년단 결성식에 참석해달라는 내용이었다. 광복군 총사령관이었던 이청천 장군이 주도하는 행사였다. 초청장과 함께 보내온 프로그램을 보면 이청천이 개회사와 기념사를 하고 이승만 박사와 김구 주석이 격려사를, 하지 사령관과 헬믹 준장, 프라이스 대령 등이 차례로 축사하도록 되어 있었다. 미소공동위원회 미국 대표부 정치고문단은 9월 18일 브라운 소장에게 보고서를 제출했다.

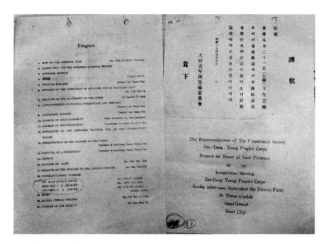

대동청년단 초청장.

본인이 판단하기로는 대동청년단을 주도하는 이청천 장군은 원칙이 없으며 정체성이 불분명한 지도자입니다. 이날 행사의 목적은 좌익정당을 포함한 모든 청년단체나 정당을 이청천의 지휘 아래 하나로 통합하는 것입니다. 그러나 좌익정당들은 참여를 이미 거부했으며 결국 이 행사는 서북청년단, 광복청년당, 대한민주청년연합 등 3단체가 통합하는 행사입니다. 전체 회원 수는 2만 5,000명으로, 이미 지난달부터 남한 전역에서 만연하고 있는 우익 테러의 대부분이 이들의 소행입니다. 그들은 이청천이 계획하는 '한국적 군국주의'에 합류하게 될 것입니다. 제가 파악하기로는 조병옥이 지휘하는 한국 경찰들은 남한 전역에 걸쳐 이 청년단체들의 확대와 테러 활동을 지원하고 있습니다. 지원 사례의 하나로 조병옥은 900만 원을 거두어 이청천에게 통합운동에 사용하도록 건넸습니다.

POLITICAL ADVISORY GROUP
American Delegation
US-USSR JOINT COMMISSION
APO 235

18 September 1947

MEMORANDUM FOR GENERAL BROWN:

SUBJECT: Pamphlet Entitled "The Manifesto of Dai
Dong Young People's Corps"

1. In general, I do not see anything highly objec-
tionable in the comments made in the pamphlet under the
above title. The only possible objection which I might
have refers to the comments on page 8 and the top of page
9, and to item #4 on page 15. My objection to these
depends entirely upon what is meant by these relatively
unclear statements.

2. With reference to the meeting on Sunday of the
Dai Dong Young People's Corps and to the movement that is
to be inaugurated at this time, however, I do take excep-
tion. I regard LEE, Chong Chon as an unprincipled, am-
bitious leader who will accept leadership of any movement
that puts him into power. I am told that the purpose of
the meeting on Sunday is an effort to unify under the
leadership of LEE, Chong Chon all youth parties and
groups, including the leftist parties. The leftist parties,
however, have declined to participate. It is conjectured
that the meeting will result in the unity of the Northwest
Youth Party, the Kwang Bok Youth Party, and the Korean
Democratic Young Men's League (Ken Kook). The estimated
membership of these three organizations is 25,000. These
parties are notoriously radical, rightist, terrorist groups.
These three parties are largely responsible for the rightist
terrorism that has been so prevalent in South Korea during
the past month. They are to be united under Lee's program
of "Militant Koreanism". I am told that throughout South
Korea, Dr. Chough's policemen are facilitating the growth
and terroristic activities of these youth groups, and that
in one instance Dr. Chough collected and contributed nine
million yen to assist LEE, Chong Chon in his movement for
unity. It is presumed from various bits of evidence that
the movement under LEE, Chong Chon is designed primarily to
serve the objectives of Rhee Syngman and Kim, Koo.

3. As a matter of interest, the term "Dai Dong" chosen
for the united youth groups is one of the most fascist terms
in Confucian literature.

▌ 싸전트 정치고문의 보고서. 지청천이 이끄는 대동청년단은 극우테러단체이며 조병옥이 9백만 원을 모
금해 지원했다고 보고했다.

또 이청천이 주도하는 청년단체의 배후에는 이승만과 김구가 있다고 보고했다.

갖가지 증거로 미루어 이청천의 청년운동은 주로 이승만과 김구를 추종하기 위해 계획된 것입니다. 흥밋거리이긴 합니다만 단체의 이름으로 선정된 "대동"이라는 말은 유교에서 가장 국수주의적인 뜻을 가졌습니다. 제가 입수한 정보는 한국청년운동담당 고문인 보스 중령과 가진 대담을 통해 얻은 것입니다. 지난번 면담에서 보스 중령은 행사를 당연히 금지해야 하며 이들 청년단체들은 불법화해야 한다고 역설했습니다. 보스 중령에 따르면 특별수사팀의 미첼 대령이 이들이 저지른 테러 행위에 대한 수많은 사례에 대한 정보를 갖고 있다고 합니다.

같은 날인 9월 18일 주한미군사령부 공보담당관 스텍 소령은 이청천 장군에게 강력한 항의 서한을 보냈다.

하지 사령관의 보좌관으로서 본인은 발송된 프로그램을 살펴보았습니다. 프로그램에 하지 사령관이 헬믹 장군, 프라이스 대령과 함께 연사로 이름이 올라 있으나 조사한 결과 하지 사령관은 물론 어느 누구도 이를 사전에 알거나 허락한 바 없습니다. 귀하의 단체가 마치 공적 후원을 받는 것처럼 보이게 하려는 의도인 것으로 판단됩니다. 하지 사령관은 상식적인 예절에 어긋날 뿐만 아니라 명백하게 국민들을 속이는 일이라며 매우 불쾌하게 생각하고 있습니다. 향후 공적인 단체의 선전을 위해 허락 없이 그의 이름을 사용할 경우 공개적인 비난을 가할 것입니다.

광복군 총사령관 이청천 장군은 자신의 본명인 '지청천'이란 이름을 다시 회복하고 독립을 앞둔 해방 공간에서 극우테러단체를 이끄는 대동청년단장으로 모습을 드러냈다. 그런데 여기서 눈길을 끄는 것이 있다. 대동청년단과 이청천의 국수주의적 성향에 경고를 보낸 미군정 정치고문단장인 클라이드 싸전트는 바로 광복군과 긴밀한 협력관계를 유지하며 이글작전을 주도한 OSS 이글팀의 실무책임자 싸전트 대위였다. 싸전트 고문단장은 2년 전 이글작전을 추진하면서 김구 주석을 면담하고 OSS 사령부에 제출한 보고서를 통해 그를 존경스런 시각으로 묘사한 바 있다. 또 이청천 사령관, 이범석 장군과 긴밀한 대화를 가졌고 특히 이범석 장군과는 남다른 우정을 나누었다. 그런데 이들이 미군정 하 한국에서 공식이든 비공식이든 다시 만나 머리를 마주한 흔적은 보이지 않는다.

1948년 7월 20일, 주한미군정 고문직을 떠나 워싱턴에 머물고 있던 싸전트는 하지 사령관에게 편지를 보냈다. 그 편지는 평범한 안부 인사가 아니었다. 서한에 따르면 하지 사령관은 그해 5월 25일 당초 예정보다 앞당겨 싸전트 정치고문을 고문직에서 해임했다. 이임하는 날 인사차 하지 사령관을 방문했으나 만나지 못하고 서울을 떠났다. 하지 사령관 자신의 임기가 끝나기 불과 세 달 전에 내려진 해임이었으며 그가 직접 위촉했던 고문임에도 작별 인사를 거른 것이었다. 그런데 편지에 따르면 싸전트 고문은 자신에 대한 인색한 인사 평가에 대해 강력한 이의를 제기했다.

아시다시피 사령관께서 저를 초빙했고 그래서 저는 한국에 왔습니다. 바로 이 사실 하나 때문에 저는 실망을 안고 한국을 떠났습니다. 지금 왜틀링턴 대령이 작성한 저에 대한 업무평가에 대해 언급하고자 합니다. 그는 불과 다섯 달 저와 함께 일했으면서도 제가 재임한 13개월 반에 달하는 기간에 대해 내린 평가는 편견 없고 객관적인 정보에 의존했다고는 볼 수 없는 것이 대부분이었습니다. 또 제가 지금까지 받았던 어떤 평가보다도 가장 낮은 점수이기도 합니다. 더군다나 이미 저는 브라운 장군으로부터 거의 빠짐없이 '탁월함' 평가를 줄곧 받았습니다. 또 브라운 장군은 저를 우수근무자 수상자로 추천까지 했습니다. 아마도 이 형편없는 평가로 인해 탈락했던 것 같습니다.

지나친 추측일 수도 있으나 불과 2년 전 김구와 이청천, 이범석과 싸전트 사이의 각별한 인연이 싸전트의 불이익과 관련 있을지도 모른다. 이들이 한국에서 아무런 대화 없이 단절된 채 같은 서울 하늘 아래 있을 수 있었을까? 당시 하지 사령관은 1947년 1월과 3월 사이에 있었던 이승만과 김구의 좌우합작반대와 반탁을 위한 민중봉기 기도사건 때문에 정치적으로 커다란 타격을 입었다. 이 과정에서 그들의 특별한 인연이 의심을 받았을 수도 있다. 군정기간 내내 하지 사령관과 브라운 소장은 밀접한 관계였다. 브라운 소장의 의견을 외면할 수 있는 사람은 하지 외에 달리 없었다.

하지 사령관은 싸전트의 편지에 "기타로 분류해 보관할 것"이라는 연필 메모를 남겼다. 그는 싸전트에게 답장을 하지 않았다. 일병의 편지 그리고 교포 소녀의 편지에도 답장을 했던 하지였다.

이청천, 본명 지청천은 1888년 서울 출생으로 일제강점기에 한국독립군 총사령관, 광복군 총사령관 등을 역임한 독립운동가, 정치인, 군인이었다. 구한말 무관학교에 입교했고 한일합병 후 일본육군사관학교를 거쳐 중위로 복무하던 중 만주로 망명했다. 그 후 신흥무관학교에서 후진을 양성했으며 서로군정서에서 활동했고 김좌진과 함께 대한독립군단을 조직하고 항일 투쟁을 전개했다. 1921년 소련혁명군과 대한독립군단의 마찰로 흑하사변이 발발하자 이르쿠츠크로 이동했으나 1922년 소련 당국에 체포되었다가 임시정부의 노력으로 네 달 뒤 석방되었다. 그 후 중국 각지를 다니며 항일단체를 규합해 지하운동을 지휘했다.

1940년 임시정부 광복군 총사령관이 되어 환국 때까지 항일 투쟁을 계속했다. 환국 후 26개 청년단체를 통합한 대동청년단장이 되어 이승만과 김구를 뒷받침했다. 김구가 민족통일 및 남북협상을 지지하고 나서자 지청천은 김구의 노선을 떠나 반공 및 단독정부 수립의 이승만에 맞추어 활동했다. 그러나 1948년 정부 수립 후 이승만은 자신의 정치기반 확보를 위해 또 다른 청년통합단체인 대한청년단을 조직했고 대동청년단도 그 조직에 통합·흡수되었다.

지청천의 대동청년단이 1948년 8월 18일 옹진의 북한 측 보안서를 급습한 사건을 시작으로 남북대결은 날로 치열해졌다. 10월 19일 여순사건 발발에 이어 남북한 간에는 국지적인 충돌이 이어졌다. 옹진

습격사건 3개월 뒤인 1948년 11월 18일 주한미군사고문단장 로버츠 (W. L. Roberts) 준장은 주요 사건 발생을 다음과 같이 주한미군사령부에 보고했다.

> 11월 15일 100명에 달하는 북한의 게릴라들과 경찰 30명이 태기산에서 충돌했습니다. 마쓰오까라고 불리는 북한 측 두목과 여러 명이 사살되었습니다. 한국 경찰에는 5명의 사상자가 발생했고, 여러 경로의 정보 보고에 따르면 강원도 내 4개 지역에 약 300명의 북한 게릴라가 활동하고 있으며 제10병단과 제8병단 소속이라고 합니다.

대동청년단의 북한보안서 습격에 이은 북한 측 게릴라의 대규모 남하와 충돌은 남북 무력대결의 시작을 알리는 서곡이었다. 커밍스 시카고대 석좌교수는 《한국전쟁의 기원》에서 1948년 8월부터 옹진, 개성, 철원 등지에서 남북 간 군사적 충돌이 격화되었고 남한의 군사적 자극이 한국전쟁을 촉발한 원인 가운데 하나였다고 주장한 바 있다. 이와 같은 주장은 6·25 전쟁에 대한 수정주의적 사관으로 불리며 한때 6·25 북침설의 근거가 되기도 했다.

그러나 소련 붕괴 후 옛 소련의 기밀문서가 공개되면서 북한의 남침은 사실로 확인되었다. 아무튼 대동청년단의 북한 습격사건을 계기로 남과 북의 소규모 군사적 자극과 대응이 촉발되었으며, 남과 북은 강제로 헤어진 형제가 아니라 공존할 수 없는 적으로 자리 잡기 시작했다. 서로의 존재에 대한 극단적 인식 전환은 한국전쟁 발발의 심리적 요인으로 작용했을 것이다.

지청천 장군은 조국광복을 위해 한 치의 과장 없이 평생을 바쳤다. 그러나 해방 공간에서 그의 자취를 보면 조국의 분단을 조장하거나 수수방관했다는 평가를 받는 것도 사실이다. 그는 독립운동 과정에서 목격한 러시아혁명의 짙은 먹구름에 조국이 휘말리기보다는 차라리 분단이 낫다고 판단했을까? 증오와 대결이 가져올 유혈의 참극을 그는 예감했을까? 지청천은 제헌국회의원과 2대 국회의원, 민주국민당 최고위원을 지냈고 1957년 타계했다. 1962년 건국훈장 대통령장이 추서되었다.

| 16 |

여순사건과 잭 스노우 보고서
: 1948년 10월 22일~11월 12일

주한미군사령부는 여순사건의 진행 과정을 매일 항공 정찰을 통해 파악하고 있었다. 보다 객관적으로 전체 상황을 파악할 수 있었을 것이다. 여순사건이 발생한 사흘 뒤인 1948년 10월 22일 미군정 G-2 정보 보고는 그날 오전 10시부터 11시 15분까지 실시한 항공 정찰 내용을 기록했다.

5명에서 10명 규모로 그룹을 이룬 사람들이 여수 시내 곳곳을 오가는 장면이 목격되었습니다. 여수항에는 약 200명의 군중이 모여 집회를 갖고 있고 건물 위에는 적기(赤旗)가 걸려 있습니다. 여수 시내 번화가에서 각각 10명과 12명으로 보이는 두 그룹의 반란군들이 줄지어 행진하고 있었으며 교룡리에서 흰옷을 입고 북한기를 들고 있는 50명의 사람들이 마을을 벗어나 남쪽으로 걸어가고 있습니다. 순천 시내에서는 파란 제복을 입은 청년 150명이

From: 220800/I Oct 48
To : 230800/I Oct 48

Headquarters, USAFIK
Seoul, Korea
1000/I 23 October 1948

No. 970 Confidential

MAPS: KOREA, 1/250,000
       Eastern ASIA, 1/1,000,000

1. **ARMED FORCES**
   Negative

2. **POLITICAL ACTIVITIES**
   Negative

3. **CIVIL UNREST**

   a. Situation in CHOLLA-NAMDO - Period covered by report - 220800 October to 230800 October

   According to American air observers, the following were noted between 221000 and 221115 (A-2): At YOSU (1070-1300) scattered groups of 5-10 persons were observed throughout the town. An assembly of approximately 200 Koreans was noted near the water front and a red flag with some white on it was flying over one building. Two groups of Constabularymen, numbering from 10-12, were marching in column down the main street.

   At KYORYONG-NI (1050-1320) a group of 50 Koreans, dressed in white and carrying the North Korean flag, were going south from the southern outskirts of town.

   At SUNCHON (1050-1325) approximately 150 Korean youths in blue uniforms were noticed on the main street and 2 different groups of 5 armed Constabularymen were noticed marching in single file on the streets. A large group of Constabularymen were seen at the railroad station and 4 platoons of Constabularymen, approximately 200 men, all armed, were seen west of the station. Approximately 200 men were also observed sitting on the ground between the railroad station and the tracks. A train made up of 8 passenger cars, with 2 engines in the center, was near the station. Many North Korean flags were observed flying over buildings. Five bodies, all in civilian clothes, were seen in the yard of one house.

   In KWANGYANG (1058-1329) the North Korean flag was observed flying from the school house and the police tower. Scattered groups of from 15 to 30 Koreans were seen in the village.

   In KOKSONG (1020-1360) 2 houses were burned to the ground. There was an assembly of approximately 150 people observed on the river bank at a small unidentified village about 3 miles south of KOKSONG.

   At KURYE (1040-1350) a motor convoy of loyal Constabulary arrived from direction of NAMWON. KURYE appeared quiet.

   At 221840 October SUNCHON was reportedly occupied by loyal Constabu-ry forces. One battalion of the 15th Regiment reportedly contacted the my at KWANGYANG and suffered 14 casualties. The 1st Battalion of the Regiment debarked from PUSAN by LST at 222350 with an ETA at YOSU of)330. (PMAG Report. Coast Guard Report)

   Confidential

▌미군은 여순사건 내내 항공정찰을 수행하고 G-2 정보 보고에 그 내용을 기록했다. 항공정찰은 불투명하거나 논란이 있는 상황을 객관적으로 판단할 수 있는 근거로 활용했다.

번화가에 집결해 있으며 5명의 무장한 군인들 두 팀이 제각기 1열로 행진하고 있습니다.

순천역에 4개 소대로 짐작되는 약 200명의 전원 무장한 반란군들이 집결해 있습니다. 또 다른 200명의 병력들이 역과 철로 사이에 앉아있는 것이 목격되었습니다. 객차 8량을 단 기차가 보이는데 기관차 2량이 연결되어 있습니다. 순천 시내 건물 곳곳에 북한기가 날리고 있고 어떤 집 마당에는 모두 흰옷 차림의 시체 5구가 목격되었습니다. 구례에서는 정부에 충성하는 국군 병력를 태운 차량 행렬이 막 남원 방향에서 구례에 도착했고, 구례 시내는 조용합니다.

10월 23일 G-2 정보 보고는 반란군들이 순천에서 철수하고 있는 것이 항공 정찰에서 목격되었다고 보고했다.

반란군들이 23일 순천에서 물러나 벌교와 보성으로 향하고 있고, 보성으로 병력을 집결시키고 있습니다.

G-2 정보 보고는 반란군들이 보성 북쪽 8마일 지점에 있는 백운산으로 들어가려는 것 같다고 분석했다. 10월 26일 항공 정찰에서는 지리산이 있는 구례에서 반란군의 흔적이 목격되었다.

10월 26일 아침 구례 시내 초등학교 건물에서 빨간기가 목격되었습니다. 구례 읍내 건물 한 채가 불타고 있으나 반란군 병력도 없

고 집회도 없습니다. 구례-남원 간 도로 역시 오후 3시 현재 아

무런 이상이 없습니다.

10월 27일 G-2 정보 보고는 북쪽에서 국방경비대 5대대가 진입에

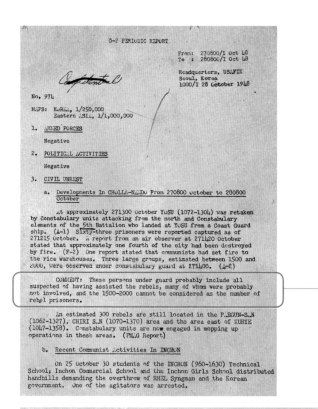

G-2 PERIODIC REPORT

From: 270800/I Oct 48
To : 280800/I Oct 48

Headquarters, USAFIK
Seoul, Korea
1000/I 28 October 1948

No. 974

MAPS: KOREA, 1/250,000
      Eastern ASIA, 1/1,000,000

1. ARMED FORCES

   Negative

2. POLITICAL ACTIVITIES

   Negative

3. CIVIL UNREST

   a. Developments In CHOLLA-NAMDO From 270800 October to 280800
      October

      At approximately 271300 October YOSU (1072-1304) was retaken
   by Constabulary units attacking from the north and Constabulary
   elements of the 5th Battalion who landed at YOSU from a Coast Guard
   ship. (A-1) Sixty-three prisoners were reported captured as of
   271215 October. A report from an air observer at 271420 October
   stated that approximately one fourth of the city had been destroyed
   by fire. (F-2) One report stated that communists had set fire to
   the rice warehouses. Three large groups, estimated between 1500 and
   2000, were observed under constabulary guard at 271400. (A-2)

      COMMENT: These persons under guard probably include all
   suspected of having assisted the rebels, many of whom were probably
   not involved, and the 1500-2000 cannot be considered as the number of
   rebel prisoners.

      An estimated 300 rebels are still located in the PAEGUN-SAN
   (1062-1327), CHIRI SAN (1070-1370) area and the area east of KURYE
   (1047-1358). Constabulary units are now engaged in mopping up
   operations in these areas. (PMAG Report)

   b. Recent Communist Activities In INCHON

      On 25 October 30 students of the INCHON (960-1630) Technical
   School, Inchon Commercial School and the Inchon Girls School distributed
   handbills demanding the overthrow of RHEE Syngman and the Korean
   government. One of the agitators was arrested.

COMMENT: These persons under guard probably include all
suspected of having assisted the rebels, many of whom were probably
not involved, and the 1500-2000 cannot be considered as the number of
rebel prisoners.

▌ 항공관측관은 〈개인적인 판단〉이라는 전제 아래 국군에 잡혀 있는 1,500명에서 2천 명에 달하는 사람들
이 반란군 포로이거나 협력자일 가능성은 믿기 어렵다고 보고했다. 항공정찰 보고 내용은 논란이 있는
상황을 객관적으로 판단할 수 있는 근거로 활용됐다.

성공하고 해안경비대까지 선박을 이용해 여수항에 상륙함으로써 여수시가 완전히 회복됐으며 63명의 반란군 포로를 잡았다고 보고했다.

10월 27일 오후 2시경 1,500명에서 2,000명에 달하는 사람들이 3개의 그룹으로 분리되어 각각 국방경비대의 경계 아래 억류되어 있는 것이 목격되었습니다. 이들은 반란군을 도운 혐의를 받는 자들인 것으로 보입니다.

그런데 이들 상당수는 가담자가 아닐 가능성이 크다고 판단했다.

국방경비대의 감시를 받으며 붙잡혀 있는 사람 중에는 반란군들에게 도움을 준 혐의를 받고 있는 사람들까지도 포함된 것으로 보입니다. 그런데 이들 중 상당수는 관련조차 안 되었던 사람들일 것입니다. 붙잡혀 있는 1,500에서 2,000명이 반란군 포로들이라는 것은 도무지 생각하기 어려운 일입니다.

정보 보고는 반란군 약 300명이 백운산과 지리산 그리고 구례 동쪽에 위치하고 있으며 이들에 대한 소탕작전이 시작되었다고 밝혔다.

여순사건의 실태

1948년 11월 12일 잭 스노우(Jack W. Snow) 주한미군사고문단 경제협력담당고문은 여순사건 실태조사 보고서를 작성해 헬믹 주한미군사고문단장에게 보고했다.

스노우 고문은 10월 31일부터 11월 8일까지 반란사건으로 피해를 입은 여수와 순천 등지를 방문하는 정부 관리와 사회, 종교계 유력인사들과 함께 민관실태조사단에 동행했다. 스노우 고문은 공식 일정을 소화하면서 그곳 주민과 미국인 성직자 등을 상대로 심층면접을 따로 진행했다. 스노우 고문은 자신은 군사적 전문 지식이 없는 민간인인 만큼 비전문가의 시각으로 여순사건의 실태에 관한 보고서를 작성했다고 밝혔다. 스노우 고문은 11월 1일 순천에서 활동하고 있는 보이어(Boyer) 미 남장로교 목사의 증언에 주목했다.

보이어 목사는 10월 27일 오후 국방경비대가 약 400발의 박격포를 여수 시내에 발사해 시내 일부에 화재가 발생했다고 말했습니다. 공산주의자들은 여수시에서 후퇴하기 전 신문사와 쌀 창고를 태우려 했지만 쌀 창고는 파괴되지 않았습니다. 군 관계자들은 3만 명이 집을 잃고 이재민이 되었다고 말했습니다. 이 관계자들은 또 반란군에 의해 불태워진 가옥에 대해서는 아는 바가 없다고 말했습니다. 이들은 미 방첩대 요원들로 5~6명이 반란 내내 여수에 있으면서 군사령부에 이곳 상황을 정확하게 보고해왔다고 합니다.

1948년 11월 2일 스노우 고문은 아일랜드계 가톨릭 사제인 브랜든 신부를 면접했다. 브랜든 신부는 반란사태 기간 중 순천에 있었다. 종

ECONOMIC COOPERATION ADMINISTRATION
Technological Training Division
Seoul, Korea

12 November 1948

MEMORANDUM TO: Major General Charles G. Helmick

FROM: Jack W. Snow, Acting Chief, Health and Welfare Program

SUBJECT: Inspection Trip to Yosu Rebellion Area with Korean
Committee

1. At 1730 on 30 October 1948, the Acting Chief of the Health and
Welfare Program received instructions to be at Seoul station at 0830 on
31 October to accompany a party which President Rhee, Syngman was sending
to Cholla Namdo. President Rhee had invited Mr. Muccio and General
Coulter to send a joint representative. The trip was sponsored jointly
by the Minister of Social Affairs and a committee of religious groups.

2. The committee which took the trip had held two committee meet-
ings, one at 1500 on 29 October and the other from 1100 to 1500 on 30
October, at which time a decision was made to make the trip into Cholla
Namdo immediately. The committee was composed of the following:

From the Ministry of Social Affairs:
Mr. Chun, Chin Han, Minister of Social Affairs
Mr. Pak, Choun Sep, Bureau Chief of Social Welfare

The following representatives from various religious
denominations were also members of the committee:

Chairman,	Pak, Youn Chin	Buddhist
Treasurer,	Cho, Min-Hyeng	Methodist
Secretary,	Youn, Eulsu	Catholic
Member,	Choi, Sek-Yeng	Confucianist
"	Kye, Yen-Jip	Tchen-Do
"	You, Ho-Joun	Presbyterian
"	Kim, Eun-Nak	Christian News Agency
"	Kim, Hei Kyun	Tai Chong
"	O, Seng-Young	Sabbatist
"	Kim, Chung Tai	Korean Christian Union

Newspaper reporters and a photographer also accompanied the committee. The
party arrived at Kwangju at 0100 on 1 November 1948. In the main the state-
ments given in this report were interpreted by Father Youn, Eulsu, Catholic
priest who acted as secretary to the committee. Due to the many duties of
Father Youn, and the large number of long interviews held during the stren-
uous trip, it was not possible to get a complete resume or summary of each
interview. As a result, only the highlights are shown in this report.

▌잭 스노우 주한미군사고문단 경제고문의 보고서. 여순사건 이후 그 지역 복구대책을 검토하는 내용이
주를 이루지만, 여순사건에 대한 객관적인 시각을 제공하는 내용을 곳곳에 담고 있다.

교로 인한 살해는 없을 것이라고 브랜든 신부는 말했지만 스노우 고문은 확인이 필요하다고 보았다.

브랜든 신부는 그가 아는 한 순천에서 반란 기간 중 살해당한 가톨릭 신자는 없었다고 말했습니다. 여수에서는 가톨릭 신자의 집 7채가 불탔습니다. 공산주의자들은 성당 2층 출입문에 총격을 가했고 개를 사살했으나 건물 내부에 있는 사람들을 해치지는 않았다고 말했습니다. 공산주의자들은 집집마다 북한기를 내걸라고 강요했고 성당도 마찬가지였습니다. 브랜든 신부는 가톨릭 청년 신도들에게 어떤 일이 있었는지 알아보던 중 66~67명쯤 되는 사람들이 처형되었다는 말을 들었는데 확인하지 못했다고 말했습니다.

스노우 고문은 그날 순천역에 들렸는데 철로 옆에 60~70구의 시체가 방치되어 있는 것을 목격했다. 국방경비대가 이들을 처형했다는 첫 보고가 있었다는 미군 관계자의 설명이 있었다. 그러나 군인이 아닌 경찰이 10월 31일 이들 반란 가담자들을 처형했다는 보고가 미군 측에 다시 전달되었다고 스노우 고문은 전했다. 국방경비대가 다시 순천시를 탈환할 때 많은 인명 피해가 발생했다.

보이어 목사의 목격담에 따르면 여수에서 열차가 도착하고 심한 총격전이 벌어졌으며 그 뒤 공산 측은 21일 밤과 22일 이틀간 순천시를 장악했고 23일 초저녁에 국방경비대가 순천시를 완전히 탈환했다고 합니다. 그때 600명이 순천 시내에서 사망했습니다.

그러나 순천시 공무원들은 1,200명이 사망했다고 말했고 시가전 내내 현장에 있었던 켈소(Kelso) 미군 중위는 전투 중 그리고 전투 후 자신이 목격한 시체는 350구였다고 전하며 순천에 근무하던 경찰의 5분의 4가 피살되었다는 소문을 들었다고 말했습니다.

스노우 고문은 성직자 가족들이 살해된 소식을 자세히 전했다.

나환자촌을 보살피던 한 목사의 16세, 18세 된 두 아들은 그의 교회를 다니던 어린 학생에게 피살되었다고 말했습니다. 또 순천 외곽에 있는 어떤 교회의 장로는 가족 6명과 함께 살해되었다고 말했습니다. 뿐만 아니라 어린이 2명과 여성 노인 2명을 포함해 24명이 시내에 있는 장로교 교회 옆 공터에서 살해되었다는 것입니다. 그런데 이 집단 살해가 공산주의자들의 소행인지 국방경비대의 소행인지 확실히 모르겠다고 보이어 목사는 말했습니다. 23일 해질녘 국방경비대가 순천을 탈환할 때 그곳에서 총소리가 났다는 것입니다.

보이어 목사와 브랜든 신부 모두 젊은 학생들에 의한 학살 행위를 증언했다.

보이어 목사는 고등학생에 의해 살해되는 경우가 많았다고 말했습니다. 브랜든 신부도 반란군은 두렵지 않았으며 오히려 고등학생들과 젊은이들이 자신의 목숨을 빼앗을 것 같아 정말 두려웠다고 말했습니다. 보이어 목사는 공산주의자들이 소년들에게 각각 총 1정과 총탄 50발을 나누어주고 1명 이상의 경찰을 잡아오라고 했다는 이야기도 있다고 전했습니다.

보이어 목사는 소년들의 냉혹한 행동에 대해 증언했다.

교회 옆 공터에서 살해된 24명을 매장하던 날 동네 곳곳에서 반란군에 가담했던 소년들의 환호성과 야유소리가 터져나왔다고 말했습니다. 그들에게는 생애 처음으로 손에 총이 쥐어진 것이었으며, 이 때 소년들은 마음에 들지 않는 누구든 죽일 수 있는 힘이 있다는 감정이 다른 어떤 판단을 압도해버린 것이라고 말했습니다.

11월 3일 여수에서 5,000명에서 1만 명이 참가하는 시민대회가 있었는데, 국방경비대 사령관과 여수시장, 경찰서장이 차례로 훈시를 했으며 여수시장은 반란사태 때 여수시를 벗어나 있었다고 스노우 고문은 전했다. 11월 4일 스노우 고문은 구례를 방문해 군수 등을 면담했고, 반란군이 온다는 소식에 군과 경찰은 구례 주민들의 안위는 아랑곳없이 자기들만 서둘러 도망쳤다고 말했다.

구례에 있던 경찰 병력 전원과 국방경비대 600명은 반란군이 온다는 이야기를 듣자마자 민간인들은 반란군의 손에 남겨둔 채 자신들만 남원으로 퇴각했습니다. 반란군들은 읍을 떠날 때 쌀

120부대를 가져갔습니다. 그런데 경찰과 군인들이 구례에 주둔할 때 읍민 전체가 이들을 뒷바라지하는 데 큰 부담을 떠안았다고 구례군수는 말했습니다. 국방군들은 음식과 옷, 닭과 이불까지 지역 주민들에게서 가져갔고, 그래서 주민들 사이에서 정부에 대한 불만의 목소리가 터져나오고 있는 것입니다.

뒤이어 군청에서 군수가 불러모은 지역유지들과의 간담회를 가졌는데 목사 한 명이 무언가 발언을 했고 다른 사람들은 한마디도 안 했다고 스노우 고문은 보고했다. 4일 저녁 스노우 고문은 보이어 목사의 친구이면서 교회목사 겸 교감인 김명호 씨를 면담했다. 김 씨는 반란군이 점령했을 때 내내 다락방에 숨어 있었으며, 다른 중요 공직자나 지역유지들 또한 목숨을 구하기 위해 이런 방법으로 숨어 있었다고 말했다.

김 씨는 자신의 학교 야간반 학생 300명 가운데 24명, 주간반 475명 가운데 12명이 반란군에 동조했다고 말했습니다. 이들 36명 가운데 학교로 돌아온 학생은 한 명도 없으며 일부는 처형된 것 같다고 말했습니다. 보이어 목사는 나환자촌을 돌보던 교회목사의 두 아들을 살해한 소년이 며칠 뒤 태연하게 등교했다고 말했습니다. 그 학생은 즉시 경찰에 체포되었으며 시민들은 이 소년 때문에 엄청난 충격을 받았다고 말했습니다.

나환자촌을 돌보던 사람은 손양원 목사였다. 그는 여수의 나병환자

수용소인 애양원교회에서 환자들에 대한 구호사업과 전도활동을 했다. 여순사건 때 '동인', '동신' 두 아들이 폭도에 가담한 소년에게 학살되었다. 사태 진압 후 그는 가해자들의 구명을 탄원해 원수를 양자로 삼았고, 6·25 전쟁이 일어나자 나환자들과 교회를 지키다 공산군에게 총살당했다. 손양원 목사는 일제강점기인 1940년에 신사참배를 거부하다 투옥되었고 8·15 광복으로 출옥했다.

스노우 고문은 보이어 목사의 교회 신도 가운데 10명과 간담회를 가졌다. 두 명은 의사이며 모두 지역유지였다.

이들은 반란군들이 양조장 주인, 한민당 간부, 대동청년단 핵심 간부 등 적극적인 반공인사들만 처형했다고 말했습니다. 한 지역 유지는 중국공산당이 현재 중국 양자강 유역을 점령했는데 이들이 중국을 차지하면 다음은 한국을 노릴 것이라고 말했습니다. 이 유지는 그때까지 열심히 살다가 천국으로 갈 것이라고 말했습니다.

스노우 고문의 보고서는 이 외에도 업무와 관련 있는 피해 실태와 지원 방안 등을 여러 부분에 걸쳐 다루고 있었다. 이 보고서는 콜터 주한미군사고문단장, 존 무초(John Joseph Muccio) 주한특사 등에게 보고되었다. 무초 특사는 1949년 1월 1일 미국이 한국을 승인한 뒤 초대 주한미국대사로 임명되었다.

| 17 |

미군정에 의해 해임된 송호성 총사령관
: 1948년 11월 23일

1948년 11월 23일 여순사건이 잦아들 즈음 주한미군사고문단장인 로버츠(W. L. Roberts) 준장이 주한미군사령관 딘 소장에게 보낸 보고다. 육군총사령관 송호성 준장의 제거에 관한 내용이었다.

지난 20일 오후 장군과 함께 논의했던 문제에 대한 보고입니다. 본관은 즉시 하우스만 대위를 그의 집에서 만나 장군이 갖고 있는 두려움에 대해 알려주었습니다. 하우스만 대위는 송호성 장군이 그의 휘하 참모들을 장악하고 있고 부대 병력들도 그에게 충성하고 있는 사실을 그 자신이 잘 알고 있다고 말했습니다. 동양에서는 병사들이 나라에 충성하는 것이 아니라 개인에게 충성을 바칩니다.

딘 소장은 송호성의 반발을 크게 걱정하고 있었다. 보고서 내용으로

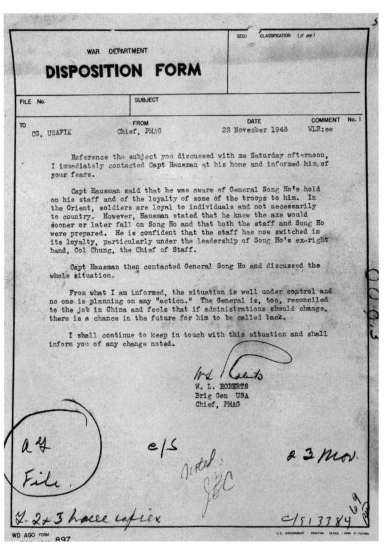

WAR DEPARTMENT

DISPOSITION FORM

FILE No.	SUBJECT			
TO CG, USAFIK	FROM Chief, PMAG	DATE 23 November 1948	COMMENT No. 1 WLR:ee	

Reference the subject you discussed with me Saturday afternoon, I immediately contacted Capt Hausman at his home and informed him of your fears.

Capt Hausman said that he was aware of General Song Ho's hold on his staff and of the loyalty of some of the troops to him. In the Orient, soldiers are loyal to individuals and not necessarily to country. However, Hausman stated that he knew the axe would sooner or later fall on Song Ho and that both the staff and Song Ho were prepared. He is confident that the staff has now switched in its loyalty, particularly under the leadership of Song Ho's ex-right hand, Col Chung, the Chief of Staff.

Capt Hausman then contacted General Song Ho and discussed the whole situation.

From what I am informed, the situation is well under control and no one is planning on any "action." The General is, too, reconciled to the job in China and feels that if administrations should change, there is a chance in the future for him to be called back.

I shall continue to keep in touch with this situation and shall inform you of any change noted.

W. L. ROBERTS
Brig Gen USA
Chief, PMAG

WD AGO FORM 897

▌딘 소장은 여순사건의 강경진압에 미온적인 송호성 총사령관을 해임할 계획이었다.

판단하면 미군 측은 송호성 총사령관을 제거할 경우 군 병력을 동원한 저항 가능성도 있다고 우려하고 있었다.

하우스만은 그러나 이미 송호성에게 조만간 도끼질이 가해질 것임을 그 자신도 알고 있고, 송호성 장군과 그의 참모들도 그런 조치가 내려질 것을 알고 나름 준비를 하고 있다고 말했습니다. 하우스만 대위는 송호성 장군의 참모는 이제 충성의 대상을 바꾸었음이 분명하다고 자신 있게 말했습니다. 특히 송호성 장군의 휘하에서 그의 오른팔인 육군참모부장 정일권 대령이 그렇다고 합니다.

로버츠 준장은 하우스만 대위가 상황을 잘 정리하고 있다고 보고했다.

하우스만 대위로부터 들은 내용으로 볼 때 상황은 잘 통제되고 있으며 어느 누구도 '어떠한 행동'을 준비하고 있지 않습니다. 송호성 장군 역시 중국에서 군에 있을 때 업무에 관한 타협을 했던 인물입니다. 따라서 한국 정부가 바뀌면 그도 다시 언젠가는 부름을 받을 기회가 있을 것으로 생각하고 있습니다. 본관은 계속 접촉하며 상황 파악을 할 것이며 변화가 있으면 보고드릴 것입니다.

1948년 10월 20일 이범석 국무총리 겸 국방장관은 송호성 육군총사령관에게 여순사건 진압을 명령했다. 송호성 장군은 바로 박정희 소령과 한신 소령을 광주로 불러 작전을 논의했다. 그때 송호성 장군은 살상을 억제한다는 방침 아래 박정희 소령이 주도적으로 마련한 차단과 고립작전을 추진했다고 한다. 그러나 이와 같은 작전은 이범석 총리는 물론 미군사고문단의 불신을 받았다. 백선엽 장군의 회고에 따르면 로버츠 미군사고문단장과 채병덕 총참모장이 뒤따라 광주에 내려가 박정희 소령의 작전 설명을 들었다고 했다. 잠시 뒤 하우스만 대위는 그의 지휘봉을 빼앗으며 "격돌을 피하고 쌍방 피해를 줄이는 작전 전개는 진압작전이 아니오"라고 말했다는 것이다. 그 후 여순사건 진압작전의 주도권은 김백일, 백선엽에게 넘어갔다.

장개석의 중국군 사단장을 역임하고 광복군 출신으로 영어는 전혀 구사하지 못하며 평소 적극적인 의견을 내놓지도 않고 호의적인 자세도 보이지 않는 송호성 장군에 대해 하우스만 대위를 포함한 미군사고문단의 불신은 깊었다고 한다. 송호성은 한국전쟁 발발 시 직책만 있고 병력이 없으며 부관조차 배치되지 않은 청년방위대 고문단장으로 서울에 남아있었으며, 김규식과 함께 북한 측에 납북되었다. 송호성 사령관의 제거에 앞장섰던 하우스만은 그의 공저 《한국 대통령을 움직인 미군 대위: 하우스만 증언》에서 송호성에 대해 다음과 같이 증언했다.

송호성은 매너가 다듬어지지는 않았지만 배짱이 있었고 철학이 있었다. 그는 일본군 출신과는 달리 부하를 다루는 데나 업무를 수행하는 데 있어 민주적 성향이 상당히 많았다.

송호성은 납북 후 인민군 해방전사 여단장을 지냈고 1958년 반혁명 분자로 낙인찍혀 평남 양덕으로 강제 이주되었으며 1959년 뇌출혈로 사망했다.

7장

분단된 지 3년도 채 못 되어 남파된 여간첩은 남조선의 인상을 이
렇게 보고했다.

> "일반 사람들은 조선의 독립에 대한 열망이 없어 보이며 미국 풍조
> 에 영향을 받아서 사람들은 사려가 없고 밝은 옷을 좋아하고 영어로
> 말하는 것을 자랑스러워하며 기운이 밝은 여성들은 극히 드물고 8할
> 이 미국식이거나 기생 스타일이다."

남북 간 이질화는 3년이면 충분했다. 38선 접경에서는 타의에 의한 조
국의 분단으로 헤어져 있는 형제들이 아니라 쓰러트려야 할 적으로 마

북한의 남침과
한국전쟁

주 보고 있었다. 38분계선 곳곳에서 남북은 서로에 대한 적개심으로 공개적인 적대행위를 벌였고, 미국은 한국군 창설을 마쳤다. 유사 시 미국의 기지 역할을 해줄 한국이 미국을 비롯한 자유우방을 위해 잠시나마 지탱해줄 수 있는 정도의 군사력은 갖추었다고 판단한 미군은 서둘러 떠났다.

한반도에는 억제하지 못하는 증오와 적개심이 넘쳐흘렀다. 이미 전쟁의 조건은 숙성되어 있었다. 반목과 대립은 민족의 지도자들과 그들을 따르던 어른들이 주도했지만, 전쟁은 젊은이들의 몫이었다. 피 끓는 사명감에 넘친 젊은이들은 전쟁터로 달려갔고, 어떤 젊은이들은 터벅터벅 그곳으로 걸어갔다. 그들은 조국의 산하 이름 모를 곳곳에서 죽어갔다.

| 1 |

어느 남파 여간첩의 공작보고서
: 1948년 6월 8일

주한미군사령부 정보처 부처장은 1948년 6월 8일 미 제6사단과 7사단사령부 수뇌부와 정보 관계자들을 수신 대상으로 지정한 문건을 하달했다.

북한 여간첩에게서 입수한 간첩활동보고서를 제공하는 바입니다. 업무에 참고하기 바랍니다.

그러나 영문으로 번역된 여간첩의 활동보고서는 여간첩의 나이를 포함한 신상은 공개하지 않았다. 진술 내용으로 판단하면 일본 여성으로 위장할 수 있을 만큼 일본어에 능숙하고 타인과 잘 어울리며 호감을 끌 수 있는 예의와 교양, 여기에 용모까지 갖춘 것으로 보인다. 또 교육 수준은 높은 편이고 자녀가 있으나 어떤 이유에서인지 남편과 함께 살지 않는 30대 중반의 여성으로 짐작된다.

▌ 미군정 정보처는 압수한 북한 여간첩의 공작보고서를 미군지휘관과 부대별 정보 책임자에게 하달했다.

3월 7일 동두천 지서에서 조사를 받은 뒤 내 희망대로 남북경계 선을 지키는 미군에게 넘겨졌습니다. 귀국길에 나선 일본인들에 게는 미군들이 한결 친절하게 대해준다는 말을 들었기 때문에 일 본인으로 행세했습니다. 3시간 뒤 미군부대에서 보낸 차에 실려 의정부경찰서에 있는 미군방첩대에 넘겨졌습니다.

여간첩은 생각보다 정보를 캐내기가 쉽지 않았다고 진술했다.

쓰레기통에 타자를 치다 버린 종이들이 들어있었지만 나를 무심코 끊임없이 쳐다보고 있는 미군의 시선 때문에 집을 수 없었습니다. 또 벽에는 영어와 숫자가 가득 적혀 있었지만 도무지 읽을 수 없었습니다.

그런데 이 여간첩은 미군들이 본국에 있는 가족들과 전화 통화를 하는 것을 보고 크게 놀랐다고 했다.

미군 1명이 유선전화기 핸들을 돌리더니 잠시 뒤 미국 본국에 있는 가족과 통화를 했습니다. 그 병사는 1주일에 한 번 정도 통화한다고 그곳의 한국인 근로자가 말했습니다. 그의 말에 따르면 미군 100명에 한국인 노무자 10명이 배치되었으며 이들은 통역, 청소원, 요리사, 세탁 담당, 자동차 관리 등을 한다고 합니다. 나는 취조를 기다리는 동안 식사와 초콜릿, 사이다를 제공받았고 영화 감상도 했습니다. 저녁 7시, 나는 사사키라는 이름의 일본인 2세 병사에게 조사를 받고 밤늦게 의정부 난민수용소에 넘겨졌습니다.

이 여간첩은 그 후 일본인 2세 6명과 중국 상해에서 온 한국인 등 7명으로부터 번갈아 반복해서 조사를 받았는데, 비록 만주에서 왔지만 북한에 대해 너무 모른다면서 조사관들이 의아한 반응을 보여 대단히 힘들었다고 보고서에 적었다. 여간첩은 난민수용소를 나와 서울에서 활동을 시작했다. 그녀는 북한 출신들의 실태를 자세히 보고했다.

함경북도와 함경남도에서 온 난민들은 제각기 단체를 구성해 회비를 내고 기부금도 냅니다. 단체에서는 이 돈으로 새로 온 동향의 난민들을 돕고 이들로부터 정보를 캐내 미군방첩대와 경찰에 제공하고 있습니다. 특히 수용소에는 함경북도 출신들이 200명 넘게 있는데 이들은 의지가 강해 기죽지 않습니다. 함경북도 출신 장사꾼들은 서울 토박이 장사꾼 못지않게 활발합니다. 이들 가운데 변덕스런 자들은 주로 정보수집 활동을 하는 것으로 파악되었습니다. 모두 반공주의자들이고 일반 사람들에게 북한을 악선전하고 있습니다.

여간첩은 서울에 대한 인상을 보고했다.

일반 사람들은 조선의 독립에 대한 열망이 없어 보입니다.

1. 미국 풍조에 영향을 받아서 사람들은 사려가 깊지 않고 밝은 옷을 선호하며 영어로 말하는 것을 자랑스러워합니다.
2. 여성들 가운데 기운이 밝은 여성들은 극히 드물고 8할이 미국식이거나 기생 스타일입니다.
3. 내무부, 외무부, 교통부 등에 근무하는 공무원들은 국가 건설을 위해 일한다는 생각은 없고 미국이 주는 봉급만 기대하고 있습니다.
4. 도로는 아주 지저분하고 시장 뒷골목은 쓰레기로 이루 말할 수 없이 더럽습니다.
5. 미군 헌병들이 작은 차를 타고 시내를 순찰하는데 그 차에는

1미터 높이의 금속 막대가 달려 있습니다. 미군사령부는 이 전기 장비를 이용해 순찰차들의 움직임을 보고받고 또 지시를 내린다고 합니다. 그래서 미군 병사들은 물론 한국인 군속들도 미군 헌병을 대단히 두려워합니다.

6. 저는 만주 출신으로 가족이 없는 혈혈단신으로 되어 있는데 미군정 공무원과 일반 사람, 방첩대 사람들까지 나를 알아보는 사람들이 많아 점점 의심을 사고 있습니다.

7. 북한 난민들은 쌀 배급표, 의복, 분유를 제공받고 북한에 대한 정보를 방첩대에 넘기고 있습니다.

이 여간첩은 미군정청 공무원 5명, 지서에 근무하는 경찰 5명, CIC 본부대원 1명, 대학생 1명, 중학생 2명, 한민당원 1명 그리고 일본인 2세 병장 4명과 자신의 형이 방첩대 대위라고 말하는 한국인 1명 등 또 CIC 의정부에 있는 5명 등을 가까운 관계로 만들었다고 보고했다. 이들 가운데 CIC 본부대원은 같은 고향 출신이며 북한에서 절도범으로 3년 형을 받고 복역 중 탈옥한 인물로 대단한 반공주의자라고 했다. 그녀는 안면을 익힌 외무부 관계자의 소개로 해양 관련 부서의 보조원으로 취업할 예정이었으며, 긴급 사태가 발생하면 즉시 발급받은 일본인 난민 신분증을 들고 일본으로 도주할 계획이라고 보고했다. 그러나 그녀는 자신의 거주지를 정확하게 신고해야 하는 데다 운 나쁘게도 가까운 고향 친지를 만나는 바람에 계획을 바꾸었다고 했다. 고향 회령에서부터 잘 아는 그 남자는 북한에 자녀와 어머니를 두고 있는 자신이 남한으로 내려온 이유를 매우 궁금해하면서 꼬치꼬치 캐

물었고 이에 답하기가 힘들었다는 것이다. 그래서 계획을 바꾸어 공작활동이 편리한 서울경찰학교와 국방경비대본부 부근에 있는 미군정 통역관의 집에 가정부로 들어갔다고 보고했다.

이어 5·10 총선거를 앞두고 인천과 전남, 전북, 경북, 충북에서 남한 단독정부 수립에 반대하는 움직임이 강하게 일고 있다는 내용의 보고서를 작성했다. 영남에서는 후보로 나서는 것을 망설이는가 하면, 전남에서는 경찰서 지서 반경 70~80미터에 선을 그어놓고 그 안을 통행할 때에는 두 손을 머리 위까지 올리도록 통제하고 있다고 전했다.

본인은 무역회사를 설립해 서울 종로에 주사무소를 두고 몇 군데의 지사를 설치할 계획이며 고정자본 100만 원과 운용자본 500만 원으로 사원들은 '연구원'에서 충원하고자 했다고 보고했다. 활동 목표는 미군정청의 무역에 참여해 영업활동을 통해 수익을 맞추면서 정치, 경제, 문화와 관련된 정보수집을 할 계획이라고 밝혔다. 끝으로 자신에게 전달된 자금은 제대로 꼭 필요한 곳에 사용할 것이며, 제2의 해방을 위해 진정한 동무들을 선택할 각오를 하고 있다고 덧붙였다.

여간첩이 보고서를 작성한 날자는 1948년 4월 3일 새벽 2시, 수신자는 1부장, 전달자는 박종이라고 적혀 있다. 그녀는 작성한 보고서를 전달하기 직전 미군정 수사 당국에 체포된 것으로 판단된다. 남파된 지 한 달이 채 못 되는 때였다. 여간첩의 보고서를 발췌하여 영문으로 번역한 주한미군사령부 정보처는 그녀가 미군정 당국에 체포된 것인지 아니면 스스로 자수했는지에 대해서는 명시하지 않았다. 신상에 관해서도 공개하지 않았다.

| 2 |

이범석 총리의 간청
: 1948년 10월 18일

1948년 10월 18일 대한민국의 초대 총리인 이범석 총리는 하지 장군의 후임인 콜터(J. B. Coulter) 주한미군사령관에게 서신을 보냈다.

한미합동회의에서 이루어진 합의에 따라 귀 부대가 보유한 잉여 군사물자를 우리에게 양도하기로 한데 대해 깊은 감사를 드립니다. (중략) 사령관께서 휘하에 있는 군 관계자에게 지시를 하셔서, 쓰고 남는 군사물자를 우리 측 국방부 대표들에게 넘겨주는 일에 특별한 관심을 갖도록 해주시기를 간절하게 요청드립니다. 귀하의 부대들이 중요하지 않다고 판단되는 물자라 할지라도 저희에게 넘겨줄 것을 통보해주시기 바랍니다. 주신 물자들은 유용하게 사용할 것입니다.

이와 함께 저는 각각 해당 지역의 미군사단에 우리 국방부의 책임자를 통보하고 접촉하도록 지시했음을 알려드립니다.

```
                                              18 Oct. 1948

Maj. Gen. J. B. Coulter
Commanding General, USAFIK

SUBJECT: Request for additonal Army supplies.

     1.  This is to express my deepest appreciation of you in
regard to the transfer of your surplus army supplies to us
according to the agreement made at the Korean-American
Joint-Conference.

     2.  As you have already well realized the situation of our
newly established National Defense, there are so many problems
needed settlement and the problem of supplies is considered
very highly.  This is our earnest request for your high con-
sideration on this matter and have your Military Officials
in the localities to be notified and transfer surplus Army
supplies, not directly important to your Army use, to the
locally appointed Military representatives of our National
Defense for the efficient utilization of this supply.

     3.  I hereby inform you that we order our Dept. of National
Defense to make known our local agencies in getting touch
with US Occupied Military Divisions in each respective
locality, directly for this.

                                        Lee Bumsuk.
                                          Lee, Bum Suk
                                        Prime Minister of the
                                        Republic of Korea
```

■ 이범석 총리의 서한은 총리의 서한이라고 보기에는 격식이 없이 지나치게 소박하고 짜임새가 없다.

이에 대한 10월 21일 콜터 주한미군사령관의 답장이다.

총리 각하,

추가로 군사물자를 제공해줄 것을 요청하신 10월 18일자 서신을 잘 받았습니다. 총리께서도 아시다시피 미국 정부는 장비 명세표에 따라 5만 명의 경비대 요원에게 필요한 장비와 위 장비에 대한 6개월분의 관리 유지물품을 한국 정부에 제공하기로 했습니다. 양여장비 명세표에 해당하는 장비 외에 현재 미군이 사용하고 있는 시설들은 계속 작동할 수 있는 상태에서 한국 정부에 넘겨질 것입니다.

본인이 알기로는 장비 명세표의 해당 장비를 넘겨주는 작업은 모든 분야에서 공히 70퍼센트 진척되었습니다. 일부 장비는 미국에서 조달해올 것이며 다른 일부 장비는 현재 주한미군이 사용 중일 것입니다. 사용 중인 장비들은 추후 한국 정부에 이양될 것입니다.

이 정도면 총리께서 군 보급물자에 관련해 문의하신 내용들은 다 언급한 것 같습니다. 각하, 최대의 배려를 약속드립니다.

신생 대한민국의 이범석 초대 국무총리의 서한은 총리의 서한이라고 보기엔 너무 소박한 서식과 짜임새 없는 문장으로 구성되어 있었다. 콜터 주한미군사령관은 총리의 이례적인 서한과 함께 장비 명세표에 포함되지 않은 미군이 쓰고 남은 군수물자가 있으면 덤으로 제공해달라는 요청에 당황하기도 했을 것이다. 그러나 이범석 총리의 간절한 요청에 대해 협정 내용의 원칙적인 해설로 일관한 그의 회답은 무성의한 거절보다도 더 냉담한 것으로 읽힌다.

당초 하지 주한미군사령관은 한국 진주 2개월이 경과한 1945년 11월 13일 재조선 미국육군사령부 군정청 법령 제28호에 따라 국방사령부의 설치를 포고하고 한국국방군 창설작업을 지시했으며 그해 12월 20일 그 안을 보고 받았다. 주한미군사령부 군정청 국가방위국장인 쉬크(L. E. Schick) 준장이 제출한 보고서에 따르면 초기 기획과 시행은 미국 정부 인력이 주관하고 훈련과 부대 가동은 주한미군 부대 가운데 지정된 모(母)부대가 운용하며, 무기와 비축군수 물자확보와 관리 유지는 미국 정부가 제공하는 것으로 방침을 정했다. 미군정

준비팀은 초기 병력 규모 6만 1,000여 명을 제시했다.

> 한국군 지상군과 지원 인력 소요는 초기 가동단계에서 앞서 제시
> 된 전제조건을 고려해 다음과 같이 기초 병력을 산정하였습니다.
> 장교 3,718명, 간호병 146명, 사병 5만 7,597명. 계 6만 1,461명.

그러나 국방군 창설계획에 제동이 걸렸다. '미소공동위원회가 진행되고 있는 만큼 한국군 창설에 관한 어떠한 행동을 취하는 것은 부적절하므로 이 계획은 후일 적절한 시기에 검토하자'는 1946년 1월 11일 러치 군정장관의 건의와 하지 사령관의 결정으로 보류되었다. 이 결정은 사실 미국 정부에 의해 내려진 것이었다. 하지 사령관은 이에 따라 정규전을 상정한 군대가 아니라 미군의 보조와 치안유지를 담당하는 국방경비대를 창설했다.

국방경비대는 1946년 1월 16일 1개 중대 187명으로 시작되었고 다음 달인 2월에 대대 규모로 확대되었다. 국방경비대는 그 후 조선경비대로 개칭되어 병력은 1947년 말에 2만 명 수준으로 늘었고 정부 수립 직전에 5만 4,000명에 달했다. 1948년 정부 수립과 함께 육군으로 개편되었으며 조선해안경비대는 해군으로 독립했다.

6·25 발발 직전 육군 9만 4,000명, 해군 7,000명, 공군 1,800명으로 모두 10만 2,800명이었다. 그러나 1945년 12월 대한민국 국군은 미국 정부와 미군정이 초기에 구상한 대로 젖을 떼면 살 수 없는 젖먹이 국방경비대와 다름 없었다.

| 3 |

남침에 대한
CIA와 미 육군성의 상반된 분석
:1949년 2월 28일

미 중앙정보국(CIA)은 1949년 2월 28일 트루만 대통령에게 〈1949년 봄 주한미군 철수에 따른 결과들〉이라는 제목의 극비 문건을 보고했다. 보고서는 첫 문장부터 주한미군 철수 후 북한군의 침략 위험을 명백하고 강력하게 경고하고 있다.

1949년 봄 주한미군이 철수하면 그때에 맞추어 남한에서 공산 반란이 일어나며 곧바로 북한인민군의 남침이 있을 가능성이 큽니다. 이 남침에는 소규모 전투에 숙달된 만주의 공산주의자 부대가 지원할 것입니다. 언젠가는 한국군이 그 같은 소규모 침략에 맞설 수 있는 군사력을 갖게 되겠지만 적어도 1949년 봄까지는 그 능력에 도달하지 못할 것입니다. 오는 1950년 1월에도 그에 맞설 만한 군사력을 갖추지 못할 것입니다. 한국의 공산주의자들이 그들에게 주어진 기회를 공격적으로 활용한다면 미군 철수는 미국이 지지하는 대한민국의 붕괴라는 결과를 초래할 가능성이 큽니다. 이에 따라 극동 지역에서 미국의 위상은 심각하게 손상되고 미국의 안보 이익에 역효과를 가져올 것입니다.

반면에 적정한 규모의 미군을 한국에 계속 있게 한다면 침략위협을 줄일 뿐만 아니라 한국인들도 언젠가 군사력은 물론 앞으로 있을 침략에 스스로 맞설 수 있는 의지와 능력을 갖추

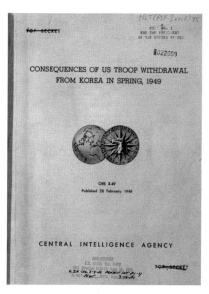

▌CIA는 한국전쟁 발발 1년 전 북한의 남침 가능성을 강력하게 경고했다. 그러나 미국 지도자들은 외면했다.

게 될 것입니다. 결국 새로 건설한 나라를 지탱하고 극동에서 미국의 특수한 지위도 유지될 것입니다.

미 CIA는 다음과 같은 가정 아래 분석을 했다.

가정: ① 미군 철수가 1949년 6월 이전에 시작되고 ② 남한에 대한 경제, 군사 원조를 현 수준에서 계속하며 ③ 공개적인 적대행위로까지 초래할 수준으로 남북한 간 적대 감정이 지속된다.

CIA는 대한민국은 단기간이라도 북의 공격을 버티지 못할 것이라고 예측했다.

대한민국이 정치와 군사 양면에서 안정 추구를 잘해나간다 하더라도 주한미군이 철수한 상태에서는 단기간이라도 생존할 수 있을지 의문입니다.

현재 한국군의 능력은 남한 내 공산지하세력들을 효과적으로 제압해 반정부행위를 막으며 국내 치안을 유지할 수 있는 수준이라고 CIA는 진단했다.

한국군은 연대 또는 여단 규모의 합동작전에 필요한 훈련을 받은 일도 없고 경험도 없습니다. 미군 철수 이후 휴전선 전체에 걸친 군사 침투와 동시에 전국적인 규모의 소요가 발생할 가능성이 큽니다. 그런데 여기에 대처하려면 이와 같은 규모의 상호합동 군사행동이 긴요합니다.

더군다나 공산 중국과 소련의 암묵적 지원이 있을 것이라고 내다보았다.

남한의 공산주의자들과 북한인민군이 남침과 내부 봉기를 동시에 일으키면 소규모 전투에 숙달된 만주의 중공군부대 그리고 소련의 원조와 군사적 조언이 뒤따를 것입니다. 그러나 한국군은 능력을 아무리 극대화하더라도 고립된 도시와 지방에서 발생한 사태를 진압하는 정도에 그칠 것입니다.

주한미군 철수 후 주한미군사절단과 유엔한국위원단 등 소규모 병력이 한국에 주재하는 것은 임시방편에 불과하다고 평가했다. 미군 철수 후 한국에는 약 600명 규모의 미군들이 주한미군사절단이라는 이름으로 잔류했었다.

> 그러나 한국군이 안팎의 동시 공격에 맞설 능력을 갖추기 전에 미군이 철수한다면 결과적으로는 대한민국의 해체와 공산 지배를 막아내지 못할 것입니다.

미 CIA는 주한미군 철수에 따른 한국의 미래 못지않게 일본과 동남아시아에 파급될 영향을 심도 있게 검토했다.

> 주한미군 철수는 바로 공산주의자들의 한국 통제를 확고하게 해주는 것으로 이어질 것입니다. 이에 따라 소련은 한국을 일본, 대만, 오키나와 등에 대한 공중 공격과 공수부대의 공격 또는 양면 작전을 전개할 수 있는 기지로 개발하여 잠수함을 배치하고 일본 해상의 선박 항행을 위협할 수 있을 것입니다.

그러나 단기적인 경제 효과는 미미하여 일본의 경우 소규모 상품판매 시장과 소량의 쌀 공급선을 상실하게 될 것이고, 소련은 미숙련 노동력을 얻게 되는 수준일 것이라고 밝혔다. 그렇지만 장기적으로는 한국-만주-소련 극동 지역을 하나로 묶는 소비재 시장을 구축할 수 있을 것으로 전망했다. 이 CIA 보고서에는 관련 기관의 의견이 함께 첨부되었다.

미 국무성, 해군성, 미 공군의 정보기관들은 이 보고서와 일치되는 견해를 밝혔고, 미 육군성 정보국은 반대의견을 밝혔다.

미 육군성 정보국이 밝힌 반대의견은 다음과 같다. 짧고 간결한 의견서였다. 먼저 미 육군성은 대한민국의 붕괴는 미군 철수가 주요 요인은 아닐 것이라고 주장했다.

미 육군성 정보국은 CIA의 ORE 3-49 보고서에 반대의견을 갖고 있습니다. 미 육군성은 주한미군 철수가 대한민국 붕괴의 주요인이 아니라고 믿는 바입니다. 또한 이 같은 철수로 소련의 즉각적인 남한 침탈이 초래되지는 않을 것으로 믿고 있습니다.

미 육군성은 주한미군 철수 후 북한인민군의 침략 가능성은 희박하다는 의견을 냈다.

북한 혹은 소련 당국은 원하는 결과를 얻기 위해 침략보다는 소소한 침범 행동을 벌일 수 있습니다. 공산주의자들이 주도하는 남한 내 소요, 즉 잘 훈련된 무장간첩이나 게릴라들을 남한에 침투시켜 38선에서 마찰을 계속 일으키는 것들이 그 예입니다.

미 육군 정보국은 북한의 침략은 가능성에 그칠 뿐 개연성은 없다고

▌첨부된 미 육군성의 의견서는 대규모 남침은 없고 소규모 게릴라전과 소요사태
가 있을 뿐이라고 전망했다.

판단했다. 북한인민군이 한국군에 대해 승리를 장담할 만큼 우위에
있지는 않다고 그 이유를 설명했다.

북한인민군은 비록 잘 훈련된 능률적인 군대이지만 비교적 규모
가 작은 편입니다. 인민군이 아직까지는 무력대결에서 승리를 확
신할 만큼 한국군에 우세하지는 않습니다. 북한 당국에게 인민군
은 존재 자체만으로 끊임없이 위협을 준다는 데 더 큰 가치를 두

고 있을 것입니다. 북한 당국으로서는 군사적 모험을 감행해 패배로 끝나거나 벌어들이는 몫보다 힘의 과시로 들이는 비용이 클 경우는 별로 고려할 선택이 아닐 것입니다.

미 육군성은 따라서 북한군의 남침은 개연성이 희박하다는 단정적인 결론을 내렸다.

미 육군성 정보국은 위에 언급한 이유를 근거로 북한군의 한국 침략은 현재로서는 단지 가능성일 뿐 개연성이 있는 것은 아니라고 결론지었습니다. 그리고 나아가 한국군 전력이 북한군의 심각한 군사행동에 대적할 수 없을 정도로 약화되어 있다고 여겨질 때까지 이와 같은 상태는 지속될 것입니다.

미 육군성은 한국의 위기는 북한의 침략이 아니라 정치·경제적 요인에서 빚어질 것이라고 단언했다.

미 육군 정보국은 주한미군의 철수보다는 정치적·경제적 요인들이 한국의 앞길에 결정적 영향을 미칠 것으로 확신합니다. 소규모의 미군을 한국에 계속 유지하는 것은 대한민국의 안정에 아주 경미한 심리적 효과만 줄 뿐입니다. 대한민국에 현 수준의 경제적·군사적 원조만 계속한다면 소규모 미군 주둔이 그렇듯이, 한국인들이 공산주의자들의 팽창에 맞설 의지와 사기를 갖기에는 충분치 않습니다.

| 4 |

북한의 남침 루트 개척작전
: 1950년 5월 19일

미국 정부 노획문서에는 북한의 〈루트 개척을 위한 계획서〉라는 제목의 5페이지 분량의 문건이 있다. 이 문건을 보면 북한인민군은 6·25 남침을 앞두고 남침 예상 루트를 사전에 답사해 점검하는 공작을 곳곳에서 진행했다.

등사된 이 문건의 첫 페이지에는 〈루트 개척을 위한 계획서. 한생민, 한상순. 1950년 5월 19일 연천〉이라고 적혀 있다. 한생민과 한상순, 두 명으로 구성된 침투 요원의 남한 침투를 위한 루트 개척계획인 것이다. 첫 페이지에는 '강원도 원산 접수 1950.5.22'이라는 도장이 찍혀 있고 그 옆에 펜글씨로 '가(可)함. 집행해볼 필요가 있다. 이용권'이라고 적혀 있다.

집행을 허가한 이용권은 원산에 본부가 있는 인민군 남침 루트 담당 특수부대 책임자인 것으로 보인다. 계획서를 작성한 기관은 '연천'이라고만 밝히고 있다. 이 부대의 연천파견대인 것으로 보인다. 책임자

▌〈한생민, 한상순 루트 개척을 위한 계획서〉. 북한군은 38선 주변 주민들을 활용해 남침 루트를 계획했다.

는 김성실이라고 맨 끝페이지에 서명과 함께 적혀 있었다. 부대의 이름도 계급도 없다. 최고위 결정권자로 보이는데 다만 원산 이용권, 연천 책임자 김성실, 그뿐이다.

　김성실 연천파견대장은 남파될 요원의 인적사항을 자세히 적었다. 한생민은 30세, 한상순은 35세로 모두 노동당원이며 출신은 빈농, 사회 성분도 빈농이라고 밝혔다. 이 계획서는 두 사람을 선발하게 된 동기와 신임을 하는 이유를 이렇게 설명했다.

　1. 한생민
이 동무는 전곡 12번에서 인계받은 동무다. 검토한 결과 앞으로 안내원 사업과 루트 개척은 할 수 있다고 보아 선발했다.
　2. 한상순
이 동무는 한생민과 감박산 부근의 지리 정형을 검토하는 가운데 그가 감박산 밑에서 거주했다는 사실을 알게 되었고, 또한 먼 친척관계를 맺고 있음으로 검토한 결과 당원인 것을 알게 되었다. (백산) 면당위원장과 토의한 결과 그를 신임하며 또 사업능력(안내와 루트 개척)이 있다고 보장했음으로 선발했다.

계획서는 이어 '신임할 수 있는 조건'이라는 항목에서 이들의 신뢰성을 따졌다.

1. 한생민

이 동무는 1946년 7월에 공산당원으로 입당해 열성적으로 민주과업을 집행했을 뿐만 아니라, 1949년부터 전곡 12번 사업을 하다가 놈들에게 체포되었으나 국가의 비밀을 누설하지 않았으며 조직 개편으로 본지에서 인계받은 동무다.

2. 한상순

이 동무는 1946년 7월에 공산당원으로 입당하였고, 성분이 기본성분이며 국가와 당이 준 사업을 열성적으로 집행했다. 현재 본인의 부인도 당원이며 동생은 인민군대로 나갔다. 미산면당부에서 그를 신임하고 사업능력도 보장하고 있음으로 신임할 수 있다고 인정한다.

북한인민군은 남한과 인접한 지역 행정기관과 긴밀한 협력을 유지하며 지역 주민 중에서 남파 요원을 선발한 것으로 보인다. 지역 주민들을 상대로 엄격한 기준을 두고 심사 절차를 거쳐 남한과 인접한 전 지역에 대규모의 남한 침투 요원을 배치했음을 알 수 있다. 또 지역 주민들이 자발적으로 지원할 만큼 신분 혜택과 보수를 제공했고, 필요할 경우 곧바로 투입될 수 있는 상시 대기 요원의 성격이었음을 알 수 있다.

한생민과 한상순은 현지 정찰을 통해 개척하고자 하는 루트를 자세히 설명했다. 국군부대의 위치와 우회로, 동네마다 설치된 경비초소를 통과할 계획도 내놓고 있었다. 이미 그곳의 지형과 정황을 자세하게 파악하고 있음이 분명했다.

개척할 루트의 설명

미산면 마전리에서 서남간으로 약 2리만 가면 삼화리 앞강(임진강)에 도달한다. "자래여울"에서 건너 강을 따라 10리 가면 38선 이남 지점인 토막골 부락 경비막과 벌말 부락 경비막이 나오는데 그 사이에서 벌판으로 남진한다. 토막골 부락 경비막과 벌말 부락 경비막의 사이는 약 2리 가량 된다. 이곳에서 벌판으로 약 1리 가량 가면 매봉산(고지 약 150미터)에 도착한다. 매봉산의 중심을 타고 약 2리 가면 매봉산과 감박산 사이에 군용도로가 나타난다. (중략) 약 10리 가량 가면 율목리 부락이 있는데 이 부락의 서쪽으로 약 10리만 가면 은홍정에 도달한다. 그런데 여기에는 국군 중대가 있음으로 그의 서쪽으로 고지 340미터 지점을 통해 산줄기로 남진하면 (약 20리) 고지 402의 로고산에 도착한다.

루트 개척계획에 따르면 한생민과 한상순 두 사람은 산등을 타고 남진을 계속해 의정부가 내려다보이는 고지 476미터의 한강산에 이르러 부근 일대를 정찰, 은신처를 탐지해둔 뒤 오던 길을 그대로 돌아가

▌침투 지도는 의정부가 내려다 보이는 곳까지 이어졌다.

는 것으로 되어 있었다. 요즘의 지도로 어림잡아 재본 결과 오가는 데 60킬로미터는 넘어 보였다. 이들이 요구한 준비물은 간단했다. 그리고 비무장이었다.

준비물: ① 국방색 양복 2벌, ② 신발 노동화 2족, ③ 식량, 빵 2인 분. 5일 식량 100개, ④ 육규삭구 2개, ⑤ 찹쌀가루 소두 2승.

공작 기간은 1950년 5월 23일에서 26일까지 4일간이었다. 6·25 발발 한 달 전이다.

| 5 |

6·25 발발과 미국의 신속한 대응
: 1950년 6월 25일

일본을 방문 중이던 존 덜레스(John F. Dulles) 미 국무장관 특별고문
은 딘 애치슨(Dean G. Acheson) 국무장관에게 긴급전문으로 보고했다.

수신: 6월 25일 오전 10시 35분
한국인들이 그들 스스로 북한의 공격을 막아내고 물리칠 수도
있다면 가장 좋은 일입니다. 그런데 한국인들이 공격을 막아낼
수 없다면 미국은 군사력을 사용해야 할 것입니다. 한국이 무력
도발에 넘어지는 것을 수수방관한다면 연쇄 재앙으로 이어져 세
계대전을 촉발할 가능성이 큽니다. 유엔국가안전보장이사회에
106조에 따른 조치를 요청하는 한편 기꺼이 응수를 해야 할 것입
니다.

트루만 대통령은 즉시 지침을 내렸다.

A. CINCFE be authorized to send to Korea any military equipment recommended by U. S. mission to Korea (AMIK), regardless of current programs.

B. That U. S. military advisors remain with South Korean forces as long as they are with an effective combat unit.

C. To extend CINCFE's area of responsibility in this emergency to assume operational control of all U. S. military activities in Korea.

D. To employ forces from CINCFE's Command (principally Navy and Air) to establish protective zone to include the area: Seoul Kimpo Air Base-Inchon for the purpose of assuring safe evacuation from Korea of U. S. nationals. Such action seeks, in addition, to gain time for reaction to political measures now before United Nations. (See State message to Muccio info to CINCFE).

E. In event Security Council UN calls on member nations to take direct action in Korea, to authorize and direct you to employ forces of your Command, plus units from Seventh Fleet, to Stabilize the combat situation including if feasible the restoration of original boundaries at 38 degree parallel.

2. Above tentative considerations are forwarded for your info and as basis for planning.

3. The substance this message will be closely held and disseminated to minimum your staff planners.

Part two:

State Department has concurred in authorizing you to send survey group from your staff to South Korea at once to

DA TT 3417   (Jun 50)

~~TOP SECRET~~

~~TOP SECRET~~

OCS FORM 322-2   REPLACES DA SCO FORM 21, 15 DEC
1 JUL 50   49, WHICH MAY BE USED.   COPY NO.

■ 트루만 대통령의 지시에 따라 진행된 워싱턴—도쿄 간 한국 사태 대응을 위한 텔레타입 회의기록. 워싱턴 시간으로 한국전쟁이 발발한 1950년 6월 25일 열렸다.

첫째, 미 극동군 산하 미 해군과 공군은 한국군이 전열을 정비할 수 있도록 전력을 다해 지원한다. 이를 위해 관련 규제는 전면 철회한다.

둘째, 6월 25일 유엔이 승인한 결의안에 의거해 한국군을 지원한다.

셋째, 추가로 미 7함대는 대만에 대한 침략을 방지하고 대만으로 하여금 중국 본토에 대한 작전 근거가 되지 않도록 할 것이다.

이에 따라 26일 워싱턴에서 프랭크 페이스(Frank Pace Jr.) 육군성장관을 비롯해 핀레터 공군성장관, 맥콘 공군참모총장, 브래들리 합참의장 등 군 관계자 12명, 그리고 도쿄에서 맥아더 극동군최고사령관과 아몬드 소장, 윌로비 소장 등 참모진 12명이 참석한 가운데 전문을 통한 회의를 진행했다. 극비로 분류된 전문회의에서 워싱턴 군 수뇌진은 해군과 공군의 작전과 관련해 세부지침을 극동군최고사령부에 직접 통보했다.

지금까지는 한국 영토 내에서의 미 공군력과 해군력의 사용을 금했으나, 공군과 해군 모두 북위 38도선 이남에서의 한국 방위를 지원하기 위한 작전을 허용한다. 또한 북위 28도선 이남에 있는 북한 탱크, 대포, 북한군 행렬, 그 밖의 군사 목표들에 대한 미 공군의 공격을 전면 허용한다. 이와 동일하게 미 해군은 북위 38도선 이남의 연근해에서 한국 침략에 나선 병력에 대해 아무런 제한 없이 군사력을 사용할 것이다.

워싱턴 군 수뇌부는 이와 같은 결정을 무초 주한 미 대사와 한국 군사 지도자들 그리고 한국의 공직자들에게 가능한 모든 방법을 사용해 알리고 강조하라고 지시했다. 워싱턴 군 수뇌부는 또 미군정 고문들이 한국군에 그대로 남아 함께할 것을 명령했다. 이에 맥아더의 미 극동군사령부는 곧바로 최근 전황과 전망을 설명했다.

> 주한미군사 고문단 보고에 따르면 북한군은 24시간 내에 서울을 점령할 능력이 있다고 합니다. 한국 정부 지도자들은 서울의 함락은 한국의 패망으로 여기는 태도를 보이고 있습니다. 도쿄 시간으로 26일 오전 10시, 한국의 3사단과 4사단은 서울 북쪽에서 북한군의 돌파 공격을 막지 못했습니다. 탱크가 서울 교외에 모습을 보였고 한국 정부는 남쪽으로 옮겨갔습니다. 주한미군사 고문단은 대구로 옮겨 도쿄와의 통신망을 구축했습니다.

워싱턴은 비상 시에 활용할 그 밖의 통신망 구축 상황에 대해 도쿄에 물었다. 이에 대해 도쿄 측은 해저 통신선을 이용한 5개의 통신 라인을 활용할 수 있다고 말했다. 워싱턴은 현지 조사팀이 한국에 도착했는지 물었고 도쿄는 현지 시간으로 26일 저녁 서울 남쪽 30마일 떨어진 수원에 도착할 예정이라고 보고했다. 이어 도쿄 측은 탄약과 대포를 26일 저녁 요코하마에서 선적할 것이며 사흘 뒤 부산에 도착한다고 보고했다. 북한의 남침 가능성은 없다고 오판했지만 미국의 대응은 신속했다.

| 6 |

인민의용군 이종문, 26일간의 종군
: 1950년 7월 4일

인민의용군 서울여단 제5대대 1중대 2소대 2분대 이종문의 일기는 1950년 7월 4일부터 시작된다.

그의 일기는 휴대용 노트를 진보라색 천으로 감싸고 바느질한 것이었다. 휴대용 노트 표지와 뒷장 등 여러 곳에는 제5대대 제1중대 2소대 2분대 이종문이라고 연필 글씨로 크게 적혀 있었다. 서기(西紀)가 아닌 단기(檀紀)를 고집하고 있는 것도 눈에 띈다.

인민의용군은 한국전쟁 초기인 1950년 7월 1일 북한 최고인민회의 상임위원회가 선포한 '전시동원령'에 따라 모집되었다. 이종문의 의용군 입대는 이때 자발적으로 이루어진 것으로 보인다. 북한인민군은 서울을 비롯한 주요 도시에 훈련소를 설치해 단기간 군사정치 훈련을 시킨 뒤 북한군에 편입시켰다.

이종문의 경우 입대 7일 만에 훈련을 마치고 서울학생의용군으로서 전선을 향해 출발했다.

▌인민의용군 이종문의 일기장.

입대기

단기 4283년 7월 4일. 28일 서울 해방이라는 위대한 인민군의 대
덕을 입고 감격과 의열에 불타 서울학생의용군에 참가하다.

단기 4283년 7월 5일. 작일(昨日)은 시인민위원회에서 밤을 지새우고
금日 의용군 양성(교육) 후 전 Brown 소장이 있던 집으로 파견되다.

이종문이 말하는 브라운 소장은 미소공동위원회 미국 측 대표였던
앨버트 브라운(Albert Brown) 소장일 것이다. 이종문은 7월 7일부터
남산국민학교와 일신국민학교 등을 옮겨다니며 훈련을 받은 끝에 불
과 나흘 만에 의용군 서울여단 제5대대 1중대 2소대 2분대에 배치되
었다. 마침내 7월 11일 전선을 향해 행군을 시작했다.

이종문은 수원을 향해 행군을 시작했다고 기록했다. "전지를 향하야

원수를 찾아간다"며 전의를 다지고 있다. 행군 도중 삼각지에서 수류탄을 지급받았다고 일기에 적었다. 7월 11일 밤 11시 군포를 출발해 12일 새벽 5시 수원에 도착했다. "대낮 행군을 강행했으나 공습을 받아 다시 밤 11시 야간 행군을 했다"고 적었다.

이종문은 조바심을 냈다.

전진, 전진. 전지는 아직도 멀었다.

이종문의 의용군부대는 행군 도중 길을 잘못 들어 부산이라는 마을에서 쉬었다.

촌락, 고향과 같은 촌락. 문득 부모 형제 생각.

또 적개심을 불태운다.

고향 평택은 쑥밭이 되었다고…. 그놈들, 그 원수를. 이미 나는 인민과 나라를 위해 헌신한 몸이다. 가자. 하루빨리.

7월 23일 이종문은 익산군 웅포면에 도착했다.

처음으로 전라북도를 밟고… 남진, 남진.

7월 24일 이리를 거쳐 행군하던 중 이종문의 부대는 인민군이 광주시를 해방 중에 있다는 소식을 듣고 일기에 적었다.

빨리 가자. 우리는 꼭 저 광주전에 참가해야 한다.

만경강을 건너자마자 폭격이 있었다.

약 1킬로미터나 되는 다리는 우리가 마지막으로 도착했다. 잔인무도한 적은 다리마저 폭격했다.

전투를 고대하며 조바심을 하던 이종문은 7월 25일 선발대를 자원했다.

선발대를 지원하고 여단본부 특공대로 출발하다. 광주를 목표로 가던 도중 트럭이 고장 났다. 김제에서부터 행군해 20리 지점에서 휴식을 취했다.

이종문은 드디어 7월 26일 전북과 전남의 경계인 갈재를 넘었다.

갈재를 넘어 광주에 도착. 광주전 참가를 목표로 왔으나 2일 전에 함락되고 말았다. 쉰 곳은 광산군 효문면 용산리다.

7월 28일 광양을 거쳐 이제 하동으로 건너가야 하지만 다시 발이 묶였다.

완전한 전지였다. 섬진강 다리 파괴로 말미암아 도하를 계속 못하고 밤을 지새웠다. 그러나 적은 하루 저녁 사이 진주로 도망갔다. 온종일 다리 공사였다.

인민군은 이 전투에서 승리했다고 적고 있다.

금번의 전과는 특히 미군 포로가 150인. 금번 전쟁에서 적의 세력은 미군 5개 사단과 국군, 경찰 등의 대세였으나 단 몇 시간에 패배시킨 것이다.

이튿날 29일 드디어 하동에 진출했다. 그러나 다시 꼼짝달싹 못했다. 사기는 여전히 높다.

새벽 전라도를 도하하야 하동읍에 오다. 7시부터 심한 공습으로 말미암아 목적을 달성치 못하다. 공습을 저녁까지 계속하야 하동을 파괴했다. 그러나 너희들의 최후의 발악도 막다른 골목에 닿았다. 진주도 해방. 남은 것은 대구, 부산, 마산뿐이다. 빨리 따라가자.

7월 30일 의용군 이종문은 오늘의 과업은 공습으로 또 늦었다고 기록했다. 그는 이어 이렇게 덧붙였다.

강우가 사정없이 내리는 오후 6시에 시작한 무기 수집. 더럽게도

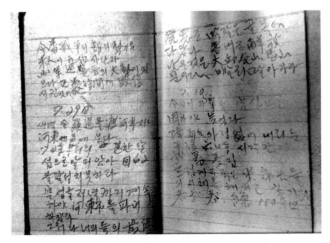
▌이종문의 일기는 전투 참가에 관한 기록없이 7월 30일 하동에서 멈추었다.

죽은 미제 놈들의 시체를 헤치고 총기 등 각종 무기 총 150조.

이종문의 일기는 여기서 끝났다. 1950년 7월 4일부터 30일까지 26일간 서울에서 하동까지, 그는 기다리고 기다리며 되뇌던 전지, 전쟁터에 도착했다. 그러나 그가 바라던 첫 전투에 대한 그의 설명은 없다. 아마도 첫 전투에서 목숨을 잃었을 가능성이 크다. 전투에서 살아남았다면 그가 통쾌했든 비참했든 몇 줄의 기록은 남겼을 것이다.

의용군 이종문이 줄곧 뒤따르던 부대는 인민군 제6사단 방호산부대였다. 인민군 6사단은 7월 21일 이리 점령, 23일 광주 점령, 24일 남원, 목포 점령, 25일 순천, 여수 점령, 다시 7월 28일 하동 점령 등 실로 전광석화 같은 기동이었다고 우리 측 군사 전문가들은 평가하고 있다. 의용군 이종문은 이때 하동 진출을 준비하고 있던 인민군 6사단에 합류했던 것이다. 그리고 그때 하동 지역에 서둘러 투입된 미군 제

29연대 3대대가 하동국도상 쇠고개에서 인민군의 매복 기습을 당해 큰 피해를 입었다고 한국전사는 기록하고 있다. 의용병 이종문의 첫 참전 기록인 시체를 뒤지는 총기 수집작업은 미군 3대대 전사자들을 상대로 진행되었을 것이다.

8월 2일부터 8월 16일까지 진주-마산 지역에서 북한군 6사단은 미군 제25사단과 치열하게 공방전을 벌였고 이어 근 한 달간 지루한 고지전을 계속했다. 북한인민군 6사단은 9월 15일 인천상륙작전을 계기로 부산 진출을 포기하고 서둘러 후퇴한다. 인민군 6사단은 지리산을 거치는 길고 긴 패주의 여정을 잇다가 북한 귀환에 성공했다. 6사단 전력을 고스란히 유지한 것은 물론 다른 패잔병들을 수습해 합류시키면서 돌아갔다고 한다. 뜨거운 피를 가진 공산주의자이며 서기 대신 단기(檀紀)를 고집하는 민족주의적인 청년인 이종문도 그 여정에 함께했을 수도 있다.

이종문의 노트 마지막 장에는 〈농민의 노래〉라는 제목의 시가 적혀 있다. 스스로 지은 것으로 보인다.

농민의 노래
울어라. 노래 부르자. 농민의 깃발은 휘날린다.
논밭을 빼앗기어 36년간 우리들 얼마나 기다렸드냐.
우리들 얼마나 참아왔드냐.
눈물과 피땀은 흙에 젖었네.

| 7 |

인민군 홍종선의 입당원서
: 1950년 8월 16일

어떤 인민군 병사의 전시 입당원서가 미군 노획문서에 들어있었다. 인민군 제4포연대 2대대 6중대 2소대 4분대 전사 홍종선의 노동당 현지 입당원서였다. 청년의 입당원서는 한국전쟁 문서상자 속에서 투명 비닐에 싸여 누렇게 바랜 채 가까스로 세월의 무게를 버티고 있었다.

입당원서

성명: 홍종선, 성별: 남자, 생년월일: 1930년 8월 21일.

소속 및 직위: 제4포련대 2대대 6중대 2소대 4분대(병사).

주소: 평남 평원군 조운면 성덕리.

입당 동기: 조국과 인민을 위해 헌신적으로 누구보다 잘 싸우는 것은 당원들이었음. 당원이 됨으로써 올바른 교양 사업을 이끌 수 있다고 믿어서 입당하고자 함.

1950년 8월 홍종선

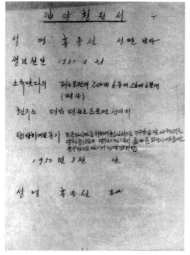
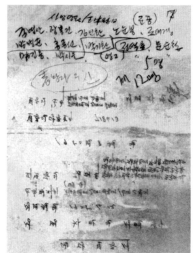

▌홍종선의 입당청원서.　　　　　　　　▌전사자 명단이 적힌 입당보증서 뒷면.

그는 갓 20세였다. 똑같은 필체에 쌍둥이와 같은 서류가 함께 있었다. 입당보증서다.

입당보증서

성명: 김영산, 성별: 남자, 생년월일: 1922년 7월 27일.

소속 및 직위: 제4포련대 2대대 6중대 중대부(각 3선).

피보증인: 홍종선.

동무를 1948년 10월 15일부터 알게 되었음. 그는 조국과 인민을 위해 헌신적으로 싸우기 때문임.

1950년 8월

보증인: 당중호수 279520

보증인: 김영산

입당청원서와 보증서 모두 동일한 필적이다. 보증인 김영산이 작성했을 수도 있고 다른 병사, 이른바 포대 행정병이 작성했을 것으로도 짐작된다. 필체와 서명을 한 글솜씨가 보통 사람의 수준을 넘는 달필이다. 1970년대까지만 해도 대한민국 육군의 경우 부대의 공문작성 서식에 익숙하고 글솜씨 좋은 부대행정병이 대신 기안했다. 심지어 병사를 군대 영창에 집어넣기 위한 징계의결서는 물론 징계 대상이 된 병사의 진술서조차도 칸에 그대로 넣기만 하면 되도록 모범답안이 미리 비치되어 있었으니, 1950년의 인민군도 그에 못지않았을 것이다. 당시 대한민국 국군이든 인민군이든 문맹률이 높았고, 그만큼 대필 가능성은 크다. 그런데 입당보증서 뒷면에 서둘러 쓴 메모가 있었다.

사망 당원

김영산, 김인환, 노순봉, 조태경, 박병훈, 홍종선, 박기환, 정택용, 문운철 등 모두 12명.

한 전투에서 12명이 함께 전사했다면 큰 전투가 있었고, 조선인민군 제4포병단은 큰 피해를 입은 것으로 보인다. 여섯 번째 전사자 홍종선은 입당지원을 했던 바로 그 병사다. 그리고 맨 처음 이름이 나오는 김영산은 입당보증을 해준 선임병사였다. 노동당 입당지원을 하고 또 보증을 선 두 사람은 같은 날 전투에서 함께 전사한 것이다.

이 서류는 왜관 지역에서 노획되었다. 1950년 8월 28일 해당 문서가 관리부서에 인계되었다고 기록되어 있다. 노획한 문건이 전담 관리부대에 넘겨지기까지는 보통 10~15일이 소요되므로 그들은 8월

13일에서 18일쯤 왜관전투에서 함께 전사했을 것으로 추정된다.

한국전사 기록에 따르면 왜관전투는 한국전쟁 가운데서도 가장 치열한 전투였다. 한국전쟁 발발 40여 일이 되는 1950년 8월 초 낙동강이남을 제외한 남한의 전 지역은 북한인민군의 손안에 넘어갔다. 이때 한국군 작전권을 넘겨받은 월턴 워커(Walton H. Walker) 미 8군사령관은 낙동강과 그 상류 동북부의 산악지대를 잇는 최후 방어선을 구축한다. 이른바 낙동강 방어선이다. 낙동강 방어선의 핵심 지역은 바로 칠곡과 왜관이었다. 최후의 배수진인 만큼 전투는 치열했다.

그런데 우리 측이 작성한 전투 기록에 따르면, 1950년 8월 16일 11시 58분에서 12시 24분 사이 일본 오키나와에 있는 가데나 미 공군기지에서 출격한 B-29 폭격기 98대가 왜관 서북쪽 낙동강변 일대세로 5.6킬로미터 가로 12킬로미터 지역에 960톤의 폭탄을 투하했다. 이는 제2차세계대전 이후 단일 전투에서 투하된 최대의 폭탄량 기록이라고 한다. 이 폭격으로 최전선에서 우리 측 병력과 근접 전투를 벌이던 인민군 보병들은 대체로 무사했던 반면 후방에서 지원하던 포병부대, 공병, 전차 그리고 탄약 등의 보급물자는 산산조각났다는 북한군 포로의 증언이 있었다고 우리 국방부가 펴낸《6·25 전쟁사》는 기술하고 있다.

왜관전투에 참가했던 우리 측 증언에 따르면 폭격에 앞서 대규모 공습이 있을 예정이니 전 병력은 진지에 그대로 남아있게 하라는 지시가 있었다고 한다. 잠시 뒤 하늘에서 그저 웅웅거리는 소리만 들려왔고, 미군 폭격기들이 대구 북방과 왜관 쪽을 향해 새까맣게 몰려가고 있었다고 전해진다.

예정 시간이 되자 폭발음이 들리기 시작했다. 맹렬했다. 땅이 흔들리는 느낌이었다. 곧이어 폭발음과 함께 실제로 땅이 울렁거렸다. 융단 폭격이었다. 지정한 지역을 융단을 깔듯 폭탄으로 덮어버리는 작전이다. 당시의 전쟁 양상이 그만큼 심각했음을 말해주는 것이다.

당시 왜관전투의 최전면에서 싸웠던 국군1사단 백선엽 사단장의 증언이다. 홍종선 인민군 제4포연대 전사는 당원이 된 8월, 바로 그달을 넘기지 못하고 왜관전투에서 전사했다. 그의 전사는 아마도 1950년 8월 16일 11시 58분에 시작되어 단 26분 동안 제2차세계대전 이래 최대 규모라는 그날의 폭격과 밀접한 관련이 있을 것 같다. 메모에 따르면 노동당원 신분으로 전사한 12명 가운데 김영산과 홍종선이 포함된 5명의 이름에는 밑줄과 함께 '군공'이라고 적혀 있다. 한자로 '軍功'일 것으로 보인다. 그리고 김영산, 홍종선을 비롯한 인민군 제4포병단 전사자 12명의 명단을 서둘러 입당원서 뒷면에 기록했던 그 지휘관 역시 며칠 뒤 전사했음이 확실하다.

그들을 이끈 4포연대 지휘관은 부하들의 죽음을 가볍게 처리하지는 않았던 상관이었던 것 같다. 입당원서는 즉시 처리되어 전투 현장에서 입당이 성사되었음을 알 수 있다. 그가 작성해 품고 있던 문건은 당원 전사자의 명단을 따로 구분해 기록했고 군공표창에 대한 내용도 적혀 있다. 그러나 그들에 대한 군공표창은 진행되지 못했다.

1950년 8월 16일 정오쯤 전사한 김영산, 홍종선 두 인민군 병사의 나이는 각각 27세, 20세였다.

| 8 |

인민군 6사단 리정수의 수첩
: 1950년 8월 17일

리정수의 수첩은 1950년 8월 17일 미 제25사단 작전지역에서 노획되었다. 미 제25사단은 방호산의 인민군 제6사단과 8월 내내 마산 지구에서 치열한 공방전을 벌인 끝에, 인민군 6사단의 부산 진출을 저지하는 데 성공한 부대다. 따라서 리정수는 6사단 소속일 것이다. 어느 연대이고 대대인지는 알 수 없으나 인민군 2소대 3분대원이었다.

그의 수첩은 분대원 7명의 이름과 생일, 성분과 출신, 입대 날짜, 입대 장소 그리고 결혼 여부, 본적과 현주소를 빼곡하게 기록하고 있다. 분대원 전원이 군에 입대한 장소는 중국이었다. 봉천, 림강, 심양, 길림, 연길, 휘남 등 입대 날짜가 이르게는 1945년 9월 17월이었고 수첩의 주인공인 리정수가 가장 늦은 1949년 7월 18일이다. 군입대 경력은 평균 2년이 넘었다. 이들 본적은 대부분 함경북도, 평안북도, 평안남도였고 현주소는 송강성, 길림성, 안동성 등 중국 동북지역이었다. 안칠종 한 명만 본적이 남한으로 경북 예천군 대임면이지만, 현주소는 중국 안동성 휘남현이었다. 모두 중국 교포인 것이다. 대부분 농민 가운데서도 빈농이었고 나이는 모두 20대였다. 28세, 26세, 22세가 각각 1명, 20세가 3명이었다. 18세의 학생도 1명 있었다.

중공군 8로군 가운데 한국인으로만 편성된 2개 사단이 북한인민군으로 편입되었다. 그 가운데 하나인 166사단은 1949년 7월 초 방호산이 그대로 인솔해 북한인민군에 편입, 인민군 6사단이 되었다고 기록하고 있다. 노획된 수첩에 적힌 인민군 6사단의 2소대 3분대 명단이 그 사실을 확인해 준다. 인민군 6사단은 9월 8일 인천상륙작전 이후 공세를 중단하고 신속하게 후퇴 길에 올랐다. 2소대 3분대가 무사히 후퇴하여 다시 중국의 고향으로 돌아갔을지는 의문이다. 그러나 수첩이 전투지역에서 노획되었다는 사실 자체가 수첩의 주인에게도 불운이 닥쳤을 가능성이 큼을 짐작케 한다.

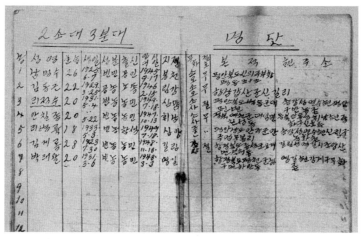

▍분대원 모두 해방 후 중국에서 입대했다. 중공군 8로군 가운데 한국인으로 구성된 2개 사단은 조선인민군에 편성되었다.

전사한 인민군 군관 품속의 메모
: 1950년 8월 19일

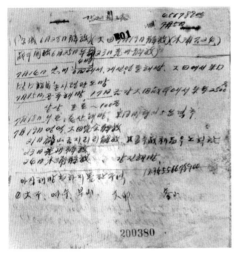

▌전사한 군관의 품에서 찾아낸 메모. 미군은 중요한 정보가 들어있을 것으로 보고 서둘러 영역했다.

낙동전투가 치열하게 전개되던 1950년 8월 19일 한국 1사단 13연대 작전지역에서 미군은 한 장의 메모를 노획했다. 전사한 인민군 군관의 품에서 찾아낸 메모였다. 이미 노획 당시부터 물에 적셔져 있었는지 얼룩 흔적이 있었다. 사체의 체액에 젖었을 수도 있을 것이다. 메모에는 날짜와 전투를 치르고 점령한 지역들을 차례로 적어두었다. 인민군이 큰 전과를 올린 금강전투 등 세부내용도 기록했다. 별 의미가 없는 메모인 것 같으나 미군은 이 메모를 이튿날 신속하게 영역했다. 전투지역에서 노획된 문서는 한데 모아두었다. 열흘쯤 뒤에 후방의 노획문서 담당부서에 넘기는 것이 상례였지만 바로 영역을 한 것은 군사기밀로서의 가치가 있다고 판단했기 때문인 것 같다.

〈45678900〉

전투 개시: 6월 25일 오전 4시, 경성 6월 28일 해방, 대전 7월 19일 해방, 목포 7월 24일, 7월 23일 광주 해방, 7월 14일 충주 방면에서 개선, 영풍 해방. 대전에서 미군 및 국군 총사령관 도망.

7월 15일 공주 해방, 17일 금강대전 전투에서 미군 2,500명 살상, 포로 100명.

7월 18일 부포, 론산 해방, 미국 비행기 5대 격추.

7월 19일 영역, 대전 완전 해방.

7월 21일 군산, 금지, 이리 해방, 다수 전리품을 노획함.

7월 23일 광주 해방.

7월 24일 목포 해방, 강진 해방.

〈1234556678900〉

아직 해방하지 못한 구역: 대구, 여수, 부산

군사기밀로서의 가치는 없지만 한글과 한자를 모르는 미군으로서는 인민군 고위 군관의 품속에 간직되어 있었고 문서 위아래에 45678900, 1234556678900 등의 숫자가 나열된 것에서 무언가 수상하다고 판단했던 듯하다. 어쨌든 이 숫자의 나열은 짐작이 가지 않

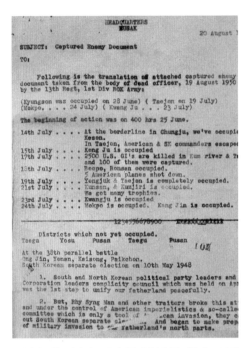

HEADQUARTERS
NUSAK

20 August 1

SUBJECT: Captured Enemy Document

TO:

Following is the translation of attached captured enemy
document taken from the body of dead officer, 19 August 1950
by the 13th Regt, 1st Div ROK Army:

(Kyungson was occupied on 28 June) (Taejon on 19 July)
(Mokpo. . . . 24 July) (Kwang Ju . . . 23 July)

The beginning of action was on 400 hrs 25 June.

14th July . . . . At the borderline in Chungju, we've occupie
Keson.
In Taejon, American & SK commanders escape
15th July . . . . Kong Ju is occupied
17th July . . . . 2500 U.S. GI's are killed in Kum river & 7
and 100 of them were captured.
18th July . . . . Beepo, Ronsan occupied.
5 American planes shot down.
19th July . . . . Yongjuk & Taejon is completely occupied.
21st July . . . . Kunsan, & Kunjiri is occupied.
We got many trophies.
23rd July . . . . Kwangju is occupied
24th July . . . . Mokpo is occupied. Kang Jin is occupied.

1234 5 6 7 8 9 0 0

Districts which not yet occupied.
Taegu   Yosu   Pusan   Taegu   Pusan

At the 38th parallel battle
Ong Jin, Yonan, Kaisong, Paikchon.
South Korean separate election on 10th May 1948

1. South and North Korean political party leaders and
Corporation leaders complicity council which was held on Apr
was the first step to unify our fatherland peacefully.

2. But, Rhy Syng Man and other traitors broke this at
and under the control of American imperialistics & so-calle
committee which is only a tool of ' .can invasion, they c
out South Korean separate ele. .. And began to make prep
of military invasion to fatherland's north parts.

▌영역된 북한군관의 메모. 금강전투에서 살상된 미군이 2,500명
이라고 적혀 있다.

는다. 만년필 잉크의 상태를 체크한 끄적임이라고 보기에도 무리가 있다. 그런데 눈에 띄는 부분은 금강전투에서 미군 2,500명을 살상했다는 것이다. 사실이라면 큰 피해다.

한국전사에 따르면 금강방어선 전투에 앞선 4일간의 개미고지전투에서 미군 428명이 전사했다. 미군은 금강 이남의 방어선으로 철수해 북한군의 남진을 막으려 했으나 후방이 차단됨으로써 금강방어선도 돌파되고 말았다. 미 제24사단은 7월 16일과 17일 대전 방어에 총력을 기울였으나 북한군의 우회 공격으로 많은 사상자가 발생했다. 대전전투에서만 전사 818명을 포함해 1,150명의 인명 손실이 발생했다. 우리 측 전사는 미 제24사단의 희생적인 방어 노력으로 나흘이라는 귀중한 시간을 벌었다고 기술하고 있다. 미 제24사단의 경우 사단장인 딘 소장이 실종되고 병력 7,305명을 잃었다. 딘 소장은 미군정 말기 군정장관을 역임하고 6·25 당시 미 제24사단장을 맡았었다. 그는 대전전투에서 패퇴해 후퇴하던 중 길을 잃고 산을 헤매다 주민 신고로 북측의 포로가 되었고 1953년 9월 포로교환으로 돌아왔다.

|10|

포로가 된 이학구 인민군 총좌
: 1950년 8월 21일

인민군 제13사단은 1950년 8월 21일 낙동강
전선에서 가장 치열한 전투로 꼽히는 다부동전
투에 뛰어들었다. 국군 제1사단과 미 제1기병사
단의 측면을 끈질기게 공격했지만 25일에 걸친
공방전에서 큰 피해를 입었다. 인민군 13사단은
야간을 이용해 7대의 T-34 전차를 앞세워 방어
선 돌파를 시도했으나 기다리고 있던 미 25사단
의 M26 퍼싱 전차와 치열한 전차전 끝에 패퇴하
고 말았고, 뒤이어 순차 투입된 지상 병력 역시
심각한 인명 손실만 입었다.

▌이학구 총좌. 그는 1943년 함흥사범
학교 교원강습과를 졸업했으며 이후
1946년 9월 군간부학교를 마쳤다.

인민군 13사단 간부과장 김만화가 9월 12일 참모장 이학구 총좌에
게 보고한 13사단의 군관급 인명 손실은 심각했다. 대대장 1명과 중
대장 16명, 소대장 49명 총 66명의 군관들이 다부동전투에서 전사하

거나 중상을 입었다. 이에 앞서 김만화 간부과장은 9월 8일에 13사단의 심각한 피해를 보고했는데 그 기록은 다음과 같다.

> 82번 동지 앞,
>
> 전화로 말씀 못 하고 서면으로 알립니다. 1950년 9월 8일 새벽 4시 경 총참모장과 기타 고문선생이 전선사령부로 돌아가는 길 안동 교차점 약 1킬로미터 못 와 땅크 2대와 자동차 한 대 파괴된 지점에서 지뢰 폭발로 참모장 동지와 서기장 고문선생은 희생되어 (중략) 현재 인원이 시체 운반에 다 동원되고 지휘부에 저 혼자 있습니다. 이 일로 전선사령부에 전투부국장 동지가 갔사오니 참모장 동지만 알고 전방 81번 동지에게 알리지 말라 합니다.

81번 동지는 최용진 인민군 13사단장, 82번 동지는 13사단 참모장 이학구 총좌다. 참모장 이학구 총좌는 1950년 9월 21일 최용진 사단장에게 불필요한 전력 손실만 가져오는 무모한 공격을 중단할 것을 요구했다. 거친 말다툼 끝에 서로 권총을 뽑아 드는 상황까지 벌어졌다. 이학구 총좌는 최용진 사단장의 팔을 권총으로 쏜 후 탈출해 미 제

▌제525군부대 이학구의 출입증.

1기병사단에 투항했다.

이학구는 투항 의사를 분명히 밝혔다. 그러나 미군은 생각이 달랐다. 미군이 생각하는 이학구 총좌의 쓰임새는 개전 초기에 인민군에게 포로로 잡힌 딘 소장과 전쟁포로 맞교환의 수단으로서 가치가 더 컸을 것이라고, 유용원〈조선일보〉군사 전문기자는 미군 G-2 정보 보고를 인용해 설명했다. 이 때문에 미군 측이 이학구에게 더 이상 귀순 의사를 표명할 수 없을 만큼의 증오감과 모멸감을 심어주기 위해 의도적으로 냉대했다는 것이다. 인민군 총좌 계급은 한국군에는 없는 계급으로 준장과 대령의 중간 계급에 해당한다. 북한에는 준장 계급이 없다.

미군은 이학구에게 항복 권유 방송까지 시킨 뒤 그를 거제도포로수용소에 보냈다. 그때 그가 느꼈을 절망과 모멸감은 짐작하고도 남음이 있다. 이학구는 거제도66수용소에 있으면서 친공 포로조직을 지휘했다. 포로수용소에서 폭동이 발생하고 포로수용소장인 도드 준장이 포로들에게 인질로 잡히는 등 사태가 악화되자 북한 포로의 대표자로 협상을 벌여 미군 측으로 하여금 전쟁보다 더 힘겨운 어려움을 겪게 했다고 한다. 그 후 미 24사단장인 딘 소장과 상호 포로 교환이 이루어졌다. 그는 휴전 후 처벌을 감수하고 북을 선택해 돌아갔다. 북한으로 돌아간 이학구는 쏟아지는 멸시와 냉대를 참아오다 10년 뒤인 1963년에 권총으로 자살했다.

미국 국립문서보관소에는 비운의 인물 이학구 총좌의 소지품이 다수 수장되어 있다. 간부 이력서에는 그가 1920년 함경북도 명천군에서 빈농으로 태어나 그곳 보통학교를 거쳐 함흥사범학교 교원 강습과를

북한의 특수층 가족에게만 허용된 평양 제2특별병원 진료증.

졸업한 뒤 1946년 5월 노동당에 가입했다고 되어 있다. 이어 1946년 9월 함북 나남 제2소 5연대에서 군관훈련을 마치고 군관에 임용되었다고 기록되어 있다. 그에게는 31세로 나이가 같은 처 김은준과의 사이에 10세 금숙, 7세 정자, 5세 옥히 이렇게 세 딸들이 있었다.

그의 소지품에는 13사단 간부과장의 보고문건과 간부 이력서 외에 평양시 남구 인민위원회대의원 당선증, 굵고 빨간 사선이 그어진 민족보위성 경무장 출입증, 역시 빨간 사선의 제525군부대 출입증, 이학구 본인과 그의 가족을 진료대상으로 하는 평양 제2특별병원 진료카드 등이 있었다. 그가 소지하고 있던 증명서 모두 출입과 이용을 엄격하게 통제하는 장소와 시설에 대한 허가증명서였다. 아마도 귀순하는 마지막 순간까지도 놓치기 아까운 특권증명서였을 것이다.

단정하고 깔끔한 글씨만큼이나 증명서에 붙여진 이학구의 사진은 젊고 단정한 군관의 모습을 보여준다. 이학구 총좌와 그의 처 그리고 세 딸에게 다가왔다가 금세 사라진 희망, 뒤이어 닥쳐온 그 밑을 모르는 절망에서 한국전쟁의 비극을 읽는다. 포로수용소에 수용된 전쟁포로들은 그가 공산주의자라는 것만 빼고는 훌륭한 인격의 소유자였다고 평가했다.

| 11 |

낙오한 인민군 전종만의 일기
: 1950년 8월 30일~9월 27일

금일 적 항공이 선전비라를 살포함. 아군의 총성은 들리지 않고 적 총성도 들리지 않는다. 하로바삐 적망을 헤칠 각오를 다시 맹서한다. 9월 26일 21시에 기록.

낙오병 조선인민군 6사단 독립연대 1대대 문화부대장 전종만의 일기는 〈김해 방향 출동 행동. 창원일지〉라는 제목으로 1950년 8월 30일부터 시작된다. 일기는 9월 27일까지 29일간의 부대 활동과 함께 자신의 심경을 드문드문 적고 있다. 그의 기술은 비교적 담담했다. 마치 그의 일기는 반드시 공개되고 평가될 것이라고 짐작이라도 한 듯 누군가를 잔뜩 의식하고 있었다. 담임선생님에게 제출할 일기를 쓰는 초등학생 같기도 하다. 감정을 절제하려 애쓴 만큼이나 그의 상황 묘사는 더욱 절망적으로 와 닿는다.

전종만의 일기가 시작된 8월 30일은 한국전쟁이 자칫하면 북한의

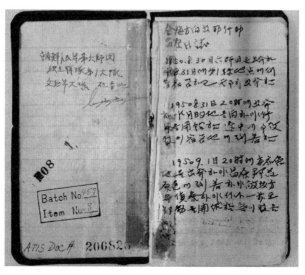
낙오된 인민군 6사단 문화중대장 전종만의 일기. 그는 부대에 복귀하지 못했다.

승리로 끝날 뻔했던 위기를 가까스로 막아낸 경남 서부에서의 마산전
투가 숨을 고르던 때였다. 북한의 방호산 소장이 이끄는 인민군 6사단
은 개전과 함께 워커 미 8군사령관이 경악과 찬사를 함께 보냈듯 충청
도와 전라도를 순식간에 무인지경으로 휩쓸고 내려왔다. 이어 하동을
거쳐 부산의 문턱인 마산에 육박했다. 뒤늦게 서둘러 투입된 미 제24,
25사단 그리고 여기에 배속된 국군해병대가 선전 끝에 가까스로 인
민군 6사단 공격의 차단에 성공했다. 마산전투는 같은 시기에 북쪽에
서 벌어진 다부동전투에 비해 국지적이었지만 마산과 마지막 거점인
부산이 불과 50여 킬로미터 거리였던 만큼 어느 전투보다도 중요하며
물러설 수 없는, 그래서 쌍방 모두가 필사적으로 맞붙은 전투였다.

  전종만의 일기에 따르면 8월 30일 그가 속한 인민군 6사단은 장기
간의 대치상태를 타개하기 위해 소규모 부대로 나누어 국군의 후방

침투를 시도했다. 문화부대장 전종만의 1대대는 작전 지시에 따라 적진의 빈틈을 뚫고 적 후방에 스며들었다. 그리고 목적지 부근에 숨어 12일간 본대를 기다렸다. 그러나 기다리던 그의 본대는 만나지 못한 채 국군에게 발각되어 끈질긴 추적을 당했다. 부대는 본대 복귀를 시도했지만 역습을 당했고 뿔뿔이 흩어졌다. 전종만은 적진 한가운데 있는 텅 빈 마을의 어느 빈집에 홀로 숨어들었다. 국군의 수색이 수시로 이어지는 가운데 숨죽이며 써내려간 그의 기록은 열흘만인 9월 27일에 멈추었다. 내내 외로움과 공포, 절망이 가득 배어 있었다.

전종만의 일기는 70년이 지난 현재에도 엊그제 쓴 것처럼 파란색 잉크 색깔이 선명했다. 흘려 씀이 없이 줄을 맞추어 쓴 단정한 만년필 글씨였다. 소속과 직책은 기록되어 있으나 계급은 적혀 있지 않았다. 글씨체와 내용으로 미루어 당원 출신에 어느 정도의 지식을 갖추었으나, 정규교육은 그다지 많이 받지 않은 인물이고 직업군인은 아닌 것으로 보인다. 일기에서 군사 전문용어는 발견하지 못했다.

> 1950년 8월 30일. 6사단을 출발하야 8월 31일에 제1선지점에 도착 숙영하다.

그의 일기 첫 기록이다. 이어 "31일 저녁 8시에 목적지를 향해 행군을 개시했으며 도중에 사고 없이 숙영지에 도착했다"고 했다. 그러나 전종만은 오지도 가지도 못하는 상황에 빠진 것을 알았다.

> 1950년 9월 1일. 20시에 본 숙영지를 출발하야 창원군 창원읍에

도착하야 적 후방을 정찰하야서나 1보도 행동을 개시할 틈이
없음.

9월 2일 저녁 전종만의 부대는 다시 창원을 떠나 3일 새벽 4시 김해
군 월산에 침투하는 데 성공했다. 적 후방 한가운데에 있게 된 것이다.

9월 3일 저녁 8시. 산속에 숨어 있던 그의 부대는 부산을 향해, 다시
구포를 향해 이동했지만 적에게 발각되어 목적지에 도달치 못하고 진
해 방향으로 후퇴했다고 일기는 적고 있다.

9월 4일 저녁 8시, 다시 산에서 내려와 진해와 김해를 잇는 도로를
정찰하던 중 적 CIC를 만나 2명을 체포해 총살했다. 총살된 2명은 '체
포했다'는 그의 표현으로 미루어 정탐에 나선 아군 병사이든 아니든
민간인 차림이었고 총격은 오가지 않은 것으로 보인다.

9월 5일 새벽 3시 진해와 김해를 잇는 다리를 파괴한 뒤 국군 해병
대에 발각되었으나, 추격을 따돌리고 다시 진해로 방향을 바꾸었다고
일기는 적고 있다. 기록으로 미루어 전종만의 1대대는 김해 침투에 실
패하고 창원과 진해, 김해를 잇는 삼각의 공간을 맴돌았던 것으로 보
인다.

6일부터 적 후방 지역을 정찰하면서 아군 부대의 총공격에 대기
한다.

"김해, 창원 일대에서 적 후방 교란과 비라살포활동을 하면서 계속
본대를 기다리고 있다"고 9월 17일까지 반복해서 기술하고 있다.

그러나 인민군 6사단 독립연대 1대대는 결국 복귀를 결정했다. 작전 개시 19일만이다.

9월 18일 오후 3시를 기하야 본 사단으로 돌아가기로 상의 결정하야 행동을 개시한다.

▎전종만의 대대는 사단복귀를 시도했으나 기습을 받아 흩어지고 그는 낙오병이 되었다.

후퇴에 나선 그의 부대는 "창원 읍내에 지뢰를 장치하고 사단을 향해 철수를 개시"하지만 곧바로 국군의 기습을 받았다. 대원들은 뿔뿔이 흩어지고 전종만은 혼자가 되었다.

전종만은 "백주였지만 행동을 개시해 약속된 집합 장소에 도착하고 4시간을 숨어 기다렸지만 동지들은 1명도 만날 수 없음"이라고 일기에 적었다.

할 수 없이 행동을 개시하야 창원군 내서면 안성리에 도착하야 식사를 마치고 20시에 다시 행동을 개시했으나 불과 2킬로미터도 못 가서 적의 전초선에 발각되어 후퇴함.

그는 국군의 치밀한 방어선 구축 상황을 기록해 두었다.

창원, 마산, 진해 전후의 산 전체에 땅굴을 굴했고 적 후방 공배(보급)는 창원읍 및 성주사에서 함. 후방 경비는 각 부락에 자위대를 조직하야 200미터에 2명의 보초를 세우고 요소요소에는 국군이 보초를 서고 있음.

9월 19일 일기에서는 "오늘도 적 속에서 무사히 일일을 경과했다. 전선에서 활동하는 동지들을 생각할 때 얼마나 자신이 비겁한지 하로 바삐 귀대하야 과업을 완수할 것을 또다시 맹서함"이라고 썼다. 그는 그러나 9월 20일 한 발짝도 움직이지 못했다.

인민이 전부 피란 가고 없고 빈집에 노인 1명이 있음으로 그와 함께 식사하고 현재에 이름. 그리고 매일 국군, 경찰, 미군이 1회씩은 온다. 도저히 본 부락에서 벗어나갈 틈이 없다.

9월 23일 일기다.

본 숙영지에서 보도연맹원 2명을 만나 이 동지들과 함께 매일 행동을 동일하게 함. 적 전초망을 정찰하고 본대로 돌아갈 기회를 엿봄.

9월 25일에는 이렇게 썼다.

본 숙영지에 적 경찰 8명, 미군 3명이 습격해왔으나 보도연맹원

2명과 함께 무사히 엄배(엄폐)함. 놈들이 현 부락에 와서 만일 인민군이 유할 시는 노인들을 총살하는 동시에 부락을 소하겠다고 공갈 협박을 하고 있다.

9월 26일, 그는 인천상륙작전이 성공했으며 서울 수복을 앞두고 있다는 소식을 접했다. 더 이상 숨어서 아군을 기다릴 수 없다는 판단을 하기에 이른다.

금일 적 항공에서 선전비라가 살포됨. 그 내용엔 적 연합국 미국 외 9개국이 인천에 상륙하야 현재 영덕을 향하고 있고 서울을 폭격했다는 것을 선전하고 있다. 이 비라를 본 인민들은 현재 당황하고 있다. 언제야 전쟁이 끝이 나는가? 인민은 다 죽는다고 소리를 질렀다. 나는 그렇지 않다고 사실을 이야기하고 정치공작에 만전을 기하고 있다.

그러나 전종만은 함께 행동하던 현지의 보도연맹원도, 함께 기거하던 노인도 설득하거나 안심시키지 못했음을 인식했던 것 같다. 또 그들을 더 이상 신뢰하고 의지하며 이곳에 머물 수 있는 상황이 아니라고 판단했음이 분명하다. 그는 부대 복귀를 시도하기로 마음을 굳혔다.

금일도 아군의 총성은 들리지 않고 적 총성도 들리지 않는다. 하로바삐 적망을 헤칠 각오를 다시 맹서함.
21시에 기록.

전종만은 그러나 탈출과 본대 복귀를 거듭 다짐하면서도 바로 이어, "주야를 막론하고 야산에 인민이 있으면 총살 아니면 포위작전을 개시. 주로 경찰, 국군, 보국대가 행함. 그리고 야산과 산림이 많은 데는 전부 화소(火燒)하고 야산 옆 부락 등도 전부 불로 화소시킨다"라고 기록하고 있다. 결국 전종만은 이튿날에도 탈출을 단행하지 못했다.

> 1950년 9월 27일. 조식을 7시에 마치고 본 숙영지에 은폐함. 적기는 매일 정찰을 행하고 전선은 어느 지점인지 총성이 무한고로 알 수 없고 금일도 한심하게 1일을 보낼 것 같다. 오전 중 별다른 사고 없음.

그러나 그의 일기는 더 이상 이어지지 않았다. 그날 오후에 사고가 있었음이 분명하다. 그가 복귀를 시도하던 인민군 제6사단은 9월 16일 인천상륙작전이 성공을 거둔 직후 공세를 중단하고 즉각적인 후퇴를 단행했다. 그의 본 부대는 이미 열흘 전에 그가 돌아가려 했던 지점에서 자취를 감추었다. 9월 27일이면 그의 본대는 이미 지리산을 넘어 태백산맥을 거슬러 오르며 패주의 행군을 재촉하고 있었을 것이다.

종군일기 속표지에 소속과 성명을 정성스럽게 쓰고 멋진 서명까지 남겼던 조선인민공화국 제6사단 독립연대 제1대대 문화부대장 전종만, 그의 일기는 1950년 9월 27일 오전에 끝이 났다. 침투와 발각, 도주와 은폐라는 단어들이 여기저기 도드라진 그의 일기에서 매일매일 어른거렸던 죽음의 공포가 엿보인다. 또 스스로 용기 없음에 자책하다 다시 변명하며 탈출을 다짐하다 또다시 멈칫거렸던 낙오병의 모습이 그려진다.

전종만의 본대인 인민군 6사단은 연합군의 인천 상륙작전이 성공했다고 판단되자 망설임 없이 곧바로 후퇴에 나섰다. 무질서하게 패주한 다른 부대들과 달리 부대편제를 유지한 것은 물론 주변의 낙오병까지 수습해 사단 인원

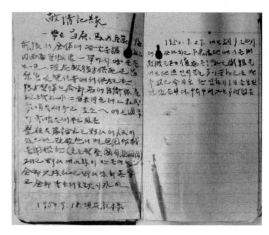

▎전종만의 마지막 기록.

수를 늘려가며 질서정연하게 북으로 퇴각하는 데 성공했다. 그해 10월 방호산의 6사단은 5군단으로 승격되었다. 워커 미 8군사령관 조차도 "북한군 6사단의 기동은 이제까지의 한국전쟁을 통해 가장 훌륭한 기동이었다"는 찬사를 아끼지 않았다고 우리 측의 한국전 군사관계자들은 전하고 있다.

그러나 문화부대장 전종만은 무사히 북한으로 되돌아간 인원에 끼지 못했다. 전종만의 일기가 수습된 곳은 미 25사단 작전지역인 마산 부근이었다. 전종만이 한 달 내내 숨어서 맴돌던 바로 그곳이었다.

| 12 |

인민군 전차병들의 전투수첩
: 1950년 9월 12일

인민군 전차병 전창규의 전투수첩은 1950년 9월 12일 미 육군 제 35연대의 작전지역인 마산 부근에서 노획되었다. 전창규의 수첩은 1949년 11월 19일 그가 처음 탱크사격훈련을 받은 것을 시작으로 기록되어 있다. 맵씨 있는 글씨는 아니지만 탱크포의 구조와 부품, 기능에 이르기까지 도표를 그려가며 정성스런 펜글씨로 적어놓았다. 아마도 전창규는 교본을 품에 끼고 다니며 공부하고 익혀가며 전차포를 다루었던 것 같다.

전창규가 마산전투에 가담한 1950년 8월 하순은 인민군 제6사단, 이른바 방호산이 이끈 부대가 국군의 필사 방어에 막혀 주춤거리면서, 마산을 뚫고 부산에 진출하려던 목표를 이루지 못해 전투가 소강상태에 빠져 있던 때였다. 북한군은 방어선을 뚫기 위한 재공격 채비를 서둘렀고 인민군의 9월 공세가 시작되었다. 여기에 인민군 제105전차사단과 제16기갑여단의 전차 63대가 가담해 인민군 6사단의 공격을

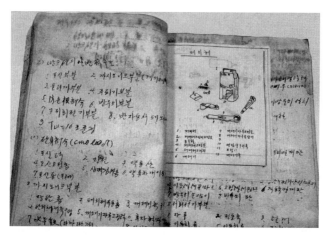
■ 인민군 전차병 전창규의 전투수첩.

지원했다.

　미 육군 35연대와 인민군 사이에 치열한 전투가 벌어졌다. 미 35연대는 미 공군의 근접지원과 후방의 포격지원을 받으며 3차에 걸친 인민군의 공격을 가까스로 막아냈다. 그 과정에서 인민군 전차들은 미 공군의 근접 지상공격으로 큰 손실을 입었다. 특히 9월 8일과 9일에 쏟아진 폭우로 북한군의 공세는 주춤하며 어려움을 겪었다. 미군에 노획된 인민군 전차병 전창규의 전투수첩이 물에 흠뻑 젖었던 흔적이 있는 것도 그때의 폭우 때문이었을 것이다. 마산을 돌파하려던 인민군의 9월 공세는 9월 15일 인천상륙작전과 함께 멈추었다.

　미군의 노획문서에는 인민군 병사들이 필기한 수첩과 노트, 손글씨로 베낀 교본들이 상당수 포함되어 있다. 그 가운데서도 인민군 제13독립 반전차포(反戰車砲)대대 2중대 2포장 한용국의 전투수첩이 눈길을 끈다. 손바닥 크기의 수첩은 고르게 손때에 절어있었다. 장기간 휴대하

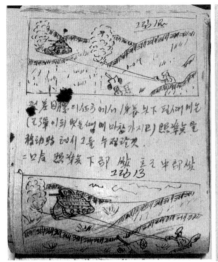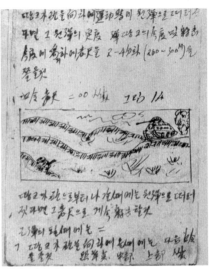

반전차포대대 2포장 한용국의 수첩. 그림 12, 13 14 등 반전차포 전술을 그린 다음 그림 번호를 붙이고 상세히 설명
해 두었다.

면서 숙독에 숙독을 거듭했을 것이다. 그의 필기수첩은 1950년 8월
13일 미 해병 1사단이 노획했다. 8월 11일부터 미 해병 1사단은 현풍
지구에서 북한군 3사단의 공격을 효과적으로 차단하고 막대한 피해
를 입혔다. 품에 간직되어 있던 반전차포 포장 한용국의 수첩은 바로
이때 미군의 손에 넘어갔다.

　미 해병 1사단이 노획한 또 다른 노트가 있다. 인민군 병사 염형노
의 소유였다. 표지를 본 순간 쓴웃음이 나왔다. 노트 표지에는 "Gold
Horse Lion Special made the paper in England Registered"라고 인
쇄되어 있었다. 그때 북한에도 짝퉁 영국제 노트가 있었던 것이다. 그
짝퉁 노트에 인민군 염형노는 '적 땅크와의 투쟁'에 대해 도표를 그려
가며 전투 요령을 정성스럽게 적어놓았다.

| 13 |

인민군 제56추격기련대 조종사 서주필
: 1950년 10월 6일

미국 국립문서보관소에는 조선인민군 항공군 제56추격기련대 조종
사 서주필의 비행수첩이 수장되어 있다.

문서번호 200786, 노획장소 및 일자: 김포 1950년 9월 21일.

자료 수령일: 1950년 10월 6일.

▌서주필의 신분 이력.

파란 천을 입힌 비행수첩은 마치 포로로 잡힌 병사처럼 미군 측의 노획문서번호가 매겨지고 필요한 정보가 속지에 기록되어 있었다. 1950년 9월 21일은 인천상륙작전이 성공해 서울 수복을 1주일 앞둔 때다. 노획된 장소는 김포, 아마 김포비행장일 것이다.

비행수첩의 첫 페이지에는 전리력(戰履歷)이라고 적혀 있다. 직무와 직위를 쓰는 칸은 성큼 건너뛰고 이름과 국적란에 서주필, 조선인이라고 간단하게 적었다. 아마도 상황에 따라 소련인들과도 함께 조종훈련을 받았던 것 같다. 조종사 서주필은 1927년 10월 28일생, 만 23세였다. 소학교 졸업이다. 학력은 의외로 낮았다. 입대 날짜이면서 동시에 항공대에 가입한 일자는 1946년 10월 20일이다. 서주필은 4년 경력의 전투기 조종사였다.

북한은 공군전력 증강에 일찍이 관심을 보여 1945년 10월 군사비행학교를 설립했다. 처음 훈련을 받을 때 사용한 항공기는 서주필의 비행수첩에 적혀 있는 그대로 폴리카르포프 2(Po-2)기였을 것이다. 폴리카르포프 2기는 1928년에 소련이 개발한 다목적 복엽기로, 소련 공군은 주로 조종사 양성을 위한 훈련기로 사용했다. 제2차세계대전 때에는 저고도 활공능력의 장점이 크게 인정되어 은밀성이 요구되는 정찰과 야간폭격에 주로 투입되었다. 기체를 캔버스천과 목재로 만들어 속도가 느린 복엽기인 데도 활용도가 높아 1952년까지 무려 3만여 대가 생산된 기종이다. 그러나 소련은 항공기 지원에 소극적이어서 처음 3년간은 일본군으로부터 노획한 95식 훈련기로 교육을 받았다는 증언도 있는데 상당히 신빙성이 있어 보인다.

서주필은 이어 야크(YAK)-18, 야크-11을 거쳐 그 당시로서는 성능

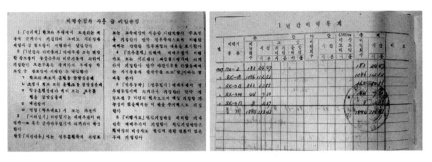

▌조종사 서주필의 비행수첩과 비행기록.

이 우수한 것으로 손꼽히는 야크-9기도 조종했다. 비행수첩 기록에 따르면 1949년 한 해에만 비행 횟수 1,884회, 비행 시간 213시간 39분을 기록했으며 조종한 전투기들은 주로 야크-18, 야크-9였다. 소련은 한국전쟁 발발 1년 전부터 북한에 대한 공군력 증강에 힘썼던 것으로 알려졌다. 서주필의 비행훈련 기록이 이를 뒷받침한다.

한국전쟁 개전과 함께 북한의 전투기 조종사 서주필은 전투에 투입되었을 개연성이 크다. 개전일인 6월 25일 북한의 야크-9기 4대가 용산역에 기총소사를 가했으며 6월 30일에는 야크-9기 6대가 수원비행장을 공격하는 등 활발한 작전을 벌였다. 그러나 상황은 1주일만에 급변했다. 미 공군의 빠른 참전으로 순식간에 미군 측에 제공권이 넘어왔다고 국방부 군사편찬연구소가 발행한《한국전쟁사》는 기록하고 있다.

개전 한 달도 채 안 되는 7월 중순 북한에는 보유 항공기 200대 가운데 30여 대만 남았으며, 8월 중순 이후에는 전투 가능한 야크-9기 조종사는 불과 6명이었다고 러시아 국방성 문서를 인용한 언론 보도들이 전한 바 있다.《한국전쟁사》에 마지막으로 기록된 북한 공군의 공개적인 출격은 7월 17일과 18일로 야크-9기가 대전 시내에 산발적 폭격을 가한 것이었다. 그 후에는 Po-2 훈련기에 의한 산발적인 야간 폭격이 몇 차례 있었을 뿐이다.

비행수첩이 미군의 손에 넘어가던 1950년 9월 21일, 서주필은 어디에 있었을까? 김포공항은 9월 18일 미군이 다시 탈환했다. 그러나 김포공항은 이미 그보다 두 달 전에 북한 측 군 항공기지로서의 기능을 상실했다. 서주필의 생존 여부에 관계없이 조종사로서의 역할은 멈추었을 가능성이 크다. 개전 초기 200대였던 북한 항공기는 20대로 줄었다. 그렇다면 서주필의 비행수첩이 노획되던 9월20일 직전까지 그가 생존해 있었을 가능성은 200분의 20, 즉 10퍼센트였을 것이다.

1969년 4월 15일 동해에서 작전 중이던 미 해군 소속 EC-121 조기경보기가 북한 공군의 미그21 전투기의 공격으로 해상으로 추락해 승무원 31명 전원이 사망한 일이 있었다. 당시 영공 침해 여부를 둘러싼 쌍방 주장이 엇갈린 가운데 한반도에 전운이 감돌았다. 베트남 근해에 있는 레인저호 등 미 해군항모 3척이 비상대기 태세에 들어갔다.

그런데 미 백악관은 놀라울 만큼 신중한 자세를 보이고 있다고 1969년 4월 17일 〈동아일보〉는 보도했다. 리치드 닉슨 미국 대통령은 응징 조치를 취하지 않았다. EC-121기를 격추한 북한의 미그기는 19년 전 야크기 조종사 서주필이 있었던 바로 그 부대 '제56추격기련대' 소속이었다. 북한은 사건 이후 해당 부대를 '근위제56김지상영웅 추격기연대'라고 높여 부르고 있다.

| 14 |

인민군 107연대 참모들의 선택
: 1950년 10월 14일

미군의 한국전쟁 노획물에는 인민군 5656부대 참모부일지가 있다. 1950년 10월 14일 황해도 금천에서 노획된 이 참모부일지는 적군과 아군을 굳이 가리지 않는다면 감동으로 받아들일 만한 내용을 담고 있었다. 이 일지는 한계상황 속에서도 따뜻한 전우애를 유지하면서 체계적이고 침착하게 대응한 어떤 조직과 구성원에 대한 기록이기도 하기 때문이다.

인민군 5656부대는 인천과 김포, 개성의 방어를 맡았던 인민군 제107연대이다. 8월 14일에 창설되었다. 인천상륙작전을 한 달 앞둔 때였다. 북한군도 연합군의 상륙작전 가능성을 예측하고 대비했던 것 같다. 전사 기록에 따르면 107연대의 당초 임무는 '전선부대의 후송과 수송 그리고 패잔병 소탕'이었다. 그러나 창설된 지 불과 1주일 뒤인 8월 21일 "해안으로부터 적의 침입을 불허하고 그의 기도를 분쇄하되 즉시 야간 이동을 실시해 부대 배치를 완료"하라는 긴급 명령과 함께 새로운 임무가 부여되었다. "각 지역마다 방어시설을 9월 15일까지 완성하고 항공 폭격과 함포 사격에 대비해 음폐호 등을 견고하게 설비하라"는 명령이 내려온 것이다. 인천상륙작전이 임박했음을 확실히 예상한 대응이었다. 그러나 낙동강으로의 전력 집중과 시간의 촉박함, 장비와 인력의 부족으로 실제 준비는 충분치 못했던 것으로 인천상륙작전을 연구한 군사 전문가들은 지적하고 있다.

미군이 노획한 인민군 107연대의 참모부일지는 부대의 막중한 임무에 비해 초라하기 짝이 없었다. 백지를 잘라 송곳으로 구멍을 뚫고 노끈으로 묶어 만든 게 전부였다. 백지 위에는 일일이 연필로 줄을 반듯하게 긋고 날짜마다 전투사항, 특기사항, 기타로 나누어 부대 활동을 한눈에 떠올릴 수 있을 정도로 꼼꼼하게 적고 있었다.

107연대는 인천상륙작전 개시 11일이 경과한 9월 26일 김포반도에서 연합군의 진출을 지연시키는 작전을 벌이고 있었다. 일지를 보면 숨 가쁜 하루였다. 김포반도의 양곡지구에서 오후 1시 연합군의 기습공격이 있었고 이에 맞서 인민군 31, 33대대는 방어에 들어갔으나 실탄 부족으로 통진으로 철수했다. 인민군 107연대는 다시 봉성리로, 다시 김포로 후퇴했다. 일지에는 곳곳에서 벌어진 전투상황을 중계하듯 기록해 두었다. 당황한 가운데 서두른 후퇴가 아니라 계산된 후퇴, 즉 계획대로 진행된 것으로 보였다. 특히 그날 오후 3시 양곡리 전방 산고지에서는 국군 병력 1개 대대, 걸포리에 탱크 50대, 봉검도에 1개 연대 규모의 지상병력과 함께 해상에 36척 가량의 적함이 발견되었다고 적었다. 그럼에도 특별한 동요가 엿보이는 기록이나 명령 하달은 없었다. 107연대는 연합군의 공격에 31대대, 32대대, 27대대 각 산하 부대들이 차례차례 대응 임무를 교대하며 질서 있게 후퇴를 진행하고 있었다. 눈에 띄는 것은 이미 철수한 지역에도 정찰파견을 보내는 한편, 앞으로 진행할 예상지역에도 동시에 정찰파견을 보내는 규칙성이었다. 정찰파견에는 현지 사정에 밝은 내무서원과 보위부원을 함께 투입했다. 107연대는 제한적인 맞대응과 후퇴 다시 임무교대, 철수를 진행하며 김포반도를 차례로 벗어나 려현을 거쳐 개성으로 향했다.

그러던 10월 4일 107연대는 261명의 신병들을 보충받았다. 개풍군 출신으로 군사동원령에 따라 나온 병력이라고, 일지는 특기사항에 적고 있다. 이들 역시 우리의 학도병이 그랬고 북한군의 의용군 병력이 그랬듯 응급 땜질을 위해 급하거나 승산이 없는 최전선에 투입될 것이 틀림없어 보였다.

그런데 개풍군의 신병들 가운데 28명은 연대직속 공병소대에, 나머지 233명은 모두 27대대에 투입되었다. 부대 배치를 보면, 연대직속은 개성 부근, 27대대는 개성 남쪽에 있었다. 이들이 배치된 곳은 모두 신병들의 집과 가족이 있는 개풍군이었다. 승산은 없지만 국군의 진격을 늦추기 위한 전투는 경기도 파주, 봉일천 등 곳곳에서 진행되고 있었다. 이때 107연대 참모부는 남다른 선택을 한 것이다.

이어 10월 6일, 107연대 참

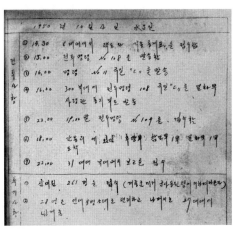

▌인민군 107연대는 신병 261명을 최전선 대신 후방지역인 개성 일대에 배치했다.

모부일지는 "후방 사업이 불철저하게 집행되었음으로 아침 식사를 14시 20분에 완료했다"고 기록하고 있다. 전 부대원이 식량 부족으로 아침 식사를 굶은 것이다. 이어 "낮 식사를 그만두고 저녁 식사를 한 결과 식사 부족으로 참모부 군관들은 식사를 못 함"이라고 일지는 전했다. 그러니까 일반 병사들은 그날 두 끼의 식사를 했

▌인민군 107연대의 일지는 10월 6일 특기사항에 간부들은 두 끼, 병사들은 한 끼를 거른 사실을 기록하고 있다.

고 참모부 군관들은 아침 겸 점심 한 끼만 먹고 두 끼를 거른 것이다.

일지는 식량이 바닥난 심각한 현실을 "후방 사업이 불철저하게 집행되었다"고 표현했다. 식량이 떨어진 사실을 명시하는 대신 '식사 부족으로 배식을 못 한 것'으로 기록하고 있다. 107연대 참모부 군관들은 병사들보다 한 끼를 더 굶었다. 그리고 이들은 내색조차 않은 듯 보인다. 피아를 뛰어넘어 따뜻한 감동이 뒤따른다. 107연대 참모부일지는 10월 7일에 끝났다. 그리고 10월 14일 이 일지는 미군의 손에 넘어왔다. 황해도 금천에서였다.

미군은 인민군 제5656부대 참모부일지와 함께 인민군이 갖고 있던 사진 묶음을 노획했다. 인민군의 서울 입성을 촬영한 사진과 학살당한 애국자의 시체라고 적힌 사진들이다.

▌인민군을 환영하는 현수막이 내걸린 서울시청. 인민군 5656부대 참모부가 갖고 있었으나 작전일지와 함께 미군에게 노획됐다.

| 15 |

혹평을 받은 카투사
: 1950년 11월 15일

미 제15보병연대 지휘보고, 1950년 11월(비밀)

한국 병사들은 매복 또는 공격 시 충격을 받은 나머지 얼어붙어 총을 쏘지 않는 사례가 여러 차례 있었습니다. 그들 중 극히 일부가 응사하기는 했으나 무엇을 겨냥하는지 전혀 생각하지 않은 채 마구잡이로 쏘아댔습니다.

1950년 11월 11일 원산에 상륙해 11월 15일 첫 전투를 벌인 미 제3사단 15연대는 연대에 배치된 한국 병사들에 대해 거침 없이 혹평을 했다. 그에 앞서 미 제15보병연대는 1950년 9월 일본 규슈에 있는 캠프 모리에서 한국전 투입을 준비하고 있던 중 한국 병사(카투사)를 처음 배치받았다.

미 15연대일지는 한국 병사들이 부대에 도착하던 9월 21일을 이렇게 기록했다.

Command Report, November 1950, 15th Infantry Regiment

SECTION II

LESSONS LEARNED

A. Personal Hygiene

It was learned that our soldiers were not indoctrinated correctly on the methods of caring for their feet and body so as to keep to the minimum, non-battle casualties occurring due to trench foot and frost bite; and the washing of the teeth and hands religiously to keep down cases of dysentery and upset stomachs.

B. Combat Lessons

Behavior of ROK Personnel under fire - There were several instances during ambushes or during attacks that the ROK Personnel "froze" from shock and did not even fire their weapons. Those few that did fire just fired at random with no idea what they were shooting at. More emphasis has been placed on teamwork to instill confidence in these soldiers.

Fire Control - Our forces (especially ROK Personnel) have the habit of being "trigger happy". At the slightest provocation they would fire their weapons into the air with the idea in mind of a "protection factor" rather than to hold their fire until the opportune time to lay down their fires on observed enemy targets. These incidents occurred during the hours of daylight and darkness. Fire control during the daylight hours was generally good. More control was exercised after these instances, strict fire discipline was demanded which proved to the men that less casualties will be suffered if strict fire control is exercised. Leaders kept constant contact with each individual and this tended to eliminate firing weapons at random.

Being on the Alert - Some personnel of an Infantry Battalion were asleep in their fox holes in sleeping bags when attacked by the enemy during hours of darkness. Investigation showed that the other soldier in the fox hole was not as alert as he should have been, consequently let the enemy get too close in to the position to give the soldier in the sleeping bag a chance to get out and protect himself. We have stressed the doctrine of never being surprised by being always on the alert. Having one man always in firing position.

Fire Control - Our forces (especially ROK Personnel) have the habit of being "trigger happy". At the slightest provocation they would fire their weapons into the air with the idea in mind of a "protection factor" rather than to hold their fire until the opportune time to lay down their fires on observed enemy targets. These incidents occurred during the hours of daylight and darkness. Fire control during the daylight hours was generally good. More control was exercised after these instances, strict fire discipline was demanded which proved to the men that less casualties will be suffered if strict fire control is exercised. Leaders kept constant contact with each individual and this tended to eliminate firing weapons at random.

▌미 제15보병연대 지휘보고는 배속된 한국군 상당수가 겁에 질려 제자리에 얼어붙거나 사격을 않는다며 혹독한 평가를 했다.

한국 병사들이 행진해왔고 환영 속에 도착해 각 중대로 배치되었습니다. 이제 이들은 15연대에 배치되어 각자 임무를 수행하게 됩니다. 한국 병사들이 도착하자마자 비가 쏟아졌고, 이 때문에 하루 종일 진창 속에서 본래의 전투준비 업무와 관련 없는 일을 해야 했습니다. 또 이들은 전염성 질병의 전파를 차단하기 위해 15일 간의 격리 기간을 가졌습니다.

15연대 관계자들은 한국 병사들이 교육 훈련은 물론 병영생활에 잘 적응하고 있다고 기록했다. 15연대는 한국전 참전을 앞두고 정규전투 부대로서 인력과 편제를 갖추기 시작했다.

한국인 보충병들은 학습에 깊은 관심을 보였고 팀원으로 부대원 으로서 역할을 수행할 수 있음을 보여주었습니다. 영어를 구사하 는 병사는 몇 명에 그쳤지만 통역 도움을 받아 훈련을 마쳤습니 다. 체조, PRI, 소대훈련, 도보 행군, 특수훈련 등 15연대 병사라 면 모두 받는 훈련이었습니다. 한국인 보충 병력들은 휴식시간에 영화를 감상하고 휴일에는 밴드 공연을 관람했습니다.

한국인 병사들의 교육은 11월 1일에 끝났다. 미 제15연대 관계자 들은 1개월 5일간에 걸친 교육 훈련 결과에 만족을 나타냈다. 겨우 한 달 남짓의 교육이었다.

그들이 맨 처음 모습을 나타냈을 때와 지금은 매우 대조를 이룹 니다. 그들은 민간인의 모습으로 왔으나 이제 근본부터 군인다운 모습으로 바뀌어 15연대 장병으로 길을 나섰습니다.

그러나 미 제15연대는 몇 차례 전투를 치른 뒤 한국 병사들을 향한 기대는 큰 실망으로 바뀌었다. 미군 지휘관들은 한국 병사에 대해 전투 요원으로는 전혀 쓸모가 없다고 단정했다.

북한 마전리에서 벌어진 1대대 작전 결과를 보면 한국 병사들의 전투보병으로서 직무수행은 불만족스럽습니다. 소총중대 병력 가운데 40~50퍼센트가 한국 병사로 충원되었는데, 사전교육을 통해 수신호 등 다른 신호수단을 교육했지만 언어 장벽을 극복하지 못했으며, 이 때문에 전투 진행 중에도 이들을 통제하기 위해 불필요한 노출이 발생했습니다.

그런데 무엇보다도 한국인 병사들은 겁이 많고 무책임하다고 몰아세웠다.

해당 부대에서 전사, 전상, 실종 등 미군 병사의 피해 비율은 한국 병사들의 2배에 달했습니다. 전투 중에 한국인 병사들은 무기를 팽개치고 달아나거나 등을 돌리고 두려운 나머지 한데 모여 몸을 웅크리고 있거나 허공에 발사하거나 몸이 얼어붙습니다. 경험이 없는 전투원들이 겪게 되는 일반적인 패턴이지만 한국 병사들의 행태는 모두에게서 나타납니다. 한국 병사들은 공격적이고 근면하며 지시에 따라야 하는 전투부대 보병으로서는 명백히 부적절하다는 것을 보여주고 있습니다.

지휘보고는 한국 병사들에게 적합한 업무는 전투지원 업무라고 주

SECRET
Command Report, December 1950, 15th Infantry Regiment

B. Supply

1. Use of Vehicle Chains in Snow and Mud. All vehicles need to be equipped with tire chains. Drivers should be instructed in the capabilities and the limitations of chains since it was found that much trouble was caused by inexperienced drivers, who expect chains to entirely alleviate both forward and side slipping.

2. Requirement for Proper use of Antifreeze. Always in limited supply, antifreeze is most important in this climate where temperatures drop suddenly to below freezing. Drivers and mechanics must check solution in each vehicle daily and be cautioned against weakening solution above minimum requirement by adding water to completely fill radiator when it goes low.

3. Vehicle Parking Areas. Use of rice paddies and turned earth is satisfactory during below freezing weather. A sudden thaw however, and the bottom drops out of both types of terrain. When covered with snow, they look most suitable for vehicle parking, but snow often covers wet, unfrozen earth into which vehicles will bog to the axle. Best hard stand for vehicle parking is usually around houses and other buildings, although some suitable hilly terrain or high ground is found occasionally.

4. Problem of Water Freezing. Immersion heaters for water trailers are a necessity. Water freezes quickly in the trailers as well as in cans and thawing is a tedious, continuous process. Heaters work excellently and provide hot water for many uses.

5. Cold Food. Containers, food, insulated M-41 and M-44 are inadequate in keeping food warm for periods required to carry and serve meals to troops in many situations. If inserts could be heated in the container after arrival of food in forward positions, open fire or burner unit could be used to bring food to desirable temperature. It is not practicable or desireable to put inserts directly over fire although this has been done in some instances.

C. ROK Personnel:

1. As a result of combat operations by the 1st RCT at Majon-ni North Korea, it was evidenced that ROK personnel, in general preformed un-satisfactorily as combat infantrymen.

2. Personnel assignments, in some cases, of ROK personnel, totaled 40 to 50% of the T/O strength within the rifle companies. Although the bearer of language was surmounted during pre-combat training by

SECRET

▌1950년 12월 미 육군 15보병연대 지휘보고는, 한국군(카투사 병력)은 전투 요원으로 전혀 쓸모없으며 겁이 많고 무책임하다고 몰아세웠다. 장진호 전투에서 참패한 이후 보고 내용이다.

장했다.

그러나 탄약 수송, 취사 보조, 보급지원병, 잡역부, 그리고 작업병으로서 한국 병사들의 역할은 만족스러웠습니다.

중공군의 공격으로 장진호에서 흥남으로 퇴각하던 미 7사단 31연대 1대대 전투단장 돈 페이스(Don C. Faith) 중령은 전투를 피해 부상병을 태운 트럭에 올라 타 있던 한국군 카투사병 2명을 끌어내 권총으로 현장에서 사살했다. 이른바 즉결처분을 한 것이다. 페이스 중령은 또 전투단의 맨 앞에 배치한 한국군들이 중공군의 접근에 다시 대열에서 이탈하려는 동요를 보이자, 미 해군 측에 항공지원을 요청해 한국군과 중국군 모두 네이팜탄 투하로 순식간에 폭사시키며 탈출로를 찾았다고 한다. 그러나 앞장서서 지휘하던 페이스 중령 역시 중공군에 피격당해 전사했고 전투단의 지휘체계는 붕괴되었다. 31연대 전투단 1,053명 가운데 살아 돌아온 병력은 181명, 그 가운데 한국군 카투사는 한 명도 없었다고 한다. 당초 전투단의 30퍼센트는 한국군 카투사였는 데도 말이다.

페이스 중령은 사후 미군이 받을 수 있는 최고의 훈장인 명예훈장을 받았다. 그를 가리켜 한국의 일부 군사 전문가들은 "우리의 일그러진 영웅"이라고 평하고 있다.

다음은 지난 2013년 4월 12일자 〈중앙일보〉의 기사다. 미국은 1950년 장진호전투에서 숨져 현장에 묻혔던 전쟁영웅 페이스 중령의 유해를 찾았으며, 그가 62년 만에 고향으로 돌아온다고 워싱턴 특파원 기사로 보도하고 있다.

62년 걸려 전쟁영웅 찾아낸 미국

전쟁영웅을 잊지 않고 기억해내는 미국의 집념이 또 하나의 기적을 일궜다. 미 국방부는 2004년 북한에서 발굴한 미군 유해들에 대한 DNA 조사와 치아감식 작업 등을 통해 한국전쟁 중에 사망한 돈 C. 페이스 중령의 유해를 최종 확인했다고 10일(현지 시간) 밝혔다.

제2차세계대전 중 4개의 무공훈장을 받았던 전쟁영웅 페이스 중령은 한국전쟁 발발 5개월이 지난 1950년 11월 한국에 도착했다. 미 제31보병연대 1대대 소속인 그는 31연대전투단에 배속되어 최전선에 투입되었다. 그가 배치된 곳은 6·25 전사에서 가장 치열했던 전투로 꼽히는 장진호전투였다. 장진호전투는 50년 11월 27일부터 12월 13일까지 미 해병 1사단 등 1만 5,000여 명의 연합군이 개마고원 장진호 주변에서 12만 명의 중공군에 포위되었다가 치열한 교전 끝에 포위망을 뚫는 데 성공한 전투로 유명하다.

엄청난 규모의 중공군에 포위되어 악전고투하던 중 페이스 중령은 지휘관인 그의 상관이 실종되는 상황을 맞았고, 곧바로 전장에서 31연대전투단의 지휘권을 넘겨받아 부대원을 이끌고 포위망을 뚫는 작전을 벌였다. 그러던 중 12월 1일 유탄에 맞아 부상을 당했고 이튿날 사망했다. 전쟁통에 그의 유해는 수습되지 못한 채 야산에 묻혔다. 미 정부는 장진호전투에서 보인 공적을 인정해 페이스 중령에게 최고 무공훈장인 '명예훈장(Medal of Honor)'을 수여했다.

그로부터 54년의 세월이 흘렀다. 북한과 유해발굴 협상을 벌인 미 국방부 유해발굴단은 2004년 북한 땅에 들어갔다. 생존 병사들의 증언 등을 토대로 장진호전투 현장에 도착한 유해발굴단은 페이스 중령이 묻힌 곳으로 추정되는 지역에서 미군 유해들을 수습했다.

현대과학을 총동원한 작업 끝에 조사팀은 지난해 말 마침내 페이스 중령의 유해를 최종 확인했다. 54년 만의 유해발굴, 8년간의 신원 확인 작업 등 모두 62년 만에 일군 개가였다. 페이스 중령의 유해는 17일 워싱턴 근교 알링턴 국립묘지에 안장될 예정이다.

미군부대에 배속된 한국군 병력, 카투사는 1950년 8월 15일 이승만 대통령과 맥아더 유엔군사령관 간의 합의에 따라 공식화되었으며

6·25 전쟁 초기 미군의 심각한 병력 공백을 메우기 위한 방안으로 만들어진 제도였다. 1950년 8월 16일 313명이 일본행 선박에 승선한 이후 8월 27일까지 모두 8,637명이 일본에 건너가 훈련을 받고 미군 부대 병사로 한국전에 투입되었다.

카투사들은 전쟁 초기에 주로 경계와 정찰업무, 특히 기관총, 박격포, 무반동총과 탄약을 운반하는 일을 했으나, 전투기술을 익혀가면서 적과 두려움 없이 싸우는 용감한 모습으로 변모해 미군들에게 귀감이 되었다고 국방군사연구소가 1995년에 발행한《한국전쟁》(상), 국방부가 1967년 발행한《국방사》는 기술하고 있다. 전사연구자들은 초기의 카투사는 길거리에서 징집되어 미군부대에 그대로 넘겨진 한국의 젊은이들이었다고 말했다. 이들은 단기간의 간단한 훈련을 거쳐 전투에 투입되었다. 따라서 기본적으로 의사소통 자체가 안 될 뿐만 아니라 전투력 역시 형편없을 수밖에 없었다는 것이다.

장진호전투를 거쳐 흥남으로 철수한 뒤인 1950년 12월 미 보병 15연대의 지휘보고는 한국인을 미군부대에 배속시킬 경우 최소 3개월간 기존 미 군부대원과 함께 훈련받도록 의무화할 필요가 있다고 강조했다.

| 16 |

청주를 점령한 남부군 사령관 이현상
: 1951년 5월 26일

1951년 4월 한국전쟁은 연천, 평강, 철원, 김화, 인제, 고성 등지에서 쌍방이 대치하는 상태가 되었다. 중공군의 개입과 1.4후퇴, 다시 유엔군의 반격과 3월 14일 서울 수복, 또 3월 24일 유엔군의 38선 이북 진출 등 진퇴를 거듭한 끝에 전투는 북위 38도선에서 교착되었다. 그 뒤 정전협상이 진행되는 가운데 한 치의 양보도 없는 치열한 공방이 2년간 이어진 것이다.

1951년 5월 26일 새벽 뜻밖의 사태가 발생했다. 전선에서 멀리 떨어진 도시 청주를 빨치산이 기습한 것이다. 빨치산들은 충북도청, 청주경찰서, 청주형무소등 주요기관을 순식간에 점령했다. 충북도경과 청주경찰서 무기고에 있던 무기가 털렸다. 빨치산들은 촌각을 다투는 가운데서도 은행을 놓치지 않았다. 이들은 막대한 자금을 은행금고에서 탈취했다. 게릴라들에게 도청소재지가 점령되는 일은 그때 청주가 처음이면서 마지막이었다.

미군사고문단장 패렐(F. W. Farrell)준장은 피습된 그날 미8군사령관
에게 다음과 같이 보고했다.

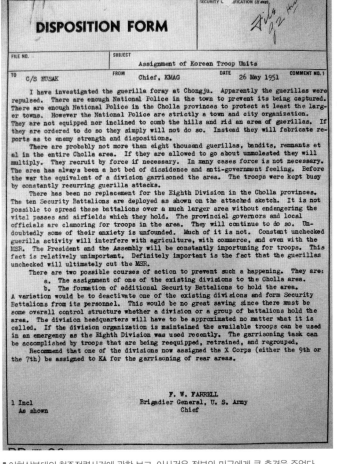

SECURITY CLASSIFICATION (If any)

DISPOSITION FORM

FILE NO.	SUBJECT
	Assignment of Korean Troop Units

TO	FROM	DATE	COMMENT NO. 1
C/S EUSAK	Chief, KMAG	26 May 1951	

I have investigated the guerilla foray at Chongju. Apparently the guerillas were
repulsed. There are enough National Police in the town to prevent its being captured.
There are enough National Police in the Cholla provinces to protect at least the larg-
er towns. However the National Police are strictly a town and city organization.
They are not equipped nor inclined to comb the hills and rid an area of guerillas. If
they are ordered to do so they simply will not do so. Instead they will fabricate re-
ports as to enemy strength and dispositions.

There are probably not more than eight thousand guerillas, bandits, remnants et
al in the entire Cholla area. If they are allowed to go about unmolested they will
multiply. They recruit by force if necessary. In many cases force is not necessary.
The area has always been a hot bed of dissidence and anti-government feeling. Before
the war the equivalent of a division garrisoned the area. The troops were kept busy
by constantly recurring guerilla attacks.

There has been no replacement for the Eighth Division in the Cholla provinces.
The ten Security Battalions are deployed as shown on the attached sketch. It is not
possible to spread these battalions over a much larger area without endangering the
vital passes and airfields which they hold. The provincial governors and local
officials are clamoring for troops in the area. They will continue to do so. Un-
doubtedly some of their anxiety is unfounded. Much of it is not. Constant unchecked
guerilla activity will interfere with agriculture, with commerce, and even with the
MSR. The President and the Assembly will be constantly importuning for troops. This
fact is relatively unimportant. Definitely important is the fact that the guerillas
unchecked will ultimately cut the MSR.

There are two possible courses of action to prevent such a happening. They are:
  a. The assignment of one of the existing divisions to the Cholla area.
  b. The formation of additional Security Battalions to hold the area.
A variation would be to deactivate one of the existing divisions and form Security
Battalions from its personnel. This would be no great saving since there must be
some overall control structure whether a division or a group of battalions hold the
area. The division headquarters will have to be approximated no matter what it is
called. If the division organization is maintained the available troops can be used
in an emergency as the Eighth Division was used recently. The garrisoning task can
be accomplished by troops that are being reequipped, retrained, and regrouped.

Recommend that one of the divisions now assigned the X Corps (either the 9th or
the 7th) be assigned to KA for the garrisoning of rear areas.

                                    F. W. FARRELL
                              Brigadier General, U. S. Army
                                         Chief

1 Incl
As shown

■ 이현상부대의 청주점령사건에 관한 보고. 이사건은 정부와 미군에게 큰 충격을 주었다.

본관은 게릴라들의 청주습격사건을 조사했습니다. 게릴라들은 이미 물러났습니다. 청주에는 기습점령을 막아낼 만큼 충분한 경찰병력이 이미 있습니다. 또 인접한 전라도지역 역시 최소한 큰 읍과 도시 정도는 자체 방어할 수 있는 경찰병력이 배치돼 있습니다. 그러나 한국경찰은 시와 읍에만 마냥 주저앉아 있는 조직입니다. 경찰들은 장비도 충분치 않지만 산을 빗질하듯 샅샅이 뒤져 게릴라들을 솎아낼 생각은 않고 있습니다. 명령을 받더라도 움직이지 않습니다. 그 대신 적들의 전력과 동향을 멋대로 꾸며 수시로 보고할 뿐입니다.

청주시 습격사건은 이현상이 이끄는 남부군 예하 빨치산 결사대 48명의 소행이었다.

1951년 5월 26일 이 날은 이현상이 이끄는 남부군 최고의 날이었을 것이다. 그러나 시련의 서막이기도 했다. 패렐 준장은 즉각적인 대응작전을 건의했다.

전라도 산악지역에는 빨치산, 토착 빨치산, 패잔병 등 모두 합해 8천 명 미만의 게릴라들이 있을 것으로 추산됩니다. 그들의 활동을 방임할 경우 급격하게 그 숫자가 늘어날 것입니다. 그들은 필요할 경우 억지로 끌어가기도 하지만 상당수는 그럴 필요가 없을 것입니다. 이 지역은 반정부 저항세력들의 온상이었습니다. 한국전쟁이 발발하기 전에도 1개 사단 규모의 병력이 이 지역을 지키고 있었습니다.

낙동강 전투에 참가했던 이현상 부대는 1950년 9월 인천상륙작전 성공과 함께 북으로 패주해 강원도 후평에 도착했다. 이현상의 빨치산 부대는 그러나 그해 11월 후방교란을 위한 빨치산 투쟁을 지시받고 다시 남하했다.

1951년 5월 속리산 부근 보은군 갈평이라는 마을에 머물며 게릴라 활동을 전개했고 6월 17일 청주기습을 성공시킨 것이다. 이현상의 남부군은 다시 속리산을 거쳐 7월 덕유산 그리고 지리산에 도착했다. 이때부터 남조선인민유격대 사령관 또는 남부군사령관이라는 명칭이 공식화됐다.

한편 한국정부는 물론 유엔군에게 청주점령의 충격은 컸다. 즉시 토벌작전을 서둘렀다. 대규모의 군사작전이었다. 준비도 치밀했다.

1951년 11월 말 38선의 전투가 잠시 소강상태에 들어가자 수도사단과 8사단, 15사단을 지리산으로 남하시켰다. 모두 4만 명의 병력이 이현상의 남부군 소탕에 투입됐다.

국군은 작전시기를 겨울로 택해 24시간 교대로 빨치산을 지키고 추적하며 소탕하는 작전을 반복했다. 세 차례의 대규모 작전으로 남부군은 궤멸적인 타격을 입었다.

1952년 1월 17일 지리산 온 골짜기를 가득 메울 것처럼 함박눈이 내렸다고 여자 빨치산 정순덕은 증언했다. 날이 저물면서 곳곳에서 몰려 온 빨치산들로 대성골은 인산인해가 되었다. 마지막까지 살아남아 1966년 총상을 입고 체포됐던 정순덕은 그 때 대성골에는 1만 명이 모여들었다고 말했다. 북송된 비전향 장기수 이인모 노인은 경남 도당 빨치산 2천명 가운데 3분의 2가 토끼몰이에 당해 이곳에서 희생 됐다고 말했고 어떤 기록은 희생된 빨치산은 2천 명 안팎이라고 전하 고 있다.

빨치산 대다수가 독안에 든 쥐가 되어 하루 종일 퍼부어 대는 포격 과 총격에 쓰러져 갔다고 모든 증언들이 전하고 있다. 총격이 잠시 주 춤한 순간 이번에는 남쪽 하늘에서 부터 비행기 소리가 들려오더니 마개를 빼낸 드럼통에 가득 든 휘발유를 곳곳에 뿌렸다. 이어 뒤따라 온 편대들은 주먹 크기의 소이탄(燒夷彈)을 곳곳에 날려 보냈다. 그 순 간부터 하얀 눈으로 덮여있던 대성골은 시뻘건 불바다로 변해 버렸다 고 말했다.

1952년 1월 대성골에 쏟아진 소이탄은 초기형태의 네이팜탄이었 다. 알루미늄과 비누, 팜유, 휘발유를 섞어 젤리모양으로 만들어 비행 기 연료탱크에 넣어 공중에서 쏟는 방법으로 사용했다. 네이팜탄은 섭씨 3천도의 고열을 내면서 반경 30미터 이내를 불바다로 만든다. 산림과 군사시설을 불태우고 사람을 타 죽게 하거나 질식하여 죽게 한다. 국방과학기술용어사전 등에 따르면 한번 불이 옮겨붙으면 물 속에서도 꺼지지 않고 기름처럼 불이 몸에 닿으면 죽을 때까지 꺼지 지도 않고 떼어낼 수도 없어 희생자는 고통스럽게 죽음을 맞으며 생 존하더라도 심각한 후유장애를 입는다. 네이팜탄은 한국전쟁과 베트 남전, 이라크전 때 미군이 사용해 비인도적이라는 논란을 일으켜 국 제사회는 네이팜탄 공격은 폭격이 아니라 '학살'로 간주하기도 한다.

미군은 한국전쟁에서 3만 2천여 톤을 사용한 것으로 미CIA가 작성한 보고서 '베트남전을 위한 한국전쟁의 교훈'을 찾아내 지난 2005년 6월 24일 부산일보가 단독보도했다.

경남 하동군 화개면 대성리 의신마을은 지리산 고로쇠 수액의 주산지 이다. 주민들은 해마다 2월부터 3월 말까지 고로쇠 수액을 채취한다. 국유림 4,962헥타르와 사유림 60헥타르에서 110만 리터의 수액을 채취하고 있는데 대부분 그 장소는 대성골이다. 그런데 고로쇠 채취가 끝나고 죽순이 새로 올라오는 3월 말과 4월 대성동 그곳에서 해마다 애달픈 장면을 목격한다고 말했다. 얼음이 녹고 새 죽순이 솟아오르면서 이곳 어디선가 한두 곳에서는 죽순 끝에 얹힌 해골이 함께 모습을 나타낸다고 1992년 2월 의신마을의 한 주민은 저자에게 말했다.

이현상 부대는 또 다른 곳, 충북 영동군 황간면 노근리에도 그 그림자를 드리우고 있었다.

1950년 7월 25일과 29일 나흘에 걸쳐 미군은 충북 영동군 황간면 노근리 쌍굴다리 철교 밑에서 한국인 양민 수백여 명을 전투기 폭격과 기관총 사격으로 집단 살해했다. 그런데 〈노근리양민학살사건〉과 관련해 다수의 미군들은 노근리에 진출하기 앞서 피난민을 가장한 게릴라들의 공격을 받았었다고 증언을 했다는 것이다.

게릴라 공격의 두려움에 사로잡힌 미군들의 심리상태가 양민학살을 유발했을 가능성을 제기한 것이다. 그것이 사실이라면 이현상 부대의 소행일 가능성이 있다. 1950년 7월을 전후한 이현상 부대의 발자취를 살펴 볼 필요가 있다.

한국전쟁이 발발하기 전 일년이 넘도록 지리산에 거점을 두고 있던 이현상의 제2병단은 1950년 1월 국군토벌대의 대대적인 동계공세에 큰 타격을 입었다. 1950년 6월 중순 생존을 위해서는 지리산을 떠나 북한으로 가는 길 밖에 없다고 판단하고 북상을 시작했다. 뒤를 따르는 부대원은 가까스로 살아남은 70명이었다. 이현상 부대는 전투를 계속하며 무주에 접근했는데 그때 전쟁발발사실을 확인했다고 한다. 또 유격투쟁을 계속하던 중 7월 하순이 다 되어서 인민군과 무주에서 조우했다고 안재성의 〈이현상 평전〉 등은 밝혔다.

이현상 부대는 이어 대전의 인민군전선사령부의 지시에 따라 8월 1일 낙동강을 건너 미군부대를 습격했다. 두 달간의 전투에서 수백 명을 사살하고 백 명 이상을 포로로 잡았다고 〈이현상 평전〉 등은 전하고 있다. 노근리 학살사건이 발생하던 7월 25일 이전 그리고 낙동강 전투에 앞서 이현상 부대는 노근리 학살현장의 북쪽에 있는 영동 부근에서 게릴라 활동을 전개해 후퇴하는 미군을 기습했을 가능성이 크다는 추론이 가능하다. 이때 빨치산들이 피난민 틈에 끼어들어 순식간에 기습을 가했을 수도 있다. 무주읍에서 영동읍까지의 거리는 불과 27킬로미터, 영동군청에서 노근리 학살 현장까지는 12킬로미터이다.

한국에 처음 발을 내딛은 미군들은 며칠 전 전혀 상상하지도 않았던 패배를 목격하거나 생생하게 전해 들었다. 〈노근리양민학살사건〉에 앞서 7월 9일부터 12일까지 벌어진 개미고개전투와 이어 벌어진 금강전투에서 미 제24사단은 처참한 패배를 했다. 낙동강 전선을 구축하는 소중한 시간을 벌어주었다고 위로하지만 수천 명의 사상자를 내고 부대가 궤멸됐다. 사단장인 윌리엄 딘 소장조차도 사병들과 함께 전투를 벌이며 탈출하던 중 포로로 잡혔다. 이 소식을 전해 들은 타 부대 미군들의 두려움을 짐작할 수 있다.

노근리와 관련해 나는 20여 년에 걸친 취재를 진행하고 있다. 1989년 5월 미국립문서보관소에서 나선주 박사를 만나던 때 저자는 〈노근리 피난민 학살사건〉과 관련된 자료들을 다수 수집할 수 있었다. 그중 몇 몇은 면밀한 검토작업을 거친다면 학살을 입증할 수 있는 중요한 단서가 될 수 있다고 판단됐다.

노근리 쌍굴다리 학살현장에서 6킬로미터 거리에 있는 〈하가리〉에서 학살사건 발생 직전 피난민 대열의 통행 차단을 지시한 문건 그리고 미제 1기갑사단 일선 중대장급 지휘관이 공중근접지원을 무전으로 요청했던 연필로 쓴 메모쪽지 그리고 그 당시 미육군 기갑 1사단 작전지역에 출격한 미공군기 출격작전일지 등등이 포함돼 있다. 그러나 난해한 군사용어와 음어 등으로 전문가의 힘을 빌리지 않는 한 상당부분 파악이 불가능했다. 예를 들어 공중지원 요청사항 가운데 담요(blanket)가 포함돼 있었다. 액면 그대로 blanket, 담요가 담요일 수는 없을 것이다. 특히 공군용어는 더욱 해독불가였다.

그때 수집했던 자료들은 MBC가 아니라 어처구니없는 일이지만 미국 AP통신에게 〈노근리 피난민 학살사건〉의 특종을 안겨주는 단서가 되었다. 워싱턴 특파원 임기를 마치고 귀국한 후 줄곧 일에 쫓기던 저자는 후속 검토 작업과 취재를 머뭇거리고 있는 가운데 노근리 피해자 단체 관계자의 끈질긴 제공 요청을 받았다. 저자는 끝내 이를 이기지 못했고 내심 현지조사 등 그의 도움을 기대하면서 비밀문건 자료들을 건네주었다. 그런데 그것들은 고스란히 AP취재진에게 제공된 것이다. 이 보도로 AP취재진은 퓰리처상을 수상했다. 수상 후 AP취재진은 나를 찾아 고마움을 전했다. 이어 발간된〈노근리 사건 진상보고서〉는 '값있는' 도움을 준 제보자로서 김택곤 기자에게 감사의 말을 잊지 않았다. 분명 보람스럽고 고마운 일이다. AP의 보도는 노근리의 슬픔을 아우르는 일에 있어서는 최선의 선택이었던 것 같다.

그러나 기자로서는 변명할 길 없이 낙제이다. 2015년 7월 미국립문서보관소는 아쉽게도 해당 자료들에 대한 열람을 보류하고 있었다. 노근리에 관한 한 헛걸음을 한 것이다. 그러나 그 대신 많은 값진 자료들을 손에 넣을 수 있었다. 민중들의 수난은 '학살'이라는 이름뿐만 아니라 갖가지 다른 모습으로 광범위하게 진행된다는 사실을 나 스스로 일깨울 수 있었기 때문이다.

한국전쟁이 발발하기 2년 전으로 되돌아가 보자. 제주 4.3사건이 진압돼가던 1948년 8월부터 주한미군사령부는 전국의 빨치산 실태를 조사했다. 1948년 9월 22일 대한민국 정부 수립 직후 주한미군사령부 경찰담당 고문관인 밀라드 쇼우 (Millard Shaw) 소령은 한국경찰이 작성한 게릴라에 취약한 지역과 실태조사 결과를 다음과 같이 보고했다.

POSSIBLE "DANGER AREAS" AS SEEN BY NATIONAL POLICE

Division "A"   (Kyunggi Do Province)

   City of Inchon -- Ongjin Station Area -- Border Boxes along 38th
No large concentrations and it would appear that Police can well handle.
No areas reinforced.

Division "B"   (Kangwon Do Province)

   Kangnung, Ulchin and Chuminjin Area -- Border Boxes along 38th
Approximately 200 police reinforcements in Kangnung, Ulchin and
Chuminjin Area. Many plain clothes men still working throughout the
area. Opposing force estimated at about 450 men.

Division "C"   (Chungchong Namdo Province)

   No concentrated trouble areas.

Division "D"   (Chungchong Pukto Province)

   Yongdong area may give some trouble despite the fact that it was cleaned
up more than a month ago.

Division "E"   (Kyongsang Pukto Province)

   City of Taegue -- Talsung Mine Area -- Area from Pohung to Ulchin
No estimate on forces, but all areas are trouble spots.

Division "F"   (Cholla Pukto Province)

   Mountain area south of Yongdong area is infested, but rioters are being
rounded up constantly. Scattered trouble throughout the province, but
trouble can be taken care of.

Division "G"   (Kyongsang Namdo Province)

   City of Pusan

Division "H"   (Cholla Namdo Province)

   City of Kwanju -- Wando and other Island Areas -- Mountain Areas through-
out Province.
Approximately 400 police reinforcements in the area and clean-up is
progressing steadily.

   vision "I"   (City of Seoul)

▌1948년 9월 경찰은 게릴라 취약지역 조사보고서를 작성했다.

A 지구 (경기도)

인천시 – 옹진반도 – 38선에 갇혀 경계를 이룬 4각 지역

아직 게릴라들이 집결한 정황은 없음. 경찰이 스스로 처리 가능할 것임.

B 지구 (강원도)

강릉, 울진, 주문진 지역. 38선을 경계로 강릉, 울진, 주문진 지역에 2백명의 경찰 보강병력이 배치완료 됐음. 다수의 평복 차림의 정탐요원이 활동하고 있음. 같은 지역 상대측은 약 450명 배치된 것으로 추산됨.

C 지구 (충청남도)

게릴라 집결 등 특별한 동향 없음.

D 지구 (충청북도)

영동지역. 일개월전 소탕작전을 마쳤음에도 불구하고 게릴라 활동 재발 예상됨.

E 지구 (경상북도)

대구와 달성탄광지역, 포항과 울진을 잇는 지역. 현재로서는 게릴라 세력이 없는 것으로 판단됨. 그러나 전 지역이 문제발생 위험 지역임.

F 지구 (전라북도)

영동과 인접한 산악지역은 게릴라들에게 오염되었음. 그러나 게릴라 수색작전이 지속적으로 전개되고 있음. 산발적으로 말썽을 빚고 있으나 큰 우려는 없음.

G 지구(경상남도)

문제 예상지역은 부산시임.

H 지구 (전라남도)

광주시 – 완도와 도서지역 – 전남전역의 산악지대에 걸쳐 약 4백 명의 경찰병력이 소탕작전을 전개하고 있음.

M 지구(서울시)

경찰에 의해 잘 관리되고 있음.

제주도

경찰 천 8백 명이 이 섬에 배치돼 있으며 이 지역 모든 마을에 평화적인 방법으로 경찰병력을 주둔시킬 계획임.

쇼우 소령은 이튿날 충북지역에 대한 별도의 보고를 제출했다.

충청북도는 1948년 7월 내내 국립경찰국의 집중 탐문대상이었습니다. 조사에 따르면 충북의 남쪽에 있는 영동지역에 게릴라들이

/S, CA   Acting Advisor   23 Septmeber 1948
                          Police Department

1. The following, relative to the attached estimate on conditions in
hungchong Pukto, is self explanatory:

(a) Tanyang Mountain Area

Chungchong Pukto was the subject of an intensive survey by
etectives of National Headquarters during the month of July, 1948. Re-
ults indicated that guerrillas were concentrated in the Iongdong Area in
he south end of the Province, and a full scale drive was made during the
atter part of that month by regular police of Division "C" and reinforce-
ents from other Divisions.

Police are of the opinion that no organized drive or movement
ll start in this area.

MILLARD SHAW
Major, FA
Acting Advisor

▌쇼우 소령은 영동지역을 게릴라의 활동이 가장 활발한 위험한 곳으로 꼽았다.

집결한 것으로 보입니다. 그래서 이달 말 충남지구의 경찰정규병
력과 타 지구 병력이 대대적으로 동원돼 대응하고 있습니다. 그런
데 경찰국은 충북지역에 대한 작전은 착수하지 않겠다는 의견입
니다.

밀라드 쇼우 소령의 보고서에 따르면 남한에서의 게릴라전에서 충
북 영동지역은 가장 뜨거운 지역, 게릴라들의 통로와 통로가 교차하
는 중심지라는 것이다. 노근리의 비극은 일찌감치 도사리고 있었다.

1953년 9월 18일 오전 11시 경찰수색대는 지리산 빗점골에서 총을 맞고 죽은 늙은 빨치산의 시체를 발견했다. 그가 남부군 사령관 이현상이었다. 그의 시체는 서울로 옮겨져 "공비두목의 죽음"으로 20일간 전시되었고 다시 지리산에 돌아왔다. 그를 체포한 주역 차일혁 총경은 최소한의 예를 갖춰 화장을 하고 그의 유골을 섬진강에 뿌렸다.

북한은 혁명열사릉에 그의 가묘를 만들었다. 〈리현상 동지 남조선 혁명가 1905년 9월 27일 생, 1953년 9월 17일 전사〉라고 쓰여 있다.

이현상은 1926년 6.10만세운동에 참가한 이후부터 1945년 해방까지 독립투쟁에 헌신했다. 일제 치하 그의 수감 기간은 13년이 넘으며 고문(拷問)에 잘 견디는 그를 가리켜 '고문의 강자(强者)'라고 했다. 그는 1948년 지리산에 들어가 빨치산 투쟁을 지도했고 1951년 남한 빨치산의 총책임자가 되었으며 1953년 사살될 때까지 모두 5년간 빨치산이었다. 그 자신 종군기자이면서 빨치산인 〈남부군〉의 저자 이태는 그를 가리켜 '한국현대사에서 가장 고독한 사람', '남한 빨치산의 전설적인 총수'라고 불렀다.

8장

평양을 점령한 미군은 10월 20일 소련대사관을 수색해 우편 행랑에 가득 든 200여 통의 편지를 노획했다. 평양 주재 소련대사관의 우편 행랑 속 편지의 주인들은 유학생과 소련에 송출된 노동 인력이었다.

해방 직후 북한은 많은 유학생을 소련으로 보냈다. 이들은 모스크바와 레닌그라드 그리고 우랄지방의 스베르들롭스크 등 소련 전역에 유학하고 있었다.

또 노동 인력 송출도 활발히 했음을 알 수 있다. 송출 지역은 캄차카반도, 남화태(사할린) 두 지역이었다. 남성 인력이 대부분이었으나 여성도 있었다. 이들은 벌목, 제재소, 어로작업, 탄광에 종사했다. 노동 인력으로 파송된 북한인들 가운데 캄차카반도에 배치된 인력들은 사할린노동자들보다 더 혹독한 환경과 노동조건에 시달렸던 것 같다. 그리고

평양 주재
소련대사관에서
노획된 편지

편지 내용으로 미루어 판단하면 이들의 근로계약 기간은 4~5년이었고 북한을 떠난 지 3~4년이 되었음에도 북한을 방문할 기회는 전혀 없었다. 이들 가운데 일부는 동료가 대신 써준 편지였다. 편지 세 통이 동일 필적인 경우도 있었다.

유학생들의 편지에는 공산체제에 대한 긍정과 장래에 대한 희망이 넘쳐 있었지만, 송출 인력들은 고향과 가족에 대한 극도의 그리움과 자신의 선택에 대한 후회를 감추지 않고 있었다. 그들의 편지 내용으로 미루어 돈을 벌어 고향에 돌아갈 수 있다는 기대나 희망은 전혀 엿보이지 않았다. 특히 캄차카로 송출된 북조선 사람들의 편지에서는 음울함과 절망감까지 읽을 수 있었다. 편지에서 보여준 그곳은 노동수용소와 다름없었다.

│ 1 │

혹독한 캄차카반도로
보내진 사람들

벌목공 한동흠
- 1950년 7월 2일

▌한동흠의 사진.

캄차카반도에서 벌목 작업공으로 3년 넘게 일하고 있는 한동흠은 함남 함흥시 운흥동 64에 사는 아버지 한정익에게 편지를 보냈다. 외로움과 그리움이 넘친다.

부모님 전상서

화초란만한 처춘호 시절에 그간 기체후일향망강하오며 가정 상태가 무사하시고 기력이 유강하십니까. 세월은 유수와 같이 흘러 부모님의 따뜻한 품을 떠난 지 3~4년이 되어도 무소식으로 있사오니 용서하여 주십시오. 부모님께서는 이 부료(불효) 자식을 얼마나 고대하고 원망하셨습니까. 부료 자식은 소련 가무작가 반도 한 산판목재소에서 아무 탈업시 튼튼한 몸으로 예전과 같이 8시간 일을 하고 있습니다. (중략) 남과 같이 길러 부모에 효자 노릇하고 조선의 아름다운 청년이 되라고 일러주든 일이 눈앞에 얼름거립니다. 머지않은 기한에 조국을

■ 캄차카 벌목장에 송출된 한동흠이 아버지에게 보낸 편지. 가족에 대한 그리움이 가득하다.

찾아가겠습니다. 그리 알고 안심하여 주십시오. 형님과 누님에게 안부나 전하여 주십시오. 할 말은 태산 같으오나 이만하고 철필을 녹겠습니다. 이 편지를 바다보시고 속히 회답하여 주십시오.

1950년 7월 2일

캄차카의 여성 노동자 진은주
- 1950년 7월 3일

북조선 강원도 호양군 난곡면 오동리 2구에 주소를 둔 오빠 진재호에게 누이동생 진은주가 보낸 편지에는 사진이 들어있었다. 무표정한

얼굴에 옷맵시에 무관심한 듯한 젊은 여성이다. 장시간에 걸쳐 동일한 육체노동을 반복한 여성으로 이름은 진은주이다. 소련대사관에서 발견된 편지의 주인 가운데 유일하게 여성 노동인력이었다. 그녀의 사진은 편지에 담긴 원망과 하소연을 입체적으로 실감하게 했다.

그리운 옵빠에게,

벌서 3년이란 긴 세월이 흘렀으나 편지 1장 없는 이 무정한 나를 얼마나 원망하시며 어린 아해(아이)를 다리고 얼마나 고생하십니까. 이 가엽슨 나도 옵빠와 작별한 후 아무 탈 없이 지나오니 안심해주십시오. 그리고 어머니와 동생들도 모다 건강하시며 건국사업에 얼마나 노력하십니까. 그리고 큰아버지도 편안하십니까. 부모와 옵빠들과 이별하고 3년이란 긴 세월을 감차트카(캄차카)반도에서 남과 같이 알락(안락)한 생활도 못 하고 20세 넘은 저로서 어찌 다른 부인이 부럽지 않겠습니까. 꽃 같은 청춘을 눈물서름으로 세월을 보내자니 가슴이 답답하고 죽자 하니 청춘이오.

진은주는 조국에 두고 온 부모 형제에 대한 그리움 못지않게 원망도 가득 쏟아냈다.

이 불쌍한 나의 문제를 조국에 계신 옵빠가 해결해주십시오. 참으로 생각하면 부모님이 다시 그립습니다. 어찌하여 이 불쌍한 여자 자식일망정 남과 같이 교육시켜주지 않았습니까. 부모의 교육을 받아가지고 훌륭한 남자에게 시가를 가서 안락한 생활을 하는 부인을 볼 때마다 부모님이 다시 원스럽습니다. 그러나 부모님, 안심해주십시오. 나도 언제나 한번 남과 같이 안락한 생활할 때가 있을 것입니다.

쓸 말은 많으나 마지막으로 옵빠와 부모님의 건강을 축복하며 그만 그칩니다. 이 편지를 받아보면 급히 사진과 회답을 하여 주십시오.

1950년 7월 3일

추신.

함흥형무소에 가신 옵빠도 집에 돌아왔습니까. 그렇지 않으면 직장관계에 있어서 다른 곳에 가서 계십니까? 그리고 셋째 동생도

▌ 캄차카에서 북한에 있는 오빠에게 편지와 사진을 보낸 진은주.

▌ 대필로 작성한 것으로 보이는 진은주의 편지. 그리움과 원망이 가득하다.

몸 건강히 자라고 있습니까? 그리고 옵빠 저는 1952년도에는 꼭 조선에 나가겠으니 그때까지 기다려주십시오.

진은주의 편지는 캄차카의 같은 곳에서 근무하는 송출 노동자 림병욱의 대필임이 분명하다. 필적이 동일하다.

가족과 연인 걱정을 한 림병욱 - 1950년 7월 5일

가난에 시달리고 덜 배운 아픔을 달래며 동생들을 격려하는 젊은 오빠도 있었다. 흥남에서 형제가 많은 가정에서 태어나 캄차카에 노동인력으로 송출된 오빠 림병욱이 그랬다. 부모와 형님은 물론 누이동생, 그리고 네살배기 남동생에게 따로 편지를 썼다.

그리운 누이 동생들에게,

나를 그리워하는 나의 동생들아. 그간 열심히 공부하며 부모에 말삼을 잘 듣느냐. 이 무정한 너의 옵빠도 아모 탈 없이 지나오니 안심하고 공부에 노력하야 장래 조선에 훌륭한 녀성이 되어 모범 부인이 되어라. 너에들과 작별한 후 이 옵빠는 너에들과 싸우던 때가 다시 그립다. 너에 옵빠의 편지를 받아보니 작년도 시험에 최우등을 했다니 이 오빠도 대단히 반갑구나. 그리고 두 꽃 같이 무럭무럭 자라나던 옥련이와 옥남이도 인민학교 2학년에 통학

한다니 대단히 반갑다.

이어진 편지 사연에서 그는 1947년에 그의 가족이 지독한 굶주림을 겪었음을 상기시켰다. 그리고 왜 가족을 뒤로 하고 캄차카로 떠났는지 설명하고 있었다.

■ 림병욱에게는 쌍둥이 누이동생 등 누이만 넷은 넘는 것 같다.

그러나 너희들이 47년도에 남과 같이 먹지 못하고 입지 못하고 굶주리던 일이 인제까지도 눈앞에 어제 일처럼 가물거린다. 그러니까 또다시 상상만 하여도 눈물이 저절로 흘으는 무서운 환경에 빠지지 말기 위하여서는 끝까지 공부하고 부모에 말삼을 잘 들어라. 마지막으로 너에들에 작래를 축복을 하며 끝인다.

1950년 7월 5일 저녁 9시

그들의 오빠이자 형인 병욱은 네살배기 막내동생에게도 편지를 썼다.

보고 싶은 나의 동생 병구에게,

그리운 나의 동생 병구야. 그간 건강히 어린 아해들과 다름박질

하며 아버지 어머니에 말삼을 잘 듣느냐. 네가 겨우 첫돌시가 지
난 것을 보고 너를 버리고 정든 흥남과 아름다운 3천 리 강산을
등에다 지고 3년이란 긴 세월을 아무 소식도 없이 지나온 무정한
너의 형 병욱이도 아무 탈 없이 지나오니 안심하여라.

림병욱은 사랑하는 어린 동생 병구에게 아무런 도움이 되지 못하는
현실을 안타까워했다.

이 무정한 형의 뒤를 따르지 말고 아무쪼록 부모의 말을 잘 들으
며 형님의 말을 잘 들어가지고 다른 어린이한테 지지 않는 조선의
어린이가 되어라. 너는 작래 조선의 주인공이다.

형은 힘껏 공부하라고 충고했다.

뒤에 서있는 청년이 림병욱이다.

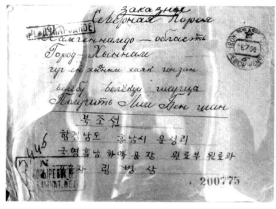

림병욱은 형 림병상에게 동봉한 쪽지를 통해 사랑하는 연상의 누님에게
편지를 꼭 전해줄 것을 간청했다.

베(배)우고 또 베워라. 너에 앞에는 성공의 길이 사방에 널리엿다. 힘껏 베워라. 참다운 조선의 어린이가 되어 조선에 영흥(웅)이 되어라. 힘찬 소년이 되어여라. 꽃 같이 아름답게 자라라. 할 말은 많으나 너의 작래를 축복하며 그만 끝인다.

림병욱의 편지는 여기서 끝나지 않았다. 함남 흥남시 운성리 국영흥남화약공장 원료부 원료과에 근무하는 기술자인 형 림병상에게 신신당부를 한다.

형님, 나를 사랑하여 주는 고마우신 눈임(누님)에 편지를 우리 집에다 보내니 꼭 아래 주소를 보고 전하여 주십시오. 흥남시 신구룡리 공급소 건너 2층집 인민이발관 주임 서재껩 앞에. 만일에 이 주소에 없으면 다른 이발관에 가서 찾아보십시오.

편지의 내용으로 미루어 림병욱은 위로 형님 림병상 그리고 누이동생 넷과 막내 남동생이 있었다. 그런데 또 누님(눈임)이 있었다. 특별히 편지 전달을 친형에게 신신당부한 누님이라는 여인은 이발관에서 일하거나 이발사의 딸인 것도 같다. 아쉽게도 자신을 사랑하여 주는 고마우신 눈임(눈님)에게 보내는 림병상의 편지는 발견되지 않았다.

부모님에게, 형님에게, 누이들에게, 네살배기 남동생에게, 또 연상의 연인에게 보낸 캄차카 송출 노동자 림병욱의 편지들은 끝내 전달되지 못했다. 림병욱은 그곳에 송출된 북한 근로자들의 편지 대필을 도맡았던 것 같다. 그와 동일한 필적으로 보이는 편지들이 다수 발견되었기 때문이다.

림병욱의 고향 흥남은 미군 측 통계에 따르면, 미 공군의 폭격으로 도시의 85퍼센트가 파괴되었다. 이와 같은 수치는 충격과 공포의 수준을 고려하면서 도시가 전부 없어진 상태를 100퍼센트로 기준 삼아 미 공군이 분류한 것이다. 특히 원산, 청진, 흥남 같은 항구의 경우 미 해군전함의 함포사격까지 겹쳐 그 피해는 극심했다고 한다.

캄차카에 온 걸 후회하는 손자
- 1950년 7월 5일

부모 대신 할머니와 살면서 할머니의 속을 썩였음이 분명한 손자의 편지도 눈에 띈다.

나를 사랑하여 주던 불쌍한 할머니 앞,
나를 보고 싶어 하는 나의 할머니, 그간 무정한 이 손자를 얼마나

원망하십니까. 그리고 어린 동
생들을 교육 식히느라고 (얼마
나) 고생하십니까. 아, 당신은
나의 정다운 할머니며 참다운
나의 부몹니다. 70객이 넘은 당
신이 흥남수양소에 하루에 멥
번이나 왔습니까. 그러나 이 부
료 자식은 부모의 말리는 것을
우겨가지고 캄차카에 와서 이
모양 이 꼴이 되었습니다. 누구
한테 애원할 곳이 없습니다.

■ 할머니가 말리는 것을 우겨서 캄차카에 와 이 꼴이 되
었다고 손자는 깊이 후회하고 있었다.

아무쪼록 이 불효 손자를 기다리지 마시고 안심하고 앉아 계셔
주십시오. 인제는 원망스럽습니다. 할머니에게 원(怨)을 지친(끼친)
것이 애닯습니다. 용서하십시오.

나는 할머니를 보아 조국에 꼭 돌아가겠습니다. 안심하여 주십시
오. 길이길이 살아주세요. 제가 돌아갈 때까지. 쓸 말삼은 많으나
상상할수록 안타까워서 그만 철필을 놓습니다.

연생불멸(永生不滅)을 축복하면서
1950년 7월 5일 저녁 10시 손자 올림

이 편지는 같은 곳에서 벌목공으로 일하는 림병욱의 대필이었다. 필
적이 동일하다.

| 2 |

사할린 교포와
어느 고려인의 편지

사할린에 이주한 서광순의 가족
- 1950년 8월 8일

남화섭 씨 전

생면 이후에 기체건강 하셔며 가내게절이태 평 ...

■ 사할린으로 가족과 함께 이주한 서광순은 친지 남화섭에게 편지를 보냈다. 장모의 소재를 알려 달라는 부탁이 담겨 있다.

가족 모두를 데리고 사할린에 노동인력으로 이주한 사례도 노획된 편지에서 확인할 수 있다. 서광순의 가족은 '사할린주 꼼사 꼼구역 노위꼼 어업콤비나트'로 이주했다. 당시 소련의 인력난은 심각했던 것 같다.

남화섭 씨 앞,

상면 이후에 기체 건강하시며 가

내 계절에 태평하시온지 알고자 하나이다. 나는 처자를 다리고 남화태(사할린) 노위꼼 어장에 와 무고히 지내나이다. 그런데 부탁하려 하는 바는 나의 처가에서 임이 하풍탄광에서 살았는데 지금도 그 골에 있는지 없는지 알 수가 없사오니 이에 대하여 취문하시와 급히 회답하여 주시기를 바랍니다. 나의 처남의 성명은 리수정 또는 리수찬, 리수경 등입니다. 그리고 나의 빈(빙)모(장모님)의 생존 여부를 알려주시기를 부디 부탁하면서 시간이 급하여 그만 그칩니다.

1950년 8월 8일
남화태주 노위꼼에서 서광순 씀.

서광순이 투입된 사할린 노위꼼 어장의 작업환경과 생활환경은 비교적 양호했던 것으로 보인다. 서광순은 소련인들과 함께 배 위에서 어로작업을 하고 있는 사진을 편지에 동봉했다. 사진의 뒷면에는 맨 오른쪽이 자신이라고 밝히면서 동료 소개를 간단하게 담기도 했다.

▌서광순은 어로작업 사진을 동봉했다. 맨 오른 쪽이 자신 이라며 사진 뒷면에 동료들도 소개했다. ▌서광순이 보낸 회신 봉투.

북한노동자들의 편지 곳곳에는 힘겨운 노동과 각박한 벌이에 대한 신세한탄이 들어있었다. 이들 대다수는 저축도 하지 못한 채 시간만 허비하고 있다고 털어놓고 있다.

다음은 어느 북한 노동자가 형님에게 보낸 편지 내용의 일부이다.

노동복 1벌에 130원, 신발 1켤레에 108원, 양복지 1벌 150원입니다. 이렇게 높은 물가 값에 돈 번 것은 하나도 없습니다. 빈손에 돌아가기는 무엇 하나 할 수 없습니다.

제가 만약에 돈을 가지고 가자면 부모 형제를 못 만나고 이 캄차카에서 늙어 죽을 것 같습니다. 그러니까 돈을 가지고 오겠거니 생각도 마십시오.

1946년 3월 23일 미군정 G-2 정보 보고다.

북에서 온 편지를 살펴본 결과 소련 측은 단지 몇 개의 편지만 임의로 골라 살펴보는 정도의 검열을 하고 있으며 상당량의 편지들이 검열과 발송의 절차를 기다리고 있습니다. 또 검열을 마쳐 남측으로 넘겨진 편지들 가운데에는 무려 6개월이 경과한 편지들도 있었으며 편지들 가운데에는 소련 주둔군의 활동에 대해 매우 격렬하게 불평하는 내용도 들어있습니다.

캄차카와 사할린에 송출된 북한 노동인력들의 편지에 담긴 우울한 내용들도 소련 측의 엉성한 서신 검열에 힘입어 평양까지 올 수 있었을 것이다. 사할린 거류 일본인들의 송환은 이루어졌지만, 일제 치하에서 사할린의 탄광에 징용되었던 한국인 4만 명의 경우 현지에 그대로 억류된 채 사실상 강제노동에 투입되어 있었다. 그럼에도 불구하고 북한 노동자들이 다시 사할린과 캄차카 지역에 송출된 것으로 미루어 제2차세계대전 이후 소련은 심각한 인력난을 겪고 있었던 것이 분명하다.

욕설과 저주로 가득 찬 이춘실의 편지
- 1950년 10월 20일

평양 주재 소련대사관에서 노획된 편지들은 모두 유학생이거나 해방 이후 소련에 송출된 북한 근로자들이 보낸 것이었다. 그러나 유학생도 송출 노동자도 아닌 인물이 쓴 편지가 한 통 있었다. 러시아 서북부에 있는 아르한겔스크에서 온 편지가 그것이다. 고려인이라는 용어를 사용한 것으로 미루어 해방 이전부터 소련에 거주한 여성으로 짐작된다.

그녀의 편지는 말은 물론 글로 표현하기도 어려운 욕설과 저주가 담겨있었다. 5년이 채 못 되는 남북분단과 좌우대립이 한민족에게 얼마나 심한 증오와 적대감을 키웠는지 확인할 수 있다. 조카들에게 보내는 편지였지만 가족 친지 간에 흔히 오가는 안부의 말은 시작과 끝에 단 두 마디 뿐이었다.

나의 족해들 학기, 동기, 숙기, 윤옥에게,

엇재 편지 없느냐? 아마 편지 쓸 사이 없지요. 미국 원쑤들 이승만 백파 원쑤와 싸호노라고. 어찌면 그 원쑤들을 잡아서 죽이지도 말고 ○○을 빼여 던지고 ○○을 다 잘라 던지고 ○도 파 던지고 ○○도 끝을 찍어 던지여 원쑤를 갚겠느냐. 그 개들이 죄 없는 고려당원, 비당원, 사무원들을 수천 명을 죽였단다.

하나님께 기도해요. 미국 개들과 미국 종질을 못해 애쓰던 고려 원숭이패들을 깊은 바다에 쓰러 넣고 고려 백성들이 살 세상이 언제 올고. 아이구 내가 ○○가 막 떨린다. 언제 원쑤를 갚겠느냐. 부디 몸들 건강하거라.

| 3 |
소련 유학생들의
삶과 사랑

소련의 북한 여자 유학생 리정의
- 1950년 7월 25일

　해방 후 소련에 유학한 북한 유학생 대부분은 남자였음이 분명하다. 평양 주재 소련대사관에서 노획된 200여 통의 편지 다발에 여자 유학생의 편지는 단 두 통이었다. 평안남도 강서군 동진면 태성리 68(라히수방), 라히수의 집에 함께 사는 어머니 장게두에게 소련 이바노보에 유학 중인 딸 리정의가 보낸 편지가 그 가운데 하나다.

　이 편지에는 러시아어로 자신의 이름과 주소가 적힌 반송 봉투도 들어있었다. 러시아어를 모르는 어머니의 어려움을 헤아

▌여자 소련 유학생 리정의.

린 딸의 정성이 엿보인다. 그리고 편지에는 이른 아침 서울의 바쁜 출근길에 광화문 언저리에서 마주칠 것 같은 한 젊은 여성의 사진이 들어있었다. 장성한 아들을 둔 한국의 어머니들이 좋아할 '얌전하고 참한 며느리감' 같기도 하고, 직장에서는 맡은 일을 말없이 재치 있고 깔끔하게 처리하면서 남자 직원 다수의 마음을 설레게 만들 여직원이었을 것만 같다. 그러나 리정의는 조국해방전쟁의 총후를 지키지 못하는 자신을 진심으로 안타까워하는 조선민주주의인민공화국의 여전사였다.

어머님 전상서

매일같이 폭발하는 귀축 같은 미국 놈 비행기 탄알 밑에서 총후를 지키느라 얼마나 수고하십니까. 오늘 신문지상으로 벌써 목포, 광주 해방을 전하고 있습니다. 고난도 크고 희생도 크나 우리의 승리는 비할 수 없을 만치 큽니다. 오빠네들은 전선에서 었저는지 어머니는 또 날개가 없는 것이 한입니다.

여자 유학생 리정의는 부모 형제들을 전쟁판에 남겨두고 혼자 멀리 떠나 있는 자신의 가슴이 '모둑하다'고 말했다. '답답하다'는 뜻인 듯하다. 오빠들을 모두 전선에 보내고 홀로 있는 어머니에 대한 걱정이 가득하다. 허세가 엿보이는 남자 유학생에 비해 진실함이 묻어나는 듯하다.

외국 청년까지 도우러 오는 이 시기에 조국을 위해 싸우지 못하는 것은 자기 부모 형제들을 전장판에 남겨두고 큰 불구자가 된 것 같아 어그람(억울함)에 가슴이 모둑합니다. 친척네 여러분은 모

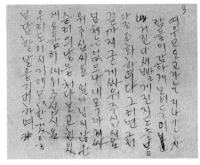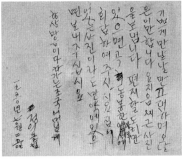

소련 유학생 리정의가 작성한 편지.

다 었저고 있는지. 여기는 거리에 큰 조선지도를 부치고 함락한 도시에다 조곰한 붉은 기를 띠우고 오고가는 사람마다 감하게(까 맣게) 모여들어 거진 다 빨개진 지도를 보고 아조 조화합니다. 그러면 그저 끝까지 굳게 싸워주십시오. 념체는 없으나 내 목까지 싸워주십시오. 얼마 남지 않은 승리의 날을 처다 보고 힘 있게 용감히 싸워주십시오. 우리도 이 시기에 못한 것을 보답할 날을 기대합니다.

인민공화국의 붉은 여전사 리정의도 어머니의 따뜻한 사랑은 그리웠던 것 같다.

어머니, 기쁘게 만날 날만 고대하며 오날은 이만합니다. 편지할 도리만 있으면 꼭 동봉한 봉투에 회답하여 주십시오. 집에 있는 사진이라도 만약에 있으면 보내주십시오.

항상 마음이 달려가는 조국의 어머님께
정의 올림. 1950년 7월 25일.

리정의가 유학 중이던 이바노보시는 모스크바에서 서쪽으로 250여 킬로미터에 있는 이바노보주의 주도다. 18세기 초부터 섬유산업이 발전했고 1905년 5월에 설립된 이바노보 소비에트(노동자 중심의 평의회)는 소련 최초의 소비에트라는 설도 있다.

이름을 파악할 수 없는 또 다른 여자 유학생은 함남 함주군 퇴조면에 있는 누이동생 이증숙을 수신인으로 보낸 편지에서 조국의 승리를 다짐하면서도 가족의 안위를 걱정하고 있었다.

부침님상서

어머님게서와 동생 증숙, 전활군게서 보내주신 편지는 7월 25일 반가이 받아보았습니다. 전쟁의 전에 쓰신 편지이기에 편안하시다고 썼으나 그 후 함주군도 폭격을 당했다는 말 등을 신문, 라지오 등에서 듣고 많은 인민이 히생하여스리라고 믿으며 또 고향집에서는 어떻게 되셨는지 궁금합니다.

그리고 편지 곳곳에서 가족의 안전을 걱정하며 피신을 재촉했다.

지금은 큰오빠 저근오빠, 전용군, 증란이 모다 전지에 나갔으리라고 생각됩니다. 또 이 편지는 바로 고향집까지 갈는지 못 갈는지 딱실이 예정조차 못하겠습니다. 너무나 폭격이 심하기에.

그는 폭격에 몸을 피할 채비는 하고 있는지, 식량은 여유 있게 세세하게 챙겼는지 거듭 확인하고 싶었던 것 같다.

■ 누이동생 이증숙의 이름으로 친가에 보낸 여자 유학생의 편지. ■ 이증숙을 수신인으로 한 편지봉투.

가까운 장래에 우리 조국의 승리도 약속될 것입니다. 아버지 어머니께서는 힘껏 전시 체제에 충분한 마음의 준비와 일상생활의 준비가 되시고 계시는지 매일 근심입니다.

그녀는 인사말 끝에 알듯 모를 듯한 말을 여백에 보태고 마쳤다.

그러면 아버지 어머니 승리의 날 조선에서 회담하기로 하고 끝끝내 몸조심 하십시오. 언제나 빠른 동작이 준비되어야 될 것입니다.

고향 집이 있는 함주가 미군의 폭격이 집중될 함흥에 접해있는 만큼 '일찌감치 피신하라'는 내용의 숨은 메시지를 곳곳에 담은 편지는 끝내 전달되지 못했다.

우등상을 자랑한 모스크바 유학생 엄명섭
- 1950년 7월 26일

소련에 유학 중인 북한 학생들은 으레 인민군의 혁혁한 승리 소식을 접한 기쁨과 하루빨리 전쟁터에 달려가고 싶다는 자신들의 충정을 과장스럽게 편지 곳곳에 적고 있었다. 뒤에 소개될 것이지만, 최승희의 딸 안성희를 짝사랑하던 유학생도 전쟁에 대해 언급은 했었다. 그런데 편지 어느 곳을 살펴보아도 그 같은 언급이 없는 편지 한 통이 있었다. 모스크바수력대학에 유학 중인 엄명섭이었다. 1년을 월반했는 데도 우등을 했다고 한다. 그래서 유쾌한 시간을 보내고 있다고 했다.

부모님 그간 안녕하십니까?

나는 부모님의 은혜로 매일 유쾌한 세월을 보내고 있습니다. 안심하십시오. 전일 부송한 편지는 접수하셨는지요? 일전 편지에는 몸이 좀 약하여졌다는 것을 기록했었는데 오늘 나는 완전한 건강 상태를 회복하고 매일 재미있게 지냅니다. 금번 진행된 2학년 진급시험에 우등으로 합격된 데 대하여 학교 당국으로부터 많은 친찬의 말을 들었습니다. 특히 2년을 할 공부를 1년만에 우수한 성적으로 종결지었다기에 대사님이 "엄명섭이가 1년을 단축하여 공부하고 또한 우등의 성적을 나타낸 것은 우리 조선의 이익이며 조선사람의 재능을 발휘했다"라고 기쁨으로서 말씀했습니다.

편지를 쓴 날은 1950년 7월 26일이다. 한국전쟁이 발발한 지 한 달

▌모스크바수력대학 유학생인 엄명섭은 전쟁이 발발했다는 소식에도 불구하고 자신은 매일 유쾌하게
지내고 있으며 우등을 했다고 자랑을 하고 있다.

이 지난 7월 하순쯤이면 북한군은 낙동강을 건너기 직전 조국 해방의
꿈에 부풀어 있던 때였다. 소련 유학생 엄명섭은 편지의 맨 끝에서야
가정에 어려움이 많을 것으로 생각된다며 간단히 한두 마디 지나치듯
언급하고 편지를 마쳤다.

부모님,

내게 대해서는 아무 조심 마시
고 계십시오. 휴양소에 갔댔기
에 몸은 아주 건강한 상태입니
다. 명환이는 학교에 잘 나가
는지요? 특히 요새는 전시이기
에 가정에는 크다란 고통이 도

▌엄명섭이 집으로 보낸 편지봉투.

래해스리라 생각합니다. 천국 삼촌의 소식은 아는지요? 그리고 평양에서는 또 어드른지요? 그러면 자조 편지나 하여 고향 소식이나 전해주십시오. 그러면 부모님과 가내 일동의 건강을 축복하며 필을 놓나이다.

1950년 7월 26일
모스크바에서 명섭 올림

늦깎이 유학생 김현수의 가족 걱정
- 1950년 7월 31일

김현수는 아내와 사랑하는 딸 혜랑 그리고 아들 준을 함흥에 남겨두고 레닌그라드 교외에 있는 소도시 로마노쏘프로 유학을 떠났다. 김현수는 전황을 시시각각 챙기고 승리의 의지를 거듭 다지지만, 전쟁의 소용돌이에 휘말리게 될 가족의 안위와 이를 위한 대책을 꼼꼼하게 권하고 있다. 그는 아내에게 "당신이 앓아눕는 것을 상상만 해도 가슴이 서늘해진다"고 적었다. 조국해방전쟁에서 승리해야겠지만 병약한 아내와 자녀들의 안전을 희생할 수는 없다는 전제조건을 그의 글 곳곳에서 확인할 수 있다.

사랑하는 안해(아내)에게,
어제(7월 30일) 일요일에 레닌그라드에 들어갔다가 당신의 편지를 반가이 받았습니다. 6월 28일 부의 당신의 편지니까 전쟁이 난 후 첫 편지입니다. 물론 우리 총사령부 보도와 맥아더사령부의 보도

는 매일 이쪽 신문과 라듸오가 보도하고 있어서 전쟁의 진행을
잘 알고 있읍니다만 당신의 편지를 접하고 전쟁 형편을 더욱 살
깊이 느꼈습니다.

늦깎이 유학생 김현수의 아내는 함흥의대병원 안과에 근무하는 신
육저로, 의사이거나 간호사일 것으로 짐작된다.

유학생 김현수가 아내에게 보내온 편지.

전쟁에 대한 당신의 각오를 높이 존경합니다. 직장을 사수하여 승리에로 매진하겠다는 사랑하는 당신의 말에 경의를 보냅니다. 도시들을 폭격하고 하니까 극소수의 동요 분자도 있을는지 몰라요. 그러나 우리의 도시가 다 없어져도 우리는 조국의 통일과 독립을 쟁취하여야 됩니다.

그러나 김현수가 아내에게 꼭 당부하고자 하는 말은 그 다음에 이어졌다. 허약한 아내의 건강 걱정 그리고 아마도 폐결핵을 앓고 있는 딸 혜랑에 대한 걱정이 부부의 마음을 항상 어둡게 만들고 있음을 알 수 있다.

당신은 긴장해서 일하다가 건강을 해하지 않도록 하십시오. 항상 당신은 건강치 않은 것을 염두에 두어야 합니다. 그게 조국에 많이 봉사하는 길이예요. 문득 당신이 앓아눕기나 하면 하는 생각이 떠오르면 가슴이 써늘합니다.

▮유학생 김현수의 모습.

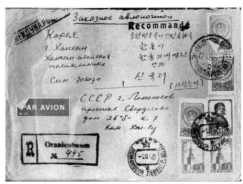

▮김현수가 보낸 편지봉투.

그런데 김현수는 아내에게 뜻밖의 일을 신신당부하고 있다. 미군이 한국을 아주 떠나기 전, 서울로 오갈 수 있게 된 김에 서둘러 마이싱(마이신)을 입수하라고 재촉했다. 김현수에게 있어 서울 해방의 가치는 무엇보다도 딸 혜랑의 치료약인 마이싱을 구할 수 있는 기회가 커졌다는 점에 있는 것 같다.

혜랑이 연고 없이 식욕이 감퇴되고 가래가 그렁거린다니까 또 쇠약해지겠습니다. 어떻게 빚을 내서라도 마이싱을 맞치도록 하십시오. 서울이 통하여 좀 늦을는지 모르겠습니다. 그러나 그 이상 늦어지지는 않을 거예요. 미국놈들이 가면 더 들어오지 않을 거니까. 지금 소련에서도 마이싱이 귀합니다. 물론 몇 해 후에는 소련에서도 대량으로 나올 것입니다만 현재는 귀합니다. 물론 현재도 만들고는 있어요. 그러나 그 수요에 응하지 못하는가 봐요. 그러니 어데서 빚을 냅니까? 책이라도 팔게 있으면 파십시오. 내가 나갈 때까지 기다릴 것은 없습니다. 어떻게 빚을 낼 수 있으면 혜랑이 주사값만은 어떻게 해서라도 내가 물겠습니다.

김현수의 관심은 전쟁의 소용돌이 속에서도 자녀교육으로 옮겨갔다.

그놈이 말을 잘 듣지 않는다고 때리지 마십시오. 항상 사랑해주고 잘못된 것만 욕해야 욕이 날이 섭니다. 건강에 백방으로 노력해주십시오. 건강만 하면 교육이야 차차라도 될 게 아닙니까.

신육저의 남편이자 혜랑과 준의 아버지 김현수는 아내에게 빨리 함흥을 떠나라고 충고했다. 가족 모두 떠날 수 없다면 혜랑만이라도 보내고 준도 보낼 수 있도록 하라고 재촉했다.

아직 함흥 폭격의 보도는 없는데 혜랑만이라도 고원(高原)에 보내도록 하십시오. 물론 준도 보낼 수 있으면 고원으로 보내는 게 좋습니다. 그놈들의 일이라 언제 폭격할는지 누가 아나요.

그의 불길한 예측은 적중했다. 미 공군 B-29의 폭격으로 북한의 주요 도시 22개 중에 18개 도시 절반의 건물이 흔적도 없이 파괴되었다고 북한 전문가인 커밍스 교수는 밝힌 바 있다. 함흥의 도시 파괴율은 80퍼센트였고 평양은 75퍼센트였다. 제2차세계대전 당시 일본 주요 도시의 폭격 피해는 평균 43퍼센트였다.

이 전시에 사랑하는 당신, 사랑하는 혜랑, 준 데리고 부듸 잘 견듸여주기만 당신의 남편은 멀리 외국에서 부탁할 뿐입니다.

1950년 7월 31일
로마노쏘프에서 당신의 김현수

부디 잘 견디어달라는 유학생 김현수의 간절한 기도는 효과가 있었을까? 그의 아내 신육저가 눈치 빠르게 딸 혜랑, 아들 준을 데리고 고원으로 피신했을까? 전쟁이 끝난 뒤 온 가족이 다시 만났을까? 많은 생각들이 세월 저 너머로 어른거린다.

연인 남금주에게 보내는 지청용의 편지
- 1950년 8월 2일

    평양 주재 소련대사관에서 노획된 우편 행랑에서 발견된 편지 가운데 진정한 사랑은 전쟁 속에서 어떤 모습을 띠는지 생각하게 만드는 몇 통의 편지가 있었다.

    그 가운데 하나가 레닌그라드에 유학 중인 지청용이 함북 청진시에 있는 연인 남금주에게 보낸 편지였다. 편지는 혁명의 열정이 넘친 한 청년의 모습을 떠올리게 한다. 그러나 그는 큰 목소리에 비해 자꾸 몸을 움츠리며, 자신을 적극 합리화하려는 가식적인 행동을 보이기도 한다. 다음은 지청용의 편지다.

    부산을 몇 킬로미터 앞두고 영용한 우리의 인민군대 전사들은 남진 또 전진하는 이때 당신의 생활에

북한 유학생 지청용이 연인에게 보낸 편지. 싸우는 인민의 대열이 그립다고 적었다.

도 전체제(戰體制)의 긴장된 기분이 돌고 있을 줄 믿나이다.

조국의 정세에서 쉬는 마음 고요해지지 않으며 싸우는 인민들의 대열이 그리우며 전선으로 달려나간 동무들이 그리워집니다. 이곳 레닌그라드의 우리들도 다 같이 전선에 내보내주소서 하고 金장군님께 타전했습니다만 아직 한 사람의 부름도 없음이 유감이라오. 당신의 애인된 나도 여기에서 그 누구보다도 먼저 전선에 나가겠다고 외쳤나이다.

사랑하는 금주여! 우리 가정도 전체제로 바뀌었다는 사형(舍兄)의 편지를 일전에 받았소. 그것에 의하면 맏형님도 6월 26일 최전선으로 출정하시었고 같은 날 단 하나의 누이동생도 최전선으로 나갔다고 하며 며칠 안 있어 대학에 다니든 셋째 형도 전선에 나간다 했습니다.

그의 편지는 끝까지 사랑하는 연인의 안위에 대한 걱정은 담고 있지 않았다. 아직 어린 학생인 것으로 짐작되는 연인의 남동생에게 인민군에 자원입대하라고 편지 맨 끝에서 강권하고 있었다.

▌지청용 사진.

사랑하는 금주(錦珠)여!
당신은 나의 마음속을 잘 생각할 수 있을 줄 믿습니다. 전선으로 가고 싶은 나의 심장을. 나는 당신께 나의 집안을 자랑하오. 용감히 전부 출정한 나의 가정을. 얼마나 기쁜 일 아니오. 우리 싸웁시다. 어떠한 곤란 속에서도 3년 동안 길러온 그대와 나의 사랑을 잊지 마소서. 조국 승리의 개가와 함께 그대와 나의 사랑의 개가도 있으리. 내내 평안하시오.

1950년 8월 2일 저녁 7시
지청용

추신.
문기군은 군복을 입었는지? 나는 그가 군복을 입기를 바란다고 전하시오.

최승희의 딸을 사랑한 소련 유학생 박태봉
- 1950년 8월 3일

안성희 동무 앞,
벌써 두 번째 편지를 쓰오니 용서하시오. 안 동무는 그 후 소련에서 집으로 돌아가신 이후 옥체 건강은 어떠하시온지 몰라서 궁금합니다. 조국에서 수천 리 떨어져 공부하는 저는 몸 건강히 공부에만 열심히 하고 있습니다.

의례적인 첫머리 인사에 이어 그가 심각한 사랑의 열병에 빠져 있음을 직감하게 한다.

안 동무! 손꼽아 기다리고 환영하던 그날이 벌써 반 달이 지났지만 그때의 모든 일이 지금같이 생각됩니다. 동무와 동무들의 사진을 보면 지금 우리 앞에 벽에서 주무시는 것 같아 못 견디겠습니다.

이는 세계적인 무용가 최승희의 딸 안성희에게 소련 유학생 박태봉이 보낸 편지다. 일상생활을 지탱할 수 있을지 의심스러울 만큼 사랑의 열병을 앓고 있음이 분명하다. 이 편지는 평양 주재 소련대사관에서 노획된 1950년 10월 26일 우편 행낭에서 발견되었다.

최승희의 딸 안성희를 사랑하는 소련 유학생 박태봉은 여느 북한 유학생들과 크게 달랐다. 조국해방전쟁에 대해서는 한마디 찬사도 없었다. 소비에트공화국 스베르들롭스크시 브브구스 소도시 스슈텐체스키 9동 407호에 주소를 둔 박태봉은 단지 최승희무용단이 평양을 떠나 서울에서 공연을 하는 관계로 자신의 편지가 늦게 전달될까 잔뜩 걱정을 하고 있었다.

안 동무, 이 편지가 동무에게 시간적·정신적 지장을 준다는 것을 알지만 그래도 마지막까지 읽어주시오. 지금 예술단 동무들이 서울에 가서 공연을 하실 줄 믿습니다. 역시 안성희 동무도 서울에 가셨을 것입니다. 내가 생각하건대 이 편지는 서울에 가지 못하고 평양에 있을 것이므로 매우 유감으로 생각합니다.

그의 편지 겉봉에는 정성스럽게 "조선인민공화국 평양시, 최승희무용연구소"라고 주소가 적혀 있었다.

> 성희 동무, 나는 벌써 2차에 걸쳐 동무에게 편지를 씁니다. 동무
> 에게 편지를 쓰고 싶은 마음이 솟아오르기 때문에 불과 며칠을
> 기다리지 못하고 있습니다.

청년 박태봉은 최승희무용단이 소련에서 공연을 마친 날 밤 모녀의
숙소 앞에서 밤샘을 했다. 그의 열정에 무용가 최승희는 감동했거나
굴복했던 것 같다.

> 안성희 동무도 잘 알 것이라고 생각합니다. 지난 7월 20일 새벽
> 3시에 동무의 어머님은 나에게 동무의 사진 1장을 주었던 것입니

다. 어머님은 나에게 안성희라고 쓴 사진 1장을 내 앞에 내놓고 가지라고 말씀했던 것이오. 안성희 동무, 나는 어머님을 통하여 안성희 동무의 사진을 가졌지만 안 동무가 준 것 같이 대단히 기쁘오.

박태봉 자신도 그 후 사진을 찍어, 사진이 잘 나오지는 않았지만 받아주길 바란다며 동봉했다. 그 사진에 담긴 박태봉은 짙은 눈썹에 우뚝한 코, 굳게 다문 입술을 가진 스물서넷쯤 보이는 젊은 청년의 모습이다. 최승희가 딸을 가진 어머니의 입장에서 박태봉을 자세히 살펴보았다면 그에게 점수를 주는 데 인색하지는 않았을 것 같다. 주변이나 세상 일에는 대체로 무관심하지만 감수성이 많으면서 집요함과 끈기를 갖춘 수재의 모습이다.

박태봉은 안성희의 어머니 최승희에게 따로 편지를 썼다. 그 짝사랑은 하루이틀의 소나기 같은 일과성은 아닌 게 분명했다.

■ 소련의 북한 유학생 박태봉.

선생님은 우리 거리에 계실 때 저에게 선생님의 사진과 안 동무, 즉 처녀의 사진을 1장 주신 것입니다. 저는 안 동무의 사진을 받고 내 사진을 아니 보낼 수 없습니다. 이 사진으로 멀리 스베르들롭스크라는 도시에서 공부하고 있는 모(某) 동무, 다시 말하면 애국청년 한 사람이 공부하고 있었다는 것을 기억하기를 바랍니다. 오늘은 이만하고 선생님의 건강을 빌면서 회답을 기다립니다.

안성희에게 보낸 편지의 끝인사에도 그는 꼭 다시 만날 것임을 다짐
했다.

> 수천 리를 조국에서 떨어져 공부하고 있는 박태봉은 동무의 옥체
> 건강과 앞날의 성공을 빕니다. 1951년 8월에 서울에서 다시 만나
> 기를 희망합니다.
>
> 1950년 8월 3일 박태봉

박태봉이 최승희에게 따로 쓴 편지.

최승희에게 보낸 박태봉의 편지봉투.

박태봉이 재학하던 대학은 지금은 우랄연방대학교로 통합 개칭된 우랄국립대학교였던 것으로 추정된다. 스베르들롭스크시는 훗날 예카테린부르크시로 도시 이름이 바뀌었다. 우랄국립대학교는 전통적으로 인문학과 광공업학 분야에서 우수한 평가를 받아왔다.

최승희의 딸 안성희는 1932년생이다. 최승희무용단이 소련 순회공연을 하던 1950년 7월 그녀는 18세였다. 세계적인 무용가인 어머니의 피를 이어받아 어려서부터 무용에 재능을 보여 6세부터 어머니와 함께 무대에 섰다고 한다. 1953년 소련 모스크바의 볼쇼이발레학교로 유학을 다녀왔으며, 유학 중인 1956년 모스크바 국제무용콩쿠르에서 1등을 수상했다. 1963년에는 31세의 나이로 국립평양무용극원의 원장이 되어 제자들을 양성하기 시작했으나 1967년 그녀의 어머니 최승희가 숙청당한 이후 그의 활동도 알려지지 않고 있다.

| 4 |

소련대사관 근무 직원의 간청
: 1950년 10월 17일

평양 주재 소련대사관에서 노획된 편지에는 소련대사관에서 근무 중이던 북한 민간인이 보낸 것도 들어있었다. '평양특별시 도산리 소련대사관 내'의 리상연이 '평원군 청산면 모방리'에 사는 그의 삼촌 리상선에게 보내는 편지였다. 편지 안에는 삼촌에게 보내는 편지가 함께 들어있다. 우표 소인은 10월 18일로 찍혀 있었다. 국군과 미군이 평양을 점령하던 10월 20일을 이틀 앞둔 날이다.

그런데 앞 봉투에 우체국 소인까지 찍힌 국내 편지가 받는 곳 평원군 청산면이 아니라 보내는 주소인 소련대사관에서 그대로 발견된 것이다. 수수께끼 같은 일이지만 전쟁으로 인해 반송된 것으로 유추해 볼 뿐이다.

삼춘전상서

그간 삼춘 가내 평안하신지요. 저는 삼춘님의 원념지덕으로 여전

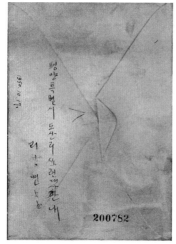

■ 평양중앙우체국의 우표 소인이 평양 점령 이틀 전에 찍혔음에도 보내는 주소인 소련대사관으로 다시 되돌아와 미군에 노획된 편지. ■ 리상연이 삼촌에게 보낸 편지봉투 뒷면.

합니다. 그리고 추수 시절에 많이 분주하시겠지요.

이어서 리상연은 자신의 처로 하여금 평양에 올 수 있도록 도와주길 청한다. 그런데 선뜻 이해할 수 없는 조건이 붙었다.

만일 내 편지가 2~3일 내로 도착하면 곧 들어오면 좋겠지만 만일 5~6일이 걸리면 평양에 들어오지 말도록 하십시오.

리상연은 시일이 늦어 못 들어올 경우 삼촌의 도움을 요청했다.

지금 이곳의 일이 대단히 분주하여 속히 나가지 못하니 삼촌님께

서 좀 식량을 보태주십
시오. 그리고 만일 금전
이 필요하면 곧 들어오
시오. 금전은 있으니 그
리 아시오.

리상현은 평양 철수가 임
박했다는 것을 알았음이 분
명하다. 철수에 앞서 시골에
남아 있는 처자에게 식량을
마련해주려는 가장 리상연
의 필사적인 노력을 짐작할
수 있다. 전쟁은 사랑의 깊이
와 책임감의 무게를 확인하
게 만든다.

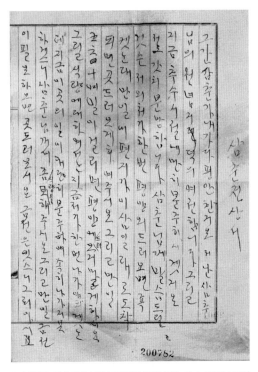

▌리상연은 삼촌에게 보낸 편지에서 돈은 바로 줄 수 있으니 그의
처에게 식량을 좀 보태줄 것을 간청하고 있다.

| 5 |

박헌영의 결혼 앨범
: 1950년 10월 23일

미군은 평양 점령 나흘 뒤인 1950년 10월 23일 당시 북한의 부수상 겸 외상인 박헌영의 집을 수색했다. 미군이 노획한 물품에는 박헌영의 결혼식 사진이 가득 담긴 '축 박헌영 선생 결혼 기념' 앨범이 있었다. 1949년 8월 자신의 비서였던 윤레나와의 두 번째 정식 결혼이었다.

결혼식 피로연에는 김일성 내각수상, 스티코프 북한 주재 소련대사, 김두봉 국가수반 등 요인들이 대거 참석했다. 밝은 표정으로 신랑 신부에게 꽃다발을 건네는 김일성, 역시 꽃다발과 함께 축하 인사를 건네는 스티코프 대사 내외 그리고 사회를 보는 김두봉의 모습이 보인다.

박헌영과 윤레나의 사이에는 나타샤와 세르게이라는 러시아 이름의 남매가 태어났다. 1956년 7월경 박헌영은 '제국주의 고용간첩의 두목', '공화국 전복기도' 혐의로 총살되었으며 윤레나와 두 자녀는 지금까지 생사불명이다.

박헌영 가족에게 불행이 닥친 것은 결혼식을 올린 지 불과 4년 후인 1953년 7월이었다. 그때 체포된 박헌영은 3년 후에 처형되었다. 북한의 국가수반이었던 김두봉 또한 1958년 김일성과의 권력 투쟁에서 패해 숙청되었으며 농장 노동자로 연명하다가 1960년에 사망한 것으로 알려졌다.

▌박헌영의 결혼식 사진.

▌박헌영은 1949년 8월 평양에서 결혼식을 가졌다. 박헌영 결혼 앨범에는 1950년 10월 23일 평양 소재 박헌영 부수상 겸 외상의 집에서 노획했다는 사실과 함께 서류번호 200787이라는 메모가 붙어있다.

▌박헌영에게 꽃다발을 건네는 김일성.

▌스티코프 북한 주재 소련 대사 부부가 박헌영 부부를 축하하고 있다.

■ 박헌영 부부와 김일성의 뒷모습.

■ 축사를 하는 김두봉 북한 국가수반(우).

에녹 리 일병의
귀향

이미지 / 게티이미지프로

"나, 에녹 리 일병은 한국전쟁에서 포로로 잡힌 바 있으며 그 때의 행적을 놓고 미합중국에 대한 충성을 의심받고 있습니다. 이에 대해 다음과 같이 밝힙니다. 나는 포로로 붙들려 있는 동안 어떠한 행동이나 방법으로도 적에게 협력한 사실이 없습니다. 수많은 심문 을 받는 가운데 아군이나 아군부대에 관한 정보를 제공한 사실이 없습니다. 적들은 내게 그에 관한 질문을 했지만 나는 그곳에 막 도 착한 신참 병사였습니다. 진실로 말하건대 아는 게 없었습니다. 사 실 나는 배치된 지 열흘밖에 안 되었습니다. 적들은 내게 좋아하는 영화배우에 대해 묻기도 하고 미국 생활의 이모저모를 물었지만 이 런 것들도 대답할 수 없었습니다. 나는 하와이에 살았을 뿐 미국 본 토에 한 번도 가본 적이 없기 때문에 대답할 수 없었습니다."

그의 진술은 계속되었다.

"국가에 대한 나의 충성심에 대해 의문을 갖고 있는 개인이나 여러 분들에게 분명히 말합니다. 나는 여태껏 진실하고 충성스런 병사였습니다. 나와 미국 국민 모두에게 중요한 자유를 지키기 위해 전투에 참가했습니다. 나는 그동안의 역경에 대해 깊은 긍지를 갖고 있습니다. 나는 나의 군 복무 중 거둔 업적에도 불구하고 평가에서는 외면 당하고 있었습니다. 제기된 이와 같은 의문 때문입니다. 거듭 밝힙니다. 나는 매우 그릇되게 의심받고 있고 또 그릇되게 기소되었습니다."

에녹 리 일병은 사탕수수농장 이민의 아들이다. 1950년 그는 45년 전 아버지가 떠났던 땅이면서 전쟁터가 된 한국에 상륙했다. 그리고 보름 만에 전투 중 적군에게 포로로 잡혔다. 가까스로 탈출에 성공했지만 그의 조국 미국은 그의 배신을 의심했다. 1963년에야 미국은 그에 대한 의심을 포기했다. 그렇다고 그의 충성을 확인해준 것은 아니었다. 1988년 그는 호놀룰루에 있는 태평양국립묘지에 묻혔다. 아버지와 아들로 이어진 고난과 분노의 시절은 그렇게 한 획을 그었다. 당시 한국 역시 좌절과 고난의 시대를 걷고 있었다.

한국계 이민 2세 미군 병사, 에녹 리

무더위가 기승을 부리던 지난 2015년 7월이었다. 워싱턴은 온통 초록빛이었다. 한낮에는 섭씨 30도를 훌쩍 넘기지만 서울처럼 후텁지근하지는 않았다. 곳곳에 펼쳐진 숲과 초록빛이 체감 더위를 한결 덜어주었다.

다시 방문한 미국 국립문서보관소는 숲속에 묻혀 있는 저택처럼 품위 있고 고즈넉했다. 20년 전과 달라진 것은 없어 보였다. 그러나 깊은 서고에서 꺼내어져 내 손에 넘겨진 비밀문서들은 세월의 흐름을 이기지 못하고 있었다. 해방 76년과 6·25 전쟁 발발 71년이 바로 그 문서들의 나이다.

부옇게 탈색된 서류들을 바삐 넘겼다. 흐르는 시간이 시계 초침 소리가 되어 귀를 통과해 머릿속에 박힌다. 숨 가쁜 속도전이다. 워싱턴에 체류하는 시간은 택시미터처럼 내가 에누리 없이 지출해야 할 비용으로 계산된다.

그렇게 나흘째 되는 날이었다. 바삐 손을 넘기던 나는 유달리 색이 바랜 미군 서류 뭉치에 눈길이 갔다. 그것도 몇 초, 그냥 지나치려 했다. 격동하던 한국 근현대사에서 그 기록이 차지하는 무게는 언뜻 티끌에 불과한 것처럼 비쳤다. 어느 미군 병사의 사소한 신상에 관한 기록이었다. 그런데 나는 바로 서고(書庫)에 반환하려던 생각을 바꾸고 말았다.

이 문서들은 1950년 11월부터 1963년 5월까지 근 13년에 걸쳐 미군 헌병대에서 각급 군 정보처, 미군 범죄수사처, 첩보국은 물론 FBI,

미 법무성 그리고 미 육군성을 오갔고 또 오고 갔다. 문서 안에는 줄기차게 조여오는 압박에 홀로 맞선 한 미군 병사의 두려움과 한숨, 메아리 없는 저항의 목소리가 담겨 있었다. 이제 미국 국립문서보관소에서 우연히 마주친 한 미군 병사의 이야기를 전해드린다.

그는 에녹 리(Enoch Lee) 미 육군 일병이다. 영화〈라이언 일병 구하기〉와 사뭇 다른 에녹 리 일병의 이야기이다. 에녹 리가 마지막 진술에서 밝혔듯이 그는 25차례에 걸친 심문과 한 차례의 거짓말탐지기 검사를 거친 뒤에야 그 깊고 어두운 절망의 터널에서 빠져나올 수 있었고, 그때는 이미 긴 세월이 훌쩍 지난 뒤였다. 이 서류들은 미합중국 정부의 집요한 의심과 추궁, 수사와 압박에 홀로 맞서 싸운 18년의 기록이었다. 그 외롭고 지난한 싸움에서 버텨내고 살아남은 자는 키 156.2센티미터의 몸집 작은 한국계 이민 2세 병사였다.

북한 게릴라들의 포로가 된 에녹 리 일병

에녹 리 일병에 관한 문서들은 대부분 카본지 사본으로 작성되어 있었다. 필자의 군 복무 시절 중대작전계 사병으로 서류를 작성할 때마다 사용하던 그 먹지였다. 카본지 사본 제일 밑 세 장째에는 글씨가 그림자처럼 희미하게 나타났었다. 미군들의 카본 복사본도 그랬다. 미제 카본지는 검은색과 함께 파란색도 있다는 게 차이라면 차이인 것 같다.

카본지 사본으로 된 미군 수사기록에 따르면 에녹 리 일병은 억세게

운이 좋은 병사였다. 전투에 투입된 부대원 153명 가운데 유일하게 부대로 살아 돌아와 생존이 확인된 병사였기 때문이다. 그는 하와이 사탕수수농장에서 일하던 한국계 이민자의 아들이었다. 나이는 19세였다. 작은 키에 머리는 검고 갈색의 눈을 가졌다. 동양인으로서도 유난히 왜소한 청년이다.

에녹 리 일병에 대한 수사기록에는 그의 부모에 대한 서류도 여러 건 포함되어 있었다. 첨부된 미 이민국 서류에 따르면 리 일병의 아버지는 이시겸, 출생지는 평양이다. 17세인 1904년 12월 24일, 크리스마스 이브에 호놀룰루에 도착했다. 타고 온 배는 몽골리아(Mongolia)호, 인종란에는 몽골리언(Mongolian)이라고 적혀 있다. Name and Address of person to whom destined: Sugar Plantation, 그러니까 행선지와 방문자 칸에는 주소도 없이 그저 '사탕수수농장'이라고만 적혀 있다. 노동력으로서의 가치만이 인정된 나이 어린 한국인 총각이 두리번거리며 하역되는 다른 화물들을 비집고 하와

에녹 리 부모의 이민 기록. 미군 수사기관은 부모의 출생지가 평양, 신의주라는 사실을 수사기록의 참고 자료로 제시하고 있다.

이에 내리는 모습이 연상된다.

에녹 리의 어머니에 관한 기록도 있다. 이름은 송아기(Agy Song)다. 그녀는 아버지 송석화(Suk Wha Song)와 상봉하러 1905년 6월 13일 호놀룰루에 도착했다. 신의주에서 태어났으며 1898년 10월생, 그때 나이 7세다. 그런데 눈에 띄는 게 있다. 송아기의 이민 기록에는 어머니는 물론 동반자에 대한 언급이 전혀 없다. 심지어 그가 타고 온 배 역시 'UNKNOWN, 알 수 없음'이다. 7세 어린 소녀 혼자만의 머나먼 뱃길은 아무래도 예사롭지 않다. 혹시 먼 뱃길에서 뜻하지 않은 일이 있었던 것은 아닐까? 어쨌든 배에서 함께 내리지 않았던 것이 분명한 그녀 어머니의 행방이 궁금하다. 아니면 7세의 어린 소녀 송아기가 홀로 탁송 의뢰된 인간 화물일 가능성도 있다. 그러나 조선에 모녀가 남아있는데 어머니를 남겨둔 채 어린 딸만 홀로 불러들이는 아버지가 있을까? 이 의문을 풀어줄 기록은 아직 찾지 못했다.

에녹 리 일병은 이시겸과 송아기 부부의 다섯 아들 가운데 넷째 아들로 1931년 9월 2일생이다. 호놀룰루에 있는 초등학교, 중학교를 거쳐 1950년 3월 그곳 세인트루이스고등학교에 진학했다. 그러나 리 일병은 세 달 뒤인 1950년 6월 하와이에서 육군에 입대했다. 훈련을 마친 그는 1950년 9월 일본에 배치되고 11월 15일 그의 부모가 근 반세기 전에 떠났던 땅 한반도에 첫발을 딛었다. 상륙한 곳은 원산, 임무는 미 육군 3사단 15연대 1대대 베이커(Baker)중대 소총수다.

에녹 리 일병의 미 육군 3사단은 원산상륙 나흘 뒤인 11월 19일 마전리라는 곳에 진출했다. 앞서 미 해병 1사단이 구축한 진지를 넘겨받아 임무를 교대한 것이며, 그곳은 평양으로 가는 길목에 있는 첫 번째

| 에녹 리 행로 |

1950. 6.	하와이에서 육군 입대
1950. 9.	일본 배치
❶ 1950.11.15	원산 상륙(미 육군3사단 15연대 1대대 B중대 소총수).
❷ 1950.11.19.	미 3사단 마전리 진출 주둔(미 해병 1사단의 진지 인수).
1950.11.28(29)	에녹 리 척후부대 차출. 153명 새벽 6시 마전리 출발, 서쪽으로 6시간 진출.
❸ 1950.11.28(29)	척후부대 게릴라에 피습. 오후 4시 반 포로로 잡힘.
❹ 1950.11.29.(30)	게릴라에 끌려 원산 방향으로 우회 후 평양으로 행군.
❺ 1950.12.7	평양 교외 도착.
1950.12.18	북한군과 함께 남으로 행군 개시.
❻ 1950.12.날짜 미상	북한군 행군 중 미 공군기 기총사격 받고 행군대열에서 탈출.
❼ 1950.12.날짜 미상	남으로 가던 중 북한군 의용군 포로로 잡고 함께 이동.
❽ 1951.1.5.	순찰 중인 한국군 병사 만남. 미 육군 7사단으로 인계돼 복귀

1968. 6.	한국 춘천 배치.
1969. 2. 1.	춘천 미 육군 제4미사일 중대 본부중대 이탈
1969. 3. 3.	귀대
1969. 3. 17.	군법회의 유죄판결
1969. 3. 18.	이등병 강등, 전역

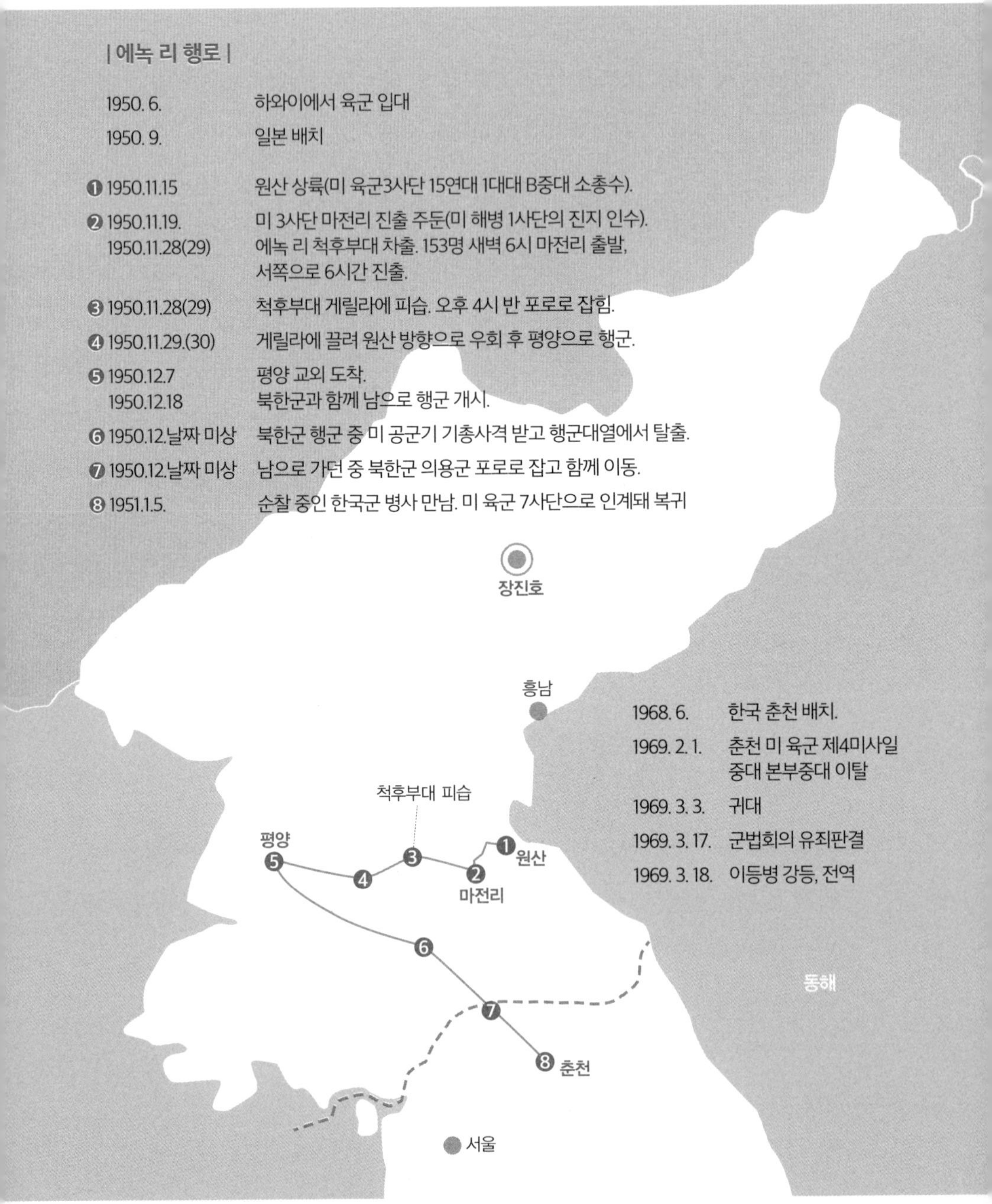

장진호
흥남
척후부대 피습
평양
원산
마전리
춘천
서울
동해

큰 마을이라고 리 일병은 신문 때마다 진술했다.

임무를 인계하고 북상한 미 육군 7사단과 미 해병 1사단은 12일 뒤인 11월 27일 장진호까지 진출했다. 그곳에는 중공군 9병단 병력 12만 명이 숨죽여 기다리고 있었다. 미군은 덫에 걸렸고 필사적인 탈출을 시도했다. 바로 세계전쟁사에서 가장 참혹한 동계전투의 하나로 꼽히는 장진호전투는 1950년 11월 27일 그렇게 시작되어 12월 11일 흥남철수로 끝이 났다. 여기에 얽힌 숱한 사연과 진실들은 긴 세월이 흐르면서 영웅들의 신화로 다시 태어나 새롭게 정리되고 있다.

그런데 미국 국민에게 장진호, 'Chosin Reservoir(조선 저수지)'는 지금도 지옥의 다른 이름이다. 'Chosin Few'는 '치열한 전쟁 속 죽음의 문턱에서 살아남은 병사'를 일컫는 말로 영어사전에 등록되어 있을 정도다.

에녹 리 일병 이야기로 다시 돌아가면, 장진호전투가 시작된 직후 리 일병은 척후부대로 차출되었다. 11월 28일 혹은 29일일 수도 있다고 리 일병은 진술한다. 놀라운 것은 군수사관과 리 일병은 10년이라는 시간의 흐름 속에서도 꾸준히 똑같은 질문과 답변을 반복했다는 점이다. 그때마다 수사기록은 미 연방수사국(FBI), 미 육군범죄수사대(CID) 등 수많은 기관들에 차례로 넘겨져 제각기 면밀하게 검토하고 의견을 첨부하고 심문을 거쳤는 데도 그랬다.

예를 들어 수사관들은 척후부대가 언제 출발했는지 10여 년간 똑같은 질문들을 반복했다. 리 일병은 어김없이 척후부대 출발일은 28일 혹은 29일 중에 하나인데 잘 모르겠다고 거듭 진술했다. 미군수시관이 파악한 공식 출발일시와 차이가 있는 것이다. 그래서 수사기록에는 척후부대 출발일은 아직도 미확인이라고 기록되어 있다.

리 일병과 수사관 사이에 작전 개시에서 포로로 잡힐 때까지 논란이 없는 리 일병의 진술은 다음과 같다. 장교 3명, 사병 150명으로 구성된 척후부대는 그날 새벽 6시 지프차 3대와 6대의 2.5톤 트럭 등 모두 9대에 나누어 타고 출발했다. 부대의 임무는 서쪽으로 진출해 서쪽에서 오고 있을 한국해병대와 접촉하는 것이었다. 척후부대는 출발 6시간 후 험준한 계곡에 들어섰다. 1953년 10월 1일 진술에서 에녹 리는 그 당시를 자세하게 설명했다.

길 양쪽으로 높은 봉우리들이 날카롭게 둘러싼 계곡에 행렬 마지막 차량이 100야드 쯤 들어선 순간 길 양쪽에서 소총 사격이 시작되었습니다. 차에서 내려 응사하라는 명령이 떨어졌고 이를 복창하며 하차해 사격을 개시했습니다.

에녹 리의 진술에 따르면 적의 매복 공격이 있자마자 지휘차에 탄 부대장 일행들은 부대원들을 팽개친 채 매복 공격을 피해 달아났고, 지휘체계를 잃은 부대원들은 제각기 흩어져 응사한 것으로 보인다.

사격 명령이 떨어진 직후 장교 2명과 사병 3명이 탄 지휘 차량인 지프차 한 대가 논에서 차를 되돌리더니 적의 매복을 돌파해 탈출했습니다. 총격전은 오후 4시 반까지 계속되었습니다. 총격이 잦아들자 차츰 적들이 가까이 다가오기 시작했습니다. 그때쯤에는 나와 피트(Pitt)를 제외하고는 아무도 응사하지 않았습니다. 아마 부상을 입었거나 전사했을 것이라고 생각했습니다. 우리는 길 양쪽에 있는 논두렁에 은폐하고 있었습니다. 적들이 다가오자 우리는 50야드 거리에 있는 덤불 숲으로 몸을 옮겨 숨기로 했습니

Command Report, November 1950, 15th Infantry Regiment

The 3d Battalion moved a platoon of Engineers and rifle platoon to a point in the MSR where they repaired blown places and opened MSR for traffic within 5 to 6 hours.

On 26 November, 2 wounded enlisted men were evacuated from the Majon-ni - Tongyang area by air.

27 November brought about more harassing action on our convoys on the MSR between Wonsan - Majon-ni and Tongyang. The enemy was estimated to be in sufficient strength between Majon-ni and Tongyang to attack our convoys if not supported by strong air and artillery. The enemy re-occupied the area astride the Regimental MSR after being driven off by the 1st Battalion on 25 November. This group of enemy ambushed a convoy proceeding West to Tongyang inflicting moderate casualties.

The 5th KMC Battalion was ordered 27 November to move to Kosan, secure Chukkuin-ni and return to Kosan. Before entering Kosan a block had to be cleared.

The 3d KMC Battalion reported on 28 November that numerous enemy concentrations existed South of Tongyang. A patrol was dispatched and as it proceeded toward Majon-ni determined resistance was met and the patrol suffered moderate casualties. 100 of the enemy were reported killed. At this same time the 1st Battalion attacked South from Majon-ni clearing the road and high ground to either flank for three miles against moderate resistance.

The 5th KMC Battalion was attacked by approximately 100 enemy in the vicinity of Kosan. During the morning the enemy opposed the advance West to Chukkun-ni with small arms fire but the progress was not halted. Chukkun-ni was secured by the 5th KMC Battalion and unit returned to Kosan to await further orders.

The 3d KMC Battalion was under attack by unknown number of enemy and the Battalion requested mortar ammunition be flown in to repulse the attack, while supply convoys to the East and West were reported under fire. The air drop was accomplished.

Movement of enemy forces reported in the 8th Army Zone would place the enemy in position to strike against Wonsan Port Areas with forces of regimental strength.

Five rounds of mortar landed in the vicinity of air strip and perimeter of the 3d KMC Battalion in addition to small arms fire from the enemy. It was probable that enemy forces in the Tongyang area were acting in concert with the CCF counter-offensive to prevent employment of 3d Division elements against the flank of that

27 November brought about more harassing action on our convoys on the MSR between Wonsan - Majon-ni and Tongyang. The enemy was estimated to be in sufficient strength between Majon-ni and Tongyang to attack our convoys if not supported by strong air and artillery. The enemy re-occupied the area astride the Regimental MSR after being driven off by the 1st Battalion on 25 November. This group of enemy ambushed a convoy proceeding West to Tongyang inflicting moderate casualties.

▌미 보병 15연대 11월 지휘보고는 에녹 리 일병이 포로로 잡히던 날 전멸에 가까운 피해를 입었음에도 상당한 피해라고 모호한 표현으로 축소해 기록했다.

다. 그런데 피트가 덤불을 향해 먼저 달리던 중 총에 맞았습니다. 나는 괜찮았습니다. 내가 피트의 총상을 헝겊으로 싸매려 할 때 적들이 다가왔고 우리는 붙잡혔습니다. 적들은 정규군이 아니라 게릴라들이었습니다.

에녹 리의 소속부대인 미 보병 15연대의 1950년 11월 지휘보고는 척후부대의 매복 피습으로 인한 피해를 간단히 언급하고 있다. 그러나 척후부대 153명 가운데 생환 5명에 148명이 전사 및 포로 또는 실종되어 완전한 전멸임에도 연대의 작전보고는 '상당한 사상자가 발생'했다고만 언급했다.

11월 27일 원산-마전리-동양을 잇는 수송도로에 출동한 우리 척후부대에 상당히 당황스런 일이 발생했습니다. 적군들은 아군에게 강력한 공중엄호와 포 지원이 없으면 충분히 승산이 있다고 판단한 것 같습니다. 적은 우리 연대의 수송로를 다시 장악하고 서진하고 있던 아군 척후부대를 매복 공격해 아군에게 상당한 피해를 입혔습니다.

미 15연대는 그날 매복 공격에 당한 원인을 한국의 독특한 도로 사정 때문이라고 진단했다.

적은 마전리에서 12마일 떨어진 곳에서 매복하고 있었습니다. 한국의 도로는 진행하는 차들이 도로 위에서 유턴을 할 수 없을 만큼 좁습니다. 유턴을 하려면 길에서 벗어나야 합니다. 적의 매복 공격에 우리 부대는 길에 완전히 발이 묶였고 이 때문에 여러 대의 차량과 상당수의 병력 그리고 상당량의 물자를 잃었습니다.

그날 공격에 대해 그들을 공격한 게릴라의 규모는 약 30명이었다고 리 일병은 진술했다. 수사관은 리 일병에게 포로로 잡힌 뒤 게릴라에게 끌려 어디로 갔느냐고 물었다.

붙잡힌 나와 피트는 게릴라들의 감시 속에 산 밑으로 난 길을 따라 약간 걸었습니다. 게릴라들은 이어 산중턱에 올라 걷더니 우리를 민가로 끌고 가 헛간에 가두었습니다. 잠시 뒤 미군 14명과 미군에 배속된 한국인 병사 6명이 끌려왔습니다. 모두 헛간에서 하룻밤을 갇혀 지냈습니다. 다음날 오던 길을 다시 되돌아 마전리에 도착했습니다. 우리 15연대는 이미 철수하고 없었습니다. 우리도 능선을 따라 행군했고, 산 능선에서 내려다본 원산항구는 이미 텅 비어 있었습니다.

이들은 약 7일쯤 행군한 끝에 평양 근교 마을에 도착했다. 그곳에서 리 일병과 카투사 병력 6명은 다른 곳으로 이동했다. 그곳에 남은 미군 포로들과는 그 후 다시 만나지 못했다. 북한군 장교들은 리 일병과 한국군 병사들을 상대로 인민군에 입대할 것을 회유하기 시작했고 리 일병은 그때 자신은 하와이 출신의 한국계 2세 미군 병사라는 사실을 밝혔다고 한다. 그는 500야드 떨어진 북한군 장교 숙소가 있는 민가

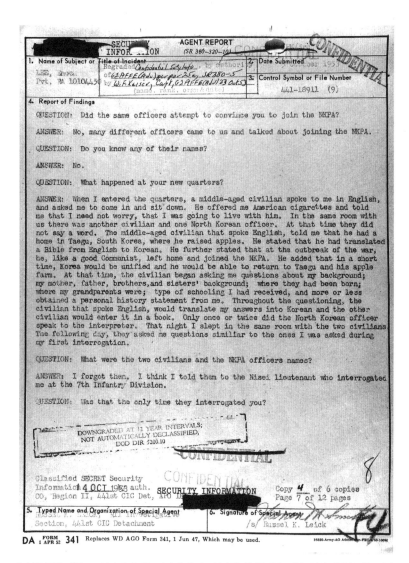

AGENT REPORT

(SR 380-320-10)

1. Name of Subject or Title of Incident	2. Date Submitted
Regraded *Confidential Setyinfo* by authori of *62AFFE(Adv)perpac25a, SR380-5* by *W.F.Keiser, Capt,G2AFFE(A)JJ230ct5* (name, rank, organ & date)	
LEE, 2nod... Prt, RA 10104450	3. Control Symbol or File Number
	441-18911 (9)

4. Report of Findings

QUESTION: Did the same officers attempt to convince you to join the NKPA?

ANSWER: No, many different officers came to us and talked about joining the NKPA.

QUESTION: Do you know any of their names?

ANSWER: No.

QUESTION: What happened at your new quarters?

ANSWER: When I entered the quarters, a middle-aged civilian spoke to me in English, and asked me to come in and sit down. He offered me American cigarettes and told me that I need not worry, that I was going to live with him. In the same room with us there was another civilian and one North Korean officer. At that time they did not say a word. The middle-aged civilian that spoke English, told me that he had a home in Taegu, South Korea, where he raised apples. He stated that he had translated a Bible from English to Korean. He further stated that at the outbreak of the war, he, like a good Communist, left home and joined the NKPA. He added that in a short time, Korea would be unified and he would be able to return to Taegu and his apple farm. At that time, the civilian began asking me questions about my background; my mother, father, brothers, and sisters' background; where they had been born; where my grandparents were; type of schooling I had received, and more or less obtained a personal history statement from me. Throughout the questioning, the civilian that spoke English, would translate my answers into Korean and the other civilian would enter it in a book. Only once or twice did the North Korean officer speak to the interpreter. That night I slept in the same room with the two civilians. The following day, they asked me questions similiar to the ones I was asked during my first interrogation.

QUESTION: What were the two civilians and the NKPA officers names?

ANSWER: I forgot them. I think I told them to the Nisei lieutenant who interrogated me at the 7th Infantry Division.

QUESTION: Was that the only time they interrogated you?

DOWNGRADED AT 12 YEAR INTERVALS; NOT AUTOMATICALLY DECLASSIFIED, DOD DIR 5200.10

CONFIDENTIAL

Classified SECRET Security Information 4 OCT 1953 auth. CO, Region II, 441st CIC Det, APO 1... **SECURITY INFORMATION**

CONFIDENTIAL

Copy 4 of 6 copies
Page 7 of 12 pages

5. Typed Name and Organization of Special Agent	6. Signature of Special Agent
RUSSEL K. LEICK, ... Investigative Section, 441st CIC Detachment	/s/ Russel K. Leick

DA FORM 341 1 APR 52   Replaces WD AGO Form 341, 1 Jun 47, Which may be used.

▌수사관들은 다른 포로들과 달리 에녹 리가 혼자 따로 분리된 사실을 매우 의심스럽게 여겼다. 에녹 리가 특별 대우를 받았다고 판단한 것이다.

에 혼자 따로 억류되었다고 말했다.

중년의 민간인이 방에 들어오더니 미제 담배를 권하면서 나와 함께 지낼 것이라고 말했습니다. 그는 자신이 남한의 대구 출신으로 사과를 재배했고 영어 성경책을 한글로 번역했다고 말하며 한국전쟁과 함께 집을 떠나 인민군에 입대했다고 말했습니다. 그는 내게 부모 형제가 다니던 학교 등 나의 성장 배경 등을 자세히 묻고 한글로 기록했습니다. 때때로 인민군 장교가 들어와 통역인과 대화를 나누었고, 다음날에도 비슷한 질문을 계속했습니다.

미군 수사관은 그곳에 있는 동안 그의 도움을 받은 일이 있는지 물었다. 또 통역인과 대화를 나눈 장교의 이름을 물었다.

그는 내가 요청하면 담배도 주었고 한국 사탕도 주었습니다. 북한군 장교는 통역인에게 한국말을 못하는 한국인에게 한글을 가르치라고 말하기도 했습니다. 그러나 그의 이름은 잊었습니다.

수사관은 또 한국계 미군 병사라는 사실을 왜 시인했으며 포로들을 학살하는 것을 목격한 일이 있는지 물었다.

같이 포로가 된 한국 병사가 내가 하와이 출신 한국계라는 사실을 북한군에 발설했기 때문에 피할 수 없었습니다. 우리가 매복 공격으로 포로로 잡혔을 때 게릴라들이 트럭을 뒤져 물품을 약탈하고 땅에 누워 있는 부상병들을 사살하는 것을 목격했습니다.

수사관은 에녹 리에게 공산주의에 대한 질문은 없었는지 물었다.

그는 공산주의에 대해 이야기했습니다. 공산주의가 무엇을 달성
하려 하며 장점은 무엇인지 어떻게 북한에 도움을 주고 있고 어
떻게 남북한의 통일을 성취할 것인지를 말했습니다.

그런데 에녹 리는 후일 여러 차례 계속된 심문에서 공산주의에 대한
부분을 진술하면서 발목이 잡혔다. "세뇌되었는가" 묻는 수사관의 질
문에 "그렇다"고 대답한 것이다. 이 짧은 답이 불운의 커다란 빌미가
되었다. 그러나 그 짧은 답변 외에도 돌아오지 못한 14명의 행방과 운
명에 대해 에녹 리가 설명하지 못하는 한 그의 시련은 피할 수 없었을
것이다.

나흘 뒤인 12월 18일, 그는 다시 남쪽의 전선으로 이동했으며 북한
군 부대와 함께 춘천 북방에 도달했다고 진술했다. 틈을 노리던 그는
미 전투기의 기총사격으로 지휘관이 부상을 입고 혼란에 빠진 틈을
타 북한군 부대를 벗어날 수 있었다. 그는 줄곧 걷다가 때로는 숨기도
하며 남쪽으로 향했다. 해가 바뀐 1951년 1월 5일, 북한군에서 도망
쳐 나온 남한 출신의 의용병을 만났고 그와 함께 때로는 민가에 머물
면서 남으로 계속 걸었다. 리 일병은 수색 중인 한국군 병사에 의해 발
견되어, 곧바로 미 육군 7사단으로 돌아왔다. 포로로 잡힌 지 약 49일
만이었다.

리 일병은 그 뒤 부산야전병원에서 세 달간 입원 치료를 받았고 그 뒤에도 오사카 미군병원, 도쿄 미군병원, 캠프 드레이크 레터만병원 등 일곱 군데의 병원을 전전하며 치료를 받았다. 병원을 옮길 때마다 에녹 리는 심문을 받았다. 군 수사관의 보고에 따르면 에녹 리가 사고로 인한 정신적 충격이 원인이 된 심각한 기억상실증과 심한 스트레스를 앓고 있다고 진단했다. 그러나 진단은 무시되었다.

탈락된 에녹 리의 보안심사

1954년 12월 13일 군 첩보부대는 에녹 리 일병이 완전히 회복되었다고 보고했다. 그동안 에녹 리 일병은 병장이 되어 있었다. 병원을 맴돌던 3년 동안 상병을 거쳐 병장으로 진급한 것이다. 그러나 그가 회복되었다는 보고는 리 병장에게는 축복이 아니라 시련의 시작이었다. 본격적이고 끊임없는 심문이 뒤따랐다.

> 중대장 이름은? 기억하는 전우는 누구인가?
> 다른 전우의 행방에 대해 아는 바를 말하라.
> 전투 상황은 어땠나?
> 적은 무얼 네게 물었는가? 어떻게 대답했는가?

똑같은 질문이 거듭되었다. 그러나 10여 년을 이어온 리 병장의 답변은 항상 간단했다. 이름을 기억하는 전우는 분대원 조지아주 출신

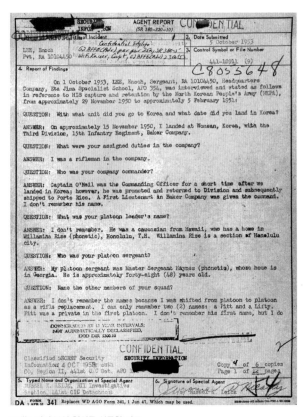

■ 에녹 리의 부역 혐의를 심문한 자료.

의 헤인즈 하사, 펜실베이니아주 출신의 피트 일병, 사모아 출신의 리프츠 일병 그리고 오닐이란 성을 가진 중대장 4명이 전부였다. 수사관들은 에녹 리를 상대로, 같이 포로로 잡혔던 미군 포로 14명이 정전협정에 따른 포로 교환에도 불구하고 단 한 명도 돌아오지 않은 이유에 대한 실마리를 찾고자 했던 것이 틀림없다. 미군 측은 또 오로지 에녹 리만이 살아 돌아온 사실에 대해 잔뜩 의심의 눈으로 보고 있었다.

다람쥐 쳇바퀴 같은 심문이 이어지던 1954년 10월 에녹 리는 다른 범죄혐의에 대해 조사를 받기 시작했다. 불법 환전과 PX 물품 암거래 혐의로 별건(別件) 수사인 것으로 보인다. 다음은 수사 보고 내용이다.

이 사건 수사는 1954년 10월 20일 다른 인물의 불법 환전 혐의와 관련해 한 일본인 브로커를 심문하던 중 범죄정보를 인지하게 되었습니다. 수사 결과

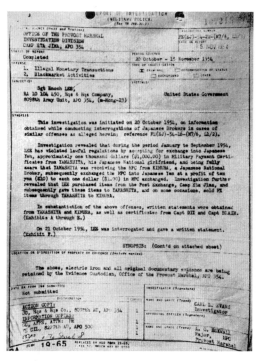
▌에녹 리 병장의 불법 환전 혐의에 관한 내사자료.

에녹 리는 1954년 1월부터 9월까지 미 군표 총액 1,000달러를 일본인 여자친구인 야마시타에게 건네주었습니다. 야마시타는 1,000달러의 미 군표를 그때마다 일본인 불법 환전상인 기무라로부터 공정 환율보다 달러당 10엔의 웃돈을 받고 교환했습니다. 리 병장은 조사 결과 이 같은 불법 거래 사실을 사전에 알고 있었던 것으로 밝혀졌습니다.

캠프 에타지마 미군부대 헌병대는 다른 혐의도 추가로 찾아냈다고 보고했다.

에녹 리는 캠프 에타지마 미군기지에서 PX 물품을 수시로 구입해 야마시타에게 주었고 야마시타는 기무라에게 팔았습니다. 위협의와 관련해 야마시타와 기무라의 자술서를 받았으며 관계장교인 딕스(Dix) 대위와 블레어(Blair) 대위의 확인서도 받았습니다.

미군 헌병대는 이와 함께 야마시타가 PX 물품을 살 수 있는 신분이 아닌 것을 확인했고, 그녀가 팔았던 전기다리미를 압수했으며 수사받고 있다는 사실을 에녹 리의 소속 부대장에게 통보했다고 보고했다.

현재까지 리 병장은 정상 근무하고 있습니다. 미군기록관리국에 에녹 리의 범죄내역 조회를 했으나 전과는 없습니다. 이번 수사에서 정부 재산을 빼돌린 혐의를 조사했으나 그런 사실도 없습니다. 그가 불법으로 매각한 33달러 75센트 상당의 개인 사유물은 회수했습니다.

에녹 리는 군사재판에 넘겨졌다. 불법 거래품으로 압수한 신발과 전기다리미 등이 증거물로 제출되었다.

수사 결과 리 병장이 미 군표 1,000달러를 불법 환전하고 PX 물품을 불법으로 매각해 관련 군 법령과 지시를 위반한 사실을 확인했습니다.

미 육군 8098부대 헌병대장 소령 에콜(A. O. Eckwall)

리 병장은 법정 진술에서 자신은 불법 환전 사실에 대해 전혀 아는 바 없으며 9개월간 여자친구와 같이 지내면서 식품 구입 등에 필요한 생활비를 그때그때 주었을 뿐이라고 반박했다.

> 나는 PX에서 물품을 구입해 영외거주지였던 여자친구의 집으로 가져간 사실이 있습니다. 그때 가져간 다리미는 내 개인용품이었으며 여자친구에게 주는 선물도 아니었습니다. 내 여자친구는 그것으로 내 옷을 다려주었습니다. 옷가지 몇 개도 사서 입었는데 병영으로 되가져 오지 않고 그녀의 집에 놓고 온 사실이 있습니다. 나는 PX 물품을 순전히 나 혼자만 사용했다고 고집하지는 않겠습니다. 때때로 내 여자친구와 함께 사용했기 때문입니다.

미 연방수사국 FBI가 에드거 후버 국장의 서명과 함께 발부한 에녹 리의 범죄기록 사본을 보면 적어도 이 사건과 관련해 그는 1954년 11월 16일 군사재판에서 '모두 혐의 없음' 판결을 받은 것으로 기록되어 있다. 그러나 군 수사기관들은 에녹 리 일병이 포로로 잡혀 있을 당시에 대해 수시로 소환해 심문하고 동일한 질문을 반복 또 반복했다.

한번은 1953년 10월 1일 라익(R.K. Leick) 수사담당관이 리 병장의 심문을 맡았다. 이에 대해서 심문 조서에 첨부된 서류는 특이사항 한 가지를 언급했다. 라익 수사담당관은 1951년 1월 5일 리 병장(당시 일병)이 귀환할 당시 한국군 사단의 연락장교였으며 리 병장의 귀환을 지원한 바 있다고 덧붙인 것이다. 마치 탈출한 리 일병의 귀환을 처리했던 라익 수사담당관이 초기 수사에서 리 병장에 대해 별 의심없이

허술한 판단을 내렸음을 지적하고 있는 것이었다.

특이사항: 우연하게도 이번에 심문을 맡은 라익 수사관은 에녹 리 일병이 유엔군 측의 경계를 넘어올 때 한국군 연락장교였으며 그를 도운 사실이 있습니다.

리 일병은 1951년 1월 부대로 귀환할 때 북한군 병사를 포로로 끌고 와 탈취한 무기와 함께 아군에 인계했다. 라익 심

▎1953년 에녹 리에 대한 보안심사 기록. 일단 통과의견이지만 초기 심문의 객관성과 정확성에 대해 의문을 제기하는 단서가 붙어 있다.

사담당관은 이 사실도 지적하면서 사건 종결을 건의했었다. 그러나 이와 같은 사건 종결 의견은 물론, 문서에 언급된 대로 적군을 포로로 잡아 귀환한 에녹 리 일병의 공로는 전혀 반영되지 않았다.

리 병장은 보안심사에서 해마다 탈락했다. 그리고 다시 심문은 이어졌다. 1959년 그의 군 경력에 8개월여 동안 공백이 발생했다. 이때 그는 민간인 신분으로 잠시 라스베이거스의 카지노에서 경비원으로 일했다. 군 복무 연장허가를 받지 못했기 때문인 것으로 보인다. 그는 1960년 3월 다시 군에 복귀했다. 그의 계급은 2계급이 강등된 일병이었다. 그러나 그에 대한 상관의 평가는 좋았고 그래서 또다시 보안심

사를 신청했다.

에녹 리는 1961년 1월 9일 선서와 함께 다음과 같이 진술했다.

나, 에녹 리 일병은 한국전쟁 당시 적에게 포로로 잡혀있는 동안, 미국에 대한 나의 충성에 대해 의문을 갖고 있는 데 대해 다음과 같이 밝힙니다.

나는 포로로 잡혀있는 동안 어떠한 행동이나 방법으로 적에게 협력한 사실이 없습니다. 수많은 심문을 받는 가운데서도 아군이나 아군부대에 관한 정보를 제공한 사실이 없습니다. 적들은 내게 그에 관한 질문을 했지만 나는 그곳에 막 도착한 신참 병사였기 때문에 진실로 말하건대 아는 것이 없었습니다. 사실 나는 배치된 지 10일 밖에 안 되었습니다. 적들은 내게 좋아하는 영화배우와 여배우에 대해 묻기도 하고 미국 생활의 이모저모를 물었지만 이런 것들도 대답할 수 없었습니다. 나는 하와이에 살았을 뿐 미국 본토에 한번도 가본 적이 없기 때문입니다.

나는 포로에서 탈출해 내 부대로 복귀하려 했음을 밝히고자 합니다. 그리고 돌아오는 길에 북한군 병사를 포로로 잡아 데리고 왔습니다. 그 당시 그는 무기를 갖고 있었습니다. 나는 그를 군 정보기관에 넘겨 조사받게 했습니다.

국가에 대한 나의 충성심에 대해 의문을 갖고 있는 모두에게 밝히고자 합니다. 나는 여태껏 진실하고 충성스런 병사였습니다. 나는 나와 미국 국민 모두에게 중요한 자유를 지키기 위해 전투에 참가했습니다. 나는 그동안의 역경에 대해 깊은 긍지를 갖고 있습니다.

동시에 내가 나의 군 복무 중 성과와 나의 업적을 외면하게 만든 의문이 제기된 데 대해 다시 밝힙니다. 나는 매우 그릇되게 기소 되었습니다.

이 같은 진술에도 불구하고 미 육군성 정보참모부는 내사를 중단하지 말 것을 지시했다. 1961년 1월 15일 미 육군성 정보참모부 수사담당실장 프레드 호퍼(Fred C. Hopper, Jr.) 중령의 지시는 다음과 같다.

피조사자가 진술서에서 밝힌 정보를 토대로 판단컨대 그는 그에게 불리한 정보를 밝히지 않고 있습니다. 따라서 그에 대한 보안심사 통과 결정을 내리기 앞서 이 같은 사실을 보안책임자인 해당 지휘관에게 알려야 합니다. 보안담당 지휘관은 리 일병의 선서와 동의 하에 위의 정보에 대해 거짓말탐지기를 사용할 것을 명령합니다.

동시에 미군 수사기관은 리 일병이 일본에 근무할 당시 군표와 일본 엔화를 불법으로 환거래를 했고 미군 PX 물품을 영외로 반출해 밀거래한 혐의를 재수사하기 시작했다.

1961년 2월 8일 미 육군 유럽주둔군사령부 카이저라우텐 미군캠프 헌병대장 프레드 비에야(Fred J. Villella) 중위는 소속부대인 제82병기대대장에게 에녹 리가 부당한 불이익을 입고 있다며 그에 대한 보안심사를 통과시켜줄 것을 강력하게 건의했다.

해당 병사는 PX 물품 불법 거래 수사에서 선서 후 진술을 통해 무죄를 주장했고, 조회한 결과 군사법원에서 유죄판결을 받은 일이 없는 것으로 확인되었습니다. 혐의들은 주장에 불과했을 뿐 처벌할 수 있는 증거를 모을 수 없었습니다. 그의 인사기록을 보면 그 같은 주장들은 전혀 언급되어 있지 않습니다. 기재될 가치가 없기 때문일 것입니다.

비에야 헌병대장은 또 포로로 있는 동안 군인으로서의 책무를 다했음에도 기억이 애매하다는 이유로 불이익을 주는 것은 재고되어야 한다고 강조했다.

해당 병사에게 보안취급허가 여부를 결정하기 전에 꼭 검토해야 할 사안이 있는데 해당 병사의 관련 인터뷰 내용입니다. 거기에서 해당 병사가 국가에 대한 충성에 부정적인 행동을 했다고 생각되는 정보는 전혀 없었습니다.

또 현재 부대에서 근무할 때나 근무 외 일상의 처신으로 판단하면 해당 병사는 평균 이상의 평가를 받아야 마땅하다고 강조했다.

따라서 그는 우리 부대의 소중한 자산입니다. 해당 병사는 포로로 잡혀있을 때 있었던 특정한 사실의 희미한 기억 때문에 제대로 설명하지 못 하고 있습니다. 기억하기 싫은 불쾌한 경험은 잊고자 하는 인간의 행태인 것입니다. 해당 병사는 규정이 미치지

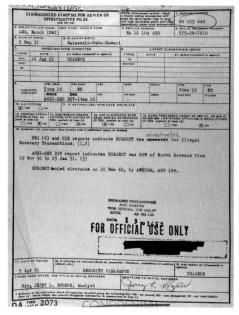

STANDARDIZED SYNOPSIS FOR REVIEW OF
INVESTIGATIVE FILES
(AR 381-60)

FOR OFFICIAL USE ONLY

DA FORM 2073

■ 보안취급허가가 심사에서 탈락한 에녹 리 일병의 보고서.

않을 때 군 복무수칙에 따라 행동한 것으로 판단됩니다.

비에야 헌병대장은 끝으로 그가 보인 군 복무 성적과 현재의 성과를 참고해 해당 병사의 보안심사를 긍정적으로 검토해주실 것을 강력히 추천하는 바라고 밝혔다. 하지만 소속 부대장의 강력한 호소에도 불구하고 에녹 리 일병은 또 심사에서 탈락했다.

해당 병사의 보안취급허가를 불허함. 1961년 2월 10일.

미 첨단무기지원사령부

그런데 이에 바로 앞서 미군유럽주둔사령부 보안책임자인 본 M. 에반스 중령은 군사령부 참모차장에게 서둘러 보안취급허가를 내주지 말 것을 서면으로 요청했다.

1. 에녹 리 일병에 대한 보안허가는 첨부된 서류만을 근거로 인가하면 안 될 것입니다.
2. 에녹 리 일병의 소속부대 사령관이 보안허가 재지정 절차를

별도로 받아주시기 바랍니다.

수사기록을 살펴보면 리 병장에 대한 의심의 눈초리를 곳곳에 보내고 있었다. 새로 보태진 서류에서는 아버지 이시겸 씨가 아직도 미국 시민권자가 아니라는 것을 보여주는 내용이 들어있으며 이 사실을 수사기록에서 여러 번 언급했다. 어머니도 1957년에야 시민권을 받았다고 언급했다. 또 아버지와 어머니의 고향이 각각 평양, 신의주로 북한에 있는 도시라는 사실도 의심스럽게 생각되는 이유의 하나로 꼽은 것으로 보인다.

에녹 리의 귀향

에녹 리는 1963년 5월 7일 워싱턴주 포트루이스(Fort Lewis)에서 거짓말탐지기 검사와 함께 최종적인 심문을 받는 데 동의했다. 그는 상병으로 진급되어 있었다.

해당 병사는 선서 하에 1963년 4월 18일과 1960년 11월 5일 작성한 문서와 관련해 문답을 진행하고, 전쟁포로로 억류 중 그의 행동에 대한 세부적인 내용이 결여된 종전의 심문과 관련해 문답을 진행해줄 것을 요청해왔습니다. 위 사항을 마친 후 포로에서 귀환한 후 진행한 초기 진술 가운데 불일치된 내용을 해결하기 위해 거짓말탐지기를 사용할 것을 요청해왔습니다. 또한 이와 같은 절차를 워싱턴주에 있는 포트루이스 기지에서 진행하기로 했습니다.

1963년 5월 7일은 물굽이가 바뀌는 날이었다. 미 육군성 정보참모부는 에녹 리에 대한 수사를 매듭짓는 것으로 방향을 선회했다. 다음은 미 육군성의 마가렛 말로리(Margaret M. Mallory) 정보참모부차장보의 지시다.

당사자가 실종되거나 포로로 잡혔던 기간을 고려해 그가 보안상 위험요인을 얼마나 초래했는지 판단해야 합니다.

에녹 리의 진술에 따르면 그가 포로로 잡힌 기간은 31일간이었다. 그가 혐의를 말끔하게 벗거나 실종된 미군 포로의 행방에 관한 정보를 기억해낸 것은 아닌 것 같다. 에녹 리가 보안상 위험을 초래하는 행동을 했을 수도 있다는 의구심은 여전했다. 다만 포로로 억류되었던 매우 짧은 기간을 감안하면 그 부작용은 미미한 것으로 보이므로 따라서 이 정도에서 사건을 매듭짓는 것이 바람직하다는 결정이었던 것이다.

거짓말탐지기 등 전자장비를 통한 조사를 받은 지 4개월 뒤 에녹 리는 다시 심문조사를 받았다. 1963년 9월 19일 에녹 리는 "진실되게 진술할 것이며 허위임이 밝혀지면 처벌을 감수하겠다"는 선서를 했다. 이번의 심문조사는 그동안 있었던 다람쥐 쳇바퀴 돌리는 묻고 답하기가 아니었다. 불투명한 진술과 때에 따라 엇갈린 중요 부분을 확실하게 바로잡는 새로운 심문조사였다. 이 조사를 통해 그동안 계속

STATEMENT
(AR 190-45; AR 600-140)

Explain the nature of the investigation. If person making statement is accused or suspected of an offense he or she must be so informed and this fact affirmatively shown.

PLACE	DATE	FILE NUMBER
Fort Lewis, Washington	19 September 1963	C8-055648

LAST NAME - FIRST NAME - MIDDLE INITIAL	SERVICE NUMBER	GRADE
LEE, Enoch (NMN)	RA 10 104 450	Corporal

ORGANIZATION (If civilian, give address)
Company C, 504th MP Battalion, Fort Lewis, Washington

I HAVE BEEN INFORMED BY ___Masayuki Hashimoto___
WHO STATED HE IS (a) ~~(not)~~ Special Agent, INTC
OF THE UNITED STATES (Army) XXXXXXXXXXXXX AND THAT HE IS CONDUCTING AN INVESTIGATION OF a variance in information reflected in my DD Form 398 and my activities while a Prisoner of War.
XXXXXXXXXXXXXXXXXXXXXXXXX (Strike out words between brackets if person is neither accused nor suspected of a criminal offense.)

"THE UNIFORM CODE OF MILITARY JUSTICE, ARTICLE 31, XXXXXXXXXXXXXXXXXXXXXX XXXXXX (Retain words in parentheses if statement is taken in connection with line-of-duty investigation) XXXXXXXXXXXXXXXXXXXXXXXXXXXXXXXXXXX (Retain words between brackets if person making statement is a civilian). (has) XXXXX BEEN READ AND EXPLAINED TO ME BY Masayuki Hashimoto I UNDERSTAND THAT I DO NOT HAVE TO MAKE ANY STATEMENT WHATSOEVER AND ANY STATEMENT I MAKE MAY BE USED AS EVIDENCE AGAINST ME.

Q: Corporal LEE, it is the policy of the Department of the Army to allow the subject of a personnel security investigation every reasonable opportunity to refute, explain or mitigate the effect of derogatory information which may arise during the course of an investigation of the subject. In your case, the Department of the Army is interested in the variance in information reflected in Item 19 of your Statement of Personal History (SPH) (DD Form 398), dated 5 November 1960, and in Item 20 of another DD Form 398, dated 18 April 1963, which concerns your activities while a prisoner of war (POW) of the North Korean and/or Chinese Communists. The execution of DD Form 398 should not be construed as an abridgment of your rights and privileges but should be looked upon as a means used by the Department of the Army to insure the loyalty and dependability of its present and future members. You are now being offered the opportunity to volunteer as complete a statement as you desire to clarify this variance in information as indicated above, as well as to give us a detailed accounting of your activities while a POW. An interview under oath and a sworn statement are preferred. This will lend more credibility to your statements and will facilitate the adjudication of your particular case. Do you fully understand the purpose of this interview, and the policy of the Department of the Army in regard to this matter?
A: Yes.
Q: Are you willing to be interviewed under oath?
A: Yes.
Q: Are you willing to execute a sworn statement on the information to be obtained in this interview?
A: Yes.
Q: Do you fully understand your rights under the Uniform Code of Military Justice, Article 31, which has been read to you?
A: Yes.

EXHIBIT

INITIALS OF PERSON MAKING STATEMENT

Page 1 of 6 Pages

Additional pages must contain the heading "STATEMENT OF___ TAKEN AT___ DATED___ CONTINUED." The bottom of each additional page must bear the initials of the person making the statement and be initialed as "PAGE___ OF___ PAGES."

DA FORM 19-24   PREVIOUS EDITIONS OF THIS FORM ARE OBSOLETE

▌1963년 9월 19일 작성된 에녹 리의 최종 조서.

된 심문에도 불구하고 모호하고 불투명했던 에녹 리의 진술이 진실을 감추려는 그의 속임수가 아니었다는 사실이 확인되었다. 에녹 리의 깊은 곳에 잠겨있던 진실의 일부가 최면을 통해 확인된 것으로 보인다. 그러나 대부분은 되살리지 못한 것 같다. 그 후로는 커다란 불이익은 당하지 않았지만, 그렇다고 해서 수사관들에게 그가 그동안 억울한 의심을 받았다는 확신을 갖게 하지는 못했던 것으로 보인다.

문: 1960년 11월 5일 진술에서 포로로 잡혀 있을 때 중국 공산주의자들에게 세뇌되었다고 진술했다. 그러나 1963년에는 북한 공산주의자들에게 포로로 잡혀있을 때 공산주의에 대한 강의를 강제로 들었지만 전혀 영향받지 않았다고 진술했다. 왜 진술에 차이가 있는가?

답: 나는 1960년 진술에서 중국 공산주의자들의 포로로 잡힌 일이 있다고 되어 있는데 그런 일이 없습니다. 중대 서기병이 잘못 타이핑을 했는데 내가 바로잡지 못하고 지나친 채 그대로 서명을 했습니다. 또 내가 '세뇌되었다'는 것은 공산주의자의 강연에 참석했다는 이유로 사용하는 용어라고 생각했습니다. 그 표현이 참석했을 뿐만 아니라 그들의 주장을 이해하고 긍정적으로 받아들이는 것까지 뜻한다는 것을 그 후에 알았습니다. 어쨌든 강의에는 참석했지만 나에게 아무런 영향이 없었습니다.

문: 게릴라들에게 포로가 된 첫날 모든 포로들, 미국인과 한국인 모두 한곳에 갇혀 있었는가?

답: 모두 함께 갇혀 있었습니다. 헛간 같은 곳이었습니다.

문: 하와이 출신 미군 병사라고 말했을 때 북한 심문자의 반응은 어땠는가?

답: 그는 내가 필리핀인, 오키나와인, 대만인 아니면 일본인이 틀

림없다고 말했습니다. 그러나 나는 하와이인이라고 고집했습니다. 북한 사람들은 내가 일본 병사일지도 모른다고 몰아세웠습니다. 키가 156센티미터에 불과했으니까.

문: 한국계라는 사실이 밝혀졌을 때 그들의 반응은?

답: 부모의 고향은 어디이며, 북한에 친척이 있는지 물었는데 나는 나의 부모가 한국에서 왔지만 어디서 왔는지 모르며 지금도 하와이에 생존해 있다고 말했습니다. 북한에는 친척이 없다고 말했습니다. 지금 포로로 잡혀있었을 때를 돌이켜보면 그들은 내가 한국계인 만큼 군사기밀을 말할 수 있을지도 모른다고 기대했던 것 같습니다. 그들이 나를 좋아하고 그런 곳에 묵도록 하는 것이 정상적인 줄만 알았습니다. 어쨌든 나는 계속 그들의 감시 하에 있었습니다.

문: 인민군 탈주병을 항상 당신의 포로라고 생각했는가?

답: 처음 2~3일은 포로로 생각했습니다. 그러나 그가 반공산주의 성향을 보이고 미군경계선까지 가려면 그의 안내가 필요하다고 생각해 신뢰하기 시작했고 그는 믿음을 지켰습니다.

문: 현재 미국에서 시행되고 있는 민주주의 체제에 대해 어떻게 생각하나?

답: 나는 세계에서 최상이라고 생각합니다.

문: 당신은 미국에 충성을 다할 것인가?

답: 네.

문: 당신은 미군으로서 계속 미군에게 충성을 다할 것인가?

답: 네.

문: 당신은 어떠한 경우에도 어떠한 적에도 맞서 싸우며 미국을 수호할 것인가?

답: 절대 그럴 것입니다.

문: 오늘 진술한 내용과 관련해 거짓말탐지기에 응하겠는가?

답: 네.

문: 더 보탤 말이 있는가?

답: 내가 진술한 내용이 혹시 부정확하다면 1951년 2월 내가 포로에서 탈출하자마자 조사를 받고 진술했던 내용을 다시 살펴주기 바랍니다. 내 생각에는 그때 기억이 가장 생생하기 때문에 정확하고 진실될 것이기 때문입니다. 내가 포로로 잡혀있을 때의 일 한 가지로만 10여 차례 심문을 받은 것 같습니다. 나는 또 1951년 2월 북한에서 탈출해 돌아온 이후, 미군 포로로서 내 경험과 관련해 군내 각급에서 소환된 것만도 어림잡아 25차례는 됩니다. 이들도 대부분 추궁하고 대답하기는 심문조사나 마찬가지였습니다.

끝으로 에녹 리는 10년간 마음에 간직했던 말을 꺼냈다. 포로로 잡히던 날 첫 전투에서 부하를 남겨두고 도주했던 주임상사를 만난 사실을 언급했다. 그리고 그의 진술은 끝났다.

the note to an oriental patrol but did not know whether it was South or North
Korean. The deserter and I became scared and hid in the hills.
Q: Prior to your escape, were you ever told that you would be met by this South
Korean citizen? he had deserted from the NKPA? I
A: No.
Q: When both of you finally reached the United States 7th Division Zone, what
happened to the South Korean who was a deserter from the NKPA?
A: He was taken prisoner immediately. I was suspected of being a North Korean but
was later cleared and released after my interrogation by a Nisei lieutenant.
Q: Did you at any time consider the NKPA deserter as being your prisoner?
A: For the first two or three days I considered him as my prisoner, but later I had
to trust him due to his anti-Communist attitude and the fact that I needed him
to guide me back to the American lines, which he did.
Q: What do you think of the democratic form of government as practiced in the United
States today?
A: I think that it is the best in the world.
Q: Do you feel that you owe your allegiance and loyalty to the United States?
A: Yes.
Q: Will you continue to serve loyally and faithfully in the Armed Forces of the
United States?
A: I will.
Q: Will you defend the United States against any and all enemies, without exception?
A: Definitely.
Q: Are you willing to undergo a lie detector examination regarding the information
which you have furnished in this interview?
A: Yes.
Q: Is there anything you would like to add to this interview?
A: I would like to say that any answers that I gave in this interview seem incorrect,
I would like to go back to the first statement taken from me immediately after
my return to the American lines in February 1951, because in that statement the
details were fresh in my mind and they were true and correct. I believe that I
have been interviewed or interrogated about a dozen times concerning my period as
a POW. I don't recall what I may have said each time but there may be a lot of
discrepancies in my statements because many years have passed since my escape from
the North Koreans and I can't recall all the details as to exactly what happened
during the period that I was a prisoner. I was also called upon approximately 25
times during various classes in the Army since my escape as a POW of the North
Koreans in February 1951, to relate my experiences as a POW to the American troops.
They were mostly of the question and answer type. I would also like to mention
that in December 1953 or 1954, I saw my former platoon sergeant, Master Sergeant
Haynes (phonetic) on an Army ferry near Eta Jima, Japan. He was surprised to see
me alive. Haynes stated that all those who had been in the jeep with him had
been awarded the Silver Star for escaping from the ambush, at which time I was
taken prisoner by the North Koreans, in an attempt to seek reinforcements. The
First Lieutenant, name unknown, who was in charge of the patrol, and possibly two
others, further identity unknown, were also in the jeep that escaped to the rear.
//////////////////////// /END OF STATEMENT/

DEPONENT'S INITIALS E. L.

They were mostly of the question and answer type. I would also
like to mention that in December 1953 or 1954, I saw my former platoon sergeant, Master Sergeant
Haynes (phonetic) on an Army ferry near Eta Jima, Japan. He was surprised to see
me alive. Haynes stated that all those who had been in the jeep with him had
been awarded the Silver Star for escaping from the ambush, at which time I was
taken prisoner by the North Koreans, in an attempt to seek reinforcements. The
First Lieutenant, name unknown, who was in charge of the patrol, and possibly two
others, further identity unknown, were also in the jeep that escaped to the rear.

▌에녹 리는 부하들을 버리고 달아난 부대장 등이 훈장을 받은 사실을 언급하며 분노를 표출했다.

1953년 혹은 1954년에 있었던 일에 대해 말하고자 합니다. 나는
우리 부대 주임상사였던 헤인스를 일본 에타지마 군 선착장에서
만났습니다. 그는 내가 살아 있는 것을 보고 깜짝 놀라는 것 같
았습니다. 헤인스가 말하길 그때 그와 함께 지프차를 탔던 전원

이 매복 공격을 피해 탈출에 성공한 공로로 은성무공훈장을 받았다고 말했습니다. 그때 나는 지원병력을 기다리며 전투를 벌이다 북한 측에 포로로 잡혔습니다. 이름은 잊었지만 그들 가운데 중위는 척후부대장이었고 다른 두 명의 장교 역시 신원은 모르지만 이들 모두 함께 지프차에 올라 뒤로 달아났습니다.

1963년 11월 1일 에녹 리와 관련된 수사자료는 미 육군기록관리실에 이관되었고 같은 날짜로 그에 대한 비밀취급인가가 내려졌다. 미국 국립문서보관소의 에릭 반 슬랜더(Eric Van Slander) 문서분석관은 이로써 그에 대한 수사는 종결된 것이라고 귀띔했다.

1969년 3월 18일 그와 관련된 문서가 미국 국립문서보관소에 다시 등장했다. 미 육군 제4미사일사령부가 미 육군수사기록처에 발송한 대외비 문서였다. 1963년 11월 1일 내려진 에녹 리에 대한 비밀취급인가를 1969년 3월 18일 다시 취소한다고 통보하는 내용이었다. 취소 사유는 다음과 같다.

해당 병사는 1969년 2월 1일 적절한 허가 없이 한국 춘천에 소재한 그의 소속부대인 미 육군 제4미사일사령부 본부중대를 이탈해 1969년 3월 3일까지 귀대하지 않았습니다. 해당 병사는 1969년 3월 17일 사령부 특별군법회의에 회부되었고 유죄판결이 내려졌습니다.

기록에 따르면 에녹 리 상병은 다시 1968년 6월 한국 근무를 시작했다. 근무지는 춘천이었다. 그가 1951년 1월 포로에서 탈출해 다시 복귀한 곳도 춘천, 그로부터 17년 후 다시 배치된 곳도 춘천, 결국 그곳에서 그는 군 생활을 마감했다. 그는 군법회의에서 다툼을 벌이거나 선처를 호소하지 않았다. 곧바로 전역을 했다. 계급은 이등병, 그의 나이 38세, 그는 혹시 군 생활의 마침표를 찍는 곳과 시간을 그 스스로 예정하고 선택하지 않았을까?

■ 에녹 리는 부대 무단이탈 혐의가 인정되어 비밀취급인가 취소와 이등병 강등, 전역 조치가 내려졌다. 그는 1951년 인민군 포로에서 탈출해 왔던 춘천에서 전역했다.

17세의 조선 총각 이시겸은 1904년 12월 24일 혈혈단신으로 하와이에 도착했다. 행선지는 '사탕수수밭'이었다. 그로부터 근 반세기 만인 1950년 11월 15일 그의 아들 에녹 리는 아버지의 고국 땅을 밟았다. 그리고 보름 뒤 포로가 되었다. 그 후 18년간 한국에서의 일은 유령처럼 그를 맴돌며 목을 조였다. 이시겸의 아들 에녹 리에게 한국은 무엇이었을까? 그는 왜 굳이 춘천에 돌아와 탈영을 하고 군 생활을 마감했을까?

에녹 리 일병의 삶의 흔적은 그로부터 19년이 지난 1988년 미국 정부 기록에 다시 나타났다. 한국전 참전 병사 에녹 리가 1988년 8월 28일 57세의 나이로 호놀룰루에 있는 태평양국립묘지에 묻혔다는 기록이다. 그에게 수여된 것은 한국전에서 작전 중 포로로 잡혔으나 미군 병사로서의 명예와 행동 강령을 지킨 병사에게 수여하는 메달 '전쟁포로 메달(Prisoner of War Medal)' 단 하나였다. 계급은 일병이었고 독신에 미혼이었다.

아버지와 어머니의 조국이었던 한국, 그에게 한국은 단지 고통과 시련의 땅에 불과했을 것 같다. 혹시 북한 측에 포로로 잡혔을 때 같은 한국인이라는 사실 하나로 그들이 베푼 며칠간의 온기 있는 잠자리가 평생 엄청난 고통과 분노를 몰고온 데 대해 내내 몸서리를 쳤을지도 모른다. 그의 명복을 빌 뿐이다.

한국전에 참전해 전사, 실종, 순직한 하와이 이민 한국인 2세 장병은 17명이다. 이 가운데 6명은 아직 유해를 찾지 못했다. 훈장을 받은 한국계 2세는 은성무공훈장을 받은 엄태선(Tai Sun Eum) 중위와 동성무공훈장을 받은 Yuk Kay D. Lee 상병 2명이었다.

하와이 이민 한국인 2세로서 한국전에 참전해 포로로 잡혔다 송환된 장병으로 어떤 이유에서든 첩보당국의 내사를 받고 미국 국립문서보관소에 관련 문건이 남아있는 병사는 에녹 리 외에 두 명이 더 있었다. 그 중 1950년 11월 한국전 포로로 억류됐다 1953년 7월 휴전과 함께 송환된 한국계 하와이 이민 2세인 미 육군상사 윌리엄 김(William Kim)은 송환 직후부터 길고 긴 심문을 받았다. 미군수사관들은 윌리엄 김을 포함한 미군포로 가운데 미국과 동료를 배신한 병사

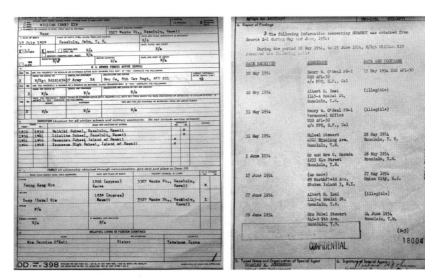

■ 한국전에 참전했다가 포로로 잡혀 내사를 받았던 윌리엄 김의 심문 조서(좌)와 서신 검열 리스트(우).

를 가려내기 위하여 교차심문을 하는 등 철저하게 뒤졌다. 윌리엄 김
은 모두 61페이지에 달하는 심문조사 끝에 보안심사를 말끔하게 통과
했다. 그러나 그것은 표면에 불과했다.

미군수사당국은 1954년 5월 20일부터 1954년 6월 29일까지 윌리
엄 김이 받았던 편지를 중간에서 감쪽같이 가로채 검열했다. 수사기관
X-1의 협조를 받았다고 밝힌 검열 보고서에는 이 기간에 윌리엄 김이
받았던 모든 편지의 발송자 이름과 주소, 발송 날짜와 소인이 찍힌 우
체국 소재지까지 기록하고 있었다. 수사기관 X-1은 FBI였을 것이다.
미군수사보고서는 또 미국 국적자인 윌리엄 김의 누이가 가족과 함께
일본 요코하마에 거주하고 있는 사실도 유의사항으로 보고하고 있었
다. 그러나 그에 대한 혐의내용을 기록한 문서는 발견되지 않았다. '윌

리엄 김'은 또 다른 '에녹 리'였다.

또 다른 병사는 포로수용소에서 취사병으로 차출되어 사역을 하면서 중국 공산군 측에 포로들의 동향에 대한 첩보를 제공하고 미군 병사들을 부당하게 대우했다는 혐의로 수사를 받았다. 그 하와이 이민 2세 병사는 김명호. 〈Moung H. Kim〉상병이었다. 그는 1년간의 조사

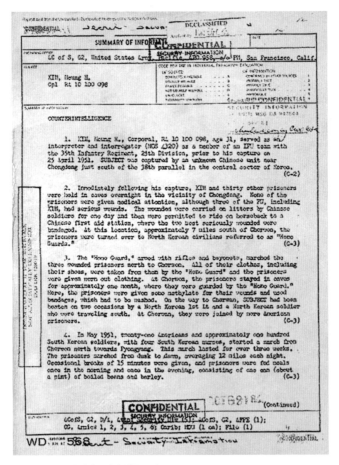

▌하와이 교포 2세 김명호 상병 심문 조서.

끝에 '혐의 없음'으로 종결되었다. 그는 포로수용소에서 목격한 각종 사건과 포로 학대 사례에 대해 발생일자와 장소, 관련 인물의 이름까지 자세히 진술하고 혐의를 벗을 수 있었다. 그러나 포로로 잡힌 장소 명칭을 적동(Chokdong)과 정동(Chongdong)으로 번갈아 사용했다가 수사관이 이를 중요한 진술 상의 허점으로 보고 추궁하는 바람에 곤욕을 치렀다. 그가 포로로 잡힌 곳은 경기도 포천군 적동면이었다.

목수였던 그는 1953년 8월 포로에서 풀려나 미국으로 돌아온 뒤 1962년까지 군에 복무했다. 그 사이 음주운전으로 적발되어 구류형이나 벌금형을 5차례 받았다. 포로로 잡혀있던 2년간 입었던 정신적 상처의 후유증일지도 모른다. 그 상처에 못지않게 미국이 그에게 던지는 의심의 눈초리가 준 고통 역시 참기 어려웠을 것이다. 에녹 리가 느꼈던 처절한 외로움을 그들 역시 뼈저리게 느꼈을 것 같다. 미합중국이라는 거대한 국가권력이 단 한 치의 의혹도 용납하지 않고 끊임없이 옥죄어올 때 그들 개개인이 할 수 있는 일이란 거의 없었을 것이다.

미국 비밀문서로 읽는
한국 현대사 1945-1950

우리가 몰랐던 해방·미군정·정부 수립·한국전쟁의 기록

글·사진 | 김택곤

초판 1쇄 발행일 | 2021년 8월 18일
　　2쇄 발행일 | 2021년 11월 22일

펴낸이 | 신난향
편집위원 | 박영배
펴낸곳 | (주)맥스교육(맥스미디어)
출판등록 | 2011년 8월 17일(제321-2011-000157호)
주소 | 서울특별시 서초구 마방로2길 9, 보광빌딩 5층
대표전화 | 02-589-5133　팩스 | 02-589-5088
홈페이지 | www.maxedu.co.kr

기획·편집 | 이도환
디자인 | 이선주
영업·마케팅 | 백민열, 김소연
경영지원 | 장주열

ISBN 979-11-5571-775-2 (03910)